广东省地方志丛书

广东省志

（1979—2000）

18

教育卷

《广东省志》编纂委员会　编

方志出版社
Publishing House of Local Records

图书在版编目（CIP）数据

广东省志：1979—2000. 18，教育卷 /《广东省志》编纂委员会编. -- 北京：方志出版社，2014.4
ISBN 978-7-5144-1254-3

Ⅰ. ①广… Ⅱ. ①广… Ⅲ. ①广东省－地方志 ②教育事业－概况－广东省－1979—2000 Ⅳ. ①K296.5

中国版本图书馆 CIP 数据核字（2014）第 085054 号

广东省志（1979—2000） 18 教育卷

编　　者：《广东省志》编纂委员会
责任编辑：丛　珺
出 版 人：冀祥德
出 版 者：方志出版社
地址　北京市朝阳区潘家园东里 9 号（国家方志馆 4 层）
邮编　100021
网址　http://www.fzph.org
发　　行：方志出版社发行中心
电话　（010）67110500
经　　销：各地新华书店
印　　刷：深圳中华商务安全印务股份有限公司
开　　本：889 × 1194　1/16
印　　张：25
字　　数：554 千字
版　　次：2014 年 4 月第 1 版　2014 年 8 月第 2 次印刷
印　　数：2001～4000册
ISBN 978-7-5144-1254-3/K · 1018　定价：158.00元

ISBN 978-7-5144-1254-3

1990年6月26日，中共中央总书记江泽民（左二）视察华南师范大学附属中学

●1980年5月，全国人大常委会委员长叶剑英（右二）视察母校广东梅县东山中学

●1985年1月20日，中共中央政治局委员、中共中央书记处书记胡乔木（左二）在广东省副省长王屏山（左三）陪同下视察中山大学，并听取党建工作汇报

●1994年6月1日，中共中央政治局委员、国务院副总理钱其琛（右一）在国务院侨务办公室主任廖晖（左一）陪同下，到设于深圳的暨南大学中旅学院现场听取汇报

●1996年10月15日，国务院副总理李岚清（站立者前一）视察华南师范大学电化教育系

●1979年11月12日，省委第一书记习仲勋（前左）、省委书记杨尚昆（前右）参加中山大学建校55周年庆祝大会，并在校长李嘉人（二排右三）陪同下参观中山大学孙中山纪念馆

●1992年11月30日，中共中央政治局委员、中共广东省委书记谢非（前左三）视察私立华联学院，并在设于华南师范大学工会大楼的学院筹委会驻地门前合影

1998年12月，中共中央政治局委员、广东省委书记李长春（右一）视察汕头大学，并与捐资办汕头大学的香港著名爱国实业家李嘉诚（左三）等交谈

1996年，全国政协副主席、暨南大学名誉校长、暨南大学董事会董事长钱伟长（左二）主持召开暨南大学第三届董事会会议。广东省副省长卢钟鹤（右二）、副董事长曾宪梓（右一）出席

2000年11月12日，全国政协副主席霍英东（左一）出席始兴县风度中学扩建第一期工程竣工典礼

1986年6月，省长叶选平（左二）视察五邑大学

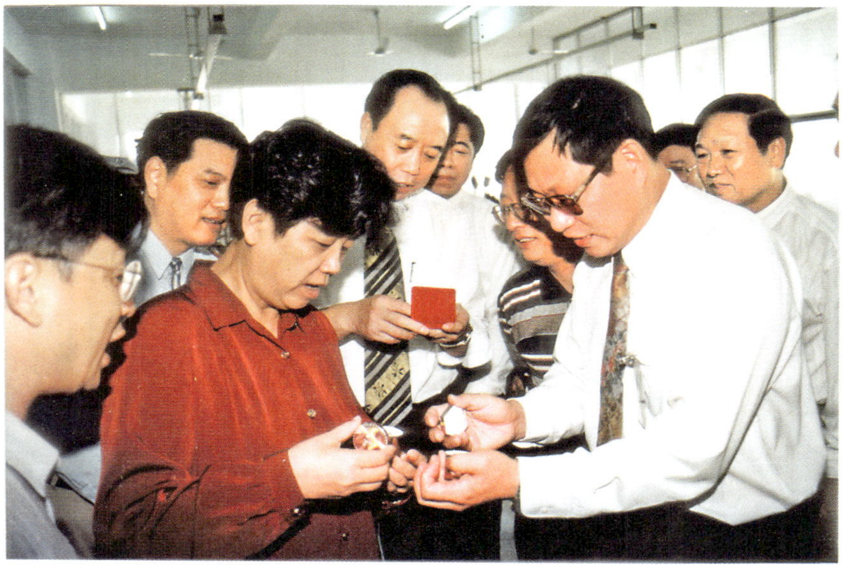

1997年11月22日，教育部部长陈至立（左三）观看深圳职业技术学院学生在实训车间制作首饰

1996年10月，省委副书记黄华华（前右三）视察兴宁一中

1997年7月15日，省政府与司法部举行共建广东商学院（广东法商大学）签字仪式。司法部副部长刘飏（前左）、广东省副省长卢钟鹤（前右）分别在协议上签字

1998年3月5日，广东省副省长欧广源（左三）等为湛江海洋大学董事会成立揭牌

1995年6月3日，中山大学通过“211工程”部门预审

1996年6月15日，暨南大学召开建校90周年庆祝大会

1996年9月9日，仲恺农业技术学院召开庆祝教师节暨刘宇新奖教奖学金颁奖大会

1979年4月21日至5月17日，以校长李嘉人（右一）为团长的中山大学学术代表团访问美国加州大学洛杉矶分校。这是中美建交后第一个访美的高等学校代表团。图为与加州大学洛杉矶分校校长查理·杨（左二）等交流时的合影

1988年，华南农业大学（原华南农学院）为首任院长丁颖竖立铜像

1993年1月，诺贝尔物理学奖获得者杨振宁博士（站立者）应邀在东莞理工学院讲学

1993年，广州市聋人学校开展以口语为主导的教学模式改革，各班配有先进的无线调频组合系统

1994年11月4日，陶行知的夫人吴树琴（左一）到广州市体育东路幼儿园参观

●1995年，华南理工大学与广州市联合组建广州汽车与发动机研究开发中心、广州化工科技研究开发中心。省长朱森林（后排左三）、广州市市长黎子流（后排左二）出席签字仪式

●1996年1月21—24日，暨南大学、湛江师范学院和湛江市委宣传部在湛江市联合举办“廿世纪文艺理论的回顾与展望”全国学术研讨会

●1997年3月19日，国家教育委员会副主任韦钰（右三）参观五邑大学“国家高技术语言识别基地”

●1997年3月8日，省高等教育厅对顺德永强广播电视大学办学水平进行评估验收

1997年5月6日，清远市第一职业技术学校机务专业学生在校外实训基地实习

1998年冬，广东省广播电视大学工作会议召开。会议制定全省电大五年发展规划，研究确定发展目标

1998年，华南理工大学校长刘焕彬（左二）给博士毕业生授予学位证书

1998年11月28日，中山大学原校长黄焕秋（右三）获首届霍英东奖金（中国地区）

2000年，广州市聋人学校职业高中教育——工艺美术课讲授现场

●1985年，旅日华侨吴桂显（前左二）捐资兴建中山大学中山学院。该学院设在伟人孙中山的故乡中山市

●1989年，曾宪梓（右一）捐资兴建的嘉应大学“丽群图书馆”举行落成剪彩典礼

1993年5月28日，港九纺织染业职工总会捐建的全省第一所希望小学——乳源县红云希望小学落成

1998年，霍英东（站立者）捐资兴建的韶关卫生学校“英东科教楼”举行奠基典礼

2000年9月29日，广东中华民族文化促进会捐资兴建的乳源教师进修学校教学大楼竣工，全国政协副主席叶选平（左三）、澳门立法会议员冯志强（左五）以及省、市、县等有关领导参加竣工典礼。叶选平为学校题写校名

●1984年，广州大学学生在进行调酒技术培训

●1988年，东莞市长安墐头小学的学生进行激烈的拔河比赛

●1989年，江门市第一幼儿园丰富多彩的游戏活动

●1996年，中国服装工业总公司深圳国际展览中心和服装时报社联合主办的“德敏”杯时装设计大赛，深圳大学艺术学院学生获得一、二、三等奖6个奖项

●1996年，华南理工大学举办电脑节

●1996年，湛江气象学校师生开展全民健身活动

●1997年，中山医科大学举行迎香港回归迎党的十五大文艺晚会

●1997年，广州体育学院健美操队代表国家参加在意大利举行的世界健美操锦标赛

1998年3月，番禺职业技术学院建筑专业学生在校园做实训观测

1998年，深圳大学网球队在杭州举行的首届亚洲大学生网球邀请赛中荣获团体亚军

●顺德机关幼儿园每年举行一次亲子运动会。图为1999年亲子运动会上举行升旗仪式。这一活动逐渐形成了情感教育课程特色

●2000年，广东省贸易职业技术学校学生在羽毛球馆活动

●2000年，东莞市长安培英小学学生在学校操场上活动

●2000年，广州华美英语实验学校生动活泼的外教课堂

《广东省志》编纂委员会

蒋乐仪	方健宏	刘树祥	吴茂芹	黄功绵	罗坚生	罗伟其
廖兆龙	罗木生	郑人豪	蓝佛安	何锦胜	许荣东	黄德发
陈承旗	彭　平	黄庆良	潘嘉念	黄永智	黄　飞	张　枫
田新德	欧卫东	文　斌	曾维炳	吕伟雄	林迪夫	黄庆勇
梁桂全	谭云龙	侯月祥	邵智宝	向晋成	倪治安	匡国建
刘良法						

（以上委员任职时间为2005.12—2010.5）

刘少荣	顾作义	朱穗生	陈文学	黄功绵	吴　锋	文传道
廖兆龙	温卫平	骆招群	戴运龙	李长峰	邢建江	杜　挺
刘　敏	谢悦新	黄永智	黄　飞	江效东	谢昌晶	朱遂文
屈家树	梅其洁	林　琳	王世彤	陈圣河	李新家	谭云龙
马建和	王克光	匡国建	张宗武	向晋成	唐金华	

（以上委员任职时间为2010.5—　）

《广东省志》主编、执行主编、副主编

主　　编： 钟启权（2002.4—2003.12）
谢强华（2003.12—2008.9）
肖志恒（2008.9—2013.1）
徐少华（2013.1—　）

执行主编： 陈　强

副 主 编： 侯月祥　谭云龙　马建和

《广东省志·教育卷》编纂委员会

主　　任：罗伟其

副 主 任：文传道　汤贞敏

委　　员：罗伟其　文传道　汤贞敏　张慧湘　李吉劭　王建军　钟院生
邵允振　倪　熙

主　　编：罗伟其　文传道

副 主 编：汤贞敏　张慧湘

《广东省志·教育卷》编辑室

主　　任：汤贞敏

副 主 任：张慧湘　李吉劭　张耀荣

编　　辑：汤贞敏　张慧湘　李吉劭　王建军　钟院生　邵允振　倪　熙
陈子华

撰稿人员：

概　述　钟院生　汤贞敏

大事记　石䳒平　张慧湘　李伯聪

第一章　郭庆才　陈亚林　郑国强　李吉劭　陈　曦

第二章　卢振家

第三章　陈亚林　姚　侃　刘秋明　沈　彬　庄　弼　伍向平　钟　凌
区湛生　许顺兴　陈　健　郑大卫　刘镇涯　李小青

第四章　李吉劭　姚　侃　李　田　林日团　任　平　刘合群

第五章　熊素珍　刘良桂　林日团　卢敏浪　沈　彬　庄　弼　伍向平
金正林　汤贞敏　赵秉正　黄友文　王　创　王自成　吴琦琳
吴锡尧　李子和　王斌伟　戴卫民

第六章　关奕佳　陈亚林　李吉劭　郑国强　石　俊

第七章　关奕佳　　刘志文　　赖佳媛
第八章　汤贞敏
第九章　王建军　　李吉劭

《广东省志·教育卷》审查验收人员

<u>初审小组</u>

组　　长：罗伟其

成　　员：文传道　　汤贞敏　　张慧湘　　李吉劭　　王建军

<u>复审小组</u>

组　　长：马建和

成　　员：侯月祥　　杨　波　　陈雪琼　　张耀荣

<u>广东省地方志书审查委员会</u>

主　　任：杨绍森

副 主 任：黄　卓　　陈　强

委　　员（以姓氏笔画为序）：

孙志彦　　李关水　　杨芹溪　　张中华　　张锡洪　　林　魏（林楚炎代）
罗木生　　钟淑冰　　侯月祥　　谭云龙　　翟锦云

凡　例

一、本志以马克思列宁主义、毛泽东思想、邓小平理论、“三个代表”重要思想和科学发展观为指导，坚持辩证唯物主义和历史唯物主义的原则，全面、客观、系统地记述1979—2000年间广东省自然、政治、经济、文化、社会等方面的情况。

二、本志记述的地域范围为2000年的广东省行政区域；时间上限为1979年，下限为2000年。个别重大事物视记述完整的需要，适当上溯或下延。

三、本志为多卷综合体，设43卷，各卷名称为《广东省志（1979—2000）·××卷》（简称《××卷》）。其中，《专记卷》含珠江三角洲经济、海洋经济、粤港澳台经济文化交往和精神文明建设4篇。方言、风俗等内容，首轮《广东省志》已作详细记述，本志只在《总述卷》中作简要概括，不单独设卷记述。

四、本志以“存真求实，确保质量”为编纂原则，记述符合宪法、法律、法规和政策要求。行文严谨、朴实、简洁、流畅，寓观点于记述中，一般不作评论。

五、本志采用述、记、志、传、图、表、录等体裁，以志为主。各卷因事制宜设专记。各卷一般设章、节、目3个层次，个别卷根据实际需要设篇。

六、本志除《人物卷》外各卷坚持以事系人、人随事出的原则，不设人物录或人物简介，所涉人物直书其名，不冠褒贬词语。有关副厅级以上负责人（含副厅级以上党组成员）任职在各卷列表记述。

七、本志采用具有代表性、权威性的资料，资料力求真实、准确、全面、系统，主要来源于档案。有歧义的重要资料，采用多说并存。本志采用统计数据以省统计部门公布的法定数据为准，省统计部门未统计的，采用业务主管部门的统计数据。重要地理信息数据，采用测绘部门公布的法定数据。

八、本志述及组织、机构、法律法规、文件、会议等专有名称使用全称。使用简称的，在适当地方括注于全称之后。不同时期的国家、团体、机构、职务、地名等名称，均用当时名称。今地名使用各级政府审定的标准地名。各类译名以新华通讯社译名为准。生物、矿物名称，使用学名，首次出现时，括注本地俗名。

九、本志语言文字、标点符号、计量单位等规范执行国家相关规定。

十、本志所用地图均以省测绘部门和有关部门绘制或审定的为准。

十一、各卷需要特别说明的事项，在其“出版说明”中列出。

册　序

第1册　《总述卷》
　　　《大事记卷》

第2册　《资源·环境卷》

第3册　《人口卷》
　　　《民族宗教卷》

第4册　《行政区划·地名卷》
　　　《民政·残疾人事业卷》

第5册　《水利卷》
　　　《城乡建设卷》
　　　《人民生活卷》

第6册　《经济体制改革卷》
　　　《经济特区与开发区卷》

第7册　《经济管理卷》

第8册　《财政税务卷》

第9册　《农业卷》

第10册　《工业卷》

第11册　《交通卷》

第12册　《信息产业卷》
　　　《邮政·电信卷》

第13册　《银行·证券·保险卷》

第14册　《对外经济贸易卷》

第15册　《海关·检验检疫卷》

第16册　《国内贸易卷》
　　　《专卖卷》

第17册　《旅游卷》

第18册　《教育卷》

第19册　《科学技术卷》

第20册　《社会科学卷》

第21册　《文化卷》

第22册　《新闻·传播卷》

第23册　《卫生·医药卷》

第24册　《体育卷》

第25册　《党派·群众团体卷》

第26册　《政权卷》

第27册　《纪检·监察卷》

第28册　《政法卷》

第29册　《军事卷》

第30册　《侨务卷》
　　　《外事与港澳事务卷》

第31册　《劳动·社会保障卷》
　　　《人事卷》

第32册　《人物卷》

第33册　《专记卷》

出版说明

一、本卷记述的是1979年1月至2000年12月广东教育改革和发展的历程，涵盖学前教育、义务教育、高中阶段教育、高等教育，包括学历教育与非学历教育、正规教育与非正规教育、普通教育与职业技术教育、学龄人口教育与成年人教育、民族教育与特殊教育（智障、聋哑、盲人教育），以及公办教育与民办教育。

二、本卷收录各类获奖范围为：获得省委省政府、国家有关部门表彰，授予荣誉奖章和称号的有关单位和个人；教育研究机构为成立历史较长、成果较多、影响较广的机构；学术团体一般为省一级学会。

三、本卷资料（含图片）来源于广东省档案馆、省教育厅档案室、省教育厅图书资料室和其他有关部门、有关学校提供的相关档案资料，以及历年《中国教育年鉴》和《广东年鉴》等。

四、本卷出现的所有未表述世纪的年代，均为20世纪的年代。

五、本卷出现的未标明币种并以“元”为单位的金额，均为人民币金额。面积计量单位部分沿袭当时用法使用“亩”，1亩=1/15公顷。

六、本卷记述内容中，凡是以全省概念下的记述，其所述的“广东”，即为广东省。

目　录

概　述

1978年12月中共十一届三中全会后，广东教育系统拨乱反正，清除“文化大革命”造成的恶果和流毒，贯彻教育部重新颁布的《学校暂行工作条例（草案）》，恢复和建立正常的教学秩序，收回被占的大部分校园校舍。1978年，广东省教育局决定全省办好重点中学154所、重点小学430所，其中同是地、市、县重点的中学26所、小学22所，同是省、地（市）、县重点的中学18所、小学2所、师范2所；重新成立广东省高等教育局。3月，全省1977年高等、中等专业学校招生录取工作结束，被录取入本省高校的新生有8900多人，录取入外省高校的有1200多人；中断10多年的研究生教育也在1978年恢复招生。经国务院批准，广东化工学院与华南工学院合并为华南工学院，恢复和增设广东机械学院、广东医药学院、广州师范学院等院校；各级各类教育质量问题受到重视。

一

1979—1982年，广东教育继续拨乱反正并恢复发展。从1979年开始，广东贯彻执行中央提出的“调整、改革、整顿、提高”的方针，同时，平反历次政治运动中的冤假错案，使全省约4万名教师的冤假错案得到平反昭雪，并评选特级教师，召开全省普通教育先进代表大会，在全社会开展尊师重教活动。据1979年年底统计，全省有普通高校26所、在校生3.79万人（含海南），同“文化大革命”前的1965年相比，剔除海南数据，平均增长36.8%。至1982年，广东教育系统的拨乱反正工作基本完成。在此期间，广东教育迅速恢复发展，复办、新办一大批小学、中学、中专学校和高等学校，办学条件、教育教学条件逐步改善，教师队伍建设得到加强，教育教学质量逐步提高。

1983—1992年，广东教育稳步发展。1983年3月，中共广东省委、广东省人民政府根据中共十二大精神，制定《关于努力开创我省教育事业新局面的决定》。1985年10月，省委、省政府根据中共中央《关于教育体制改革的决定》，作出《贯彻〈中共中央关于教育体制改革的决定〉的意见》。1988年5月，国家教育委员会（简称国家教委）同意广东省将高等教育列入综合改革实验的范畴，并对广东省下放部分高等教育管理权；同时，省委、省政府作出《关于高等教育体制改革的决定》，提出高等教育要积极改革、加快发展的要求。这一时期，广东各级各类教育得到各级党委、政府和全社会的关心和支持，改革不断深入，发展不断加快，水平不断提高。经过1985年的教育思想讨论，1986年举办的市、县教育局局长学习班，以及1987年召开的以全面提高教育质量为主题的全省普通教育工作会议，各中小学都注意端正办学指导思想，努力克服片面追求升学率的倾向，全面贯彻教育方针。全省有80%的中小学开展勤工俭学活动。各地广泛开展教育质量评估工作，教育质量逐步提高。高等学校在努力培养合格的专门人才的同时，还发挥本身的科技优势，大力开展科学研究和科技开发工作。

1993—2000年，广东教育快速发展。1993年初，为贯彻中共中央、国务院印发的《中国教育改革和发展纲要》精神，省委、省政府作出《关于加快高等教育改革和发展步伐的决定》，把教育摆在优先发展的战略地位，每年增加4.5亿元左右的高等教育发展专项经费。1994年年底，省委、省政府作出《关于教育改革和发展的决定》，提出把建设教育强省作为基本实现现代化的重要目标。1998年，为贯彻中共十五大精神和中共中央总书记江泽民对广东提出“增创新优势，更上一层楼”的指示，省委在第八次党代会提出实施“科教兴粤”战略，力争进入教育强省行列。2000年8月，省委、省政府召开全省教育工作会议；10月，省委、省政府作出《贯彻〈中共中央、国务院关于深化教育改革全面推进素质教育的决定〉的意见》，提出全面推进素质教育，加快教育强省建设步伐，加快推进教育现代化。这一阶段，广东经济社会迅猛发展，人民群众对教育的需求日益迫切，广东各级各类教育也快速发展。1996年，基本普及九年义务教育，一大批民办中小学纷纷设立；普通高校合并、重组、联合办学，高等教育资源得到整合；中山大学、华南理工大学、中山医科大学、暨南大学、华南师范大学进入国家“211工程”建设行列，华南农业大学、广州中医药大学、汕头大学进入“211工程”省部共建行列。1999年起，高校快速扩大招生规模。

教育事业持续较快健康发展。20世纪80年代后，广东教育急起直追，加快发展步伐。

基础教育方面，1985年年底，全省基本普及小学教育。1987年年底，有2个县5个市区基本实现普及九年义务教育。1996年，广东省基本普及九年义务教育（简称“普九”），成为全国最早实现“两基”即基本普及九年义务教育、基本扫除青壮年文盲的两个省份之一。从1997年开始，实施“改造薄弱学校，建设规范化学校”工程，使“普九”水平不断巩固和提高。2000年，全省小学适龄儿童入学率达99.7%，小学在校生929.93万人；初中毛入学率达99.55%，初中在校生388.16万人。同时，加快了高中阶段教育的发展步伐，广州、深圳、东莞、中山、顺德、南海、新会等7个地级以上市和县级市基本普及高中阶段教育，全省初中毕业生升学率为60.51%、高中阶段教育在校生152.56万人（其中普通高中72.52万人）、高中阶段教育毛入学率38.7%。

中等职业技术教育〔包括中等专业技术学校（简称中专，含普通中专和成人中专）、中等师范学校（简称中师）、职业高中、技工学校（由广东省劳动和社会保障厅主管）〕方面，从1980年开始恢复和发展，至1987年已办起职业中学464所（另有职业初中29所），在校学生18.4万人；中专、中师学校分别为174所和53所，学生分别为6.31万人和3.01万人。中等职业技术学校在校学生占高中阶段在校学生的42.7%。至2000年，全省有中等职业技术学校960所、技工学校186所，在校生分别为65.57万人、15.46万人；开设专业300多个，颁发职业资格证书100多种。1979—2000年，全省培养了中等职业技术教育毕业生400多万人，为生产、服务第一线培养了大量技能型、实用型人才，为广东经济社会发展做出了积极贡献。

高等教育方面，1983年，广东进行全省专门人才的调查和预测。从这年起，至1987年，全省复办、合办、新办了17所普通高等学校。1987年，全省有普通高等学校49所（本科28所，专科21所），在校学生9.2万多人。2000年，全省普通高等学校发展到52所，包括本科院校31所，其中招收研究生的院校20所；专科学校21所，其中职业技术学院13所、民办高校6所。有独立设置的成人高等学校41所。在学研究生13023人。普通高等学校和成人高等学校在校本专科生500885人（其中普通高等学校在校生299475人）①。自学考试在籍人数82万人。同龄人口高等教育毛入学率为11.35%②。普通高等学校校均本专科生规模为5759人。博士点157个（在全国居第五位），硕士点550个。高等学校获国家自然科学基金面上项目和资助金额在全国居第四位，专利申请量和授权量均居全国第二位。1979—2000年，全省共培养中专以上各类毕业生2773719人，其中博士生2169人、硕士生20061人、本科生281045人、专科生857482人、中专生1612962人。

教育体制改革全国领先。改革开放后，广东逐步深化各级各类教育办学体制改革。高等教育由中央、省两级办学转向中央、省、市三级办学，通过多层次、多形式、多规格办学，实现多渠道筹集教育经费，加快人才培养。随着广东经济社会蓬勃发展，一批经济实力雄厚的中心城市纷纷投资举办普通高等学校，从1983年至1987年，全省逐步复办、合办、新办17所普通高等学校和一批中专学校，特别是在9个中心城市创办了市属普通高等学校，形成了中央、省、市三级办学体制。1986—1987年，广东分别推广湛江市和罗定县改革教育管理体制的经验，使这项改革在全省全面铺开。改革根据基础教育由地方负责、分级管理的原则，适当下放办学权和管理权，改变过去国家“包得过多，统得过死”的状况，使基础教育办学体制和管理体制适应经济体制改革的需要，向多样化、灵活化的方向发展。1988年5月，省委、省政府作出《关于高等教育体制改革的决定》。根据经济改革和发展的要求，广东实行多层次、多形式办学，并在教育结构、教学、科研等方面逐步进行全面改革。1989—1992年，高等、中专教育进行充实提高，调整教育结构，深化教学改革，拓展教育功能，学校教育与经济社会发展紧密结合，提高了人才培养质量。

1993年以后，在省政府积极统筹下，贯彻中共中央、国务院印发的《中国教育改革和发展纲要》精神，广东强化高等教育体制改革的力度，通过共建、划转、合并、联合办学、合作办学等形式，着力解决高等教育原有管理体制下形成的条块分割、封闭办学、专业设置雷同、师资力量分散等问题。省政府与国家有关部委对在粤高等学校实行共建体制，中山大学、华南理工大学、暨南大学、华南师范大学进入国家“211工程”建设行列，一批部委高等学校划转省政府管理。广东还对高等学校、中等专业学校实行布局结构调整，将20多所高等学校、中专学校进行合并，重组教育资源，提高办学质量、水平和综合效益；建设国家重点中专学校46所。

办学条件明显改善。校舍、设备和师资是教育的三项基本建设。

在基础教育方面，从1981年起，广东省每年拨出3200万元补助款，用于解决“校校无危房，班班有教室、学生人人有课桌凳”（简称“一无两有”）问题。同时，依靠县（市）、乡镇财政性拨款，大力发动群众集资办学和华侨、港澳同胞捐资办学。从1979年到1987年年底，全省用于中小学校舍建设和改造的投资总共为31.44亿元。全省106个县（市、区）中，经过验收已有97个县（市、区）实现了“一无两有”目标。在此基础上，1989年以后，实行“改危更新”，消灭危房，实行旧校舍整体更新，大大增加了全省中小

① 学生总数按以下公式计算：研究生×2+留学生×3+本专科生×1+函授生×0.2+夜大生×0.5+预科生×1+进修生×1.5。
② 当年各类高等教育在校生数与18～22岁人口数之比。当年各类高等教育在校生总数按以下公式计算：研究生+普通高等学校本专科生+成人高等学校本专科生+军事院校学生+学历文凭考试学生+电大注册视听生×0.3+高等教育自学考试当年毕业生×5。

学校舍的总面积，由1990年的4245.2万平方米增加到1999年的8700万平方米，为普及九年义务教育和发展高中阶段教育打下了良好的物质基础。实现“一无两有”目标后，按照部颁标准，用省给予的基建补助款和多渠道投资的办法，从常规设备到电教设备，全省中小学分期分批进行运动器材、运动场地、学科实验室及仪器设备、图书、电教设备的配备和建设，总投入达10多亿元。到2000年，全省大多数小学、初中、普通高中和职业中学基本解决教学设备建设问题，计算机拥有量占全国中小学的1/7；生均校舍面积，小学5.35平方米，普通中学7.94平方米；生均图书，小学13.56册，普通初中16.02册，普通高中36.49册，办学条件明显改善。

在高等教育方面，自1983年起，广东省决定全省高等教育事业经费每年递增8%以上，广东省属普通高等学校基建投资占省基建投资的4%以上，为改善高等学校的办学条件提供了支持。1993年，省委、省政府决定，除困难地区外，全省经济好的地级市每年均按第二、第三产业国民收入总值的1%集资上缴省财政，主要用于发展广东教育事业，从而大幅度增加了教育，尤其是高等教育的投入。1998年，全省普通高等学校校舍建筑总面积为816.6万平方米，是1978年的6.8倍，生均校舍面积由1978年的35.5平方米增加到47.2平方米。2000年，普通高校生均校舍面积40.32平方米，生均教学仪器设备值7757元，生均图书94.73册。

在师资队伍建设上，1978年以后，各市（地）复办或新办6所师范专科学校，除广东教育学院于1980年复办外，各市（地）也相继复办和新办教育学院14所，各县（市、区）复办教师进修学校共101所。通过师范院校培养和进修（教育）院校培训，1987年，教师学历合格率，小学达到73.15%（含高中毕业），初中达到41.53%，高中为37.86%，均比1980年有较大的提高。此外，广东省还创办了广东外语师范学校、广东艺术师范学校和小学教师培训研究中心。至2000年，全省教师学历达标率，小学为98.97%，初中为87.79%，普通高中为67.51%。高等学校也通过选留优秀毕业生、派出留学进修、培养学位研究生、以老带新等办法，充实教师队伍，提高教师队伍水平。2000年，全省幼儿专任教师83552人，小学专任教师364118人，普通中学（含普通初中、普通高中）专任教师228602人；中等职业技术学校（含技工学校）专任教师44013人；普通高校专任教师20433人，成人高校专任教师5472人。

二

改革开放后，广东教育改革与发展取得的成就，得益于中央的政策支持和广东经济建设的辉煌成就，以及包括海外华侨、港澳同胞在内的社会各界的关心和支持。同时，教育的发展又极大地推动经济建设和社会发展。

推进素质教育。1998年11月，中共中央政治局常委、国务院副总理李岚清到广东考察。他指出，搞素质教育目的是兴国，对广东来说是兴粤，着眼点就是培养创新型的人才，不是培养书呆子。他还对广东提出了“配套改革，全面推进素质教育”的要求。2000年，省委、省政府制定《贯彻〈中共中央国务院关于深化教育改革全面推进素质教育的决定〉的意见》。广东各级各类学校主要从三个方面推进素质教育。

第一，深化教育教学领域改革，为全面实施素质教育开辟途径。一是抓课程体系改革，尤其对九年义务教育教材改革进行积极探索。经过多年努力，广东省完成18门学科的九年义务教育沿海版教材，这些教材具有沿海开放地区的特色。丁有宽编写的语文教材经过国家教委审定在全国发行，高中综合课程教材文理科配套进入教学实验阶段，英语、计算机与地方教材呈多样化的趋势。二是抓教学内容和方法的改革。根据广东经济社会发展的需要，积极推进普及计算机教学，加强外语教学，大中城市和珠江三角洲部分小学从四年级开设英语课和计算机课。为提高课堂教学质量和效率，1995—2000年，广东省大力推进电化教育特别是多媒体技术教育，应用现代教育技术改革课堂教学，提高教学效率。在国家教委的指导下，广东省在一批实验县、学校开展多媒体教学，其中广州市天河区70%的中小学运用了多媒体教育技术和网络技术教学，取得明显成效。三是抓考试制度改革。20世纪90年代初，广东省开始取消小学升初中的招生考试，至2000年，已基本实现就近免试入学；从1996年起，初中毕业水平考试和高中阶段招生考试实行“二试合一”（两个考试合为一次考试）制度；1999年，国家教委批准广东省从2000年起进行“3+X”（“3”是指语文、数学、外语3门，为必考科目；“X”是指在物理、化学、生物、政治、历史、地理6门中，任选其中一门考试）高考科目改革实验，推动了高中阶段教学改革，学生在全面发展的同时，个性特长得到了发展。为保证“3+X”改革顺利实施，广东省采取了严格会考制度以及会考向社会开放的措施。在减轻学生负担方面，1999—2000年，采取的措施包括：取消小学1～4年级语文数学教辅资料，在实验县实施等级评分制等。四是抓德育、体育、卫生、艺术和国防教育改革，促进学生德智体美全面发展。

第二，突出抓好师资队伍建设，为全面实施素质教育提供保障。一是抓学历提高，至2000年，小学教师学历达标率为98.97%，其中大专毕业以上的达到26.08%；初中教师学历达标率为87.79%，其中本科毕业以上的达到17.16%；普通高中教师学历达标率为67.51%；普通高校教师中，研究生毕业以上的占40.85%。实施中小学“百千万”工程（即100位教育专家，1000位著名校长，10000位著名教师）和高等学校“千百十”工程（即1000位校级高层次人才，100位省级高层次人才，10位国家级高层次人才）。二是抓全员培训，提高教师适应素质教育的技术和能力。三是改革师范教育，逐步取消中等师范，逐步实现小学教师大专化、初中教师本科化；吸收非师范类毕业生，经过进修教育学、心理学等课程并通过普通话水平测试合格后安排到中小学任教。

第三，抓科研促教改，为全面实施素质教育提供理论指导。1996年，广东省启动科研促教工程，凡是素质教育的重大改革实践，都经过科学论证和科学实验，逐年加强并取得初步成效。广东省要求在各市、县（市、区）学校成立教育教学科研机构，推动中小学开展教育科学实验。到2000年，主体教育、成功教育、愉快教育、创造教育、生本教育等多种素质教育的教学模式、方法的探索，已在中小学普遍开展起来。

推进教育现代化。1994年，省委、省政府召开全省教育工作会议，提出建设教育强省的目标；同时，省委决定珠江三角洲地区要成为广东省率先实现现代化的一个大经济区。在省委、省政府主持下，按照梯度推进的方针，先后制定《珠江三角洲经济区现代化建设规划》《珠江三角洲教育现代化规划》。

珠江三角洲教育发展形成自身优势，在推进广东教育现代化中起到龙头作用。这些优势表现在：（1）改革开放促进了思想解放和观念更新，为教育的改革发展创造了良好的外部环境；（2）各级领导带头，教育被提上优先发展的战略地位，重教兴学的社会风气逐步形成；（3）已形成多渠道的办学和投入机制；（4）经济社会发展为教育提供了良好的物质基础；（5）华侨捐资办学的优良传统在新形势下进一步发展。现代化建设和人民群众对教育日益增长的需求，对教育的改革和发展也形成了巨大的推动力。

珠江三角洲教育现代化建设，在推进全省教育现代化中发挥着导向、示范作用。1999年1月，经省政府同意，省教育厅召开推进珠江三角洲教育现代化暨全省教育信息化工作会议。广东省确立一市（中山市）、二区（广州市天河区、深圳市南山区）及10个乡镇、100所学校作为教育现代化的试验点，以点带面推动全省的教育现代化。这次会议，标志着珠江三角洲教育现代化进入了有计划、有组织的全面推进阶段。

推进教育信息化。实施广东省教育信息化工程，是推动广东省教育信息化、网络化、现代化，抢占人才培养制高点的一项重要决策，是广东省教育现代化的重要组成部分和突破口。

广东省大中小学开展计算机教育和信息技术应用较早。80年代，开展计算机与中小学教育教学结合的研究试验工作。进入90年代，广东省加快了教育信息化的步伐，先后制定《广东省普通教育管理系统规划纲要》《广东省中小学计算机课程纲要》《关于加强中小学计算机教育的意见》。1999年年初，省教育厅印发《广东省教育信息化工程规划（试行）》，规划提出到2010年广东中小学教育信息化的总目标，就是要在全省中小学的教育教学和教育行政管理实现全方位的教育信息化，全面提高教师和学生运用计算机和信息网络进行学习和工作的能力，全面推进信息技术与学科课程的整合，使现代教育技术从教育教学的辅助工具成为教育适应信息化时代要求的重要支撑，成为师生不可缺少的学习和发展手段，建立起适应新时代要求的教学模式、评价模式和管理模式。

90年代，广东开展教育信息化的工作主要有：在全省大中小学逐步开设计算机课程，初步建立了一支教育管理信息队伍，培训了一批计算机教学和研究的骨干教师，提高了教育教学水平和质量；1999年，全省中小学计算机的拥有量为15.6万台，占全国中小学计算机总量的1／7，在全国各省区市中居领先地位。至2000年，已有100所中小学建成计算机校园网络；在全国率先建立了县级教育管理信息系统，建立全省教育信息动态观测站，同时建立了全省教育事业发展、教育经费、基建情况数据库和校舍数据库、教师住房数据库。2000年，又初步建立大中小学学生学籍管理信息系统，为教育管理和教育决策提供了及时、可靠、准确的信息服务；有计划地结合学科教学，配套开发和应用了一批教学软件，并逐步建立了教育教学资源库。

发展民办教育。广东省民办教育历经1979—1992年的恢复阶段、1993—1997年的迅速发展阶段，以及1997年以后的依法规范阶段，逐渐从对公办教育的补充地位上升为社会主义教育事业的组成部分，初步形成了公办学校和民办学校共同发展的格局，比较好地满足了社会对教育的多样化需求，为整体教育事业注入了新的生机与活力。

1993年，中共中央、国务院印发《中国教育改革和发展纲要》，明确对社会力量办学要实行“积极鼓励，大力支持，正确引导，加强管理”的方针。1997年，国务院颁布《社会力量办学条例》。1999年，省政府颁布《广东省基础教育民办学校管理规定》。省教育厅、省高等教育厅制发了一系列规范性文件，不断把民办教育推向依法办学、依法管理的轨道，保障了民办教育健康有序地发展。至2000年，广东省各级各类的社会力量办的教育机构有近万所，每年的在校生和培训人次在百万以上。其中民办幼儿园1555所，在园儿童13.78万人；民办中小学350所，在校学生16万人；民办职业中学15所，在校学生3107人；民办普通高等学校6所，在校生11361人；专修学院58所，在校生22339人。

广东省民办学校的发展呈现如下特点：一是以经济运作为基础。如收取教育储备金的学校通过运作教育储备金，使其保值增值来维持学校的正常开支，或是收取比公办学校标准高的学费，保证学校正常运转。二是以市场为导向。适应市场需求，打破政府办学千校一面、万人一书的局面，民办学校以寄宿、电脑、外语、艺术等方式和课程为特色，满足了部分家长的择校要求，开辟了教育市场的新天地。

广东省民办教育事业取得的成绩主要表现在：一是初具规模。在办学主体上，有企业办学、政府与企业合作办学、中外合作办学、内地与港澳台合作办学、个人办学等多种办学形式；在教育对象上，有供内地居民子弟选择的义务教育阶段学校，有非义务教育阶段学校，有专收港澳子弟、台商子弟入学的学校，有外籍人员子女学校，有外来工子女学校；在收费标准上，有高收费学校、低收费学校；在公办学校转制的形式上，有国有民办、民办公助、公办民助等形式。二是吸纳资金成效显著。1993年、1994年，广东省兴起以教育储备金方式创办的民办学校，吸纳了大批民间资金。据统计，全省40多所高收费民办学校吸纳的社会资金有120亿元左右，建起了一批高标准、现代化的民办学校。为防范金融风险，1999年省政府决定，停止收取教育储备金，全部转为收取学杂费。三是开展建章立制工作。广东省民办学校逐步建立和完善学校的规章制度，包括人事制度、档案制度、财务制度、教学管理规程和学籍管理制度等，规范了办学者、校长、教师、学生之间的行为和法律关系。四是教育教学初见成效。广东省民办学校在积极改善办学条件，加强教师队伍建设的同时，创新教育理念，加强和改进德育、体育、卫生、艺术、信息技术、英语等教育教学，探索新的教育模式和管理方式。

发展职业教育。职业教育是经济发展的基石。改革开放后，广东省国内生产总值以年均13%以上的速度增长。进入90年代，部分劳动密集型产业逐渐转移或被淘汰，而科技含量高和智能化、自动化水平高的新兴产业蓬勃兴起，经济发展进入转型升级和战略调整时期。为了适应产业结构调整和经济发展模式转型，广东的职业教育由80年代大量培养劳动密集型产业所需要的初、中级技术工人转向培养技能型、复合型的应用人才，规模不断壮大，质量不断提高。至2000年，广东省中等职业技术学校（含普通中专、成人中专、职业高中和技工学校，下同）发展到1146所，招生数和在校生数分别达到26.93万人和80.03万人。广东省还建立起各类培训中心5000多个，初步形成了覆盖全省的职业培训网络，年培训量达100万人次；乡镇成人文化技术学校有1692所，参加成人学历教育、农业技术等学习培训的农民达到千万人次以上；高等职业技术教育也逐步发展，职业技术学院有21所，在校生14.9万人，初步形成了多层次、多门类的职业教育体系。

1991年，省委、省政府在江门市召开全省职业教育工作会议，提出《关于广东省职业教育若干问题的意见》。1995年12月，省政府在茂名市召开全省农村教育综合改革工作会议，提出要大力发展农村职业教育。1997年，省政府在顺德市召开全省职业教育工作会议，作出《关于大力发展职业教育的决定》。1999年10月，省有关部门在新会市召开全省农村教育综合改革工作经验交流会，省政府办公厅转发省教育厅、省政府农业办公室、省农业厅、省科学技术委员会（简称省科委）《关于大力发展农民文化科技教育的意见》，明确提出农村教育要为“三农”服务，为当地经济建设和广东率先实现现代化培养人才。为了加快中等职业教育的发展，广东省财政从1998年起，在原有职业教育专项经费的基础上，每年增拨3000万元，用于充实设备，改善办学条件。

广东的职业教育以服务当地经济发展为中心，围绕当地主导产业设置专业，充分体现地方特色。至2000年，广东省涉及一、二、三产业的中等职业技术专业有300多个。90年代中后期，广东大力发展信息产业，电子技术、网络技术发展势头强劲，广东的职业技术学校适时开设计算机、电子信息、机电等专业，大量培养这类应用人才。广州电子中专、电子职中，深圳电子技术学校，东莞附城职中、威远职中，顺德梁銶琚中学、工业中专等学校适时调整专业，成为培养上述技术型人才的基地。各地各校还瞄准企业、市场，积极与当地企业联合办学，培养社会需要的技能型、实用型人才，如顺德市教育部门与科龙集团、美的集团、格兰仕集团联办科龙职中、美的职中、格兰仕职中；梅州市城西职中、清远市清城职中与当地或珠江三角洲的工厂、企业联合办学，工厂、企业为学生提供专业师资、实习场所，甚至实用教材，使学校培养的人才适销对路，规模越办越大。

广东的职业教育注重骨干学校和专业的现代化建设，积极走内涵发展道路。1999年，全省有省级以上重点职业技术学校192所（普通中专60所，成人中专25所，职中71所，技校36所），其中，按照新的国家级重点职业学校标准进行了复评和评估，被教育部认定为首批国家级重点职业学校46所（普通中专19所，成人中专2所，职中25所）。全省建立了职业高中的电子信息、机电、计算机、旅游、服装等5个理工类专业研究中心，以及现代农业种植、养殖、多种经营等3个农业类专业研究中心；普通中专对63个骨干专业进行了重点建设。在培养“双师型”的职教师资方面，从1986年开始，广东在华南理工大学培养理工类职教师资，在仲恺农业技术学院培养农业类职教师资。1998年，将广东民族学院改办为广东职业技术师范学院，大量培养职业学校所需的专业教师。同年，广东设立广东省职业与成人教育师资培训中心和广东省现代农业教育培训中心，面向全省职业学校、乡镇成人文化技术学校开展师资业务培训，并举办各类中、短期培训班和中等职业技术专业“双证书”班，提供现代农业科学技术业务咨询和技术指导，为有需要的职业学校提供学生实习基地和优良品种，先后共培训了1000多人。广东教育学院、职业高中5个理工类、3个农业类专业研究中心也承担了各类职教文化课和专业课师资的培训任务。在整个90年代，广东努力改善职业学校的办学条件和工作环境，大幅度提高教师的待遇，并与天津职业技术师范学院等有关院校建立了联系，积极引进专业课教师。此外，各地还积极选送职业学校的骨干教师出国进修；不少学校引进了研究生、高级工程师、教授等高层次人才，全省职教师资队伍整体素质和业务水平有了较大提高。在教育教学改革方面，广东提出对职业学校的教材实行“一年一小改，三年一大改”，并牵头组织广东省、北京市、广西壮族自治区的职教专家、学者、教授、职业学校教师，编写中等职业学校的专业教学大纲和教材。各地对职业教育教学内容、手段和方式方法的改革也进行了有益尝试，并且取得了阶段性成果。全省国家级重点职业学校大都建立了校园网，并与互联网相联，初步实现了教学、管理电脑化和学校办公无纸化，职业教育现代化建设迈出了可喜的步伐。

加强教师队伍建设。广东省加强教师队伍建设，目标是形成一支合格稳定、数量充足、与广东教育事业发展相适应的教师队伍，为建设教育强省和教育现代化奠定坚实的人才基础。主要体现在以下四个方面。

第一，教师总量上基本满足教育事业发展的需要。2000年，全省中小学专任教师由1990年的45.9万人增长到63.67万人，其中小学36.41万人，初中18.47万人，普通高中4.39万人，中等职业学校（含技工学校）4.4万人；普通高等学校专任教师2.04万人，成人高校0.55万人，确保了全省教育事业的稳定发展。

第二，采取多种形式提高教师队伍素质。为全面实施素质教育，推进广东教育现代化和建设教育强省，针对教师队伍的实际情况，广东省采取脱产进修、业余函授、卫星电视教育等多种培训形式，培训了大批在职教师，使广东省教师的学历达标率逐年提高，教育教学能力不断增强，整体素质不断提升。

第三，提高教师的社会地位和经济待遇。“八五”期间，广东省政府规定了中小学教师工资收入的最低标准，省财政每年安排5000万元用于补助贫困山区中小学教师岗位津贴，提高中小学教师工资待遇的总体水平；全省共评出特级教师810名，南粤杰出教师82名，南粤优秀校长193名，南粤教书育人优秀教师和南粤教坛新秀6490名，全省优秀教师（含模范教师、先进教育工作者等）868名。1994年以后，全省共下达“民转公”指标15.7万个，至2000年，基本完成“民转公”工作，并逐步清退代课人员。教师住房建设进展显著，省政府先后四次召开全省教师住房建设工作会议，各县（市、区）逐步建立教师住房数据库和教师住房档案。到1998年年底，全省80%以上的县（市、区）基本解决了教师住房困难问题，全省城镇中小学教师家庭人均住房面积达到12.6平方米，住房成套率达到80%以上。全社会形成了尊师重教的风尚，教师职业逐步成为人们羡慕的职业。

第四，逐步改革和完善教师聘任管理制度。1989年开始，广东省推行学校内部管理体制改革，各地均进行了不同程度的教师聘任制改革，并逐步建立和完善中小学校长选拔和聘用制度。1999年开始，全省实施教师资格制度，严格把好教师队伍入口关。加强教师队伍管理的法制建设，全面实施《中华人民共和国教育法》《中华人民共和国教师法》《教师资格条例》，依法治教，理顺体制，明确职责，由县（市、区）以上教育部门负责当地教师的认定、考试、录用、调配、编制管理、职务评聘、工资晋升、培养培训、考核奖惩，依法保障教师的合法权益，依法管理教师队伍。

加强教育督导评估。1988年，广东恢复重建教育督导评估制度，经过20世纪90年代的改革，取得了良好的效果，强化了各级政府发展和管理基础教育的责任。

第一，构建具有针对性、科学性、实效性的机制。至2000年，广东建立了5个督导评估机制，即中小学（含幼儿园、职业高中、成人文化技术学校）等级评估机制、“两基”年度复查机制、改造薄弱学校评估机制、教育现代化先进县和镇评估机制、学生个体素质教育评估机制。这些机制普遍具有两个突出的特点：一是针对性强，都是围绕教育工作中心、重点而建立的；二是力求科学性，坚持运用督导评估的理论、原则、方法，实行督导评估各个环节的有机结合。

由于广东省的督导评估机制具有针对性、科学性，因而对于提高学校的办学水平，推进素质教育，加快教育现代化步伐和建设教育强省进程，发挥了不可替代的促进作用。例如，建立时间最早（1992年）、经历时间最长（已有8年）的中小学等级评估机制，从论证其必要性、制订评估方案，到组织评估、处理评估结果等各个环节，都是经过精心设计、反复实践、不断完善的。至2000年，这个机制已帮助和促进1700多所中小学上等级、上水平，并带动了对幼儿园、职业高中、成人文化技术学校的办学水平的评估。广东先后两次（1994年、1999年）在全国中小学督导评估工作经验交流大会上和全国各省区市教育督导室主任大会上介绍经验，并先后获得吴汉良科学管理奖一等奖、特等奖。

第二，建设具有督学、督政职能的机构。广东省各级教育督导机构，有两种模式：一是教育行政部门督导室，设在教育行政部门内，其级别相当于教育行政部门内设中层机构；二是政府督导室，设在教育行政部门内，其级别有的与同级教育行政部门同级，有的比同级教育行政部门低半级，有的低一级。因此，教育督导机构具有督政、督学的职能，设在教育行政部门内，有利于工作的相互协调、沟通。

第三，建设一支素质高、结构合理、专兼结合的督导队伍。2000年，广东省有督导人员1266人，其中专职督学346人，兼职督学920人。兼职督学多数从各级教育行政部门离退休局长中选聘，少数从离退休的重点中学校长中选聘，基本上是一支行政管理型和专家型结合的队伍。为了提高督导人员的素质，各级督导部门重视加强对他们的培训，组织他们学习理论，参加实践，不断提高其业务水平。

第四，从理论与实践的结合上提高督导评估工作水平。广东省各级督导部门和督导研究会在组织督导人员学习理论、推进教育现代化、评选优秀论文等方面做了大量工作，尤其是深圳市每年召开一次的研讨会，学习理论，研究实践，评选优秀论文，有效地促进督导评估工作水平的提高。1989年8月15日，省政府颁布《广东省普通教育督导工作暂行规定》，对督导机构的性质、任务、工作范围、人员配备等作出明确规定，对广东省督导评估工作的规范化起到很好的作用。

华人华侨、港澳同胞捐资兴学。祖籍广东的海外华人华侨、港澳同胞素来有捐资兴学、造福桑梓的优良传统。改革开放后，广东省各级政府积极制定和落实维护侨胞、港澳同胞合法权益的政策，以及鼓励侨胞、港澳同胞捐资兴学的政策。1979—2000年，华人华侨、港澳同胞捐助教育事业具有数量多、资金额度大、参与者众、公布面广等特点。新建、扩建、修建各级各类学校有2万多所、幼儿园近1100所；设立奖教奖学等各种教育资金组织1300多个；捐赠大批现代教学科研仪器设备、图书资料、交通工具，根据教育部门统计：金额共达200多亿元人民币，有力地促进了广东省各级各类教育发展。

三

1979—2000年，广东教育事业发展取得显著成绩，但教育事业的发展滞后于经济社会发展，教育的规模、结构、质量、效益与经济大省的地位不相适应，与广大人民群众对教育的迫切需求不相适应，与改革开放和现代化建设的形势不相适应，制约广东省教育发展的深层次矛盾和问题仍然不少。

第一，九年义务教育发展不均衡问题突出。经济欠发达地区明显落后于珠江三角洲地区，在农村特别是欠发达地区的农村依然面临办学条件差、教育质量低等突出问题。农村学校还有相当数量的危房，生活设施、教学设备简陋，教师队伍学历水平和整体素质明显偏低。

第二，高中阶段教育发展明显滞后。总体规模小，普通高中教育资源短缺，中等职业技术教育规模和质量远未能满足经济社会发展对技能型人才的需求。2000年，全省初中毕业生升学率只有60.15%，高中阶段教育毛入学率只有38.7%，每万人口普通高中在校生数、每万人口中等职业技术教育在校生数在全国均处于中下位置。

第三，高等教育发展水平不够高。办学规模偏小，每万单位人口在校生比例偏低；学科、专业结构不尽合理，教育教学质量有待进一步提高；科技创新能力偏弱，科研成果转化及产业化能力有待加强。2000年，全省高等教育毛入学率仅为11.35%，每万人口普通高校在校生41.19人，每万人口成人高校在校生27.7人，在全国处于中等偏下位置。

第四，师资队伍整体实力不够强。欠发达地区农村和偏远地区中小学骨干教师流失比较严重；初、高中教师学历水平偏低；高校缺少高水平的中青年骨干教师和学科带头人。2000年，普通初中、普通高中教师学历达标率和普通高校教师高职称比例在全国处于中等位置。

第五，妨碍全面推进素质教育的藩篱根深蒂固，推进素质教育成效不能尽如人意。

第六，教育经费投入未能满足教育事业发展的需要。地区之间教育经费投入差异较大，农村义务教育投入水平较低；普通高中发展资金缺口较大；职业技术教育投入偏少，机制不够健全；高等教育经费不足，且使用效益有待提高。一些地方政府对教育的重要性认识不到位、投入不足，有些地方还出现了挪用、截留或克扣教育专项经费的现象。

广东教育发展的问题，最根本的是教育供给能力不足与人民群众对教育尤其是优质教育日益增长的需求之间的矛盾。这既有基础薄弱、历史欠账多的因素，也有思想上不重视、措施不落实的影响；既有投入总量不足所致，也因资源配置不合理所造成；既有体制机制的障碍，包括办学体制方面还没有形成一整套具体优惠政策以充分发挥社会力量开办教育特别是非义务教育的积极性和创造性，也有财税体制方面未做到财力与事权相匹配，有些法律法规和规章制度未得到各级政府及有关部门、各级各类学校及社会其他有关方面坚决贯彻执行的因素。

广东教育发展的经验表明，在经济社会发展中必须坚持把教育摆在优先发展的战略地位，教育发展必须坚持为经济社会发展提供强大人才保证、智力支持、科技支撑，统筹兼顾，协调发展。

大事记

1979年

1月　经国务院批准，广州师范学院正式复办。设数学、物理、化学、英语、政治、历史、中文、地理、生物等9个系。

△　由省教育局主办，停刊12年的《广东教育》复刊。

2月　广东广播电视大学开学。由省高等教育局（简称省高教局）负责教学，省广播事业局负责演播。学制3年。采用电视和广播两种形式教学，并结合面授和函授。学生分为注册和自由收看两类。

4月5日　《南方日报》《广州日报》同时刊登广东省教育局负责人就当前普通教育工作发表的谈话。谈话要求各级教育部门和学校要根据中共十一届三中全会的精神，迅速把中小学教育工作的重点转移到教学上来，大力提高教育质量，为社会主义现代化建设培养合格人才。

5月7日　省革委会决定复办广东农业干部学校，分期分批培训地、县农业部门的领导干部，中等农校的正、副校长，公社党委书记，以及各级农、牧业部门的相关干部。

7月19日　省委发出《关于加强青少年教育的决定》，针对部分青少年中存在的不良倾向，提出加强思想教育的意见。

8月　省高教局在广州召开全省高等教育工作会议，深入拨乱反正，落实知识分子政策，恢复各种教育制度。

11月8日　全省开始试行《中小学体育、卫生工作暂行规定（草案）》。

11月　国务院批准华南农学院为全国重点高等学校。

是年　广东教育工会恢复活动。

1980年

2月　华南师范学院经省政府有关部门批准，以校办企业收入建立学校基金，在全院试行奖励制度。学校基金的35%左右用于集体福利和奖金。

3月28日　省政府批准丁有宽等17位老师为中小学特级教师，并在广州隆重举行命名大会。

4月　省政府批准创办广东外语师范学校，为小学和初中培养外语师资。

5月　卫生部通知，中山医学院肿瘤研究所被指定为世界卫生组织癌症研究合作中心，侧重于鼻咽癌的防治研究。

7月17日　广东省第一届大学生田径运动会在华南师范学院举行。参加本届运动会的有全省31所高校的1047名男女运动员。

8月　省政府决定，广东省教育局更名为广东省教育厅（简称省教育厅）。

9月　中山大学、华南工学院、暨南大学、中山医学院、华南师范学院决定开办自费走读生班。

△　广东省72所中等师范学校恢复招收应届初中毕业生，以及同等学力的知识青年和民办教师。

12月15—21日　省教育厅在广州召开全省师范教育工作会议，研究调整师范布局，加强在职中小学教师培训等问题。

12月　全国中专教育工作会议确定，广东省有10所中专学校定为全国重点中专学校：广东石油学校、广东轻工业学校、湛江气象学校、广东省邮电学校、广东省仲恺农业学校、广东省航运学校、广东省供销学校、广东粤剧学校、广州财政学校和佛山地区卫生学校。这些重点学校招生时优先择优录取。

是年　省政府决定省重点中学开始恢复初高中六年制。

1981年

1月　省教育厅发出《关于进一步加强中小学思想政治教育工作的意见》。

2月2日　省委第一书记任仲夷看到殴打、迫害教师的一些材料后，写信给省教育厅党组，指出："不仅应当教育青少年尊敬老师，而且应当教育干部、群众尊重老师，提高教师的社会地位"，"对殴打、迫害教师情节严重的，应绳之以党纪国法"。

3月27日至4月3日　省政府在广州召开全省高等教育工作会议，总结历史经验教训，分清路线是非，并就广东如何改变高教落后面貌开展讨论。

6月25—29日　省教育厅决定仍按1962年中央批准的编制标准定编；此后不再吸收民办教师，不再采用教师退休子女顶替的做法；民办教师通过考核或进入中等师范专科学校就读，逐步转为公办教师。

8月　国务院批准成立汕头大学。

9月　省高教局决定，从该学期开始，所有省属高等学校实行教师工作量制度。此后提升教师职称要考核完成教学工作量状况。

11月9日　省政府批转省教育厅《关于我省进一步开展勤工俭学活动的意见》，决定在全省学校开展勤工俭学活动。

11月18日　省委第一书记任仲夷到省教育厅视察，听取厅长杨子江汇报后，着重对提倡穿校服、树立良好校风和推广普通话问题作了指示。

是年　按照中央指示，全省各地政府对中小学开始进行"校校无危房，班班有教室，学生人人有课桌凳"（简称"一无两有"）的建设。省政府从是年起，决定每年拨出3200万元作为实现"一无两有"的补助款。

是年　省政府决定全省初中开始恢复三年制。县市重点中学高中开始恢复三年制。

1982年

1月4—11日　省政府在广州召开全省教育工作会议，着重研究提高教育质量，培训教师以及调整教育事业等问题。

1月29日　省政府批准成立广东业余财经学院，由广州业余财经学院广东业余会计专科广州业余大学的会计大专班合并而成，学制3年。

1月　为贯彻执行省政府关于实行高考预选的决定，广东省招生委员会提出实行预选的办法，将预选的指标逐级下达到中学。全省预选指标暂定为招生人数的4至5倍共10万人。

4月1—8日　省教育厅在韶关市召开全省中小学思想政治工作会议，以北江中学为榜样，研究加强学校思想政治工作，开展反腐蚀教育，使校风有更大好转的问题。

4月　省委决定依托高等学校举办干部专修科培训各类专业干部，每年招收学生500名。

△　经国务院批准，佛山师范专科学校、嘉应师范专科学校正式成立。

△　省政府批准开设中国语言学校。招收具有高中毕业以上外文程度，具有一定汉语水平的华裔、港澳、台湾青年学生。汉语专业班学制2年。

5月21—27日　省民族事务委员会和省教育厅在广州联合召开全省民族教育工作会议，省民族事务委员会传达全国民族教育工作会议精神，省教育厅作《积极办好我省的民族教育》的报告。副省长杨康华到会并讲话。会议进一步明确了调整时期民族教育的方针、政策和任务等问题。

6月上旬　省教育厅、省卫生厅、省体育运动委员会（简称省体委）在肇庆市联合召开全省中小学学生近视防治工作会议，研究贯彻省政府发出的《关于做好中小学生近视眼防治工作的通知》。

6月22—26日　省教育厅在广州召开全省学校推广普通话工作会议，讨论《广东省加强中等师范学校、中小学推广普通话工作的意见》。

7月　省教育厅、省人事局做出具体安排，本年高等师范学校毕业生全部分配到教学岗位，并重申任何部门和单位不得将这类毕业生分配到非教学工作单位。

△　广东省广播电视大学举行首届本科毕业生毕业典礼，2800多名本科生取得毕业证书。

7月、8月　省教育厅先后颁发全日制小学、中学学生学籍管理、考勤、成绩考核、奖惩暂行办法。

8月　省政府决定成立广东省教授、副教授评审委员会和26个学科评审组。

9月6—11日　省教育厅在广州召开落实政策工作座谈会，研究加快做好“文化大革命”和历次政治运动的落实政策工作。

10月6日　省政府批准华南师范学院更名为华南师范大学。

10月　广东省31所职工大学、业余大学的107名专职教师被评为讲师，这是广东首次在业余教育系统进行职称评定。

11月10日　省政府批转省文教办公室《关于加速我省中等教育结构改革工作的意见》。

11月18—22日　全省普教系统先代会在广州召开，表彰144个优秀集体、144名优秀教师、112名优秀教育工作者。省委书记、省长刘田夫在会上作《全党都要重视教育》的讲话。

1983年

1月18—22日　省教育厅在广州召开全省中小学思想政治工作检查汇报和中学政治课教学经验交流会，成立中学政治课教学研究会。

3月17日　省委、省政府作出《关于努力开创我省教育事业新局面的决定》，提出80年代开创广东教育事业新局面的方针、各项任务和主要措施；要求各级党委和政府切实加强对教育的领导。25—31日　省教育厅在惠州市召开地、市教育局长会议，学习和商讨贯彻省委、省政府的决定，着重研究普及小学教育、改革中等教育结构等问题。

4月1日　省政府批转教育厅《关于加强教师进修学校建设的意见》。

4月　省教育厅决定农、林、医、师大专和中专学校是年实行部分定向招生。其中80%定向到地、市，由地、市定向到县，20%由省直接定向到文化比较落后的县。

△　经省政府批准，广东省测绘职工中等专业学校成立。该校属省测绘局领导，学制2年。

△　经省政府批准，广州市总工会主办的原广州市业余科技学院和广州市工人马列主义业余大学合并，改称为广州市职工业余大学（综合性职工业余高等学校）。

5月　省教育厅决定，全省各地、市11所教师进修学院改名为教育学院。

6月4日　省教育厅、省高教局、省公安厅联合发出《关于维护学校秩序的通告》。

6月　经省高教局批准，中山大学、华南师范大学等13所高校在完成国家招生计划的前提下，分别与20多个用人单位签订合同，接受委托培养本科和干部专修科学生1400多人。

△　广东20所大专院校改革毕业生分配制度，同60个用人单位进行“供”“需”见面。

9月13—22日　省委、省政府在广州召开全省教育工作会议。会议要求1985年基本普及小学教育，大力改革中等教育结构，加速发展高等教育，努力建设一支稳定的合格的教师队伍。

10月　汕头医学专科学校并入汕头大学，改为汕头大学医学院。

11月8日　省教育厅和共青团广东省委（简称团省委）联合邀请广州、佛山部分中小学校长、优秀班主任、少先队辅导员等，举行加强思想政治教育、防止和清除“精神污染”（即企图摆脱党的领导和社会主义道路）座谈会。

11月　广州地区高等学校科技开发中心成立，在中山大学等12所高校设有分支机构，拥有122个研究站（室）。

是年　省政府决定，一般高中开始恢复三年制。

是年　省委、省政府对教育系统历次政治运动中的冤假错案落实政策完毕，有4万多名教师得到平反昭雪，其中大部分重返教学岗位。

1984年

3月26—31日　省委宣传部、省高教局召开全省高等学校思想政治工作座谈会，讨论通过《关于加强和改善大学生思想政治工作的几点意见》。

3月　广东省教育部门决定从本年起，对各种类型成人高等（中专）学校实行招生统一考试。

4月　广州地区和中等城市高等学校经省政府同意，决定从是年开始招收离校10公里以内的走读学生。

△　经省政府批准，成立广东农垦管理干部学院。

5月　省政府批准，广州职业大学改名为广州大学。该校性质仍属全日制综合性职业性普通高等学校，学制2—3年，为广州培养急用、短线的大专人才。实行收费、走读，毕业后国家不包分配。

△　省政府批准中山市开办孙文大学。该校是一所学制2—3年的短期综合性大学。招生对象是中山市的高中毕业生和在职年轻干部。

△　经省政府批准，广东省财贸管理干部学院成立。

6月　县以上126所重点中学的4万多初中毕业生举行会考。

7月　深圳大学决定在人事制度方面进行重大改革，从校长到一般教职员均实行聘用合同制。

8月　经农牧渔业部批准，华南农业学院改名为华南农业大学。

△　经省政府批准，广东省22所1966年以前举办的函授和业余大学承认其毕业生学历。

9月6—12日　省教育厅受教育部的委托，在广州召开中学数学教育及计算机教育国际讨论会。

9月　省政府批准广州市城建职工大学正式成立。该校由广州市城市建设委员会主办。学制3年。

12月21日　省政府批转省教育厅《关于普通教育改革的意见》，内容包括简政放权、改革管理体制、改革教育结构、改革教育教学工作等。

12月27—30日　省教育厅在江门市召开地、市教育局负责人会议，检查验收33个县（市、区）实现“一无两有”。

12月　省高教局组织举行首次高等教育自学考试。

是年　省政府决定，小学五年制开始恢复为六年制。城市小学和企事业小学是年恢复，农村小学翌年恢复。

1985年

1月　省委组织部、宣传部和省教育厅联合发出通知，要求各地对任意抽调教师情况进行检查，作出处理，并规定此后其他部门不得在中小学、中师和教育学院中抽调或招聘干部和工作人员。

1月　省高教局主办的季刊《高教探索》创刊。

4月23—27日　省教育厅在中山市召开全省教研工作会议，交流经验，研究如何进一步开展中小学教学改革工作。

4月　省政府批准正式成立五邑大学和嘉应大学。五邑大学学制2—3年。嘉应大学是一所以自费、走读为主，不包分配的多科性、综合性职业大学，学制2—3年。

△　经教育部和广东省招生委员会批准，中山大学本年将在招生录取工作方面试行重大改革：一是试行保送，推荐少数优秀生入学；二是实行单独录取，改变过去从低分按分数段调档案的办法。

△　省政府决定高考招生录取工作实行新的改革：一是实行保送免试入学；二是推荐

与考试相结合；三是报考志愿本年仍然在高考公布成绩以后进行。另外，高考招生体检标准放宽，只要生活能处理，不影响学习，不妨碍毕业后工作的青年，身体缺陷不作苛求。

5月27—31日　省教育厅在陆丰县召开中小学校舍工作会议，总结三批68个县（市、区）实现“一无两有”的经验，布置今后“一无两有”工作。

6月5—9日　省教育厅在深圳市召开重点中学校长工作研讨会，围绕办好重点中学、培养创造型人才等问题进行研讨。

6月　经中央卫生部批准，中山医学院改名为中山医科大学。

8月21—25日　省委、省政府在广州召开全省教育工作会议，贯彻中共中央《关于教育体制改革的决定》和全国教育工作会议精神。10月9日，省委、省政府作出《贯彻〈中共中央关于教育体制改革的决定〉的意见》。

9月9日　省委、省政府隆重集会庆祝中国第一个教师节。省党政军领导人、知名学者、教授和教育战线代表1500多人参加大会。省委副书记、省长叶选平代表省委、省政府向教师们致以崇高的敬意和节日的问候。

9月29日　省委、省政府办公厅联合发出通知，严禁抽调小学教师改做其他工作。

10月6日　省高教局在广东迎宾馆举行仪式，聘请美籍华裔学者刘敦励教授为广东省高等教育顾问。这是广东省第一次聘请外籍教授为高等教育顾问。

10月15日　经省政府批准，省高教局委托华南师范大学于翌年春季举办半脱产二年制教师本科班。招生对象以中等专业学校在职教师为主，兼顾其他各类学校。

10月30日　省科学技术协会（简称省科协）发出《广东省全日制中小学生课外科技活动暂行条例》。

11月1日 广东省行政管理干部学院在华南师范大学举行成立大会。该院由省委组织部、省人事局和华南师范大学合办。

11月21日　广东省高等教育学会成立。

11月25—28日　省教育厅在汕头市召开教师住房工作会议，推广汕头建设教师住房的经验。省拨450万元教师住房补助款。从下一年度起，教师住房补助款增至每年1000万元。

是年　国家教育委员会（简称国家教委）组织部分高等学校对外联合招生，广东参加联合招生的高校有：中山大学、华南工学院、中山医科大学、广州中医学院、华南农业大学、华南师范大学、汕头大学、深圳大学等。

是年　广州、佛山、江门等11个城市的市区基本实现普及初中教育。

1986年

1月1日　省委发出《关于加强学校思想政治工作若干问题的决定》，针对新时期的要求，对进一步加强学校的思想政治工作作出决定。

1月5日　省政府批准建立广东中专自学考试制度。

1月19—23日　省政府在广州召开中小学师资工作会议，各地市文教领导干部、教育局长、教育学院和师范院校负责人参加。会议研究了普及九年义务教育和发展职业技术教育培养培训师资问题。副省长王屏山在会上作报告和总结。

2月3日　经国家卫生部同意，省委批准，中山医科大学开始试行校长负责制。该校是省内国家重点院校中首先试行校长负责制的学校。

2月21日　经省政府批准，佛山大学正式开办。

3月17—21日　省教育厅在湛江市召开市（地）和部分县教育局长会议，推广湛江农村教育管理体制改革的经验，部署1986年普教工作。

3月26日　省教育厅颁布《广东省普通中学办学水平评估试行办法》。从9月开始，进行首次评估。

3月26—29日　省教育厅在广州召开全省中小学勤工俭学工作会议，表彰先进，交流经验，确定“七五”期间勤工俭学的奋斗目标。

4月2日　肇庆地区自筹资金兴办的短期职业大学——西江大学正式成立。该校招生纳入国家计划，学制3年。

4月5日　为方便香港考生报考内地大学，内地大学本年首次在香港开设考场。国家教委委托香港考试局全权代理内地7所大学在香港联合招生考试工作。

5月28日　美国联合大学与广东省高教局、中国企业管理广州培训中心在广州签署在广州地区举办教育合作项目的合作协议书。

5月30日　省教育厅发出《关于进一步做好普及初等教育巩固提高工作的意见》。

6月11—13日　省政府在广州召开全省农民教育工作会议，着重研究“七五”期间如何进一步发展和完善四级农民教育网问题。副省长王屏山到会并讲话。

6月中旬　省职称改革工作领导小组发出有关中小幼教师职务条件考核和职务任命及聘任文件后，开展中小幼教师职称改革试点工作。

7月14日　广东省开始实行毕业生定期服务制度。凡入学前户口在广州、佛山、汕头、湛江、江门市的学生，毕业后分配到广东省47个山区县和海南工作的，经见习期满连续服务五年后，可凭工作调动介绍信和工作单位出具的服务期满证明书，由调入单位人事部门安排工作。

7月30日　经国务院批准，省政府决定在高等学校本年招收的新生中开始改革人民助学金制度，全面实行奖学金和学生贷款制度。

8月9日　省政府发出《关于我省城市、农村征收教育费附加的有关规定》，开始征收教育费附加。

8月23日　省教育厅发出《关于发展我省特殊教育的意见》。

9月1日　省教育厅颁布普通高中学生学籍管理、考勤、成绩考核、奖惩暂行办法。

9月8日　省委、省政府在广东迎宾馆举行庆祝1986年教师节座谈会，宣读批准100名中小幼教师为第二批特级教师的决定，并向第二批特级教师颁奖，向25年以上教龄的教师代表颁发荣誉证。

9月13—16日　省教育厅在顺德县召开首批普及初中教育市县座谈会，由顺德、新会、中山、东莞等县市介绍经验，讨论省的实施意见和几项管理制度。

9月　深圳大学进行改革。对学习成绩优异的大专生，允许升入本科；对学习成绩较差的本科生，到期不能修满学分者，则降为试读生、专科生或自费走读生。两年制专科生在两年内也必须修满规定学分，否则降为试读生、自费走读生。

10月7日　省人大常委会公布审议通过的《广东省普及九年制义务教育实施办法》。

10月5—19日　省教育厅举办地市县教育局长学习班，学习教育方针、教育思想，提高教育管理水平。省教育学院从10月起举办重点中学校长学习班。

11月3日　省政府办公厅转发省教育厅等5个单位关于《全省农民教育工作会议纪要》，分三类地区开展初级为主、初中级结合的农民文化技术教育。

11月4日　省教育厅颁发《全日制初中学生学籍管理、考勤、成绩考核、奖惩试行办法》。

11月17日　省政府第一次组织466人的讲师团分赴7个市、地154所中学、师范学校任教。

12月11—13日　省政府召开全省职业技术教育工作会议，传达全国职业技术教育工作会议精神，研究“七五”期间广东职业技术教育发展的任务和完成任务的措施。

1987年

2月24—26日　省教育厅在东莞市召开全省中小学教学改革实验成果汇报会，分三个等级奖励了100项教改实验成果。

3月9日　省教育厅在南海县西樵召开市地教育局（处）长会议，根据国家教委1987年工作会议精神部署是年的普教工作。

3月11日　广东省高等教育自学考试产生首批大专毕业生，3000多人领到毕业证书。

3月23日　省政府办公厅转发省教育厅《关于中等师范学校实行分级管理的意见》。

4月14—16日　省教育厅在佛山市召开中学课外活动工作会议。会后发出《关于广泛开展中学课外活动的意见》。

4月23—27日　省教育厅受国家教委委托，在广州召开中英普通教育规划研讨会。

5月15—18日　省教育厅在罗定县召开全省基础教育管理体制改革工作座谈会，推广罗定县教育管理体制改革的经验。

5月24日　由于农村职业中学专业课师资严重欠缺，省招生委员会、省教育厅决定，从全省职业高中应届毕业生中，选拔270名优秀毕业生，进入高等院校职中师资班深造。毕业后由原推荐的市、地、县教育部门分配到职业高中任专业课教师。

6月4日　经省政府同意，惠阳地区体育运动学校成立。

7月2日　经省政府同意，东莞游泳运动学校成立。

7月4日　经省政府同意，台山排球运动学校成立。

8月4—8日　省政府召开全省普通教育工作会议，着重讨论端正教育思想，全面贯彻教育方针，大面积提高教育质量问题。

8月8日　省政府举行普及初等教育先进县市表彰大会，表彰奖励40个先进县（市、区）。

9月8日　省委、省政府举行庆祝1987年教师节暨教书育人、尊师重教表彰大会，表彰31名教书育人的优秀教师和6名尊师重教的市县领导干部。

9月23日　省教育厅发出《广东省普及九年制义务教育基本要求和检查验收的暂行规定》。

9月　省委、省政府挑选10名优秀教师组成教书育人报告团，于教师节前后到全省各地作巡回报告。

12月1日　经国家教委同意，广东省电力专科学校成立。

12月3日　中国—国际农业合作培训中心在华南农业大学成立。该中心的主要任务是为非洲国家培训高中级农业官员和农业技术员。

12月　省教育厅和省语言文字工作委员会联合举行推广普通话电视录像评比活动。

△　省教育厅在五华县召开征收教育费附加会议，推动此项工作的开展。

是年　全省军训制度铺开至省内高等学校和部分重点高级中学。

是年　省教育厅决定，开始实施中小学、幼儿园教师考核合格证书制度。

1988年

1月10—14日　省教育厅在江门市召开全省职业中学教育现场会，提出职业中学校长不仅要懂教育，还要懂生产和经营。

1月28日　经国家教委批准，华南工学院改名华南理工大学。

1月　省委成立省教育工作领导小组。

3月17日　经省政府同意，成立湛江中医学校。

3月下旬　省教育厅召开全省普教系统电教、仪器工作会议，研究加快教学仪器和实验室建设的步伐。

4月16日　经省政府同意，成立广东省旅游学校。

4月27日　国家教委通知，中山医科大学试办7年制临床医学和口腔医学专业。同年开始招收7年制专业的学生。7年制专业的学生将从考生中精选，在校学习的第六、第七年，享受硕士生待遇。毕业考试成绩及格者授予医学硕士学位。

5月9日　省高教局与司法厅联合在广州召开全省高校法制教育工作会议，传达国家教委和司法部召开的全国高校法制教育经验交流会精神，部署广东省高校普法教育的任务。全省高校要开设系统的、正规的法律基础课。

5月11日　省委、省政府作出《关于普通教育体制改革的决定》和《关于高等教育体制改革的决定》，以加速普教和高教的改革。

5月16日　经省政府同意，成立茂名市体育运动学校。

5月19—20日　省政府召开全省普教系统校舍建设总结表彰大会，表彰校舍建设被评为特级和一级的94个县（市、区），并研究部署今后改善办学条件的工作。国家教委和财政部向省教育厅、省财政厅颁发了奖状和奖金。副省长卢钟鹤和国家教委秘书长在会上讲话。

6月13日　经省政府同意，成立新兴中药学校。

6月25日　经省政府同意，成立电白中等专业学校。

6月22—26日　省委、省政府召开全省教育工作会议。研究落实普教、高教体制改革两个决定，以振兴广东教育。省委书记林若、副书记谢非在会上讲话，省长叶选平在会上作《振兴广东教育，推进我省社会主义现代化建设》的报告。

7月至8月　暑假期间，有近10万名大专学生以智力输出、扶贫助困为主要内容，参加各种社会实践活动。

8月初　国家教委批准江门市教育改革方案，同意该市为中等城市教育综合改革的试点城市。

9月8日　省委、省政府召开庆祝1988年教师节暨园丁奖颁奖大会。在评选的基础上，授予70位教师优秀园丁奖，授予120位教师园丁奖，并授予10位市县领导干部尊师重教奖。

△　国家教委表彰一批办学方向端正、办学效益较高的师范专科学校和中等师范学校。广东省受表彰的学校有惠阳师范专科学校、中山师范学校，普宁师范学校、广东外国语师范学校、广州师范学校、广宁师范学校、新会师范学校等7所。

9月14—17日　省委、省政府在潮州市召开全省中小学德育工作现场会，推广该市重视学校德育，全社会齐抓共管的经验。省委副书记谢非到会并讲话。

9月25日　华南师范大学主办，澳门教育司、澳门中华教育会协办的教育专业函授专科（校外文凭课程）澳门班，首届105名学员毕业，毕业典礼在华师大举行。

9月27—29日　省教育厅召开全省中等师范教育工作会议，交流办学经验，研究如何办好中师，并提出进一步办好中师的规划。副省长卢钟鹤到会并讲话。

10月6—8日　省教育厅在南雄县召开全省中心小学“四室一场”（阅览、仪器、体育器材、少先队部室，200米跑道的运动场）建设现场会。

10月20日　经国家教委批准，广东省本年试办成人高校预科班。学员结业后于1989年免试升入成人高校专科层次学习。预科班由中山大学和广东华侨补习学校承办。

11月10日　中山大学决定，从1988年入学的学生开始，实行两段制，作为教学改革一项重要内容。两段制的具体做法是：学生入学后的第一至二年学习基础课，课程结束后进行一次统考，成绩优良的继续升入本科段学习，成绩差不能深造的，作为大专毕业或结业提前离校。学习4年课程结束后再进行一次统考，并实行优质优用，向社会推荐。成绩特殊优秀的免试保送攻读研究生。

11月15—18日　国家教委在斗门县召开广东省高考标准化改革试验评估会，对广东高考标准化试验给予充分肯定，决定在全国推广。

12月8日　省委宣传部、南方日报等单位主办的“广东改革开放10件大事”评选活动揭晓，“改革旧体制，教育迈新步”被评为其中一件。

12月20日　省计划委员会（简称省计委）、省高教局提出广东省明年普通高校招生计划工作的意见。招生计划总的原则是控制数量、调整结构、提高质量。要将国家任务招生、委托培养招生、自费生招生全部纳入招生计划总规模。

1989年

1月12日　广州市教育基金会宣布成立，港澳知名人士霍英东任名誉会长，中共广州市委书记朱森林任会长。该会已募集基金200多万元。

2月28日　省政府发出《关于加快发展中等专业学校、技工学校教育的通知》。

3月2日　省人大常委会颁布《广东省青少年保护条例》。

3月15—18日　省委召开全省高等学校党建工作会议，贯彻中央关于党建工作的指示，研究在改革开放新形势下如何加强高校党建工作。

3月26日　广东省教育促进会成立。

3月28日　广东教育基金会成立。省财政首次拨出500万元作为基金。

4月3日　华南师范大学心理学系和心理学研究会，运用国际通用的心理量表，对广州大塘街小学学生的智力、个性、气质进行测试，建立起中国第一份小学生心理档案。

4月6日　广东省1989年高校毕业生分配计划协调会议结束。该年仍实行国家计划分配为主的管理体制，并作出一些新的政策规定：（1）实行毕业生资格审查制度，不许自费生、旁听生、进修生或未经合法转学手续的学生混同毕业生参加分配。（2）定向生必须到定向单位、代培生必须到委托培养单位服务。（3）结业生不列入分配计划。

4月16日　省委决定成立中共广东省委高等学校工作委员会（简称省委高校工委），以加强党对高等学校的领导。

4月17—19日　省教育厅在南雄县召开实施“燎原计划”暨职业中学工作会议，研究实施“燎原计划”和办好骨干职中。

5月5日　省委办公厅、省政府办公厅转发省职工教育委员会《关于改革和发展职工教育工作的意见》。

5月6—9日　省委、省政府在东莞市召开全省普通教育体制改革工作会议，推广东莞市经验，着重部署开展中小学内部管理体制改革，推行“两聘两制一包一奖”。省委副书记谢非、省委常委方苞到会并讲话。

6月12日　省高教局印发《关于评估调整省属高校重点学科的通知》，将对1986年确定的省属高校14个重点学科和6个重点扶持学科进行评估，在省属高校按国家教委标准设置的二级学科中进行调整。

6月22日　省政府转发国务院批准国家教委《关于改革高等学校毕业生分配制度报告的通知》，并决定由教育、计划、人事、劳动、公安、粮食、财政等部门成立广东高校毕业生就业指导委员会。

6月25日　为加强党对高等学校的领导，中共广东省委高等学校工作委员会和中共广东省高等学校纪律检查工作委员会正式挂牌运作。高校工委和高校纪工委，分别为省委和省纪委的派出机构。

8月15日　省政府颁布《广东省普通教育督导工作暂行规定》；省教育厅设立教育督导室。

8月30日　省教育厅、省物价局、省财政厅就清理整顿中小学收费问题作出5项规定。

9月6日　省委、省政府召开庆祝1989年教师节大会，表彰奖励优秀教师913名，优秀教育工作者139名，尊师重教成绩显著的11个市、县党委和政府。另有952人被国家教委等部门联合表彰奖励。

9月12日　省高教局发布通知，全省高校在新学年开设政治形势和法制教育课。

9月至11月　省教育厅对全省中小学德育、教育经费和教师待遇、危房改造、遏止学生流失、纠正乱收费等5项工作进行督导检查。其间国家教委督导检查组对广东上述5项工作进行督导检查。

11月1—4日　省教育厅在韶关市召开劳动技术教育会议，会后印发《会议纪要》。

12月1日　省语言文字工作委员会召开第一次全体委员会议，要求持之以恒地开展推广普通话工作。

1990年

1月11—14日　省委、省政府在陆丰县召开全省山区贫困县教育工作会议，着重推广陆丰县抓教育的经验，部署利用经济治理整顿的时机花两三年完成改造危房校舍的任务，把山区教育推进一步。

1月25日　经省政府同意，将广东省行政管理干部学院改为广东行政学院，作为广东省公务员培训基地。

2月8日　汕头大学举行落成庆典。国务委员兼国家教委主任李铁映、全国人大常委会副委员长荣毅仁、省委书记林若、省政协主席吴南生、国家教委副主任何东昌、新华社香港分社社长周南、国务院港澳办公室副主任李后等共同为汕头大学落成剪彩。

2月21—23日　省委高校工委、省高教局联合召开1990年高教工作会议，结合广东实际贯彻国家教委1990年工作会议精神，研究如何加强思想政治教育工作，把坚定正确的政治方向放在教育工作的首位。

4月18日　省教育厅召开未脱盲县扫盲工作汇报会，交流经验，落实措施，督促按时完成扫盲任务。

4月19日　为纠正中小学乱收费现象，省教育厅、省物价局、省财政厅联合发出通知，决定对中小学收费情况进行一次检查。

5月16日　省委高校工委、省高教局、省教育厅联合举行广州地区教育系统纪念鸦片战争150周年报告会。在此前后，各学校纷纷举行纪念活动。

5月25日　省政府办公厅转发省教育厅、省财政厅决定，从1989年10月起增加民办教师补助费。

6月18日　省委宣传部、省委高校工委、省高教局、团省委发出《关于组织我省高校学生参加1990年暑期社会实践活动的意见》。

6月25日　省教育厅发出《关于切实减轻小学生课业负担的通知》，提出减轻负担的10项要求。

7月20日　省委高校工委、省高教局在华南师范大学举行颁奖大会，向承担全国“七五”重点科研项目之一的“高考标准化改革试验”任务的省招生办公室、中山大学、华南师范大学、广州外语学院、省教科所颁发了荣誉证书、奖状、奖金。该项目荣获“全国首届教育科学研究优秀成果一等奖”。国家教委决定，从该年起在全国逐步推行“高考标准化改革”。

△　省委召开全省高校党建工作会议，研究部署加强高校党的建设。

8月23日　省政府批准第三批中小学特级教师，共299名。

9月12—21日　由19人组成的省优秀教师报告团分4个组分赴19市和部分县作报告，听众共3万多人。

9月15日　省人大常委会办公厅、省政府办公厅就组织检查《中华人民共和国义务教育法》执行情况发出通知，并于10月中旬赴湛江、梅州、汕头进行检查。

9月21日　全国纪念鸦片战争150周年大会暨青少年爱国主义教育研究会在东莞市虎门

镇举行。

9月26日　省委高校工委决定，广东各高等学校开始对新生进行为期半月至1月的军政训练，受训的学生在向解放军学习各种军事知识的同时，还将学习解放军的好思想、好传统。

9月　省教育厅决定，全省中学试行统一的德育考核办法。

10月24—27日　省教育厅在顺德县西山小学召开小学教学整体改革现场会，推广该校整体改革经验。

11月6日　经省政府同意，韶关水轮机厂职工中等专业学校改名为韶关机电职工中等专业学校。

12月6日　省教育厅召开全省特殊教育工作会议，要求尽快改变特殊教育的落实面貌。

12月19日　经国家教委同意，将佛山师范专科学校并入佛山大学、嘉应师范专科学校并入嘉应大学、肇庆师范专科学校并入西江大学、韶关师范专科学校并入韶关大学。

12月21—22日　省委高校工委、省高教局、团省委联合召开全省大学生社会实践活动总结表彰大会，要求将这项活动逐步基地化、制度化、科学化地开展下去。

1991年

3月5—7日　全国中小学德育工作座谈会在潮州市举行，推广该市经验，调动全社会力量，齐抓共管，培育“四有”新人。

3月8日　广东省1991年普通高等教育工作会议召开。副省长卢钟鹤在大会上作报告，提出“八五”时期要着重抓好几项工作：（1）坚持社会主义方向的办学指导方针，把坚定正确的政治方向放在首位。（2）优化高教结构。（3）全面开展教学改革，努力提高教学质量。（4）改革科研体制，加强横向的联系与合作。（5）积极发展校办高科技产业。（6）想方设法增加教育投入，实行多渠道筹集教育经费。

3月19日　省委决定，从23所高校选派86名中青年教师、干部到基层挂职锻炼。这在广东省高教系统尚属首次。他们将分别派到17个市、县及所辖的72个乡镇，挂任分管教育的副县长、副乡镇长和市、县教育局副局长职务，下派人员每年轮换一次。

4月上旬　省教育厅、省招生委员会发出通知，从是年起，初中毕业生升学把体育列入考试科目，折算30%计入招生总分；应届初、高毕业生均须按省新的德育考核办法进行考核，并作为升学择优录取的重要条件之一。

4月18—22日　省委、省政府在江门市召开全省职业技术教育会议，贯彻全国职教会议精神，总结交流经验，研究方针政策，大力促进广东职业技术教育的发展。在此前后，省定出首批省级重点职业高中19所。

5月23日　省高教局结合广东实际，提出整顿普通高校成人教育“三乱”（乱办学、乱招生、乱发文凭）现象的意见。

5月26日　华南师范大学首次向澳门35名函授专业生授予文学学士学位证书。

6月10日　广州中医学院经国家教委批准，该年开办中医学专业7年制本科硕士教育，面向全国招生，在广东招收11名。这在全国是首次。

6月11日　中国广州国际中医药培训中心在广州中医学院成立。该中心是中国当时唯一由国家中医药管理局直接领导、受世界卫生组织资助的国际中医药教育机构。

7月16日　经省政府同意，成立广东省农垦农业广播电视中等专业学校。

7月20日　经国家教委同意，广东建筑工程专科学校与广州城建学院（筹）实行联合办学，成立华南建设学院。原广东建筑工程专科学校为东院，原广州城市建筑学院（筹）为西院。

8月3—9日　广东省第三届大学生运动会在茂名市举行。

9月　省教育厅决定，从高中一年级新生起实行两项改革：一是执行调整后的教学计划；二是实行高中毕业会考制度。

9月7日　省政府决定为全国劳动模范、特级教师、国家级有突出贡献的专家丁有宽通令嘉奖，给予奖金3万元。

△　国家教委同意，成立广州市联合职工大学。

9月10—13日　省政府在广州召开全省普教系统先进集体和先进工作者代表大会。副省长卢钟鹤到会并讲话，省教育厅厅长许任之作题为《发扬“七五”成绩，实现“八五”宏图》的报告。

9月中旬　省委高校工委、省高教局、省教育工会组成10人的高教系统教书育人优秀教师报告团，在广州作了两场报告后，分两个分团分赴茂名作巡回报告。

9月26日　省教育厅发出《关于我省中小学加强中国近代史、现代史及国情教育若干问题的通知》。

10月7—22日　全国人大《中华人民共和国义务教育法》检查组到广东进行15天的检查活动，对广东贯彻该法给予评价和指导。

10月13—17日　省委召开全省高校党的建设工作会议，研究进一步落实1990年中央关于加强高校党建工作，把高校党的建设和思想政治工作提高到一个新水平的文件精神。省委书记谢非、省长朱森林出席大会并讲话。

从是年开始　省根据国家教委指示，决定用三四年时间培训小学、初中校长，用五年时间培训高中校长，到1995年以后实行校长持岗位培训合格证上岗。

1992年

1月12日　由广州市教育基金会组织的广州市首次教育基金百万行活动仪式在广州市中山纪念堂门前举行，共有700多个单位、1.3万多人参加步行。

1月27日　省委办公厅、省政府办公厅转发省委高校工委、省高教局《关于组织我省高等学校青年教师参加社会实践的意见》，要求新分配的青年教师上岗前要到工厂、农村参加为期1年的社会实践锻炼；1995年以前，分期分批组织1982年以后安排到高校工作但未经过锻炼的青年教师补上这一课。

2月　团省委、省教育厅等单位联合成立实施希望工程领导小组及办公室，为资助贫困地区的教育开展“希望工程”募捐集资活动。

4月7日　经省机构编制委员会同意，广东高等教育出版社改为事业单位，实行企业管理。

4月20日　省第四届中学生运动会在南海县开幕。该届运动会分两段进行，第一段4月

20—22日在南海举行，第二段7月20日—30日在佛山和花县举行。

4月28日　经国家教委同意，东莞理工学院正式成立。该学院为省属普通高等专科学校，办学规模为1500人，招生专业主要根据当地经济和社会发展的需要灵活设置。

5月14日　经省机构编制委员会同意，成立广东省高等学校学术交流中心，属事业单位。

5月18日　省政府召开电话会议，宣告全省中小学校舍危房改造（简称“改危”）基本完成，同时表彰“改危”工作成绩突出的241个先进集体和300名先进个人。

6月10日　经国家教委同意，武汉水运工程学院广州航海分部，与广州海运学校合并，组建广州航海高等专科学校。该校实行交通部与省政府双重领导、以交通部为主的领导体制。

6月10—13日　省委高校工委、省高教局召开全省高等教育改革工作座谈会，学习邓小平南方谈话，重新研究深化高教改革、加快高教发展方案。会议确定中山大学等7所高校为首批进行综合改革的试点院校。

6月30日　省教育厅根据邓小平南方谈话提出的广东要力争20年赶上亚洲“四小龙”的指示，向省政府提出广东普教追赶“四小龙”的初步设想，并召开各市教委主任、教育局局长会议作部署。

7月　国家教委批准雷州师范专科学校升格为湛江师范学院，主要为粤西地区（包括肇庆、湛江、茂名、阳江市）培养高中教师。

8月5日　中山大学举行全国第一个大学生体育训练基地命名揭幕仪式。

9月7日　省委、省政府举行庆祝1992年教师节暨表彰优秀教师、优秀师范生大会，表彰奖励5位南粤杰出教师、617名南粤教坛新秀，以及593名南粤优秀师范生。

11月30日　中共中央政治局委员、省委书记谢非到华南农业大学考察，提出高校教育要与市场经济相适应。

12月8日　省政府批准，在广东省公安司法管理干部学院的基础上，增设广东公安高等专科学校。

12月10日　省政府批准，在江门卫校的基础上，成立江门中医药学校。

12月25—27日　省委、省政府召开全省高等教育工作会议，商讨加快广东高等教育改革和发展的大计。会议决定从1993年起筹集教育专项资金，大幅度增拨高教经费；大力提高教师生活待遇，对中央部属和省属高校的政策性补贴一视同仁；每年拨出专款用于高校重点学科和实验室建设；继续深化高校的各项改革等。

12月底　根据广东20年追赶亚洲“四小龙”的统一规划步骤，省政府提出加快普及九年义务教育的步伐，争取在1997年全省普及初中阶段义务教育。

是年　省教育厅组织编写的九年义务教育（沿海版）教材送交国家教委审定通过，被列为全国首批九年义务教育选用教材之一。

1993年

1月2日　省委、省政府发出《关于加快高等教育改革和发展步伐的决定》，提出加快高教改革和发展的指导思想、发展目标，以及各项改革的要求和实现发展目标的政策及措施。

2月2日　中山大学研究生院与美国高等研究学院签订协议，联合举办决策管理学研究班，培训实用型高级管理人才。修业期满通过毕业考试者，由中山大学研究生院颁发硕士研究生班结业证书、美国远东高级研究学院决策管理MBA硕士学位证书。

2月20日　省教育厅决定，高中、职中、中师、中专和技校实行统一招生考试，按志愿分类录取，避免互争生源。

2月23日　国家教委、省政府发布《关于国家教委和广东省政府共同建设中山大学和华南理工大学的通知》。

2月25—27日　省委、省政府在广州召开1993年普教工作会议，分析普教的形势，确定广东普教工作到20世纪末的基本目标和工作思路。中共中央政治局委员、省委书记谢非和省长朱森林到会并讲话。省教育厅厅长许任之在会上作《解放思想，真抓实干，为全面增强广东普教综合实力而努力奋斗》的报告。

3月13日　省招生委员会在广州召开广东省1993年普通高等学校招生工作会议，对招生制度进行多方面的改革：（1）扩大招生规模。（2）调整国家指令性计划和指导性计划的比例。（3）高校招收的新生，实行收费上学制度，但农林、师范及部分艰苦专业仍免收学杂费。（4）对师范院校的招生在政策上实行倾斜，适当增加保送生的比例；在有条件的中学举办高师预备班；从华南师范大学划出部分指标向外省招生，定向培养，毕业后分配到广东省中学任教。（5）改革招生管理体制，逐步把选拔新生的职权放给高校，省招生部门实行宏观管理和必要的监督。

3月16—20日　省教育厅在中山市召开全省职业高中工作会议，讨论进一步发展职中教育和推进职中改革的问题。

4月19日　华南农业大学经济贸易学院举行成立庆典，这是中国农科院校中第一个综合性经济贸易学院。该院的前身是农业经济系，新成立的学院朝着为广东培养贸易、金融、管理和会计等各类专业人才的方向发展。

4月19—21日　省教育厅在南海市召开中小学等级评估工作会议，总结推广南海中小学等级评估试点工作经验，研究部署在已普及九年义务教育的市、县（区）开展中小学等级评估工作。

5月17日　省委高校工委、省教育厅、省教育基金会表彰奖励全省180名优秀幼儿教师。

5月17—22日　联合国儿童基金会和国家教委在江门市召开“幼儿的教育与发展对90年代的挑战”国际研讨会。

5月27日　国家教委正式批准广东为高等教育改革试验省，让广东有较大的改革与发展高教的自主权。

6月1日　省委、省政府对“八五”期间广东中小学教师人均月收入的基本标准（包括山区贫困县教师人均月收入的最低标准，以及民办教师的收入标准）作出明确具体规定，并拨出5000万元专款补助30个山区贫困县农村中小学教师的岗位津贴。

△　国家教委正式批复广东省高等教育改革试点方案，明确广东省高等教育有以下办学自主权：（1）高等专科学校设置、撤销、调整审批权。（2）可确定本专科和研究生招生计划、由省单独组织命题和考试。（3）可审批学校增设专业目录以外的本专科专业。（4）具有硕士学位授予权，可开展自行审核增列博士生指导教师的试点工作。（5）可以审批高等教育自学考试开设本、专科专业。（6）有权审批境外团体和个人到粤合作办学。

6月2日　经国家教委批准，佛山兽医专科学校更名为佛山农牧高等专科学校。

6月9日　经省政府批准，广东省科技干部学院正式建校招生。

6月17日　省教育厅发出《关于不要使用“贵族学校”的名称及进行宣传报道的通知》。

7月12日　省高教局决定，成立广东高等教育管理信息中心，挂靠规划办公室；成立广东省普通高等学校毕业生就业服务中心，挂靠毕业分配办公室。

7月14日　为加强对私立学校的管理，省教育厅发出《关于加强我省普通教育私立学校审批和管理工作若干问题的通知》。

7月15日　省政府召开山区县教育工作会议，30个山区县就依时完成“普九”和保证教师收入与省政府签订“责任状”。

7月22日　经省政府批准，南华工商学院正式建校招生。该院是省总工会在省总工会干部学校的基础上创办的广东省第一所民办普通高校，该年首先开设两年制酒店旅游管理和法律两个专业。

7月26日　中山医科大学与澳门镜湖医院达成协议，镜湖医院成为中山医科大学在境外的教学医院，从该年起，每年选派40名临床医学专业实习生轮流到镜湖医院实习。

7月28日　经省政府同意，在省军区人民武装部培训基地的基础上，成立省人民武装学校。

7月底　省政府转发省劳动局《关于我省技工教育深化改革的意见》。

8月　省教育厅创办的奥林匹克学校开始招生，招收在数学、物理、化学等学科有特长的初一、高一学生各一个班。

9月8日　省委、省政府召开庆祝1993年教师节暨表彰优秀教师大会，表彰奖励南粤杰出教师15名，南粤教书育人优秀教师1022名，以及南粤优秀史地、图音体教师681名。

10月8日　经省政府同意，在广州远洋教育中心的基础上，建立广东金桥管理干部学院。

11月8—10日　省教育厅在深圳市召开全省城市教育综合改革座谈会，研究城市教育体制改革，大力发展职业教育，加强教育教学改革，贯彻素质教育等问题。

11月22日　省第八届人大常委会公布《广东省高等教育管理条例》，这是全国第一个关于高等教育的地方性法规。

12月11日　国家教委批准，韩山师范专科学校升格为韩山师范学院。

12月13—17日　国家教委在江门市召开城市教育综合改革研讨会，研讨按照《中国教育改革和发展纲要》加快城市教育综合改革问题。副省长卢钟鹤在会上介绍广东教育改革情况。国家教委副主任王明达作《认真贯彻〈纲要〉，加快城市教育综合改革步伐》的报告。

是年　有14个县（市、区）基本普及初中义务教育。至此，全省共有60个县（市、区）普及了九年义务教育，占全省县、市、区总数的49%，占总人口的52%。

1994年

1月2日　中山大学高分子研究所教授林尚安、华南农业大学植物遗传学教授卢永根当选为中国科学院学部委员。

1月8日　省人大常委会召开全省宣传贯彻《中华人民共和国教师法》座谈会。省人大科教文卫委员会和有关单位确定4月20日至5月20日为教师法宣传月。

3月24日　经省政府批准，广东省电力专科学校易名为广东电力高等专科学校。

3月29日至4月3日　省教育厅在饶平、五华、梅县召开粤东农村教育综合改革工作现场会，推动粤东农村教育综合改革和实施燎原计划。

4月4日　经省政府批准，广东省粮食学校易名为广东省贸易学校。

4月22日　省高教局颁发《广东省普通高等学校学分制管理规定》。

4月　经省政府批准，在私立华联实用外语科技学校的基础上成立私立华联学院。

5月17日　为加强对民办学校的审批和管理，省教育厅颁发《广东省基础教育社会力量办学〈办学许可证〉登记及实施办法》。

5月21日　经省政府批准，成立阳江市中等专业技术学校。

5月　全省各级教育基金会通过政府拨款、海内外人士捐赠、教育"百万行"等募集活动，基金已逾10亿元。经过努力，全省已无拖欠教师工资现象。

6月6日　经省政府批准，汕头农业机械学校更名为汕头机电学校。

6月10日　广州石牌地区的华南理工大学、华南农业大学、暨南大学、华南师范大学等6所高校，在隶属关系和投资渠道不变的前提下，实现资源共享、优势互补的联合办学。

6月13日　省政府颁布《广东省教育收费管理规定》。

7月9日　经过认真评估，省教育厅批准华南师范大学附属中学等102所中小学为首批省一级学校。

7月　省教育厅成功地完成第一循环的普通高中毕业会考，先后会考语文、数学、外语等9个学科，各科合格率均在93%以上。

8月24日　省教育促进会继1993年组织22名支教队下乡外，是年又招聘30名退休高级教师和副教授分配到5个山区贫困县支教。

8月　中山大学、华南理工大学、广州外语学院等7所高校招生实行公费生、委培生、自费生并轨录取，缴费上学，并实行奖学金、贷学金制度。

△　全省普教系统评出第四批特级教师205人。

9月1日　经省政府与对外贸易经济合作部商定，广州对外贸易学院正式归属广东省政府管理。

9月6日　省委、省政府在广州召开庆祝1994年教师节暨表彰教书育人优秀教师、尊师重教先进单位大会。大会表彰奖励了南粤杰出教师15名、南粤教坛新秀764人、南粤尊师重教先进单位68个，还表彰奖励302名中小学优秀班主任。中共中央政治局委员、省委书记谢非，省长朱森林出席大会并颁奖。

9月10日　国家教委批准广东省邮电学校、轻工业部（简称轻工部）广州轻工业学校、湛江气象学校、民航广州中专学校、广东省交通学校、广东省航运学校、佛山市卫生学校、肇庆市卫生学校、韶关市卫生学校、广东省人民警察学校、广东省体育运动学校为国家级重点中专学校。

11月1—3日　省委、省政府在广州召开全省教育工作会议，贯彻全国教育工作会议精神和《中国教育改革和发展纲要》，研究确定广东今后教育发展的目标和任务。省长朱森林作《认清形势，明确目标，加快我省教育改革和发展》的报告。11月17日，省委、省政府正式发出《关于教育改革和发展的决定》，确定要把建设教育强省作为广东省基本实现现代化的重要目标。

11月4—5日　省委、省政府在广州召开全省中小学德育工作会议。省委常委、副省长卢钟鹤作《适应新形势的要求，进一步加强和改进我省中小学德育工作》的报告，教育厅厅长许任之作会议总结。

12月3日　继1993年省政府与国家教委共建中山大学、华南理工大学之后，省政府又与农业部共建华南农业大学。共建后学校原来的隶属关系不变。

12月17日　省举行自学考试开考10周年庆祝大会，10年间已有本科毕业生1161人，专科毕业生3.9万多人，还有2900多人取得了大专层次的专业证书。

12月24日　经省政府批准，成立肇庆市工业中等专业学校。

12月26日　经省政府批准，广东省农业机电学校易名为广东机电学校。

12月27日　经省政府批准，成立三水市工业中等专业学校。

是年　湛江师范学院进行后勤工作全面改革，并联合湛江其他高等学校，成立湛江高校后勤集团，后勤人员逐步从学校剥离，实现后勤工作社会化，在全国产生示范性效应。

1995年

1月1日　经省政府和国家教委研究决定，广州外国语学院正式归属广东省政府管理。

1月12日　广州市教育基金会在全国率先设立的“广州市终身教育奖”在广州中国大酒店举行颁奖仪式，首批共1.4万名离退休教职工接受这一奖项。该奖项用以奖励从事教育工作30年以上的离退休教职工。广州市市长黎子流出席颁奖仪式。

1月18日　省教育厅发出《关于我省普及九年义务教育评估验收有关问题的通知》。《通知》要求从1995年开始，取消小学、初中留级制度。

2月25—28日　省政府在新兴县召开全省中小学教师住房建设工作会议，要求三五年内基本解决教师住房问题。

3月10日　经国家教委同意，广州中医学院更名为广州中医药大学。

3月14日　经省政府批准，广东省宣布本科院校（含专科学校的本科专业）是年起全部实行“并轨”招生，实行同一录取分数标准和缴费上学。

3月18日　经省政府批准，南方成人经贸学院成立。

4月6—8日　省高教局召开全省成人高教、中专教育工作会议，鼓励地区、部门、行业（系统）举办成人高等职业技术学院；改革招生教育制度，包括放开各类成人高校招生条件的限制，不论是否在职均可报考。电视大学举办的基础教育学院实行免试入学，实行淘汰制等。逐步实行“宽进严出”的招生办法，建立开放性成人高等、中专教育体系。

4月17日　省教育厅发出《关于中小学交费实行登记制度的通知》。在此之前的3月下旬，省设立治理中小学乱收费工作领导小组。

5月17—29日　国家教委派出26人的检查组对广东扫盲工作进行抽查，检查结果认定为达到规定标准。

5月19日　省政府颁发《关于广东省部分普通高等学校布局调整有关问题的通知》，佛山大学与佛山农牧高等专科学校合并，组成本科层次的佛山科技学院；广州外国语学院、广州对外贸易学院合并，组成广东外语外贸大学；广东工学院、广东机械学院、华南建设学院（东院）合并，组成广东工业大学。

6月20日　经省政府批准，除参加复评的18所省级重点职业中学合格外（有1所因布局调整没有参加复评），另有17所被确定为省级重点职业中学。

6月28日　省政府颁布《广东省民办高等学校设置实施办法》。

6月28—30日　全省普通高中第二轮毕业会考完毕。经国家教委和省政府批准，是年广东高考在高中会考的基础上实施“3+2方案”，即除统一考语文、数学、英语外，文史类加考政治、历史，理工类加考物理、化学。

7月3日　省高等教育厅（简称省高教厅）转发国家教委《关于普通中等专业教育（不含中师）改革与发展的意见》。

△　省高教厅转发国家教委《关于加强广播电视、函授中等专业教育管理的意见》。

7月6日　省政府颁布《广东省私立高等学校管理办法》。

7月8日　省教育厅评出第二批省一级中小学55所。

7月17日　省教育厅制订出《广东省普通教育事业“九五”计划及2010年长远规划（草案）》。

△　全省有近600支暑期大学生志愿者服务队在各地同时开展志愿服务行动。这些服务队包括：扫盲队、希望工程助教队、科技服务总队、农业技术扶贫队、医疗服务队、外来民工健康保健服务队等。

7月　经省委、省政府批准广东省高教局更名广东省高教厅。

8月2日　省政府颁布《广东省普通、成人高等专科学校设置实施办法》。

8月3—8日　全省第四届大学生运动会在佛山市举行。

8月5日、7日、8日　汕头大学在学术交流中心先后举行聘请世界著名物理学家、诺贝尔奖获得者杨振宁、丁肇中、李政道3位教授为汕头大学名誉教授仪式。汕头大学校长林维明分别向他们颁发证书。

8月　省教育厅、省高教局编修的《广东省志・教育志》由广东人民出版社出版发行。

9月6日　省委、省政府召开庆祝1995年教师节暨表彰教书育人优秀教师、尊师重教先进单位大会。有20名南粤杰出教师，1001名南粤教书育人优秀教师和75个南粤尊师重教先进单位受到奖励和表彰。

11月3日　省委高校工委、省高教厅、省教育厅和省教育基金会在广州召开广东省表彰1995年南粤优秀师范生暨颁发黄华奖学金大会。

11月11日　由香港知名人士何善衡捐资2200万港元兴建的中山医科大学何母刘太夫人中心实验楼落成剪彩。

11月16日　美国微软公司与广东省教育科研计算机网络专家组在广州正式签署该公司参与广东教育科研计算机网建设的有关协议。

11月15—17日　省委召开全省高校党建工作会议，研究加强高校领导班子建设等问题，提出高校领导干部要“既当教育家又当政治家”。

11月20日　省高教厅批复同意，韶关市、茂名市、汕头市、新会市、乐昌市、兴宁市、新丰县七市（县）的工会成人中等专业学校，改名为工商成人中等专业学校。

11月24日　省教育厅、省财政厅受省政府委托在广州召开会议，采取措施帮助40多个县（市、区）清欠教师增资后的工资。

12月10日　广州市教育基金会举行广州第三届教育基金百万行活动，约1.5万人参加活动。

12月21—22日　省教育厅在广州召开全省中小学计算机教育工作会议，成立中小学计算机教育领导小组。

12月26日　深圳市人大常委会通过《深圳经济特区教育督导条例》，这是全国第一个教育督导条例。

是年　有22个县（市、区）通过省和国家教委组织的“普九”验收。至此，全省共有104个县（市、区）实现“普九”。

1996年

1月15日　省教育厅批准广州市东方红幼儿园等68所幼儿园为省一级幼儿园。

1月23日　省招生委员会办公室在广州召开1996年广东省成人高等、中专学校招生工作会议，会议确定广东省改进成人高校招生中首次实施标准化考试，并试行招收“资格生”和“往届生”。

2月6日　广东教育和科研计算机网开通仪式在华南理工大学举行。由省高教厅、华南理工大学、中山大学、暨南大学、华南师范大学、广东工业大学、深圳大学和汕头大学组建，网络中心设在华南理工大学。

2月14日　国家教委发出审批认定国家级重点职业高中的通知，顺德市梁銶琚中学等11所省级重点职中被确定为国家级重点职业高中。

3月　省委高校工委、省高教厅合署办公，办公地址在广州市东风东路723号高教大厦。

3月7日　省招生委员会办公室在广州召开广东省1996年普通高等中专学校招生工作会议，会议决定该年广东高校将全面实行并轨招生，即不分国家任务生、委培生和自费生，在同一层次录取，实行一种计划，一条录取分数线，一个录取批次，一种收费制度。并在部分省属普通高校招收职业高中优秀学生。

3月30日至4月1日　省政府在梅州市召开第二次全省中小学教职工住房建设工作会议。

4月9—12日　省教育厅在增城市召开全省中小学体育卫生工作会议。

4月10日　广东省高等学校理论教育与思想教育师资培训中心在中山大学成立。

4月29日　省高教厅举行“广东省高校治安综合治理目标管理责任书签字仪式”。通过签署治安目标管理责任书，明确高校书记、校长为治安第一责任人。

5月15—17日　省政府在阳山县召开广东“普九”工作会议，着重研究19个还未“普九”县的“普九”问题，确保在是年内全面完成“普九”任务。

6月5—11日　全国人大常委会副委员长雷洁琼率《中华人民共和国教育法》执法检查组到广东检查，对广东执行《中华人民共和国教育法》给予充分肯定。

6月中下旬　省教育厅组成7个中小学考试考风考纪检查工作组，分赴14个地级市进行检查。

6月23—25日　由省教育厅组织全省顺利进行首次统一的初中毕业水平与高中阶段招生两试合一的考试。

6月　国家教委批准广东省进行高等教育学历文凭考试试点。它是国家对尚不具备颁发学历文凭资格的民办高校学生进行学历认定考试。

△　省政府决定省成人高等、中专学校招生进一步加大改革力度，实行招收高等职业技术教育班，试行招收资格生、往届生。

7月8日　广东省第一个博士后工作站——佛山企业博士后工作站首批7位博士后进站，他们分别来自西安交大、清华大学等国内高校。

7月11日　省政府召开全省治理中小学乱收费工作电话会议。

△　省教育厅批准第三批省一级中小学32所，至此全省有省一级中小学188所。

7月　广东省高等教育自学考试新增畜牧兽医与管理专业，这是中国首次在畜牧兽医中设立本科专业。

8月27—28日　省委在广州召开全省普通高校领导干部会议，讨论反腐保廉、依法治校问题。

9月6日　省委、省政府举行全省庆祝1996年教师节暨表彰优秀教师、尊师重教先进单位大会，表彰17位南粤杰出教师、760位南粤教坛新秀、49位南粤优秀校长，以及73个南粤尊师重教先进单位。

10月16日　经省市联合“普九”评估验收组评估验收，省政府正式批准，乐昌等19个县通过省的“普九”验收。至此，全省共有123个县（市、区）全面完成“普九”的历史任务。

10月18—24日　由国家教委副主任王明达率领的“两基”检查组到广东检查“普九”情况。检查组听取汇报后，分3个小组分别下乡检查验收广东的“两基”工作。对广东的扫盲特别是“普九”给予高度评价。

11月13—23日　省优秀教师报告团在广州作首场报告后，分赴各市作巡回报告。

11月　暨南大学、华南师范大学、华南农业大学、中山医科大学、汕头大学通过国家“211工程”的部门预审。

1997年

1月1日　省政府颁布的全国第一个自学考试社会助学管理办法——《广东省自学考试社会助学管理办法》开始施行。

1月8日　由华南理工大学与中山大学联手组建的国内高校第一个资产评估机构——国家教委华南评估分部在华南理工大学挂牌。

1月24日　省教育厅召开普教系统“立高尚师德，树教育新风”职业道德建设电话动员会。

△　省委高校工委、省高教厅举行普通中专学校文明校园授牌暨省中专教育研究会优秀科研成果颁奖大会。

2月26日至3月7日　省教育厅组织开学工作大检查：分成6个组分别到14个市、32个县（市、区）、107所中小学，检查职业道德建设、“普九”巩固提高、薄弱学校改造、教师住房建设、收费管理、素质教育、法制建设等情况。

3月18日　省委、省政府召开全省高等学校加强师德建设动员大会，并发出《关于加强广东省高校师德建设的若干意见》等文件。

3月27日　省委、省政府举行欢送省单位支教人员下基层大会。省从直属机关和大专院校抽调99名支教队员分赴全省10个地级市、28个贫困县担任各级抓教育的副职，任期两年。

4月25日　省政府决定，广东省普通中等专业学校实行招生并轨改革，任务生与合同生是年起同批录取。普通中专学校除警察、司法、司法警察、人民武装等学校因特殊需要仍保留少部分招收高中毕业生外，其余不再在高考中招收中专新生。

5月13—15日　省委、省政府在广州召开全省“两基”工作总结暨中小学教师住房建设工作会议，表彰12个“两基”先进县（市、区）、385个“两基”先进集体和1000名先进个人。中共中央政治局委员、省委书记谢非和省长卢瑞华出席会议。

6月上旬　省教育厅、省禁毒领导小组办公室发出通知，对全省中小学开展禁毒专题教育作出部署。

7月8日　省委、省政府组织的广东600支大中学生文化科技医疗“三下乡”队伍代表举行出发仪式。约有3万名大中学生，采取集中组队和发动回乡度假学生在当地开展服务相结合的方式，为农村服务。

△　在全国高校统考英语科考试中，广东省增设MET听力试题，这是广东率先在全国进行的英语考试改革试验。

7月23日　省教育厅、省物价局、省财政厅联合召开新闻发布会，通报省政府批准的新的中小学收费管理办法。该办法减少了收费项目，减轻了家长负担，并将全省分成三类地区（发达、一般、欠发达）订出收费标准。

7月　经省人事厅同意，省高教厅决定建立的高校跨世纪人才引进工程正式启动。该工程主要是有组织、有计划、有步骤地向海内外引进高校重点科学科急需的学科带头人。

9月5日　省委、省政府召开庆祝1997年教师节暨表彰大会，表彰奖励南粤杰出教师16位，南粤教书育人优秀教师972位，南粤优秀校长80位，南粤尊师重教先进单位70个，师德建设先进单位12个。

9月15—17日　在顺德市召开全省职业教育工作会议，会议总结交流“八五”期间职业教育发展的经验，部署实施《中华人民共和国职业教育法》，研究广东省职教的改革和发展。

10月26日　广东普教系统支援广西百色、河池地区发展教育协议书在南宁签订，支援款项共565万元。

11月11日　全省普教系统培养跨世纪教育科学带头人的“百千万工程”宣告启动。到2010年，全省要培养100位教育专家、1000位名校长、10000位名教师，由四级管理分三个层次进行。

11月13日　省政府颁布《关于大力发展职业教育的决定》。

11月24—26日　省教育厅在深圳市召开素质教育工作会议，研究素质教育的目标、任务、政策和措施，并决定建立12个实验县、市。

11月28日　广东科技职业技术学院挂牌成立。该校是经省政府同意由原广东省科技干部学院改制而成立。

12月12日　省民族文化促进会、省教育厅等单位联合表彰奖励50位南粤优秀中小学史、地、音、美、体教师，20位南粤优秀少先队辅导员。

12月28日　创意公共关系专业基金首发仪式在中山大学举行。该基金由广州创意公共关系有限公司设立，是国内高等院校中第一个公共关系专业基金。

12月　国家教委同意授予华南师范大学教授评审权，这是广东省属高校第一所获得正高职称评审权的学校。

是年　对未检查的101个县（市、区）治理中小学乱收费工作进行验收。全省基本实现了治理中小学乱收费的9条检查考核标准。

1998年

1月4日　省高教厅与茂名市政府签订共同建设广东石油化工高等专科学校的协议。成为广东省、市共建的第一所高校。

1月7日　省招生委员会办公室在广州召开广东省1998年成人高校招生工作会议。会议决定从是年度起，具有高中毕业文化程度的在职或待业人员，中专、职工、技工学校的应届毕业生均可报考。成人中专实行免试入学。

3月16日　省委、省政府在广州召开1998年广东省普通高校招生工作会议暨表彰招生先进集体和先进个人大会。大会提出4项改革：继续完善为农村、乡镇企业培养实用性人才的招生试验；调整普通高校高职教育招生考试科目；普通高考英语科目考试，考生的听力测试成绩将按10%折算计入总分，英语科总分150分为满分；积极进行普通高校招生考试科目改革。

3月25日　省招生委员会办公室在广州召开普通高校招生工作会议，研究进行实用人才培养招生试验，实行高等职业教育统一招生，改革高考科目等问题。

4月8日　省教育厅发出通知，要求严格执行国家和省有关中小学教材、教学辅助资料的规定，禁止小学一至四年级使用语文、数学各种辅助资料和练习册。

4月10日　广州航海高等专科学科学校由交通部划转省政府管理而举行交接仪式。

4月13日　省高教厅在广州召开全省普通中专工作会议，决定进行招生并轨、调整布局、深化教学改革、扩大办学渠道等改革。

5月13日　省教育厅在广州召开民办教师工作座谈会，决定到该年年底基本完成民师的转正、辞退、退养工作，结束民办教师的历史。

5月23日　内地高校首个境外硕士班——中山大学九四级行政管理学硕士学位研究生澳门班在澳门举行毕业典礼，共有31位澳门学员获得硕士学位。

5月29日　经省政府批准，广东培正商学院挂牌成立。

6月30日　广东省高等学校关心下一代工作委员会成立。

6月　暨南大学招生与国际教育体制接轨，开始实行对外春秋两季招生制度，推行全天候开课制，实行所修课程与收取学费挂钩。

7月2日　省公安厅举行广东省人民警察学校并入广东公安高等专科学校大会暨广东公安高等专科学校嘉禾校区挂牌仪式。

7月　经国务院学位委员会批准，广东省新增广东工业大学和汕头大学两个博士授予单位，新增湛江海洋大学和五邑大学两个硕士授予单位。此外，还新增博士、硕士学位授予一级学科13个，新增博士点29个、硕士点79个。

△　省教育厅拨款310万元帮助26个受水灾严重的市县修复校舍校园。

8月6日　广东省首设的教育硕士专业学位首届研究生班在华南师范大学举行开学典礼。首届共招收7个方向、115名学员。

8月21日　广东省招生委员会办公室在广州召开通报会，宣布1999年广东高考科目改革“3+X”方案基本定型，并公布分大类考试科目意见。

8月25—27日　省教育厅在新兴县召开全省改造薄弱学校会议，推广新兴县的经验。省决定每年拿出1亿元补助款，花4年时间把8900多所薄弱中小学建设好。

9月　为减轻学生过重负担，省教育厅决定从新学年起，小学、初中和部分高中适当删除部分教学内容，降低教学要求，将部分科目改为选学，缩小考试内容范围。调整的课程，小学主要是语文、数学，初中主要是语文、数学、外语、物理、化学，其他内容也适当调整。

9月1日　新学年起，省教育厅在8所中学进行高二课程改革实验，文科班以一门综合理科代替物理、化学、生物3科，理科班以综合文科代替历史、地理等科。

9月22日　省委在广州召开全省高校党建工作会议，要求加强党的建设和思想政治工作。中共中央政治局委员、省委书记李长春提出4项任务：为科教兴粤培养高素质人才；重点高校担负基础研究任务；为提高广东整体素质和综合竞争能力作贡献；成为民族优秀文化和世界文明优秀成果交流的桥梁。

9月24日　省高教厅在广州召开高校深化人事制度改革座谈会，提出强化编制管理、推行全员聘任制、完善考核评估、加大分配制度改革、建立合理的人才流动等意见。

10月23日　经教育部批准，广东民族学院改为广东职业技术师范学院。

10月29—30日　省高教厅、省科委在广州联合召开全省高校科技工作会议，研究深化高校科技体制改革，激励和引导科技人员从事应用研究和技术开发工作，使主要科技力量面向经济主战场。

11月25日　中共中央政治局常委、国务院副总理李岚清视察华南师大附中、执信中学的素质教育，指出素质教育是系统工程，要进行综合配套改革，整体推进。

11月　省高教厅在广州召开广东省普通高校职业教育经验交流会。会议提出广东省普通高校改革发展高等职业教育要遵循“统筹规划，合理布局，面向基层，办出特色，积极试点，逐步推广”的原则，进行专科教育改革，加大办学模式、教学计划改革的力度，绝大部分专科专业将逐步改为高职专业。

12月　经省政府批准，广东新增广州民航职业技术学院、广东轻工职业技术学院、顺德职业技术学院、民办白云职业技术学院等4所高等职业技术学院。

△　中山医科大学作出决定，在全校推行“课题负责人制”。

是年秋　省教育厅支援湖南、湖北灾区学校850万元和560万元，另给教育部赈灾款200万元，支援新疆教育100万元。全省中小学生赈灾捐款共2200多万元。

是年　中共广东省第八届代表会上提出，实施科教兴粤战略，“经过五年努力，争取进入全国教育强省行列”，包括在教育规模、办学条件、教育质量、办学水平和综合效益以及教育对经济社会发展的促进作用等综合指标和重大改革，进入全国前列，处于领先地位。

1999年

1月5—8日　省教育厅先在中山市后在广州白云区召开推进珠三角教育现代化暨全省教育信息化会议，部署“两化”工作，并现场考察中山市、东莞市、顺德市和广州市天河区的“两化”工作。

1月8日　广州市第二中学学生周昭鹊因电脑和数学成绩突出，被新成立的中国少年科学院授予首批“院士”证书。

1月13日　省招生委员会办公室在广州召开广东省1999年成人高校工作会议。会议决定，从1999年起本省普通中专学校原则上不再招收成人班；成人高校暂停招收成人中专学校推荐生；取消成人高校在普通高考中招收成人大专班等措施。

1月　省政府决定实行中师毕业生可通过参加高考成为国家计划内的大专生，并取消以往的保送形式。

2月1日　省政府决定，在全省开始执行《广东省基础教育民办学校管理规定》及广东民办学校收取教育储备金转为收取学杂费的规定。

2月3日　省高教厅公布批准社会力量举办的非学历高等教育机构151个，未经批准的不准办学。

2月12日　省高教厅通过因特网公开向海内外招聘首批博士学科带头人10名，年薪10万元。

3月19日　省高教厅在广州召开高校招生会议，计划招生8万人，其中1万人按新运作机制办高等职业教育，并在全国率先实行“3+X”的高考科目改革试验。同时确定中专学校从该年起全面并轨招生。

4月27日　省高教厅厅长许学强代表省政府与广东省“211工程”立项的8所高校及其主管部门签订《“211工程”建设项目计划书》，以确保完成“211工程”。

5月8日　广州地区数万大学生举行大游行，抗议北约轰炸中国驻南斯拉夫联盟共和国大使馆。

6月8日　省高教厅公布第二批社会力量举办非学历高教机构的名单，共76个。

6月下旬　省高教厅、省教育厅分别传达全国教育工作会议精神，提出贯彻的初步意见，决定高中阶段教育和高等教育扩大发展规模。

6月28日　广东省招生委员会宣布：1999年广东高等学校招生增加，由原计划的8万人扩大到9.6万人。省高教厅宣布，广东将采取扩招配套政策：（1）部分学生走读，实行完全学分制；（2）不同学校、不同地区、不同专业实行不同收费标准；（3）9月起推出新的助学贷款制度。

7月7—10日　全省按照高考“3+X”的科目改革举行高校招生考试。由于扩大招生，是年高校录取率为54.4%。

8月24—26日　省教育厅在广州召开省教育工作会议，贯彻全国第三次教育工作会议精神，部署全面推进素质教育工作。副省长卢钟鹤到会并讲话。

9月11日　珠海市政府与中山大学签订合作建设中山大学珠海校区的协议书，创新高等教育办学模式。

2000年

1月18日　省高教厅、省教育厅、省公安厅和省工商行政管理局发布《广东省实施〈自费出国留学中介服务管理规定〉办法（试行）》。

2月22日　根据省委、省政府公布的《广东省人民政府机构改革方案》，省教育厅、省高教育厅合并，重新组建省教育厅（省委教育工作委员会与其合署办公）。

3月16日　经省政府同意，省教育厅利用银行贷款集中资金建设广东工业大学、湛江海洋大学、湛江师范学院、韩山师范学院、广东职业技术师范学院、广东商学院等高校。省教育厅厅长郑德涛分别与上述6所高校的校长签订校园建设责任书。

3月30日　省教育厅宣布广东省教育考试网上服务中心网站正式开通。

3月　经全国高校设置评议委员会投票通过，教育部批准，广东省分别以专科层次的广东石油化工专科学校、韶关大学、嘉应大学、西江大学、惠州大学和当地的一些成人高校为基础，组建本科层次的茂名学院、韶关学院、嘉应学院、肇庆学院和惠州学院。

△　省招生委员会决定，恢复中断3年的保送生制度，共有26所普通高校获准在广东招收保送生，27所中学有资格推荐保送生。

5月10日　经省政府批准，本省又增加5所职业技术学院：广东松山职业技术学院、广东农工商职业技术学院、广州铁路职业技术学院、佛山职业技术学院和民办新安学院。

5月26日　经教育部批准，自是年5月25日起，广东省可按照《高等职业学校设置标准（暂行）》规定自行审批设立高等职业学校。

6月　中共中央政治局委员、省委书记李长春带队深入广西百色、河池地区等革命老区和少数民族贫困地区考察。两省区政府签订协议：广东省选择广东实验中学等100所中小学和华南师范大学与广西27个国家级贫困县100所中小学和广西右江民族师范高等专科学校结成“一帮一”对子；广东30名优秀中青年教师到广西的学校任教、任职等。省政府还专门拨出专项资金1500万元，帮助广西受援学校改善办学条件和培训师资。

7月8日　经省政府批准，广东农工商职业技术学院挂牌成立。该学院由广东农工商干部管理学院改制而成，是广东省首家由成人高校改制成职业技术学院的高校。

7月11日　教育部批准广东省上报的广州市高校布局方案，将广州师范学院、广州大学、广州高等师范专科学校、广州教育学院、广州市城建职工大学、广州建筑总公司职工大学等6所学校和华南建设学院（西院）、广州市联合职工大学电信学院、纺织学院等三块教育资源合并组建新的广州大学，同时撤销上述前6所学校独立建制。

△　教育部颁布《高等职业学校设置标准（暂行）》，从是年3月15日起执行。

8月25日　省委、省政府在广州召开广东省高校党建工作和中小学德育工作会议。会议传达全国高校党建工作会议和全国中小学德育工作会议精神。省委常委、副省长卢钟鹤到会并讲话。

8月30日　教育部颁布的《关于助学贷款管理的补充意见》下发后，省教育厅布置，新学期开学之时，在中山大学、华南理工大学、暨南大学、民航职业技术学院等4所中央直属高校率先实施中央财政贴息的国家助学贷款计划，并在该年内推广到全部省属及部分市属高校。

8月　经教育部批准，中山大学和中山医科大学合并组建新的中山大学，纳入中国高水平大学建设行列。

9月7日　国务院侨务办公室（简称国务院侨办）首批命名的全国22个华文教育基地之一——暨南大学"国务院侨办华文教育基地"在其华文学院正式授牌。这是广东唯一一个华文教育基地。

9月8日　本省首批国家助学贷款在暨南大学和华南理工大学发放，1名博士生、2名硕士生和3名本科生成为全省第一批受益者。

10月10日　省委、省政府作出《贯彻〈中共中央国务院关于深化教育改革全面推进素质教育的决定〉的意见》。

10月11日　本省第一批30名教师从广州赴广西贫困地区支教，为期2年。

10月　暨南大学打破传统学历教育模式，9名本科生直升攻读博士学位。

11月20日　在广州召开的全国普通高校招生总结工作会议上，广东省成为全国唯一一个被授予"高考改革探索先锋"称号的省份。教育部对广东的高考改革给予高度评价，并肯定广东2001年在高考计分、招生录取政策方面进行的新调整。

12月29日　省委、省政府在广州召开2000年珠江三角洲与山区经济技术合作洽谈会高校代表团总结会。中山大学、华南理工大学、暨南大学、中山医科大学等高校作典型发言。

第一章　教育体制

第一节　机构

一、省委主管教育工作机构

1979年前后，省委设有宣传、科教口领导小组，并设有省委文教政治部和省革委会文教办公室，两个机构、一套班子，合署办公。其主要职能，一是检查和监督党的教育方针、政策的执行情况；二是负责高等教育、基础教育系统的思想政治建设工作；三是负责教育系统党的建设工作；四是负责各级各类教育事业的发展与推进工作，为办好社会主义教育事业服务。

1980年2月，撤销省委文教政治部，其工作任务由省文教办公室承担。6月，省委决定：省政府文教办公室同时是省委文教办公室，协助省委和省政府处理文教系统党政两个方面的工作。

1983年6月，撤销省委、省政府文教办公室。文教办公室所担负的工作属政府方面的，移交省政府办公厅；属党委方面的（包括学校思想政治教育工作、干部管理工作和高校党的工作），移交省委宣传部管理。省委宣传部设立学校教育处，负责学校思想政治教育工作。高校的干部管理和中共组织建设工作，合并到省委宣传部干部处统一管理。1984年11月，省委决定省委宣传部设立高等学校组织工作处，负责管理广州地区高等学校党的工作，指导省内各地、市高校党的建设工作。

1988年1月，省委成立省教育工作领导小组。

1989年4月，省委成立中共广东省委高等学校工作委员会（简称省委高校工委），代表省委负责高校党的宣传思想工作、组织建设工作、领导干部培养考察选拔工作、统战工作等。

1996年3月，省委高校工委与广东省高等教育厅（简称省高教厅）合署办公。

2000年2月，省委高校工委更名为省委教育工作委员会，负责高校党的工作，与由省高等教育厅和省教育厅合并组建的新的省教育厅合署办公，一个机构、两块牌子。

二、地方党委主管教育工作机构

全省各地、市、县党委主管教育工作的机构设置，与省委的体制基本相同。1979—1983年，由各级党委文教办公室主管。1983—1987年，前期由各级党委宣传部主管，后期多数市、县成立了由市、县党委领导人主持的教育领导小组，统筹领导教育工作。广州、深圳、珠海、湛江、肇庆、佛山等市还成立了教育委员会，代表党委、政府行使管理教育工作的职责。2000年前后，改为教育局。

县以下地方党委主管教育的机构设置，各地没有统一规定，主要由党委宣传委员负责。

1979—2000年中共广东省委主管教育工作的机构负责人任职表

表1-1-1

部门	姓名	性别	党派	职务	任职时间
省委主管文教领导	吴南生	男	中共党员	省委常委、书记	1977年7月—1983年6月
	吴冷西	男	中共党员	省委常委、书记	1977年7月—1983年6月
省文教办公室	杨国庆	男	中共党员	主任	1977年7月—1980年1月
	李　超	男	中共党员	主任	1980年2月—1983年6月
	姚锡华	男	中共党员	副主任	1977年7月—1983年6月
	田　蔚	女	中共党员	副主任	1977年7月—1983年6月
	谢　非	男	中共党员	副主任	1977年7月—1983年6月
	姚天纵	男	中共党员	副主任	1978年7月—1983年6月
	尹　敏	男	中共党员	副主任	1979年2月—1983年6月
	李又华	男	中共党员	副主任	1979年11月—1983年6月
省委主管文教领导	吴冷西	男	中共党员	省委常委、书记	1983年7月—1984年12月
	杨应彬	男	中共党员	省委常委、秘书长	1983年7月—1987年12月
	方　苞	男	中共党员	省委常委、秘书长	1985年1月—1987年12月
省委宣传部	林　江	男	中共党员	部长	1983年7月—1987年12月
	黄　浩	男	中共党员	副部长	1983年7月—1987年12月
	张岳强	男	中共党员	副部长	1983年7月—1987年12月
	林　洪	男	中共党员	副部长	1983年7月—1987年12月
	杜联坚	男	中共党员	副部长	1983年7月—1987年12月
省教育工作领导小组（1988年1月成立）	方　苞	男	中共党员	组长（省委常委）	1988年1月—1989年4月
	卢钟鹤	男	中共党员	副组长（副省长）	1988年1月—1989年4月
	杜联坚	男	中共党员	副组长（省委宣传部副部长）	1988年1月—1989年4月
	仇作华	男	中共党员	成员（省府副秘书长）	1988年1月—1989年4月
	李修宏	男	中共党员	成员（省高教局局长）	1988年1月—1989年4月
	许任之	男	中共党员	成员（省教育厅厅长）	1988年1月—1989年4月
	林汉枢	男	中共党员	成员（省财政厅副厅长）	1988年1月—1989年4月
	周进源	男	中共党员	成员（省计委副主任）	1988年1月—1989年4月
省委高校工委（1989年4月成立，1996年3月与省高等教育厅合署办公）	杜联坚	男	中共党员	书记	1989年4月—1992年3月
	庞　正	男	中共党员	书记	1992年3月—1996年2月
	许学强	男	中共党员	书记	1996年3月—2000年2月
	李修宏	男	中共党员	副书记	1989年4月—1992年2月
	陈绍奇	男	中共党员	副书记	1990年9月—1996年2月
	答朝心	男	中共党员	副书记	1996年3月—2000年2月
省委教育工委（2000年2月成立）	郑德涛	男	中共党员	书记	2000年2月—2006年3月
	答朝心	男	中共党员	副书记	2000年2月—2003年8月

三、省政府主管教育行政机构

1978年2月，省委撤销科教办党组，成立省高等教育局（简称省高教局），主管全省高等教育、中等专业教育工作。省教育局（1980年8月更名为省教育厅）负责管理全省的普通教育工作，局内设办公室、政治处、计划财务处、中小学教育处、业余教育处、教学仪器站；之后又陆续恢复和增设师范教育处、体育卫生处、教学研究室、教材编写组、广东教育编辑室。直属单位有广东电化教育馆、广东教育学院、广东实验学校、广东外语师范学校、广东教学仪器厂。省文字改革委员会办公室附设在省教育局，合署办公。1980年8月，省教育局改名为省教育厅，内设机构不变，后增设政治教育处、广东省教育服务公司（又称勤工俭学办公室），并把政治处改称为人事处，教学仪器站改称为教学仪器设备公司。

1983年8月，根据中央关于精简机构的指示精神，按照干部革命化、年轻化、知识化、专业化的要求，对省教育厅、省高教局的领导成员进行全面的调整，厅内、局内的机构设置和人员编制作了重新审定。

省教育厅内设办公室、人事处、政治教育处、计划财务处、中学教育处、小学教育处、师范教育处、工农业余教育处、体育卫生处、教材教学研究室、机关党委和纪检组。为适应对外交流的需要，1984年，在办公室内增设外事科。直属单位有广东教育编辑室、广东电化教育馆、广东教学仪器设备公司、广东省教育服务公司、广东教育学院、广东实验学校、广东外国语师范学校、广东教学仪器厂，后增设广东艺术师范学校、广东省小学师资培训研究中心。广东省文字改革委员会办公室、广东省推广普通话办公室附设在厅内，合署办公。从1984年下半年起，广东教育学会秘书处也挂靠在厅里。中学教育处和小学教育处调整为义务教育处、高中职中教育处，工农业余教育处改称成人教育处。1989年，增设教育督导室。1995年4月，省政府批准《广东省教育厅职能配置、内设机构和人员编制方案》，内设13个行政处室：办公室、政策法规处、计划财务处、基础教育处、职业与成人教育处、师范处、德育处、体育卫生教育处、语言文字工作处（挂省语言文字工作委员会办公室）、人事处、督导室（挂省人民政府教育督导室牌子）、直属机关党委办公室、监察室（与纪检组、审计室合署）、教学研究室、教材编审室、勤工俭学办公室。行政编制87名。

省高教局内设办公室、人事处、外事处、计划财务处、教学处、科研处、中专处、政治教育处、高教研究室、成人教育办公室、成人高等中专学校招生办公室、物资站、机关党委，以及高等学校职称评审办公室（与人事处合署办公）、高等中专学校招生委员会办公室、高等学校毕业生分配办公室、高等教育自学考试指导委员会办公室、高等学校科技开发中心、高等学校专利事务所、专门人才预测与规划办公室。直属单位有：广东高等教育出版社、《高教探索》编辑部。广东高等教育学会和中国教育国际交流协会广东分会也挂靠在局里。1995年5月，省政府批准《广东省高等教育厅职能配置、内设机构和人员编制方案》，省高教局更名省高等教育厅。1996年3月，省委高校工委与省高等教育厅合署办公，一个机构、两块牌子。内设14个职能处室：办公室、规划处、基建财务处、教学处、成人教育处、中专处、宣传教育处、科研处（挂省学位委员会办公室牌子）、毕业生分配就业工作处、外事处（挂港澳台办公室牌子）、人事处、干部处、组织处（与机关党委办公室合署）、审计室（与省监察厅派驻高教厅监察室合署）。行政编制108名。

2000年2月，省委、省政府批准省教育厅和省高教厅合并，成立新的省教育厅，为省人民政府主管教育事业的政府组成部门；省委高校工委更名为省委教育工作委员会，负责高校党的工作，与省教育厅合署办公，一个机构、两块牌子。新的省教育厅职能作了调整，除将原高教厅承担的省属高校机构编制管理职能交给省机构编制委员会办公室外，承担原高教厅的行政管理职能、原高校工委党的工作职能和原教育厅的行政管理职能；增加评审设立实施专科学历教育的普通高等学校、成人高等学校毕业证书管理和指导各类职业技术学校的学历教育管理职能。省教育厅的主要职责是：

（1）贯彻执行党和国家的教育方针、政策，草拟地方性教育法规和政策并组织实施。

（2）研究提出教育事业的发展规划和年度计划，提出教育体制改革的政策和思路以及教育发展的方向、重点、结构、速度，并协调指导实施。

（3）会同有关部门拟订筹措教育经费、教育拨款、教育基建投资、教育收费的政策规定；管理省级教育经费，监督各市教育财政拨款的执行情况；指导学校的基本建设；对省属学校的经济活动进行审计监督。

（4）综合管理高等教育、中等专业教育、基础教育、职业与成人教育和幼儿教育工作；指导和管理各类学校的电化教育、远程教育工作；负责教育评估；对教育质量进行检查；指导办学体制、学校内部管理体制和高校后勤社会化的改革；指导各类学校学生学籍管理工作。

（5）规划、指导和协调教育系统的科研工作；指导各地开展教育科研和推动高校发展高新技术、科研成果转化及兴办科技产业工作；指导中小学校开展勤工俭学和发展校办产业工作；组织实施国家学位条例，承办省学位委员会的有关工作。

（6）监督、检查各地贯彻执行教育法律、法规、方针、政策，负责督政、督学工作，督导、检查下级人民政府及教育行政主管部门履行教育职责和巩固提高“两基”工作，督导评估中等和中等以下学校的办学水平和教育质量。

（7）协调和指导学校开展教学研究和改革，组织审定教材与教学参考资料；协调规划、管理各类学校教育技术装备和实验室、图书馆建设工作；指导教育信息化工程的实施；指导教育管理信息、统计工作。

（8）统筹管理社会力量举办的各类高等教育、中等专业教育、职业技术教育、基础教育和继续教育等工作。

（9）组织评审设立实施专科学历教育的普通高等学校；规划并指导全省高等、中等专业学校的专业布局和调整；拟订成人高等教育毕业证书管理办法并组织实施。

（10）负责教育系统出国留学人员的派出工作；指导到粤留学人员和在学校任教的外籍教师的管理工作；负责指导教育系统与外国和我国香港、澳门特别行政区及台湾地区的教育交流与合作工作。

（11）规划并负责高校党的建设工作和各类学校的思想政治工作、德育工作、体育卫生与艺术教育工作及国防教育工作；协助省委管理高校领导干部；负责高校党的基层组织建设和监察、纪检工作。

（12）制订普通高等、中等专业学校的招生计划；研究提出高等学校毕业生就业政策建议；参与编制高等学校毕业生和毕业研究生及中师毕业生的就业计划，并组织实施。

（13）主管学校的推广普通话和文字规范工作；承担省语言文字工作委员会的日常工作；负责扫除青壮年文盲工作和农民文化技术教育工作。

（14）主管全省的教师工作；指导实施各级各类教师资格制度；规划并指导各类学校教师和教育行政干部队伍建设工作。

（15）管理直属事业单位，协调有关部门做好学校的统战、治安保卫和社团管理等工作。

（16）承办省委、省人民政府和教育部交办的其他事项。

省教育厅内设14个职能处（室）：办公室（挂省语言文字工作委员会办公室牌子）、政策法规处、发展规划处、基建财务处、基础教育处、职业与成人教育处、高等教育处、教育督导室（挂省人民政府教育督导室牌子）、思想政治教育处（与学生工作处合署，挂保卫处牌子）、科研处（挂省学位委员会办公室牌子）、体育卫生与艺术教育处、外事处、组织处、人事处（与直属机关党委办公室合署）、监察厅派驻教育厅监察专员办公室（与中共广东省教育纪律检查工作委员会合署，挂审计室牌子）。核定厅机关行政编制95名，其中厅长（教育工委书记）1名，副厅长4名（不含教育工委副书记和纪工委书记），正副处长（主任）39名（含直属机关党委专职副书记）。另设为离退休干部服务的老干处核定编制10名。直属单位有：广东省考试中心、教育发展研究与评估中心、教育信息中心、高等学校毕业生就业指导中心、教育后勤产业办公室、教师继续教育指导中心、学生助学工作管理中心、教育装备中心、高校科技成果转移中心、机关服务中心、教育教学研究室、教材研究室、广东电化教育馆、广东教育杂志社、广东高等教育出版社。

四、地方教育行政机构

1979年，各地、市、县设教育局主管教育工作。1983年下半年起，广州、深圳、珠海、汕头、韶关、佛山、江门、湛江、茂名9个市，实行市管县的领导体制，成立市教育局，负责管理市属各县的教育工作；梅县、惠阳、肇庆等地区，则设立教育处，负责管理本地区内所属各县（市）的教育工作。1985年以后，部分市、县教育局更名教育委员会。1995年以后，市、县教育行政部门统一改称教育局。2000年以后，部分少于30万人口的县教育局与科技局合并为科技教育局。

县以下农村的教育行政机构设置没有统一的规定。1979年，公社普遍设教育办公室（有部分地方设学区或中心小学），负责管理公社范围内的中小学和业余教育工作。自1983年下半年起，农村实行政社分开，公社改称区，大队改称乡，区设教育办公室（也有设中心小学的），统一管理区内的教育工作。1985年以后，广东农村的区改为镇或乡，成为一级政权，设教育办公室，统一管理区内的教育工作。普通教育逐步实行分级办学、分级管理的体制。

1979—2000年广东省教育行政机构负责人任职表

表1-1-2

部门	姓名	性别	籍贯	党派	职务	任职时间
省教育局（自1974年8月起负责全省普通教育工作）	梁集祥	男	广东梅县	中共党员	局　长	1977年11月—1979年10月
	杨子江	男	广东中山	中共党员	局　长	1979年10月—1980年8月
	李荫华	男	广东紫金	中共党员	副局长	1975年8月—1979年10月
	梁明忠	男	辽　宁	中共党员	副局长	1975年8月—1979年10月
	黄华明	男	广东和平	中共党员	副局长	1977年9月—1980年8月
	周文英	男	河　北	中共党员	副局长	1978年12月—1980年8月
	杨　行	女	广东高州	中共党员	副局长	1979年10月—1980年8月
	黄达三	男	*	中共党员	副局长	1979年10月—1980年8月
	廖志华	男	广东揭阳	中共党员	副局长	1979年7月—1980年8月
省教育厅	杨子江	男	广东中山	中共党员	厅　长	1980年8月—1985年9月
	许任之	男	广东澄海	中共党员	厅　长	1985年9月—1996年12月
	江海燕	女	广东陆丰	中共党员	厅　长	1996年12月—2000年2月
	杨　行	女	广东高州	中共党员	副厅长	1980年8月—1983年12月
	黄华明	男	广东和平	中共党员	副厅长	1980年8月—1983年12月
	周文英	男	河　北	中共党员	副厅长	1980年8月—1983年12月
	黄达三	男	*	中共党员	副厅长	1980年8月—1983年12月
	廖志华	男	广东揭阳	中共党员	副厅长	1980年8月—1983年12月
	赵　荣	男	广东斗门	中共党员	副厅长	1981年11月—1983年12月
	许实民	男	辽　宁	中共党员	副厅长	1982年2月—1988年10月
	周国贤	男	广东梅县	中共党员	副厅长	1983年8月—1992年2月
	林受之	男	广东澄海	中共党员	副厅长	1988年11月—1998年2月
	陈锦铎	男	广东和平	中共党员	副厅长	1988年11月—2000年2月
	江海燕	女	广东陆丰	中共党员	副厅长	1995年7月—1996年12月
	李庆源	男	广东顺德	中共党员	副厅长	1995年7月—2000年2月
	刘达中	男	广东平远	中共党员	副厅长	1995年7月—2000年2月
	李小鲁	男	广东韶关	中共党员	副厅长	1997年12月—2000年2月
省高等教育局（1978年2月成立）	李又华	男	广东五华	中共党员	局　长	1978年2月—1979年12月
	林　川	男	广东惠来	中共党员	局　长	1979年12月—1983年8月
	李修宏	男	广东开平	中共党员	局　长	1983年8月—1992年2月
	许学强	男	湖北荆州	中共党员	局　长	1992年2月—1995年5月
	林　川	男	广东惠来	中共党员	副局长	1978年2月—1979年12月
	黄其江	男	广东湛江	中共党员	副局长	1978年8月—1985年12月
	林　史	男	广东普宁	中共党员	副局长	1978年8月—1980年12月
	王江涛	男	广东海丰	中共党员	副局长	1978年2月—1985年5月
	辛业江	男	北　京	中共党员	副局长	1978年2月—1978年9月
	饶璜湘	男	广东大埔	中共党员	副局长	1982年7月—1985年5月

续表1-1-2

部门	姓名	性别	籍贯	党派	职务	任职时间
省高等教育局（1978年2月成立）	李修宏	男	广东开平	中共党员	副局长	1982年2月—1983年8月
	李冠创	男	广东揭阳	中共党员	副局长	1984年9月—1994年7月
	周鹤鸣	男	湖　北	中共党员	副局长	1984年9月—1994年10月
	区社能	男	广东中山	中共党员	副局长	1990年3月—1995年5月
	钟佩珩	女	广东顺德	无党派	副局长	1991年5月—1995年5月
	刘育民	男	广东汕头	中共党员	副局长	1994年8月—1995年5月
省高等教育厅	许学强	男	湖北荆州	中共党员	厅　长	1995年6月—2000年2月
	答朝心	男	湖北武汉	中共党员	副厅长	1995年6月—2000年2月
	刘育民	男	广东汕头	中共党员	副厅长	1995年6月—2000年2月
	陈绍奇	男	广东惠来	中共党员	副厅长	1996年3月—2000年2月
	张泰岭	男	浙江奉化	中共党员	副厅长	1995年6月—2000年2月
	钟佩珩	女	广东顺德	无党派	副厅长	1995年6月—1999年1月
	彭　赟	男	江　西	中共党员	副厅长	1997年12月—2000年2月
	罗远芳	女	广东兴宁	民　盟	副厅长	1999年1月—2000年2月
省教育厅（2000年2月原省教育厅和原省高教厅合并成立）	郑德涛	男	广东五华	中共党员	厅　长	2000年2月—2006年3月
	答朝心	男	湖北武汉	中共党员	副厅长	2000年2月—2008年3月
	刘育民	男	广东汕头	中共党员	副厅长	2000年2月—2009年12月
	张泰岭	男	浙江奉化	中共党员	副厅长	2000年2月—2006年10月
	李小鲁	男	广东韶关	中共党员	副厅长	2000年2月—
	罗远芳	女	广东兴宁	民　盟	副厅长	2000年2月—

注：*黄达三不在教育系统退休，档案无法查找

第二节　办学体制

一、基础教育办学体制

1978年以前，广东省基础教育的办学体制是政府直接办学和国营厂矿企业办学，是统包统揽式的一元办学，都属公办性质。1979年以后，办学体制逐渐发生变化，除教育行政部门办学、国营厂矿企业办学外，原来的集体（公社、生产大队）办学实际上与教育行政部门办学合并，由乡镇负责部分办学经费。80年代以后，公民个人办学逐步出现。同时，华侨、港澳同胞捐资兴学蓬勃发展，逐步形成华侨、港澳同胞捐资办学体制。还有一些地方民主党派或社会团体也参与办学。全省的办学体制逐步向多元化发展。

进入90年代，随着社会主义市场经济体制的建立，广东省基础教育的办学体制改革进一步深化，逐步形成政府办学为主与社会多种力量办学相结合的新体制。至1994年，已创办28所民办普通中学和职业中学，民办小学30所、民办幼儿园431所，与外国和我国香港、

澳门地区合作办学等16所。1996年，全省基础教育的各类民办学校（幼儿园）已有600多所，到1998年底发展至1976所，到2000年则有3906所，出现社会团体和公民个人承办公办学校、民办公助、纯民办、中外合作办学等多种办学形式。

为加强对民办学校的管理，1999年1月，省政府颁布《广东省基础教育民办学校管理规定》，明确规范民办学校的设置、组织、办学、管理等行为。民办教育的发展，有利于增加对教育的投入，满足学龄人口的不同需求，又对整个基础教育学校内部管理体制和运作机制改革发挥促进作用。至2000年年底，广东基础教育办学以政府为主，民办教育与公办教育共同发展的格局基本形成。

二、中等职业教育办学体制

（一）中等专业学校办学体制

改革开放前，中等专业学校的办学体制是政府包揽办学，有些是依托大型国营企业举办，教育行政部门审核学校规划、专业设置、发展规模和教学业务；主管业务厅局负责监督学校执行教育计划、教学大纲情况，学校干部师资的调配、毕业生分配、思想政治工作，以及学校的各项经费开支等行政管理工作。改革开放后，办学体制单一的局面逐步改变，实行多层次、多形式的办学模式，同时办起了全日制普通中专班、职工中专班、短训班和进修班，通过各种方式，在短期内为各行各业培养和输送大批中等专业技术人才，适应广东省对外开放、对内搞活经济的需要。1985年，广东省农机学校与中法合资的广州标致汽车厂联合办汽车修造专业，与法方共同拟定专业教学计划，学生按招生计划统招，毕业时供该厂安排任用。

1989年2月，省政府根据省高教局等部门反映的意见，发出《关于加快发展中等专业学校、技工学校教育的通知》，针对中专、技工学校加快发展中存在的问题，提出一系列措施：第一，扩大学校办学自主权，逐步实行校长负责制、教师聘任制、学校工资总额包干制，调动学校和教职员工的积极性；第二，改革招生分配制度，扩大学校调节计划招生比例，招收委托培养生、自费生，毕业生由统包分配逐步转向推荐和自我选择就业；第三，多渠道筹集办学经费，除政府部门逐步增加投入外，学校发挥自我优势与企业横向协作，发展校办产业，政府对校办产业给予税收、关税等优惠。同时，中专学校实行学生缴费上学，所收学费主要用于补充办学经费。

1994年11月17日，省委、省政府作出《关于教育改革和发展的决定》，指出："加快办学体制改革，进一步改变政府包揽办学的状况；形成政府办学为主与社会各界参与办学的新体制"。而职业教育（中专教育）"主要依靠行业、企业单位、社会团体和公民个人举办，鼓励社会各方面联合举办。企业在转换机制过程中，不得将原有的职业教育机构撤销，并将场地改作他用。政府通过专项补助和长期贷款等形式给予必要的扶持，各级各类银行要给予贷款支持"。提出改革高校、中等专业学校和技工学校的招生、收费制度，"在实行国家任务计划与调节性计划相结合的基础上，逐步把招生、收费、就业的双轨制改为单轨制，实行'公费生''委培生''自费生'并轨，统一录取分数线，统一缴费上学"，"学生毕业后，在国家政策指导下，实行自主择业与推荐就业的办法就业"。在这一精神指导下，广东省医药学校与海南省医药总公司协作，每年招收海南学生50人，充分利用学校资源，解决海南省医药人才紧缺问题；广州市交通运输中专与五羊—本田摩托车有限公司联合办学，开设摩托车制造与维修专业，招收应届高中毕业生，学制二年，学生毕业后分配到该公司生产第一线从事专业技术工作等等。

（二）职业高中办学体制

1979—2000年，全省职业高中的办学体制大体有3种：一是市、县教育行政部门办学，或与乡镇联合办学。这是职业高中办学的主要形式，约占职中班数的85%，在县以下的职业高中基本是这种情况。二是教育行政部门与产业经济部门、企业事业单位合办。这部分不多，约占职中班数的6%，主要分布在大、中城市。三是其他部门、单位自办的职业高中，约占职中班数的8%，主要在农垦、铁路等系统和个别大企业单位。此外，在大、中城市还有民主党派、离退休干部教师举办的职业高中，为数不多。一些市、县有华侨、港澳同胞捐助的职业中学，多属一次性投资，捐建校舍或捐赠设备。2000年，有中职学校960所，是1978年119所的8倍；在校生数65.57万人，是1978年2.34万人的28倍。

按国务院1980年批转中等教育结构改革的精神，职业高中的开办由办学单位提出，报县教育行政部门审批、市教育行政部门备案。中学改办为职业高中，报市教育行政部门审批。对职业高中的经费，广东未有专项开支规定。教育行政部门新办或由所属中学改办的，经费渠道不变，仍由教育事业费开支。由于新办、改办需增加的经费，由教育行政部门在每年增加的教育经费指标内划拨。教育行政部门与工厂企业、业务部门联办职业高中，学校原来隶属关系不变，办学经费、师资、设备、学生实习以及毕业后录用等问题，由双方协商解决，有的成立联办领导小组，双方共同管理。

（三）技工学校办学体制

1978年2月21日，国家劳动总局、教育部联合发出《关于全国技工学校综合管理工作由教育部划归国家劳动总局的通知》，恢复劳动部门对技工学校的综合管理。劳动部门在技工学校的开办、停办、培训计划、招生计划、毕业生分配、规章制度、教材编审、师资培训等方面进行综合管理，技工学校的日常办学由技校主管部门负责管理。至2000年，全省共有技工学校186所（包括经劳动与社会保障部批准的高级技工学校12所），其中国务院部委属的有13所，地方劳动部门办校的有63所，企业办校103所，其他经济单位办校7所。

三、高等教育办学体制

自1979年起，随着经济的发展和社会的进步，广东急需培养大批适应各行各业发展需要的专门人才，省政府对高等教育逐步确立“积极发展，优化结构，提高质量，注重效益”的方针，不断增加高等教育投入，积极开展办学体制改革，努力形成适应广东实际的“多层次、多形式、多规格、多类型、多地域、多行业”办学的体制，逐步扩大高等教育规模。

（一）中央、省和中心城市三级办学体制

80年代初，省政府对中央和省的二级办学体制进行改革探索，建立中央、省、市三级办学体制。改革的中心任务是在一批中心城市创办高等学校。按照教育部制定的标准衡量，广东省许多老校已经没有扩容的余地，并长时间处在超负荷运转状态。要实现规模发展目标，必须创办一批新的高校。1983年开始出现中心城市办学，初步建立中央、省、市三级办学体制。1987年，全省48所普通高等学校中，以中央、部委办学为主的高等学校有12所，以省办学为主的高等学校有25所，以地级以上市办学为主的高等学校有11所。其中，中央部委属院校在隶属关系不变、拨款渠道不变的前提下，由中央部委与广东省双重领导，以中央部委领导为主，之后逐步转为由广东省领导为主。而省属师范专科学校通过合并或联合办学的形式下放给中心城市管理，其经费仍由省拨给，佛山、肇庆、韶关、梅州、惠州等城市师范专科学校相继与地方高等学校合并或作为依托组成佛山大学、西江大学、韶关大学、嘉应大学、惠州大学等中心城市大学。中心城市举办普通高等教育的实践，促进高等教育走地方化发展道路，推进高等教育办学体制和管理体制改革，建立起高等教育的政府、地方、社会、个人等多渠道投资体制。

1983—1996年，各中心城市创办的普通高等学校达到14所。它们是深圳大学、五邑大学、广州大学、华南建设学院（西院）、中山学院、广州高等师范专科学校、东莞理工学院、深圳职业技术学院、番禺理工学院、佛山大学、西江大学、嘉应大学、韶关大学和惠州大学，其中前9所是由各中心城市独自创办的，后5所是依托省属师范专科学校办起来的。中心城市高等学校的崛起，使广东高等教育形成中央、省、市三级办学体制。1996年，广东省14所中心城市创办的高等学校，新增校园面积超过1万亩，建筑面积达160多万平方米，占全省高等学校建筑总面积的22.7%；价值500元以上的教学科研仪器设备固定资产为2.4亿多元，占全省高等学校教学科研仪器设备固定资产总额的23.5%；全日制普通高等教育在校生约4.6万人，占全省普通高等学校在校生总数的28%。1997年至2000年，又新增高等学校16所。

（二）省政府统筹高等教育

80年代以后，广东高等教育深化办学体制改革，主要从改革原来部门、行业办学的体制下形成的条块分割、专业重复、学科力量分散等弊端入手，建立以省政府统筹为主，促进条块有机结合，优化教育资源配置，实现高等学校内涵发展的办学体制。

1. 共建部委属在粤高等学校

从1993年开始，广东省首创省政府与国家教委等国家部委共建在粤高等学校的办学体制，对中山大学、华南理工大学实行省政府与教育部共建。接着又与农业部共建华南农业大学、与卫生部共建中山医科大学，1994年与国务院侨务办公室共建暨南大学，2000年与卫生部共建广州中医药大学。为保障共建成功，省政府不断加大对共建高等学校的投入。1993—1997年，省政府对上述6所高等学校的经费投入就达6.5亿元，与国家教委当年对这些院校的经费投入大体相当，共建的6所高等学校都通过国家“211工程”部门审核。

2. 合并组建部分高等学校

为提高高等学校办学的规模效益和结构效益，广东省对学科相同或相近以及能互相包容的部分学校进行合并组建。90年代末，已完成合并组建的高等学校共有11所。至1998年将13所部委属或省属、市属学校合并为9所，如国家教委所属的广州外国语学院与外经贸部所属的广州对外贸易学院合并组建广东外语外贸大学，划转广东省管理；农业部所属的湛江水产学院与省所属的湛江农业专科学校合并组建湛江海洋大学；广东工学院、广东机械学院、华南建设学院（东院）合并组建广东工业大学；佛山大学与佛山农牧高等专科学校合并组建佛山科技学院；深圳师范专科学校并入深圳大学，组建深圳大学教育学院；广东电力高等专科学校并入华南理工大学，组建华南理工大学电力学院。对合并组建的高等学校，广东省和有关市加大办学经费的投入。

3. 高等学校间协作办学

广州石牌地区华南理工大学、暨南大学、华南农业大学、华南师范大学、广东机械学院（后改为广东工业大学五山校区）和广东民族学院等6所高校协作办学。6校当时共有普通本专科生4万多人，占全省普通高等学校在校生总数的1/4。从1995年开始，6所高等学校开展协作办学的改革工作。协作办学的领域包括教学、科研和后勤服务等各个方面。在教学领域，可以互聘教师、相互承认教学工作量，学生可以跨校选课，互相承认学分，师生借书证在6校图书馆可以通用，部分实验室、实验场所等教学设施向6校师生开放，研究生可联合培养。在科研领域，6校科研合作领导小组制定了科研合作章程及科研立项、管理、鉴定等一套管理规定。6校对与地方经济建设密切相关的科研课题联合攻关。

4. 多种联合、协作办学

1985年、1986年，广东已经出现各级联合办学的势头，同时，广东经济的繁荣，各市、地实行财政包干，财政自主权的扩大，各级领导日益重视教育，广大海外华侨和港澳同胞重新激起捐资兴学的热情。在中央、省、市的支持下，至1986年，广东先后复办、合办、新办17所普通高等学校，其中本科院校5所、专科学校12所。这批大学采取灵活的措施，一是与老校实行协作办学、联合办学，结成协作关系，得到老校在师资、设备、图书、办学经费等多方面的支持。如清华大学、中国人民大学、中山大学支持深圳大学；与中央有关部委合办，如商业部投资2000万元给广东商学院，开设烹饪等3个专业；中国农业银行投资嘉应大学办农村金融专业等。二是老校联合办学，如惠阳师专与惠阳教育学院联合办学，提高了办学效益。三是依托老校办新校，如中山大学在中山市举办中山大学孙文学院，西北纺织学院在惠州建立分院。四是学校与外资企业合作办学，如广东工学院番禺隆辉分院，培养外向型高科技人才。1986年，广东高等学校增加到48所，以中央部委办学为主的有12所，以省办学为主的有25所，以各地市为主办学的有11所，中央、省、市（地）三级办学体制进一步完善。

5. 多层次多形式多渠道办学

在多层次办学上，有研究生（包括博士、硕士和研究生班）、本科生（包括双学位）和专科生三个层次，且层次结构逐步趋于合理。其层次结构分布，重点大学（中山大学、华南理工大学、华南农业大学和中山医科大学）以本科和研究生为主，广东省属高等学校以本科为主兼办专科，市属高等学校以专科为主。在多形式办学上，普通高等学校在完成国家任务以外又创办自费走读、委托培养、干部专修、函授、夜大等多种教学形式。1982年，全省共招收218名走读生。1983年，广东工学院开始实行走读制，走读人数占同年级的40%。在多渠道办学上，广东高等教育经费，除省政府财政拨款外，各校还通过多种渠道筹措办学经费。其主要渠道有：（1）采取委托培养、联合办学、科技成果转让等形式集资。如华南师范大学仅在1983—1984年两年间就集资800多万元，缓解了教育经费不足的矛盾。（2）地方政府投资办学。到1986年，由各中心城市新办的9所大学，地方政府已为其投资2.41亿元。（3）华侨、港澳同胞捐资办学。据不完全统计，华侨、港澳同胞在1983—1986年为新办的几所大学捐资共4亿多港元。其中，香港知名人士李嘉诚为兴建汕头大学捐资3亿多港元。（4）中央部委和企业投资。广州金融专科学校得到中国人民银行资助482万元，广东石油化工专科学校得到企业资助526万元。（5）收取自费生的学费和住宿费，扩大经费来源。自90年代中期起，根据经济社会发展和人才供求关系变化，广东高等教育招生考试实行并轨改革，即取消国家计划内、国家计划外和自费、委托培养等形式，统一纳入国家计划招生，统一实行缴费上学。

（三）多种形式创办高等职业技术学院

为适应地区经济发展的需要，1985年，省政府批准肇庆市以肇庆师专为依托，自筹资金创办短期职业大学西江大学，还分别批准梅州、韶关筹办以自费、走读为主，不包分配的综合性职业大学嘉应大学和韶关大学。与此同时，广东省在新办的大学中加强职业性教育，开设一些本地急需的专业，培养短线缺口人才，如在广州大学开设酒店管理、外贸英语等专业；西江大学开设电子电器、电子计算机、纺织、工业与民用建筑、食品、化工、旅游等专业；深圳大学开设港澳地区法律、酒店管理和公共关系等课程。1986年，省委召开职业大学校长会议，研究总结广东5所短期职业大学的办学模式和特点。

1989年，广东省进行师范专科学校与地方职业大学合并办学的探索，建设为地方经济发展服务的师范教育、职业技术教育相结合的综合性高等学校。1990年冬，在广州召开的全国高等专科学校工作会议，又决定把职业大学改为专科学校。

1993年前后，随着邓小平南方谈话精神的贯彻落实，广东省改革开放与经济建设掀起又一个高潮，教育事业的发展出现新局面，围绕经济结构的优化和产业结构的转型，经济逐渐由劳动密集型向技术密集型转化，社会对更高层次人才如本科生、研究生的需求日趋强烈，各中心城市高等学校引进高资历、高层次的教师也越来越多，各方面的因素促使一批高校向本科综合性大学迈进。另一方面，社会整体素质的提高，对高等教育大众化也提出新的要求，一批新的职业技术学院应运而生，而更多社会资金的规模化引入，也使民办高等学校的设立成为新时期高等教育发展的一个新特征。

这期间，原有的一些地方大学普遍实现合并、调整或升级。五邑大学于1993年接受省的委托办了五个新的本科专业，都是省内紧缺的专业，面向全省招生，促使五邑大学服务面扩大。佛山大学在与佛山兽医专科学校、佛山市职工大学合并后实力增强，开始向本科层次迈进，并改名为佛山科技学院。其他的如西江大学、嘉应大学、惠州大学、韶关大学等也依次由专科升格为本科，并更名为肇庆学院、嘉应学院、惠州学院、韶关学院等。

随着技能操作型人才需求的扩大，以培养实用型人才为目标，更重视实践教学的高等职业技术学院应运而生。1992年7月，深圳市委、市政府决定创办深圳职业技术学院，学院在办学体制上走“公办民助、产教结合、工学一体”的道路，通过多种渠道，面向社会办学，实行更为灵活的招生制度和学习制度，规定技能训练的最低限度必须保持在1/3课时以上，并一改传统高等学校的考核方法，推行“双证书”制度，使学生在获得毕业证书的同时还取得技术考核合格证或岗位操作证。该学院还与深圳市20多个行业协会及主要公司建立密切的联系，共同制订教学计划，推动校企合作办学。

随后，广州、汕头、佛山等各中心城市也纷纷举办高等职业技术学院，这些职业技术学院有些是新设，有些是原来的中专、技校升级后改成的。另外，有些经济比较发达的县（市）也开始筹办职业技术学院，如顺德职业技术学院等。

1995年，广东省根据实际发展和完善三级办学体制，继续在条件具备的中心城市筹办综合性的高等职业学校。同时采取积极鼓励、大力支持、正确引导、加强管理的方针发展民办教育，鼓励和扶持社团、企业和个人创办民办或私立高等学校。这些民办高等学校一般以职业教育为主，面向社会，面向经济建设。1996年12月2日，省高教厅发文，把发展高等职业教育作为广东省建设教育强省、力争20年基本实现现代化的战略举措。

90年代后期，中共中央、国务院决定21世纪初实现高等教育大众化，并把发展的重心放在高等职业技术教育上。广东省积极适应高等教育大众化的形势，通过多种形式着力发展高等职业技术教育。

一是将一批行业的国家级重点中等专科学校升格为职业技术学院。广东轻工职业技术学院、广东交通职业技术学院、广东水电职业技术学院、广州民航职业技术学院等，主要是在1998—2000年间由中等专科学校升格为高等职业技术学院的。

二是创办或筹办一批地方职业技术学院。顺德职业技术学院、深圳职业技术学院、番禺职业技术学院、佛山职业技术学院等都是地方政府举办的高等职业技术学院。

三是支持法人或社会团体创办职业技术学院。如广东松山职业技术学院、民办南华工商学院等。在此前后，一批民办职业技术学院相继设立或筹办，如私立华联学院、培正商学院、白云职业技术学院、岭南职业技术学院、潮汕职业技术学院、新安职业技术学院、广东农工商职业技术学院等。至此，高等教育以政府办学为主，民办教育与公办教育共同发展的格局初步形成。

此外，广东省属的部分管理干部学院也由主要进行干部培训转制为主要进行高等职业技术教育。如广东农工商管理干部学院、广东科技管理干部学院在20世纪末转制为高等职业技术学院，相继改为广东农工商职业技术学院与广东科学技术职业学院。部分普通本科高校也创办一批民办二级学院，如广东工业大学华立学院；广东职业技术师范学院天河学院、翻译学院，广州大学与有关部门、企业合办纺织服装学院、城市建设学院等6个二级学院等。它们中一部分是挂靠办学，一部分是“新机制”办学，一部分是相对独立的办学实体。

至2000年年底，全省除有52所普通高等学校外，还有成人高校41所。

（四）多种合作办学模式

从90年代开始，广东各高等学校积极开展省内外、境内外、国内外合作办学，主要渠道有四条：一是省内外高等学校联合办学、联合培养本专科生和研究生。如惠州大学和西安纺织学院联合办学，培养纺织服装专业人才。二是粤、港、澳地区高等教育合作，共同培养人才，开展科研联合攻关和学术交流。三是与国外高等学校联合办学，学生毕业后，获得国内外相关证书。如广东技术师范学院与马来西亚英迪学院联合培养人才，获得两地证书；华南师大与澳大利亚南昆士兰大学联合创办华澳国际会计学院联合培养人才，获得两校证书等。四是省内外著名高等学校与地方政府联合办学，利用珠三角当地的土地资源、经济发展条件及优惠的办学政策、国际化的产业环境，优势互补，招收部分甚至大部分当地的学生，培养大批不同层次的人才。南海、珠海、深圳、东莞等地都有一批省内外知名高等学校与地方政府联合办学。

1979—2000年创办、升格的普通高等学校情况表

表1-2-1

学校名称	批准时间	学校名称	批准时间
汕头大学	1981年6月	民办南华工商学院	1994年2月
深圳大学	1983年5月	私立华联学院	1994年4月
广州大学	1983年4月	深圳职业技术学院	1994年4月
五邑大学	1985年10月	佛山科技学院**	1995年3月
韶关大学	1985年4月	湛江海洋大学**	1997年1月
嘉应大学	1985年4月	番禺职业技术学院	1997年9月
广州高等师范专科学校**	1985年	民办培正商学院	1998年3月
西江大学	1985年11月	广东轻工职业技术学院*	1999年3月
佛山大学（后与有关学校合并，组建佛山科技学院）	1986年2月	民办白云职业技术学院	1999年3月
		顺德职业技术学院**	1999年3月
华南建设学院（西院）**	1986年5月	广州民航职业技术学院*	1999年3月
中山大学孙文学院（1995年9月后独立办学，为中山学院）	1986年10月	广东水利电力职业技术学院*	1999年7月
		广东交通职业技术学院*	1999年7月
东莞理工学院	1992年4月	民办潮汕职业技术学院	1999年8月
广州航海高等专科学校	1992年6月	广州铁路职业技术学院**	2000年
湛江师范学院*	1992年年底	佛山职业技术学院**	2000年
韩山师范学院*	1993年	茂名学院（广东石化专科学校、茂名教育学院、茂名石化公司职工大学合并）**	2000年3月
惠州大学	1993年9月	广东松山职业技术学院**	2000年6月
番禺理工学院	1993年9月	广东农工商职业技术学院**	2000年6月
广东公安高等专科学校	1994年2月	新安职业技术学院	2000年6月

注：*为升格，**为合并组建或改制

2000年广东普通高等学校一览表

表1-2-2

学校名称	学校名称	学校名称	学校名称	学校名称
中山大学	广州体育学院	仲恺农业技术学院	广东交通职业技术学院	广东松山职业技术学院
华南理工大学	广州美术学院	韶关学院	广东水利电力职业技术学院	深圳职业技术学院
暨南大学	广州大学	嘉应学院	广州航海高等专科学校	民办新安职业技术学院
华南农业大学	深圳大学	佛山科学技术学院	广东公安高等专科学校	佛山职业技术学院
中山医科大学	五邑大学	湛江师范学院	民办南华工商学院	广东纺织职业技术学院
广州中医药大学	湛江海洋大学	茂名学院	私立华联学院	顺德职业技术学院
华南师范大学	广东医学院	肇庆学院	广州金融高等专科学校	东莞理工学院
广东工业大学	广东药学院	惠州学院	广州民航职业技术学院	中山学院
广东外语外贸大学	星海音乐学院	韩山师范学院	番禺职业技术学院	民办潮汕职业技术学院
汕头大学	广东职业技术师范学院	民办白云职业技术学院	民办培正商学院	—
广州医学院	广东商学院	广东轻工职业技术学院	广东农工商职业技术学院	—

1990—2000年广东普通高等学校合并组建情况表

表1-2-3

新组建的学校	所合并的学校	批文时间
华南建设学院	广东建筑工程专科学校、广州城建学院（筹）	1991年7月20日
深圳大学	深圳师范专科学校、深圳大学	1995年3月11日
华南理工大学	广东电力专科学校、华南理工大学	1995年3月11日
佛山科学技术学院	佛山大学（佛山师范专科学校于1990年12月并入）、佛山农牧高等专科学校	1995年3月11日
广东外语外经贸大学	广州外国语学院、广州对外贸易学院	1995年3月11日
广东工业大学	广东工学院、广东机械学院、华南建设学院（东院）	1995年3月11日
湛江海洋大学	湛江水产学院、湛江农业专科学校	1996年7月18日
茂名学院	广东石油化工高等专科学校、广东省茂名教育学院、茂名石油工业公司职工大学	2000年3月22日
惠州学院	惠阳师范专科学校、惠州教育学院	2000年3月22日
韶关学院	韶关大学（韶关师范专科学校于1990年12月并入）、韶关教育学院	2000年3月22日
肇庆学院	西江大学（肇庆师范专科学校于1990年12月并入）、肇庆教育学院	2000年3月22日
嘉应学院	嘉应大学（嘉应师范专科学校于1990年12月并入）、嘉应教育学院	2000年3月22日
广州大学	广州师范学院、广州大学、广州师范专科学校、广州教育学院、广州城建职工大学、广州建筑总公司职工大学、华南建设学院（西院）、广州市联合职工大学电信学院、广州市联合职工大学纺织学院	2000年4月24日

四、成人教育办学体制

1981年年底，一些基本完成或接近完成扫除青壮年文盲任务的县（区），为巩固扫盲成果，进一步搞好扫盲后的继续教育，相继办起一批业余小学，组织刚脱盲的学员继续学习。省教育厅规定，开办业余中小学，需经县区教育行政部门备案，并纳入乡镇教育事业发展规划。

1986年6月，全省农民教育工作会议要求，全省要进一步建立健全三级农民教育网，逐步形成农民教育体系。三级农民教育网络的模式大致是：县办农民技术学校，乡镇办成人教育中心或文化技术学校（相当初级中学及初级农民职业技术学校），村（管理区）办文化技术学校或夜校（小学教育和科普常识教育）。1988年1月，省教育厅、省农业厅、省财政厅转发国家教委、农牧渔业部、财政部《关于颁发〈乡镇农民文化技术学校暂行规定〉的通知》。1989年1月，省教育厅、省农业厅、省财政厅制定《关于进一步贯彻〈乡镇农民文化技术学校暂行规定〉的意见》，指出乡镇成人文化技术学校是农村经济体制改革和教育体制改革中应运而生的一种新型学校，是农村教育事业的重要组成部分，是乡镇开展成人教育的主要阵地。该《意见》对乡镇农民文化技术学校的设置标准、审批程序、人员编制、经费来源作出具体的规定。

广东成人高等教育，按其办学体制分为两大类：一类是非独立设置的成人高等学校，主要指由普通全日制高等学校举办的，并附设在校内的成人学校，包括函授部、夜大学、干部专修科和教师本专科班；另一类为独立设置的成人高等学校，主要指由省、市政府部门或企事业单位举办的职工大学、业余大学、管理干部学院、广播电视大学和教育学院。总的来说，改革开放后，广东的成人高等教育（含学历和非学历教育）主要有广播电视大学、教育学院、自学考试、管理干部学院、专修学院、职工大学、职业大学、业余大学、老人大学，以及高等学校成人教育机构举办的函授、进修、夜大学等。至2000年年底，广东共有41所独立设置的成人高等学校（含部属成人高等学校）；办学形式主要是脱产、半脱产、业余和培训4种；有政府办学、部门办学、行业企业办学、社会力量办学等多种方式。

第三节　管理体制

一、基础教育管理体制

1979年，广东省恢复统一领导、分级管理的中小学管理体制。1984年，省政府转发省教育厅《关于普通教育改革的意见》，教育管理体制改革在全省逐步开展起来。

1985年5月，中共中央在北京召开全国教育工作会议，着重研究教育体制改革问题，颁发《关于教育体制改革的决定》。为贯彻落实全国教育工作会议和《决定》精神，省委、省政府于同年8月在广州召开全省教育工作会议，并于10月发出《关于贯彻〈中共中央关于教育体制改革的决定〉的意见》，提出要按照基础教育由地方负责、分级管理的原则，搞好管理体制改革，实行分级办学、分级管理，积极解决基础教育的校舍、师资、经费等问题，努力实施普及九年义务教育。

1986年3月，省教育厅在湛江市召开全省基础教育管理体制改革现场会，借鉴湛江市经验，在全省推行以下改革措施：（1）下放行政管理权，实行分级办学、分级管理，高级中学、完全中学、职业高中、师范（进修）学校和示范性的实验学校由县一级教育行政部门直接管辖，一般初级中学、中心小学、职业初中下放给乡镇管辖，面上小学和教学点下放给村管；（2）改革教育管理建制，乡镇成立教育委员会，村建立教育管理小组，负责所辖区的教育工作；（3）改革学校领导体制，实行校长负责制，下放一定的人事权、财政权和业务管理权；（4）改革人事制度，试行教师聘任制，公办教师以县管为主，民办教师以乡镇管为主；（5）改革财务管理体制，县对乡镇实行教育经费包干，乡镇、村都要多渠道筹措教育经费，负责辖区内学校的建设。

为了推动基础教育管理体制改革，1987年5月，省教育厅在罗定县召开全省基础教育管理体制改革座谈会，推广罗定乡镇、村在发展基础教育落实“三承担”（承担管理好所属学校，承担实现校舍设备建设和“一无两有”，即校校无危房、班班有教室、学生人人有课桌凳，承担筹措包干后教育经费不足部分）经验，调动乡镇、村一级的办学积极性，使学校出现生机活力。至1988年年底，全省约有80%的乡镇和70%的村落实分级办学、分级管理的体制。

为做好管理体制改革由外而内的推进，1988年9月，省教育厅颁布《广东省中小学校长负责制工作的暂行规定（试行）》。1989年5月，省委、省政府在东莞市召开全省普通教育体制改革工作会议，总结交流各地贯彻省关于普通教育体制改革决定的状况，推广东莞市进行学校内部管理体制改革，实行聘任校长、聘任教师、校长负责制、教师岗位责任制、学校工资总额或经常性经费包干和部分浮动奖励工资（简称“两聘两制一包一奖”）的经验。东莞会议后，各地随即把学校管理体制改革的重点由学校外部转向内部，从本地区实际出发，制订方案，组织开展试点并逐步铺开。年底，全省有18%的县（市、区）和25%的中小学开展学校内部管理体制改革。1990年，实行“两聘两制一包一奖”的学校发展至占学校总数的42%，实行“两聘两制”的学校占学校总数的88%。至1991年，占全省中小学总数97%的学校开展了学校内部管理体制改革，其中实行“两聘两制一包一奖”的占46%。

二、普通高等教育管理体制

（一）普通高等教育“两级”管理体制

1979—2000年，广东普通高等教育管理体制发生很大变化，大致可以分为两个阶段：第一阶段，自1979—1985年。这一时期是高等教育实行中央、省两级管理的正常管理体制的逐步恢复时期；同时为了适应经济发展的需要，在国家教委的领导下逐步改革中央政府高度集中的高教管理体制。第二阶段，自1985—2000年，这一时期随着高等教育办学体制、投资体制、招生体制、行政管理体制的改变，高等教育管理体制改革进一步深化，逐步形成中央、省、地（市）“三级办学、两级管理”的新体制，广东省政府管理高等教育的权限进一步扩大。

1978年6月，教育部在南京召开国务院各部委所属高等学校改变领导体制的交接工作会议。1979年9月，中共中央批转教育部党组《关于建议重新颁布〈关于加强高等学校统一领导、分级管理的决定〉的报告》，肯定了1963年《关于加强高等学校统一领导、分级管理的决定》试行效果是好的，重申其基本精神和各项主要规定仍然是有效的，并要求各地研究执行。此后国务院各部委和各省市自治区对各自所属高等学校的领导管理关系进行调整，逐步恢复“中央统一领导，中央和省、市、自治区两级管理”的领导和管理体制。1981年和1983年，在广州分别创办广州对外贸易学院和广东财经学院（后改名为广东商学院）。为适应经济特区建设和中心城市建设的需要，汕头市和深圳市先后创办汕头大学和深圳大学，江门市创办五邑大学，此外广州大学、西江大学、佛山大学、嘉应大学和韶关大学等几所短期职业大学也根据地方经济的发展需要建立起来。中山大学和中山市合作创办中山大学孙文学院。这些大学除了广州对外贸易学院和广东商学院以外，都实行省市共管、以省为主的管理体制。1984年7月，在华南师范大学召开全省高等学校改革座谈会，着重研讨高等学校领导管理体制的“松绑”和“放权”问题。至1985年，广东的普通高等学校有37所，分布在全省各地。

1985年5月，《中共中央关于教育体制改革的决定》颁布，提出要从根本上改变中国教育事业落后和教育体制的弊端，“必须从教育体制入手，有系统的进行改革。改革管理体制，在加强宏观管理的同时，坚决实行简政放权，扩大学校的办学自主权”，“在执行国家的政策、法令、计划的前提下，高等学校有权在计划外接受委托培养学生和招收自费生；有权调整专业的服务方向，制订教学计划和教学大纲，编写和选用教材；有权接受委托或与外单位合作，进行科学研究和技术开发，建立教学科研生产联合体；有权提名任免副校长和任免其他各级干部；有权具体安排国家拨发的基建投资和经费，有权利用自筹资金，开展国际的教育和学术交流”。与此同时，中央、省两级管理体制逐步完善，省政府管理高等教育的权限逐步明确。1988年5月，省委、省政府颁布《关于高等教育管理体制改革的决定》，提出实施更深入和更全面的教育体制改革的方针。同时，国家教委对广东省高等教育实行特殊政策和扩大高等学校办学自主权的请示作了批复。此后，广东高等教育实行简政放权，把完善政府的宏观调控与扩大高等学校办学自主权结合起来。在国家计划指导下，在执行国家法规、方针政策的前提下，政府的“松绑”和“放权”使广东高等教育在招生分配、专业调整、科研开发、干部任免、教师聘用、经费筹措与使用、对外学术交流等方面拥有较大的自主权，高等学校各项改革全面开展。

部分院校的管理体制进行建制调整。1993年，广州外国语学院实行由国家教委、广东省双重领导，以广东省为主的领导体制。为了更好地适应广东经济发展的需要，培养更多的外语人才，1994年11月12日，国家教委与广东省在广州签署《关于广州外国语学院交接工作备忘录》，决定自1995年1月1日起，将广州外国语学院的行政隶属关系成建制移交给广东省政府。积极配合国务院部委在粤高等学校进行办学管理体制的改革，省政府分别与国家外经贸部和国家教委签订协议，将广州外贸学院和广州外语学院的隶属关系转移到广东省，于1994年完成深圳大学与深圳师专的合并工作，成立深圳大学师范学院。

1999年，高等教育管理体制改革继续按照“共建、调整、合并、合作”的八字方针和有关原则、政策，加大力度、加快步伐。当年，广东交通学校和广东航运学校合并组建广东交通职业技术学院。经省政府同意，佛山煤田职工地质学院由省高教厅划转佛山市管理。广东省落实高等学校专业设置管理权限，做好新设专业的监督和审查工作，普通本科高等学校可以在学校的分类属性之内自主设置专业，但一般每年新设专业不得超过3个，超出学校分类属性的专业和属于教育部审批的专业仍按照原规定程序报批。对普通专科专业的设置参照本科专业的做法，但每年新设专业个数可以略多，一般情况下不超过4个。

（二）普通高等学校内部管理体制

在1979—2000年的22年内，普通高等学校内部管理体制发生较大的改变，先后经历党委领导下的校长分工负责制、校长负责制（试点）和党委领导下的校长负责制三个阶段。

第一阶段（1979—1984年），根据教育部重新修订的《高教六十条（试行草案）》的规定，高等学校的领导体制是党委领导下的校长分工负责制度。校长是国家任命的学校行政负责人，对外代表学校，对内主持学校的日常工作；学校教学、科学研究、后勤工作中的重大问题一定要经过党委讨论。学校党委是领导核心，对学校重大问题作出决定，由校长负责执行。学校党委要支持以校长为首的全校行政指挥系统行使职权，并督促和检查他们的工作。

第二阶段（1984年—90年代初期），在干部的选拔上，坚持德才兼备的标准；在管理上，试行校长负责制。中山医科大学成为广东省第一所试行校长负责制的高等学校。在人事制度改革上，干部实行任期制，教师实行聘任制，工人实行劳动合同制。1984年广东省分别在暨南大学、汕头大学、中山医科大学、广州外贸学院、深圳大学、广州大学进行校长负责制试点，校长总揽学校的一切工作，对学校工作负全盘责任。1984年7月，深圳大学决定在人事制度方面进行重大改革，从校长到一般教职工均实行聘用制、合同制，成为中国高等学校现行人事制度的一个大胆改革和有益尝试。在分配制度上，实行定编与工资总额承包制，学校的后勤工作实行企业化或半企业化管理。

第三阶段（90年代初期—2000年），全面推进党委领导下的校长负责制。同时，为充分调动教职工的积极性，除在领导体制上建设一个精干团结、懂业务、具有创新精神的院校领导班子外，还在人事制度上下放部分人事权，向系主任负责制过渡；在劳动制度上，建立严格的考核制度；在按劳分配制度上，有的学校实行定编与工资定额承包制；在学校后勤上，对后勤工作实行企业化或半企业化改革。鉴于学校机关人员冗杂过多的现象，对机关进行改革，逐步分流不需要的人员，将需要的人员引进来，将因人设岗改为因事设岗，提高行政人员的办事效率。

高等学校根据党政分工的原则，形成两大管理系统：一是党委领导下的党建和思想政治工作系统，二是校长负责的行政工作系统。

党委工作系统的机构设置一般有党委办公室、组织部、宣传部、统战部、学生工作部和工会、团委、学生会等群众团体。党委的主要任务是：（1）贯彻执行党的路线、方针、政策，坚持社会主义办学方向，依靠全体教职工推进学校的发展与改革，培养适应社会主义现代化建设的德才兼备的人才。(2)加强党的思想、组织、作风建设，发挥党支部的战斗堡垒作用和党员的先锋模范作用。(3)研究决定学校的建设和改革，以及教学、科研和行政管理指导思想及其重大问题。(4)领导学校的思想政治工作。(5)坚持党管理干部的原则，按照干部管理权限负责干部的选拔、教育、培养、考核和监督工作，掌握教师队伍建设的思想政治方向。(6)领导学校的工会、共青团、学生会等群众组织和教职工代表大会，支持他们按照法律和各自的章程独立自主地开展工作。(7)对学校的民主党派实行政治领导，认真听取他们的意见和建议，做好统战工作。

高等学校在校长领导下设置的行政机构包括教务处、学生工作处、科研处、人事处、外事处、总务处、计财处、保卫处等。

(三)民办高等学校管理体制

改革开放后创办的民办高等学校，由省管理，校内实行董事会领导下的校长负责制。私立华联学院(退休大学教师创办)、民办培正商学院(培正校友创办)、民办南华工商学院(省总工会创办)等民办高等学校均实行董事会领导下的校长负责制。90年代，出现公办高校引进社会力量成立新机制二级学院或者由民办高等学校挂靠公办本科高校办学，成为民办二级学院。这些大学新机制二级学院、挂靠大学二级学院，并不都具有法人地位，一般由校本部派出代表参加管理，如广东工业大学华立学院和广东技术师范学院的天河学院等属于这样类型。

(四)联合办学、联合管理

80年代中后期，陆续有大学与地方政府联合办学，创办二级学院，宏观上由省管理，具体运作上由大学与地方政府联合管理。中山大学孙文学院，就是中山大学与中山市政府联合办学、联合管理的学校。此外，外省、外资企业与广东的高等学校、广东的地方政府联合办学，也实行联合管理体制，西北纺织学院惠州学院、广东工学院番禺隆辉分院等。1997年，华南理工大学与广东省交通厅共建交通学院，实行董事会制度，董事会对学院发展负责筹措经费，对学院工作进行监督，学院党委和院务委员会受华南理工大学党委和行政领导，实行院长负责制。

三、高等职业教育管理体制

1979—2000年，广东省高等职业教育经历从小到大的发展过程，高等职业教育的管理体制也经历逐步改革、完善的过程，由多头管理向集中管理的方向发展，总体上以省管为主，高等教育行政部门行使发展规划、业务指导、评估检查的职能。

广东对高等职业教育管理的重视，1979—2000年，由弱到强，由一般业务指引到系统规范管理。与其他普通高等教育管理体制一样，高等职业教育总体上实行多元化办学和中央、省两级管理的体制，管理的指导思想更多地放到促进高等职业教育适应产业结构调整和优化升级上。

1995年9月，省高教厅成立广东省高等职业教育领导小组，负责统筹规划全省高等职业教育的发展和有关协调工作。至1997年，职业教育在高等教育中的地位越来越受到重视，广东省积极贯彻《中华人民共和国职业教育法》和全国职业教育工作会议精神，制订发展高等职业教育试点方案。深圳职业技术学院被国家教委列为高等职业教育试点学校。

1997年11月，省政府《关于大力发展职业教育的决定》指出，高等职业教育主要通过部分普通高等专科学校、成人高校的改制和职业大学、职业技术学院实施，重点是调整专业方向和培养目标，也可根据地方和行业的需要以及学校的办学条件，在少数有条件的重点中专举办高职班，作为发展高等职业教育的补充，逐步建立以珠江三角洲为中心，辐射粤东和粤西两翼，带动粤北发展的高等职业教育体系的基本框架。同年6月，省高教厅印发《关于在普通高等专科学校中改革发展高等职业教育的意见》，提出普通高等专科教育改革发展高等职业教育的重点是专业改革，要在优化专科专业布局的基础上，将重点转移到调整专业方向、建设高职教育专业上。在此前后，各地级以上市政府举办的高等职业技术学院，以及社会力量举办的高等职业技术学院，纷纷设立。

1999—2000年，在广东工业大学、湛江海洋大学等设置职业技术学院。同时，还选择部分办学条件较好，具有一定工科教学基础的成人高校承担高等职业学校的招生任务，采取特殊政策，允许少量国家级和省级普通中等专业学校开设高等职业教育班。上述学校和独立设置的职业技术学院承担了高等教育扩招的大部分任务，有力地推动高等职业教育的发展。至2000年年底，广东高等职业教育管理的一套规范和评估指标体系初步建立。

四、成人教育管理体制

（一）概况

1979—2000年，由于经济建设的发展对人才的迫切需求，成人教育的办学积极性很高，但管理体制有些混乱，有待进一步明确。对这种情况，省委、省政府十分重视。经过逐年努力，成人教育管理体制得到理顺和规范。基本上可划分为3个阶段。

第一阶段，整顿调整、理顺阶段（1980—1984年）。1980年3月，全省工农教育工作会议贯彻教育部《关于举办职工、农民高等院校审批程序暂行规定》和全国农民教育工作会议精神，成立省工农教育委员会，广东省高教局设立工农大学教育办公室，分别对成人教育院校进行整顿和调整。1983年3月，省委、省政府《关于努力开创我省教育事业新局面的决定》明确指出："要大力发展广播电视大学，业余大学、函授教育、职工大学、夜大学和职工中专、农民中专。"要求"各级党委和政府要十分重视工农教育工作，建立和健全各级职工（工农）教育机构、配备必要的专职工作人员，把发展各类职工、农民教育列入国民经济计划和议事日程，增加投资，切实解决校舍、教职工编制和设备等问题"。1984年11月中旬，省政府召开全省成人高等、中专教育工作会议，会议提出"立足改革，加速发展"的指导思想、目标要求、发展计划和措施。

第二阶段，加强管理、提高质量阶段（1985—1996年）。1985年9月，省政府批转省高教局《关于加强成人教育管理，提高教育质量的意见》，在建校审批、招生、教学检查、师资、设备等方面对加强成人教育管理提出具体要求，使成人教育逐渐走上健康发展的轨道。贯彻以上一系列措施，全省逐步明确和确立成人教育的管理体制：成人高等教育实行政府统一管理、分级管理和行业企业管理、法人管理相结合的管理体制；成人高等、中专学校行政管理由各主办的部门和企事业单位负责，业务指导和管理由省高教局负责；普通高校和中专学校附设的成人教育由学校成人教育学院（处或科）具体负责教育教学的组织和管理。1989年，省高教局进一步加强对成人高等、中专教育的治理整顿，基本上纠正了乱办学、乱招生、乱收费、乱发文凭的偏向。同年11月20日，省政府颁布《广东省自学考试实施细则》，成为广东省自学考试第一个经过行政立法的法规性文件。1991年，采取切实措施，继续治理成人高等教育的不良现象。设立举报电话和信箱，以接受社会各界人士的举报和监督；对所有在粤办学招生院校成人教育毕业生的毕业证书，实行全省统一验印制度，并制定和实施《广东省普通高等学校成人教育毕业证书统一验印暂行办法》。1993年，改革招生计划的管理办法，将原来指令性招生计划改变为可调节的指导性计划。各院校又根据各自的办学条件和当地经济发展对人才需求的实际，自主地提出招生专业和指标，经省高教局和省计委综合平衡后作为指导性招生计划下达执行。1996年，对全省成人高等学校，包括普通高校函授、夜大学教育综合评估和部分成人中专学校办学等级评估。

第三阶段，改革创新阶段（1997—2000年）。1997年，城市和企业教育综合改革工作有了新发展。广州、深圳、江门、东莞、中山等全国城市教育综合改革实验市，在教育体制改革、调整教育结构、“四教”（高等教育、普通教育、职业教育、成人教育）统筹、发展职业教育和成人教育，以及在基础教育中积极推进素质教育等方面不同程度地有了新发展。1998年，积极开展成人高校的布局结构调整工作，对一些条件成熟的学校率先进行改制、合并工作。同时，开展各项教学管理制度的建设和完善工作，不断提高教学质量。1999年，召开广东省普通高校成人教育工作会议，提出《关于推进我省普通高校成人教育改革和发展的意见》，加大对电大的投入，继续加强电大远程教育基础设施和课程媒体建设。2000年，加强成人高等学校的学籍和学历管理，核查成人高等学校在校生学籍，加强成人高校学生转学转专业的审批和管理，完善成人高等教育毕业证书的验印办法和程序。继续做好广播电视大学开放教育和单科教育的试点工作。恢复全省成人高等教育课程统考，努力提高教学质量。省政府在2000年9月发布《广东省社会力量举办非学历高等教育管理办法》，明确规定申请举办这类教育机构应具备的基本条件和审批、管理、奖罚等行为。

（二）职工教育的管理

广东省职工教育于1979年11月改由工会负责管理，其他部门协助，并将省总工会职工教育办公室改为广东省职工教育办公室，具体负责全省职工教育管理工作。1982年，省政府决定成立职工教育管理委员会，并将其办公室与省经济委员会教育处合署办公，教育行政部门仍负责职工教育行政管理和教学业务指导工作，省总工会则主管工会系统的职工教育工作。

（三）成人高等教育管理体制

成人高等、中专学校行政管理实行政府统一管理、分级负责和行业企业、学校法人管理相结合的管理体制。具体由各主办的部门和企事业单位负责，业务指导和管理由广东省高等教育局负责。普通高校和中专学校附设的成人教育由学校成人教育学院（处或科）具体负责教育教学的组织和管理。广东省高教局对成人高等、中等教育的管理，着重做两项工作：一是坚持一定的办学条件，严格设置审批制度；二是加强招生工作的管理，把好入学质量关。

省政府除通过省高教局对省属成人高等学校直接管理外，对其他成人高等学校主要通过政策法规实行宏观管理，通过评估调控进行教学业务指导。在经费管理上，1985年，省委、省政府在《贯彻〈中共中央关于教育体制改革的决定〉的意见》中规定，各种成人教育经费，原则上哪个部门办学，由哪个部门自筹，并可适当收取学费。教育部门办的成人高等、中专教育事业经费，除在省高教事业经费中每年划出2.5%外，广东省财政每年按高教事业经费总额5%的比例拨给补助费。厂矿、企业单位要从企业利润留成中提取一定比例作为教育基金，用于干部、职工教育经费；市（地）、县都要拨出专款，作为广播电视教育、农民和社会青年各种成人教育的补助经费。省政府还决定，从当年起实行成人高等教育财政拨款单列制度。由于经费上的扶持力度加大，成人高等学校的校园面积和教学装备得到改善，许多院校接近或超过一般普通高等学校的水平。

省政府对成人高等教育实行严格的制度管理，采取多项强化管理的措施。严格执行办学和招生统一审批制度，依照1985年9月颁布的《关于加强广东省成人高等教育管理工作的意见》，从严格办学审批程序、建立健全各项教学管理规章制度等六个方面加强管理；统一对各专业教学计划和教学大纲进行评审和修订，并实行全省的课程抽考、统考制度，不断改革和完善考试手段和管理办法，保证教学质量。

1995年后，随着人民群众对高等教育的迫切需求，高等教育自学考试、学历文凭考试蓬勃发展。1997年1月1日施行的《广东省自学考试社会助学管理办法》，就自考社会助学的申办与审批、管理与监督、助学机构内部管理、奖励与惩罚等作出明确规定。1999年12月，省政府根据国务院《社会力量办学条例》的有关规定，对《广东省自学考试社会助学管理办法》的部分内容作了修改。1996年，在白云职业培训学院、广州侨光财经专修学院、南洋自学考试辅导学院等学校的14个专业进行高等教育学历文凭考试试点，1998年，试点学校达到45所、16个专业、14000多人，取得初步成效。为加强主要针对这一办学形式的管理，促进其健康发展，省教育厅于2000年组织专家组对58所专修学院进行年检，评出优秀学校3所、良好学校17所、及格学校12所、限期整改的学校8所、更改校名的10所、撤销学校8所，并在《南方日报》上公告。还制订关于社会力量举办的教育机构学生退学退费的规定，明确规范退学退费行为。

（四）不同类型的成人高等教育院校具体的管理体制

广东广播电视大学自1978年创办起，积极利用广播、电视、卫星、计算机网络等现代教育技术手段进行近、远距离的开放式教学，办学规模不断扩大。至2000年年底，分校或工作站已有110多所，建立地面卫星接收站近2000个，形成了省、市、县三级广播电视大学的办学管理体制。开始时，管理体制比较混乱。1988年，省政府根据国家教委《关于改革和发展成人教育的决定》，发出《关于改革和发展广东广播电视大学的意见》，规定：“省、市、县三级广播电视大学都是同级政府所属的高等学校。省电大为省属本科大学建制，市、县电大一般为同级的局级建制”，“各级广播电视大学在当地政府领导下，实行统一政策、统一规划、统一教学要求，分级办学、分级领导、分级管理的原则，各级电大归口由同级政府的教育行政部门主管，教学业务接受上级电大的指导”。

管理干部学院由行业或部门创办和管理，教学业务接受省高等教育局（厅）成人高教主管部门的指导。如广东行政学院由省委组织部和华南师范大学创办和管理；广东科技管理干部学院由省科技厅（科委）创办和管理；广东农业管理干部学院由省农业厅创办和管理；广东农工商管理干部学院由省农垦局创办和管理；广东青年管理干部学院由团省委创办和管理；广东经济管理干部学院由省经济贸易委员会创办和管理；广东公安管理干部学院由省公安厅创办和管理；广东司法管理干部学院由省司法厅创办和管理等。

普通高校附设成人教育，由该校专设的成人教育处（科或中心）管理，业务上主要由省高教厅（局）成人高等教育主管部门指导和管理。

产业、行业办的职业大学、职工大学均由产业、行业管理，业务上也接受主管产业、行业的部门和省高教厅（局）成人高教主管部门的双重指导和管理。

社会力量举办的从事非学历高等教育的成人培训学院或专修学院，一般实行董事会领导下的校长负责制，业务上都接受省高教厅（局）或普通高等学校成人高教主管部门的指导和管理。

第二章　教育经费

第一节　教育经费投入与管理

一、多渠道的教育投入体制

1979—2000年，随着国家财政管理体制和教育管理体制的变化，广东省教育经费投入逐步建立起以政府财政投入为主，辅以征收用于教育的税费，以及收取学杂费、社会捐资集资等多渠道的体制。

根据广东的实际，1980年年初，省开始提出“七个一点”的办法，即“国家拨一点，地方财政出一点，企业拿一点，社队支持一点，群众自筹一点，华侨、港澳同胞捐助一点，勤工俭学解决一点”，来增加教育投入。

1980年，中央对广东率先实行包干体制。1981年2月，省政府颁发《关于实行“划分收支，分级包干”的管理体制的实施办法》，决定从1981年起，除广州、海南行政区、自治州、自治县、深圳、珠海市另有规定外，省对地、市县实行“划分收支，分级包干”的财政管理体制；规定文教卫生科学事业费归市、县财政支出包干范围，专项补助包括中小学重点装备，由省专项拨款不列入市、县财政支出包干范围。包干基数的确定，原则上以1980年上级下达的年度财政收支计划（剔除一次性因素）为基数。

1981年5月，省财政厅发出《关于普通教育经费包干基数的函》，确定全省普通教育经费包干基数为42752.77万元，并要求各级政府都要拨出经费办教育，各地安排落实财政支出时，必须坚持预算内外统筹安排，教育经费预算不能低于包干基数，并根据财政收入增长情况，妥善安排必不可少的支出和发展经费。实行新的财政管理体制后，各地（市）、县所需教育事业费由地方政府安排，改变了由财政部门和教育部门协商联合下达事业经费支出指标的管理体制。

1983年，省委、省政府《关于努力开创我省教育事业新局面的决定》，要求各级党政领导和计划部门树立“宁可适当压缩其他方面的投资，也要保证教育投资逐年有所增长”的观念，规定教育投资的增长率要略高于经济发展的增长率；1985年以前，全省教育经费支出应保证每年递增8%以上；教育基建投资也应逐年有所增加，其中普教基建投资应占省财政基建投资的8%以上，省属普通大专院校基建投资要占省财政基建投资的4%以上，做到新账不再欠，旧账逐年还；除了财政增加教育投资外，还要广开财路，发动全民和集体所有制的厂矿企业和社队集体办学，鼓励社会团体办学，允许私人办学，欢迎和积极支持华侨、港澳同胞捐资办学。

1985年，《中共广东省委、广东省人民政府贯彻〈中共中央关于教育体制改革的决定〉的意见》，确立“教育是开发智力资源的一个重要投资部门，教育投资是效益最大的一种投资”的观念，提出教育投资8方面的要求：一是各级政府要坚决按照中央规定的“两个增长”（中央和地方政府教育拨款的增长要高于财政经常性收入的增长，并使在校学生人均教育费用逐步增长）增加教育经费，省财政增加的普教事业经费重点用于实现“一无两有”（校校无危房，班班有教室，学生人人有课桌凳），发展师范教育和支持经济落后地区发展教育事业。二是省属高等学校基建投资要按国家计划招生人数增长所需增加校舍面积拨给经费，每年以3200万元为基数，并增加一些必要的专项补助；普教基建投资，在原定占省基建总投资8%的基础上，每年再适当增加一些投资。三是开征教育费附加，教育费附加全部用于当地发展基础教育事业。四是中专和技工的教育经费按其不同拨款渠道每年应有所增长。五是各种成人教育经费由部门自筹、省财政补助、厂矿企业利润留成、市县拨出专款和适当收取学费多渠道解决。六是继续鼓励和指导国营和集体厂矿企业、社会团体办学，鼓励单位、集体、个人和华侨、港澳同胞自愿捐资办学。七是广泛开展勤工助学，收益主要用于改善办学条件和师生的生活福利。八是省、市、县各级都要逐步建立教育基金，用作奖励优秀教师和培训教师。

1986年，省人大常委会通过《广东省普及九年制义务教育实施办法》，要求实施义务教育所需事业费和基本建设投资由省政府和各级政府筹措，予以保证。省政府和各级政府应逐年增加教育经费。每年用于教育的财政拨款的增长比例高于财政经常收入的增长比例，并使按在校学生人数平均的教育费用逐步增长。具体增长的比例，由各级政府决定。各级的机动财力，每年也有适当比例用于义务教育。乡镇财政收入主要用于义务教育事业。省、市、县对经济困难地区实施义务教育的经费，给予补助。国家拨给民族自治地方的、支援不发达地区的发展资金，边境补助费和民族地区补助款，都安排一部分用于发展这些地区的义务教育事业。此外，还鼓励多渠道集资和建立健全财务制度。

1988年，省委、省政府《关于普通教育体制改革的决定》，确立了对中小学教育管理体制进行改革，实行分级办学、多方办学的体制，从国家、集体、社会、个人等多渠道筹集教育经费，实行“谁办学，谁管理，谁负责经费”的原则。

1992年12月25—27日，省委、省政府召开全省高等教育工作会议，宣布从1993年起，除省财政正常拨付的高教事业费和基建费随着经济的增长而逐步增长外，每年至少拨出1000万元专款用于高校重点学科建设；除贫困山区外，全省各市均应按上年第二、第三产业国民收入总值的1%集资上缴省政府，主要用于发展教育事业，大幅度增加教育的投入。1993年1月2日，省委、省政府印发《关于加快高等教育改革和发展步伐的决定》，把这一政策确定下来。这一政策确立的教育专项俗称“1%教育专项经费”。从1995年起，省教育专项经费的筹集不再局限于二、三产业国民收入总量的1%，而是作为上缴任务每年分配下去，省在专项经费分配上有所突破。从1998年起，为化解亚洲金融风暴的影响，省级财政支出逐年压缩3%，“1%教育专项经费”也同步同比例压减。2000年以前，“1%教育专项经费”分设高教专项和普教专项。1993—1999年，高教专项累计为331918万元，占63%；普教专项累计为197309万元，占37%。2000年，省高等教育厅与教育厅合并组建新的省教育厅，“1%教育专项经费”从此不再分设高教专项和普教专项，合并使用。“1%教育专项经费”为教育发展重点项目提供了必要的财力保障。例如，1993—1997年，“1%教育专项经费”投入“普九”资金累计达到36500万元；1998—2000年，投入改造中小学薄弱学校累计21731万元；1993—2003年，累计投入山区教师岗位津贴55000万元；1993—1999年，累计投入高校校舍达标建设资金92620万元。

1994年11月，省委、省政府《关于教育改革和发展的决定》提出“树立教育投资是战略投资的观念，建立以国家财政拨款为主，多渠道筹措教育经费的投资体制”，明确教育经费投入的目标是切实做到教育经费的“三个增长”（各级人民政府教育财政拨款增长应当高于财政经常性收入的增长，并使在校学生人均教育费用逐步增长，保证教师工资和学生人均公用经费逐步增长），全省财政支出中教育经费所占的比例“八五”期间要高于20%，20世纪末努力争取财政性教育经费支出占国民生产总值的比重达到4%。决定要求，从1995年起，广东省人民政府将根据教育事业发展的需要，努力增加教育专项资金的数额；足额征收城乡教育费附加，开征其他用于教育的附加费；继续鼓励华侨、港澳台同胞捐资助学；发动企事业单位、社会团体和个人捐资和集资办学；广泛建立基金会；尽快建立教育银行，办理教育储蓄、贷款等业务，运用金融手段扩大教育资金来源；加强科技开发，兴办校办企业，开展有偿服务，增加学校收入；收取非义务教育阶段学生的学杂费和义务教育阶段的杂费，补充教育经费；对校办产业继续按照规定减免税收，对社会各界支持教育事业的捐资，按有关法规从应纳所得税中予以扣除。决定还要求，教育经费的财政拨款实行预算单列，各级政府要按国家和省规定的学校人员编制标准及各类学生人均培养费用，校舍、设备等固定资产投资数量，教育事业发展经费等确定每年当地教育经费总需求，予以落实；为所在地各类学校提供教育事业发展用地的，应给予优惠征用或无偿拨给。

1994—2000年，广东省逐步建立起了以政府财政投入为主，辅以征收用于教育的税费，以及收取学杂费、社会捐资集资等多渠道的体制，主要渠道有：财政拨款、征收教育税费、教育收费、集资办学和捐资助学、发展校办产业、教育基金、银行贷款和教育储备金等。

二、财政性教育经费

财政性教育经费包括预算内教育经费、各级政府征收用于教育的税费、企业办学经费和校办产业、勤工俭学、社会服务收入用于教育的经费，主要是前两项。

（一）预算内教育经费

预算内教育经费是指中央、地方各级财政或上级主管部门在本年度内安排，并划拨到教育部门和其他部门主办的各级各类学校、教育事业单位，列入国家预算支出科目的教育经费，包括教育事业费拨款、科研经费拨款、基建拨款和其他经费拨款，是教育经费的最主要来源，体现政府对办教育的责任。1979—2000年，随着广东经济发展，财政储备日益雄厚，在省委、省政府重视下，各级财政不断加大对教育的投入，预算内教育经费快速增长。1979年，全省预算内教育经费为38977.3万元，占全省财政总支出280300万元的13.51%。2000年，广东省预算内教育经费为2079377.8万元，是1979年的53倍，占财政支出的比例为19.44%。

1979—2000年广东省预算内教育经费情况表

表2-1-1

年份	预算内教育经费（万元）	财政支出（万元）	预算内教育经费占财政支出的比例（%）
1979	38977.30	280300	13.51
1980	48776.00	249300	19.57
1981	57074.00	271800	20.99
1982	64150.00	307500	20.86
1983	70420.00	342700	20.55
1984	80875.00	426500	18.96
1985	106926.00	608400	17.57
1986	119083.38	895500	13.30
1987	131884.81	965900	13.65
1988	155100.00	1152000	13.46
1989	235113.50	1411600	16.66
1990	296756.70	1506900	19.69
1991	278792.20	1824800	15.28
1992	352291.70	2196100	16.04
1993	480587.30	3312700	14.51
1994	772581.20	4168300	18.53
1995	943838.20	5256300	17.96
1996	1003900.00	6012300	19.27
1997	1156707.70	6826600	16.94
1998	1363791.90	8256100	16.52
1999	1516923.70	9659000	15.70
2000	2079377.80	10698600	19.44

（二）教育费附加

1985年，省政府转发《国务院关于筹措农村学校办学经费的通知》，要求先行试点，再逐步推开，在农村实行征收教育事业费附加。1986年，省政府颁布《关于我省城市、农村征收教育费附加的有关规定》，规定从1986年1月1日起开征农村教育费附加；从1986年7月1日起，开征城市教育费附加，省从广州、佛山、江门市提取一部分由省统筹使用。1994年，省政府《关于加强我省教育费附加征收管理工作的通知》，要求加强和完善农村教育费附加、城市教育费附加的征收管理，并允许各地可根据当地教育发展的需要、经济状况和干部、群众的承受能力，开征其他用于教育的附加费。1989年，广东省征收教育费附加为25154.1万元，至2000年，增加到236111.7万元，占当年教育经费总量的7%。

1998年，针对农村教育费附加征收工作存在的问题，省教育厅通报了1997年各县（市、区）农村教育费附加征收情况，推动各地加强征收。据省教育厅统计，1997年广东省征收的农村教育费附加为8.13亿元，人均征收金额只有17元，征收率为34.1%，远低于全国征收率74%的水平。广东省征收率在50%以下的县（市、区）共有93个，其中有21个市、区无征收。1998年，广东全省农村教育费附加为8.75亿元；1999年为10.28亿元；2000年为12.95亿元。

1987—2000年广东省教育费附加情况表

表2-1-2　　单位：万元

年度	合计	农村教育费附加	城市教育费附加
1987	10150.89	5530.62	4620.27
1988	15280.50	8636.52	6643.98
1989	26461.00	11559.50	14901.50
1990	28901.70	13214.60	15687.10
1991	22707.10	13922.30	8784.80
1992	25249.00	—	—
1993	45611.50	20681.60	24929.90
1994	72727.20	30786.20	41941.00
1995	114493.50	54466.80	60026.70
1996	139800.00	69400.00	70400.00
1997	161119.10	81437.20	79681.90
1998	176966.30	87540.70	89425.60
1999	202033.80	102771.00	99262.80
2000	232093.40	129524.70	102568.70

（三）财政性教育经费占生产总值的比例

1993年，中共中央、国务院印发《中国教育改革和发展纲要》，提出：逐步提高国家财政性教育经费支出（包括：各级财政对教育的拨款，城乡教育费附加，企业用于举办中小学的经费，校办产业减免税部分）占国民生产总值的比例，20世纪末达到4%。为实现国家确定的目标，广东省在1994年提出到20世纪末努力争取财政性教育经费支出占国民生产总值的比重达到4%的目标。1994年，全省财政性教育经费占国民生产总值的比例为2.08%，至2000年，达到2.15%的最高水平，没有实现4%的目标，历年的比例在2%左右。

1994—2000年广东省财政性教育经费占国民生产总值的比例表

表2-1-3

数额 年份	财政性教育经费（万元）	国民生产总值（亿元）	财政性教育经费占国内生产总值的比例（%）
1994	940125.0	4516.63	2.08
1995	1168775.4	5733.97	2.04
1996	1243300.0	6419.14	1.94
1997	1467294.9	7315.51	2.01
1998	1648994.6	7919.12	2.08
1999	1798074.0	8464.31	2.12
2000	2079377.8	9662.23	2.15

三、社会资金

（一）国际金融组织和国内银行贷款

1980年，中国恢复在世界银行的合法席位。按照国家的统一安排，省政府积极利用世界银行、国际开发协会等国际金融组织和外国政府贷款发展教育。1984年，省政府与教育部签订关于使用世界银行加强广播电视大学和短期职业大学项目贷款的分贷协议书，由教育部转贷391.5万美元，用于广播电视大学和短期职业大学建设，其中广东省广播电视大学222.5万美元、广州大学169万美元。

1986年，国家教委转贷给广东省的国际开发协会“地方大学项目”贷款510万美元，用于华南师范大学、广东工学院和深圳大学的建设，其中华南师范大学250万美元、广东工学院180万美元、深圳大学80万美元。

1988年，省政府从国家转借世界银行贷款255万美元，用于在职中学教师培训。

1993年9月，财政部、国家教委转贷给广东省世界银行“师范教育发展项目”贷款4419730个特别提款权①，用于实施师范教育发展，项目学校有：湛江师范学院、韩山师范专科学校、惠阳师范专科学校、佛山大学、嘉应大学、韶关大学、西江大学。

1997年，财政部转贷给广东省世界银行贷款职业教育发展项目软贷款254万个特别提款权，硬贷款184万美元，用于改善充实广东省6所中专学校、8所职业中学的教学设备等②。

在利用国内银行贷款等社会资金上，广东省各级政府在这一时期主要是学生助学贷款和贷款兴办校办企业，学校建设贷款规模还比较小。一些学校是通过地方政府、建筑承包商向银行贷款搞建设，形成欠债。1985—2000年，广东省先后实施“一无两有”、危房改造、普及九年义务教育、教师住房建设、改造薄弱学校等教育改造建设工程，由于教育建设项目多、标准高、时间紧、任务重，教育投入在短时间内急剧增加，在一些地方超越了地方财政的承受能力，形成全省农村中小学教育的巨额负债，累计达73.50亿元，其中银行贷款形成负债6.14亿元。

1999年，国家作出扩大高等教育规模的决策，广东省的高等学校大胆利用银行贷款，加快学校建设。2000年经省政府同意，省高教厅向银行统一贷款2.8亿元，用于广东工业大学、湛江师范学院、韩山师范学院、广东职业技术师范学院、广东商学院、湛江海洋大学、肇庆学院的建设。

① 特别提款权是国际货币基金组织创设的一种储备和记账单位，亦称“纯黄金”。它是基金组织分配给会员国的一种使用资金的权利。会员国发生国际收支逆差时，可用它向基金组织指定的其他会员国换取外汇，以偿付国际收支逆差或偿还基金组织贷款，还可与黄金、自由兑换货币一样充作国际储备。但由于其只是一种记账单位，不是真正货币，使用时必须先换成其他货币，不直接用于贸易或非贸易的支付。特别是提款权定位是和“一篮子”货币挂钩，市值不是固定的。

② 6所中专学校是：广东省交通学校、广东省水利电力学校、广东省轻工业学校、广东省建筑工程学校、广东省机电学校、广东省肇庆市工业学校；8所职业中学是：顺德市梁銶琚中学、佛山市华材职业高中、新会市荷塘职业中学、深圳市电子技术学校、阳江市第一职业中学、茂名市职业高中、广州市天河职业高中、中山市横栏理工学校。

（二）捐资集资

中共十一届三中全会以后，拨乱反正，贯彻落实侨务政策。广东是著名侨乡，华人华侨、港澳台同胞捐资办教育积极性空前高涨。1979—2000年，由华人华侨、港澳同胞捐资新建、扩建、修建的中小学有2万多所，其中江门获赠17.2亿元，佛山获赠11.8亿元，梅州获赠8亿元。1978年，暨南大学复办后，一直得到海外侨胞和港澳同胞的关爱与支持。1981年，香港同胞李嘉诚率先捐资3000万港元作汕头大学建校应急之需，并在往后根据学校建设发展需要，多次主动加赠资金，到1986年年底，捐款已逾3亿港元。1984年7月，梅州市创办嘉应大学，海外侨胞、港澳同胞捐赠累计8000万元。1985年创办的五邑大学，五邑海外侨胞及港澳同胞捐赠累计达2.2亿元，兴建教学大楼36座，建筑面积11.6万平方米。省内社会各方面大力支持教育发展，积极捐资助学、集资办学。在农村“人民教育人民办”，广大农民群众通过教育集资、缴交建校费、献工献料等方式支持学校建设。1981—1993年，全省普通教育的社会捐资集资用于改善办学条件的资金累计为67.3亿元。1994—2000年，全省教育社会捐资集资累计为161.18亿元。

1994—2000年广东省教育社会捐资集资情况表

表2-1-4　　　　单位：万元

年度	社会捐资集资	其中：农村捐资集资
合计	1611773.7	560238.5
1994	259117.9	127430.8
1995	301100.3	149334.2
1996	160269.3	—
1997	257421.3	113208.8
1998	201066.9	60478.2
1999	175376.7	59526.6
2000	257421.3	50259.9

四、教育收费

（一）中小学收费

1979年，广东中小学学杂费标准分不同地区设立不同标准，高中收费标准为4.6～7元，初中3.3～5.5元，小学2～3元。1980年，广东省教育厅、财政厅、物价局联合印发《广东省教育部门办中学、小学、幼儿园杂费收支管理办法》，重新统一收费标准。

1986年，省人大常委会通过的《广东省普及九年制义务教育实施办法》规定，对接受义务教育的学生免收学费，有条件的地方可以免收杂费，条件尚不具备的地方由市、县人民政府根据省政府的有关规定制定收费标准。

1994年，省政府颁布《广东省教育收费管理规定》，对教育收费实行许可证制度，明确基础教育包括义务教育、普通高中、职业中学及中等专业学校的收费分“应收费”和“代收代管费”两大项。“应收费”包括学费、杂费、民办教师统筹费和借读生借读费4项；“代收代管费”包括课本资料费、练习本费、住宿生管理费、自行车保管费、厨工费、班会费、体检费、手册证书费（学生手册、学生证和毕业证书）及专业教学设备维修费9项，确定省制定收费项目、县级以上政府制定收费标准的收费管理体制。

1997年，经省政府批准，省教育厅、物价局、财政厅印发义务教育等3个学校收费管理办法，进一步明确基础教育收费省定项目、县级政府定收费标准的体制。并在随后的《关于执行义务教育等3个学校收费管理办法的通知》，对基础教育收费的项目和标准做了调整，将“代收代管费”9项调整为课本资料费、练习本费、厨工费、体检费、证册费5项，收费标准由省按不同地区分类，制定各类学校杂费的基准价、上浮幅度及借读费的最高限额，县级以上政府在省规定的基准价、上浮幅度范围内批准具体的收费标准。一类地区（广州、深圳、珠海、中山、东莞、佛山、江门、汕头）杂费基准价小学为130元、初中为180元、普通高中400元，二类地区（惠州、肇庆、茂名、潮州、湛江、阳江）基准价小学为120元、初中为160元、普通高中为350元，三类地区（揭阳、韶关、梅州、汕尾、云浮、河源、清远）基准价小学为110元、初中为150元、普通高中为190元。

2000年，省物价局、教育厅、财政厅进一步规范中小学收费管理。明确中小学收费项目、管理权限，规范收费行为，对学生用练习本费、借读生收费、择校生收费、农村教育集资等问题作出规定。根据地区经济社会发展的水平，中小学收费标准分三类地区分别制定基准杂费标准：一类地区为广州、珠海、中山、东莞、佛山、江门、汕头、顺德，二类地区为惠州、肇庆、茂名、潮州、湛江、阳江，三类地区为揭阳、韶关、梅州、汕尾、云浮、河源、清远。一类地区基准杂费小学为140元、初中为200元、普通高中为600元，二类地区基准杂费小学为130元、初中为180元、普通高中为500元，三类地区基准杂费小学为120元、初中为170元、普通高中为400元。

（二）高等学校收费

长期以来，中国普通高校招收学生均实行免收学杂费制度。1979—1983年，广东省普通高校学生免收学杂费上学。1983年，广东省开始在国家计划之外招收代培生和自费生，国家计划内学生继续免收学杂费上学，代培生、自费生缴费上学，开始实行招生收费“双轨”制。各院校在接收代培生时与委托培养单位签订合同，收取一定的代培费用，对自费生收取学费，代培费和学费标准当时没有统一规定，由院校自行确定，标准不一。1986年3月，省政府批复了高等、中专教育收费问题，明确高等学校自费走读生的学费收费标准，每生每学年为：艺术、体育专业1000元，理、工、农、医专业800～1000元，文、法、财经、外语专业600～700元；大专院校代培生收取经常费和基建费，经常费标准分专科、本科、研究生和不同专业制定，基建费一次过收取，专科生不超过10000元，本科不超过12000元，研究生不超过15000元。

1986年广东省政府批准大专院校向代培生收取经常费标准表

表2-1-5　　单位：元/生·学年

	专科生	本科生	研究生
艺术、体育专业	1000	1300	1600
理、工、农林、医专业	900	1200	1500
文、法、财、外语专业	800	1000	1300

1988年5月，省政府办公厅转发省高教局《关于广东省普通高等学校招生、毕业生分配制度改革方案》，明确在国家统一的招生计划内，划分为两个部分、三种形式招生：一是国家任务的指令性招生，主要包括师范、民族、农林、水利、矿业、地质、石油等专业和高科技、基础学科以及国防和国家重点建设项目，老、少、边、山、穷地区、艰苦行业的需要。二是调节性计划招生，包括联合办学、委托培养招生和招收自费生。学生实行收费上学，培养费：国家任务指令性计划招收的学生由学校垫付；联合办学或委托培养招收的学生，按合同和有关规定，由联合办学、委托培养单位或地区负担；自费生由本人负担。学费：一般每学期约100元，除师范、民族、农林、水利、矿业、地质、石油等专业的学生和行业定向或地区定向生，由国家给予无息贷款外（按规定服务期满可以免还），其余学生均由本人缴交。除走读生外，其余学生一律要交住宿费。1989年以来，全省各高等院校均按每生每学年300元的标准收取学杂费。1992年，广东省物价涨幅较大，高等教育办学经费不足问题突出，各高校要求提高学杂费标准。谢非、朱森林、方苞、卢瑞华、李维明、卢钟鹤等省委、省政府领导在上半年就此分别作出批示。1992年7月，省物价局批复普通高校学杂费标准为每生每学年不超450元，代培生经常费本科按专业在每生每年1700～4400元，专科按专业在1400～3600元，代培生基建费省属院校1000～1800元，部委属院校1500～2500元。这些标准从1992年新学年起开始执行。

1994年，省政府先在中山大学、华南理工大学、广州外语学院、广东商学院、华南建设学院（东院）、深圳大学和广州大学实行招生“并轨”，即统一录取分数，不再分国家计划生、委托代培生和自费生；统一缴费上学，每年收费1500～3500元不等，同时设立专项奖学金和贷学金。1995年，广东率先在本科院校“并轨”。1996年，“并轨”改革全面扩大到专科层次。“并轨”后的本科生每年学杂费最高不超过3500元，专科生不超过3300元。

2000年，省政府调整高等学校收费标准。各普通高等学校同一专业本、专科实行同一学费标准，文史、财经类专业每生每学年3800元，理工、农林、地矿、体育、外语专业每生每学年4300元，医学类专业4800元。在此基础上，进入“211工程”的高等学校学费可以上浮20%，省属热门高等学校可以上浮10%。

（三）民办学校收费

民办学校从一开始就实行与公办学校不同的收费制度。1988年，省委、省政府《关于普通教育体制改革的决定》提出“私人办学可自定学费标准”。1994年，省政府颁布的《广东省教育收费管理规定》，对社会力量办学收费实行“由主办单位制定收费标准，报教育主管部门和物价主管部门备案”的管理体制。1999年，省政府以政府令发布《广东省基础教育民办学校管理规定》，规定民办学校的收费项目和收费标准由学校提出，经办学登记的教育行政部门审核后，按规定程序，项目由物价、财政部门会审后报省人民政府审批，标准由物价部门批准。2000年，省政府发布《广东省社会力量举办非学历高等教育管理办法》，对社会力量举办非学历高等教育机构收费管理作规定，收费标准由教育机构提出并经办学批准机关审核后，报省物价部门审批。

2000年，省政府明确民办高等学校学费的最高限额，文史、财经类专业学费每生每学年最高不超过1万元，理工、农林、体育、外语、艺术等专业学费每生每学年最高不超过1.2万元。

民办中小学校收费在一段时期出现高收费的问题。1994年，广东省约有40所民办中小学收取学杂费数千元或储备金10万元以上，由此引发一些社会问题。省政府于1994年4月作出本年度各地不得审批新办各类高收费民办学校的规定，对已办起的高收费的民办学校进行一段时间的清理整顿。

（四）治理教育乱收费

广东各级各类学校收费制度逐步建立和完善，缓解教育经费投入的不足。但在80年代末也出现擅自增加收费项目，随意提高收费标准的现象，损害群众利益，破坏了教育的形象。1996年1月10日，副省长卢瑞华在全省治理乱收费第二次广播电视大会上批评指出：“我省已给学校收费办学的各项政策措施，以解决经费不足的问题，但学校乱收费仍十分严重。有些的高等、中专学校对毕业生收取数千到一万元的毕业生推荐费、改派费，不交钱就不给毕业证书。有些中小学校、幼儿园、托儿所巧立名目乱收滥要，什么补课费、晚修费、试卷费、补考费、课桌费、彩电费、卫生绿化费，基本上是每添一件物品、每办一件事情都伸手向学生要钱要物。此外，学生逾期报名入学、缺勤还要交罚款。如陆河县有一个中学，要交补课费50～90元，补考每科要交5元，逾期报名要交10元，对无单车保管的学生还要收单车保管费每人17人。”由此可见教育收费之乱。

教育乱收费问题成为社会热点问题，必须严肃整治。1989年8月，省教育厅、物价局、财政厅认真清理整顿学校代收费项目和标准，次年4月联合开展教育收费问题的普遍检查。1990年8月，省政府办公厅发出《关于进一步加强中小学收费管理制止乱收费问题的通知》，对中小学收费的项目、标准、办法和管理作了具体规定，旨在使收费纳入合理化、规范化的轨道。1995年5月，省教育厅制定了开展对治理中小学乱收费工作进行检查考核的9条标准①，要求各地按照考核标准进行自查。经省复核验收达标后，省政府予以公布。经过两年的努力，全省142个市、县（区）于1997年年底基本达到省制定的9条考核标准，实

① 9条标准：1．严格执行省政府颁布的《广东省教育收费管理规定》，所属中小学无擅自立项收费、无擅自提高收费标准的问题；2．镇（乡）政府和管理区擅自制定收费项目、提高收费标准的纠正率达到100%；3．无一所初中和小学有违反教学大纲和课程计划举办各种强制性收费的补习班、补课班、兴趣班等问题；4．所属中小学小无一所将计划内招生指标转为择校生指标，没有违反规定对义务教育阶段招收的特况生、非义务教育阶段的择校生实行高税费的问题；5．政府、社会有关部门向学校“搭车收费”和搭售商品问题的纠正率达到100%；6．无一所中小学违反规定以行政手段强制学生购买和使用未经国家教委及省教育厅审定和规定的教材、教学辅助资料；7．学生持中小学生交费登记手册交费登记率达到100%；8．对群众举报中小学乱收费问题的查处率达到100%；9．对学生家长进行治理中小学乱收费问题的问卷调查满意率达到80%以上。

现了治理中小学乱收费工作阶段性目标。1996年，广东省加大治理教育不合理、不规范收费力度，采取有效措施综合治理，取得阶段性成果，据省教育厅不完全统计，1996—1999年，全省共查出违规收费金额4039.6万元，处理违规收费金额3655.1万元，清退违规收费金额3300.9万元，减轻家长负担4884.8万元。查处违纪乱收费责任人171人，其中，批评132人，行政记过或党内警告以上处分29人，撤职或免职10人。

1992年1月1日至1998年3月31日，国家和广东省的教育、物价等有关部门公布取消教育收费项目21项，包括：课桌椅购置、维护费，仪器设备购置、维修、管理费，电教设备管理费，校园建设、维修费，校园卫生绿化费，义务教育办学条件保证金，学生学籍、档案管理费，选班费，留级费，转学调档费，签发毕业证书费，勤工俭学费，学生军训费，向学生收取的赞助费（社会自愿捐资助学的除外），教育配套费，各类学校学生证、学员证工本费（丢失补办除外），社会力量办学管理费，毕业生改派费，大中专委培生盖章手续费，各类考试押金，毕业生补偿培养费。

第二节　普通教育经费

一、普通教育事业费[①]

1979年，全省普通教育预算内事业费支出34939万元，占财政总支出（不含基建）211061万元的16.55%。1980年，为44568万元，占财政总支出（不含基建）209976万元的21.22%，比例有较大的提高。除此之外，1979年学杂费收入、支出分别为3967万元、3991万元；生产劳动收入、支出分别为2304万元、1894万元。

“六五”期间（1981—1985年），普通教育经费投入渠道明显增多，投入显著增加。除了政府财政投入外，还有预算外的地方计划外投入，厂矿企业办学开支、社会群众集资、华侨港澳同胞捐资、学校勤工俭学收入等。5年间，全省普通教育总支出合计为41.3亿元，其中，事业费支出合计29.8亿元，年均近6亿元；勤工俭学收入从1981年的3341万元，增加到1985年的4735万元。

“七五”期间（1986—1990年），改革开放的政策促进了广东经济发展，各级党政办教育的积极性大大提高，教育经费大幅度增长。尤其是从1986年起开征的教育费附加成为普通教育经费重要来源。5年间，全省普通教育总支出合计125.2亿元，其中，事业费支出合计为70亿元，年均14亿元，相当于“六五”期间的2倍；基建支出合计4.6亿元，预算外支出合计为50.5亿元。

“八五”期间（1991—1995年），全省普通教育总支出合计为479.08亿元。1993年设立的“1%教育专项经费”加大了财政对普通教育的投入。1995年，全省普教投入达到168.3亿元，比上年增长31.8%，其中国家财政性教育经费99.9亿元、社会捐资办学经费29.4亿元。

① 普通教育经费在统计上包括中等师范教育经费、中学教育经费、小学教育经费、农业（职业）教育经费、幼儿教育经费、特殊教育经费、业务教育经费、教师进修院校经费等。

1996年，广东省如期完成“两基”目标。10年来，为实现“普九”，全省总共投入443.2亿元。

1996年，全省普教总投入达190.57亿元，比上年增长13.2%，其中国家财政性教育经费114.63亿元（其中城乡教育费附加达14.1亿元）、社会捐资和民间办学经费36.24亿元、勤工俭学收入达5.04亿元。另外教育基金累计14.1亿元，省财政安排经费达4.78亿元。1997年，广东普教总支出为204.35亿元。1998年，省专项经费3.4亿元，国家财政性教育经费134.16亿元（其中城乡教育费附加19.02亿元），社会投入办学经费15.7亿元，勤工俭学收入5.6亿元，华侨港澳同胞捐资2.67亿元，教育基金利息16.2亿元。

1979—1999年广东省普通教育支出表

表2-2-1　　　　单位：亿元

年度	教育总支出	其中：事业费	基建费	其他教育经费
1979年	2.63	3.49	0.09	1.00
1980年	4.58	4.41	0.09	1.35
“六五”合计	41.39	32.48	1.18	11.86
其中：1981年	5.50	5.17	0.16	1.52
1982年	6.08	5.93	0.15	1.44
1983年	7.21	6.33	0.15	1.80
1984年	9.80	6.55	0.32	3.10
1985年	12.80	8.50	0.40	4.00
“七五”合计	125.10	70.00	4.90	50.50
其中：1986年	14.30	9.70	0.42	4.20
1987年	16.80	10.60	0.43	5.80
1988年	22.60	13.80	0.45	8.50
1989年	32.00	17.10	2.10	12.90
1990年	39.40	18.80	1.50	19.10
“八五”合计	479.08	210.20	12.81	256.26
其中：1991年	45.80	20.80	1.50	23.50
1992年	53.80	25.80	2.02	26.00
1993年	83.60	37.30	2.63	43.70
1994年	127.60	55.90	2.34	69.50
1995年	168.28	70.40	4.32	93.56
1996—1999年合计	924.76	391.55	32.74	500.47
其中：1996年	190.57	79.40	5.00	106.17
1997年	204.25	86.47	4.42	113.36
1998年	223.05	88.82	7.55	126.68
1999年	306.89	136.86	15.77	154.26

二、普通教育基本建设

（一）分期实施“一无两有”

1980年，省政府按照中共中央“一无两有”的要求，有步骤地分期分批加快校舍的修建和改善办学条件，从1981年起，省每年拨出专款3200万元，作为实现“一无两有”的补助。从1978年至1987年的9年，全省用于改善办学条件的投资达40.32亿元，为前28年教育基建投资总数的9.28倍。其中用于校舍建设的投资为38.04亿元，用于图书、仪器设备、电教器材和课桌购置2.29亿元；省下拨专款占投资6.49%，基建投资占7.2%，地方拨款占27.25%，乡镇筹资占17.48%，单位捐资占2.74%，个人捐赠占6.02%，群众献工献料折款占5.7%，勤工俭学开支占2.88%，华侨港澳同胞捐款占14.66%，其他占9.58%。

到1988年4月，全省已有97个县（市、区）经过验收实现“一无两有”，还有9个县（市、区）也正在实施中，全省“一无两有”任务基本完成。到1987年年底，在全省中小学4311.59万平方米的校舍总面积中，新建校舍为2546.44万平方米，占校舍总面积的59.06%；维修校舍1139.22平方米，新建修建校舍面积占校舍总面积的85.48%；新建钢筋混凝土楼房19911栋，楼房面积占新建校舍面积的66.88%；在新建校舍总面积中，教学用房占新建校舍面积的57.66%，办公用房占5.41%，生活用房占18.84%，教工住房占18.09%。根据验收标准，校舍建设被评为特级的有38个县（市、区），被评为一级的有56个县（市、区），均由广东省人民政府颁发奖状、奖金。

（二）教师住房建设

1985年，《中共广东省委、广东省人民政府贯彻〈中共中央关于教育体制改革的决定〉的意见》提出，各级政府每年都要拨出专款和多方集资，兴建教师宿舍，力争5年内为全省中小学教师和幼儿园教师兴建400万平方米宿舍。1986年，省财政拨出专款1000万元，补助筹集经费有困难的县（市）兴建教师住宅。从1979年至1988年4月，全省各种渠道的教师住房建设总投资达6.59亿元，建起教师住房460.71万平方米。1988年5月至1991年，大约建成教工住房500万平方米。“七五”期间，普教系统建成1000多万平方米教工宿舍，解决近11万户教师的住房问题。

1995年2月，省政府在新兴县召开全省中小学住房建设工作会议，决定加快教师住房建设的步伐，省政府连续5年每年安排8000万元，对有困难的地方给予补助。1996年春，省政府召开第二次全省中小学教职工住房建设工作会议，确定按“普九”实现的先后，分批完成基本解决教职工住房困难的任务，全省争取在1999年年底全面完成。1995年投入教师住房建设的资金为27.7亿元，竣工住房4.02万套，完成建筑面积343万多平方米。1996年，教师住房建设总投入29.92亿元，竣工住房4.76万套，完成建筑面积428.2万平方米，有41个县（市、区）基本完成解决教师住房困难的任务。到1998年，全省80%的县（市、区）解决了教师住房困难问题，城镇中小学教师家庭人均住房面积达到12.6平方米，住房成套率提高到80%以上。

（三）危房改造

1988年，广东中小学校舍建设虽然基本实现“一无两有”，但还存在400多万平方米的旧校舍和200万平方米的危房校舍。1990年，广东省教育厅在全省山区贫困县教育工作会议上决定，从1990年起，两年拨出1亿元专款分批完成校舍改造任务，基本实现校舍整体更新。同年10月，省委、省政府在全省山区教育工作会议上要求加快危房校舍改造步伐，争取在1991年年底前全部完成。1991—1992年，全省共投资24.86亿元，新建修建1300多万平方米校舍，其中70%是钢筋水泥楼房。

（四）改造薄弱学校

为全面提高“普九”的整体水平，1998年8月，省教育厅在新兴县召开全省改造薄弱学校会议，决定分期分批改造薄弱学校，建设规范化学校，部署全省改造8926所薄弱学校的任务，计划到2003年完成改造任务。1998年9月，省政府委托省教育厅与117个县（市、区）人民政府签订改造中小学“薄弱学校”责任书，明确改造后的中小学校舍、设备、学校领导、教师、学校管理均达国家或省定标准。责任书约定总投入604932.995万元，其中省财政投入47525万元。到2000年，省财政拨出补助资金17797万元，各地中小学“薄弱学校”改造工作顺利。

三、教学仪器设备和图书资料费

从1980年开始，省政府就开始每年固定安排设备补助专款750万元，进行教学仪器设备配置，并结合“一无两有”的开展，着手进行实验室的建设。1978—1987年，建有实验室5342间，46.75万平方米；仪器室5074间，27.8万平方米；电化教室965间，8.3万平方米；阅览室、书库5697间，3.6万平方米；体育室2795间，22.8万平方米；音乐室2154间，12.7万平方米；添置仪器柜1.65万个，仪器架4041个，实验台1.38万张，课桌模332.7多万套。1987年12月，教育部颁布《全日制中学理科教学仪器配备目录》和《小学数学、自然常识教育仪器配备目录》。1987年秋，省教育厅发出《关于改善教学设施设备和搞好校园建设的意见》，提出要在全省基本实现“一无两有”的基础上，进一步完善校舍建设，有计划地分批分层次配备教学仪器、体育仪器和图书。省安排设备补助专款1000万元，其中图书款200万元、体育器材款300万元、仪器设备款450万元（不包括原有750万元）、电教器材款50万元。按不同经济条件分四类地区制定补助标准：一类地区补30%，二类地区补40%，三类地区补60%，四类地区补70%。由于省、市、县各级政府的重视，1987年仪器设备配备迅速增加，全年用于设备购置款达1亿多元。

1990年，省教育厅召开全省教学仪器工作会议，着重研究如何进一步加强中小学实验室和仪器设备标准化建设问题。到1991年年底，全省85%的完全中学（含职业高中）、50%初中、40%小学按标准配备齐或基本配齐教学仪器设备，全省仪器设备总值提高到2.4亿元，其中电脑配备了8000多台。1992年提高到3亿元，1994年为6.68亿元。1995年投入2.25亿元用于实验室建设和教学仪器设备配置，仪器总值8.18亿元；1996年投入2.62亿元，仪器总值达到10.27亿元。

第三节　高等教育经费

一、高等教育投入体制

随着经济体制改革的深入，高等教育的拨款制度也进行改革。从1980年开始，广东财政向中央实行大包干，广东高等教育经费也实行包干使用。高等院校的经费采取“基数加发展”的办法核定，并实行“一年一定，超支不补，节余留用”的原则。这种拨款办法，比过去“超支上级补，节余向上缴”的统收统支的拨款办法前进了一大步，有利于克服学校年终突击花钱的弊端，有利于学校执行“艰苦奋斗、勤俭节约”的方针。但是，这种拨款办法还存在不足：一是由于原来各校核定的基数不尽相同或不大合理，给各校的经费造成新的“贫富不均”的状况；二是不利于鼓励学校多招生、挖掘潜力，不利于多出人才、快出人才。因此，广东省从1985年开始，中央部委属和省属高校的拨款办法进一步改革，把“基数加发展”改为“综合定额加专项经费”的拨款办法。这一改革，主要是使用经费和各学校的招生人数、在校生人数相联系，打破过去高校经费分配中的“大锅饭”做法，但也产生了不顾条件、盲目扩大招生的弊端。针对这种情况，1989年广东省又对省属高等学校经费分配进行改革，实行“预算包干”，办法是：在定任务、定规模和定编制的前提下，将预算分为三部分，即人头费、公用经费和专项经费，按工资总额、综合定额和实际困难情况的确定，由各校包干使用。同时，高等教育经费也改变过去只靠国家拨款的单一状况，除中央、省、市三级政府拨款外，还出现了地方集资、华侨和港澳同胞捐资，以及学校通过科研、咨询、开发、培训、企业增加收入的局面。1998年，省属高校投入体制再次改革。把省财政拨给的高教经费分为人员经费和专项经费两部分。人员经费按照各校办学规模核定的编制全额拨给，专项经费的划拨，不仅与办学科类、层次、规模挂钩，而且与办学质量、师生比等效益指标挂钩，优校优投，实行项目管理。

二、高等教育经费投入

（一）高等教育经费总支出

1980年，高等教育经费支出3994万元，比1979年增长了16.6%。1982年，全省高等教育事业费支出5266万元，比1978年增长了133.6%；1983年提高到5953.8万元；1985年为9650.4万元，比1982年增长83.25%。“六五”期间高等教育事业费支出共3.32亿元，平均每年以19%以上的幅度增长。1988—1991年，全省高等教育经费共支出6.9亿元，其中事业费支出5.69亿元。1992年，全省高等教育经费总支出2.79亿元；1994年提高到8.64亿元；1995年为15.23亿元，比上年增长76.09%；1996年为19.31亿元，比上年增长26.83%；1997年为30.73亿元，比上年增长59.41%；1998年为38.95亿元；比上年增长17.41%；1999年为45.73亿元，比上年增长17.41%；2000年为63.74亿元，比上年增长39.38%。

（二）政府拨款

1980—1987年，省财政拨款（含各市财政拨款）共6.13亿元，是中华人民共和国成立后30年总和5.18亿元的1.18倍。“七五”期间（1986—1990年），省政府对省属高校的总投入（含部委属院校的各项补贴）为76690.77万元；“八五”期间（1991—1995年），省政府对省属高校的总投入（含部委属院校的各项补贴）为283187.3万元，是“七五”期间的3.7倍。仅“1%教育专项经费”1993年就拨给高等教育4.5亿元；1994年为5.1亿元。1995年，省财政对高等教育拨款7.8亿元；1996年为9.7亿元。1997年，全省高校预算内教育事业支出为16.61亿元。1998年，全省高校预算内教育经费拨款为19.62亿元；1999年为23.36亿元；2000年为28.31亿元。

1991—1997年广东省政府对省属高校投入表

表2-3-1　　　　单位：万元

年度	总投入	其中：事业费	基建费
1991	21142.90	16481.90	4661.00
1992	34067.00	27001.00	7066.00
1993	68369.60	37349.60	31020.00
1994	75427.40	48222.40	27205.00
1995	84180.40	62101.40	22079.00
1996	97242.10	72349.10	24893.00
1997	107221.00	76420.00	30801.00

说明：含对中央部委属高校补助

地方政府积极投资办学。1983—1986年，由各市（地）直接投资创办的大学有9所，分别为：深圳大学、深圳师专、广州大学、广州师专、五邑大学、佛山大学、西江大学、嘉应大学、韶关大学，共投资2.41亿元（不包含现成的校舍资产和校园征地费）。

（三）教育经费的补充

1984年，广东12所高等学校获科研开发成果转让费156万元，科研经费400多万元。1983—1987年，省属高等学校创收7333万元，在一定程度上缓解了教育经费的不足，改善了办学条件和教师生活福利。在1998—2000年3年里，高等学校校办产业、勤工俭学和社会服务收入用于教育的经费分别为：8797万元、6966万元和16229万元。

1979—2000年广东省高等教育经费支出情况表

表2-3-2　　单位：万元

年度	总支出	其中：事业费	基建费
1979年	3425.70	—	—
1980年	3994.00	—	—
1981年	4903.00	—	—
1982年	5266.00	—	—
1983年	5953.80	—	—
1984年	7765.70	—	—
1985年	9650.40	—	—
1986年	11291.00	—	—
1987年	12478.00	—	—
1988年	12571.50	11718.70	852.80
1989年	17903.90	14248.90	3655.00
1990年	17315.80	14489.80	2826.00
1991年	21212.90	16481.90	4731.00
1992年	27936.00	21001.00	6935.00
1993年	54141.00	37349.00	16792.00
1994年	86489.40	48222.40	38267.00
1995年	152302.00	112441.50	39860.80
1996年	193174.20	139841.40	53332.80
1997年	163355.30	119368.00	35427.00
1998年	409800.00	302561.70	86977.80
1999年	457261.90	303136.90	38992.10
2000年	637469.10	488942.20	148526.90

三、高等教育基建经费投入

1979—1987年，广东省高等学校基建投资为8.99亿元，其中国家投资为7.01亿元，占高等学校基建总投资的78%；部门集资8222万元，占总投资9.1%；华侨港澳同胞捐资1.16亿元，占12.9%。建成校舍总建筑面积276.57万平方米，占总校舍的67.8%，其中教学办公用房为77.71万平方米。30所高等学校新建图书馆18.9万平方米，可藏书2000多万册，3万多个座位；教工宿舍93.96万平方米，可解决1.5万户教工居住；学生宿舍50.5万平方米，可提供8.4万多个床位；其他用房为35.49万平方米。“六五”期间，国家投资、部门集资、华侨港澳台同胞捐资的基建费共5.06亿元，比“五五”期间增加了3.8倍多。

1988年，高等学校基建拨款852.8万元。1989年，高等学校开展评“学校优质建设工程”活动。1991年，全省高等学校基建拨款为4731万元，省属高等学校改造危房校舍3.6万平方米。1988—1991年，全省基建费共1.21亿元。1992年，高等学校基建费为6935万元，1994年提高到3.82亿元。1994年，全省高等学校建成各类校舍总面积26万平方米，建起10个国家和部委重点实验室。1995年，省属高校基建总投资为28166万元，全年完成投资29948万元，占总计划的106%。其中，省财政预算内投入为2434万元，“1%教育专项经费”投入19000万元，学校自筹为2744万元，其他投入2205万元，利用外资1783万元。新建校舍24.2万平方米，其中学生宿舍5.9万平方米，学生食堂2.7万平方米，教学用房8.6万平方米，教工宿舍7万平方米。1996年，省属高校基建拨款为24893万元，另有华侨捐资1700万元，学校自筹2660万元，其他投资935万元，全面总计投入基建为30188万元。下达基建投资项目591300平方米，全年施工面积461100平方米，占下达面积的78%；完成投资额24298万元，占计划投资80%；建成各类校舍196724平方米，其中达标校舍128155平方米，教职工住宅68569平方米。1997年，省属高校基建拨款为30801万元，省计委下达投资项目建筑面积506700平方米，全年施工面积408100平方米，占全面计划面积80%；完成投资27720万元，占计划投资的90%；全面建成各类校舍23.9万平方米，其中达标校舍12.3万平方米（包括教学用房6.8万平方米、学生宿舍2.5万平方米、学生食堂1.1万平方米、其他用房1.9万平方米），教工宿舍11.6万平方米。1998年，省直属高校基建投资为30855万元，其中，省级财政预算内投资为2221万元，高教专项资金23950万元，其他投资1584万元，学校自筹约2300万元，华侨捐资约800万元。全年施工面积达48.96万平方米，完成各类校舍24.9万平方米。1998年，全省普通高等学校校舍建筑总面积达816.61万平方米，生均面积44.13平方米，比1978年增加了5.78倍。2000年，广东省地方普通高等学校基建支出9.34亿元，其中自筹基建支出6.07亿元。

高等学教教师住房建设加快。1993年，省委、省政府提出，要优先把高校教职工住房建设提到重要议事日程上，用三年时间解决教职工住房困难。1995年，再提出用五年时间实现每户带眷教职工能住上省规定标准住房。1993—1997年，通过各种途径共投入高等学校教工住房建设资金12亿元，其中省财政每年7000万元，基本解决教工的住房问题，使教工家庭人均住房面积达到11.32平方米，居全国第二位。1997年，省高教厅拆除七层干部住宅楼，兴建两栋教师住宅大厦，总建筑面积29713平方米，除部分面积作为省高教厅干部回迁补偿外，其余主要用于引进高层次人才。教师住宅大厦在2000年竣工。1997年9月，坐落在华南师范大学的高校教师村第一期交付使用，第二期工程同时奠基。第一期两栋各30层，6万多平方米，共432套住房。第二期在1998年7月底开工。1999年，经省政府批准，省高教厅在广州市赤岗磨碟沙建设教师住宅小区，计划投资6600万元，建筑面积5.5万平方米，2000年动工兴建，2004年年底投入使用。

四、高等教育教学设备图书经费投入

1979年，全省高等学校图书馆面积为52566平方米，1985年扩大到119828平方米，翻了一番多。1987年年底，全省普通高校教学仪器固定资产总金额为2.83亿元，全省高等学校藏书达1474万册。“八五”期间，省属高校教学仪器设备总投入达到27790万元，从总量上已有40%院校达到国家教委制定的生均占有仪器设备标准（理工科5000元/生，文科4000元/生），基础及技术基础实验室已有70%达到国家教委拟定的标准，另有40多个重点学科及重点实验室的仪器设备得到充实，档次得到提高。1996年，全省普通高校教学仪器设备价值为101773万元，图书1958万册；成人高校教学仪器设备价值24677万元，图书728万册。1997

年，全省普通高校教学仪器设备价值118580万元，生均教学仪器设备73748.12元，图书2052万册，生均图书124.6册；成人高校教学仪器设备31052万元，生均教学仪器设备4068.6元，图书759万册，生均图书99.4册。1998年，全省普通高等学校的教学仪器设备资产总值达136829.6万元，生均设备值为7902.2元，图书2133.8万册，生均图书123.2册；成人高校仪器设备37922.2万元，生均设备4813元，图书817.7万册，生均图书103.8册。1999年，广东高校年末专用设备价值211163.1万元，当年购置图书4594.6万元，购置专用设备35562万元。2000年，全省高校年末专用设备价值257396.7万元，当年购置图书资料5347.7万元，购置专用设备76927万元。

第三章　基础教育

第一节　幼儿教育

一、概况

1979年后，广东省幼儿教育逐步恢复和发展。80年代以后，广东省各级党委和政府不断重视幼儿教育工作，发挥各部门的积极性，坚持“两条腿走路”（政府公办、其他部门以及行业、企业办幼儿园）的方针，使全省幼儿教育进入快速、健康发展阶段。

为加强对幼儿教育工作的领导，1980年，广东省成立托幼工作领导小组。1981年11月，省教育厅召开幼儿教育工作座谈会，要求各级教育行政部门明确职责，努力工作，积极促进幼儿教育发展，每个市、县要办好一所示范性幼儿园，提高幼儿教育质量。

1983年9月，省委、省政府在广州召开全省教育工作会议，提出积极发展幼儿教育的任务，要求于1985年前力争大部分市、县普及学前一年教育，有条件的地方逐步接收其他年龄的幼儿入园；教育部门要认真办好示范性幼儿园，提高教育质量；要办好幼儿师范学校，加强在职教师的培训等。同年10月，省教育厅和省妇女联合会（简称省妇联）联合在大埔县召开农村幼儿教育工作会议，总结推广大埔县幼儿教育工作的经验，交流各地农村幼儿教育的做法。会议明确农村首先要发展学前一年教育，逐步创造条件接收其他年龄幼儿入园；发展幼儿教育主要依靠厂矿企业、事业单位、党政机关，并鼓励群众、华侨和港澳同胞捐资办园；教育行政部门要办好示范性幼儿园。20世纪80年代初，广东省幼儿教育有较大发展，至1985年，全省在园幼儿100.23万人，比1980年的54.25万人增长了84.7%。

1986年，省政府提出“七五”期间争取在1990年普及学前一年教育。为此，省教育厅于1986年6月召开山区托幼工作会议，建议在各级政府的领导下，组织妇联、教育、卫生、工会等有关部门和团体，在调查研究的基础上，制定普及学前一年教育的规划，并提出在发展幼儿教育过程中要注重质量。同年7月，省教育厅在广州召开各市幼儿教育工作座谈会，着重研究普及学前一年教育的规划要求。1987年7月，省教育厅召开普及学前一年教育工作座谈会，交流各地落实1990年普及学前一年教育规划、办好学前班、提高保教质量的经验。在各级党委和政府的领导下，经过各级教育行政部门和各有关部门的共同努力，广东省幼儿教育事业得到进一步发展。1987年，全省有幼儿园8788所，比1985年增加1901所；3～6周岁在园（班）幼儿137万人，比1985年增加37万人，增长37%。1994年，通过宏观控制和布局调整，全省幼儿园有7243所，在园（班）幼儿增长到192万人。

1989年，国务院颁布《幼儿园工作规程（试行）》《幼儿园管理条例》。为贯彻实施这两个法规，广东省确立2所幼儿园作为国家试点园，9所幼儿园作为省级试点园。试点工作取得较大成效，广州市东山区东方红幼儿园、广州幼儿师范学校附属幼儿园成为全国名园，这些试点园为推动两个法规的实施起到示范作用。

为实施国家的两个法规，推进依法治教，广东先后采取一系列措施。1990年，省教育厅印发《关于开展幼儿园（班）登记注册工作的通知》；1991年，省教育厅印发关于实行《广东省幼儿园评估标准（试行）》的通知，省政府印发《关于加强托儿所、幼儿园收费管理的通知》；1993年，省教育厅、省物价局印发《广东省幼儿园等级评定基本标准（试行）》，省教育厅印发《广东省幼儿园（班）设备设施配备标准（试行）》《广东省学前班管理暂行办法》。

为加快广东省幼儿教育改革和发展，1995年1月，省政府办公厅转发省教育厅《关于加快广东省幼儿教育事业改革和发展的决定》，对教育、卫生、计划、财政、劳动、人事、国土和规划部门在发展幼儿教育中所承担的责任和义务作了明确规定，制定了广东省幼儿教育事业发展规划，即到20世纪末，广东省大中城市和珠江三角洲地区，取消学前班，发展幼儿园，基本满足3周岁至学龄前幼儿入园要求；东西两翼和北部山区普及学前一年教育，办好乡镇中心幼儿园，积极发展管理区幼儿园，逐步满足3周岁至学龄前幼儿入园要求。1996年，全省幼儿园发展到8582所，在园幼儿达202万人，评出68所省一级幼儿园，番禺市、顺德市、梅县、肇庆市端州区被评为全国幼儿教育先进县（市、区）。1998年，全省在园幼儿达203万人，每万人口在园儿童数居全国第二位。至2000年，全省有幼儿园12027所，在园幼儿达214.18万人，其中学前班89.32万人，每万人口在园儿童数继续居全国第2位。

二、教师队伍

1979—1981年，全省幼儿园、学前班教职工人数稳定在3.5万人左右。1982—1987年，幼儿园、学前班稳步发展，1987年全省幼儿园教职工达到6.08万人，其中专任教师3.86万人。至1989年，全省幼儿园专任教师达到4万人。1990—2000年，全省幼儿园教职工及专任教师数量稳步增长。幼儿园园长和专任教师的学历达标率、受专业训练率不断提高。1981年，园长中具有高中以上文化程度的占38.49%，受过学前教育专业训练的占8.9%；教师具有高中以上文化程度的占51.92%，受过学前教育专业训练的占7.8%。1987年，全省4439名园长中，具有高中以上文化程度的占47.02%，受过学前教育专业训练的占20%；38638名教师中，具有高中以上文化程度的占48.6%，受过学前教育专业训练的占16.38%。至1990年，幼儿园园长、教师中学历达到中师（幼师）毕业程度以上的占51.95%。至2000年，全省幼儿园有教职工129060人，其中专任教师83552人。园长中具有高中以上文化程度的占92.48%，受过学前教育专业训练的占53.01%；专任教师中具有高中以上文化程度的占93.02%，受过学前教育专业训练的占60.19%。

1990—2000年广东省幼儿园教职工及专任教师数量变动情况表

表3-1-1　　单位：人

项目＼年份	1990	1991	1992	1993	1994	1995	1996	1997	1998	1999	2000
教职工总数	65195	68626	73770	78482	85560	90904	96599	104353	111288	123800	129060
专任教师数	—	—	49308	53534	57790	59344	64339	68651	73096	79700	83552

从1986年开始，省政府在全省中小学、幼儿园教师中实行职称评定工作，首次评定在1988年年底结束。参加这次职称评定的幼儿园教师有9405人，评定为幼儿园高级教师的有617人。1988年9月，省政府办公厅转发《国务院办公厅转发国家教委等部门关于加强幼儿教育工作的意见的通知》，并结合广东的实际，提出6条贯彻意见。决定从1988年10月1日起，把幼儿教育管理工作从原来由省妇联负责牵头改为由省教育厅负责牵头。全省教师进修学校组织了2万名小学、幼儿园教师参加教材教法学习和专业合格证书考试的文化知识辅导学习。全省参加“教材教法合格证”考试的幼儿园教师有3000人·科，参加“专业合格证书”考试的中小学、幼儿园教师有35187人·科。至1989年，全省有21971人参加了小学、幼儿园教师“专业合格证书”考试，其中幼儿园教师报考4928人，合格率为64.4%。1990年，广州市东方红幼儿园和广州市幼儿师范学校附属幼儿园被确定为实施《幼儿园工作规程》全国试点园。1991年6月，省教育厅采用委托、联合办班、举办讲座等形式，对幼儿教育干部进行大面积培训，并加强对全国《幼儿园工作规程》试点园东方红幼儿园和幼儿师范学校附属幼儿园的指导。1999年，为加强幼儿师资队伍和园长岗位培训基地建设，省教育厅审核批准西江大学等8所师范院校为全省幼儿园园长岗位培训基地。

省委高校工委、省教育厅、省教育基金会1993年表彰180名南粤优秀幼儿教师，其中特等奖30名、优秀奖150名；1994年表彰180名南粤优秀幼儿教师，其中特等奖30名、优秀奖150名；1995年表彰185名南粤优秀幼儿教师，其中特等奖35名、优秀奖150名；1996年表彰185名南粤优秀幼儿教师，其中特等奖35名、优秀奖150名；1997年表彰194名南粤优秀幼儿教师，其中特等奖35名、优秀奖159名；1998年表彰193名南粤优秀幼儿教师，其中特等奖35名、优秀奖158名；1999年表彰160名南粤优秀幼儿教师。

三、保教工作

1979年起，广东省幼儿教育工作逐步明确教育任务和培养目标。1981年年底，省教育厅召开幼儿教育工作座谈会，组织各市幼儿教育干部、示范性幼儿园园长、三所幼儿师范学校校长学习《城市幼儿园工作条例（试行草案）》（简称《条例》）和《幼儿园教育纲要（试行草案）》（简称《纲要》），广东省教育科学研究所有关专家作学习《条例》和《纲要》的专题辅导报告。1982年，省教育厅举办各市、县示范性幼儿园园长培训班，学习幼儿教育理论、各科教学法，以及《条例》和《纲要》。1983年，省教育厅和省妇联委托华南师范大学继续举办幼儿园园长培训班。

为适应农村幼儿学前班教学的需要，1980年，省教育厅印发《农村幼儿学前教育班教育计划（试行草案）》和各科教学大纲，组织教师编写教师用书《语言、识字》《计算》《常识》《体育、音乐、美工》，以及幼儿用书《识字》《绘画》，于1981年下半年出版并投入使用；1982年增编幼儿用书《计算》，1986年增编幼儿用书《常识》，从而改变过去学前班教学无要求或使用小学一年级教学大纲和课本进行教育的状况。

全国幼儿教材出版后，为帮助教师更好地掌握和运用全国统编教材，省教育厅于1984年举办全国幼儿教材分析会，邀请有关专家讲课。

为切实办好示范性幼儿园，1986年11月，省教育厅组织各地、市幼儿教育干部分别检查广州市中山六路幼儿园等7所示范性幼儿园，重点检查各示范幼儿园贯彻执行《条例》《纲要》情况及园舍设备、行政管理和教学改革情况，总结交流办园经验。

为促进全省幼儿园的科学管理和保教质量的提高，1987年3月，省教育厅组织各示范性幼儿园园长、骨干教师在广州市中山六路幼儿园开展为期5天的观摩学习，了解该园小、中、大班一日生活常规、教育教学活动，听取幼儿园行政管理、卫生保健、教研活动、教师队伍建设、家长工作等经验介绍，收到很好的效果。同年12月，省教育厅在深圳市召开幼儿教育研讨会，交流各市开展幼儿教育工作的经验，要求重视加强幼儿教育理论学习，积极开展幼儿教育科研工作，努力提高保教质量。

1996年，国家教委颁布《幼儿园管理规程》后，广东省幼儿教育按照国家要求，提高保教质量。全省幼教工作者遵循幼儿身心发展的规律，注重个性差异，因人施教，积极引导幼儿个性健康发展；合理地综合组织各方面的教育内容，并渗透于幼儿一日生活的各项活动中；充分发挥各种教育手段的交互作用，创设与教育相适应的良好环境；教育活动的内容，根据教育的目的、幼儿的特点与兴趣，遵循循序渐进的原则，有计划地选择和组织，为幼儿提供活动和表现能力的机会与条件。在教学过程中，广大幼教工作者实行启发式教学，发展儿童智力，重视选编符合幼儿心理发展的教材，并配以生动有趣的直观教具、玩具，使幼儿学得活、记得牢；通过游戏复习，巩固所学教材，加深认识，发展幼儿的语言和思维能力；通过“智力测验”和“智力竞赛”，诱导幼儿学会分析、思考和解决力所能及的问题；创设富有教育意义的户外活动环境，让儿童在自由活动中做各种科学小实验、朗诵儿歌、表演木偶，发展思维和语言表达能力。

第二节　小学教育

一、概况

1979年2月，省教育厅召开普及小学教育调查汇报会，交流各地情况，分析存在问题，研究应对措施。根据中共中央、国务院1980年12月关于《普及小学教育若干问题的决定》精神，结合广东实际，省教育厅制订各市、县实现普及小学教育规划、要求标准和实施的具体措施。省教育厅组织对佛山、江门等16市、县的普及小学验收，标准是学龄儿童入学率达95%以上；读满5年的巩固率达90%以上；非正常流动率控制在1%以内；留级率控制在5%以内；教育质量逐年提高。1981年5月，省政府表彰佛山、江门、肇庆、开平、化州等首批普及小学教育的先进市、县。1982年9月，省委、省政府批转省教育厅《关于进一步贯彻中发（1980）84号文件，实现普及小学教育的意见》（简称省委、省政府〔1982〕55号文件），要求大中城市和经济、教育基础较好的66个市、县（区），在1983年前分批实现普及小学教育。

1983年9月，省教育厅根据教育部《关于普及初等教育基本要求规定》，修改全省普及小学教育两类地区的要求标准：学龄儿童入学率达95%以上；在校学生年巩固率达98%以上（二类地区97%以上）；毕业班学生毕业率90%以上（二类地区85%左右）。主要措施：一是采用“国家拨给一点、镇（乡）出一点、师生勤工俭学提供一点、华侨港澳同胞捐资一点”等“几个一点”的办法集资修建校舍，更新教学设备，改善小学办学条件。至1987年，全省小学校舍面积达2656.4万平方米，小学生人均占有校舍面积3.47平方米。二是实行多种形式办学。注意根据本地实际，除办好全日制小学外，还举办半日制、隔日制、巡回制、早午晚班等，便于学龄儿童就近上学。三是分类指导，分批验收。省教育厅以佛山、江门、化州等市、县为普及小学教育试点，分类指导，总结推广典型经验。1983—1985年，各地、市教育行政部门按国家教委和省教育厅的标准和要求，对本地、市所属市、县（区）普及小学教育进行验收；将达到普及小学教育标准的市、县，统报省政府审批，由省授予基本普及小学教育市、县称号，予以奖励。至1985年，全省114个市、县（区），经各地、市验收，基本实现普及小学教育。1984—1985年，全省有小学2.94万所，在校学生766.4万人；学龄儿童入学率达98.11%，在校学生年巩固率达98.1%，小学毕业班学生毕业率达95.3%，12～15周岁少年儿童普及率达95%以上，基本达到教育部和省政府普及小学教育的标准和要求。

1985年，全省基本完成普及小学教育的历史任务后，省教育厅明确提出，要继续巩固和发展普及小学教育成果，努力提高教育质量，为普及九年制义务教育打下扎实的基础。1986年5月，省教育厅发出《关于进一步做好普及初等教育巩固提高工作的意见》，要求一是搞好小学教育体制改革，明确巩固提高普及小学教育的责任主要在乡（镇）；二是建设一支稳定合格的教师队伍；三是多渠道集资办学，进一步改善充实办学条件和教学设施；四是调整好学校布局、规模；五是完善各项管理制度；六是明确办学指导思想，分批办好所有小学。同年，顺德、新会、东莞、南雄等4县、市被国家教委评为全国基础教育先进县、市，参加中共中央宣传部、国家教委、共青团中央、全国教育工会联合召开的大会，受到大会的表彰。1987年6月，省教育厅在东莞市召开办好中心小学座谈会，推广东莞市、高州县、广州市白云区立足改革、加强管理、充分发挥中心小学的示范骨干作用的经验，会后发出《关于切实办好中心小学的意见》。同年8月，在全省普教工作会议上，省委、省政府表彰广州市荔湾区、南雄县等40个普及小学教育先进县（区）。据该年统计，全省有小学2.94万所，教学点1.49万个，在校学生年巩固率为98.5%，小学毕业班学生毕业率达95.2%，12～15周岁少年儿童普及率达97%以上。

1980年年底，中共中央、国务院提出中小学实现“一无两有”的要求，广东随即着手进行此项工作。1983年年初，省教育厅、省城市建设局、省教育工会联合召开全省中小学校舍建设及改善城市教职工住房条件工作会议，研究全省分批实现“一无两有”和改善城市教职工住房的工作。会议确定广州市区、市郊8县和新会、顺德等16个县（区）首批开展和实现“一无两有”。省政府要求制定切实可行的规划，采取“几个一点”的办法解决建校资金，争取三几年内有大的进展。同年6月中旬，省教育厅、省计委联合在高要县召开中小学校舍建设现场会，汇报交流情况和经验，按每人补助一元的平均标准，安排了16个县（市）“一无两有”的补助款（广州市经费单列，自己安排）。11月18—24日，省教育厅、省财政厅在新会、顺德县联合召开中小学校舍建设工作会议，除汇报交流情况和经验外，经检查验收，同意新会、顺德为广东首先实现“一无两有”的县，并确定佛山、江门、东莞、中山、三水等34个县（市）第二批实现“一无两有”。1984年11月17—22日，省教育厅在中山、三水县召开中小学校舍建设工作会议，讨论修订“一无两有”的验收标准，规定每个县（市）验收的学校应占学校总数的70%以上，并验收通过中山、三水为实现“一无两有”县。接着，省教育厅组织全省各地、市对首批和第二批实现“一无两有”的县（市）进行交叉验收，于12月下旬在江门市召开地、市教育局负责人会议，汇报交叉验收情况，评定基本实现“一无两有”的县（市、区）增至49个。1985年5月27—31日，省教育厅在陆丰县召开全省中小学校舍建设工作会议，听取比较贫困的陆丰县实现“一无两有”的经验介绍，参观了该县的校舍建设；总结实现“一无两有”县（市、区）的经验，并确定17个县（区）第四批即最后一批实现“一无两有”。至1985年年底，全省有68个县（市、区）基本实现“一无两有”。

1988年，广东中小学校舍建设虽然实现了“一无两有”，但处于亚热带的广东自然灾害较多，每年受到暴雨、洪水、台风、虫蚁等的侵袭，不但危房校舍逐年在扩大，要改造的旧校舍也变得越来越多，随着九年义务教育的普及，初中校舍也很缺乏。针对这种情况，广东省先后印发《普及九年义务教育初中阶段必备办学条件暂行标准》和《小学办学基本要求的暂行规定》，对初中和小学校舍、设施和设备都提出比较明确的标准和要求。同年9月，省教育厅派出三个检查督导组分赴肇庆、河源、清远市对危房校舍改造情况进行检查督导，共检查7个县（区）的117所中小学，发现危房校舍改造的任务依然很重。为完成这一任务，1990年1月中旬，广东省在陆丰县召开全省山区贫困县教育工作会议，研究山区贫困县发展教育迫切需要解决的问题，推广从陆丰县新分出去的陆河县改造危房校舍的经验。会上，省决定从1990年起，两年拨出1亿元专款分批完成危房校舍改造任务，基本实现校舍整体更新。同年10月12—16日，省委、省政府在曲江县、南雄县召开全省山区教育工作会议，研究农村教育综合改革和部署加快危房校舍改造步伐，争取在1991年年底以前全部完成。省委、省政府利用经济治理整顿、建材市场疲软、工钱比较便宜的时机，以拨出补助专款为契机建立“改危”责任制，层层签订合同，在两年里，全省共投资24.86亿元，新建修建1300多万平方米校舍，其中70%是钢筋水泥楼房，并结合普及初中教育对中小学校舍进行较为彻底的改造和更新。

1979—2000年广东省小学基本情况表

表3-2-1

年份	学校数（所）	在校学生数（人）
	全省合计	全省合计
1979	24458	7438125

续表3-2-1

年份	学校数（所）	在校学生数（人）
	全省合计	全省合计
1980	24981	7488593
1981	24728	7347804
1982	24916	7230311
1983	25037	7053368
1984	24821	6927289
1985	24630	6712468
1986	24566	6706215
1987	24651	6773671
1988	24611	6887228
1989	24625	7151532
1990	24610	7472928
1991	24633	7789333
1992	24654	8039814
1993	24686	8321421
1994	24718	8622146
1995	24628	8831914
1996	24688	8976384
1997	24730	9113410
1998	24724	9351270
1999	24556	9209566
2000	24202	9299314

二、教师队伍

（一）概况

1979—1987年，全省小学教育稳步发展。1981年，教职工人数达37.7万人；1982年以后，人数基本稳定在35万人至36万人之间。1988年，全省小学教职工共有320208人，其中专任教师269478人。20世纪90年代后，全省小学教职工及专任教师数量稳步增长。

1992—2000年广东省小学教职工及专任教师数量变动表

表3-2-2　　单位：人

项目＼年份	1992	1993	1994	1995	1996	1997	1998	1999	2000
教职工总数	343299	351947	360320	376759	392034	402805	404037	414300	420385
专任教师数	289920	298601	305946	321434	338242	346423	347886	357400	364118

小学教师学历情况：1988年，全省小学专任教师中，达到中师、高中毕业以上学历的有200606人，占74.44%；1989年，小学教师中，达到中师、高中毕业以上学历的占76.37%；1990—2000年，小学教师学历达标率稳步提高。

1990—2000年广东省小学教师学历达标率变动情况表

表3-2-3

项目 \ 年份	1990	1991	1992	1993	1994	1995	1996	1997	1998	1999	2000
学历达标率（%）	62.50	69.18	87.65	89.12	90.08	93.37	95.92	97.37	97.73	98.88	98.97

（二）建设措施

1. 加强管理

从1986年开始，在全省小学教师中开展职务评定工作，首次评定在1988年年底结束。参加这次职务评定的小学教师有21.3万人，评定为小学高级教师的有34169人。1989年，参加“专业合格证书”考试的小学教师有17043人，合格率为33.2%。随着教育管理体制改革逐步深化，以“两聘两制一包一奖”（聘任校长、聘任教师，校长负责制、教师岗位责任制，学校工资总额或经常性教育经费包干和部分浮动奖励工资）为主要内容的学校内部管理体制改革逐步深入。

2. 多途径培训

1991年，省和各市教育部门开始举办小学校长培训班。1996年，全省小学校长经过岗位培训，全部实行持证上岗制度；根据国家教委的部署，全省还开展小学教师资格认定工作，基本完成全省33.8万小学在职教师的资格认定；制定《广东省小学骨干教师培训方案（试行）》，全年培训小学骨干教师1.2万人。1997年，广东省普教系统“百千万工程”全面启动，校长持证上岗制度全面实施。1998年，有115名中小学教师在职攻读教育硕士研究生，报考人数和录取人数在全国名列第二；开展小学教师继续教育和中青年教育教学骨干的培养，参加培养和培训的小学教师有6.62万人，占小学教师总数的19.56%；全省培训小学学科带头人5600人，占小学学科带头人总数的23.17%。1999年，“百千万工程”取得实质性进展，全省共评选出第一批省级培养对象193人；举办两期高级研讨班。2000年，召开全省“百千万工程”人才培养工作交流会；组织研制、开发中小学教师继续教育计算机管理系统；全面启动小学教师继续教育工作，选派一批小学校长参加教育部“千名骨干校长培训班”的学习，选派小学骨干教师参加全国骨干教师培训。

3. 提高工资待遇

1993年6月1日，省政府召开新闻发布会，宣布为稳定教师队伍，进一步提高教师的地位和待遇，当年拨出8000万元给普通高校、省市教育学院和全省30个贫困山区县农村中小学教师发放月岗位津贴，其中小学高级教师55元、一级教师45元、二级教师35元。同时，规定1993年、1994年，山区中小学在岗教师月收入最低不得少于300元，民办教师收入不少于同级公办教师的2/3。1994年，为解决贫困山区教师待遇过低的实际问题，省政府当年继续拨出专项补助5000万元，用于发放30个贫困山区县农村中小学教师岗位津贴。全省通过各种渠道解决民办教师问题，有3.5万名民办教师转为公办教师。与此同时，教师住房建设继续进行，从1988年5月至1991年，全省大约新建中小学教工住房500万平方米，较好地解决部分城镇教工及其家属的住房问题。1995年，省财政决定从当年开始每年拿出8000万元补助中小学教职工住房建设。1995年，全省小学教师家庭人均住房面积达8.29平方米，住房成套率达63%。全省有3.5万名民办教师转为公办教师。1996年，全省有2.9万名民办教师通过考试考核转为公办教师。各级政府还采取措施按时足额发放教师工资，并落实各种政策性补贴。1997年，全省中小学教师住房建设投入达27.7亿元，有40个县（市、区）完成了省下达的规划任务。开始在全省建立教师住房档案工作，完成了数据库的建立，并开始数据录入工作。全省再有2.07万名民办教师通过考试考核转为公办教师。1998年，全省80%以上县（市、区）基本解决教师住房困难问题，全省城镇中小学教师家庭人均住房面积由1994年年底的8平方米提高到12.6平方米，住房成套率也由60%提高到80%以上。完成民办教师转公办教师工作，全省参加“民转公”考试的教师有2.32万人，有17042人转为公办教师。

4. 表彰奖励

1992年，省政府首次设立“南粤杰出教师奖”“南粤教书育人优秀教师奖”“南粤教坛新秀奖”等奖项，表彰100名基础教育系统南粤教坛新秀特等奖教师、199名基础教育系统南粤教坛新秀优秀奖教师、800名基础教育系统先进教育工作者。1993年9月8日，省委、省政府在广州举行“广东省庆祝1993年教师节暨表彰优秀教师大会”，表彰5名中小学南粤杰出教师（其中小学教师3名）、249名基础教育系统南粤教书育人特等奖教师、543名基础教育系统南粤教书育人优秀奖教师。1994年9月6日，省委、省政府举行“广东省庆祝1994年教师节暨表彰教书育人优秀教师、尊师重教先进大会”，表彰6名中小学南粤杰出教师（其中小学教师3名）、601名基础教育系统南粤教坛新秀、302名南粤优秀班主任；同年12月17日，省委高校工委、省教育厅、广东中华民族文化促进会、少先队广东省工作委员会联合表彰1994年“南粤优秀中小学历史、地理、音乐、美术、体育教师”和“南粤优秀少先队辅导员”共80名。1995年9月6日，省委、省政府举行“广东省庆祝1995年教师节暨表彰教书育人优秀教师、尊师重教先进大会”，表彰11名中小学南粤杰出教师（其中小学教师6名）、250名基础教育系统南粤教书育人特等奖教师、550名基础教育系统南粤教书育人优秀奖教师；同年12月23日，省委高校工委、省教育厅、广东中华民族文化促进会、少先队广东省工作委员会联合表彰1995年“南粤优秀中小学历史、地理、音乐、美术、体育教师”和“南粤优秀少先队辅导员”共80名。1996年9月6日，省委、省政府举行“广东省庆祝1996年教师节暨表彰教书育人优秀教师、尊师重教先进大会”，表彰7名中小学南粤杰出教师（其中小学教师3名）、600名基础教育系统南粤教坛新秀、29名中小学南粤优秀校长（其中小学校长17名）；同年12月20日，省委高校工委、省教育厅、广东中华民族文化促进会联合表彰1996年“南粤优秀中小学历史、地理、音乐、美术、体育教师”共50名。1997年教师节期间，全省表彰9名中小学南粤杰出教师（其中小学教师4名）、223名基础教育系统南粤教书育人优秀教师特等奖、554名基础教育系统南粤教书育人优秀教师优秀奖、22名小学南粤优秀校长。1998年教师节期间，全省表彰599名基础教育系统南粤教坛新秀、303名基础教育系统南粤优秀班主任（政治辅导员）；35人获全国模范教师、全国教育系统先进工作者，96人获全国优秀教师、全国优秀教师工作者。1999年教师节期间，全省表彰8名中小学南粤杰出教师（其中小学教师3名）、725名基础教育系统南粤教书育人优秀教师、84名基础教育系统南粤优秀校长。2000年，全省推荐7名中小学教师参加教育部“优秀中青年教学科研奖励计划”和特级教师行动计划，推荐4人参加省劳模评选；教师节期间，表彰基础教育系统南粤优秀教师1636名（其中758名教坛新秀，381名优秀班主任、政治辅导员，497名优秀山区教师）。

三、教学改革

1980年后，广东省小学语文、数学等科都进行各种教学改革试验。从1981年开始，省教育厅在乐昌县等地的5所小学开展普通话说话课实验。1983年，省教育厅发出通知，要求从1984年秋季起，大中城市、城镇和区中心小学要普遍开设说话课实验。1983年9月，省教育厅在广州市同福中路一小三个班开展“注音识字，提前读写”实验，至1985年秋季，这项实验已发展到全省38所学校98个教学班。数学课的改革，从1982年起，分别在南海县、从化县、惠州市三个县市各挑选一所学校进行数学跟踪法试验。

1988年，受国家教委的委托，在省政府及省教育厅领导下，成立编委会编写九年义务教育教材（沿海版），从1989年起，省教育厅编写的九年义务教育（沿海版）教材陆续在沿海地区少数学校进行试验。特级教师丁有宽编写的《小学语文读写结合实验教材》获国家教委认可，开始进行实验。同年8月，省教育厅在潮州市召开丁有宽小学语文教材教法研讨会。到1990年，全省共有9个市47所小学采用这套实验教材。1989年11月，省教育厅教研室在佛山召开“注音识字，提前读写”实验总结会，推动小学语文这项改革深入进行。根据国家教委统一部署，省教育厅于1992年10月发出《关于〈九年义务教育全日制小学、初级中学课程方案（试行）〉的实施意见》和《关于选用九年义务教育教材的意见》。从1993年秋季起，实施国家教委颁发的《九年义务教育全日制小学、初级中学课程方案（试行）》、24个学科的《教学大纲（试行）》，以及选用根据课程方案和大纲编写的教材的意见。这项改革，改变过去单一的学科类课程为主的课程结构，增强课程安排的科学性、灵活性和多样性。同时实行“一纲多本”，实现教材多样化。从1994年开始，全省小学教学改革呈现多方面开展，教学实验多项目进行，教改试验多层次开展的局面。如在中山、顺德等开展的“四性三类型整体改革”（通过贯彻整体性、主体性、层次性和动态性四原则，在沿海区、半山区、山区实行三种不同类型的教育整体改革，以实现全面贯彻方针、全面提高素质的目的）；广州市小学开展的包括教学管理、考试制度在内的“以教学为中心的整体改革”；深圳实验学校开展的包括课程、教材、教法、考试等在内的幼教、小教、中教一条龙的教学综合改革等。1995年开始，广东省开始实施以启发式教学、实施素质教育、提高教育质量为主要内容的教学改革，积极抓好九年义务教育课程方案的实施，组织全省教学骨干学习义务教育小学教学大纲和新教材。1995年年底，省教育厅召开全省中小学计算机教育工作会议，印发中小学计算机课程纲要（试行），开始进行多媒体计算机辅助教学研究，不少学校出现了“愉快教学”“情景教学”等新面貌，全省小学各科教学都出现了一批教改好经验。1998年，广东省开始调整小学语文、数学教学内容，并提出调整意见，调整方式主要是删除部分教学内容，降低教学要求层次，将部分教学内容改为选学内容，综合考试内容范围，小学开设的人口、环境、国防等教育不单独设课，渗透到相关学科和活动中进行。积极改革课堂教学，减轻负担，优化教学过程，以实施素质教育为主线，结合调整课堂教学内容要求，深化教学方法改革，提高课堂教学质量和效果。积极开展第二课堂活动，发展学生个性，全省普遍构建了基础课、选修课、活动课三位一体的课程结构模式，加速计算机教育和外语教学的发展，并积极创造其特色。1997年，新编《计算机读本》开始试用。

四、民族地区教育

1980年12月，国务院印发《关于普及小学教育若干问题的决定》。1982年，省委、省政府批转省教育厅《关于进一步贯彻中发（1980）84号文，实现普及小学教育的意见》，明确提出全省力争1985年绝大部分地区实现普及小学教育。1982年5月，召开全省民族教育工作会议，根据全国第三次民族教育工作会议和党中央、国务院批转的《关于加强民族教育工作的意见》的精神，结合广东的实际情况，提出要按照民族地区的特点，抓质量、抓重点，发展民族教育。在1985年全省实现普及初等教育后，省委、省政府及时调整教育工作部署，力争于1996年在全省基本实现普及九年义务教育。省教育厅及时作出规划，按照分项指导、分步实施的原则，加强对民族地区实施“普九”的指导。民族地区的各级党委、政府按照省的规划安排，成立组织机构，落实措施，积极筹措资金，把实施“普九”当作政府行为，认真落实。

（一）寄宿制民族班

在人力、物力、财力上对少数民族聚居地区的学校给予支持和扶助，多渠道集资办学，改善办学条件。1982年 5 月，全省民族教育工作会议决定补助生活专款96.8万元，补助学生1460人，其中小学560人，初中和高中各450人。1991年，根据民族地区的实际情况，提高学生的生活补贴，每年增拨23万元。1993年，省教育厅、省民族事务委员会又联合组成调查组，赴民族地区考察教育情况，提出新增设乡镇小学寄宿制民族班的设想，得到省政府的支持。同意以县、乡镇为主，省财政从1993年起每年补贴这部分学生生活费27万元，生活配套设施经费近110万元，在统筹的教育费附加中予以一次性补助。

（二）民族自治县普及九年义务教育

1. 连南瑶族自治县

1979年以后，连南瑶族自治县根据中央“调整、改革、整顿、提高”的方针和普及小学教育的要求，逐步调整小学附设初中班。到1982年，全部摘掉小学附设初中班，充实小学教学力量。1983—1986年，采取多种形式办学：举办寄宿制“三管”班（管吃、管住、管学习用品）、补贴式寄宿制班、奖励式寄宿制班。千方百计普及小学教育。1985年秋，经韶关地区检查验收，连南县实现普及小学教育。同年，全县小学有207所（其中初小与教学点126所，乡完小81所），671班，学生20184人（其中瑶族学生12054人），入学率达98.74%。此后，普及初等教育不断巩固提高。

1996年9月，省、市“普九”评估验收组到连南检查验收，抽查了7个镇、8所初级中学、3所职中。调查认为：连南普及九年义务教育达标，师资队伍建设达标，教育经费投入逐年增加，办学条件基本达标，验收合格，可以上报审批。1997年11月，省、市复查工作组对连南县“双基”工作复查合格，授予国家教委颁发的“普及九年义务教育和扫除青壮年文盲县”奖牌。

“普九”验收后，为确保“普九”成果的巩固提高，坚持做到“思想不松、机构不散、措施不丢、标准不降、常抓不懈”，县教育局建立了“两基”年检6项制度，并成立专项工作小组三年内完成薄弱学校的改造。

2. 乳源瑶族自治县

乳源瑶族自治县于1984年在东坪新村小学（距县城不足1公里处）恢复民族小学建制，当年招收五年级“寄宿制”民族班新生2个班，学生80人，以后每年都招2个班五年级新生。县民族小学建制后，校内有4个“寄宿制”民族班，学生160人，另有三、四、五、六年级普通班各1个，学生100多人。1984年，瑶区与全县各地一道普及了初等教育。1991年，乳源瑶区有小学21所，教学点46个，在校少数民族学生2512人。1993年，在香港同胞周洁冰女士热心资助下，在民族小学内开设“女童班”，40名因经济困难而失学的女童得到赞助，直至小学毕业。

1992—1996年，乳源瑶区重中之重的工作是实施普及九年义务教育。瑶区的各级领导、人民群众、广大师生，在县委、县政府领导下，在上级教育行政部门具体指导下，加上社会各界、海内外热心人士关心支持，1996年，瑶区和全县各地同时实现普及九年义务教育。同年9月，通过市、省验收后，10月，国家教委又组团到该县抽查，各项任务达标。瑶区的必背镇由国家教委检查团抽检，该镇“普九”各项工作务实求真，检查团留下良好的印象并给予高度评价。检查团一致认为：“瑶区教育基础差、山高路陡、经济滞后、人口稀疏、居住分散，‘普九’时间短、任务重，能取得这么好的成绩，真正令人折服。”

3. 连山壮族瑶族自治县

根据省政府于1981年提出各地中小学开展“校校无危房，班班有教室，学生人人有课桌凳”的建设要求，除国家和地区财政拨款外，连山壮族瑶族自治县1981—1982年，在地方财政拨款96万元的基础上，发动群众集资26万元，维修校舍8718平方米，新建校舍432平方米，添置桌凳922套，为小学教育的普及和发展提供物质条件。经过几年的努力奋斗，于1987年经省、市检查组检查验收，认定连山基本实现“一无两有”。1988年5月，因连山壮族瑶族自治县人民政府校舍建设工作中，成绩卓著，被省政府评为“特级县”称号。

连山壮族瑶族自治县1982年7～11周岁的适龄儿童11022人，已入学的10723人，入学率达97.3%。经韶关地区组织检查验收，认定连山基本实现普及小学教育，成为全国最早实现普及小学教育的两个少数民族县之一。1982年实现普及初等教育任务后，又认真抓巩固和提高工作。县指定一名副书记和一名副县长亲自抓教育，各区（乡、镇）也分工一名副书记或副区（乡、镇）长抓教育工作。1987年8月，省教育厅授予“连山壮族瑶族自治县普及初等教育先进单位”称号。1988年1月，连山推进教育体制改革，实行分级办学和分级管理。1990年，全县中小学落实“两聘两制”（校长、教师聘任制，校长任期目标负责制和教师岗位责任制）。1993年，县人民政府制定《关于实施九年义务教育的决定》，把普及九年义务教育工作列入县“八五”时期计划来抓。县委、县政府召开有各镇乡、县属机关领导和教育系统有关负责人参加的县教育工作会议，会上进行连山实施普及九年义务教育的动员，全面开展“普九”的硬件和软件建设。1995年11月，经省、市检查组检查验收，认定连山普及九年义务教育各项指标基本达到国家提出的要求，省政府发了合格证书，并报国家教委。同年年底，国家教委授予连山壮族瑶族自治县“普及九年义务教育和扫除青壮年文盲县”的称号。

五、特殊教育

1982年9月，省教育厅召开特殊教育工作座谈会，着重研究如何办好现有的聋哑学校，努力提高教学质量等问题。1984年，省教育厅在小学教育处设专职干部抓特殊教育工作。1985年10月，省委、省政府在《贯彻中共中央〈关于教育体制改革的决定〉的意见》中要求，“要努力发展盲、聋、哑残人等特殊教育，1990年以前，省办一所盲童学校，每个市（地）办一所聋哑学校”。为了贯彻省委、省政府的决定，1985年9月，省教育厅决定在广州市的东山、越秀、荔湾、海珠区各选一所小学试办弱智儿童辅读班。经过实践，取得经验，指导各市开办弱智儿童辅读班。1986年4月上旬，省教育厅在广州市召开特殊教育工作座谈会，会议传达全国弱智教育经验交流会精神，交流广州市试办弱智儿童辅读班的经验，着重研究各市开办弱智儿童辅读班的问题。1986年8月，省教育厅向各市、县教育局发出《关于发展我省特殊教育的意见》，提出着重从六个方面促进特殊教育发展：一是切实把特殊教育纳入普及九年制义务教育的规划。要求各市（地）教育部门在有关部门的配合下，认真做好对各种残疾儿童的调查摸底工作，实事求是地制定切实可行的特殊教育发展规划，采取有效的措施，把发展特殊教育作为巩固提高和复查普及小学教育的一项重要内容，使特殊教育落后的状况有一个明显的改变。二是积极兴办各类特殊教育学校。要求在1990年以前，每个市（地）办一所聋哑学校；1986年秋季，各大、中城市要试办一个以上弱智儿童辅读班；省计划1986年选择一个市（地）资助筹办一所盲童学校。三是认真解决特殊教育师资问题。强调必须采取多种渠道、多种形式培训特殊教育师资。在两年内，省根据需要，举办聋哑、弱智教育师资培训班，准备选择一所条件较好的师资学校开设特殊教育师资班，以解决发展特殊教育所需要的师资来源问题。四是关于学制、班额、课程设置和教材问题。盲校可试行八年或九年的学制，聋哑学校实行八年学制。要求盲、聋哑学校学生毕业后，具有初等文化程度和掌握一定的教育技能。弱智学校和弱智儿童学校（班）的班额为15～20人，盲童学校的班额为12～15人。盲、聋哑学校的课程设置参照教育部拟定的教学计划（征求意见稿）安排。弱智学校（班）在国家教委尚未颁布“弱智学校（班）教学计划”前，开设思想品德、语文、数学、音乐、体育、美术、手工、劳动、生活自理等课程，中、高年级增设自然、地理、常识、历史故事和技术劳动课。盲、聋、哑学校使用全国统编教材，弱智学校（班）在全国未有统编教材前，可借用全日制小学的课本，但需进行适当的删除和调整，课时适当增加。五是关于经费问题。各级人民政府要把特殊教育列入经济和社会发展规划，拨出专门经费为盲、聋、哑和弱智儿童少年举办特殊教育学校（班）。有关特殊教育的基建投资和办学条件经费除应按地方负责的原则统筹安排外，还应通过社会各方面多种渠道筹集。六是加强对特殊教育的领导，争取社会各方面的支持和配合。特殊教育涉及的部门多、范围广，学生从在校学习、劳动、生活到毕业后就业等，都与各有关部门和社会团体有着密切的关系。各级教育部门必须加强领导，要有领导抓、有兼职干部具体管特殊教育工作，要主动与民政、卫生、科研、劳动、财政等部门联系，积极争取社会各方面的支持和配合，使特殊教育事业顺利发展。

广东特殊教育工作座谈会的召开和《关于发展我省特殊教育的意见》的贯彻执行，推动全省特殊教育事业的发展。到1987年年底，六点要求基本实现，全省有聋哑学校5所，学生662人；弱智儿童辅读班33个，在校学生335人。各市（地）纷纷制订发展特殊教育规划，湛江市聋哑学校加紧筹办，梅县地区盲童学校动工兴建，广州市盲童学校选址并拨出专款筹建，全省特殊教育事业出现新的突破。1987年12月，省政府批准成立广东省残疾儿童教育基金会，基金会接受国内外友好团体、单位和个人的捐赠，为加快发展广东省特殊教育事业筹集资金。

1988年3月，省教育厅发动全省中小学开展“给残疾小伙伴送温暖”活动，支持残疾儿童教育。到该年年底，全省盲聋哑学校发展至9所，在校学生1212人。到1991年，特殊教育学校发展至19所，在校学生2352人。

为促进普及九年义务教育，扭转特殊教育的落后状况，加快特殊教育发展，1992年，省教育厅、省卫生厅组织开展大规模的残疾少年儿童普查工作，到11月基本摸清情况。当年，全省有特殊学校27所，在校学生4798人。由于省采取积极的措施，到1994年，特殊学校发展到37所，在校学生发展到1.26万人，残疾儿童入学率达到75%，使广东特殊教育走上了快车道，迅速赶上全国中上水平。

“九五”期间，广东特殊教育按照《残疾人教育条例》和省的“九五”实施方案积极开展工作，特殊教育从1995年的42所学校、在校学生2.94万人，发展到1996年51所学校、学生3.30万人。到2000年，全省特殊教育学校发展到61所，在校学生2.75万人，发展规模居全国前列。

六、德育、体育卫生、美育

（一）德育

1979年后，广东省小学德育工作不断得到加强和改进。1985年，结合思想品德教育，根据国家教委、司法部《关于加强小学法制教育的意见》，全省小学进行法制观念的启蒙教育，重点学习《交通管理规则》和《治安管理处罚条例》，高年级适当进行必要的关于公民的权利和义务、刑法等常识教育。

1986—2000年，省教育厅受国家教委委托，对小学思想品德课进行系统的改革，重新设置课程，编写实验教材，主要对学生进行日常行为规范教育，培养学生爱祖国、爱人民、爱劳动、爱科学、爱社会主义的思想感情，培养学生文明礼貌、遵纪守法的行为习惯。通过举办全省小学思想品德课教学改革录像评选活动、青年教师现场教学评比活动、教学改革经验交流会等推进教学改革实验。省教育厅组织编写《爱我中国、爱我广东》，作为全省小学思想品德课的乡土教材供全省小学使用。

从1988年秋季开学起，全省小学试行《小学德育纲要》《小学生日常行为规范》《小学班主任工作暂行规定》。1990年，全省少先队员开展“学赖宁，做党和人民的好孩子”活动。1991年，全国青少年校外教育工作会议在广东举行，会议对广东少年儿童校外教育工作予以充分肯定和好评。1993年，省教育厅和省司法厅提出普及法制教育与普及九年义务教育同步进行，全省各地中小学校普遍开展法制教育，通过以宪法为主的法律法规的学习，提高学生遵纪守法意识，预防和减少学生违法犯罪，建立在校学生违法犯罪监控系统。1993年，省教育厅与省妇联制定《广东省小学生家庭教育指导纲要》，指导全省小学办家长学校，向家长普及育儿知识。

1993—2000年，省教育厅与团省委、广东中华民族文化促进会每年表彰一批“南粤优秀少先队员辅导员”。1994年，省教育厅与省妇联评选表彰“百所优秀家长学校”“百名好家长”“百名好孩子”，树立了一批家庭教育先进典范；同年，全省小学开展爱国主义教育“三个一百”（百歌颂中华、百书育英才、百片扬国魂）活动、校园文化活跃，向着健康高雅方向发展；同年，省教育厅提出爱国主义教育规范要求，小学三年级以上学生会唱国歌，学校每周一早上举行升旗仪式，课室正面墙上挂国旗。1994—1995年，全省各地小学开展学习《新三字经》活动。1995年起，全省各地小学开展禁毒专题教育，以“6·26”国际禁毒日为契机，以“珍爱生命、拒绝毒品”为主题，举行签名、誓师、游行活动，观看一部禁毒教育影视片、参观一次禁毒教育展览、听一堂禁毒教育课；同年，省教育厅与南方日报社等5个单位联合组织实施“金钥匙工程计划”，发动广州、深圳等8个大中城市和富裕地区学生及社会各界向贫困山区中小学生捐赠书籍和学习用品，给贫困山区青少年送去打开知识宝库和智慧之门的金钥匙。1996年，省教育厅制定《广东省中小学少先队工作规范化基本要求》，指导各地小学少先队工作；1996年3月至1997年7月，全省各地小学开展“迎接香港回归祖国”主题教育系列活动。1996年，省教育厅制定印发《广东省中小学校园文化建设规范》，指导全省中小学校加强校园文化建设，开展校园文化活动。2000年，潮州市城南小学校长卢春梅被评为全国中小学德育工作标兵。

（二）体育卫生

1979年6月中旬，省教育局召开中小学体育卫生座谈会，传达全国学校体育卫生工作经验交流会精神，讨论中小学体育卫生工作的开展，表扬一批体育卫生工作先进学校。同年，各地各学校认真贯彻教育部、卫生部、国家体育运动委员会（简称国家体委）《关于加强学校体育卫生工作的通知》，积极施行《国家体育锻炼标准》。

1980年年初，省教育局、省卫生局、省体委联合开展中小学体育卫生工作检查，共检查27个县（市）的部分中小学、幼儿园、师范学校。当时，全省有1.37万所中小学实施《体育锻炼标准》，在参加测验的138.8万名学生中，有92.1万人达到体育锻炼标准，占学生总数66%。但存在体育和保健教师缺少、水平不高，体育卫生设备缺乏，两课两操两活动（每周两节体育课、每天课间操或早操和眼保健操、每周两节体育课外活动）有待健全和提高等问题。

针对中小学生视力逐年下降的情况，1982年6月上旬，省教育厅、省卫生厅、省体委在肇庆市联合召开全省中小学近视眼防治工作会议，学习中央9个部委联合发出的《保护学生视力工作实施办法》，交流经验，分析情况，讨论贯彻《实施办法》的有关问题，副省长杨康华到会讲话。同年8月6日，省政府发出《关于做好中小学近视眼防治工作的通知》，明确提出要加强中小学卫生保健所工作，学生体检由教育行政部门负责组织，并要求各有关单位充分重视，分工协作，密切配合，认真从预防和治疗两个方面做好这项工作。

为加强对小学体育课教学和专兼职体育教师的指导，全省中小学体育教学认真贯彻九年义务教育课程计划，积极进行教材改革和教学实验，不断修改和完善体育课本、卫生课本及教学指导用书，加强和改进体育教学和课外体育锻炼。1983年9月，省教育厅组织编辑出版了全国第一套体育课课本，开始试用《广东省中小学体育试用课本（学生用书）》，第二年扩大试用范围，小学体育课本一直用至1996年。针对小学体育教师兼职较多的现象，从1985年开始编写小学体育教师教学参考书，形成了一套小学1～2年级、3～4年级、5～6年级的体育教师教学参考书。

1984年2月，省教育厅发出《关于加强中小学体育卫生工作的意见》，明确学校体育在学校教育的地位、学校体育的职能和体育教师的职责，旨在推动小学体育教学的规范化和科学化。次年2月，省教育厅、省体委、省卫生厅联合发出《关于进一步贯彻执行学校体育卫生工作〈暂行规定〉的通知》，要求抓好体育卫生工作《暂行规定》的贯彻落实和检查验收工作，掌握学生的体质和健康状况，培养和培训体育教师和卫生人员，建立健全体育卫生工作机构等；同年，全省有81所中小学被评为省实施《国家体育锻炼标准》先进单位。从1984年起，对全省中小学学生的体质和健康状况抽样测检，开展调查研究工作。到20世纪末，全省小学生国家体育锻炼标准实施率达95.01%，达标率为93.61%，有效率为24.69%。

1990年6月，省教育厅发出《关于切实减轻小学生课业负担的通知》，认真贯彻执行国家教委和国家体委、卫生部于1990年印发的《学校体育工作条例》《学校卫生工作条例》，加强和引导学校体育卫生工作。1993年，全省开始理顺中小学生体检归属关系，巩固和发展中小学卫生保健所，中小学生体质逐步提高。到2000年，全省中小学生保健所共有60所。

1995年，省教育厅组团到香港参观学校体育工作。在借鉴国外和香港的学校课余体育活动基础上，开始在湛江市开展快乐体育活动，建设快乐体育园地，受到广大学生的喜爱。1998年4月，教育部在湛江市召开学校体育研讨会，向全国推广广东快乐体育经验。1999年，在江苏省无锡市召开的全国中小学体育会议上，省教育厅在大会作《广东省中小学校体育工作改革与发展》的报告，受到全国同行的好评。到2000年年底，快乐体育在全国基本全面推行。

（三）美育

1979年以前，在教育工作中，美育长时间处于不正常状态，甚至被认为是“资产阶级教育”。1979年以后，教育界正本清源，思想大解放，明确全面发展教育，除了包括德育、智育和体育外，还应包括美育和劳动（技术）教育，将长期被排挤的美育摆正了位置，正常开展起来。小学艺术教育（美育）逐步得到重视，城镇和农村中心小学基本能按照教育部颁布的《小学、初级中学音乐教学大纲》开设音乐课，城镇部分学校配有专门的艺术课室和必需的教学设备。

1979年2月，教育部召开中小学音乐、美术教材会议，研究中小学音乐、美术教材编写问题。会议认为，不可忽视音乐、美术教育对学生的陶冶作用，要求教育行政部门加强对艺术教育课程的领导，加强教材建设。广东省积极贯彻会议精神。

1981年2月，中央5个部委联合发出《开展文明礼貌活动的通知》，除要求向学生进行道德修养教育外，也要求向学生讲授美学知识，促进学生对心灵美、语言美、行为美和环境美的追求。在“五讲四美”（五讲“讲文明、讲礼貌、讲卫生、讲秩序、讲道德”；四美“心灵美、语言美、行为美、环境美”）活动中，以美辅德，以美促德，美育受到重视并广泛开展起来。

1982年9月中旬，省教育厅召开中小学美术、写字教学座谈会，要求各地各学校贯彻审美教育，重视搞好美术、音乐、写字教学。同年10月上旬，省教育厅和中国美术家协会广东分会在广州市文化公园举办首次“广东省中小学生美术书法展览”，展出并奖励中小学生美术书法优秀作品，提倡和鼓励艺术美。同时，各地各学校也举办书画展览、文艺汇演、歌咏比赛等，活跃学校文娱生活，营造美育氛围。

1984年，广东省中小学美术书法教研会成立，选出第一届理事会；促进在全省中小学开展艺术教育教学改革和研究；举办、承办多项全国、全省的艺术教学研讨交流、培训等活动，推动中小学艺术教育健康发展。此后，全省各地也相继开展中小学艺术教育教学改革。广州市于1987年提出“加强艺术教育，推动美育发展”，开展小学艺术教育改革，力图构建以教学为中心，课内外、校内外相结合的小学艺术教育体系。

1985年10月，由省教育厅和中国儿童少年活动中心联合举办的广东少年儿童书画作品展览于国庆期间在北京中国儿童少年活动中心艺术厅展出。1986年，受国家教委委托，广东着手编写小学、初中美术教学大纲，召开美术、书法教学研讨会。1988年，省教育厅教研室和广东省中小学美术书法教研会组织编写的《九年制义务教育美术试用课本》出版，填补了中小学艺术教材的空白。

1989年11月，国家教委颁发《全国学校艺术教育总体规划》。1990年2月，省教育厅转发国家教委《全国学校艺术教育总体规划》，并根据《全国学校艺术教育总体规划》印发《关于加强中小学美育工作的意见（试行）》，强调美育在学校教育中的重要性，提出学校应将美育纳入学校教育总体规划中，将美育渗透到学校各学科教学和各种活动中去，提高学生审美能力与审美情趣，建立美育评价制度等。

1992年5月，教育部颁发《九年义务教育全日制小学、初级中学（音乐、美术）教学大纲》。次年4月，省教育厅印发《广东省小学、初中实施艺术教育的基本要求（试行）方案》，提出小学、初中必须按照教育部颁发的《九年义务教育全日制小学、初级中学（音乐、美术）教学大纲》开足开齐艺术（音乐、美术）课；各级教育行政部门和学校要认真贯彻执行国家教委颁发的《全国学校艺术教育总体规划》，加强对小学艺术教育的管理和指导，配足配齐艺术教育管理干部和艺术教研员，加强学校艺术教学场地设施的配备，建立艺术教育的评价制度与体系。

1979—2000年，广东省小学在开展审美教育过程中，除不断美化校园，建设校园文化外，逐步加强音乐、美术等艺术教育的教学，全省先后确定了广州市荔湾区三元坊小学、深圳市华富中学、珠海市第五中学、汕头市实验小学、汕头市龙湖区绿茵小学、佛山市第十八小学、顺德市新圩小学、韶关市北江中学、韶关市仁化县实验学校、江门市江海小学、湛江市第二十五小学、茂名市官山学校、肇庆市实验小学、惠州市第九中学、梅州市学艺中学、汕尾市实验小学、河源市第二小学、阳江市阳春市春城实验小学、清远市新北江小学、东莞市常平镇第一小学、中山市杨仙逸小学、潮州市绵德小学、揭阳市榕城区红旗小学、云浮市邓发纪念中学等24所中小学为民乐教育示范学校。

七、教学设备

（一）明确要求，规范建设

1980年，教育部召开全国普通教育仪器生产供应工作会议，提出“师资、教材、设备是教育事业三大基本建设”的方针，确立了实验室和仪器工作的重要地位和作用，明确规定在各级教育经费中要有一定比例（不低于2%）用于购置教学仪器，而且应逐年增加。至1980年6月底，全省小学拥有教学仪器设备380.70万元，其中计量仪器34.30万元、通用仪器216.69万元、专用仪器64.03万元、模型39.36万元、标本5.64万元、材料工具10.12万元、其他设备10.56万元。1981年，根据教育部全国普通教育仪器生产供应工作会议和广东省教学仪器工作会议的精神，省教育厅发出《关于加强教学仪器工作的意见》，明确要求进一步切实加强对教学仪器工作的领导，从机构、人员配备和仪器经费的安排上给予保证；重点小学、中心小学、完全小学都应根据实际情况配备相应的实验员和仪器管理员，把学校的实验教学、仪器管理和仪器室、实验室等工作切实管理起来；要建立和健全省、地、县三级教学仪器管理机构，从计划、生产、订货、供应、管理、使用等方面抓好教学仪器工作，使教学仪器工作更好地为提高教育教学质量服务。

1984年3月，省教育厅转发教育部《关于加强中小学实验教学和实验室建设的意见》和《制定1984—1990年中小学实验室建设规划的意见》，要求制订实验室建设规划，有计划、有步骤地推进实验室建设。同年8月，省教育厅印发《广东省普通教育系统学校实验室工作章程》，对实验室、仪器室和实验管理人员的设置作出明确规定，小学要求配备专职或兼职实验管理员；对仪器设备的管理、实验管理员的职责与待遇、学生实验守则等也作出明确规定。

随着各地经济的发展和装备能力的增强，教学仪器品种日渐丰富，对教学设备的要求也逐步提高，为便于开展启发式教学，加强学生实验与观察能力，改善小学教学仪器配备状况，1984年，教育部对1978年颁布的《小学数学、自然教学仪器配备目录》进行修订，1993年、2000年又分别补充和修订，增加了实验效果更好、性能价格比更高的新品种，淘汰部分老产品，使实验数量和实验水平日益提高。广东按照配备目录规定的品种和数量，采取“几个一点”（各级政府拨一点，教育费附加安排一点，适当向学生收取一点，学校勤工俭学收入中安排一点，发动社会各界捐助一点）的办法，多渠道筹措教学仪器设备经费，优先装备重点小学和中心小学。

1985年，全省基本普及小学教育，在管理体制方面进行分级办学、分级管理改革，充分调动各级政府办教育的积极性，教学设备设施有了较大的改善。1986年5月，省教育厅发出《关于进一步做好普及初等教育巩固提高工作的意见》，提出要多渠道集资办学，进一步改善办学条件和教学设施，按教学大纲和教材的要求，充实教学仪器设备，完善各种教学设施，大部分小学要力争在三几年内，实现“一无多有”，即除无危房，有教室、台凳外，还要有运动场、图书室、音乐室、少先队队部室、体育器材室和教学仪器室等。同年年底，国家教委下文强调，各地建设中小学实验室都必须严格执行GBJ99-86中华人民共和国标准《中小学校建筑设计规范》，这是国家一级最高的规范性技术文件，确保了实验室建设的标准化、规范化以及建筑设计质量，防止建设中的随意性和盲目性。

1987年9月，省教育厅发出《关于切实办好中心小学的意见》，要求中心小学在二至三年内分期分批设置“四室一场”，即图书阅览室、教具仪器室、体育器材室、少先队队部室和运动场。有条件的地方还可以设置音乐美术室、自然科技室、电教室、卫生室等专用室，要按教学大纲和教材的要求，配备教学仪器和图书资料（学生人均图书10册以上）。同时要发扬自力更生的精神，发动师生自行设计制作简易教具、捐献书籍，采取一切可行办法，使“四室”尽快充实完善。

（二）加快建设，充实配备

1988年3月，国家教委印发《关于加强中小学实验和仪器设备工作的若干意见》等七个文件，强调要加强中小学实验室和仪器设备工作，推动实验教学广泛开展。同年3月28日，省教育厅召开全省普通教育系统教学仪器工作会议，提出要把教学设备的配备作为广东省普通教育三大基本建设的一项重要任务来抓。此后，各级政府和教育行政部门及学校对教学仪器的配备和实验室建设的投入进一步增加，管理工作也进一步加强。1988年6月，省教育厅发出《关于搞好教学仪器工作，加速实验室建设的意见》，提出城镇小学和中心小学可设一个综合实验室。有条件的学校，根据需要，争取建立音乐室、美术室、体育训练室、生物和地理园地、劳动技术教育室，以及语言实验室、微型计算机室、综合电化教育室，并设置相应的仪器保管室。1989年，省教育厅制定《广东省小学办学基本要求的暂行规定》，要求城镇中心小学、乡镇中心小学按国家一类标准配备教学仪器设备，农村一般小学按国家二类标准配备教学仪器设备，要不断改善办学条件，逐步做到“三配套”（校舍配套、设施配套、设备配套）。

20世纪80年代，小学的教学仪器配备和实验室建设得到不断地发展。到1990年6月底，小学教学仪器设备总金额为6615万元，有实验室1298间、计算机室67间、语言实验室15间、电化教室1378间，计算机总数为8723台。但全省各地区发展很不平衡，城乡发展也不平衡，部分地区、农村学校的实验室仪器设备严重不足，实验室建设还是一个薄弱环节。

1990年5月，省中小学教学仪器工作会议在佛山市南海召开。会议总结推广佛山市加快中小学实验室建设的做法和经验，研究确定中小学实验室标准化建设的目标和任务。同年7月，省教育厅发出《广东省中小学校（含中师、农职中）实验室标准化建设规划要点》，提出到1995年，全省中小学按标准要求，建成各科实验室，做到房屋、柜架台凳、仪器、人员、制度五配套，并能按教学大纲的要求开展演示实验和分组实验。1991年3月，省教育厅发出《关于一九九〇至一九九五年广东省中小学（含中师、职中）教学仪器和实验室建设规划的通知》，要求各级教育行政部门切实加强领导，组织好规划的实施，广东省根据规划，分期分批组织检查验收；同年，省教育厅根据国家标准GBJ 99-86《中小学校建筑设计规范》的有关规定，结合广东省实际，制定《广东省中小学（含中师、职中）实验室设计及其配套设施建设规范》和《广东省中小学（含中师、职中）教学仪器配备和实验室建设标准》，要求市、县、镇（乡）中心小学和一般完全小学应设立自然实验室或综合实验室，每人使用面积1.57平方米。

1995年3月，省中小学实验室现代化建设工作会议召开。会议主要研究如何加快广东省中小学实验室现代化建设进程，促进教育和教学手段现代化，要求在常规教学仪器配备达标后，进一步落实省委、省政府提出的“把广东建设成教育强省”的目标，使中小学实验室建设和教学仪器设备与普通教育教学改革和发展相适应。同年9月，省教育厅制定《广东省中小学（含中师、职中）实验室现代化建设发展规划》，提出在常规教学仪器设备基本达标后，分层次、分阶段、有步骤、有重点地推进学校实验室和教学手段现代化建设；到2000年，全省小学除二、三类地区不足12个班的农村小学外，都要按教育部1993年颁发的《小学数学、自然教学仪器配备目录》一类标准的要求进行配备，并能按教学大纲要求开齐开足演示实验和分组实验，有条件的学校做到“多机一幕”（投影机、录音机、电视机、录像机、投影银幕等）进教室，中心小学建有综合实验楼并设自然实验室、计算机室（每室配计算机30台）、语言实验室、电教室、音乐室、美术室等，逐步实现教育手段的现代化。

1991—1996年，全省小学教学仪器的配备和实验室建设得到快速发展。通过制订规划和规范，召开有关会议，多渠道、多形式筹集经费，抓好典型，严格验收等措施，推进实验室标准化建设。把普及中小学实验教学和普及九年义务教育紧密结合起来，同步进行，以政府行为推进实验教学普及县工作，逐县、逐校严格验收实验用房、实验设施、仪器设备、实验人员、实验室管理及实验教学等。1996年年底，全省123个县（市、区）全部通过了小学实验室建设和教学仪器设备达标验收，在全国率先实现实验教学普及县工作，取得阶段性成果。

（三）充实完善，优化提高

1997年4月，国家教委对小学自然课提出了要有实验操作考核的要求。根据国家教委的要求，广东省提出在小学实验室建设和教学仪器设备达标后，要解决好装备的导向和定向的问题，继续抓好实验室建设的巩固、提高工作，不断完善教学设施设备，提高教学设备的使用效益。首先在中山、鹤山进行小学实验操作考核试点，通过“以考促建、以考促配、以考促管、以考促用”，取得很好的效果，并开始在全省范围内推广。

1997年，省教育厅提出《广东省关于改造薄弱学校、建设规范化学校工作的意见》，要求不断完善办学条件，充实教学仪器设备设施和图书资料。常规教学仪器设备：城镇按一类标准配备，农村按二类标准配备。经调查摸底，全省小学有薄弱学校5260所（在教学设备方面，主要指常规教学仪器设备按二类配备标准配备率在50%以下的学校）。各级政府认真贯彻《广东省关于改造薄弱学校、建设规范化学校工作的意见》，作出工作部署，采取切实可行的措施，由财政拨出专项经费，调整和安排薄弱学校建设和改造资金，加大对薄弱学校的扶持。1999年和2000年，全省共完成1981所薄弱学校改造，每所小学由省财政在设备上补助0.40万元，补助经费共792.40万元。

1999年2月，为加快实现教育手段现代化，省教育厅印发《广东省教育信息化工程规划（试行）》，提出到2000年，珠江三角洲和中心城市部分小学普及计算机教育。2000年9月，省教育厅印发《广东省中小学校计算机场室建设标准及管理规范》，对计算机场室及其辅助用房、设备设施、专职教师及管理人员、学生上机操作规程、管理规范等作了规定。同年11月，省教育厅又印发《广东省中小学图书馆（室）建设规程》，对学校的图书馆（室）建设、藏书标准、管理机构和人员配备、管理制度等作了规定，要求小学在校学生人均藏书量为20册，新书年递增率学生人均不少于1册，使小学教育装备的管理工作得到进一步加强。

1998—2000年，广东省结合改造薄弱学校工作、调整中小学校布局，以及实施教育信息化工程，使教育资源配置得到优化，学校教学设备设施得到充实和完善，办学条件不断改善，教育装备的实力大大增强，为小学推进素质教育，开展实验教学，提高教育教学质量，提供了良好的物质条件。到2000年年底，全省当年投入小学教育装备资金总额为23109万元，教学仪器资产总额为99895万元；小学有实验室及功能室20032间，其中自然实验室8139间、计算机室1967间（拥有计算机87532台，计算机总金额39641万元，计算机开课率为86%）、语言实验室1390间、音乐室1801间、美术室2368间、劳动技术教育室1048间、电教室1192间、其他功能室2127间；小学教学仪器配备达标率为84%，普及实验教学率为84%，自然演示实验开出率为84%，有1248所小学开展了实验操作考核；拥有校园网122个，建有图书室的学校有4946所，阅览、资料、藏书室21108间。

第三节　中学教育

一、概况

1979年以后，广东省中学教育事业拨乱反正，开展调整、改革、整顿、提高工作。调整初中的布局，压缩、合并小学附设初中班，1977年小学附设初中班1.97万多所，至1982年降为4631所，减少1.51万所；压缩高中规模，1977年全省高中生96.27万人，至1982年降为34.46万人，压缩了61.8万人（部分改为职业高中）。1978年，恢复重点中学；1980年12月，省教育厅召开重点中学会议，明确重点中学任务。1981年6月，省政府发出《关于进一步办好重点中学的意见》，对重点中学提出三点基本要求：模范地贯彻执行全面发展的方针；按照教育规律办学；培养高质量的学生。同时，确定全省16所重点中学，市、县重点中学107所，其他部门重点中学3所。

1983年以后，省委、省政府提出积极普及初中，控制高中的发展，保证质量。1983—1987年，普及初中工作有较大的进展。1986年，广州、深圳、珠海、韶关、佛山、江门、肇庆等大中城市的城区和顺德、新会、中山等14个县（市、区），小学毕业生升初中的升学率达到90%以上。1987年，全省小学毕业生111.69万人，升入初中的86万人，升学率为75.26%。经过检查验收，顺德、新会和广州、佛山、江门市区为广东省第一批实现普及初中的单位。当年，全省有普通中学4617所（初中3607所，完全中学1010所），在校学生为285.16万人（初中244.11万人，高中41.05万人）；中学教职员工19.57万人，其中专任教师14.6万人。由于强调要改办过多的普通高中为职业高中，控制普通高中的发展，因而普通高中非但没有发展，反而有所减少。1988年，全省普通高中（含完全中学和高中）823所，在校学生35.08万人，低于1985年和1987年的统计数。

随着经济的治理整顿和普及九年义务教育暴露出的孤立普及初中而造成发展失衡，以及要求过高过急等问题，省教育厅于1989年3月提出积极、求实、协调发展教育事业的原则，1990年2月又提出持续稳定、协调发展教育事业的方针。1991年，省教育厅向省政府作《关于广东普及初中阶段义务教育规划的报告》，提出要调整广东普及初中阶段义务教育的规划的意见，要求到1995年全省有64%的县（市、区）即占人口61.3%的地方，普及初中阶段义务教育，到2000年全省全部完成，得到省人大和省政府的同意，转发全省。

1990年10月，全国人大常委会《中华人民共和国义务教育法》检查组到广东检查实施《中华人民共和国义务教育法》的情况，检查组充分肯定广东省实施《中华人民共和国义务教育法》的成绩，对“普九”进程、经费投入、校舍建设等方面给予高度评价，并提出了一些需要改进的薄弱环节。到1991年，全省普及九年义务教育的县（市、区）达43个，小学毕业生升学率为88%。

1992年年底，根据广东20年追赶亚洲“四小龙”的统一规划步骤，省政府修改在2000年实现普及九年义务教育的规划，提出全省争取在1997年普及初中阶段义务教育。为增强依法治教观念，省教育厅和省教育学院先后举办多期《中华人民共和国义务教育法》和《中华人民共和国义务教育法实施细则》学习培训班，全省各乡镇教育办公室主任和县教育局有关人员2000多人参加学习。1994年8月，国家教委主任朱开轩到广东调研，提出希望广东能在1996年基本实现基本扫除青壮年文盲、基本普及九年义务教育（简称“两基”），以便参加全国首批完成“两基”省市的验收。省委、省政府采纳这一建议，决定提前一年即到1996年全省基本实现“两基”，要求还未实现“两基”的地区修订规划，加快进程。省政府为此每年增加5000万元山区义务教育补助经费，扶持还未实现“两基”的地区。1994年，全省基本实现“两基”的县（市、区）达82个。

1995—1996年，省政府把普及九年义务教育作为教育工作的重中之重。经过1995年的努力，全省又有22个县（市、区）完成“普九”任务。此时全省实现“普九”的县（市、区）共达104个（不含国家教委验收未通过的2个），占全省县（市、区）总数的84.5%，占总人口的87.1%，剩下19个县（市、区）未完成“普九”任务。为打好“普九”的攻坚战，实行最后冲刺，省有关部门先后召开三次“普九”工作会议，研究情况，落实“普九”责任制，强化政府行为，加强督促检查。省政府还特别拨出1.8亿元的“普九”专款，加大对19个县（市、区）的扶持力度。1996年10月，经省政府和国家教委组织验收，认定这19个县（市、区）已基本实现“普九”，广东如期完成“两基”目标，成为全国第一批完成的两个省份之一。这时全省适龄儿童入学率达99.75%，小学毕业生升学率为96.18%，13～15周岁适龄少年初中入学率为96.1%，17周岁人口初中教育完成率为95.4%，青壮年文盲率下降到0.12%。

随着全省基本实现“两基”，各地特别是珠江三角洲地区和大中城市对发展和普及高中阶段教育劲头很大，热情很高。1995年，全国和省相继召开普通高中教育工作会议，要求加强示范性普通高中和薄弱普通高中建设。1996年与1995年比较，普通高中由836所发展到848所，在校学生由38.9万人发展到45.09万人。为提高普通高中的办学水平，省教育厅在广泛征求意见的基础上，制定《广东省普及高中阶段教育评估验收暂行办法》和《广东省示范性普通高中评估验收实施办法》，研究和着手对普及高中阶段教育进行评估验收。1996—1999年，先后有东莞、中山、顺德、新会、南海、深圳、佛山等市初中毕业生升学率达到85%以上，基本普及高中阶段教育。

1979—2000年广东省普通中学基本情况表

表3-3-1

年份	学校数（所）				在校学生数（人）		
	合计	初中	高中	完全中学	合计	初中	高中
	全省合计	合计	合计	合计	全省合计	合计	合计
1979	2447	947	171	1329	2687318	2214375	472943
1980	2681	1438	103	1140	2521103	2118968	402135
1981	3065	1941	60	1064	2187073	1852548	334525
1982	3272	2271	44	957	2001903	1705273	296630
1983	3494	2651	35	808	1995930	1712052	283878
1984	3525	2705	37	783	2206942	1888312	318630
1985	3849	3017	36	796	2364548	2031394	333154
1986	3936	3108	42	786	2499295	2149010	350285
1987	4138	3313	48	777	2526021	2173253	352768
1988	4069	3246	53	770	2442317	2091518	350799
1989	3928	3107	821	—	2565969	2214375	351594
1990	3879	3042	46	791	2340301	1979067	361234
1991	3822	2996	49	777	2382765	2022810	359955
1992	3783	2961	45	777	2550239	2201651	348588
1993	3766	2964	45	757	2771877	2440376	331501
1994	3817	2993	54	770	3073751	2727104	346647
1995	3845	3009	55	781	3394556	3005525	389031
1996	3882	3034	58	790	3731877	3280949	450928
1997	3889	3007	63	819	4008535	3483818	524717
1998	3879	2979	73	827	4236128	3645724	590404
1999	3914	3000	86	828	4439061	3797987	641074
2000	3964	3017	125	822	4606890	3881614	725276

二、教师队伍

（一）概况

1979—1987年，全省普通中学调整后稳步发展，到1988年，全省普通中学有教职工175715人，其中民办教职工20008人。全省普通中学有初中专任教师109171人，有高中专任教师23602人。1989年，全省中小学教职工60.06万人，其中专任教师46.67万人（含民办教师16.3万人），当中有初中教师10.9万人、高中教师2.37万人。1990年以后，全省普通中学教职工及专任教师数量稳步增长。

1992—2000年广东省普通中学（含初中和高中）教职工及专任教师数量表

表3-3-2　　单位：人

项目＼年份	1992	1993	1994	1995	1996	1997	1998	1999	2000
教职工总数	190186	199399	208805	223091	236141	247891	256390	265300	275686
专任教师数	145370	153943	162803	175741	188829	200093	208977	218900	228995

中学教师学历状况：1989年，初中教师10.9万人中，达到大学专科以上的占56.16%；高中教师2.37万人中，达到大学本科以上的占43.09%。1990—2000年，初中、高中教师学历达标率稳步提高。

1990—2000年广东省初中教师学历达标率变动表

表3-3-3

年份	1990	1991	1992	1993	1994	1995	1996	1997	1998	1999	2000
学历达标率（%）	57.75	69.18	72.00	73.81	75.48	78.80	83.07	85.34	86.17	87.48	87.79

1990—2000年广东省高中教师学历达标率情况表

表3-3-4

年份	1990	1991	1992	1993	1994	1995	1996	1997	1998	1999	2000
学历达标率（%）	44.37	45.57	47.94	51.28	54.02	56.43	58.83	60.81	63.15	65.35	67.51

（二）建设措施

1. 加强管理

自1977年开始，全省采取脱产进修、业余函授、卫星电视教育等形式培训在职教师。到1988年，全省教育学院系统共培训中学在职教师63534人，获得专科学历的有61597人，占全省中学在职教师总数的97%。1991年，省市两级共举办22期中小学校长培训班，参加培训的校长约2680人。1997年，全面启动广东省普教系统“百千万工程”。1998年，开展中小学教师继续教育和中青年教育教学骨干的培养，参加培养和培训的初中教师1.28万人，占初中教师总数的7.98%。全省培训中学学科带头人4609人，占中学学科带头人总数的6.6%。有115名中小学教师在职攻读教育硕士研究生，报考人数和录取人数在全国名列第二。1998年年底，全省中小学教师学历达标率：小学98.3%，初中86.2%，普通高中63.2%，职业高中45.4%。中小学校长全部经过岗位培训。1999年，“百千万工程”取得实质性进展，全省共评选出第一批省级培养对象193人；举办两期高级研讨班。2000年，召开全省“百千万工程”人才培养工作交流会；组织研制、开发中小学教师继续教育计算机管理系统。

2. 改革管理体制

从1986年开始，随着教育管理体制改革逐步深化，以“两聘两制一包一奖”（聘任校长、聘任教师，校长负责制、教师岗位责任制，学校工资总额或经常性教育经费包干和部分浮动奖励工资）为主要内容的学校内部管理体制改革逐步深入。1990年，全省分步到位实行“两聘两制”的学校有12303所，占全省中小学校总数的42%。参加“专业合格证书”考试的中学教师3098人，通过考试，初中教师单科合格人数1216人，高中教师单科合格人数为308人，合格率分别为49.5%和48%，比1989年分别提高13%和6%。1991年，全省有28241所中小学校开展内部管理体制改革，占学校总数的97%，其中全面实行“两聘两制一包一奖”的学校有13227所，占学校总数的46%。从1987年至1992年，全省参加“专业合格证书”文化专业知识考试的中学教师共80324人（其中初中教师64232人、高中教师16592人），通过考试，初中教师取得一科以上合格人数8477人，合格率为25.7%；高中教师取得一科以上合格人数为2357人，合格率为33.8%；高、初中教师各科全部合格取得专业合格证的有1200人。

3. 提高工资待遇

1989—1993年，全省有26993名民办教师转为公办教师，10多万户教师农村家属转为城镇户口。1993年，省政府拨出专项资金用于发放贫困山区县农村中小学教师岗位津贴，其中中学高级教师70元、一级教师55元、二级教师45元、三级教师35元。中学教师的工资、岗位津贴、住房等待遇问题，受到各级政府的重视和努力保障，省财政对小学教师的保障和优惠政策同时惠及中学教师。

三、教学改革

1978年以后，全省语文、数学、英语等学科陆续开展各种教学改革试验。1982年，省委、省政府发文要求，要全面实施教学大纲，提高教学质量，严格按照教学大纲和教材的规定组织教学活动，在加强语文、数学教学的同时，保证体育、音乐、美术和自然常识、历史、地理等学科的教学，从各方面促进学生德智体全面发展。

1983年9月，省教育厅在全省教育工作会议上提出，为督促检查初中的教学，促使其提高质量，从1984年6月起，全省126个县以上的重点中学初中统一毕业考试标准，当年有4万多名初中毕业生率先举行毕业会考，1985年扩大到全省所有初中毕业生。

为改革和充实中学教学工作，1985年4月，省教育厅在中山市召开全省教研工作会议。同年5月，省教育厅印发《关于进一步开展中小学教学改革的意见》。为适应形势发展和现代化建设的需要，从1983年至1985年，全省中小学还加强计算机教学、环境教育、人口教育，并普遍建立生物园和地理园。

为贯彻面向全体、减轻负担、发展智能、因材施教的原则，省教育厅在1986—1988年的年度教育工作会议上，部署和指导中小学教学改革的开展。要求以教育思想改革带动教学改革，以虚带实；对不同学校提出不同要求，实施分类指导；以教学改革先进为典型带动面上的学校，以点带面；从教学方法和单科改革入手，逐步扩展到内容和整体，大力开展第二课堂活动，并积极推广普通话教学。1987年8月初，省政府召开全省普通教育工作会议，着重讨论全面贯彻教育方针，大面积提高教育质量问题。会议明确提出深入开展教育教学改革和教育科学研究是提高教育质量的直接动力，必须大力加强。

1988—1991年，全省继续开展中学教学内容、教学过程和教学方法的改革。1989年起，广东省组织编写的九年义务教育（沿海版）教材陆续在沿海地区少数学校试验。从1990年春季起，高、初中语文为了增强教学内容的时代性，有利于进行思想教育和国情教育，根据人民教育出版社提供的语文补充教材，省教育厅提出1990—1991学年高初中语文教材调整意见，改革中学语文教学内容。

1991年，国家教委决定从高中一年级开始实行两项改革：一是调整现行教学计划，体现加强德育，上好必修课，开好选修课，搞好课外活动、生产劳动和社会实践的精神；二是实行高中毕业会考制度，学完一科便统一会考一科，改变以往实行高中毕业会考制度，为高考改革做好准备。从1993年秋季起，广东开始实施国家教委颁发的《九年义务教育全日制小学、初级中学课程方案（试行）》、24个学科的《教学大纲（试用）》，以及选用根据课程方案和大纲编写的教材的意见。为此，省教育厅于1992年10月发出《关于九年义务教育全日制小学、初级中学课程方案（试行）的实施意见》和《关于选用九年义务教育教材的意见》，结合广东的实际，指导全省中小学正确地实施课程方案和选用教材。

1994年春，为适应新工时制（每周工作五天半）的需要，国家教委对现行全日制小学、初中课程（教学）计划和高中教学计划进行了调整，适当减少了课时。省教育厅于8月转发国家教委的调整意见，要求在该年秋季开始执行。

广东中学开展的教学改革继续扩大和深入，还体现在教学改革多方面展开、教学实验多方面进行、教学试验多层次开展的局面。归纳起来，大致有三种情况：一是进行教学整体和综合改革，如“四性三类型整体改革”“以教学为中心的整体改革”等；二是进行单项的实验性的教学改革，如掌握学习指导、数学自学辅导教学、中学语文单元教学等；三是以启发式为中心的教学方法改革，如加强数学思维活动的启发教学、中学物理以实验为基础的启发教学等，在很大程度上改变了“满堂灌”的教学方式。

1994年11月，召开全省教育工作会议，提出要把广东建设成为教育强省，要进一步转变教育思想，把工作侧重点放在提高教学水平和教学质量上，基础教育应由应试教育转向素质教育，加强教育教学研究，全面贯彻教育方针。1995—1996年，根据全省中学教学改革的需要，广东积极抓好九年义务教育课程方案的实施，组织全省教学骨干学习义务教育初中教学大纲和“人教版”及“沿海版”的新教材，并完善、充实了调整高中教学计划的改革，加强中学生青春期教育。1995年年底，省教育厅召开全省中小学计算机教育工作会议，颁布中小学计算机课程纲要（试用），开始进行多媒体计算机辅助教学研究。整体和各科教学改革继续深入进行，出现了一批教学改革的好经验和好做法。1995年，省教育厅举办广东省中小学教学改革成果展览，表彰奖励一批先进教学改革单位和学校。与此同时，考试改革继续进行，除高中毕业会考进入第三轮外，从1995年开始，全省取消小学和初中留级制度，随着初中的普及全部取消小学升初中的入学考试。1996年6月，全省实行统一的初中毕业水平与高中阶段学校招生两试合一的考试，简化考试次数，改革考试制度。

1998年，根据教育部指示，省教育厅经过调研，提出中学教学内容的调整意见。这次重点调整的学科是初中语文、数学、外语、物理和化学，其他学科适当调整。调整的方式主要是：删除教学内容，降低教学要求层次，将部分教学内容改为选学内容，综合考试内容范围。人口、环境、国防等教育不单独开课，渗透在相关学科和活动中进行。部分教研员和教师骨干经过培训后，于该年9月开始执行中学教学内容的调整。高中综合课程实验，旨在建立一个能适合高中教育的需要，能造就素质高、能力强的21世纪现代人需要的课程和教材体系。先后在国家教委和教育部的指导下，经过两年的研究和论证，终于制订出“综合文科”和“综合理科”课程标准（教学大纲），以前者代替历史、地理等科，以后者代替物理、化学、生物三科，编写出教材，拟定实验方案。1998年9月起在8所学校的高二级开展综合课程实验，其中参加综合文科实验的有7个班、学生403人，综合理科实验的有11个班、学生611人。

以实施素质教育为主线，深化“利用掌握学习策略，开展目标教学”的研究。通过检查视导、教学座谈、学科培训、优质课评比、教学成果奖等，结合调整教学内容要求，加强课堂教学模式改革，推动现代教学技术的应用，深化教学方法改革，进一步提高课堂教学的质量和效果。随着教学改革的深入发展，不少学校探索出“探究发现法”“尝试教学法”“自学辅导法”“影像演示法”等课堂教学结构，使教学面貌焕然一新。在改革的过程中，还利用现代教育技术辅助教学，让“三机一幕”（投影机、电视机、录音机和银幕）或“四机一幕”（电视机、放像机、录音机、投影机和银幕）进课室，改革教学过程和教学方法，把复杂的东西变为简单，把抽象的事物化为具体，把时间和空间放大或缩小，使之明了、生动、易懂。

随着课程的改革和调整，广东中学教师普遍构建了基础课、选修课、活动课三位一体的课程结构模式。在不改变部颁授课总时数、不增加学生作业负担的前提下，很多学校增设了电脑课，提前开设了英语课，还开设和完善了各种选修课。为了发展学生个性，培养其素质，很多学校特别是城市学校和富裕地区学校，不但有计划有安排地开展各种课外活动，如建立科技小组，办文艺社团和团校党校等，而且每学年还举办读书节、艺术节、体育节、科技节等，集中进行校园课外文化活动。在这些第二课堂活动中，注意发挥学生主人翁的作用，让他们自己管理自己，自己的事情自己办。

1997年，抓好新编《计算机读本》的试用，加强计算机辅助教学的研究。1998年，教育部修订中小学计算机教育课程标准，省教育厅于9月中旬召开中小学计算机教材建设研讨会，一方面组织编写人员学习新的课程标准，对照新的大纲要求，提出修订教材的建议；另一方面让任课老师谈教学体会，提出修订教材的意见。会后对试用的《计算机读本》进行修订。当年全省有1200多所中小学开展了计算机教育，省教育厅同时要求2000年高中阶段普及计算机教育。

改革考试制度和方法，建立学生素质评估体系。普及九年义务教育后，为推进素质教育，省教育厅指导各地学校进行两项教育教学机制改革。一项是考试制度和方法改革。除已实行初中毕业水平考试与高中阶段招生考试合一外，1998年，为开展“3+X”高考科目改革，省教育厅与各高校招办一起深入各地调研，共同解决高三教学存在的困难和问题，形成高考科目改革方案，并于1999年高考招生时执行。为加强高中会考的严肃性，配合高考科目改革，从1999年起，取消高中会考补课。不少学校实行笔试、口试、操作试并举，平时考查和学期或常年考试相结合，取消统考和留级，废除按考分排队；部分学科以评级制代替百分制。另一项是建立学生素质评估体系。根据义务教育阶段学生素质评价指标，不少学校再将素质教育目标具体化，以《学生素质发展报告书》取代过去使用的《成绩报告书》，对学生的素质进行全面、客观、科学的评估。同时省教育厅着手制定普教各级各类学校素质教育评估指标体系，建立健全素质教育的评估机制。

1998年年初，省教育厅举行全省中小学体育卫生工作会议，推广湛江建设快乐体育园地，开展快乐体育，促进素质教育全面实施的做法和经验，出版《快乐体育》参考教材。同年7月，举办广东第六届中学生运动会和第七届中师学生运动会，为改革学校体育竞赛制度和承办1999年在广州举行第七届全国中学生运动会积累经验。省教育厅首次与省体育局、省卫生厅联合表彰贯彻学校体育卫生两个《工作条例》的先进单位和个人。在基本普及学校健康教育课的基础上，通过师资培训和评优质课，努力提高教育质量。继续抓好学生常见病的防治工作，提高学生健康水平。在审美教育方面，除美化校园，开展校园文化建设外，主要是音乐、美术等艺术教育有所加强，提高学生的审美素质。同时组织全省首届中学学生文艺汇演，从中选拔优秀节目参加全国的汇演，有4个节目获全国一等奖；举办全省中学生美术书法作品展览，并先后确定24所中小学为民乐教育示范校，有力地促进全省中小学艺术教育的开展。在劳动技能教育方面，除按规定适当组织学生参加服务性劳动、公益劳动和生产劳动外，从1997年起，省教育厅强调中小学要开设劳动技能课，并拨出专款建立劳技实验室，着重配备金工、木工、烹饪等教学设备，专门开展劳技教育。

四、民族地区教育

（一）连南瑶族自治县中等教育

1980年，贯彻“控制高中、调整初中”的方针，改革中等教育结构，逐步恢复高、初中各三年学制。1982年，小学附设的初中班全部撤销，缩减完全中学，发展职业中学，寨岗中学高中部改为职业高中。同年秋，贯彻全国和省民族教育工作会议精神，在连南民族中学设立寄宿制民族班，共6个班，学生300人（其中分配给连山壮族瑶族自治县30人，乳源瑶族自治县20人），对寄宿制学生采取生活补贴办法，稳定了学生学习情绪，毕业率达95.5%，收到良好的效果。1986年9月，三江中学增办高中部，当年招收高中一年级两个班学生。1988年全县初级中学14所，104个班，学生4007人；完全中学2所，高中班18个班，学生809人。

1994年8月，寨岗职业中学与三江中学合并，三江中学改称为“连南瑶族自治县中学”。1995年2月，经清远市教委批准，连南县职业中学更名为连南民族职业中学。1996年职业中学三个班，开设计算机、民用建筑、家电等专业，学生69人。除自办专业外，为充分发挥本校师资与教学设备的优势，职业中学先后分别与县电视大学联办一个电子技术中专班，与广州江南成人中专联办一个餐旅专业班，学制均为3年。在本校进行文化与专业基础教学，由联办单位进一步强化专业培训，毕业后由联办单位推荐就业。1998年，引进外资新建一幢727平方米生活用楼，解决寄宿生的生活用房，进一步改善职业教育办学条件，同年在校职高班3个班，学生104人。

至1996年，连南全县15所中学增设校门与围墙，中学生人均占地面积29.8平方米，校舍建筑面积学生人均6.1平方米；15所中学共有仪器室39间、实验室37间，每所中学均有仪器室、实验室、体育器材室和图书阅览室。教学配备率为89.3%，体育器材配备率为89.3%，学生人均图书20.6册。除2所中学因受地理条件限制无法扩大运动场外，其余13所中学均建有200米以上环跑道和100米直跑道运动场。民族中学（县重点中学）耗资180多万元，建成400米环跑道标准田径场1座，改变全县没有一座标准田径场的历史。各中学都设有校长室、教师办公室、总务文印室，建有教师宿舍和学生宿舍及师生食堂，基本满足教学和师生生活需要；各校布局基本做到教学、生活、运动“三区分离”，校园做到绿化、美化、净化，80%以上中学的主要校道实现水泥化。同年，初中学生7642人，职业高中学生73人，中学专任教师481人。到2000年，全县有初级中学12所，学生8625人，教师612人；高中2所，学生719人，教师63人；职业高中2所，学生403人，教师59人。

（二）乳源瑶族自治县民族教育

1978年下半年，乳源瑶族自治县3个瑶区（必背、洲溪、东坪）分设初级中学，同年，有初中9个班，学生358人，教职工24人。1981年秋，开办柳坑初级中学，此时，全瑶区初级中学4所，10个班，学生397人，教职工31人。到1990年，4所初级中学增到16个班，学生517人，公办教师45人，其中瑶族教师3人，代课教师2人。

1981年，在附城中学的校址上恢复民族中学建制。同年秋季，民族中学开始全县范围内招收少数民族应届小学毕业生，独立编成1个50人的“寄宿制”民族班，并每年都照此办法招收1个初一年级民族班。1984年，在该校开办1个50人的高中一年级“半寄宿制”民族班。1986年，县民族中学已有初中、高中三个年级的民族班6个，共有少数民族学生近300人。为少数民族学生能受到最好的教育，县政府决定：从1987年起，把县民族中学的民族班逐年转到县重点中学——乳源中学（每年转初一、高一各1个班，分三年过渡）。

1991年，乳源瑶族自治县有初级中学4所，在校少数民族学生472人；高中生144人，民族地区教育质量稳步提高，每年为各类学校输送一批合格新生，更为当地经济建设培养了大批思想好、有文化、有知识的人才。到2000年，全县有初级中学17所，在校学生10555人，专任教师691人；高中1所，学生830人，专任教师50人；中等职业学校1所，学生566人，专任教师49人。

（三）连山壮族瑶族自治县中等教育

连山壮族瑶族自治县于1977年恢复升学考试制度，工宣队、贫宣队撤出学校。从1978年起，将12所完全中学调整为5所。1979年，全县中小学推行党支部领导下的校长分工负责制，加强对学校的领导和教师队伍的管理。1980年，连山再次调整小学附设初中班和中学的高中部的布局，将5所完全中学压缩为3所，克服教育内部的“浮肿”现象。

1982年，连山全县有中学13所（其中初中10所），在校生4509名（其中初中生3734名），教职工305名。经过全县各级领导和广大教育工作者的共同努力和艰苦工作，至1995年，全县有中学13所（其中初级中学11所），在校生6333名（其中初中学生5854名），教职工432名；职业中学1所，在校学生67名，教职工34名。到2000年，全县初级中学11所，学生7335人，专任教师362人；高中2所，学生991人，专任教师65人；职业中学1所，学生210人，专任教师23人。

五、德育、体育卫生、美育

（一）德育

1979年以后，全省中学德育工作不断加强和改进。从1986年起，受国家教委委托，省教育厅对初中思想政治课进行改革试验，重新设置课程，编写试验教材。初一年级至初三年级分别开设社会主义公民、社会发展常识、中国社会主义建设常识三门课，主要进行道德、民主、法制、纪律教育，进行社会发展规律和社会主义建设常识教育，培养学生的爱国主义精神、高尚的道德品质、遵纪守法观念和对社会的责任感；成立广东省中学思想政治课改革试验领导小组，确定广东实验中学、华南师大附中、广州执信中学、韶关北江中学、佛山市一中、新会创新中学、广州市七中、东莞石龙中学等8所中学为首批实验学校。从1987年秋季起，在全省扩大实验初中思想政治课改革，到1991年，全省初中三个年级全部实施新的课程设置，采用新教材。从1992年起，广东开展“提高中学思想政治课实效性”课题研究。1995年，省教育厅决定从秋季起调整初中二年级思想政治课教学内容，压缩“社会发展史”学时，增加法制教育课程，组织编写《青少年法律常识读本》。省教育厅通过师资培训、教学改革录像课评选、优质课现场调教评选、教学改革经验交流等推进初中思想政治课教学改革实验。

从1988秋季起，受国家教委委托，省教育厅对高中思想政治课进行改革实验，编写实验教材。从1989年秋季起，高中三个年级全部实施新的课程设置，开设共产主义人生观（后改为科学人生观）、经济常识、政治常识，主要进行经济学和其他社会科学教育，使学生初步学习运用马克思主义的观点方法分析和观察社会现象，正确认识人生的意义。成立广东省中学思想政治课改革实验领导小组，确定广州培英中学等学校为改革实验的试点学校。开展“面向21世纪广东思想政治课如何对学生进行思想道德素质教育”课题的研究实验，通过师资培训、举办优秀课堂教学录像评比活动、优质课现场调教评选活动、教学论文评选活动、教学改革经验交流等推进高中思想政治课教学改革实验。同年，全省中学试行《中学德育大纲》《中学生日常行为规范》《中学班主任工作暂行规定》。还在全省教育系统教师中开展党在社会主义初级阶段的基本路线教育。

1988年，省委、省政府在潮州市召开全省中小学德育工作现场会，总结推广潮州市调动全社会力量，优化育人环境的德育工作经验。1991年，国家教委在潮州市召开全国中小学德育工作座谈会，在全国推广潮州市德育工作经验。1994年，潮州市被评为全国德育工作先进市。1991—2000年，省教育厅和省司法厅联合举办了十届“中学生法律知识竞赛”和十届“中学生法制夏令营”，对中学生进行法制教育。

从1990年起，省教育厅在全省统一使用《中学生德育考核表》，加强德育考核工作，考核结果作为报考高一级学校或就业择优录用的依据。同年，广东省中小学德育研究会成立，选举产生了第一届理事会。1991年，省教育厅组织全省中小学生思想状况及社会文化对中小学生影响专题大型调研，为营造良好的社会文化环境提供决策依据；暑假期间，全省教育系统举办干部教师学习社会主义理论培训班，进行坚持社会主义道路、反对“和平演变”的教育；秋季开学后，全省中小学根据江泽民总书记的指示和国家教委的决定，加强中国近代现代史及国情教育。

1992年4月，省委高校工委、省教育厅在全省中小学生中开展电影系列化教育，利用影视片的独特艺术魅力，配合中小学校加强德育工作，与省电视台合作开设“中小学爱国主义教育电影展播”专栏节目。同年，省教育厅总结推广潮州市、韶关市和茂名市化州县开展影视教育的经验，把影视教育活动向课堂、向农村学校延伸。

1994年，省委、省政府召开全省中小学德育工作会议，提出广东要建设“德育先进省”；全省中学开展爱国主义教育“三个一百”（百歌颂中华、百书育英才、百片扬国魂）活动，校园文化活跃，向着健康高雅方向发展。1994—1995年，全省各地中学开展学习《新三字经》活动，举办中学生《新三字经》知识竞赛。

1995年、1997年、2000年，省教育厅先后在深圳市、梅州市、茂名市召开全省中小学德育基地建设现场会，推广经验，促进全省中小学加强德育实践教育。2000年，省教育厅印发《关于加强中小学德育基地建设和管理的意见》。

从1995年起，全省各地中学开展禁毒专题教育，以“6·26”国际禁毒日为契机，以“珍爱生命、拒绝毒品”为主题，组织签名誓师、游行活动，举行观看一部禁毒影视片、参观一次禁毒展览、听一堂禁毒教育课等活动。1996年3月—1997年7月，全省各地中学还开展“迎接香港回归祖国”主题教育系列活动。

1997年，全省教育系统广泛开展以“立高尚师德、树教育新风”为主题的教师职业道德建设活动，通过座谈会、报告会、树立典范等形式进行宣传教育。省教育厅制定《广东省普通教育系统教师职业道德规范》，组织编写《从教为师之道——师德读本》，树立黄月英、李柏榆等10位教师为“师德楷模”，广州市第十六中学等52个单位被评为“广东省师德建设先进集体”，何勇等101名教师被评为“广东省师德建设先进个人”。次年，全省教育系统干部教师开展《邓小平教育理论学习纲要》学习活动；省教育厅作出《关于开展学习宣传许美云同志先进事迹活动的决定》，许美云是广州市建设六马路小学教师，她逆境图强，自强自立，爱生如子，无私奉献。省委宣传部、省教育厅联合举办许美云老师先进事迹报告会，根据她的事迹摄制的电影《下辈子还做母子》感人至深。同年，全省中小学校实施教育部颁布的《中小学德育工作规程》，加强德育的规范管理。

1999年，全省中小学开展“爱我中国、爱我广东”的爱国主义教育系列活动，庆祝建国50周年，迎接澳门回归祖国；开展“保护环境，创建美丽校园”活动；在部分市县中小学校开展心理健康教育试点的基础上，全省中小学校启动心理健康教育。

2000年，全省中学在业余党校、中学团校和思想政治课教学中，组织高中学生开展学习邓小平理论活动。同年暑假期间，全省中小学干部教师开展学习贯彻江泽民《关于教育问题的谈话》活动，进一步加强和改进中小学德育工作。同年，省委、省政府召开全省中小学德育工作会议，学习贯彻《中共中央办公厅、国务院办公厅关于适应新形势进一步加强和改进中小学德育工作的意见》。中山市中山纪念中学等6所中学被评为全国中小学德育工作先进集体。省教育厅、省司法厅等单位联合在全省中小学校开展预防未成年人犯罪法制宣传教育系列活动，由广东话剧院创作演出的小品剧《为了明天——未成年人法制教育文艺专题演出》，从10月起在全省各地中小学巡回演出。为贯彻落实《中共中央办公厅 国务院办公厅关于加强青少年学生活动场所建设和管理工作的通知》，省教育厅联合有关部门分别检查广州、河源、清远、阳江、梅州、佛山等市县的青少年学生活动场所建设和管理工作，向省委、省政府报送了调研报告。

（二）体育卫生

1. 执行“暂行规定”

1979年，各地各学校认真贯彻教育部、卫生部、国家体委《关于加强学校体育卫生工作的通知》。1979年秋，国家有关部门制定的《学校体育工作暂行规定（草案）》和《学校卫生工作暂行规定（草案）》颁布后，省教育局等发出贯彻落实的通知。

1980年年初，省教育局、省卫生局、省体委联合开展中小学体育卫生工作检查，共检查27个县（市）的部分中小学、幼儿园、师范学校体育卫生工作。1980年11月27日至12月7日，省教育厅、省卫生厅、省体委又联合组成5个检查组，到40个市、县98所中小学检查执行体育卫生工作两个《暂行规定（草案）》的情况。1981年11月27日至12月7日，上述三个单位联合召开全省中小学贯彻体育卫生工作两个《暂行规定（草案）》验收试点会议，开始对中小学贯彻落实两个《暂行规定（草案）》情况进行验收，促进学校体育卫生工作朝着制度化、规范化的方向发展。

1984年2月，省教育厅发出《关于加强中小学体育卫生工作的意见》，明确学校体育在学校教育的地位、学校体育的职能和体育教师的职责，旨在推动体育教学规范化和科学化。次年2月，省教育厅、省体委、省卫生厅联合发出《关于进一步贯彻执行学校体育卫生工作〈暂行规定〉的通知》，要求抓好体育卫生工作《暂行规定》的贯彻落实和检查验收工作，掌握学生的体质和健康状况，培养和培训体育教师和卫生人员，建立健全体育卫生工作机构等。

1990年6月，省教育厅发出《关于切实减轻小学生课业负担的通知》，要求认真贯彻执行国家教委和国家体委、卫生部于1990年印发的《学校体育工作条例》《学校卫生工作条例》，加强和改进学校体育卫生工作。

1999年，省教育厅首次与省体委、省卫生厅联合表彰贯彻学校体育卫生两个《工作条例》的先进单位和先进个人。

2. 实施锻炼标准

1979年，全省中小学施行《国家体育锻炼标准》。1980年，全省有1.37万所中小学实施《体育锻炼标准》，在参加测验的138.8万名学生中，有92.1万人达到体育锻炼标准，占学生总数63%。但存在体育和保健教师缺少、水平不高，体育卫生设施设备缺乏，“两课两操两活动”（每周两节体育课、每天课间操或早操和眼保健操、每周两节体育课外活动）有待健全和提高等问题。

1984年，全省有81所中小学被省教育厅评为省实施《国家体育锻炼标准》先进单位。从这年起，对全省中小学学生的体质和健康状况抽样测检，开展调查研究工作。到2000年年底，全省有24857所中小学实施《国家体育锻炼标准》，实施面达95.01%；有933万名中小学生达到各级标准，达标率为93.61%；有230万名中小学生达到优秀标准，优秀率为24.69%。从2000年起，对全省大、中、小学学生的体质和健康状况抽样测检，开展调查研究工作。经过一年的努力，共检测11.1万多名学生，根据数据写出调查报告。报告显示，广东省学生身体素质总体水平位于全国前列（小学居第3位，中学居第2位，大学居第6位），但存在身长体轻、肺活量偏低、常见病偏高等问题。

3. 卫生保健

针对中小学生视力逐年下降的情况，1982年6月上旬，省教育厅、省卫生厅、省体委在肇庆市联合召开全省中小学近视眼防治工作会议，学习中央9个部委联合发出的《保护学生视力工作实施办法》，交流经验，分析情况，讨论贯彻《实施办法》的有关问题，副省长杨康华到会讲话。同年8月6日，省政府发出《关于做好中小学近视眼防治工作的通知》，明确提出要加强中小学卫生保健所工作，学生体检由教育行政部门负责组织，并要求各有关单位充分重视，分工协作，密切配合，认真从预防和治疗两个方面做好这项工作。

1984年2月，省教育厅发出《关于加强中小学体育卫生工作的意见》；3月，转发教育部、卫生部、国家计划生育委员会《关于改进和加强中学生理卫生知识教育的通知》，要求各地各中学切实改进和加强中学生理卫生教育工作。

1993年，全省开始理顺中小学生体检归属关系，巩固和发展中小学卫生保健所，中小学生体质逐步提高。到2000年，全省中小学生共有卫生保健所60所。

4. 体育课本

为加强对小学体育课教学和专兼职体育教师的指导，省教育厅在中小学体育教学中贯彻九年义务教育课程计划，积极进行教材改革和教学实验，不断修改和完善体育课本、卫生课本及教学指导用书，加强和改进体育教学和课外体育锻炼。1983年9月，省教育厅组织编辑出版全国第一套体育课本，开始试用《广东省中小学体育试用课本（学生用书）》，第二年扩大试用范围。也是从1983年开始，广东编写初中体育课本，第二年扩大试用范围。与此同时，广东率先编写第一套高中学生体育课本，以后又多次修改，成为具有广东省特色的高中学生体育教材。

5. 体育考试

1982年，省教育厅在全省重点中学考试招生进行加试体育的试点。随着各市、县逐步实行这一改革，学校体育工作得到切实重视和加强。

1985年，省教育厅、省招生委员会发出通知，要求在前几年试验的基础上，从该年起初中毕业升学考试把体育列入其中；体育考分折算30%计入招生总分。

在总结试点经验的基础上，省教育厅、省招生委员会1987年在茂名市召开会议，推广茂名市政府批准在全市初中毕业生升高中加试体育的决定，并要求全省各地积极创造条件，选择有条件的市、县（区）开展试点工作。1991年，决定在全省初中升学考试中进行体育考试，并提出研究建立体育考试试题库。1992年，广东省被国家教委确定为初中升学体育考试试点省份之一。1996年，建立体育考试试题库，并在广州市试验。体育考试，有效提高学生参加体育锻炼的积极性，对提高学生身体素质起到重要的作用，学生体质和运动水平不断提高。

6. 器材场地

1987—1996年，省财政每年拨出体育器材专款300万元，采用政府补助和各级自筹相结合（1：3或1：4的比例）的办法，促进中小学体育器材配备。

1992年年底，省教育厅在茂名化州市召开农村中小学体育场地建设现场会，向广大农村学校推广化州市建设中小学田径场的经验；1994年抓住建设教育强省的机遇，在湛江吴川市推广一所农村中学建造全合成橡胶田径场的经验。通过总结推广化州、吴川建设体育场地的典型经验，形成了中小学在全面建设体育场地的基础上向体育场馆现代化进军的新局面。

7. 改革实验

1979年6月中旬，省教育局召开中小学体育卫生座谈会，传达全国学校体育卫生工作经验交流会精神，讨论中小学体育卫生工作的开展，表扬一批体育卫生工作先进学校。同年开始，为提高广大中学课余训练水平，省体委、省教育厅命名华南师大附中等153所学校为“传统体育项目学校”。至2000年，广东省的传统体育项目学校已达205所。这批学校为推广学校体育工作的开展，提高广东省中学生体育竞技水平做出很大贡献。在1993年、1995年全国中学生运动会上，广东省均获团体总分第1名。1999年，广东省中学生代表团在广州市承办的第七届全国中学生运动会上，团体总分、金牌总数、奖牌总数均居第一，并获得体育道德风尚奖。

为深化体育教学改革，开展学校体育卫生科研工作，1987年10月上旬，省教育厅和省体委联合召开中学体育教学改革研讨会，聘请专家作辅导报告，讨论年度重点研究课题和体育教学改革的有关问题。广东省的学校体育工作从此掀起改革的热潮。同年，在省教育厅体育卫生处的支持下，省教育学会体育卫生研究会成立，每两年召开一次全省中学生体育卫生论文报告会，至2000年共召开6次，有效地提高全省中小学体育卫生科研工作水平。从1988年起，广东省高中开始体育选项教学实验，到1998年，全省有部分高中采用选项教学形式，并开设高中学生体育俱乐部，促进高中体育教学改革。1999年，在江苏省无锡市召开的全国中小学体育会议上，省教育厅在大会作《广东省中小学校体育工作改革与发展》的报告，受到全国同行的好评。

8. 推行快乐体育

1995年，省教育厅组团到香港参观考察学校体育工作。在借鉴国外和香港的学校课余体育活动基础上，开始在湛江市开展快乐体育活动，建设快乐体育园地，受到广大学生的喜爱。1995年开始，在全省推广湛江市“构建快乐体育园地，促进全面实施素质教育”为主题的体育改革。次年，省教育厅发出通知，把每年12月第一周定为学校体育节，学校体育节是在每一学年度学校运动会基础上举行的，面向所有学生，让全体师生参与，深受广大师生欢迎。1998年4月，教育部在湛江市召开学校体育研讨会，向全国推广广东快乐体育经验。到2000年年底，快乐体育在全国基本全面推行。

9. 广东省中学生运动会

1980年5月，广东省第二届中学生运动会在四会县和清远县举行。参加单位有广州市、汕头地区、佛山地区、海南黎族苗族自治州、海南行政区、梅县地区、珠海市、深圳市、惠阳地区、湛江地区、韶关地区、韶关市。运动员共785人。运动会设田径（5月6—10日在四会县举行）、篮球（5月4—14日在清远县举行）两个大项。

1986年4月，广东省第三届中学生运动会在佛山市新广场举行。参加单位有14个:广州市、汕头市、佛山市、海南黎族苗族自治州、海南行政区、梅县地区、珠海市、深圳市、惠阳市、惠阳地区、湛江市、韶关市。运动员630人。运动会竞赛项目仅设田径1项。运动会开幕式于4月15日在佛山市新广场体育场举行。王屏山副省长致开幕词。

1992年4月，广东省第四届中学生运动会在南海市桂城举行。运动会设田径、篮球2大项。广州、深圳、珠海、汕头、韶关、河源、梅州、惠州、汕尾、东莞、中山、潮州、江门、阳江、湛江、茂名、肇庆、清远、佛山共19个市参加了比赛。运动会开幕式于4月20日在南海市体育场举行，7月18日在佛山市体育馆举行闭幕式。根据省政府办公厅《关于同意恢复三年一届中学生运动会的复函》，从1992年起，每三年举行一届省中学生运动会。

1995年4月，广东省第五届中学生运动会在东莞市举行。运动会共开设田径、篮球、足球、游泳、乒乓球5大项。广州、汕头、深圳、珠海、韶关、佛山、江门、湛江、茂名、肇庆、惠州、梅州、汕尾、河源、阳江、清远、东莞、中山、潮州、揭阳、云浮21个市的运动员共2078人参加了各项比赛。获代表团团体总分名次顺序为：东莞、广州、佛山、湛江、江门、中山、汕头、惠州、茂名、深圳、珠海、韶关、肇庆、梅州、阳江、潮州、云浮、揭阳、清远、河源、汕尾。

1998年7月，广东省第六届中学生运动会在广州市举行。运动会共开设田径、篮球、足球、乒乓球、毽球、飞环6大项。全省21个地级以上市共1830名中学生体育精英参加各个项目的比赛。本届中运会所有项目都安排在学校举行，运动员食宿也在学校。其中田径、女子足球、飞环在华师附中，篮球分别在广雅中学和广州师范，男子足球在省外语师范和花都邝维煜中学，乒乓球在广东教育学院，毽球在番禺市番禺中学，体现以育人为主、突出教育特色的指导思想。本届中运会所开设项目是历届最多的。从本届开始，团体总分的计分办法作重大改革：中运会的得分占70%，平时单项比赛得分占30%。这种计分办法对各地开展课余训练起到极大的促进作用。

（三）美育

1. 恢复

1979年前，在教育工作中，美育长时间处于不正常状态，甚至被认为是“资产阶级教育”。1979年后，教育界正本清源，思想大解放，明确全面发展教育，除包括德育、智育和体育外，还应包括美育和劳动（技术）教育，长期被排挤的美育摆正位置，正常开展起来。广东省中学美育逐步恢复并不断加强，小学艺术教育（美育）逐步得到重视，城镇和农村中心小学基本能按照教育部颁布的《小学、初级中学音乐教学大纲》开设音乐课，城镇部分学校配有专门的艺术课室和必需的教学设备。

2. 制度

1981年2月28日，中宣部、教育部、文化部、卫生部、公安部联合发出《开展文明礼貌活动的通知》，除要求向学生进行道德修养教育外，也要求向学生讲授美学知识，促进学生对心灵美、语言美、行为美和环境美的追求。在“五讲四美”活动中，以美辅德，以美促德，美育受到重视并广泛开展。

1990年2月，省教育厅根据国家教委1989年11月颁发的《全国学校艺术教育总体规划》，印发《关于加强中小学美育工作的意见（试行）》，强调美育在学校教育中的重要性，要求学校将美育纳入学校教育总体规划中，将美育渗透到学校各学科教学和各种活动中去，提高学生的审美能力和审美情趣，建立美育评价制度。

1993年4月，省教育厅印发《广东省小学、初中实施艺术教育的基本要求（试行）方案》，提出各级各类学校必须按照国家教委颁发的《九年义务教育全日制小学、初级中学（音乐、美术）教学大纲》，开足开齐艺术（音乐、美术）课；要求各级教育行政部门认真贯彻执行国家教委颁发的《全国学校艺术教育总体规划》，加强对艺术教育的管理和指导，配足配齐艺术教育管理干部和艺术教研员，加强学校艺术教学场地设施的配备，建立艺术教育的评价制度与体系。

1993年7月，国家教委印发《关于进行全国学校艺术教育工作检查的通知》和《全国学校艺术教育各种检查评估指标体系（试行）》。次年2月，国家教委印发《关于全国学校艺术教育工作检查评估具体实施办法的通知》。省教育厅根据上述文件精神，于1994年制定《广东省学校艺术教育工作评估检查方案》，并印发执行。1996年，省教育厅印发《关于加强中小学器乐教学的通知》《关于加强和改进中小学音乐教学的意见》《关于加强和改进中小学美术教学的意见》《关于广东省中小学音乐、美术课堂评价量化表的说明与评价表》。

在推进美育教学改革的同时，广东省努力促进美育教师提高业务素质。省教育厅于1995年、1998年举办广东省第一届、第二届中小学音乐、美术优质（录像）课评比活动，并选拔出部分优质（录像）课例参加教育部分别于1995年、1998年举办的全国第一届、第二届中小学音乐、美术优质（录像）课评比活动，获得全国优质课一等奖、二等奖、三等奖，表明广东省的中小学艺术教育改革走在全国前列。省教育厅于1996年10月、1999年9月举办广东省第一届、第二届中小学音乐、美术教师教学基本功大赛，并于1996年12月承办全国第一届中小学音乐教师教学基本功大赛。通过比赛，选拔出部分选手分别参加教育部于1996年12月、1999年11月举办的全国第一届、第二届中小学音乐、美术教师教学基本功比赛，获全国一等奖、二等奖、三等奖，展现广东省中小学艺术教师的基本素质。省教育厅分别于1997年、2000年举行广东省第一、第二届中小学音乐、美术优秀论文评比活动，多次举办中小学音乐、美术教学交流研讨活动和教学大纲、教材培训班，

3. 教材

1979年2月，教育部召开中小学音乐、美术教材会议，研究中小学音乐、美术教材编写问题。会议认为，不可忽视音乐、美术教育对学生的陶冶作用，要求教育行政部门加强对艺术教育课程的领导，加强教材建设。广东省积极贯彻会议精神。1983年7月，省教育厅举办中学美术教材教法学习会。1986年，受国家教委委托，广东着手编写小学、初中美术教学大纲，召开美术、书法教学研讨会。1988年，省教育厅教研室和广东省中小学美术书法教研会组织编写的《九年制义务教育美术试用课本》出版，填补中小学艺术教材的空白。

1992年5月，教育部颁发《九年义务教育全日制小学、初级中学（音乐、美术）教学大纲》，广东省借此进一步贯彻落实音乐、美术课程建设工作。

4. 研讨

1984年，广东省中小学美术书法教研会成立，选举产生第一届理事会，促进在全省中小学开展艺术教育教学改革和研究；承办、举办多项全国、全省的艺术教学研讨交流、培训等活动，开展初中、普通高中艺术教育教学改革和研究，推动中小学艺术教育健康发展。此后，全省各地也相继开展中小学艺术教育教学改革。

1993年8月，省教育厅成立学校艺术教育领导小组，省教育厅主要负责人担任领导小组组长。各级教育行政部门也相应成立学校艺术教育领导小组，教育局主要领导担任组长。1997年，省教育厅印发《关于成立首届广东省普教系统艺术教育委员会的通知》，省教育厅主管领导担任艺术教育委员会主任。

1998年，广东省承办中南六省区中小学音乐教育协作交流会。

5. 活动

1979—2000年，全省高中艺术教育活动蓬勃发展，许多地市教育部门定期举办中学生合唱节、舞蹈节和艺术节等活动。其中，广州、深圳、佛山等市将合唱节、舞蹈节定为三年一届常规的艺术活动，推动和促进中学合唱和舞蹈教学质量的提高，使中学合唱和舞蹈水平走进全国前列。

1982年9月中旬，省教育厅召开中小学美术、写字教学座谈会，要求各地各学校贯彻审美教育，重视开展美术、音乐、写字教学活动。同年10月上旬，省教育厅和中国美术家协会广东分会在广州市文化公园举办首次“广东省中小学生美术书法展览”，展出并奖励中小学生美术书法优秀作品，提倡和鼓励艺术美。同时各地各学校也举办书画展览、文艺汇演、歌咏比赛等，活跃学校文娱生活，营造美育氛围。

1984年6月1日，省教育厅组织开展中小学生绘画书法比赛。次年10月，由省教育厅和中国儿童少年活动中心联合举办的广东少年儿童书画作品展览，于国庆期间在北京中国少年儿童活动中心艺术厅展出。

1996年8月、1998年8月，省教育厅分别举办广东省首届、第二届中小学电子琴比赛，并选拔部分选手分别参加1996年、1998年国家教委举办的全国第一、第二届中小学生电子

琴比赛，获得全国一等奖、二等奖、三等奖和组织奖。

6. 民乐教育示范

广东省中小学在开展审美教育过程中，除不断美化校园，建设校园文化外，逐步加强音乐、美术等艺术教育教学，逐步形成了一批民乐教育特色学校。1979—2000年间，省教育厅先后认定广州市荔湾区三元坊小学、深圳市华富中学、珠海市第五中学、汕头市实验小学、汕头市龙湖区绿茵小学、佛山市第十八小学、顺德市新圩小学、韶关市北江中学、韶关市仁化县实验学校、江门市江海小学、湛江市第二十五小学、茂名市官山学校、肇庆市实验小学、惠州市第九中学、梅州市学艺中学、汕尾市实验小学、河源市第二小学、阳江市阳春市春城实验小学、清远市新北江小学、东莞市常平镇第一小学、中山市杨仙逸小学、潮州市绵德小学、揭阳市榕城区红旗小学、云浮市邓发纪念中学等24所中小学为民乐教育示范学校，在全省中小学艺术教育特别是民乐教育中发挥示范、带动作用。

六、教学设备

1980年5月，省教育厅发出《关于对教学仪器设备进行普查登记的通知》，对全省中小学、师范学校的教学仪器设备进行一次全面的普查登记，并建立统一的仪器设备档案册。到1981年6月底，广东省中学（含海南）拥有教学仪器112.8万件，价值为2074万元；仪器柜架10500个、台6023张；大部分中学无法正常开设实验课。

1981年6月，省教育厅印发《关于加强教学仪器工作的意见》，强调“师资、教材、仪器设备，是教育事业的三大基本建设”，要求各地充分认识教学仪器的作用，切实加强对教学仪器工作的领导，进一步健全省、市、县教学仪器管理机构，充实必要的人员；努力增加教学仪器经费；搞好教学仪器的分配、供应、调剂和维修工作；积极培训仪器管理人员，加强实验室的建设和管理；发动师生员工，因地制宜，自制教具。同年7月，省教育厅举办首届广东省普通教育系统自制教具展评会，并于1990年、1994年、1998年分别举办第二届、第三届、第四届普通教育系统自制教具展评会。广东省还组织参加1991年（一等奖1项、二等奖1项、三等奖5项）、1995年（一等奖3项、二等奖1项、三等奖6项）、2000年（一等奖3项、二等奖7项、三等奖12项）教育部组织的全国自制教具评选会，均取得优异成绩。

1984年3月，省教育厅转发教育部《关于加强中小学实验教学和实验室建设的意见》和《制定1984—1990年中小学实验室建设规划的意见》，要求重视实验教学在学校教育中的地位和作用，加强对实验教学和实验室建设的领导，制订好实验室建设的规划，有计划、有步骤地进行实验室建设，为学校开展实验教学提供必备的条件。同年8月，省教育厅印发《广东省普教系统学校实验室工作章程》，对仪器室、实验室和人员配备、仪器设备的管理、实验管理人员的职责与待遇、学生实验守则等作了明确规定。

从1979年到1987年，全省中学实验室建设和教学仪器配备工作得到恢复和发展。到1987年6月，全省（含海南）共有938所中学建立了实验室，占中学总数的21.2%，共有实验室2368间、教学仪器总值5837万元、实验室工作人员1955人。

1988年3月，国家教委印发《关于加强中小学实验室和仪器设备工作的若干意见》及

《加强中学实验教学的暂行办法》等7个文件，强调要加强中学实验室和仪器设备工作，加强实验教学。同年3月，广东省普通教育系统教学仪器工作会议在广州召开，会议要求把教学设备的装备作为广东省普通教育三大基础建设的一项重要任务来抓；要通过管理体制改革，调动各方面的积极性，加快教学设备装备的步伐。同年6月，省教育厅印发《关于搞好教学仪器工作，加速实验室建设的意见》，指出中学要按教材的要求开设全部演示实验和分组实验，除了要有教学仪器设备外，还要有相应的实验室和仪器室，以及内部设施。要求条件较好和规模较大的城市中学，至少应设置物理、化学实验室各两个，生物室一个；一般中学至少应设置物理、化学、生物实验室各一个；农村初中可设物理、化学（含生物）实验室各一个，至少应设一个综合实验室。有条件的中学，根据需要，争取建立音乐、体育、美术训练室和生物园、地理园、劳动技术教育室，以及语言实验室、微型计算机室、综合电教室，并设置相应的仪器保管室。

为加强实验教师队伍的建设，从1988年到1996年，省教育厅委托深圳教育学院和肇庆教育学院举办专职实验教师大专班，共招生9届，培养专职实验教师857人。

1990年5月，省教育厅在佛山市南海县召开广东省中小学教学仪器工作会议，总结推广佛山市加快中小学实验室建设和教学仪器配备的经验和做法，研究确定广东省中小学实验室标准化建设的目标和任务。同年7月，省教育厅印发《广东省中小学校（含中师、农职中）实验室标准化建设规划要点》，提出到1995年，全省中小学按标准要求，按教学需要建成各科实验室，做到房屋、柜架台凳、仪器、人员、制度五配套，并能按教学大纲的要求正常开出演示实验和分组实验。

1991年3月，省教育厅印发《关于一九九〇至一九九五年广东省中小学（含中师、职中）教学仪器设备和实验室建设规划的通知》，要求各级教育行政部门要切实加强领导，组织好规划的实施。同时，为使中小学实验室建设逐步实现标准化、规范化、科学化，根据中华人民共和国国家标准GBJ 99-86《中小学校建筑设计规范》的有关规定，结合广东省实际，省教育厅印发《广东省中小学（含中师、职中）实验室设计及其配套设施建设规范》和《广东省中小学（含中师、职中）教学仪器配备和实验室建设标准》，对中学实验室及其附属用房的设计、实验室内部布局、配套的设备等进行了规范，制定了中学教学仪器配备和实验室建设的标准。

1992年3月，省教育厅在湛江市廉江县召开广东省中小学教学仪器工作现场会，推广廉江县高标准建设实验室的经验。同年4月，省教育厅印发《广东省中小学实验室建设和教学仪器设备达标验收办法》，决定从1992年开起，分期分批对各县（市、区）中小学实验室建设和教学仪器设备进行验收。验收内容包括：实验用房、内部设施、教学仪器、实验人员、实验室管理及实验开出率等六个方面。从1992年到1996年，广东省123个县（市、区）先后通过了中小学实验室建设和教学仪器设备达标验收，在全国率先完成“实验教学普及县”工作，取得阶段性成果。开平、鹤山、中山等市在实验室建设和仪器设备达标后，从1994年起先后开展初中理化生实验操作考核工作，“以考促建，以考促配，以考促管，以考促用”，取得很好的效果。

1995年3月，省教育厅召开中小学实验室现代化建设工作会议。会议要求实验室建设已达标的县（市、区），一方面要继续抓好常规教学仪器配备和理化生实验室建设的巩固、提高工作，尤其是抓好常规教学仪器的补充、升级工作；另一方面，认真抓好实验室现代化建设，全面提高教育装备工作的质量和水平。同年9月，省教育厅印发《广东省中小学（含中师、职中）实验室现代化建设发展规划》，要求在常规教学仪器设备基本达标后，分层次、分阶段、有步骤、有重点地推进学校实验室和教学手段现代化建设；到2000年，中学要按教育部1993年颁布的《中学理科教学仪器设备目录》一类标准进行配备，两机一幕（投影机、录音机、投影银幕）进教室；普通高中和规模较大的初中原则上要有独立的实验楼，除理化生实验室外，应设置计算机室、语言实验室、电教室等，建设地理园和生物园，有条件的还可设置文科实验室；省一级中学和省、市重点中学要有各学科的专用实验室，如历史室、地理室、音乐室、美术室等。

1997年11月，省教育厅印发《关于改造薄弱学校、建设规范化学校工作的意见》。要求初中按规范化学校的标准配备教学仪器设备和图书资料，城镇初中按一类标准、农村初中按二类标准配备常规教学仪器设备。据统计，广东省初中共有教学仪器设备薄弱学校432所（按二类配备标准，配备率在50%以下），从1999年至2000年共改造了144所。

1998年5月，“第一届全国中小学校园网络建设研讨会”在广东省东莞市召开，省教育厅提出“广东教育信息化工程”的构想，其主要内容是“四建”（一是建网，二是建库，三是建队，四是建制）。次年2月，省教育厅印发《广东省教育信息化工程规划（试行）》，提出到2000年，普通高中、珠江三角洲和中心城市的初中普及计算机教育。

2000年7月，省教育厅表彰广东省首届“中小学实验教学与应用现代教育技术”获奖优秀论文和作者（一等奖7篇，二等奖14篇，三等奖30篇）。同年9月，省教育厅印发《广东省中小学校计算机场室建设标准及管理规范》，对计算机场室及其辅助用房、设施设备、计算机、专职教师及管理人员、学生上机操作规程、计算机室管理规范等作了规定；11月，印发《广东省中小学图书馆（室）建设规程》，对图书馆（室）建设、藏书标准、机构和人员、管理制度等作了规定，要求普通高中生均藏书40册、初中生均藏书30册，新书年递增率学生人均不少于1册。

实验室建设和仪器设备达标后，省教育厅一方面抓常规教学仪器配备和理化生实验室建设的巩固、提高工作；另一方面认真抓好实验室现代化建设，教育装备的实力大大加强，为实验教学和实施素质教育提供了良好的物质条件。到2000年年底，全省中学共有独立实验楼1719栋，理、化、生实验室12783间，仪器室10791间、微机室2208间、语言室1683间、电化教室1900间、地理室811间、音乐室1726间、美术室1466间、专业教室1152间、生物园1074个、地理园576个；仪器柜143213个、实验台凳323632套；仪器总金额12.78亿元；实验管理人员9082人（其中专职4586人）；建有图书室的中学数1880所，阅览、资料、藏书室18798间，普通高中生均图书为18册、初中生均图书为15.2册。

第四节　教育督导与评估

一、教育督导

（一）机构

1. 省级机构

1988年5月，省教育厅根据省委、省政府《关于普通教育体制改革的决定》精神和国家教委关于建立各级教育督导机构的要求，开始筹建省教育厅教育督导室。7月，省教育厅向省编制委员会呈送《关于申请成立广东省教育厅教育督导室的报告》。9月10日，省编制委员会正式批复，同意成立广东省教育厅教育督导室，作为教育厅内设正处级行政机构，编制5人。至1992年年底，有主任督学1人，督学及工作人员5人。1993年上半年，教育督导室人员部分调整，重新任命主任1人，新增督学2人，共有省督学7人。

1995年5月，广东省直单位机构改革，经省政府批准，省教育督导室既是教育厅内设行政机构，又是省政府教育督导室；同时明确规定省教育督导机构的职能，即“制订教育督导工作计划和督导评估方案、标准；组织普及九年义务教育，扫除青壮年文盲的评估验收工作；负责中小学校等级评估指导工作；指导各市教育督导工作，培训督导人员，开展教育督导理论研究工作”。同时，省教育厅对省教育督导室领导作调整，配备了2名副主任，其中一名为正处级督学，主管教育督导室全面工作，另有督学4人，共6人。1996年，经厅党组同意，正式启用“广东省人民政府教育督导室”印章。1998年，广东省教育督导室领导调整，配备主任1人（正处）、副主任1人、督学3人。

2000年4月，广东省直机关机构改革，撤销原省教育厅、原省高教厅，组建新的省教育厅，广东省教育督导室是教育厅14个内设行政处室之一。同时，省教育厅教育督导室挂省政府教育督导室牌子，并启用新的“广东省人民政府教育督导室”印章，其职能重新规定为“研究制定全省教育督导与评估的规章制度和督导评估指标体系；对全省贯彻执行教育法律、法规和方针、政策的情况进行检查；对下级人民政府及有关职能部门履行教育职责的情况进行督导检查；对全省‘两基’巩固提高工作进行督导检查；对全省中等和中等以下学校教育工作进行督导检查；保障素质教育的实施和教育目标的实现”，首次明确规定省政府教育督导室具有直接督政的职能。

2. 市、县（区）机构

1988年10月，省编制委员会、省教育厅、省人事局转发国家教委、人事部《关于建立教育督导机构问题的通知》，指出“建立教育督导机构和制度”，“是改革与发展广东省普通教育事业，加强教育事业的管理，转变教育行政管理机构职能的一项重要措施”，《通知》要求各地“尽快遴选人员、建立机构”，督导机构编制“在各级党政机关现有人员编制中调剂解决”。截至1990年年底，全省19个地级以上市除清远、阳江外，都成立了市教育局教育督导机构，110多个县（区）中有73个设立了教育督导机构。其中，大多数县（区）督导机构名称为县教育局教育督导室，少数为县教育督导室。台山、丰顺等10多个县（区）教育督导机构定为副局级。

在市、县（区）中，广州市最早成立教育督导机构。1980年，成立视导组，将巡视员改为视导组成员。1983年成立广州市教育局视导室，1989年将视导室改建为教育督导室，1995年改为广州市教委教育督导室挂广州市人民政府教育督导室牌子，机构定为副局级。1995年12月，《深圳经济特区教育督导条例》颁布，规定市、区政府设立政府教育督导室。随后，部分市、县（区）也相既成立政府教育督导机构。到2000年年初，全省21个地级以上市全部建立了教育督导机构，其中政府教育督导室11个；121个县（市、区）全部建立了教育督导机构，其中政府教育督导室42个。深圳市及所辖6区、东源县等政府教育督导室全部为正局级，广州、湛江、东莞市和广州东山、黄埔区，以及江门市新会区等教育督导室为副局级。

（二）队伍

1. 专职人员

1989年8月15日，省政府颁布《广东省普通教育督导工作暂行规定》，对专职督导人员配备数量作了规定，“教育督导室工作人员配备：省教育督导室8～10人，市、县（区）教育督导室为5～8人”。但省及大部分市、县没达到规定要求，从1988年至2000年，省教育督导室基本保持4～7人；市一级专职督导人员最多的是深圳、广州，有6～8人，其他市多数长期配置2～4人、县（区）一级多数2～3人。到1990年年底，市、县两级有专职督导人员230人；2000年年初，市、县两级有专职督导人员342人。

2. 兼职督学

1989年12月，省教育厅印发《关于聘任广东省普通教育兼职督学若干问题的通知》，对兼职督学的条件、任期、聘任等作了明确的规定。1992年，广东省教育厅首次聘任2名兼职督学和2名民主党派人士作为特约教育督导员，任期2年，实现专兼结合，其后兼职督学人数逐批增加，1995年省兼职督学10人，2000年有48人，其中首次聘请3名在职或退休的副厅级以上干部担任省督学顾问，其他省督学大部分为地级以上市退居二线或刚刚退休的教育局长、副局长及省重点中学校长，既有教授、特级教师、高级教师，也有教育行政部门领导。市、县兼职督学总人数也由1990年的20人增至2000年的888人，深圳、湛江、南海等地还设置了乡镇教育督导员。

3. 培训

从1989年开始，省教育厅每年选送部分省、市督学及个别区督学参加国家教育督导部门在北京师范大学或华东师范大学举办的督导人员培训班。1990年2月，省教育厅印发了颁发督学证的通知，规定市、县督学必须经所在单位同意，向省教育厅教育督导室提出申请，领取督学证，实行持证上岗。督导人员必须经过省培训才能领取督学证；同年9月，在广州举办各市教育督导室负责人培训班，邀请苏格兰皇家督学考察团作报告。1997—1999年，广东省教育督导室委托华南师大继续教育学院连续举办6期培训班，对全省市、县教育督导人员进行培训，每期理论学习5天、外出考察7天。最多一期人数达120多人，最少60人。此外，广东省、市、县三级教育督导机构在每次开展专项督导检查、评估前，都组织相关督导人员进行专业学习和督导实践辅导。

（三）法规

1988年，省教育厅督导室一成立就开始组织人力调研、起草教育督导法规。1989年8月15日，省政府颁布《广东省普通教育督导工作暂行规定》，成为全国最早颁布督导规章的省份。《暂行规定》明确了“省、市、县（区）各级教育行政部门设立教育督导室。各级教育督导室是对下级教育行政部门及所属普通教育各类学校的教育工作进行监督、检查、评价、指导的职能机构”。“省教育督导室主任、副主任督学可为厅或处级，市教育督导室主任、副主任督学可为处或科级，县（区）教育督导室主任、副主任督学可为科或股级”，“各级专、兼职督学执行任务时应持有督学工作证。督学工作证由广东省教育厅统一印制和颁发”。《暂行规定》还对督学条件、职权等作出规定。

（四）工作制度

1. “两基”督察制度

1995年，广东省通过国家教委“基本扫除青壮年文盲”验收；1996年，广东省通过国家教委“基本普及九年义务教育”验收。“两基”通过验收后，省政府及时提出“两基”巩固提高的新目标和要求。省教育督导室结合广东实际，针对全省各地“两基”水平不平衡和存在的薄弱环节，加大督导力度，切实抓好“两基”巩固提高的督导检查工作，促进全省“两基”上新水平。

“普九”专项复查。1996年，省教育督导室配合教育厅义务教育处对最后一批19个县“普九”工作进行验收。“普九”完成后，全省“两基”复查工作由教育督导室牵头负责。1997年10月，由省教育督导室牵头，组织6个督察组，对1996年通过省“普九”验收的19个县进行每县为期三天的复查。复查内容主要是“普九”各率到达度、“普九”验收后基建扫尾工程完成情况和“两基”规章制度建立完善情况。复查方式采取省、市联合，由省督学担任正副组长，成员以省、市、县督学为主。由各县政府县长或主管副县长作自查报告。各督察组在查阅近几年全县教育统计年度报表及实地考察学校、乡镇（不少于全县乡镇总数1/3）基础上进行汇总。复查结束时，与县政府、人大、政协反馈复查意见，并将结果报省教育督导室。

“两基”年度复查。1997年10月，省政府办公厅转发省教育厅《关于巩固提高普及九年义务教育的意见》，提出“建立健全义务教育评估督导运行机制”，“对连续两次‘普九’复查都不达标的，取消其普及九年义务教育县（市、区）称号”。根据省政府办公厅要求，1998年，省教育厅正式印发《关于建立“两基”年度复查制度的通知》，要求各市每年要对所辖各县“两基”工作进行复查，广东省在各县自查、市复查基础上抽查。从1998—2000年，广东省共组织4次、200多人对51个县（市、区）的“两基”工作进行年度复查（包括6个县专项督察），共抽查200多个乡镇、1000多所学校。“两基”复查对于强化“两基”政府行为，对“普九”普及程度和师资水平的提高、办学条件的改善和经费投入等方面有明显的促进作用。

“两基”复查通报省复查结束后，省教育督导室及时将各地情况进行汇总，形成书面督导通报，印发至各县（市、区），对问题较严重的给予点名批评或限期整改，规定在下一年继续接受复查或专项复查。如1998年12月省组织6个复查组对不同类型地区的18个县（市、区）“两基”进行复查，并在1999年年初予以通报，其中恩平市、龙门县问题较严重被责令限期整改，1999年继续接受省的复查，另外普宁等6个县（市、区）因城镇大班额、初中辍学率或农村教育费附加等存在薄弱环节被责令整改。对通报中要求整改的县（市、区），广东省半年后进行一次专项督察。由于严格要求，坚持原则，措施有力，各县（市、区）领导反映“两基”复查力度大，动真格，效果好。同时，在复查中坚持分类指导，分类推进。珠江三角洲、经济发达地区重点查初中阶段在校生辍学率、教育经费增长情况、农村教育费附加征收、中小学布局及流动人口子女入学管理工作。其他地区重点查小学和初中阶段入学率、初中在校生辍学率、城镇学校布局及大班额现象、教育经费增长情况、农村教育费附加征收及教师工资发放的情况。

2. 中小学等级评估制度

1992年年初，省教育厅在广州市召开全省教育工作年度会，提出在中小学开展等级评估的设想。根据年度会精神，省教育督导室先后在广州召开部分市、县教育局长和中小学校长、教育界专家座谈会，并在《广东教育》杂志开辟专栏，对在中小学开展等级评估工作的可行性广泛讨论。在充分调查、论证基础上，省教育督导室在下半年组织人力起草小学、初中和普通完全中学校学年自评报告书和呈报书，于10月组织各市教育督导室负责人到乐昌二中、坪石镇中心小学进行试点督导评估，12月在南海里水初中、盐步初中进行初中试点评估。经过一年的酝酿、讨论、试点，1993年3月，省教育厅印发《关于试行中小学等级评估制度的通知》。这标志着广东省已在全国率先建立中小学等级评估制度。同年4月，省教育厅在南海市召开广东省中小学等级评估工作会议。会议期间，代表们分成三个组，对佛山第九小学、南海石门中学、桂城中学、桂城中心小学、里水初中、盐步初中进行省一级学校试点评估。会议标志着中小学等级评估制度在已“普九”的市、县（区）全面启动。1993年11月、12月和1994年年初，广东省教育督导室分三批，对全省96所申报省一级的中小学进行督导评估，评估人员由省、市、县督导人员组成，组长由省兼职督学和部分市教育督导室主任担任，每组8～10人，每所学校评估3天。

1994年7月6日，经省政府同意，省教育厅印发《广东省中小学校等级评估管理办法（试行）》，对中小学校等级评估工作进行规范管理，把上等级的学校分为：广东省一级学校、××市一级学校、××县（市、区）一级学校，必要时可增评广东省特级学校。省、市、县一级学校分别由省、市、县教育行政部门组织评定。各类等级学校的标准、评估方案和申报书由广东省教育厅统一制定和印制。申报省一级的必须在评上市一级一周年以后，申报市一级必须县一级一周年以后。上等级学校必须有六年或以上办学历史，并有两届或以上毕业生。1994年上半年，广州、汕头、江门、茂名等市教育部门开展市一级学校试点评估。7月，省教育厅召开中小学等级评估总结会，向首批102所“广东省一级学校”授牌，当天《南方日报》称广东有了“星级”学校。

省、市、县一级学校督导评估，促使一批又一批学校创建等级，不断向更高一个层次发展，这些学校成为各地全面推进素质教育的示范性窗口学校。据省教育厅统计，1993年、1994年，全省各级创建等级学校共投入资金超过10亿元，其中社会各界捐资、集资占60%以上。省教育督导室在组织好省一级学校评估的同时，加强对市、县开展等级评估的指导，并把指导市、县一级学校的评估作为等级学校评估的重点。至1998年年底为止，全省已评出上等级学校1400多所，其中省一级学校230所、市一级学校400多所、县（区）一级学校800多所，投入资金超过50亿元。至2000年年底，全省有省一级学校292所，其中省一级高级完全中学132所、初中10所、小学150所。

1996年，省教育厅印发《关于在中小学校试行自评制度的意见的通知》，进一步明确学校自评的任务、重点和要求，突出强调自评要与“改造薄弱学校”、创建等级学校挂钩。省先后总结推广深圳市罗湖区、广州市荔湾区、揭东县经验。深圳市罗湖区在全省率先全面开展学校自评工作，做到“三个百分之百”：百分之百学校成立自评工作领导小组，发动师生自评；百分之百学校对照标准自评自查，找出差距；百分之百学校采取措施，自我整改、自我提高，并提出今后努力的方向和目标。

等级学校不是终身制，三年复评一次，达不到条件的，按管理办法规定给予摘牌。1998年，省教育督导室对首批102所省一级学校进行复评。复查采取学校自评、市复评、省抽查三步走的形式。省有针对性地抽查不同类型的36所中小学，并及时将存在较严重问题的学校通报全省，给予警告或限期整改。1999年，组织对第二批60多所省一级学校复评。

（五）督导评估机制

1995年，省教育督导室在部分市、县开展乡镇教育综合水平督导评估的基础上，组织有关省督学、教育专家和市、县教育行政部门领导进行调查、论证，起草县（市、区）教育综合水平督导评估试行方案。经十易其稿，于1996年下半年形成《广东省普通教育综合水平督导评估方案（试行）》（没有正式发文），并选择经济特区和珠江三角洲发达地区的深圳南山区、佛山南海市作为试点督导评估单位。1997年4月，省教育厅在南海市召开县（市、区）普通教育综合水平督导评估暨试点工作会议。省督学、省特约督导员、有关教育专家、省教育厅有关处室负责同志和各地级以上市教育督导室主任共40多人参加了会议。会议期间，代表分成两个组，分别对南海市、南山区普通教育综合水平进行为期4天的督导评估。评估期间，南山、南海到处是创教育强区的浓郁气氛。南山区五套班子主要领导和各职能部门第一把手全程参加，当地报纸、电视等新闻媒体全程跟踪报道。南海市、南山区督导评估试点，各方反响很好，主要表现在4个方面：一是推动县（市、区）和乡镇政府进一步加强对教育工作的领导，政府行为到位；推动政府各职能部门各司其职，依法行政，依法治教。二是促进党政和各类学校领导转变观念，大力推进全面实施素质教育。三是进一步加快教育改革和发展步伐，把县（市、区）教育综合水平和教育现代化水平提升到一个新的层面。四是更好地发挥了教育的“督政”作用。这次试点会议后，佛山、深圳、中山、番禺等市积极开展教育强镇试点评估工作。

2000年1月，省教育厅在深圳市宝安区召开广东省推进教育现代化先进镇试点评估暨试点工作会议。会议总结交流10个试点镇推进乡镇教育现代化工作的做法和经验，部署推进教育现代化及加强督导评估工作。会议期间，组织“推进教育现代化先进镇”评估组，对深圳市宝安区西乡镇试点评估。评估组听取了该镇人民政府创建教育现代化先进镇的工作汇报，查阅档案资料，召开座谈会，抽查10所中小学（幼儿园），与镇政府交换督导评估反馈意见。评估组对西乡镇创建教育现代化先进镇所做的工作和取得成效给予较高评价。

（六）“五项督导检查”

省政府教育督导室先后组织开展了两次较大规模的贯彻中小学德育工作法规文件落实情况以及加强改进教育教学工作、职业教育工作、农村教育综合改革和落实教育“八五”计划与十年规划督导检查（简称“五项督导检查”）。

1992年，根据国家教委《关于对中小学德育工作有关法规文件落实情况进行督导检查的通知》和当年省教育工作会议要求，在各市自查的基础上，由省教育督导室牵头，组织4个督导组分别对广州、肇庆、江门、湛江、韶关、清远、惠州、汕头等8个市、28个县（区）、137所学校进行为期18天的督导检查。

1995年，根据国家教委、全国人大教科文卫委员会和全国政协教育文化委员会《关于在全国开展基础教育“五项内容”督导检查的通知》（下称“五项内容督导检查”通知）精神，广东省成立以副省长卢钟鹤为组长的“五项内容督导检查”领导小组，省人大、省政协、省教育厅有关领导担任副组长。“五项内容督导检查”包括对“普九”“扫盲”工作、教育经费投入、贯彻教师法、加强中小学德育工作和减轻中小学生过重课业负担的督导检查。“五查”，始终坚持“三个为主”：一是“五查”的对象以县级政府及教育等有关职能部门自查为主。第一是县级政府自查及对镇政府检查与抽查；第二是立足职能部门，加强对口自查；第三是教育行政部门自查及业务科室对乡镇教育办分片包干，对口自查。二是“五查”的方式方法是以专项检查为主。为了把这项工作抓好，将“五查”内容分解成若干专题，并围绕群众普遍关心的热点问题，由县（市、区）“五查”领导小组组织人大、政协、教育、财政、计划、审计、物价、监察等单位，分别组成检查组，开展专项检查，并提出对策与措施，为政府决策提供依据。三是“五查”的重点是以解决热点、难点问题为主。如检查“两基”规划实施情况，重点解决确保“普九”工作如期评估验收；对于已完成“普九”工作的地区，主要抓好进一步改善办学条件，巩固提高普及程度，提高入学率，降低辍学率，实施素质教育，全面提高教育质量。

二、教育评估

2000年6月之前，省高教厅、省教育厅对高等学校、中专学校、中小学、职业中学的评估，分别由省高教厅高等教育处、成人教育处、中专处和省教育厅教育督导室、职业与成人教育处组织实施。

2000年6月，为适应教育行政管理职能转变和政事分开的要求，更好地体现“管评分开”和评估的客观公正，加强和规范广东省各级各类学校的各项教育评估工作，充分发挥教育评估的监控、保证作用，以促进教育质量与效益的提高，省教育厅在机构改革中，报经省机构编制委员会批准，成立广东省教育发展研究与评估中心（简称省评估中心）。省评估中心作为广东省专门的教育评估机构，其主要职责任务是：协助教育行政主管部门开展对广东省各级各类学校的教学、学校设置资格、教学质量、科研工作、办学水平、办学效益、选优定级的评估；承担教育评估的教学研究、宣传等工作，提供相关的咨询服务。

（一）教育评估工作任务

省评估中心承担组织的评估工作包括：

（1）承担组织对广东省新组建各类专科层次高等学校、中等职业学校以及非学历高等教育机构设置资格评估；

（2）承担组织对广东省普通高等学校的教学合格评估、办学水平评估，以及科研工作（包括省重点学科、省级学位授予资格等）等其他单项教育评估；

（3）承担组织对广东省职业与成人教育各类学校的办学水平等级评估；

（4）承担组织对广东省基础教育各类学校（含幼儿园）办学水平的等级（省级）评估；

（5）完成省教育厅交给的其他教育评估工作，受理有关部门、企事业单位、学校委托的教育和人才质量评估；

（6）对教育评估所收集的信息进行整理和综合分析，从评估各级各类学校办学方向、教育质量和办学效益等方面反馈出来涉及的教育发展方向、重点、规模、结构、速度等问题，进行分析研究，提出对策和建议，为政府和教育行政部门决策提供依据，并为各级各类学校改革与发展提供咨询服务；

（7）宣传教育评估理论和政策，发布教育评估信息，通报教育评估结果。

省评估中心成立后，即积极开展工作。2000年下半年开展的评估工作为：2000年9月，配合省教育厅职业与成人教育处对广东省第二批国家级重点中专、职中、成人中专共18所学校进行评估；11月，配合省教育厅督导室对申报广东省一级学校的24所中、小学进行评估。

（二）教育评估专家库

省评估中心成立后，建立了广东省教育评估专家库。首批入选各类教育评估专家有400多人。其中，高等教育评估专家203人，正教授（研究员）占98%，相当部分是博士生导师，还有院士，大多数评估专家来自广东省国家重点普通高校或省重点建设的普通高校，入选专家的专业特长涵盖近30个学科门类；成人高等教育评估专家53人，有17人是正教授或博士生导师；基础教育评估专家137人，有特级教师38人，广东省重点中学校长20人；中等职业教育评估专家48人，有国家级重点中等职业学校校长29人。省评估中心根据广东省各级各类学校教育评估工作需要和评估专家的专业特长，从专家库中抽调相关专家参加广东省组织的评估活动，确保教育评估的专业权威性。

（三）教育评估运作方式

省评估中心开展教育评估的运作方式是采用“小机构、大网络”，即专职人员与兼职人员相结合来进行，以少量专职在编人员及数以百计的各类教育评估专家组成工作网来保证评估任务的完成，为省教育行政部门提供客观公正、科学的权威性评估信息、评估结论和鉴定报告。

专记一：基本普及九年义务教育

1978年6月下旬，省委召开全省教育工作会议，提出要把普及小学教育作为一项战略任务来抓。同年10月，省教育厅根据教育部《关于检查普及小学五年教育的通知》精神，要求各地、县教育行政部门进行一次普及教育的典型调查和研究分析。1979年2月，省在新会县召开普及小学教育调查汇报会，交流各地情况，分析存在问题，研究应对措施。1980年12月，省教育厅组织对佛山、江门等16市、县的普及小学验收，验收标准为：学龄儿童入学率95%以上，读满5年小学的巩固率90%以上，非正常流动率1%以内，留级率5%以内，教育质量逐年提高。1981年5月，省政府召开表彰大会，对佛山、江门、肇庆、开平、化州等首批普及小学教育的先进市、县给予表彰。

1980年12月，中共中央、国务院发出《普及小学教育若干问题的决定》。为落实《决定》精神，广东省结合实际，制定各市、县实现普及小学教育规划、要求和实施的具体措施。1982年9月，省委、省政府批转省教育厅《关于进一步贯彻中发（1980）84号文件，实现普及小学教育的意见》（简称省委、省政府〔1982〕55号文件），要求大中城市和经济、教育基础较好的66个市、县（区），在1983年前基本实现普及小学教育，其他48个县在1985年前分批实现普及小学教育。1983年9月，省教育厅根据教育部《关于普及初等教育基本要求规定》，结合广东省实际，修订了全省普及小学教育两类地区的要求标准：学龄儿童入学率达95%以上，在校学生年巩固率达98%以上（二类地区97%以上），毕业班学生毕业率达95%以上（二类地区85%左右），12～15周岁少年儿童的初等教育普及率达95%左右（二类地区95%左右）。主要措施有：一是贯彻执行中央"两条腿走路"的方针，采取国家拨给一点、镇（乡）出一点、师生勤工俭学提供一点、华侨港澳同胞捐资筹一点等办法集资修建校舍，更新教学设施设备，改善小学办学条件。到1987年，全省小学校舍面积达2656万平方米，小学生人均占用校舍面积3.47平方米。二是实行多种形式办学。注意根据各地实际，除办好全日制小学外，还举办了半日制、隔日制、巡回制、早午晚班制等，便于学龄儿童就近入学。三是实行分类指导，分批验收。省教育厅以佛山、江门、化州等市县为普及小学教育试点单位，进行分类指导，总结推广其典型经验。1983年4月，省教育厅在从化县召开普及小学教育汇报会，推动普及小学教育切合实际扎实地进行。此时全省先后有42个县（市、区）基本实现了普及小学教育。同年6月底，省教育厅又在德庆县召开山区普及小学教育现场会，推广该县马圩公社鸭利咀小学的办学经验。鸭利咀小学是一所山区小学，办学条件非常差，但该校师生不怕困难，自力更生，勤工俭学，严谨治教，形成了良好的校风，成为山区小学教育的一颗明珠。会议召开之前，省委、省政府办公厅转发省教育厅调查组撰写的《德庆县鸭利咀小学办学经验的调查报告》，供各地学习。在会上，除了参观学习，副省长王屏山代表省政府要求各地结合实际，认真学习鸭利咀小学的经验，创造出更多的"鸭利咀小学"，从而加快广东小学教育的普及。1984年6月，全省基本普及小学教育的县（市、区）共65个，占当时县（市、区）总数的57%。到是年底，增加到104个县（市、区），占全省县（市、区）总数的91%，余下的10个县，主要是省内的贫困县和民族县，经过一年的努力，这10个县也于1985年实现了基本普及小学教育。

1983—1985年，各地、市教育行政部门按国家教委和省教育厅的标准要求，对本地、市所属市、县（区）普及小学教育进行验收，并将达到普及小学教育的市、县（区）统一报省政府审批，由省政府授予基本普及小学教育市、县（区）称号，以资鼓励。到1985年，全省小学有2.95万所，在校学生766.4万人，学龄儿童入学率98.11%，在校学生年巩固率达98.1%，小学毕业班学生毕业率达95.3%，12～15周岁少年儿童普及率达95%以上，基本达到了国家教委和省政府的普及小学教育的标准要求。

1985年，全省基本完成普及小学教育的历史任务后，省教育厅明确提出，要继续巩固提高和发展普及小学教育成果，努力提高教育质量，为普及九年义务教育打下坚实的基础。1986年5月，省教育厅发出《关于进一步做好普及初等教育巩固提高工作的意见》，制定了6条措施：一是搞好小学教育体制改革，明确巩固提高普及小学教育的责任主要在乡镇；二是建设一支稳定合格的教师队伍；三是多渠道集资，进一步改善办学条件和充实设施设备；四是调整好学校布局、规模；五是完善各项管理和规章制度；六是明确办学指导思想，分批办好每所小学。1986年，顺德、新会、东莞、南雄4县（市）被国家教委评为全国基础教育先进县（市），并赴京参加了由中共中央宣传部、国家教委、团中央、全国教育工会联合召开的大会，受到了大会表彰。1987年6月，省教育厅在东莞市召开办好中心小学座谈会，推广东莞市、高州县、广州市白云区立足改革，加强管理，充分发挥中心小学在贯彻党和国家教育方针，提高教育教学质量的骨干示范作用的经验。随后，省教育厅发出《关于切实办好中心小学的意见》和《关于普及学前一年教育若干问题的意见》。1987年8月，省委、省政府召开全省普通教育工作会议，表彰广州市荔湾区、南雄县等40个普及小学教育先进县（市、区），授予“广东省普及初等教育先进县市”锦旗。至1987年，全省有小学2.94万所，教学点1.49万个，在校学生766.4万人（其中女学生346.44万人，占45.2%）。全省学龄儿童入学率98.6%，在校学生年巩固率达98.5%，小学毕业班学生毕业率达95.2%，12～15周岁少年儿童普及率达97%以上。普及小学教育成果基本得到巩固。

广东省基本普及小学教育后，全省在巩固提高普及小学教育的基础上，积极开展普及九年义务教育。1986年4月12日，第六届全国人民代表大会第四次会议通过《中华人民共和国义务教育法》，从7月1日起施行。1986年9月，广东省六届人大常委会第22次会议通过《广东省普及九年制义务教育实施办法》，要求全省于1992年分地区、分步骤基本普及九年义务教育。省和各地相应作出规划，开始了从普及初等教育转向普及初级中等教育的战略转变。省教育厅于1986年9月中旬在顺德县召开首批普及初中教育的市、县座谈会，研究具体实施意见。

广东为加强对普及九年义务教育的指导、督促和检查验收。1987年9月，省教育厅发出《普及九年制义务教育基本要求和检查验收的暂行规定》，该《规定》提出的基本要求是：党政重视，组织落实，有主管领导。尊师重教并逐步形成社会风气；实行分级管理的体制，县、乡镇、村各级管理义务教育的职责和权限明确，任务和措施落实；教育思想端正，全面贯彻落实党的教育方针，教育质量逐年提高；巩固提高普及小学教育，要求入学率和年巩固率均达98.5%以上，毕业班学生毕业率达95%以上，12～15周岁少年儿童普及率在96%以上，小学不办附设初中班；调整和配备好学校领导班子，初中教师60%以上达到国家规定的学历要求或领取“专业合格证书”；中小学校实现“一无两有”，初级中学具备符合要求的校舍、教学仪器设备、图书资料和体育场地设施，有够用的理科实验室和仪器室，有图书馆和阅览室；当年小学毕业生95%以上能升入初中学习；进入初中学习的学生能受完九年义务教育，年巩固率在98%以上，非正常流动率在2%以下；大多数学生达到初中毕业程度，毕业率在90%以上（少数民族地区可在85%），非毕业班学生留级率在2%以下；学校设置、布局合理、规模适当。搞好学校管理，认真执行省制定的各项管理规章制度，册籍资料齐全，有专人管理。有良好的校纪校风，校园净化、绿化、美化。该《规定》的检查验收标准为：凡达到普及九年义务教育基本要求的单位，都要进行检查验收，分别以乡镇和县（市、区）为单位，采取自检与上一级教育部门验收相结合的办法；经自检达到基本要求的乡镇，向县（市、区）申报验收。全部乡镇达到基本要求的县（市、区）向地（市）申报验收；乡镇验收到学校，县（市、区）验收到乡镇和学校。经验收合格的乡镇，由县（市、区）政府审核批准，颁发合格证书，报广东省教育厅备案。验收合格的县（市、区），由地（市）报广东省教育厅审核后，经广东省人民政府批准后颁发合格证书。根据该《规定》，1987年，广东省验收了顺德、新会、广州老城区等8个县（区）；1988年验收了中山、南海、三水、深圳辖区等8个县（区），两年共有16个县（区）基本实现普及九年义务教育，占全省县（市、区）总数的13%，逐步扭转了初中非正常流动率高的状况。普及九年义务教育的地区开始取消小学升初中的入学考试，实行就近入学。至1988年，全省有初级中学3246所，在校初中生210万人。

1990年，全省小学完成改六年制的任务，在校小学生达747万人，学龄儿童入学率和在校学生年巩固率分别达到99.29%和98.31%，均高于全国平均水平。随着经济治理整顿和“普九”过程中暴露出的孤立普及初中，造成发展失衡，以及要求过高、脱离实际等问题，省教育厅于1989年3月提出积极、求实、协调发展教育事业的原则，1990年2月又提出持续、稳定、协调发展教育事业的方针，要求既要防止消极等待，造成事业发展上的滑坡，又要反对急于求成、盲目冒进，造成比例失衡。1991年，省教育厅向省政府报送《关于广东普及初中阶段义务教育规划的报告》，提出要调整广东普及初中阶段义务教育规划的意见，提出到1995年全省有64%的县（市、区）即占人口61%的地方普及九年义务教育，到2000年全省基本普及九年义务教育，此意见得到省政府和省人大常委会的通过，批转全省实行。

1990年10月，全国人大《中华人民共和国义务教育法》检查组到广东检查实施《中华人民共和国义务教育法》的情况，检查组充分肯定广东省实施《中华人民共和国义务教育法》的成绩，对“普九”进程、经费投入、校舍建设等方面给予高度评价，并提出了一些需要改进的薄弱环节。到1991年，全省普及九年义务教育的县（市、区）达43个，小学毕业生升学率为88%。

1992年年底，根据广东追赶亚洲“四小龙”的统一规划部署，省政府修改广东省普及九年义务教育的规划，提出力争在1997年全省基本实现普及九年义务教育。1994年，广东省人民政府拨出5000万元，对全省500个贫困乡镇的“普九”进行补助。8月，国家教委主任朱开轩来广东调研，提出希望广东能在1996年基本完成实现“两基”的任务（基本扫除青壮年文盲、基本普及九年义务教育），以便参加全国首批完成基本实现“两基”省市的验收。省委、省政府决定把广东省基本实现普及九年义务教育的年限提前至1996年，要求还未实现“两基”的地区修订规划，加快进程。广东省人民政府为此每年增加5000万元山区义务教育补助经费，扶持还未实现“两基”的地区进行攻坚。1994年，全省基本实现“两基”的县（市、区）达82个。

1995—1996年，是广东进行“两基”的攻坚年，省政府把普及九年义务教育作为教育工作的重中之重。经过1995年的努力和检查验收，全省又有22个县（市、区）完成“普九”任务。此时，全省实现“普九”的县（市、区）共达104个（不含国家教委验收未通过的2个），占全省县（市、区）总数的84.5%，占总人口的87.1%。至此，还剩下19个县（市、区）未完成“普九”任务。为了打好“普九”的攻坚战，实行最后冲刺，省教育厅先后召开了三次“普九”工作会议，研究情况，落实“普九”责任制，强化政府行为，并加强督促检查。省政府还特别拨出1.8亿元“普九”专款，加大对19个县（市、区）的扶贫力度。1996年10月，经省和国家教委验收，认定这19个县（市、区）基本实现“普九”，广东如期完成“两基”目标，成为全国第一批完成的两个省份之一。此时，全省适龄儿童入学率达99.75%，小学毕业生升学率为96.18%，13～15周岁适龄少年初中入学率为96.1%，17周岁人口初中教育完成率为95.4%。10年中，为实现“普九”，全省总共投入443.2亿元。

专记二：珠江三角洲基础教育信息化

1981年，华南师范大学附属中学开展计算机课程试验，拉开了全国中小学计算机教育的序幕。1983年，全国召开中学计算机教育试验工作会议。次年，受教育部委托，省教育厅承办中学数学教育及计算机教育国际讨论会。从1986年起，珠江三角洲地区的计算机教育进入起步阶段，高中逐步设立计算机选修课，小学、初中也利用劳动技术课和活动课，逐步开展计算机教育。

1991年，国家制定《关于加强中小学计算机教育的几点意见》《中小学计算机课程指导纲要》《中小学教育工作者“计算机培训”指导纲要》《中小学计算机教育五年（1996—2000年）发展纲要》《中小学计算机教育软件规划》《中小学教学软件审查标准》等6个法规性文件。1995年，广东省召开全省中小学计算机工作会议，提出广东省中小学计算机教育发展的二十四字方针：提高认识、明确任务、强化管理、提高效益、创造特色；次年，制定《广东省中小学计算机课程纲要》，规定计算机教育为高中必修课，初中和小学的选修课、活动课，并编写了小学到高中的计算机系列教材及配套的《上机手册》《教学参考书》（广州、深圳、南海等地也编写本地使用的中小学计算机教材），还确立了教育软件“研制、开发、试验、审查、推广应用”体系，使珠江三角洲地区的计算机教育全面进入发展阶段，为教育信息化建设提供基础。

90年代初，珠江三角洲中小学开始计算机多媒体辅助教学实践，至90年代中期，网络建设迅速兴起。1997年4月，全国计算机辅助教学研讨会在顺德、珠海市召开；同年，省教育厅制定《广东省关于普及中小学电化教育的意见》，提出到2010年，全省基本普及电化教育，珠江三角洲和大中城市基本实现教育手段现代化。这在全省起到了巨大的促进作用，珠江三角洲更是加大了建设的力度。1997年，珠海市全市中小学电教、仪器总投入1947万元，其中，珠海一中还建成了多媒体高速以太校园网。1998年，该市中小学电教、仪器总投入增加到2275万元，较1997年增加了328万元，增幅达16.8%。为适应教学的需要，珠江三角洲教育部门除逐年加大投入外，还以社会为依托，广开渠道，筹措资金。1997年，中山市全市中小学装备语音室、多媒体综合电教室、计算机室、校园闭路电视系统等共投入1812万元，是市教委安排给电教站教学仪器经费（450万元）的4倍。至1998年，东莞市全市教学设备投入总值达19475万元，其中配备计算机室162间、语音室128间、综合电教室402间、计算机5184台、投影机6090台、收录机6880台、电视机1163台、视频实物展示仪112台、闭路电视系统7套、教学软件一大批。至1999年，佛山市设备总值约2.5亿元，其中配备计算机24000台，计算机室500间，已联网353间。佛山一中还在1997年建成全校信息网络系统、装备中心控制室和演播中心，全校设有5个标准教学平台，高中教学楼24个课室全部配备小型电教平台，可随时取用中心控制室的教学资料。南海市则在1999年建成南海市教育信息网，这包括全市306所学校组建VPDN网及以石门中学为首的12所市重点学校建成的先进的光纤校园网，并通过DDN专线连上CHINANET。广州市天河区在被确定为国家级的教育信息化的实验区以前，就率先进行了“运用现代教育技术，深化基础教育改革”的探索，在少投入的情况下，建立了“单机进课堂”的教学模式，不仅在技术上容易使用，有拓展性，而且在全区迅速普及，闯出了一条跨越式发展的道路。东山区的东风东路小学、培正中学等学校也从1997年开始大量采购电脑，并在1999年尝试铺设光纤，建立自己的校园网。番禺中学也在1998年建成校园网。1998年5月，第一届全国校园网络建设研讨会在东莞市召开。同年，广东省提出以“四建”（建网、建库、建队和建制）为主要内容的“广东教育信息化工程”。由于各地投入大量资金，使珠江三角洲的教育信息化建设迅速发展。至1999年，很多地方电教设施已接近《广东省关于普及中小学电化教育的意见》中提出的“三网一站十三室”（小学9室）的建设标准。以广州为例，至1999年，中学中电化教育已达标数占应达标数比例达到62%。

1999年年初，广东省推进珠江三角洲教育现代化暨全省教育信息化工作会议召开，根据省政府颁发的《广东信息化总体规划纲要》的精神，印发《广东省教育信息化工程规划（试行）》，提出到2010年广东中小学教育信息化的总目标，并明确提出从珠三角辐射到广东省东西两翼的发展措施。2000年，广东省又提出教育信息化的“五抓措施”：一是抓规划，分步实施；二是抓示范，以点带面；三是抓环境，夯实基础；四是抓软件，开发资源；五是抓培训，优化师资。珠江三角洲为此掀起了信息化建设的高潮，很多地方开始在区域性网络建设上积极探索。如深圳市宝安区教育局于1999年上半年就开始筹建“宝安教育在线”网站，同年10月试运行，2000年1月正式开通。至2000年年底，“宝安教育在线”网站综合应用平台已初具规模，主页访问人次达10万以上。南海市也在2000年年初，在原有的教育信息网的基础上提出构建教育城域网的设想，至2000年年底，已完成中心网站的建设和全市骨干网络的铺设工程，光纤网络铺设至210所学校。华南师范大学附中还在2000年年初创立了广东省第一所网上学校，成为广东注册人数最多的网校，实现了名校教育资源共享。

至2000年，珠江三角洲中小学电教学科的覆盖率达90%，教师的覆盖率达78%，课时的覆盖率达55%。佛山市的南海市、顺德市、城区、石湾区中小学基本普及信息技术教育。全省已有100多所学校建立校园网，其中大部分是珠江三角洲学校。全省共有6个全国信息技术教育实验区，其中的中山市、顺德市、南海市、广州市的天河区均位于珠江三角洲地区。此外，全省55所全国现代教育技术实验学校、79所省级实验学校中，均有半数以上处在珠江三角洲地区。

在进行网络建设的同时，珠江三角洲也十分重视教师队伍的信息化建设。各地教育行政部门和中小学纷纷根据学校教师的情况，举办包括现代教育思想、教育理论和信息技术基本能力等内容的培训班，对各层次的教师进行培训和考核。1997—2000年，江门市共举办培训班120多期，培训教师6000多人；佛山市培训教师达10000人次。培训转变了教师的观念，并使教师初步具备了应用信息技术进行教学、教研的能力。为了不断提高广大教师的学习积极性，有的学校还建立了激励机制，每年度对教师进行现代教育技能量化考核，成绩与评优晋升挂钩，对成绩突出人员给予奖励，使教师的电教理论和电教技能有了较大的提高，有部分教师已基本达到"四会"：会使用，会上网（浏览、下载、发电子邮件），会电子备课，会网上答疑。具有较高软件制作水平的教师占教师总数的30%以上。珠江三角洲还十分重视软件建设。学校除通过购买、交流收集储存大量音像电子教材外，还根据教学需要组织教师开发和研制教学软件。教学软件以网上课程和数字化教材的建设为主，并逐步向个性化、智能化、网络化、超媒体化等方向发展。已建网的学校十分重视资源库的建设，大量购置和下载网页及制作课件所需要的素材资源。教学软件的质量也不断提高，如珠海红旗一中制作的《春》《心脏》《长江》课件，在1997年省计算机教学软件评比中，全部获特等奖。在教育部电教办举办的2000年CIETE全国多媒体教学软件大奖赛中，广东省有18个软件获不同等级的奖项，而其中大部分是珠江三角洲学校制作的。1999年，广东省启动中小学教学软件研究开发工程，组织一批优秀的教师、教研人员、电教人员和软件制作技术人员（其中大部分是珠江三角洲地区的），共同协作攻关，研制了一批有广东特色的、高质量的、符合教学规律的教学软件系列。1999年11月，南海市成立现代教育技术研究开发中心，至2000年，已开发出基于互联网使用的教学资源250多吉字节，80多万个电子文档。

90 年代，珠江三角洲很多学校以信息化科研为先导，带动和促进教育教学改革。1994年起，广东省先后有60多所学校参加了国家重点科研课题"小学语文'四结合'教学改革试验研究"，其中90%是珠江三角洲地区的学校。1997年，还有很多学校参加了中央电教馆主持的科研课题"电化教育促进中小学素质教育的试验研究"和广东省教育科研领导小组批准立项的"电化教育促进中小学素质教育""计算机教育软件的开发和应用研究"课题的研究。2000年3月和7月，粤港双方分别在香港、广州举办粤港中小学计算机教学成果展览。

第四章　职业教育

第一节　中等职业教育

一、概况

1977年后，国家恢复高考招生制度，全省很快就复办、新建一大批中专学校，到1979年，共有中专学校143所（不含中师），在校学生共31261人。但是，由于复办和新办学校的速度过快，一些部门只考虑需要而忽视可行性条件，学校匆匆上马，以致出现校舍设备和师资队伍欠缺，学校规模普遍偏小，有的学校在校学生只有100多人，不少学校实验、实习条件太差，无法保证教学质量。针对存在问题，省高教局于1979年6月在肇庆召开全省中专学校教育工作座谈会。会上决定从这一年开始全省中专学校一律招收高中毕业生，学制一般为二年。同时，提出中专学校的课程设置要适应中国现代化建设的需要，要考虑到科学技术发展的前景，更要从发展生产的实际需要出发。1979—1989年，在各级党政和社会各方面力量的重视支持下，学校数、在校生数、毕业生数都成倍超过前30年。进入90年代后，广东省普通中专教育迅速发展，学生规模持续增长，10年间全省校均在校生从480人增至1130人。

1980年5月，省高教局传达教育部4月10日召开的全国中等专业教育会议精神，明确提出多办、办好中等专业学校，逐步改善中专学校的办学条件，确立中专学校教师评定职称的制度，适当提高中专学校毕业生的待遇。在全国会议上，根据各省的提议，教育部批准确定一批全国重点中专学校，广东省有10所中专学校进入全国重点中专学校行列：轻工部广州轻工业学校、广东石油学校、广东仲恺农业技术学校、湛江气象学校、广东邮电学校、广东航运学校、广东供销学校、广东粤剧学校、广州市财政学校、佛山市卫生学校。

1980年6月7日，省高教局布置调查省内中专办学情况。6月9日至30日，省高教局听取广州市汇报中专学校情况，组织人力调查广州市10所中专学校和汕头地区6所中专学校。调查发现，部分中专学校校舍不足，师资缺乏，教学仪器设备残缺，导致教学质量有所下降。针对存在问题，省高教局于1981年1月召开全省中专教育工作会议，传达全国中专教育工作会议精神，强调必须贯彻“整顿、改革、充实、提高”的八字方针，调整广东省中专教育的布局、规模，充实办学条件，提高办学水平和质量；明确在新时期中专教育应根据改革开放的新形势新情况进行规划，与经济建设和科学技术的发展相适应。对此，有关部门非常重视，立即进行调整和充实。1981年，广州市属31所中专学校调整为26所，将问题较多、办学条件不足的市水产、航运、科技、城建、设计等中专学校或停办或改制，保证中专教育的质量。遵循国家和省中专教育工作会议的精神，各地区、各行业的党政领导纷纷加强对中专教育的领导，部门办学积极性进一步调动起来，推动中专教育持续发展。

1981年，全省的中专学校在数量上有所下降，但办学规模有所扩大。1982年，学校数为118所，在校生为27064人，校均学生234人，比1979年增53人。

1982年上半年，省高教局中专处组织约90人的检查组分批到24所省（部）属工农类中专学校进行教学检查。重点检查教学管理情况，总结经验，找出问题，编印成《教学与管理》资料汇编，指导提高中专学校管理水平。

1985年4月，省政府在广州召开中华人民共和国成立后首次全省中专教育工作会议，副省长王屏山代表省委、省政府在会上作《适应“四化”建设需要，立足改革，加速发展中等专业教育事业》的报告，充分肯定新中国成立35年以来广东省中专教育的成绩，要求中专教育必须适应全省经济建设和社会发展的需要，立足改革，以“三个面向”（面向现代化，面向世界，面向未来）为指导思想，加快发展步伐。同时，提出五年内的发展目标，力争1990年中专的办学规模接近广东省各类中等专业技术人才和管理人才的规划，按高级与中级人才比例1：2的预计数字，中专毕业生应为20万人左右，即从1987年起，广东省中等专业技术学校（含师范）每年招生数要增至6万多人。1985年5月，根据中共十二大明确把教育列为“四化”建设战略重点的精神，适应不断深化经济体制改革的需要，中共中央作出《关于教育体制改革的决定》，对建立有中国特色社会主义教育体制作出全面规划。其中，提出大力发展职业教育，要在全国逐步建成一个从初级到高级、行业配套、结构合理，又能与普通教育相互沟通的职业技术教育体系的目标，强调发展职业技术教育要以中等职业技术教育为重点，明确要发挥中等专业学校的骨干作用。中央的决定，极大地鼓舞全省中专教育工作者，也促使各级党政领导进一步重视中专教育事业。1988年，全省共有中专学校（不含师范）167所，设置专业186个，在校学生73521人。但是，整体上中专教育发展步伐仍不够大，办学效益偏低，全省中专学校平均在校生仅为440人，相当多学校还未达到国家规定的在校生最低640人的标准，学校规模不能适应经济和社会发展的需要，办学部门对中专学校的投入偏低，办学体制束缚学校的自我发展能力，学校的发展和提高存在许多实际困难。

1986—1988年，省高教局对省属46所中专学校的办学条件进行评估，对照国家设置中专学校的办学硬件标准，有半数以上学校不能达标，而市属中专学校问题更严重。解决问题的唯一出路就是深化改革。为此，省高教局广泛征询有关方面意见后，向省政府报告情况并提出改革中专教育的意见。1989年2月，省人民政府根据省高教局等部门反映的意见，发出《关于加快发展中等专业学校、技工学校教育的通知》，针对中专、技工学校加快发展中存在的问题，提出一系列措施：第一，扩大学校办学自主权，逐步实行校长负责制、教师聘任制、学校工资总额包干制，调动教职工积极性。第二，改革招生分配制度，增大学校调节计划招生比例，招收委培生、自费生，毕业生由统包分配逐步转向推荐和自我选择就业。第三，多渠道筹集办学经费，除政府部门逐步增加投入外，学校发挥自我优势与企业横向协作，发展校办产业，政府对校办产业给予税收、关税等优惠。同时，中专学校实行学生缴费上学，所收学费主要用于补充办学经费。第四，加强调整充实、培训提高师资队伍，关心解决教师“后顾之忧”，教龄满30年的退休教师，按本人工资百分之百领取退休金。在省政府决定的推动下，广东省中专教育加快改革和发展的步伐。1990年，全省有中专学校179所，在校学生89956人。为加强教学管理工作，提高培养质量，省高教局在

1989—1990的两年时间，对全省中专学校开展教学管理评估，较全面地检查学校的教学管理工作；制定和颁布《广东省中专学校教学管理规范》，明确规定学校教学管理机构及其职责范围，以及对执行教学文件的基本要求，建立和健全教学常规制度，有效地促进中专学校教学管理的规范化、科学化。

1991年10月，国务院发出《关于大力发展职业技术教育的决定》，进一步调动社会各行业发展职业教育的积极性。省高教局通过中专学校办学水平评估、召开改革座谈会、开展专题调查研究等形式，广泛听取各方面意见，与省计委一起制订《关于深化广东省普通中等专业教育改革的意见》报省政府，1993年6月省政府同意并批转贯彻执行。该意见就深化广东省中专教育综合配套改革，主要提出几点意见：第一，改革办学体制，实行多层次、多形式、多渠道办学，允许学校跨地区招生，形成政府统筹规划和宏观管理，学校面向社会需要自主办学体制。第二，进一步扩大学校办学自主权，在政府宏观指导下学校自主制订本校招生计划，调整专业结构，确定校内机构设置和人员安排，统筹管理办学经费，独立或联办学校科技产业。第三，改革招生和毕业生分配制度，减少指令性招生计划，扩大调节性招生计划。对毕业生逐步实行自荐就业，国家不包分配的就业制度。第四，改革学校内部管理体制，建立和实行教育目标责任制、校长负责制、人员聘任制，并实行校内分配制度和后勤管理的改革。第五，深化教学改革，立足于应用人才的培养，加强实践性教学环节，办出中专学校特色。同时，该意见还强调多渠道筹集办学经费，调动多方面积极性，缓解学校经费的困难。省政府从1993年起在集中使用的教育专项资金中，每年安排1000万元用于中专教育。该意见的批转，有力地推动广东省中专教育的改革和发展。

根据国家教委1991年1月发布的《关于开展普通中专学校教育评估工作的通知》，以及附发的评估指标体系，省高教局组织评估队伍，在1991—1992年的两年中对办学五年以上的150所中专学校进行合格评估。然后再从中进行办学水平评估和择优评估，并经报请省政府审核批准，确定34所省（部）级重点中专学校，又选送其中11所报请国家教委审核批准为国家级重点中专学校。这次评估，有效地促进学校建设和各项管理工作。据省教育厅不完全统计，两年间全省普通中专学校的校舍设备增加1.2亿元的投入，新建校舍120万平方米。1993年年底，全省共有各类中专学校182所，在校学生数第一次突破10万人，为118445人。

随着乡镇企业蓬勃发展，省内各县（市）急需大量中等技术人才。为适应经济建设和社会发展需要，挖掘学校潜力，扩大培养规模，1993年10月30日，省高教局发出《关于广东省普通中专学校申办校外中专班的试行办法》。经批准的中专学校，可以在校外与各县市政府和一些办学实体联合举办国家计划内的中专学历班。1994年4月6日，省高教局《关于广东省普通中专学校开办校外中专班的批复》，批准39所中专办起100多所分校，涉及40个县市，范围伸展到不少边远地区，学生超过1万人，解决珠江三角洲乡镇企业和老、少、穷地区及山区对中等技术人才的需求。为加强管理，确保质量，省高教局中专处组织人力，分22组，从1994年12月5日至20日对153所校外班进行评估，结果得出优63所、良50所、合格34所、不合格6所。通过评估，促进各校外班健全制度，充实条件，确保质量，为各地培养一大批符合要求的技术人才。评估后，各主办学校与分校加强联系，派专人到分校督导或授课，定期研讨或交流，加强管理，提供经验，其中不少分校后来办成当地的中专学校或水平较高的职业高中。

1994年11月1—3日，省委、省政府召开全省教育工作会议，会后，省委、省政府正式贯彻全国教育工作会议和《中国教育改革和发展纲要》精神，研究确定广东教育改革发展的目标和任务。会后作出《关于教育改革和发展的决定》，对全省各类教育提出奋斗目标、发展规划、政策措施和工作部署。其中提出“实行初中后、高中后的两级分流，大力发展中等和高等职业教育，建立广东省职业教育体系”，要求到2000年，各类中等职业学校年招生数和在校学生数要占高中阶段学生数的60%左右，普及高中阶段教育的城市可达到70%，届时普通中专学校在校学生达到32万人（含中师）；有条件的国家级重点中专学校经省政府批准可以试办高等职业教育班。当年，国家教委批准民航广州中专学校举办高等职业教育班，招收初中毕业生，学制五年。根据这个办学模式，以及省委、省政府《关于教育改革和发展的决定》的精神，省高教厅制定《我省普通中专学校试办高职班的原则意见》，认真组织有条件的国家级、省（部）级重点中专学校筹办。经学校申报，1996年省政府批准广东省邮电学校、广东省交通学校、广东省航运学校、广东省机电学校、轻工部广州轻工业学校、湛江气象学校、佛山市卫生学校、肇庆市卫生学校、韶关市卫生学校、广州市财政学校等学校试办高职班，并成立五年制高职教育研究会，开展高职教学计划等方面的研究和探索实践。1998年、1999年，经教育部审定，民航广州中专学校、轻工部广州轻工业学校、广东省水利电力学校、广东省交通学校、广东省航运学校升格为高等职业技术学院。

1995年8月18日，省高教厅发出《关于在广东省普通中专学校中开展办学水平等级评估工作的通知》，决定从1996年第一季开始开展评估，评估结论分为一级、二级、三级三种。其中一级相近于国家级重点的条件，二级相近于省部级重点的条件，三级为合格标准。经1996年6月试点后全面开展，至1998年11月，共评估54所学校，其中32所达到二级以上标准的学校，于1998年、1999年分两次报请省政府批准为省级重点中专学校。与此同时，对办学五年以上的学校进行三级标准的评估。通过评估，有效地激发学校和办学主管部门改善办学条件的积极性，促进学校各项管理工作科学化、规范化。据对开展评估的145所学校统计，1996—1998年，校园面积增加205.6万平方米，校舍增建114.2万平方米，图书藏量增加392.9万册，教学实验设备增加值3.9亿元，仅电脑就增加12757台。1996—1998年，全省中专学校共投入资金23亿元，其中学校创收自筹的资金占一半。评估也促进学校现代化教学手段的建设，各校不同程度地建立电子阅览室、多媒体教室等，重点学校陆续建立校园网。评估还促进教师队伍建设，各校充实教师队伍，全省专任教师占教职工编制的比例由1995年的49%提高到54.7%。各校还引进一批高学历、高职称、有技术专长的中青年骨干教师，重视以兼有教师和职业技术两种中级以上职务资格的“双师型”教师的培养。如广州市土地房产管理学校原校园占地约2600平方米，主管部门为使该校发展成一所省级重点学校，投资7000多万元，只用两年时间重建了一所校园占地面积约3.3万平方米，校舍4万多平方米，设施较齐全、设备较先进的学校。如茂名市建设中专学校原校园占地只有6000平方米，办学十分困难，学校抓住良好的机遇，以办学水平评估为契机，自力更生，立足改革，走超常规发展之路，在政府和主管部门没有投入一分钱（政府和主管部门给予优惠政策支持）的情况下，多渠道筹资3000多万元，重新征地建校，在短短168天内建起一个面积达8万多平方米、校舍3万多平方米、设施较齐全的新校区。1999年，以上两所学校通过二级评估，并被省高教厅报请省政府批准为省级重点中专学校。

1998年，在全省206所中专学校中，国家级重点中专和一级学校有18所，省重点学校和二级学校有53所，合计全省达二级以上办学水平普通中专学校共71所，占全省普通中专学校总数的34.5%。2000年，全省有各类普通中专学校198所，在校学生224341人，专任教师10736人。

1979—2000年广东省普通中专基本情况表

表4-1-1

项目 年	学校数（所）	招生数（人）	在校生数（人）	毕业生数（人）	校本部的教工数（人）	
					教工总数（人）	其中专任教师数（人）
1979	143	10426	31261	5208	8627	3920
1980	142	9087	30455	10768	9780	4520
1981	127	9716	27035	12842	10073	4485
1982	118	12629	27064	9608	10748	4771
1983	125	15562	29267	10807	11366	4819
1984	134	20677	36366	9446	11799	4999
1985	145	23747	45294	11260	12576	5404
1986	169	27072	55394	14392	12653	5996
1987	174	32364	63127	18779	13558	6567
1988	167	29821	73521	18024	13272	6719
1989	173	31278	83254	19039	14392	7380
1990	179	32182	89956	24892	14560	7559
1991	177	37825	92128	29484	15047	7477
1992	181	50455	98450	31361	15039	7421
1993	182	54099	118445	29966	15420	7673
1994	185	67449	130221	27882	15970	7919
1995	196	69419	162929	31743	18026	8852
1996	201	71450	192515	39224	18064	9519
1997	203	67419	211717	49765	18890	10147
1998	206	67892	221427	55588	19562	10705
1999	202	73398	228606	62192	19095	10428
2000	198	65300	224341	63200	19300	10736

1993年广东省政府批准的省（部）级重点中专学校一览表

表4-1-2

学校名称	学校名称	学校名称	学校名称
轻工部广州轻工业学校	民航广州中专学校	湛江气象学校	广东省邮电学校
广东省航运学校	广东省体育运动学校	广东省警察学校	佛山市卫生学校
肇庆市卫生学校	韶关市卫生学校	广州铁路机械学校	广州有色金属学校
广州航务工程学校	广东省轻工业学校	广东省化工学校	广东省机电学校
广东省机械学校	广东省水利电力学校	广东省建筑工程学校	广东省纺织工业学校
广东省财政学校	广东省供销学校	广东省广州林业学校	佛山市体育运动学校
广州市交通运输学校	深圳市工业学校	珠海市工业学校	梅州市卫生学校
梅州市农业学校	湛江市卫生学校	茂名市高州农业学校	—

1994年国家教委批准的广东省国家级重点中专学校一览表

表4-1-3

学校名称	学校名称	学校名称	学校名称
轻工部广州轻工业学校	民航广州中专学校	湛江气象学校	广东省邮电学校
广东省交通学校	广东省航运学校	广东省体育运动学校	广东省警察学校
佛山市卫生学校	肇庆市卫生学校	—	—

1998—1999年广东省政府批准的省级重点中专学校一览表

表4-1-4

1998年		1999年	
学校名称	学校名称	学校名称	学校名称
广东省电力工业学校	广东省医药学校	广东省水产学校	广东省司法学校
广东省对外贸易学校	广东省华侨中专学校	广东省银行学校	湛江市艺术学校
广东省建材工业学校	广东省舞蹈学校	广东省农垦湛江中专学校	肇庆市农业学校
广东省司法警察学校	广州市建筑工程学校	广州市土地房产管理学校	广州市无线电中等专业学校
江门市财贸学校	汕头市体育运动学校	广州市体育运动学校	广州市经济贸易学校
深圳市财经学校	中山市财经学校	茂名市建设中等专业学校	新兴中药学校
中山市中等专业学校	肇庆市工业学校	东莞市理工学校	潮州市卫生学校
惠州市卫生学校	湛江市人民警察学校	惠州市农业学校	广州市第一商业中等专业学校

二、教师队伍

（一）概况

1979—1989年，全省中等专业学校经调整提高，教师队伍稳定，专任教师数量不断增加。1979年，中专学校教职工总数为8627人，其中专任教师3920人；1987年，教职工总数增至13558人，其中专任教师6567人；1988年，教职工总数为13272人，其中专任教师增至6719人；1989年，教职工总数增至14392人，其中专任教师增至7380人。

1992—2000年广东省普通中等专业学校教职工及专任教师数量变动表

表4-1-5　　单位：人

项目＼年份	1992	1993	1994	1995	1996	1997	1998	1999	2000
教职工总数	15039	15420	15970	18026	18064	18890	19562	19095	19300
专任教师数	7424	7673	7919	8852	9519	10147	10705	10428	10736

改革开放后，全省中等专业学校的教师队伍不断壮大，专任教师总数发展到2000年的10736人。全省专任教师占教职工编制的比例由1995年的49.1%提高到2000年的55.6%。各校还引进一批高学历、高职称、有技术专长的中青年骨干教师，教师职称结构也随之发生巨

大变化。1985年以前，在全省的中专教师中，仅有高级讲师150人、讲师992人；1986年，有高级讲师576人、讲师1032人；1988年，在专任教师6719人中，评出高级讲师772人（占教师总数11.5%）、讲师2393人（占教师总数35.6%）；1995年专任教师8852人，已有高级讲师1126人（占教师总数12.7%）、讲师3398人（占教师总数38.4%），基本上能适应改革开放形势下中专教学工作的需要。

中专学校教师队伍的知识更新给中专教学带来新的活力。许多教师积极参加行业技术改革、引进项目研究和新产品鉴定等，参加的项目有的还被列为部级研究项目，如轻工部广州轻工业学校塑料教研组研制的新耐磨材料——MO尼龙，化学教研组研究的仿古镀铜新工艺；省农机学校研究的190柴油机节油的改善修理等。省水电学校到英国进修的教师写的论文《用边辨法计算非物质各异性土坎的海流问题》，在国际大会上宣读并收入大会论文集。高州农业学校1981年的科研成果"珍汕97A、V20A、IR26、IR244稻穗发育观察和花期预测"获国家技术改进成果四等奖；1982年的科研成果"杂交水稻种子在贮藏过程中的生理生化指标测定试验"获国家科技四等奖等。

（二）多途径培训

为了让中专学校的青年教师系统全面地提高知识水平和教学水平，根据国家教委《关于在高等院校举办中等学校教师专科班和本科班》的精神，经省政府批准，省高教局委托中山大学、华南师范大学等5所高校举办政史、英语、中文、数学、力学、体育、机械原理及制图等公共课、专业基础课的专科起点中专教师本科班。1980年，在省高教局的组织下，全省先后为中专学校中未取得本科学历的青年教师举办为期4个月至一年的高等数学、力学、化学、制图、哲学、政治经济学、英语、体育等课的师资训练班，参加培训近700人次，为这批青年教师能独立胜任一门课程的教学工作打下良好的基础。1988年，全省中专学校先后有348人经过二至三年的系统学习，取得大学本科毕业文凭。同时，还有不少教师考入电大、职大、教育学院等成人高等院校对口专业的专科班、本科班学习，或参加高等教育自学考试。这样，中专教师队伍的知识水平和教学水平得以较大提高。1978年，专任教师2313人，大专以上程度1424人，占61.6%，其中尚有不能单独任课的教师392人，占17%。到1988年，专任教师增至6719人，大专程度4631人，占68.9%，全部能单独任课。1990年，专任教师7559人，大专程度6565人，占86.85%。

利用寒暑假或双休日等业余时间进行知识更新、教育理论、现代化教学技术与方法、专业实践技能等培训。到2000年，全省普通中专45岁以下教师能使用投影仪、计算机、录像机等现代化教学设备，彻底改变"粉笔+黑板"的传统教学方式。许多中专学校向教师普及电子计算机知识，大面积地提高教师的外语水平，并且定期组织教师到经济特区、引进新设备的厂矿企业学习，参加行业、学会的学术活动，改进教学方法，有的主管厅局还组织教师出国考察进修。省水利电力厅、卫生厅、建筑总公司及深圳市都选派教师随同该厅局考察团到国外和我国港澳地区考察；省邮电管理局还先后派出6位教师到英国、日本、法国进修学习程控电话、光纤通讯等先进技术。省水电学校还与香港职业训练局、摩理臣山工业学院建立友好合作关系。美国小麦协会在省粮食学校设立的华美烘焙技术培训中心，为该校培训粮油烘焙食品技术的师资，也作为该校培养粮油食品加工中专学生的实训基地。

为帮助各中专学校的非师范院校毕业的青年教师，以及从企事业单位调进的专业教师适应学校的教学环境和提高教学业务水平，省高教局通过广东省中专教育研究会和下属的各科教研会，给老师们提供学习教育理论，开展教材、教学法研究，以及交流教学经验的机会，不定期地举办教育学、心理学讲座，举办制图、文学等课程的教学法短期学习班，帮助上述教师掌握教育科学的基本原理，懂得教学规律，改进教学方法。1988年9月，省中专教育研究会在广州举行广东省主编的全国中专英语教材讲习会。1991年3月18日，省中专教育研究会财经中专财经教师进修班在江门开学，为期一年，到1992年3月结业，先集中面授，然后分四片，由组长组织自学、做作业和讨论。经考试，有54人取得合格证书。1992年，卫生协会举办“药物反应”“临床检验”“运动外伤防治”等医疗技术业务讲座。1994年5月9—14日，省中专教育研究会在广州举行全省中专政治课教师骨干备课学习班，共112人参加学习。对“经济、政治”“职业道德”课的教学目的要求、重点、难点、热点和政治课改革的基本思路提高了认识。1994年6月，省中专教育研究会学生分会举办《德育大纲》《学生日常行为规范》《学生操行评定办法》和《班主任工作规范》学习班，学习结束后发继续教育证书。7月8日—8月14日，省中专教育研究会与广东教育国际交流服务中心联合举办中专英语口语强化班，由交流服务中心派美籍教师任教，学习结束后，发结业证书。7月25日—8月7日，省中专教育研究会举办计算机绘图提高班，聘请华南理工大学教授、专家上课和上机辅导，学习结束后发继续教育证书。7月1—6日和7月22—28日，省中专教育研究会举办普通中专会计（电算化）师资培训班，学习结束后发继续教育证书。1995年10月23—28日，省中专教育研究会举办两期教务科长《中专教学管理工作规范》学习班，155所学校163人参加。1996年10月7—10日，省中专教育研究会举行中专语文教学年会暨师资培训班，聘请国内著名特级教师和教授讲课，160多位教师参加学习。2000年5月6—8日，省中专教育研究会在广州举办全省中专德育教师学习班，114所中专133名教师参加学习。教研会还通过开展一些集体备课活动，帮助青年教师一科一课、一章一节掌握重点难点和教学方法；组织召开各分会各学科的教学年会，使全省中专学校能定期或不定期地开展经验交流和学术研讨，互相学习、互相促进，广大中专教师的知识视野得到开阔、教学业务水平得到提高。针对新形势新问题进行中专教育科学研究，通过各分会的年会开展学术交流。省中专教育研究会每两年组织一次全省性中专教育研究成果申报评审，奖励优秀成果。到2000年，省中专教育研究会先后组织八届申报评审，有包括论文、论著、教材、教参、试题库、微机软件等上千项成果参评。其中，1998年第七次评审，参评240项，是历次参评数量最多一次，评出一等奖20项、二等奖27项、三等奖39项，共86项，占参评总数32%，为中专教育改革和发展做出积极贡献。

1986年2月，省高教局确定“七五”期间的第一批研究课题，如中专教育管理体制、学校管理、师资建设、教学研究、学生思想政治工作、体育卫生、招生分配制度改革等方面的中专教育理论研讨课题30多个，并落实承担单位或个人。同时还鼓励各教研会和会员可根据自己的业务和专长自选研究课题，对中专教育理论进行宏观的或微观的研究。1997年，省高教厅对中华职教学会中专教育委员会关于1997—1999三年教育研究课题，共4大类，广东中专教研会申报27项，均取得研究成果。这一切教研活动，对广东中专学校的办学水平和教学质量的提高起到了显著的促进作用，并且逐步形成了各门课的骨干教师队伍，使各门学科有了带头人，其中有6位被国家教委聘请为全国中专课程组成员。

（三）管理制度

1. 核定编制

随着中专并轨改革，计划、人事部门重视和加快解决中专学校办学规模、人员编制的核定，对师生比和教师占教职工总数的比例作合理调整。特别是90年代以后，后勤工作改革不断深化，从食堂承包开始逐步进行社会化服务，行政人员和工勤人数可以相应减少。1985年，国家教委和劳动人事部所定的编制标准（试行）已经不符合实际情况，进行必要调整。

按1985年9月12日国家教委和劳动人事部颁布的《全日制普通中等专业学校人员编制标准（试行）》的师生比，工、农林、医药类：学校规模640人为1：8，960人为1：8.5，1280人为1：9，1600人为1：9.5；财经类：学校规模640人为1：9，960人为1：9.5，1280人为1：10，1600人为1：10.5。教师占教职工总数的50%～52.2%。

为确定师生比的合理标准，省高教厅根据1986年起连续十多年对省内中专学校办学条件、办学水平的评估和调查研究，重新核定编制，调整师生比和教师占教职工总数的比例。两次评估指标体系的比例是：省高教厅1995年8月18日颁布的《广东省普通中专学校办学水平等级评估标准（试行）》确定的师生比为1：12～1：15。教师占教职工总数的60%。省教育厅2000年3月28日颁布的《广东省中等专业学校办学水平评估指标体系》的师生比标准：学校规模1000人及以上为1：16，1600人及以上为1：20，3000人及以上为1：24。教师占教职工总数的60%。

1995—2000年广东省中等职业技术学校师生比、教师与教职工比统计表

表4-1-6　　单位：人

项目 年份	在校学生数	专任教师数	师生比	教职工数	教师占教职工比
1995	162929	8852	1：18.4	18026	49.1%
1996	192515	9519	1：22.2	18064	52.7%
1997	211717	10147	1：20.9	18890	53.7%
1998	221427	10705	1：20.7	19562	54.7%
1999	228606	10428	1：21.9	19095	54.6%
2000	224341	10736	1：20.9	19278	55.7%

2. 改革构成模式

以1997年起，改革传统的师资队伍构成模式，建立“动态”的管理模式。在人员定编、经费包干的前提下实行固定编制占70%的基本骨干教师和流动编制占30%的外聘、返聘、专兼结合的动态管理模式，使学校既减少固定编制、减轻住房负担，又加强与社会联系，有利于竞争机制形成，更重要的是符合职业教育专业设置稳定性和灵活性并举的特点。

3. 健全评估体系

1991年，广东省修订的评估体系及等级评估标准对师资队伍的结构（含专业、数量、学历、职称），以及学科带头人等提出具体的要求，给各中专学校的师资队伍建设指明方向并明确任务，使各校高职称、高学历、动手能力强的师资数量不断增加，人员结构比例更趋合理。广东省中专学校专任教师占教职工编制的比例由1995年的49.1%提高到2000年的55.7%，各校越来越重视培养学科带头人，重视“双师型”教师的培养。省旅游学校不仅要求教师有教师职务资格，还要有“全国导游证”或“国际导游领队证”“特级宴会设计师证”或“特级厨师证”等证书。

4. 科学考核

1979年1月，省高教局制定《中专教学常规工作基本要求》等文件，明确学校各级教学岗位的责任，建立教师业务档案，对教师个人的业务考核提出数量和质量的要求，进一步健全学校对教师的管理制度。1985年，轻工部广州轻工业学校对过去的教师工作量计算办法进行改革，将奖酬金的分配与教师的授课量、教师的教学效果挂钩，并运用模糊数学的方法对教师的教学效果进行量化评估，使全校教师对本人每个不同阶段的教学情况有比较的标准。这一方法，既提供教学情况的信息反馈，又有利于检查和帮助改进教学，调动教师的积极性，促进教学质量的提高。这些科学管理方法在全省范围内积极推广，促进全省中专学校的各项管理工作逐步健全起来。1991年6月19日，教师教学工作质量评估研讨会在佛山卫校举行，有61所部、省属中专学校的领导和部分市教研分会的负责人共85人参加，介绍推广佛山卫校和广州有色金属工业学校制订和执行的教学工作质量评估方法，包括指标体系、评估方法、计算操作、与奖励挂钩等，还介绍实施效果与体会。

（四）政策待遇

1. 表彰奖励

1985年1月21日，六届全国人大常委会第九次会议通过《关于设立教师节的决定》，决定每年9月10日为教师节。1985—2000年，每年教师节，省委、省政府举行庆祝教师节暨表彰教书育人优秀教师、尊师重教先进大会。与此同时，各学校主管部门、主办单位和学校，也定期表彰先进。1985年9月，省高教局对从事教育工作30年的教师颁发荣誉证；在教师节评选表彰省高教系统先进工作者，其中表彰中专学校的先进工作者一批。同年，省委、省政府表彰优秀教育工作者，其中中专学校优秀园丁奖3名、园丁奖7名。1986年9月，省政府给从事教学工作满25年的教师颁发荣誉证。1988年9月，省高教局评选高教战线先进工作者，其中表彰中专学校的先进工作者一批；同年，省委、省政府表彰优秀教育工作者，其中中专学校优秀园丁奖3名、园丁奖7名。1989年，省政府举行大会，表彰优秀教育工作者，其中中专学校有全国教育系统劳动模范2人，全国优秀教师和优秀教育工作者29人，广东省优秀教师和优秀教育工作者28人。

1992年，广东省首次设立“南粤杰出教师奖”“南粤教书育人优秀教师奖”“南粤教坛新秀奖”等奖项，表彰一批优秀教师，广州市电子职业中学李伟辉和南雄高级职业中学丘德高被评为南粤杰出教师。1993年9月8日，省委、省政府在广州举行广东省庆祝1993年教师节暨表彰优秀教师大会，表彰一批优秀教师，其中中专学校获南粤教书育人优秀教师12名（其中特等奖2名），新会市教师进修学校黄开南、潮州市师范学校蔡桂楠、肇庆卫生学校余煜标被评为南粤杰出教师。1994年9月6日，省委、省政府举行广东省庆祝1994年教师节暨表彰教书育人优秀教师、尊师重教先进大会，表彰一批优秀教师，其中广东邮电学校卓一恒、阳江市第一高级职业中学陈文詠和连山县教师进修学校邓远天被评为南粤杰出教师，还有10名中专学校教师被评为南粤教坛新秀。1995年9月6日，省委、省政府举行广东省庆祝1995年教师节暨表彰教书育人优秀教师、尊师重教先进大会，表彰一批优秀教师，中专学校获奖南粤教书育人优秀教师20名，清远市师范学校黄昌孝被评为南粤杰出教师特等奖，奖金5万元；韶关市卫生学校杨坤生被评为南粤杰出教师优秀奖，奖金3万元。1996年9月6日，省委、省政府举行广东省庆祝1996年教师节暨表彰教书育人优秀教师、尊师重教先进大会，全省表彰20名中等职业技术学校南粤优秀校长，省电力学校吴伟贤、中山市沙溪理工学校黄若凡、揭阳市普宁师范学校秦允天、韶关市教师进修学校林弗尧被评为南粤杰出教师。1997年教师节期间，全省评选表彰20名中等职业技术学校南粤优秀校长，省机电学校罗丽纤、广州市师范学校陈成祖、中山市教师进修学校黄卓廷被评为南粤杰出教师。1999年教师节期间，全省表彰20名中等职业技术学校南粤优秀校长，江门市高级技工学校刘惠础被评为南粤杰出教师。

2. 福利

1979年1月，省高教局制定《省属中专学校教师授课量和超课时津贴办法》，使酬劳得到相应匹配。1984年，省邮电学校率先实行教师的授课量与奖金挂钩的制度。1989年2月28日，省政府发出《关于加快发展中等专业学校、技工学校教育的通知》，通知中规定“教龄满30年的教师可按本人工资百分之百领退休金”。八届全国人大常委会第四次会议通过《中华人民共和国教师法》，自1994年1月1日起施行。随着一系列的法律法规、政策、制度的落实执行，全省中等专业学校教师的待遇不断提高，工作、生活条件不断改善。

三、专业设置和教学改革

（一）专业设置

1. 概况

随着改革开放不断深化，为适应经济发展、市场需求、知识更新等变化需要，中专学校开设专业的门类、专业名称、专业涵盖面都在不断发展。1979年，各校的专业设置主要针对主办部门的需要，不少学校仅开一个专业。1985年4月，省政府在广州召开新中国成立以来首次全省中专教育工作会议，要求中专教育必须适应广东经济建设和社会发展的需要，立足改革，以“三个面向”为指导思想，加快发展步伐。到1988年，全省共167所中专学校开设186个专业。在经济体制转轨期间，根据社会需求、按行业的技术岗位设置一批新专业，调整、撤销一部分社会“滞销”的专业，使专业设置更趋合理和完善，丰富多彩，种类齐全。1999年，已进入专业目录的专业共有9科、49类、519个专业，全省中专学校已开设392个专业，几乎覆盖第一、第二、第三产业。主要有：模具设计与制造，数控技术应用，计算机网络技术，电子与信息技术，制冷与空调设备与维修，城市燃气工程，电子商务，国际商务，酒店服务与管理，园林设计与管理，护理（康复），护理（美容），广告装潢与设计，物业管理，物流管理，社区服务与管理等专业，紧密贴近市场经济发展，适应社会现代化需要。

2. 骨干专业

通过办学水平评估、专业评估，教学管理规范检查，经验交流等，推动各中专学校开展教学领域改革。特别是根据国家教委《关于面向二十一世纪，深化职业教育教学改革的原则意见》，省高教厅制定《关于普通中专骨干专业改进与建设意见（试行）》，推动学校改革传统学科型教学体系，建立以职业能力为中心的教学新体系，创建骨干专业以带动其他专业，办出职业教育特色。经学校申报，按省高教厅制定的《广东省普通中专骨干专业评估指标体系（试行）》进行评估验收，1997—1998年分三批确立全省中专学校61个专业为骨干专业，召开两次骨干专业现场观摩会，并把省教育专项资金（中专部分）配套投入骨干专业建设，促进中专学校的专业教学领域改革逐步引向深入。

（二）教学改革

1. 课程体系改革

改革传统型课程体系。根据中共中央、国务院1999年《关于深化教育改革全面推进素质教育的决定》，全省职业学校按照“改变课程过分强调学科体系，脱离时代和社会发展以及学生实际的状况。抓紧建立和更新教学内容的机制，加强课程的综合性和实践性，重视实验性教学，培养学生实际操作能力”的要求，着力改革学科型教学为模块教学。许多学校认真探索，深入调查论证，查阅资料，确定教学目标，拟定模块教学专题和教学方法，总结出不少经验。较为典型的改革模式有：“综合课程模块化”“多元统合型”“集群式模块”和“阶段式模块”等课程体系，以及参照“CBE/DACUM”课程开发模式及其课程体系结构等。省电力工业学校按工科中专的实际，创设“三元统合型”的课程体系，建立“学科课程—综合课程— 强化实践课程”三位一体课程结构，继承和发扬传统的“以学科本位”为主导的课程体系的优点，同时克服其弊端，建立一种能提高学生综合职业能力和全面素质的模块式的课程体系。省中专教研会财经分会集体研讨，对财会专业改革课程体系，提出将课程分为四大教学模块：职业思想道德模块、职业基础知识与能力模块、职业知识与能力模块、拓宽知识与能力模块。相应改革教学方法、考试方法，实现向应用型、岗位能力型、能力素质教育型的转变。梅州农业学校采用“并行式”课程模式，恰当地并行设置文化课、专业课、综合素质课，改变传统的“三段式”课程组合形式，使学生由浅入深地完成专业生产任务中各个环节的技能训练，并带着实践中的疑难努力学习专业理论。其他学校也在积极进行课程综合化探索和试验。

开设新课程。为适应经济发展、技术革新和知识更新的需要，及时开设相应新课程。轻工部广州轻工业学校以社会调查为基础，明确专业培养目标和就业岗位群，并对这些岗位逐一进行职业能力分析，以帮助学生获得这些能力为主线，兼顾学生特长的培养与学校的办学特色，进行教学设计，开发出相应的课程。省邮电学校增设“数字通讯”“程控电话”“光纤通讯”等课程。省纺织工业学校，在90年代后期，根据多年积极探索“小老板、小业主”型人才培养的经验，开设有关小业主创业的课程。省高教厅中专处在2000年组织创新创业教育试点工程，加强就业指导教育，设立“创作力开发”课程和小企业创业与经营方面的培训课程，组建“创造教研室”，鼓励学生创新创业，宣传表彰创新创业典型，为迈进21世纪打好基础。

政治理论课程。改革开放初期，中专学校的政治理论课程一般是：文科类讲授政治经济学、哲学，工农医类讲授马克思主义基础等内容。1990年广东省颁布的《德育大纲》明确规定分为政治理论课、法律基础知识课和思想品德课，分年级具体作出安排。1993年10月9日，国家教委发出《关于中等职业技术学校政治课课程设置的意见》，指出“政治课是学校德育的重要阵地和主要渠道”，“要贯彻邓小平同志关于‘学习马列要精，要管用’的指示精神”，根据学生文化程度和学制的不同，分别设置“经济、政治”“世界观、人生观”“法律”“国情”“职业道德”等课程。1996年1月6日，国家教委发出《关于中等职业学校财经、政法类专业政治课课程设置的意见》，对文科类学校，除上述课程外，增设“哲学基础”和“建设有中国特色社会主义的理论与实践”课程。1997年6月26日，省高教厅关于改进普通中专学校政治课教学工作的意见，再次明确政治课的主要任务、课程设置和安排，要求努力改进教学方法和手段，每门课程单独组织考核，把成绩作为毕业的依据等。

美育课程。1988年8月17日至21日，国家教委职业教育司召开全国中等专业学校美育座谈会，广东省供销学校参加。同年12月26日，省高教局转发国家教委职教司《关于转发〈全国中等专业学校美育座谈会纪要〉的通知》，明确阐述美育的地位、作用、目标、内容、形式、手段等问题，要求部、省属重点中专力争在三年内普遍开设“美育基础”课程。随即成立广东省中专美育教研分会，推动各校大力开展美育。1989年3月，中专美育分会总结广东省开展美育情况，举办美育师资培训班，聘请广州美术学院和广东省美术、戏剧、舞蹈、音乐名家或领导开出讲座；4月15日至19日，编写美育教材《美育基础教程》，为广东省中专学校开展美育奠定基础。1999年3月5日，省高教厅发出《关于印发〈广东省普通中等专业学校美育教学大纲（试行）〉的通知》，要求自1999学年度开始试行采用必修课、选修课或讲座形式，开设“美育基础”课程，要求国家级、省级重点学校带头做好。

2. 教学模式

目标教学。1994年，广东省卫生类学校首先推行目标教学，效果显著，不仅使教师能有效地控制教学的全过程，而且大大强化学生学习的主动性，大面积地提高教学质量。此后，其他门类学校或课程也参照运用和推广。

借鉴和创新。90年代开始，陆续引进许多国外的教育模式，如德国的“企校结合、理实结合、知技结合的双元制模式”，新加坡的“教学工厂”模式，联合国劳工组织推行的“技能本位（MES）”模式，加拿大的“能力本位（CBE）”模式，等等。广东省坚持执行“继承、借鉴、创新”六字方针，逐步形成有自己特色的教育教学模式。

改革教学方法 在教学方法上，逐步从以教师为主体的知识灌输式教育，改革为以学生为主体的素质能力培养式教育。大力提倡启发式、直观式、讨论式、研究式教学和仿真模拟教学、案例教学、模块式教学，以及产教结合等先进有效的教学方法与模式，不断增强学生应用能力和开拓能力的培养。

3. 教学手段

电化教学。1980年6月2日，省高教局举行中专电化教育会议，传达中央电教馆编导班会议精神（观摩13部电影、54部录像），提出三年内大力推广普及幻灯教学，开展录像、电影、闭路电视教学。1982年3月，省农机学校率先购置日本进口成套语言实验教学设备。1984年，全省中专学校仅有一台电视摄像机。至1986年，据广东省对24所中专学校办学条件评估统计，仅电化教学设备一项即达204.6万元。不少学校购置了电视摄像机、编辑机、字幕机、大屏幕电视投影机、电视卫星节目接收设备等。省电力工业学校还新建了电教大楼，省电子学校建立了全校闭路电视系统，供销、邮电、广播电视、民航、交通、电子、部轻工、国际金融、航运等9所中专学校具有电视教学片的制作能力。省供销学校还被确认为全国供销中专学校的电视教学片制作中心，该校的电视教学片销向全国20多所中专学校和省内100多个单位。民航广州中专学校大力开发和使用计算机辅助教学和多媒体组合教学，革新教学系统，对航空电机、工程制图、飞机构造、电子设备、飞机系统附件、单边带等课程完成多媒体组合设计教学方案，制作教学录像片和计算机辅助教学软件、教学模具、教学挂图等。到90年代末，评估达到一级水平的学校，均已设立一个以上多媒体教室，部分学校每个课室都配有多媒体教学设备，教师携带手提电脑与之对接即可授课。在骨干专业建设与学科带头人的推动下，涌现了一大批生动活泼、效果显著的CAI教学课件。

专业教室。80年代初，省农机学校建立拖拉机汽车发动机、底盘、电气和整机结构等4个专业教室，在专业教室上课，可以边讲、边演、边练，理论与实践密切结合。随着时间推移，专业教室不断更新和充实设备，各中专学校纷纷建立，配上多媒体和仿真设施，能更充分利用电化教学和实物，如民航广州中专建成的飞机发动机、飞机电子设备、航空电气设备、航管雷达、航空导航、实用电子技术等专业教室，水平高，效果好。

4. 实践教学

明确要求。1980年，一些中专学校由于仓促办学，设备简陋，个别学校是无校舍、无设备、无固定师资的“三无”学校，部分课程应做实验基本空白，大部分学校实验课开出率未达50%，实习只能随主办部门提供的车间或业务单位跟班劳动。1982年上半年，省高教局中专处组织约90人的检查组分批到24所省（部）属工农类中专学校进行教学检查，了解到这些学校的实验课开出率一般为50%～60%。通过检查，肯定成绩和经验，找出差距和存在问题，及时纠正。1997年，对13所工农类中专学校进行办学水平等级评估统计，实验课开出率达90%的有6所，达95%以上的有6所，达100%的有1所；实习开出率达90%的有2所，达95%以上的有4所，达100%的有7所。

1986年12月，省高教局发出通知，要求全省各中专学校要切实注意纠正中专教学上重理论、轻实践、学生动手能力不强的倾向，提出要保证实验和实践性教学的比例，加强实践性教学环节，建立稳定的实习基地，积极开展与专业有关的学习新技术的课外活动，创造条件让学生更多地接触生产和社会实践，提倡用所学的知识解决社会和生产中的实际问题，拓宽学生的专业知识面，使学生有较大的专业适应面和较强的动手能力，以适应社会对中等技术人才的需要。同年，制定《广东省中等专业学校教育评估方案》，对全省中专学校进行教育评估，从办学条件、管理水平、教学水平和教学质量四个方面来评价学校整体的办学水平，把实践教学作为教学水平和教学质量的一项重要内容。1992年7月11日，省高教局发出关于《广东省中等专业学校教学管理工作规范（试行）》的通知，明确规定实践性教学环节包括实验、实习（教学实习、生产实习、毕业实习）、课程设计（大型作业或综合练习）、毕业设计（毕业论文），把实践性教学提到规范化的高度。

规范教学。1995年6月5日，省高教厅发出《广东省普通中等专业学校教学管理工作规范》的通知。经过对管理干部培训学习，历次评估检查，各校的实践教学逐步上台阶。不少学校鼓励学生参加主管部门的业务技能证书考核。1998年2月6日，国家教委发出《关于印发〈面向二十一世纪深化职业教育改革的原则意见〉的通知》，指出“要培养直接在生产、服务、技术和管理第一线工作的应用型人才”。“必须贯彻产教结合的原则。”“积极推行两种证书制度。有条件的职业学校应建立相关专业（工种）的职业技能鉴定站。”学校普遍组织学生考取相关的业务技能证书，以至多个证书，使学生具备更充分的就业有利条件。1999年12月13日，省高教厅发出《关于修订〈教学管理工作规范〉实践教学部分规范的通知》，指出“实践教学系指以训练学生的基本技能和综合职业能力为主要任务的教学过程，包括：教学实验、实习、基本技能训练（含技能鉴定训练）、课程设计（含大型作业）、毕业设计（含毕业论文、毕业综合训练）、社会实践、语言实践和体育实践等。实践教学安排要把增强学生职业技术能力和就业能力放在突出位置，根据岗位需要合理确定实践教学的项目与课程。实践教学时数应达到总教学时数的40%～50%（财经、政法类为30%～40%）”。

由于学校配置符合标准、齐全完善的专业技能操作设备，主管业务部门大都把技能考核鉴定机构设在学校。民航广州中专，是中国民航总局委任的民用航空器维修人员基础执照培训和考试单位。省交通学校，是省劳动厅建立的交通行业技能鉴定所，进行汽车驾驶员、汽车维修工、路桥养护工、筑路机械维护工等32个技术工种的考评工作，还被省建设委员会定为公路施工企业技术管理人员岗位培训考核基地。省化工厅设在省化工学校的广东省精细化工、化工分析职业技能鉴定所是广东省化工行业技能鉴定基地之一。省对外贸易学校经国家教委批准设立全国公共英语等级考试点，该校的电脑培训中心被定为全国计算机等级考试分考点。省供销学校被省职业技能鉴定部门批准为会计电算化、推销员、秘书职业资格、酒店服务技能的等级证书定点考核单位。省建材工业学校被省建设委员会确认为广东省建筑试验工人等级考试培训考核中心。中山市中专和东莞理工学校都是全国计算机等级考试点。省电力学校研制成功的300兆瓦火电组仿真机，仿真最先进的沙角电厂B厂机组，1995年被广东省电力工业局确定为技术人员培训基地。

教、研、产结合 广东省中专学校与工厂挂钩，与科研生产单位挂钩，对外承办工程设计、测量、施工、新技术的咨询和推广等任务；校办工厂、农场承接新产品的研制、对外加工、市场商品的生产任务，学生的实习和毕业设计在社会生产的实践中得到检验和提高。根据广州市10所工科学校的统计，1980—2000年，他们在毕业实习和毕业设计中承担49个企事业单位的技术改革项目，还承担一大批课题研究和各类房屋设计任务，其中有83项被采纳。教育与生产劳动的结合，既为社会创造财富，同时也解决部分社会青年的待业问题，又为学校积累资金。其中，如广州市建材学校与国家建材总局联合在广州开办建材新技术推广咨询服务中心，该校与国家建材研究院共同研制的水泥含煤量的快速测定设备——“定炭仪”及“勃氏比表面积仪”通过鉴定，并经广州市经济委员会审定为广州市1985年新产品；省交通学校的学生实习，承包广州至湖南、惠州至樟木头、惠州至梅县、罗定至广西的四条公路改线路段的测量任务；省广州林业学校毕业实习的学生参加全省林业资源普查中的西江林带调查和广州郊区森林资源调查，为林业生产提供了依据；省环境保护学校的实习生，先后参加“韶关电厂扩建的环境现状评价”和“深圳市河流域防污染调查和预测”的科研工作；省农业机电学校学生毕业设计，为广州叉车厂设计叉持圆桶装置机构，填补了这种装置的空白，增加了该厂产品新品种。

校办产业。省电子技术学校引进美国HPC公司的先进设备，建立两条半自动化电子产品安装流水线，于1980年组建红棉电子厂，接受外商和国内来料加工安装各种规格的黑白电视机、彩色电视机和16种不用型号的录音机，取得国家电子产品合格证书，成为省级生产企业之一。省交通学校于1992年建立交通技术开发公司。省轻工业学校实习工厂研制生产的“固牌”固体糨糊获轻工部“技术进步奖”等多个奖项。银行学校于1987年迁址肇庆星湖旅游区后，举办肇庆城市信用社和模拟银行作为实习基地。中山市中专兴办高科技企业育兴有限公司，对内指导学生实训，对外提供技术服务。省医药学校建立附属药厂和南药研究所。佛山市卫生学校拥有两间附属医院（佛山市口腔医院和佛山市第五人民医院）。肇庆卫生学校也有两所附属医院。梅州农业学校创办绿色企业和生化厂，研制生产14种复合肥。80年代，成立宏泰实业总公司，为教学、科研、实习提供基地，1989年被农业部评为全国中专农校“加强实践教学，为当地经济建设服务”先进单位。

顶岗实习。改革开放后，社会上急需大量中级应用型人才，学校主动与有关单位联系，同时用人单位也直接到学校招聘员工，利用学生毕业实习机会，通过双方选择和协商，让毕业生到用人单位顶岗劳动，按岗位要求接受业务训练和考核，用人单位同时对应聘学生进行考查，实习过程学校派人检查指导，实习结束时毕业生总结实习报告，用人单位作出考察鉴定，既满足用人单位岗位缺人的急需，又为学生提供实习和就业机会。

5. 教材建设

改革开放初期新编的教材，主要是解决新开设专业、新开设课程的需要。全省编写反映新技术、新管理科学的补充教材和讲义达100多种，如《交通企业管理》《三种货币计价法》《借贷记账法》《中外合资会计教材》《电脑在户籍管理中的运用》等。根据经济社会发展和教学改革发展的需要，教材建设步伐不断加快。

编写通用教材。教研会、各课程分会积极组织编写符合学科发展实际的高质量教材，有些接受国家教委委托，有些被选为全国通用教材。

其中全国通用教材：1984—1986年，英语分会编写中专《英语》一至六册（全国通用），1986年获广东省第三次哲学社会科学优秀成果三等奖。1986—1988年，语文分会接受国家教委委托编写全国中专《语文》教材一至四册。1986—1989年，财经分会受国家教委委托编写全国财经中专教材：《工业会计核算》《经济法基础知识》《税务管理》。1989年，计算机分会受国家教委委托编写全国统编教材《计算机应用基础》和配套使用的例题、习题软件和试题库软件；1996年编写《微型机操作与应用基础教程》。90年代，省电子技术学校教职工主编全国通用教材30本。1992年，语文分会编写（全国农业中专统编）《语文》教材。物理分会参编全国通用中专《物理》教材和《物理解题指导》，1997年编写全国统编《物理》教材配套用书中专《物理习题解》。1998年，卫生分会编写全国卫生中专规划教材《妇产科学》《药物学》。（以上教材均被广东省中专教研会评为一至三等奖。）

全省通用教材：1989年，数学分会编写全省通用工科《数学》、财经类《数学》教材和《中专数学选择题练习册》。1990年，教研会、各课程分会组织编写广东省中专教材《法律基础知识》《高频电路及应用》《应用写作教程》。1991年编写广东省中专教材《思想品德教程》，于1994年被中国大学出版社协会评为优秀畅销书。1992年编写广东省中专教材《企业财务会计》《特区企业简明会计》《财政金融基础知识》。1998年编写广东省中专教材《机械制造工艺学》《公差配合与测量技术》《应用文学练指导》《会计英语教程》《物业管理》《统计基础》以及非化工专业通用《化学》教材。1999年编写《建筑装饰施工技术》《出纳业务》《企业经营管理实务》《无线电技术基础——信号与线性电路》《销售服务英语》《免疫学基础及病原生物学》《妇产科护理学》《实用商务谈判英语》教材。（以上教材均被广东省中专教研会评为一至三等奖。）

编写广东特色教材。一些学校适应中专教学需要，结合广东地区经济特点，编写出有一定质量和学术水平，得到全国同行的认可和使用的地方特色教材。省环境保护学校是在国内没有现成办学经验可借鉴的情况下创办的，在省内有关学者专家的帮助下，制定环境监测专业的教学计划，编写出17门专业基础课、专业课的教学大纲、教材和6门实验讲义，共计400多万字，还为国内各地开办这类专业的学校提供了七八种教材，填补中国环境保护中专教育的一项空白。轻工部广州轻工业学校的专业课和基础课教材，绝大多数是自编，其中公开出版并被采用为国内教材的有《制浆造纸工艺及设备》（与四川省轻工业学校合编）等；由学校内部出版的教材《塑料成型设备》等书，1979—1985年发行2600册，被全国60多个厂校采用；《机械制图》公开出版并再版两次，省内外有200多家厂校采用。省劳改工作警察学校自1984年开始招生以来，先后编写出《狱政管理学》《劳改工作概论》《狱内侦查工作》《劳改生产技术管理》等教材和讲义，其中《劳改工作概论》一书于1988年由广东高等教育出版社出版，全国发行。广州市橡胶学校编写工艺专业使用的《橡胶工艺原理》《制晶工艺学》《轮胎工艺学》，橡胶专业使用的《橡胶机械》《橡胶加工工艺概论》等教材，不仅解决本校教学上的急需，而且有数万册支援全国各同类中专学校、技工学校和研究所的教学，为橡胶行业普及专业教育发挥作用。广州旅游服务学校编写《粤菜烹调技术》《广州点心》等教材发行10万多册，被全国同行誉为学习粤菜的权威性教材。90年代开始，省舞蹈学校编写广东民间舞蹈（英歌、采茶、黎族等）教材、舞蹈基本训练钢琴伴奏教材、中国民间舞蹈音乐伴奏教材、舞蹈基础理论教材、化妆课教材，同时编制音像教材4套，向全国公开发行（另有省内发行的舞蹈音像教材7套）。这些音像教材，可以用于同步教学，可以分组教学，也可以个别教学。1979年，中专语文教研分会编写了《历代应用文选》；物理教研分会编写了《物理实验》教材；中专数学教研分会于1997年完成工科、文科两类《数学》教材共6本，1998年按新大纲把工科《数学》教材进一步修订出版，对文科教材编写配套教参和习题集；中专英语教研分会于1996年出版《广东中专英语等级考试教学资料汇编》和《中专英语等级考试习题集》，1997年出版《英语听力阶梯》；中专政治教研分会于1996年编写出版《中国香港1997》（中专生读本），1997年编写出版《中国澳门1999》，成为爱国主义教育的重要教材；中专计算机教研分会受广东高教出版社委托编写《会计电算化实用技术》和《多媒体电脑装配调试与维护》，1997年根据新教学大纲编写出版《微机系统与应用基础（For Windows）》和《计算机应用基础实验指导》等教材；中专美育教研分会于1997年编写出版《美育基础教程》，成为中专教育第一套美育教材。

四、教学设备与实训基地建设

（一）教学设备

1978—1986年，省高教局和各职业技术学校主办单位拨给各校用于教学实验设备的经费共4703.7万元，其中7所工、农、医类型的全国重点中专学校为2220万元，新建实验室和实验大楼共44300.8平方米，但是仍然跟不上生产形势迅猛发展，通过对学校进行评估，促进学校和主管部门解放思想，多渠道解决困难，采取主管部门增加投入，学校自筹，有关单位赞助，自力更生研制，争取世界银行贷款，教育部门、主办单位与学校“三方共建”等方式，1990—2000年，教学设备的数量不断增加，质量不断提高。

省航运学校实验室从1980年的7个增加到1999年的36个，而且原来的实验室也增加不少新的设备项目和实验器材，拥有雷达、ARPA、GMDSS、电航、轮机自动化等先进设备，还有“南方3号”等两艘实习船。民航广州中专拥有大中小型飞机9架，各类发动机43台。轻工部广州轻工业学校引进德国FESTO公司的先进设备，与该公司联合建立中德FESTO（广州）自动控制技术培训中心。省轻工业学校建立工业自动化控制室，又与德国FESTO公司合作成立广东省气动液压控制技术培训中心。省机械学校组建的机械CAD/CAM实训中心（下设数控技术及模具加工分中心）、电气工程实训中心、计算机软件操作训练中心，均达到现代化先进水平。湛江气象学校建立各类实验室43个，还设有气象实习台和农业气象实验站、气象卫星云图接收系统、VSAT站等现代化设备。广州铁路机械学校建立内燃机车、电力机车仿真模拟驾驶室和模拟变电站。省交通学校拥有先进的测量仪器——全站仪，与日本丰田汽车有限公司合作，引进丰田TEP技术教育，建立丰田TEP实验室，又与省交通厅等单位合作，把省道路运输车辆综合性能检测中心建在该校，既是实训基地，又为获取“双证”提供条件。省电力工业学校90年代初自行研制成功的“发电厂变电站运行模拟装置”荣获广东科技一等奖等多个奖项，主要靠自身技术力量开发的300兆瓦火电机组仿真机达到国内90年代中期先进水平。广州市第一商业学校拥有国内设备最先进的眼镜验光配镜实习室。省环境保护学校配有双光速原子吸收分光光度计、气相色谱仪、721紫外光光度计、光电天平等先进设备。省医药学校拥有一批达到90年代初先进水平的高效液相色谱仪、紫外分光光度计和薄层扫描仪等先进设备，建有药物制剂中心、药物检验中心和附属药厂。韶关卫生学校有五人共览显微镜及各种生化自动分析仪等先进设备。美国小麦协会在省粮食学校设立的华美烘焙技术培训中心，从1985年起，培养多届粮油食品加工中专班学生。

省广州林业学校建立现代化的生物技术实验中心。惠州农业学校建立科技含量高、规划现代化、占地10万平方米的惠州特色农业示范基地，内设猪场、鸡场、果园、食用菌场、组织培养室、无土栽培场、鱼塘、水稻高产栽培和品种对比试验基地。于2000年与惠州市农业龙头企业“三联农庄”用技术合作方式建成校外实训基地。

省水电学校的实验室建设，由于各级领导重视，经过70年代建立，80年代充实、更新，90年代功能扩充，各个实验室初具规模，不仅满足教学大纲规定的教学要求，而且能适应岗位能力培养的需要。水工类专业的实验室，主要有5个，其中建材实验室配有1000千牛、100千牛万能试验机各一台，2000千牛压力机一台，各种实验仪器配套合理；工程力学实验室有先进的电阻应变仪，其中两台与计算机连接，可利用电脑采集数据、分析并计算测试结果；还有一台日本产的光弹仪，可以对应力现象进行演示，有较好的直观效果。

（二）实训基地建设

1. 模拟实习基地

各校根据实习目的要求，自行研制开发，建成大量模拟、仿真设备，供学生反复操作练习，达到准确熟练的要求。如模拟电子商务（EDI）实验室，模拟银行，模拟法庭，机车模拟驾驶室，模拟变电站，模拟重症监护室，模拟内科实验室，模拟西药房，模拟餐厅、酒吧、客房，化学工艺仿真实训中心，燃机车、电力机车仿真模拟装置，计算机仿真水电厂，火电机组仿真机，仿真模拟病房，仿真手术室，多功能仿真医学影像技能训练室等，均能按实训目的发挥作用。如省化工学校建有化学工艺仿真实训中心，省对外贸易学校建立模拟电子商务（EDI）实验室，广州市卫生学校设有模拟重症监护室、模拟内科实验室、模拟西药房等实训、实操基地，肇庆卫生学校有护理技能训练室、仿真模拟病房、仿真手术室、多功能仿真医学影像技能训练室等，广州市旅游学校建有与星级酒店厨房相仿的操作实训室，可容纳200多名学生同时进行厨、点、西餐的操作教学，还有模拟餐厅、酒吧、客房、形体仪态训练室等设施，加强学生的技能训练，培养学生的动手操作能力。

2. 校办产业

省交通学校于1992年建立交通技术开发公司，省商业学校开办粤商经济开发公司，中山市中专兴办高科技企业育兴有限公司，广东银行学校校办肇庆城市信用社和模拟银行，省电子技术学校1980年组建红棉电子厂，省医药学校建立附属药厂和南药研究所，佛山市卫生学校和肇庆卫生学校各有两间附属医院，梅州农业学校在14个乡镇建立水稻、果树增产基地等，为实践教学提供良好的条件。

3. 实习基地

轻工部广州轻工业学校与企业联系，参与企业的生产技术服务、新产品的研制开发、生产技术改造等多项课题，与省内近20家大型骨干企业达成协议，建立校外实习基地。省华侨中专与康佳集团股份有限公司等10多个企业建立校外实习基地。省水产学校在和龙水库建立名贵品种网箱养鱼基地，1995年被广州市纳入“菜篮子工程”。较为突出的典型是省水利电力学校，校内拥有计算机仿真水电厂等多功能现代化实训场10个，校外还有2400千瓦容量电站的实训基地2个，以及12个电站为实习基地。该校从1994年开始，在省水利厅的重视和地方水利水电部门的大力支持下，先后在四个地方建立三种形式的校外实习基地：（1）协议式实习基地，双方签订互利合作协议书，学生生活、实习安排在基地，如白盆珠水电站、锦江水电站；（2）半自主式实习基地，工程管理局无偿提供土地，主管部门和学校合建教学和生活设施，学生由学校管理，实习由工程管理局协助安排，如飞来峡水利枢纽；（3）全自主式生产实习基地，由主管部门和学校出资建成实习基地，学生的生活、实习安排权均在学校，如学校在曲江县建立的教学实习电站于1996年建成投产，逐步发挥作用。

第二节　高等职业教育

一、概况

中共十一届三中全会后，广东经济迅速发展，对人才的需求在数量上剧增的同时，在规格上也要求多元化，特别是对应用型人才的需求十分迫切。普通高等教育的培养目标与地方经济建设的需求不够吻合，形成人才供求方面的严重脱节。大力发展职业教育，尤其是大力发展高等职业教育，成为当务之急。为此，省委、省政府分别于1983年和1985年作出《关于开创广东省教育事业新局面的决定》《贯彻〈中共中央关于教育体制改革的决定〉的意见》，确定兴办一批新的高等学校，优先发展专科学历层次和广东省急需的短线紧缺专业。短期职业大学就在这种情形之下应运而生。1983年4月，广州市总工会主办的原广州市业余科技学院和广州市工人马列主义大学合并，改称为广州市职业大学。1984年6月，广州市职业大学改名为广州大学，主要为广州市培养急用、短线的大专人才。1985年4月、6月，嘉应大学、韶关大学相继成立。1986年2月和4月，佛山大学和西江大学成立。这些学校均属短期职业大学。到1986年年底，这5所职业大学共有教职工809人，其中专任教师384人，共有在校学生3557人。兴办职业大学，调动地方政府办高等教育的积极性，扩大教育规模，增加就学机会，在一定程度上改善高等教育的层次结构，缓和人才供求矛盾。

1991年3月，广东省召开普通高等教育工作会议，提出在改革和优化结构方面，要积极改革专科层次教育，把普通高等专科学校与现有的短期职业大学统一作为高等专科学校系列，既培养高级技能型人才，也培养高级应用性专门人才和初级中学师资。

1996年5月15日，《中华人民共和国职业教育法》正式颁布。6月，国家高等职业教育协调小组决定在北京、上海、江苏和广东进行发展高等职业教育改革试点。广东省积极贯彻《中华人民共和国职业教育法》和全国职业教育工作会议精神，把发展高等职业教育作为建设教育强省，力争20年基本实现现代化的重要工作来抓，制定了发展高等职业教育试点方案。深圳职业技术学院按照职业教育的要求来规划建设，被国家教委列为高等职业教育试点学校。1997年，广东省制定《关于在普通专科教育中改革发展高等职业教育的意见》，确立19个专业为高等职业教育专业改革试点，在28所成人高等学校66个专业点进行高等职业教育试验，在省交通学校等10所办学条件较好的国家级或省部级重点中专试办高职班。1997年10月13—15日，国家教委在深圳举行深圳职业技术学院挂牌仪式暨高等职业教育教学改革研讨会。

在发展高等职业教育过程中，全省在采用多形式、多机制发展高等职业教育方面也取得新进展：一是通过学校调整、合并、改革、改制，发展高等职业教育。将顺德永强成人学院与顺德工业中专、卫生学校合并，组建为顺德职业技术学院；广东轻工业中专改办为广东轻工职业技术学院；广州民航中专改建为广州民航职业技术学院。二是鼓励和引导社会力量举办高等职业教育。如将民办白云职业培训学院改为民办白云职业技术学院。三是大力推动普通高等学校非师范专科专业改办为高等职业教育。如在广东工业大学、湛江海洋大学等校设置职业技术学院。四是为了加强职业教育师资队伍的培养，将广东民族学院改办为广东职业技术师范学院。

1999年11月，教育部召开第一次全国高职高专教育工作会议。会上，深圳职业技术学院等校作典型发言，交流学校在教学改革和建设方面的经验。2000年5月，国务院同意授权广东省政府自行审批设立高等职业技术学院。为了规范管理，省教育厅制定《广东省高等职业学校设置申报审批程序》。经省政府批准，2000年新设立5所职业技术学院。同年5月17日，广东职业技术师范学院被教育部确定为第二批全国重点建设职教师资培训基地学校。经评审，教育部确定广东6个高职专业为全国高职高专教学改革第一批试点专业。

到2000年，全省共有职业技术学院13所，包括深圳职业技术学院、番禺职业技术学院、顺德职业技术学院、广东轻工职业技术学院、广东交通职业技术学院、广东水利电力职业技术学院、广州民航职业技术学院、广东农工商职业技术学院、广东松山职业技术学院、佛山职业技术学院、白云职业技术学院、潮汕职业技术学院、新安职业技术学院。

二、教师队伍

广东省真正意义上的高等职业教育是以1993年深圳职业技术学院成立为标志的。当时，全省高等职业技术学院只有1所，即深圳职业技术学院，成立之初有专任教师42人，其中副教授8人。到2000年，全省高等职业技术学院发展到13所，在校学生39430人，教职工4726人，专任教师2550人，其中教授88人、副教授580人。

1996年，省高教厅印发《关于制定高等职业教育教学计划和教学模式的若干意见》，旨在促进高等职业教育培养目标的实现，落实高等职业教育的基本规格要求，包括制订教学计划的基本原则、教学模式、教材编写遵循的原则和师资配备模式等方面。2000年2月，省高教厅转发《教育部关于加强高职高专教育人才培养工作的意见》。该意见根据中国社会主义现代化建设事业的需要和高职高专教育的实际状况，明确提出中国高职高专教育的办学指导思想、人才培养工作重点和工作思路，是2000年之后一段时期内中国高职高专教育人才培养工作的指导性文件。转发通知提出要贯彻该意见。同年8月，省教育厅印发《关于加强高等职业教育人才培养工作的意见》。该文件提出广东省贯彻中共中央、国务院《关于深化教育改革全面推进素质教育的决定》和《教育部关于加强高职高专教育人才培养工作的意见》的指导性意见。全省高等职业技术学校贯彻这一系列管理规定，十分重视教师队伍建设，认真按要求配备师资力量，加强教师继续教育，逐步形成一支适应高等职业教育发展要求、学科专业知识与技能兼备、师德师风好的高素质教师队伍。

三、专业设置

（一）职业大学的专业设置

80年代后，广东省试办现代高等职业教育，基本为专科层次。1983—1986年，由各地方政府直接投资创办，这些学校的专业设置主要以地方经济社会发展需要为依据。1983年4月创办的广州大学，先后开设应用英语、法学、会计学、工业企业管理、工业与民用建筑、酒店管理、音响录音等14个专业，其中酒店管理、音响录音均为全国首创专业。1985年4月成立的嘉应大学，为中国农业银行代培农村金融专业人才，开设农村金融专业。1985年4月成立的韶关大学，办学初期开设汉语言文学、计算机应用、工业企业管理、英语等专业，后根据粤北医疗卫生系统医务人员奇缺情况，1987年增设医疗专业。1986年2月在佛山师专的基础上成立的佛山大学，兴办工科类专业5个、财经类专业2个，针对广东省公路桥梁专业技术人才严重不足的情况，与省公路管理局联合举办公路桥梁专业、工程机械专业。纺织工业是佛山的主要产业之一，是国家确定的12个纺织品出口基地，但纺织行业的专业技术力量不足，佛山大学与纺织工业部、省纺织公司和中国纺织大学合办纺织工程、染整工程等专业。

（二）职业技术学院的专业设置

1996年，国家为了有序地发展高等职业教育，提出“三改一补”（通过现有职业大学、部分高等专科学校和独立设置的成人高校改革办学模式，调整培养目标来发展高等职业教育，在仍不满足时，经批准可利用少数具备条件的重点中等专业学校改制或举办高职班等方式作为补充）建设职业技术学院的计划，即发展途径采取一般不新建学校，主要通过对已有的职业大学、部分高等专科学校、独立设置的成人高等学校进行改革和改组；对少量具备条件的重点中等专业学校，分期分批稳步改制为高等职业学校或职业技术学院。广东省被列为全国四个发展高等职业教育改革试点的省市之一。同年，经国家教委批准，全省共有8所独立设置的成人高等学校的14个专业进行高职专业教学试点，当年共招生700多人。从此，广东高等职业教育进入一个高速发展阶段。根据国家教委有关高职的意见和高职的特点，省高教厅研究制定有关实施高职教学工作的原则意见，并组织专家对各试点学校上报的高职专业教学计划进行审定，印发给各校参照执行。如1993年开办的深圳职业技术学院，从1996年秋开始，组织全体教师、研究人员和管理人员并邀请校外高级专家和管理人员参加，以岗位、职业、市场为导向，设立19个专业，主要有服装设计与工艺、环境艺术设计、广告设计与制作、工业造型设计、首饰（含宝石）设计鉴定与加工、花卉栽培与营销、中西餐饮的管理与制作、国际商务英语、国际商务日语、通信技术、应用电脑、制冷空调、航务与港口管理、家电维修、电气工程与机电维修、印刷技术、电算会计、商场管理、高尔夫球场管理等，制订并修订了26个专业的教学设计。其他新成立的职业技术学院的专业设置也都更加科学，更加市场化。

在此阶段，各职业技术学院的专业设置呈现出注重名牌专业建设和实践基地建设的特点。如省科技干部学院等5所成人高等学校，根据省政府《关于构建创新人才培养体系推动广东高新技术产业加快发展的意见》，制定《关于培养“软件蓝领”人才行动计划的实施意见》，设立信息技术等名牌专业。包括广东技术师范学院、深圳职业技术学院等的实训中心在内的35个职业技术教育实训中心向社会开放，其中投资近亿元建设的广东工业实训中心（广东技术师范学院管理）被确定为全省高职高专重点实训基地，深圳职业技术学院工业中心被确定为国家级高职高专示范性实践教学基地。

为适应广东高、中等职业教育的发展，加强职业技术院校的师资队伍建设，于1998年成立广东职业技术师范学院。专业设置主要面向全省的职业教育（含高等职业教育）的师资培养，这既要求满足当时职业教育的专业需求，又要体现职业教育的发展趋势。如计算机科学、电子信息工程、管理、中文、英语、财经、艺术设计、教育技术、自动化、机电等10个教学系、40个本科专业及方向，基本上涵盖了职业技术教育的几大门类，其中新设置的物流专业、电视制作专业等成为2000年前后的热门专业。

四、教学设备与实训基地建设

（一）概况

广东高职高专院校在其办学目标指引下，不断加大经费的投入力度，增添教学仪器设备，加强实训基地建设，努力完善教学基本条件，形成广东高职高专教学设备与实训基地建设的特色：其一，依托原有中专的基础设施，提升发展；其二，改造专科学校设施，转型发展；其三，规划新建院校的设施特色，创新发展。据抽样统计，2000年，全省高职高专院校，因为所在地的区域经济发展不均衡，故校有设备和实训基地建设情况各不相同，校有实验室在20～160个之间，校外实习实训基地在27～200个之间，设备价值在1300万元之间。粤东粤西粤北与珠三角地区相比，在实验室、设备总值和实训基地建设上存在较大距离，珠三角地区的高职高专院校的现代化程度普遍较高。

（二）主要设备

广州民航职业技术学院升格后，依托中专原有的基础设备，做到提升发展。实训飞机增加到10架，飞机发动机增加到49台，由旧型号发动机为主发展到以新带旧的发动机实训系列。如1998年争取到的波音737飞机上使用的CFM56-3型发动机和新型号的直升机发动机，极大地改善培训条件。

深圳职业技术学院自1993年创建始，学习境外发达国家和地区的建设经验，借鉴香港理工大学工业中心的运作模式，到2000年，形成自己的设备和实验室建设特色，建有校内实验室26个（实训室100个），设备总投入1.27亿元（除政府投资外，企业和社会各界捐赠3875万元设备），工业中心建筑面积3.2万平方米。

广东白云职业技术学院创办于1989年，一直坚持职业教育的办学方向，为改善学生专业实训条件，通过与企业合作办学，接受企业设备捐赠，不断改造、扩充设备，校内实验室有160多个，建筑面积近3万平方米，主要教学仪器设备价值6000多万元。

利用社会资金，争取各方面捐赠，是高等职业学校添置教学设备的重要途径。番禺职业技术学院在90年代后期争取到的行业企业捐款捐赠物品，折合人民币200万元，主要用于改善校内实训设备条件。如香港金银首饰有限公司、番禺珠宝厂商会会长、番禺云光首饰有限公司捐赠设备值30万元，共建番禺珠宝厂商会首饰CAD设计室；捐赠80万元添置真空加压铸造机等，组建首饰铸造实训室。

（三）实训基地建设

省教育厅为贯彻落实《国务院关于大力推进职业教育改革和发展的决定》和《广东省人民政府关于大力推进职业教育改革与发展的意见》，对高职教育实训基地建设科学规划，加快对技能型紧缺人才培养步伐，以满足珠江三角洲经济带制造业、现代服务业和流通业快速发展的需要。在此过程中，以阶段性目标来指导和促进实训基地建设，并重点建设数控实训基地，带动全省高职院校新增数控相关专业30个点，直接推动各高职院校的实训基地建设。

从1995年起，通过省政府和地方政府加大资金投入，加强职业技能训练基地和生产实习基地的建设，形成特点鲜明的校外实训基地格局：产学结合，校企共建；依托行业，科学布局；多方筹资，校企双赢。1999年7月，经国家教育部批准，在原省水利电力学校的基础上建立广东水利电力职业技术学院，该学院发挥学校的特色优势，依托飞来峡枢纽工程建设管理局，建立起学校飞来峡教学实训基地，基地占总面积1.4万平方米，建筑面积近4000平方米，其中实习工厂1300平方米，各相关工种的实训设备基本齐全，为学生创造优越的实训环境。高等职业学校校外实训基地建设得到行业企业的大力支持，全省高职院校基本上是在与企业合作中完善实习基地的。如广东工贸职业技术学院的前身创办于1957年，1999年开始承担高等职业教育；重视与企业合作建设教育实训基地，与广东名扬汽车检测设备有限公司、广东科莱尔教学仪器设备制造有限公司和广州电子集团等企业签订协议共建实习基地。番禺职业技术学院（原名番禺理工学院）1993年筹建，1997年9月教育部正式批准备案；学院不断发展并与企业合作建立稳定、运行良好、有保障机制的校外实训基地94个。这些校外实训基地既有国有企业，也有民营企业，还有中外合资企业和外资企业，涵盖了制造业、金融保险业、房地产业、建筑业、交通运输业等16个行业，其中制造业占45%；分布区域为：在番禺的占57%，在广州（不含番禺）的占21%，在珠三角（不含广州）的占17%，在珠三角以外的占5%，形成了实训基地辐射面广的布局。

第五章　普通高等教育

第一节　概况

一

中共十一届三中全会后，广东高等教育系统拨乱反正，纠正打击、歧视知识分子的错误，走向恢复发展的道路。1978年，全省共复办或新办7所师范院校，使广东高等学校总数在1979年达到29所。随后，1981年和1983年分别创办广州对外贸易学院和广东财经学院（后改名为广东商学院）。汕头市和深圳市也分别在1981年和1983年创办汕头大学和深圳大学。广州大学、五邑大学、佛山大学、西江大学、中山大学孙文学院、韶关大学、嘉应大学等中心城市大学也相继建立。在1983—1987年的5年间，广东先后复办、合办、新办了17所高等学校。10年中，广东普通高等学校由1979年的29所发展到1989年的45所；在校大学生数由3.79万人发展到10.42万人，增长了1.75倍。高等学校专任教师由1.05万人增加到1.58万人。

为适应高等教育的发展和国家对高级人才的需要，从1978年开始，中山大学、华南工学院、华南农学院、中山医学院、广州中医学院、暨南大学、华南师范学院等15所院校相继发展研究生教育。全省在校研究生数，1979年为650人，到1989年发展到3764人，增加了4.8倍。

80年代，广东作为全国的经济改革试验区，经济上的率先改革开放，也促进了高等教育的改革开放。1982年广东省两次召开高等教育改革工作座谈会。1983年3月，省委、省政府颁布《关于努力开创我省教育事业新局面的决定》，指出要进一步提高认识，真正把教育工作摆上战略重点的地位，开创全省教育事业新局面。同月，省委文教办、省高教局召开广州地区部分高等院校负责人座谈会，商讨如何以改革精神开创广东省高等教育新局面问题。随后，部分高校开始改革试验。1983年6月，经省高教局批准，华南师范大学、中山大学等13所高等学校在完成国家招生计划的前提下，分别与20多个用人单位签订合同，接受委托培养本科生和干部专修科学生1400多名。1983年4月，部分高校试行跨地区定向招生，全省试行跨地区定向招生的人数有280人。1984年5月，广州大学等一批高等学校开始实行收费走读、学生毕业后国家不包分配等制度。1984年10月，华南师范大学大胆进行改革，实行多渠道、多形式、多层次办学，使办学规模扩大，成为校内外各有5000多名学生的万人大学。

1985年4月，广东全省着手改革高等学校招生录取工作。改革的主要内容是：（1）实行保送免试入学；（2）推荐与考试相结合；（3）填报志愿在高考成绩公布后进行。

1985年5月，《中共中央关于教育体制改革的决定》颁布。8月，广东召开全省教育工作会议，10月，省委、省政府发布《贯彻中共中央关于教育体制改革的决定的意见》。从此，广东高等教育以管理体制、办学体制改革为核心，带动高等教育事业各项改革和进步，走向改革开放和全面发展。

1985年，教育部委托广东省进行数学、英语两科标准化命题考试改革研究试验。同年，报考英语专业的考生只考广东省自行命题的标准化英语试题，报考文、理科的考生仍考全国统一命题的英语试题；报考文、理科的考生均考广东省自行命题的标准化数学试题。1986年，国家教委同意广东省在当年的高考中进行英语、数学、物理三科的标准化考试试验，1987年增加化学、语文两科，1989年又增加政治科。到20世纪90年代，这一高考考试方法在全国推广。

在招生上，把国家单一指令性计划改变为国家计划与市场调节相结合的体制。实行两种计划招生，即指令性计划招生和调节性计划招生。在调节性计划招生中，从1983年开始增加了委托代培生、自费生、走读生、保送生等多种形式的招生。到1986年8月，广东省有29所高等学校从全国范围内招收委托代培生，以及对华侨和港澳学生采取单独招生的办法。暨南大学等高等学校专门在港澳地区设考场，招收两地区的考生。

这一时期毕业生的分配制度原则上与招生制度相配套。自费生不包分配，定向生、委培生毕业后按合同到所定向的地区或委托代培的单位工作；国家任务生则试行择优分配办法和供需见面的方式。1983年6月，为了逐步解决毕业生分配环节多、供需脱节、学用不一致的问题，广东20所高等学校和60个用人部门开展“供”“需”见面活动。

进入20世纪80年代以后，广东高等学校根据中共中央关于实行教育改革的精神，积极稳步地进行教育改革。1981年，召开全省高等学校教学研讨会。1982年，召开全省高等学校教学管理研讨会。1983年和1984年，分别召开全省高等学校教育测量研讨会和教学改革研讨会，交流教育改革和教学管理的经验，对高等教育规律进行探讨，对教育教学改革产生积极推动作用。在教育制度的改革方面，逐步试行有计划指导的学分制，增强教学活力。1986年，全省有15所高等学校试行这一制度。其中，深圳大学是实行学分制较早并取得良好效果的学校之一。有些高等学校还进行主辅修制和双学位制的试验，试行“专升本”制。在专业设置改革上，为适应广东改革开放的特点和现代化建设的需要，中山大学、暨南大学、华南工学院、中山医学院等多所高等学校通过合并改造、调整复办、新办等多种方式进行专业设置的改革，既适应了广东经济社会发展的需要，又形成了学校自身的特色。

1986年，全省高等学校设立的自然科学、社会科学和人文科学的研究院、所、室、中心等共190多个，专职研究人员达1530多人。自然科学研究成果显著，不少科研成果获得国家和省有关部门的奖励。其中，1979—1984年，获国家自然科学奖的有4项，获国家发明奖的有11项，获国家部委奖的有70多项；1980—1986年，获省科委奖励的有242项，获省高教局奖励的有632项；1988—1989年，有65项成果获省政府颁发的科技进步奖和自然科学奖，176项成果获省高教局颁发的科技进步奖，21项成果获省高教局和省卫生厅联合颁发的科技进步奖，有6项科技成果获国家专利。全省高等学校每年开展的科研课题约有3000项。1988年得到国家自然科学基金资助的科研项目81项，资助金额185.15万元。科技开发成果显著。据1988年省高教厅对中山大学等不同层次的16所高等学校不完全统计，转让的科技成果近

300项。其中创经济效益达50万元以上的有40项。1986—1988年的3年中，创造社会经济效益达15亿多元。

改革开放初期，创办的地方大学绝大多数为职业大学。如广州大学、嘉应大学、韶关大学、佛山大学、五邑大学和西江大学等，它们主要为地方培养短期的技术型、应用型专门人才。20世纪90年代以后，东莞、番禺相继成立理工学院；私立华联学院、民办培正商学院、民办南华工商学院等民办职业学院相继成立；深圳职业技术学院、广东轻工职业技术学院、广东交通职业技术学院、广州民航职业技术学院、顺德职业技术学院等地方或行业的职业技术学院相继成立。同时一批管理干部学院也招收高职生，一批本科院校也设立二级学院招收高职生，一批中专学校也招收高职班。为了培养高、中等职业技术教育院校的专业师资，省政府将广东民族学院改办为广东职业技术师范学院。至2000年，各种高等职业技术教育机构达40多个。

1979—1989年，广东在引进国外境外资金办学，特别是海外侨胞捐资办学方面成绩显著。捐资金额较大的有：香港知名人士李嘉诚对汕头大学的捐资，到1988年年底已达3.55亿多港元；香港知名人士霍英东捐资3000万港元兴建中山大学英东体育中心；香港知名人士邵逸夫给暨南大学捐赠1000万港元，用于兴建一座综合性体育馆。广州大学与意大利院校合作 协会合作建立维修工程技术学部，培养从事工业维修工作的高级专门人才，对方出资400万美元，合作期限5年，这是广东省高等学校第一个由外国组织资助建立的项目。

1978—1986年，全省高等学校先后与国外110多所高等学校建立了校际友好协作交流关系。1979—1989年，有1100多人公费或自费出国进修或攻读学位，参加国际学术会议近700多人次，外国专家学者到国内讲学、考察3000多人次，在国内任教有300多人次。1987—1989年，在广东高等学校就读的外国留学生共有1023人。

二

1992年，国家部署高等教育的改革和发展，提出高等教育改革和发展的目标是“规模有较大的发展，结构更加合理，质量上一个台阶，效益明显提高，到本世纪末初步建立有中国特色的社会主义高等教育体系”。1993年年初，省委、省政府作出《关于加快高等教育改革和发展步伐的决定》，把教育摆在优先发展的地位，增加高教投入。1994年，中共中央政治局委员、省委书记谢非在全省教育工作会议上发出建设教育强省的号召，省委、省政府作出《关于教育改革和发展的决定》，确定把建设教育强省作为基本实现现代化的重要目标。省委第八次党代会提出“科教兴粤”战略。2000年，省委、省政府作出《贯彻〈中共中央、国务院关于深化教育改革全面推进素质教育的决定〉的意见》，提出加快教育强省建设步伐，逐步推进教育现代化。

1990—2000年的10年间，广东高等教育系统落实建设教育强省、科教兴粤战略，取得可喜的成果。1990年，全省共有普通高等学校45所，在校生95929人。至2000年，发展到52所，在校生299475人。校均规模由1990年的2131人提高到2000年的5759人，增加1.7倍，超过全国校均3335人的规模，办学效益有了很大提高。这期间，因高等学校布局结构的调整而合并的9所高等学校，学生人数有较大增加。1990年以后，广东省的招生规模一直不断增加，于1999年广东提出了21世纪推进高等教育大众化目标。按国务院统一部署，1999年广东高等学校开始扩大招生，普通高等学校招生比上一年增加33138人，共招生94114人。2000年比上一年扩大招生26670人，共招生120784人。2000年与1990年相比，在校本专科生数由95929人增加到299475人，净增203546人，增加了212.2%，在全国排列第五位；招生数由29613人增加到120784人，净增91171人，增加了307.9%，在全国排列第四位；毕业生数由33663人增加到49714人，净增16051人，增加了47.7%。高等教育毛入学率从1995年的6.6%提高到2000年的11.4%。高等学校的教师数和教职工数也有了较大的增加。其中专任教师数由1990年的15862人提高到2000年的20433人，净增4571人，增加了28.8%。师生比由1990年的1：6提高到2000年的1：13，超过全国平均1：8.4。高等学校的研究生教育也有较快的发展，2000年与1990年相比，在校研究生由3299人增加到13032人，净增9733人，增加近三倍。

至2000年，广东已建立学科门类基本齐全，层次结构、形式结构基本合理，布局结构较为协调的完整的高等教育体系。

层次结构基本合理。2000年，广东已建立普通高等学校52所，在校生共有312499人，其中专科生149159人，本科生150316人，研究生13032人，专科生、本科生、研究生的比例约为1：1：0.1，其层次结构基本合理。

学科门类基本齐全。从52所高等学校看，涵盖了文、理、工、农林、财经、医药、师范、艺术、体育、政法等11个学科门类。各科类学校中，综合性大学13所、理工院校4所、农业院校3所、医药院校5所、师范院校4所、财经和艺术院校各2所、语言政法院校各1所。1999年，全省文学、理学、工学、农学、经济学、医学、教育学、法学、历史学等各类学科招生数的比例分别为17：12.5：32.8：3.2：17.7：6.7：4.3：4.5：1.3。

布局比较协调。到2000年，全省已建立的52所普通高等学校，办学类型结构为：一是广东省与中央、各部委共建的学校6所，如中山大学、华南理工大学是省与教育部共建；华南农业大学、中山医科大学、暨南大学、广州中医药大学则实行省与各部委共建。二是省属院校29所（属广东省教育厅主管的院校23所，其他厅局主管的院校6所）。三是中心城市与地方所办的学校17所，占全省高等学校的1/3（除个别地方外，各地级以上市至少都有一所普通高等学校）。三类学校形成了一个以共建学校为龙头、广东省属学校为骨干、中心城市和地方办的学校为基础的格局。地区布局结构也基本形成，较好地适应了以珠江三角洲为中心、协同东西两翼、带动粤北山区经济发展的格局，基本满足了经济社会发展的需要。

与1990年相比，广东高等学校的教师数量有所增加，师生比也提高了许多，师资水平也明显提高和改善。特别是以“千百十工程”（培养1000名30～40岁的校级学术骨干，100名45岁左右的省级学术骨干，10名国家级学术带头人）建设带动整个师资队伍建设，使教师队伍的职务、学历、年龄结构明显改善。2000年，普通高等学校专任教师有20433人，其中教授、副教授占专任教师的38.8%，比1978年提高了35.7个百分点，比1990年提高了11.8个百分点。研究生学历的教师占专任教师总数的39.4%。全省两院院士共28名，其中高等学校占22名。年龄逐步年轻化，1998—2000年，45岁以下的正副教授占专任教师总数的15.6%。1999年建立了省特聘教授岗位，当年共有5人受聘为特聘教授。同时，继续引进一批高层次人才，顺利完成了“千百十工程”培养对象的调整、增补工作。调整后，“千百十工程”共有培养对象1080名，其中国家级10名，广东省级92名，校级978名。

教师待遇有较大的提高。部委属在粤高等学校教职工与省属高等学校一视同仁，享受地方生活补贴和医疗补贴。在住房问题上，1999年提前实现每户带家眷教职工能住上省规定的标准住房的目标。

为了落实教育优先发展的战略地位，省委、省政府一方面对引进高层次的人才采取非常举措和特殊的政策；另一方面采取措施大幅度增加教育投入。特别是大幅度增加高等教育投入，改善办学条件。1993年，决定每年从全省第二三产业产值提取1%作为教育等方面的专项经费，其中用于高等教育的每年达4.5亿元。1998年省给高等教育财政拨款116345万元，是1980年4000多万元的29倍。1997年，全省高等学校生均事业费7920元，居全国第四位。

同时，积极开发社会教育资源。社会集资、华侨港澳同胞捐资、学校创收和学费相当于政府投入的1/3。1998年全省普通高等学校校舍建筑总面积816.6万平方米，是1978年120.4万平方米的6.8倍；生均校舍建筑面积由35.45平方米增加到47.16平方米。教学科研仪器设备资产值13.68亿元，是1985年2.078亿元的6.6倍；其生均资产值由1800元增加到7902元。46所高等学校建成校园计算机网络，并与中国教育科研计算机网及国际网互联。

1995年，省高教厅研究制定《面向二十一世纪教学改革项目指南和教材建设规划方案》，积极推广学分制，以配合全省招生并轨。全省有20多所高等学校实行学分制，且建立专升本和插班生制度、主辅修制、双专业制、双学位制、淘汰制、重修制、优秀生本硕连读制。1999年，修订了学分制的方案和管理办法，贯彻执行因材施教的原则，实行弹性学制，扩大学生的自主权和自由度，共有30多所高等学校实行了学分制。2000年，共有40多所高等学校实行学分制，其他各项制度逐渐完善，学分制开始由学年学分制向完全学分制过渡。

1995年，广东高等教育系统把贯彻《中华人民共和国教育法》同贯彻《中国教育改革和发展纲要》和全国、全省教育工作会议精神结合起来，围绕省委、省政府提出的建设教育强省的目标和任务，研究制定了“九五”期间以提高广东高等教育整体水平为目的的6项工程的具体实施方案，其中涉及教育方面的有：一是深化教学改革的“1352工程”。即编写100种具有广东特色和国内先进水平的教材，建设300门达到国内先进水平的省级重点课程，建设500个产学结合的校外实习基地，取得20个在全国有较大影响的，对提高教学质量有较大促进作用的优秀教学成果。二是实施重点学科建设的“541工程”。即在现有15个国家级重点学科、10个国家和部委重点实验室的基础上，再建设一批，使二者总数达到50个；在现有27个省级重点学科和重点扶持学科的基础上，再建设一批，使其总数达到40个；建设10个与重点学科布局相配套的地区性中心实验室、学科群实验室和新兴学科、交叉学科实验室。三是建设高等学校教学、科研、管理信息系统工程，主要包括大学计算机网、图书文献共享系统、大型设备共享系统、教育管理信息平台系统四大部分。到2000年，以上工程建设取得明显成果，共建立了314门省级重点课程；评出35门达到国内先进水平的优秀课程；编写出版100多部反映现代经济、科技发展趋势，适应21世纪教学需要的教材；建立600多个校外实习基地；完成全省高等学校校园网络建设工程，还完成电教工作“五个一百工程”建设任务，建立多功能多媒体课室350多间、交互式CAI课室50间，研制开发多媒体教学软件480多个，编制了系列电视教材110多个，完成优秀电教课程综合试验180多门。广东高等学校有4门课程被列入国家第一批网络试点课程，华南理工大学、中山大学被确定为国家第一批网络教育试点学校，并开始招生。

教学基本建设的加强，促进了教学水平和质量的提高。“九五”期间，广东高等学校取得国家级教学成果、优秀教学软件奖33项。中山大学、华南理工大学等8所高等学校纳入国家“211工程”建设行列。一批具有优势和发展前景的学科跨入国家重点学科行列，建立省级以上重点学科63个（其中国家级15个），广东省级以上重点实验室23个（其中国家级10个），博士后流动站11个，博士点157个，硕士点550个，在全国排第五位。到2000年6月，广东已有9所高校通过国家的教学工作合格和优秀评价。当年，广东高等学校学生参加全国大学英语四级统考通过率高于全国平均水平11.43个百分点，参加全国大学生数模竞赛取得3个一等奖、15个二等奖的好成绩。

高等学校科研工作不断取得成果。在1990—1998年期间，据不完全统计，广东高等学校获得国家和省部奖共967项。其中，国家发明奖和国家科技进步奖均为2项，国家教委自然科学奖15项、国家有关部门奖82项，广东省科技进步奖和省自然科学奖233项，省高教局科技进步奖567项、其他厅局奖64项。不断推进科技成果开发和科技产业化，取得较好效益。据不完全统计，1997年全省高等学校产业营业额接近8亿元，2000年广东高等学校代表团参加广东省珠江三角洲地区和山区经济技术合作、洽谈会签约总额达26.8亿元。

1993年，广东建立省与中央部委联合办学的新体制。省政府与国家教委签订共建中山大学和华南理工大学的协议，省政府每年对两校的投入相当于国家教委对两校的基建投入的总额，并在财力许可的情况下，对两校的事业经费予以适当资助。

1994年，广东省与中央有关部委签订共建中山医科大学、广州中医学院、暨南大学、华南农业大学的协议，当年省政府投入共建费达3300万元。同年，省政府分别与国家外经贸部、国家教委签订协议，将广州外贸学院和广州外语学院的隶属关系转移到广东省。成立广东省高校专业设置评议委员会，进一步加强专业设置审批管理。开展校际间联合办学，广州石牌地区的华南理工大学、暨南大学、华南农业大学、华南师范大学、广东机械学院、广东民族学院等六所高等学校率先签订了联合办学的协议，各校间实行教师互聘，图书、实验设备等资源共享，发挥各自的优势，提高综合办学效益。

1995年，国家教委把广东省定为全国高等教育改革试点省份。为此，全省进一步推进各种形式的联合办学，拓展国际合作办学途径，努力建立以政府办学为主体的多层次、多形式、多渠道办学体制。一是继续完善省与中央有关部委共建中山大学、华南理工大学、中山医科大学、广州中医药大学、暨南大学和华南农业大学。广东省当年对6所大学投入的资金达10199万元。中山大学和华南理工大学在1995年6月初通过了国家“211工程”的部门预审。二是加快以实现校际优势互补、资源共享为目的的广州石牌地区6所高等学校的合作办学。三是加大高等学校结构调整与合并的力度，逐步实施《广东省普通高等学校布局调整方案》，对10多所高等学校进行了合并与调整，使普通高等学校平均在校生从上年的2925人提高到3614人。其中本科院校平均规模达到4422人，专科院校2301人，均超过国家教委规定的最低标准。

1996—2000年，广东省又有13所高等学校合并；有9所高等学校由国家部委划转给广东省管理；新成立了12所职业技术学院。到2000年，普通高等学校共有52所，在校本专科生299475人；校均规模5759人，是1995年2169人的2.5倍，是1990年2131人的2.7倍。

在校内管理体制改革方面，各高等学校继续推进聘任制和考核制，推行干部交流、轮岗制度，形成竞争激励机制。后勤社会化改革方面，湛江海洋大学、广东医学院、湛江师范学院共同组建湛江高等学校后勤集团，实行联办，后勤人员与学校剥离，后勤工作社会化，在全省乃至全国产生了示范性效应。到2000年，全省有80%的高等学校基本完成后勤服务经营人员、相应资源及操作运行成建制剥离。有43所高等学校已完成全部或部分剥离，分别成立后勤集团、后勤服务中心（公司）等，有3666名在编干部、职工进入后勤服务实体。

1985年，广东在全国首先试行高考标准化考试，90年代在全国推广，高考招生制度改革不断深化。1994年开始实行以中山大学、华南理工大学、广州外国语学院等7所院校为试点的国家任务招生计划和调节性招生计划并轨招生的改革，进行收费和不收费招生并轨，实行全面缴费试验。1995年，本科院校全面并轨缴费。为配合招生并轨缴费的改革，广东制定了奖贷学金、勤工助学等10项政策措施，帮助经济困难的学生完成学业。省政府于1994年、1995年共拨款4000万元，建立学校学生奖贷学金基金，保证招生改革的顺利进行。同时发动社会各界人士、团体、企事业单位在高等学校设立奖学金，实现了没有一个学生因家庭困难而辍学的目标。1998年，在考试方面，普通高考正式实施英语科目听力测试，测试成绩占英语科总分10%；研究制定《1999年普通高等学校考试科目的改革方案》，决定从1999年起，广东省普通高等学校开始实行“3+X”考试科目方案，“3”为语文、英语、数学必考科目，“X”为选考科目。当年进行了计算机网上录取试验。2000年进一步完善了普通高考“3+X”科目的改革，在“X”选考科目中设置综合能力测试，完成改革试点任务。从1985年起，广东高考招生经过15年探索，改革取得成功，广东省招生委员会和广东省教育厅被教育部授予“高考改革探索先锋”的称号。

毕业生就业制度继续改革完善。毕业生由国家统分、包分配的做法改变为在国家政策指导下双向选择、自主择业或推荐就业制度，建立健全毕业生就业服务体系。1997年，中山大学、华南理工大学等6个毕业生供需见面会承办点，在广东省毕业生就业主管部门的统一组织下，开展分科类、分专业的毕业生就业供需见面会和双向选择活动。推行人事代理制度，为多种经济成分的用人单位提供人事管理服务。2000年，全省4.81万名本专科毕业生、毕业研究生基本落实单位。

随着广东高等教育改革开放的不断深入，对外交流与合作也得到积极发展。据省教育厅不完全统计，1991—1995年和1998—2000年的8年时间内，广东高等学校与世界100多个国家的高等学校建立了校际协作、合作关系，开展80多项中外合作项目；派出国外进修合作科研或参观访问共1088批、7411人次；接待国外来访361批、3466人次；高等学校聘请的外籍教师和外教专家1692人次；外国在广东高等学校学习的留学生达6913人次，广东高等教育国际化步伐逐渐加快。

第二节　教师队伍

一、师资队伍建设

1979年，广东省普通高校专任教师有10482人，其中教授204人、副教授421人。经过22年的发展，到2000年，广东省普通高校专任教师共有20433人，其中教授1691人、副教授6233人，具有副高级以上职称的人数占专任教师总数的38.8%，比1979年的6.0%提高32个百分点，教师总数增长1倍。2000年，广东省高校专任教师具有研究生学历人员有8347人，较1979年增加近8000人，增幅达20倍。

（一）高层次创新人才计划

1. 高校“千百十工程”人才培养计划

为贯彻落实省委、省政府建设教育强省的战略，加快广东省高校学科带头人和学术骨干队伍建设，1995年，省高教厅在全省高校启动“千百十工程”人才培养计划，并于1996年确定“千百十工程”培养对象915名，其中国家级11名，省级62名，校级842名。省高教厅对列为国家级培养对象每人每月发放生活津贴500元，省级培养对象每人每月发放生活津贴300元，校级培养对象由学校自行发放50～100元。为加强对“千百十工程”培养对象的培养，提高他们的科研能力和学术水平，省高教厅每年拨出250万元作为省级以上培养对象的科研资助费。

为加强对“千百十工程”培养对象的动态管理，提高工程培养质量与效益，1999年，省高教厅对“千百十工程”培养对象进行了中期考核，还遴选一批具有良好科研潜力和发展前景的学术骨干进入“千百十工程”队伍。经考核和选拔，共确定1080名培养对象，其中国家级10名，省级92名，校级978名。

2. 实施广东省高等学校“特聘教授”岗位计划

从1999年起，省高教厅实施广东省高等学校“特聘教授”岗位计划。经专家论证，在8所高校设置10个特聘教授岗位，分别是：中山大学的高分子化学与物理和中国近现代史学科；华南理工大学的制浆造纸工程和材料学学科；华南农业大学的植物病理学学科；中山医科大学的内科学（肾病）学科；暨南大学的产业经济学学科；广州中医药大学的中医内科学学科；华南师范大学的发展与教育心理学学科；广东外语外贸大学的外国语言学与应用语言学学科。1999年10月，中山大学桑兵教授应聘为中国近现代史学科特聘教授，华南理工大学童真教授应聘为材料学学科特聘教授，华南师范大学莫雷教授应聘为发展与教育心理学学科特聘教授，广东外语外贸大学聘任KaYe教授为外国语言与应用语言学学科特聘教授。

（二）人才引进工程

1997年，省高教厅在全省高校实施人才引进计划。省高教厅在华南师范大学教师村和农林下路高校教师村共预留66套住房用于解决引进人才的住房问题，并对省级学科带头人每人给予一次性发放科研启动费3万～5万元，安家费1万元。到2000年年底，以省高教厅名义引进的学科带头人共计40人。

（三）人事制度改革

1995年以后，省高教厅积极深化以高校人事分配制度改革为重点的学校内部管理体制改革，改革教师职称评聘办法，推行和完善全员聘任制、合同制，进一步调动广大教职工的工作积极性。1997年，高校校内管理体制和后勤管理体制改革逐步取得新的进展，各高等学校逐步完善聘任制和考核制，推行干部交流、轮岗制度，形成竞争激励机制。部分高校在校内实行公开招聘中层干部试点。1998年，各校在推行干部任期制、聘任制、责任制、轮岗制等方面进行改革尝试。华南理工大学在全校范围内公开选聘19名部处的正职（占机关部处单位的80%）、35名部处的副职领导干部和100多名科级干部，所有部处的科员、办事员也竞争上岗，择优聘用。中山医科大学结合医学院校的实际，对教医研系列高、中级专业技术职务聘任工作进行改革，实行任期考核、竞争上岗制度。

二、教师职称和待遇

（一）教师职称评审

中共十一届三中全会后，省高教局和各类高等学校的各级领导认真贯彻党的知识分子政策，纠正冤假错案，改正错划“右派”，恢复教师职称评定制度，加强高校教师队伍建设。但由于职称制度本身的缺陷以及经验不足、历史遗留问题太多等原因，职称评定工作也出现了一些问题。1983年9月，职称评审工作暂停，进行全面整顿。

职称评定的基本做法，按个人申报、单位推荐、专家评审的程序开展。广东省教育厅受理申报教师系列职称人员材料并组织评审工作，对不具备评审权限的申报材料归口有关厅局评委会评审。高等、中专学校在职称评定中还开展申报人论文（著）代表作同行专家评议工作。从1986年起，实行教师各级职务聘任制，学校在上级主管部门核定的专业技术职务结构比例范围内，结合本校教育教学工作的实际需要，设置教师专业技术岗位。专业技术人员通过评审委员会评审取得专业技术职务任职资格，学校在获得任职资格的人员中择优聘任。1988年，高校教师职称评聘工作开始逐步走向正常化轨道。从1988年开始，中山大学、华南理工大学、华南农业大学、中山医科大学等4所学校具有教授职称授予权，暨南大学、广州中医学院、华南师范大学、广州外语学院等4所学校具有副教授职称授予权，其他普通高校和广东省广播电视大学有讲师职称授予权，但有些如体育等专业的高、中级职称由省高教局统一评审。

1991年，开展新的技术职务评聘工作。1992年，广东高等学校开始人事分配制度改革，其中在职称评聘方面实行专业技术职务资格的评审与职务聘任分开，实行职务任期制，促进人才流动，以调动广大教职工的工作积极性。

2000年，经省人事厅同意，省高教厅成立广东省高等职业技术学校教师高级评审委员会，负责高职高专院校教师申报评审专业技术资格工作。

（二）教师工资和福利待遇

从1985年7月起，广东省高校执行以职务工资为主要内容的结构工资制，由基础工资、职务工资、工龄津贴和奖励工资4个部分组成。高等学校教学人员的工资标准，按照职务分为4个档次，第一职务档次设数个工资级差，上下交叉。教授（研究员）的最高工资标准为助教（研究实习员）最低工资标准的5.06倍。1993年6月1日，省政府召开新闻发布会，为稳定教师队伍，进一步提高教师的社会地位和待遇，由省财政拨出8000万元给普通高校和省、市教育学院，以及全省30个贫困山区县农村中小学教师发放岗位津贴，其中普通高校、教育学院的教授每人每月150元，副教授每人每月120元，讲师每人每月100元，助教每人每月80元。

1993年，省委、省政府提出，要优先把高校教职工住房建设提到日程上，用3年的时间，解决教职工住房困难问题；1995年，再提出用5年的时间实现每户带眷教职工能住上规定标准住房。为实现这一目标，积极实施教师住房“广厦工程”，各级政府拨款、华侨捐资、学校自筹和教职工个人集资，至1997年，共投入资金约12亿元。其中省政府从1993年开始，平均每年安排7000万元，五年共投入3.5亿元。1997年，全省高校平均每个教职工住房建筑面积46.9平方米，教职工家庭人均居住面积11.73平方米。至2000年，通过加大投入，教师住房建设实现了预期目标。广州农林下路教师住宅大厦于2000年年底验收，6万多平方米的五山和赤岗教师村建设也全面动工，加上学校建设的21万平方米，总共达40多万平方米，教师的福利购房问题基本得到解决，基本实现2000年每户教师都有一套省定标准住房的目标。

三、教师培训

1979年以后，广东省把提高教师的业务水平作为教师队伍建设的重要内容，始终坚持贯彻“四个原则”：国内为主、自学为主、不脱产为主原则；分层次、分类型培养原则；普遍提高与重点培养相结合原则；短期培训与较长期培养相结合原则。对一批学有所长的老教师，鼓励他们著书立说、带研究生和指导中、青年教师进修提高，尽可能安排他们与国外同行进行学术交流。1981年为198名学术造诣高、急需业务助手的老教师配备了业务助手或工作班子，充分发挥专家教授对中、青年教师的传、帮、带作用，使新老交替顺利完成。对中年教师，在普遍提高的基础上，选拔优秀中、青年教师作为重点培养。1983年，确定省级重点培养教师112名，1987年为118名。

1994年，按照国家教委开展高校青年教师岗前培训工作的要求，省高教厅以广东省高校师资培训中心为依托，分别在华南师范大学、广州大学、湛江师范学院、韩山师范学院设立培训点，培训工作一般安排在暑期进行。1994年参加培训的人数有119人，2000年，参加培训人数达到1410人，较1994年增长近11倍。1994—2000年，参加高校青年教师岗前培训的共计3820人。

四、教师表彰及奖励

1992—1999年，省委、省政府于每年的教师节前夕，隆重举行广东省庆祝教师节暨表彰教书育人优秀教师、尊师重教先进单位大会，表彰奖励南粤杰出教师等南粤优秀教师。

1992—1999年广东省高等学校获南粤杰出教师人员一览表

表5-2-1

序号	年份	获奖类别	获奖人	所在学校
1	1992	南粤杰出教师	蒲蛰龙	中山大学
2		南粤杰出教师	莫熙穆	华南师范大学
3	1993	南粤杰出教师特等奖	邓铁涛	广州中医学院
4		南粤杰出教师	姜伯勤	中山大学
5		南粤杰出教师	刘有延	华南理工大学
6		南粤杰出教师	孙　健	广东工学院
7	1994	南粤杰出教师特等奖	范怀忠	华南农业大学
8		南粤杰出教师	陈家祺	中山医科大学
9		南粤杰出教师	林尚安	中山大学
10		南粤杰出教师	许　骏	佛山广播电视大学
11		南粤杰出教师	刘清涌	韶关教育学院
12	1995	南粤杰出教师特等奖	李　辰	暨南大学
13		南粤杰出教师	赵善欢	华南农业大学
14		南粤杰出教师	桂诗春	广东外语外贸大学
15		南粤杰出教师	梁秀龄	中山医科大学
16		南粤杰出教师	何　斌	广东成人科技大学
17		南粤杰出教师	陈优生	惠州大学
18		南粤杰出教师	苏式冬	广东教育学院
19	1996	南粤杰出教师特等奖	刘　嵘	中山大学
20		南粤杰出教师	卢谦和	华南理工大学
21		南粤杰出教师	李秉滔	华南农业大学
22		南粤杰出教师	邓树勋	华南师范大学
23		南粤杰出教师	梁念慈	广东医学院
24	1997	南粤杰出教师特等奖	卢永根	华南农业大学
25		南粤杰出教师	汪国强	华南理工大学
26		南粤杰出教师	李绍珍	中山医科大学
27		南粤杰出教师	叶家康	五邑大学
28	1999	南粤杰出教师	张宏达	中山大学
29		南粤杰出教师	庞雄飞	华南农业大学
30		南粤杰出教师	瞿金平	华南理工大学
31		南粤杰出教师	杨宜民	广东工业大学
32		南粤杰出教师	黄建华	广东外语外贸大学

第三节　教学改革

1983年，省委、省政府作出《关于努力开创我省教育事业新局面的决定》。省高教局在“六五”至“九五”期间，先后主持召开一系列全省范围旨在促进全省高等教育教学改革的专题会、研讨会，制定各项教学改革具体措施，努力加强学科建设、专业建设、课程建设、教材建设、实践教学基地建设、管理制度建设等教学基本建设，在全省高等学校逐步实施、完善学分制；组织各高等学校修订教学计划，构筑教学创新体系、优化人才培养方案；组织了全省范围教学评估活动以及省级教学成果、省级重点学科、省级重点扶持学科、省级重点实验室、省级重点课程、省级重点扶持课程和省级优秀课程、省级名牌专业等评选活动。1995年，国家教委把广东省定为全国高等教育体制改革试点省份。之后，广东省积极参与“九五”期间国家唯一的教育重点建设项目“211工程”的建设，在全省高等学校积极实施深化教学改革的“1352工程”和“5个100工程”，研究制定了《面向21世纪教学改革项目指南和教材建设规划方案》，实施重点学科建设的“541工程”，实施建设高等学校教学、科研、管理信息系统工程等一系列教学改革措施。在此基础上实行校际之间优势互补、资源共享的联合办学实践，加强教学方法和教学手段改革，严格教学管理，建立健全教学质量监控机制和保障体系，努力提高高等教育教学质量和人才培养质量。

一、教学制度

80年代中期以前，广东省各高等学校普遍实行以学年计量的必修课制为基础的教学管理制度——学年制。按照学年制的规定，专科学制两至三年，本科一般为四至五年，医科为五至六年，学生在规定的学习年限范围内，完成教学计划规定的统一课程学习，成绩合格，准予毕业。

暨南大学于1978年复办后开始试行学分制，是广东省也是全国最早施行学分制的高等学校。学分制是以学分为计量单位，在教学过程中允许学生自主选修课程，以取得所选课程的总学分来衡量其学习总量，采用多样的教育规格和较灵活的过程管理方式来进行教学管理的一种教学制度。继暨南大学之后，华南农学院于1980年实施学分制，深圳大学于1983年创办后也较快地实行学分制，它们是广东省高等学校中较早实行学分制的学校，并在教学管理实践中取得良好效果。至1987年，全省有15所高等学校试行学分制，其中大多数是学年学分制。1992年，暨南大学又率先实行完全学分制。

广东省各高等学校学分制的基本构成一般包含三大部分：学分制教学文件、学分制的基本制度、学分制的运行保障系统。教学文件，包括基本教学要求和指导性教学计划、教学大纲、课程内容简介、课表、选课指南。基本制度，包括选课制（选课制允许学生在学校规定的范围内自主选择，包括选择课程、选择教师、选择上课时间，自主安排学习进程），以及学分绩点制、导师制、聘任制。运行体制，包括选课运行体制、学籍管理体制、质量监控体制、后勤保障体制、思想政治工作体制、招生及就业的配套体制。

为规范全省高校学分制管理，省高教局于1994年4月制定颁发《广东省普通高等学校学分制管理规定》，为实施学分制的高校提供切实可行的操作依据。至1995年，为配合全省招生并轨改革，全省已有20多所高等学校实行学分制。1999年，省高教厅重新修订颁布《广东省普通高等学校学分制管理规定》，明确各层次学生应修满的学分数：二年制专科90学分左右，三年制专科130学分左右，四年制本科160学分左右，五年制本科190学分左右；规定各类课程学分所占的大致比例为：本科必修课60%～70%、选修课40%～30%，专科必修课70%～80%、选修课30%～20%。学分制管理规定还重申，以专业教学计划规定的学习年限为参考，实行弹性学制，提前修满学分可以提前毕业，对于在规定的年限内难以达到毕业要求的学生，允许其延长学习时间，专科生可延长两至三年，本科生可延长四年。

为适应经济社会发展对复合型人才的需求，鼓励学生努力扩大知识面，实现学科间的交叉渗透，广东省实行学分制的高等学校还在学分制的框架内建立双学位和辅修专业制度。双学位是指修读哲学、经济学、法学、教育学、文学、历史学、理学、工学、农学、医学、管理学等11个不同学科门类的任意两个学位的专业，毕业后取得两种学位的证书；辅修专业是指兼修本专业以外的任何一个专业，修满两个专业要求的学分数可取得两种专业毕业资格。至2000年，全省共有40多所高等学校实行学分制，并逐步从学年学分制向完全学分制过渡。

在学年制、学分制两种教学制度框架范围内，广东省还进行多项教学制度改革试点。广东省高等教育学会于1986年12月在深圳大学召开教育体制改革和教育思想、教育观念更新研讨会。会后在调查研究的基础上，省高教局除推行学分制、主辅修制和双学位制外，还试行专科优秀学生插入本科学习的制度，组织全省高等学校一年一度的专科毕业生升本科考试。考试科目分公共课和专业课两部分，公共课大学英语、邓小平理论概论由省高教局统一命题全省统考；三门专业课由招生院校自行组织命题，由省高教局统一划定各高校录取分数线。通过当年“专升本”考试录取的学生，插入本科三、四年级就读。1993年，以华南师范大学、广州美术学院为试点进行本、专科二、二分段浮动学制改革试验，以仲恺农业技术学院为试点进行专业主辅修制试验。

二、专业设置和课程

（一）专业设置

70年代末，广东省高等学校开始进行教学改革，重视专业建设和课程建设。80年代初期，中山大学进行专业调整、改造，把一些同学科中口径偏窄的专业合并成宽口径专业；复办或新办了一些国家急需的实用性较强的学科、专业，主要有：经济学、法学、工商管理学、计算机科学、无线电电子学、自动控制、应用数学、人类学、社会学等专业。暨南大学为适应对外开放和华侨港澳学生的需要，成立了经济学院、文学院、理工学院，新办了医学院，复办了新闻系，并增设了一批新专业，成为文、理、医、经济等多科性综合大学。华南工学院（1988年改名华南理工大学）于1987年以后三次进行专业改造、调整，扶持新兴学科，使学校成为一所机械、电子电力、土建、化工、轻工、食品、材料、船舶、管理、文理等学科齐全的综合性工业大学。华南农学院朝着农理、农工、农商、农文结合的多科性、综合性发展。中山医科大学（2001年与中山大学合并，组建为新的中山大学）开设法医学、护理学、医学营养学等新专业。为培养农村所需要的一专多能的初中教师，惠阳师专（2000年改名惠州学院）把化学专业改为生物与化学专业；雷州师专（1991年改名湛江师范学院）开设双学科性的政治、历史专业等。广州外语学院（1995年与广州对外贸易学院合并为广东外语外贸大学）根据广东省实行改革开放政策的实际需要，改造原有的老专业，在有关外语类专业中，分别增加外贸函电、国际经济、国际法、电脑应用等应用性外语课程，改变单纯的语言学专业结构；深圳大学加强专业的职业性，在法律专业开设港澳地区法律等课程；广州大学根据城市发展的需要，开设酒店管理、外贸英语等专业，1987年根据经济建设的需要，又增设环境美术设计、公路桥梁、税务等一批新专业。1989年，广东高等教育再次调整专业科类结构，按照加强针对性和应用性的原则，压缩、改造长线专业，适当发展短线专业及应用学科专业，拓宽专业口径。华南农业大学、广东工学院（1995年改名广东工业大学）等高校试验“按系招生”。1991年、1992年连续两年，广东省对高等学校整体布局和结构进行较大规模的调整，通过“校校合并”和联合办学，1991年全省普通高等学校从上半年的45所降至41所。同时，对省属高等学校的101个本科专业进行全面清理，优化专业结构。1993年，以华南理工大学、湛江师范学院为试点，进行“大基础、多方向”专业模式试验。1994年，成立广东省高等学校专业设置委员会，加强对广东省学科、专业设置宏观调控力度，压缩长线专业，鼓励和支持各高等学校开设经济建设需要的工科、农科、政法、财经、师范本科等学科专业。1998年，广东省开始实施学科建设的“541工程”。与此同时，广东省高等学校还进行“四重建设”（重点学科、重点课程、重点实验室、重点教师的建设）。1998年，教育部颁发《普通高等学校本科专业目录》，广东省对全省普通高等学校本科专业进行调整、梳理，中山大学经调整后设有本科专业48个；深圳大学将原有42个本科专业调整为31个，并参照本科专业目录将深圳大学原有的24个专科专业调整为12个。1999年，广东省高教厅召开全省普通高等学校“修订教学计划，构建教学创新体系”研讨会，经过1999年、2000年两年的努力，全省共有50多所高等学校的1000多个专业（点）完成专业教学计划的修订。

（二）课程建设

1986年，全省有23所高校开展制订课程建设规划的工作，校际间进行课程建设工作的相互检查，省高教局也开始进行省级重点课程的评选。各校从本校的实际出发开展课程评估。1985年年底至1986年，全省23所高等学校理工科公共英语进行教学评估试点；8所师专的物理专业和8所医学高校的医疗专业进行教学质量评估试点。1987年，广东省高等学校改革马列主义理论课的设置，将中共党史、政治经济学课程改为中国革命史、中国社会主义建设。1989年，广东省高教局组织编写《体育基础理论》和政治理论课程的系列教材；1992年，主持制订高等学校英语、体育等公共课教学大纲，组织编写出版一批公共课、基础课和专业课程教材。从1992年开始至2000年，每年组织全省高等学校本专科学生参加全国大学英语二、四、六级水平统考。1992年，全省高等学校第一次进行重点课程评选，共评出11门省级重点课程和9门重点扶持课程，中山大学、华南理工大学、暨南大学、广东石油化工专科学校（2000年改名为茂名学院）等4所学校的体育课程被评为国家级优秀课程。1994年，省高教局制订省属重点大学办学水平评估方案，并通过对华南师范大学、广东工学院的办学水平评估。为加强重点学科、重点课程和重点实验室建设，1995年广东省开始实施深化教学改革的“1352工程”。1997年，省高教厅对获得省重点课程、教材和教学改革研究项目进行中期检查，分文、理科召开两个重点课程现场会和一个教改课题研究工作座谈会。从1992年至2000年，共进行五次省级重点课程评估，确定314门省级重点课程，评出35门达到国内先进水平的优秀课程。

1998年，省高教厅召开以改革人才培养模式、修订教学计划、构建教学创新体系为主题的研讨会，会上各高等学校结合本校实际，围绕优化专业结构和课程结构，改革教学方法，构筑面向21世纪的人才培养模式等进行汇报交流。

中山大学、华南理工大学于1997年获得国家计划委员会（简称国家计委）批准“211工程”立项。1998年，暨南大学、华南师范大学正式立项建设；中山医科大学、华南农业大学、广州中医药大学于1999年以后也陆续获得省、部“211工程”或重点学科正式立项建设。1998年，广东省将“211工程”与“541工程”等相衔接，对这些工程进行中期检查，同时在“1352工程”建设方面，对重点课程、教材和教学改革研究项目进行中期检查。

三、教学方法和手段

（一）课程体系重组

1992年以前的课程体系往往存在两个方面的缺陷：一是偏重知识传授而忽视能力、素质的培养；二是过分注重专业需要以致课程设置面狭窄甚至重复设置。各高校结合本校实际，从广东改革开放和现代化建设的实际需要出发，多次改革教学模式和人才培养模式。1992年，广东工学院管理专业实行“3+0.5+0.5”教学模式改革试点，即学生在校学习3年后，安排到企业实习半年，再用半年时间针对性地补修专业知识、做毕业设计。深圳大学先后与美国、英国、日本、韩国、新加坡、澳大利亚等国家及我国香港、澳门等地区的50所高校建立教育合作与文化交流关系，开办 “双校园、双语种”新型教学模式。1998年，省高教厅统一部署全省普通高等学校以修订教学计划，改革人才培养模式，构建教学创新体系为主题的教学改革。这是改革开放以后广东省普通高等学校修订教学计划，改革人才培养模式的一次大规模统一行动，各高校结合本校实际推出改革措施。中山大学按照淡化专业意识，拓宽专业口径，强化基础，加强素质教育和能力培养的思路，对专业设置进行调整，优化专业教学计划和课程体系，加大压缩必修课和课内教学总学时和增加选修课比例的力度，加大学生选课的余地和自主学习的空间，让学生发展个性，自主构建知识、能力、素质结构。佛山科技学院在教学计划结构设计上，将专业基础课和专业课分属不同类的大模块，在专业课方面专门设立了专业核心课模块，为适应地方经济建设要求，下设若干个方向专业核心课子模块，学生可以根据社会需求和兴趣，选择其中某一块进行学习；将非核心专业课归入选修课，使学生的专业知识结构学习既有系统性、完整性，又有一定的弹性和特点。深圳大学对课程设置重新分类和定位，将课程分为专业教育课程和综合教育课程两大类。专业教育课程分为专业必修和专业选修；综合教育课程分为综合必修和综合选修。专业教育课程约占课内总学时的45%，综合必修课程约占课内总学时的25%，综合选修课程约占课内总学时的30%。广州大学教学计划的修订着重围绕以下三个方面进行：强化基础，着重培养学生的基本素质；突出实践性教育，重点培养学生实践能力；优化课程体系，突出课程内容和体系的整合，努力将不同学科的知识有机地融合到课程中去，软化学科界限，强化学习概念和思维技能。西江大学（2000年改名为肇庆学院）实行大文科、大理科的师范教育模式，为基础教育尤其是为农村中学培育一专多能的新型教师，按照“停、转、并、改”的原则，突出师范教育的基础性与地方性特色，将课程体系按模块方式进行组合，构建一个由公共课程、学科课程、教育课程、特色课程、活动课程和实践课程六块一体、功能互补的模块式课程体系。

（二）教学方法的改革

80年代以后，广州大学大力倡导根据教学内容的特点采用新的教学模式，在实践中概括出“探究式、讨论式、尝试式、情景式、模拟式、竞赛式”等生动活泼的教学方法。惠州学院在专业基础理论和专业课教学方面，基本是采用以“教师为主体”的传统教学方法，但在实践课教学方面则以“学生为主体”，采用与理论课配套的实践教学、学生下厂实习或与中间课程设计相结合的综合训练等多种实践教学方法，让教师真正成为导师，随时帮助学生解决学习中的各种实际问题。深圳大学将“以人为本”的教育理念贯穿整个教学环节，强调学生在教学活动中的主体地位，摒弃“满堂灌”的讲授方法，鼓励学生参与教学活动，讨论教学内容，参加科研实践和社会实践。肇庆学院在改革教学方法过程中将传授知识与培养能力、提高素质紧密结合起来，鼓励教师积极启发和引导学生去主动思考问题，并竭力保护和激励具有创造欲望的学生所做的尝试，使学生的创造性思维和欲望及时地转化为思维习惯和行为情趣，逐步构建以学生主动参与、积极探索、主动思考、主动性创造为基本学习方法的新型教学过程。

（三）教学手段的更新

80年代以后，广东各高等学校陆续建立电化教育中心或电化教育实验室、语音室、电子阅览室等多功能实验室，全省还依托华南师范大学成立广东省电化教育中心，成立广东省高等电化教育研究会。20年间，广东省高等学校电教中心与本校的一些系科专业课程的教师密切配合，努力探索改革专业课程教学的路子，研究如何利用电教手段改革教学方式，合理选择与设计媒体，采用多媒体组合优化教学的方式，缩短教学时数，增加教学内容，提高教学效率，多项电化教育改革成果包括电化教育教材获得国家级、省级教学成果奖和优秀教材奖。1987年，广东省高等学校初步理顺电化教育管理体制，密切电化教育手段与教学的关系，全省高等学校运用电化教育手段的学科达到60%以上。1988年，省高教局印发《关于改进和加强广东省高等学校电化教育工作的意见》，强调电教工作正面临着深化改革、大力发展、注重质量、讲求效益的新任务。1995年，省高教厅开展高等学校电化教育评估，完成28门电化教育深入课堂的课程试验。1997年，广东全面启动电教工作“5个100工程”，（“九五”期间，建设100个多媒体综合电教室和CAI教室，开发100门课程配套系列化多媒体教学软件，编制100本系列电化教育教材，完成100门优秀电化教育课程试验，培养100名中青年电化教育业务骨干）。至2000年，广东省高等学校已建成一批具有现代教学手段的课室与设备，如计算机室，语音实验室、CAI课室，多媒体综合电教课室，多媒体课件制作系统等；基础课实验教学仪器设备基本实现填平补齐；实验课开出率达到了93%以上，其中基础课实验开出率超过95%。深圳大学在多媒体电化教学方面有一定的优势，为鼓励广大教师积极尝试电化教学改革，1998年该校设立“校级电化教学试验课程多媒体组合与CAI软件开发教学研究项目”，并将“现代教育技术”等10多门课程批准立项。2000年，深圳大学有95%的教室建成多媒体电化教室。

四、教学组织管理

（一）教学管理规章制度

省高教局陆续制定颁发《高等学校学生学籍管理规定》等一系列管理规章制度。各高等学校根据本校实际分别制定了诸如《学生学籍管理实施细则》《教师工作规范》《学生考勤管理办法》《考试管理规定》等，并将学校自行制定的各种规章制度汇编成《学生手册》，将各专业教学计划汇编成《教学指导书》，为教学管理和教学质量监控提供切实可行的操作依据，努力做到依法治教，严格管理。

为提高教学管理人员的管理水平，省高教局多次举办全省性的教学管理研讨班、培训班、专题研讨会。各高等学校都注意做好教学管理人员的在岗培训工作，组织各种培训班和专题研讨会，认真学习现代教育理论和现代管理知识，尤其注重提高他们运用计算机进行学籍管理、教学管理的能力。各校教务处等教学管理职能部门在教学、教务管理包括学生成绩登录、学生考勤情况、教师课堂教学质量评估、学生考试及试卷质量分析、各种教学信息的发布和处理等方面工作均运用计算机进行管理，努力实现教学管理现代化。

（二）教学运行管理

1987年，省高教局通过深入调查研究，制定颁发《关于改革和加强高等学校实践性教学环节的意见》《关于改革和加强高等学校文科教育的意见》。1992年组织修订教育学等6个师范专业、汉语言文学等5个非师范类专业的教学计划，制定高等学校英语、体育等公共课教学大纲，组织编写出版一批公共课、基础课和专业课程的教材，优化了高等教育内容体系和课程结构；1998年组织全省普通高等学校的修订教学计划工作，改革和优化人才培养方案，构建教学创新体系，努力培养适应改革开放、经济建设和社会发展需要的高素质人才。各高校根据课程教学基本要求，认真制定各门课程教学大纲，组织教师研究改进教学方法，提倡启发式教学，积极发展计算机辅助教学、多媒体教学等现代教育技术，充分利用电教手段改革教学方式，努力提高教学质量和课堂教学效果。

（三）教学质量监管

省高教局注重加强教学工作的宏观监控。1985年年底，全省23所高等学校理工科公共英语进行教学评估试点；1986年，全省8所师专的物理专业和8所医学院校的医疗专业进行教学质量评估试点；1990年先后组织专门人员，对惠阳师范专科学校、佛山师范专科学校等学校的教学工作进行全面评估，对中山大学等10所高校的教材工作进行试点评估，通过检查评估，总结推广经验，找出存在的突出问题。进入90年代，省高教局精心组织全省课程评估和优秀教学成果、优秀教材评选等活动；组织全省大学生参加全国大学生二、四、六级水平考试和非计算机专业学生计算机应用水平考试；定期对各高等学校的办学水平进行评估，1994年制定省属重点大学办学水平评估方案，并通过对华南师范大学、广东工学院办学水平的全面评估。1996年，五邑大学、广东药学院和广东商学院等学校通过了国家教委办学水平评价，同年，广东省全面启动旨在提高教育质量和科研水平的重点学科、重点课程、重点实验室、重点教师的“四重”建设，研究制定了《面向21世纪教学改革项目指南和教材建设规划方案》。1998年，省高教厅制定《广东高等学校“211工程”建设管理办法（试行）》及《广东省高等教育厅对中山大学、华南理工大学“211工程”管理的若干意见》，同时强调将“211工程”与“541工程”“千百十工程”相衔接。2000年6月，湛江师范学院顺利通过了教育部组织的高等师范院校本科教学工作合格评价。到2000年年底，广东已有9所院校通过国家的教学工作合格或优秀评价。至2000年，全省共有40多所高等学校实施学分制。各校从本校的实际出发，广泛开展课程、学科专业、实验室、课堂教学等评估，狠抓课程的改革与建设，加强科学管理，坚持教学的检查、评比，开展校、系、室三级听课，组织课堂巡视，建立教学督导制度，开展课堂教学质量检测和教师教学水平评估等，建立健全教学质量监控机制和保障体系。

第四节　体育、军训、卫生、艺术

一、体育、军训

（一）体育院校招生和专业建设

1977年11月底，全国高等学校恢复统一招生考试制度。广州体育学院通过统一考试招收四年制的本科生，1978年把落实知识分子政策提到议事日程，平反冤假错案，恢复学衔制，提升一批教授、副教授和讲师，调动了广大知识分子的积极性。1979年，开始设立研究生班，招收体育教学理论与方法专业（篮球、游泳）研究生。1980年，增设运动系，主要是培养全省各级体育学校教练员和学校体育教师。

1982年，华南师范学院体育系复办，招收四年制本科生57人、二年制专科生94人。1985年，复办函授教育，开设三年制专科函授点，招生680人；专科升本科函授点（三年制），招生41人。

由于广州体育学院和华南师范学院体育系的培训能力，不能满足体育教育发展对师资的急迫需求，为此，广东省在一些地区高等师范专科学校开设体育系，面向地区或全省招生。80年代中后期至90年代，广东教育学院（1984年）、惠州大学（1985年）、韶关大学（1989年）、嘉应大学（1996年）、广州师范学院（1999年）等陆续设立体育系。

90年代以前，广东高等体育教育专业设置基本没有变化，随着教育事业和体育事业的发展，高等体育专业设置单一问题日益突出，不能适应社会的多方位需要。因此，广州体育学院和各高校体育系在教育改革中加快了专业建设和系科、专业改革。广州体育学院1980年只有体育系、运动系，2000年已发展到有运动训练、体育教育、运动人体科学（体育保健与康复）、民族传统体育、社会体育训练学等5个硕士点。华南师范大学设有体育教育、社会体育专业本科，有体育人文社会学、人体运动科学、体育教学训练学等3个硕士点及体育人文社会学1个博士点。其他高校体育系一般设体育教育专业。广州体育学院的体育理论、田径为省重点学科，运动生化、体育统计等5门为省级优秀课程。华南师范大学有省重点学科1个、校重点学科1个、2门省重点课程和7门优秀课程，其中体育人文社会学被评为校优秀课程、省重点课程，运动人体科学被评为省重点课程，人体解剖学、体育保健学为校优秀课程，体育人文社会学被评为省重点学科。运动人体体育教育于1997年通过了专家组论证，名列华南师范大学“211工程”重点学科中的第4位。华南师范大学体育学科是进入全国高校“211工程”唯一的体育学科。湛江师范学院体育系的体育理论被评为省级优秀课程，体育保健学为校优秀课程。

（二）体育教学

1979年10月5日，在教育部、国家体育运动委员会发布的《高等学校体育工作暂行规定（试行草案）》指导下，努力开展体育教学工作。1979年，省高教局制定《广东省普通高等学校体育课教学大纲》，饶纪乐等编写出版《体育基本理论》教材，各学校普遍制定体育课教学、考查、考试办法，着重抓好体育课教学。1982年，积极推行《国家体育锻炼标准》，引导学生参加课外体育活动。在此基础上，学校建立各项运动队，促进体育运动水平不断提高。

1980年7月，广东省第一届大学生田径运动会在华南师范学院举行，有31所高等学校的1047名男女运动员参加，普通组和体育专业组分别进行了32个和34个项目的比赛，同时召开广东高等学校第一届体育科学论文报告会。1983年7月，召开广东高等学校第二届体育科学论文报告会，会后出版了体育科学论文汇编。1985年9月，举行全省第二届大学生运动会。

1982年5月，广东省高等学校体育委员会改为广东省高等学校体育协会，协助行政部门做好高等学校体育教学工作。

高等学校在开展体育课教学的同时，积极开展经常性的体育锻炼，并定期按照《国家体育锻炼标准》进行测验。1983年，广州地区高等学校学生体育锻炼达标率达到90%。从1985年开始，国家对18所高等学校的各省学生的身体形态、机能、素质进行抽样调查，广东籍大学生身体素质总体水平排在全国各省（直辖市、自治区）前列。1988年，广东省高等学校共有8.36万人通过《国家体育锻炼标准》，占在校学生总数的86%。

（三）竞技运动

从1985年起，广东省在中山大学、华南工学院、华南师范大学、广州体育学院试办高水平运动队，提高广东大学生的运动水平。体育类专业除了要求学生学习基础理论及专业理论外，还要求学生学习和掌握运动技术，通过运动竞赛检查教学、训练效果，提高教学训练质量和运动技术水平。在国内外各种竞赛中，不少学生创造了全国和省、市运动会的纪录，有的学生还在国际竞赛中取得优异成绩。1982—2000年，广州体育学院先后多次在全国、省、市和全国体育院系比赛中获得篮球、排球、武术、田径、举重和游泳等项目的第一名，取得金牌289枚，约370人打破省高校或全国体院、全国大学生运动会纪录，其中健美操在全国比赛中多次获得冠军。华南师范大学体育系的女子手球队曾3次荣获全国高校手球锦标赛冠军；田径队曾在全国大学生运动会上夺得团体总分第三名，并打破8项全国大学生记录；健美操队先后夺得广东省大学生运动会、广州市及广州地区高校健美操比赛冠军，在全国大学生健美操锦标赛中囊括全部6个项目的二等奖；武术队夺得香港国际太极推手3枚金牌、1枚银牌；游泳队获广州地区高校体育专业级男子团体第一名、女子团体第二名，获1991年第3届广东省大学生运动会男女团体总分第三名；1996年广州地区高校游泳比赛女子甲组团体总分第一名；1996年广州地区甲组足球锦标赛亚军。代表国家队参加比赛的全日制在校生有7人，其中健美操队先后三次代表中国赴意大利、德国参加比赛。

1978—2000年，广东省高等学校代表团连续参加六届全国大学生运动会。在1996年全国大学生运动会上，广东省高等学校代表团的团体总分、金牌数、奖牌数均居第二。在2000年全国大学生运动会上，广东省高等学校代表团获得团体总分第一名、金牌总数第一名。

1979—2000年广东高等学校历届全国大学生运动会成绩一览表

表5-4-1

名称	项目	成绩	备注
第一届全国大学生运动会（1982年8月）	田径	甲组获男、女团体总分第五名、女子团体总分第五名 赵明、徐光飞、吴秋富分获甲组男子标枪、甲组女子100米跨栏和乙组男子撑竿跳高冠军	甲组：体育学院 乙组：师范院校体育系、科
	竞技体操	甲组获女子团体第二名、男子团体第四名； 邓红妮获甲组女子全能、跳马、高低杠3项冠军	
第二届全国大学生运动会（1986年8月）	田径	乙组获男子团体总分第六名、女子团体总分第四名； 丙组获男子团体总分第四名、女子团体总分第六名 丙组林枝获男子标枪冠军，谢玉莲获女子100米栏冠军	乙组：师范院校体育系、科 丙组：体育学院
第三届全国大学生运动会（1988年8月）	田径	乙组获男子4×100米接力冠军 劳效基获乙组男子跳高冠军	乙组：师范院校（含综合大学）体育系、科和体育学院

续表5-4-1

名称	项目	成绩	备注
第四届 全国大学生 运动会 （1992年9月）	田径	乙组获女子团体总分第四名 丙组获男子团体总分第五名	乙组：师范院校（含综合大学）体育系、科 丙组：体育学院
第五届 全国大学生 运动会 （1996年8月）	总分	团体总分（653分）、金牌总数（28枚）、奖牌总数（56枚），分别居全国第二名	甲组：普通高等学校、高等师范学校（含体育系、科） 乙组：全国课余训练重点院校和高等体育院校
	田径	甲组获男、女团体总分第一名，男子团体总分第一名，女子团体总分第二名 乙组获男、女团体总分第二名，男子团体总分第三名，女子团体总分第二名金牌数、奖牌数、总分均列第一位	
	篮球	甲组获男子第六名，乙组获男子第四名	
	排球	甲组获男子第六名，乙组获男子第四名	
	健美操	团体总分第三名	
	武术	团体总分第四名，女子团体总分第二名	
第六届 全国大学生 运动会 （2000年9月）	总分	获得团体总分（1059分）第一名、金牌总数（33枚）第一名、奖牌总数（69枚）第二名	甲组：普通高等学校、高等师范学校（含体育系、科） 乙组：全国课余训练重点院校和高等体育院校
	田径	甲组获男、女团体总分第二名，男子团体总分第四名，女子团体总分第一名 乙组获男、女团体总分第二名，男子团体总分第二名，女子团体总分第一名 金牌数列第二位、总分列第二位	
	游泳	甲组获男女团体总分第二名、男子团体总分第二名、女子团体总分第三名 乙组获男女团体总分第一名、男子团体总分第一名、女子团体总分第三名	
	健美操	团体总分第一名	
	足球	甲组获男子第一名、女子第二名	
	篮球	甲组获男子第三名	
	排球	乙组获男子第二名	
	武术	女子团体总分第五名	

（四）军训

1. 军训试点高校

1984年5月31日，第六届全国人民代表大会第二次全体会议审议通过新的《中华人民共和国兵役法》。兵役法规定："高等学校的学生在就学期间，必须接受基本军事训练。"根据兵役法中关于学生进行军事训练的有关规定，教育部、劳动人事部、财政部、总参谋部、总政治部、总后勤部于1985年1月14日联合印发《关于高等院校、高级中学进行军事训练试点问题的通知》，决定从1985年9月开始，在全国约50所高等院校、100所高级中学和相当于高级中学的学校，进行学生军事训练试点，并明确军训试点工作的目的和要求。广东省的中山大学、华南师范大学、深圳大学成为首批试点高校。这3所试点高校相续成立军事教研室，与校人民武装部合署办公，选配专职或兼职军事教师，把学生军事训练纳入教学计划，开始学生军事训练工作。1994年，全省开展在校学生军训工作的普通高等学校36所，参加军训学生60余万人。到2000年，全省普通高校、高级中学普遍开展军事训练。

2. 军训组织领导

1986年8月22日，国家教委、国家计委、劳动人事部、财政部、商业部、总参谋部、总政治部、总后勤部印发《关于加强高等学校学生军事训练试点工作的通知》。总结开展学生军训试点工作存在的问题，进一步明确学生军训的指导思想和目的。通知指出，学生军事训练工作，由国家教委和总参谋部、总政治部、总后勤部共同负责。1988年4月27日，国家教委印发全国高等教育工作会议文件的通知附件《关于普通高等学校学生军事训练的实施意见》再次指出："学生军训，由国家教委、总参谋部、总政治部、总后勤部共同负责。"1991年，国家教委设立学校国防教育办公室，办公室设在学校体育卫生司。根据有关工作，广东省高教局、广东省教育厅均明确相关职能部门负责全省的高等学校、高级中学国防教育工作。广东省军区学生军训办公室也增编相应的人员，负责全省的学生军训工作。

3. 军训教学大纲

1985年1月4日，教育部、总参谋部、总政治部颁发《高等学校军事课教学大纲》，为开展军事课教学提供指导。同年11月15日，第一军医大学参加卫生部、总后勤部卫生部组织的高等医学院校军训试点座谈会，会议根据医学院校的实际，修改制定了《高等医学院校学生军事训练科目及时间分配表》和《高等医学院校军事医学教学大纲（实行稿）》。

1986年8月22日，国家教委、总参谋部、总政治部总结军事课教学大纲实施以后的实践经验，颁发《高等学校学生军事训练大纲（试行）》，对全国高校学生军训的管理、内容、时间和方法等方面提出新的要求。华南师范大学根据大纲内容和广东多年军事训练的实践经验，与中山大学、华南理工大学、华南农业大学、广州体育学院等院校共同编写《广东高校军事教材》，为广东省各高校开展学生军训和军事理论教学提供参考。

1987年9月10日，国家教委、总政治部印发《关于加强学生军训中思想政治工作的通知》，指出在军训中加强思想政治工作的重要意义。根据通知精神，华南师范大学等高校在军训期间编配政工干部担任指导员、教导员和团政委，在学生当中开展思想政治教育。

1994年5月6日，国家教委、总参谋部、总政治部印发《高等学校学生军事训练教学大纲》，大纲在军事训练教学要求中规定："集中训练期间，要以中国人民解放军条令、条例为依据，对参训学生实行军事化管理，建立健全相应的领导、训练和管理体制，制定各项规章制度。"根据文件精神和各高校实际情况，华南师范大学相续制定《学生军事训练计划》《军训团各级领导工作细则》《军事理论课教学考核细则》《军训各项评比条件与方法》，对学生军训实行规范化、军事化管理，建立健全军训工作规章制度。其他高校也积极贯彻军训教学大纲，军训工作全面走向规范化、军事化管理。

1999年6月13日，中共中央、国务院作出《关于深化教育改革全面推进素质教育的决定》，指出："规范国防教育，提高学生的国家安全意识，继续搞好学生军训工作并使之制度化"。广东省普通高校、高级中学认真贯彻落实这一要求。

二、卫生

1981年，省高教局委托暨南大学和中山大学对广东高等学校卫生保健工作负责人和医务人员进行业务培训。

1982年，省高教局指导成立广东高等学校卫生保健研究会，开展卫生保健研究工作，并拨出专款，组织广州地区高等学校医务人员对大学生体质状况、教师健康和常见病防治等情况进行调查研究。在此基础上，组织有关专业教师编写《高等学校卫生保健学》一书，该书被省内外多所高等学校采用。同时，各高校都建立文明课室和宿舍，健全清洁卫生值日制度，定期检查评比校园卫生状况；健全医务所工作制度，定期给师生体检，努力做好疾病的预防和治疗工作。

90年代，广东省高等学校保健医学研究会又组织编写了《大学生健康指南》一书（后改名为《青年学生健康教育》），为各高校大学生生理、心理教育和青春期教育提供基本教材。1994年，省委高校工委宣传教育处、省高教局政治教育处首次在广州中医学院举办全省高校心理咨询师资培训班。1997年7月，部分高校心理咨询工作骨干和从事大学生心理学教育工作的教师编写的《大学生心理卫生》教材出版发行。1997年11月，省高教厅印发《广东省高等学校心理咨询工作章程（试行）》，大学生心理卫生工作和心理咨询走上了科学化、正规化的轨道。

三、艺术

（一）音乐教育

1978年3月，广州音乐专科学校在广州美术学院内复校，省将广州市沙河顶原广州外语学院法语系的校址作音乐专科学校校址，1980年3月正式迁址。复校后的学制，理论作曲系为5年，其他各系均为4年，仍设学制6年的附属中等音乐学校。1981年6月25日，广州音专升格为广州音乐学院。1985年12月2日，广州音乐学院更名为星海音乐学院，以纪念已故人民音乐家冼星海。学院开设作曲系、音乐学系、音乐音响导演系、民乐系、管弦系、钢琴系、声乐系、音乐教育系、社会音乐系等9个系30多个专业。1999年，有在校本、专科学生

951人，附属音乐中学学生310人。1978—1999年，培养本、专科毕业生共3000人，中专毕业生1653人。

省政府对星海音乐学院的建设十分重视，1993—1998年，投入教学设备资金总额超过1000万元，学院办学条件得到较大的改善。至2000年，星海音乐学院图书馆占地2400平方米，馆藏15万件（册），其中音乐文献5.5万件（册）、视听资料2.5万件、中文期刊400多种、外文期刊27种，建有专用视听设施，全馆实现电脑管理，是华南地区最大的音乐书库。

在星海音乐学院迅速发展的同时，省内一些高校积极创造条件，开办音乐教育，培养音乐人才。1979年，肇庆师范专科学校率先开办音乐系。此后，华南师范大学（1988年）、韶关教育学院（1988年）、韶关大学（1997年）、深圳大学（1998年）先后开办音乐系。至1999年，各院校音乐系的专任教师总人数已达100多人，其中教授、副教授30多人，讲师40多人。

广东高等音乐教育实行“两条腿走路”，既开设全日制本、专科，也开办成人音乐教育（函授）和音乐教育自学考试。如华南师范大学音乐系至1999年已培养成人自考毕业生900人，比该系全日制本、专科毕业生（600人）还要多。并逐步提高层次、提高学历，1996年华南师大音乐系经国务院学位办批准，取得硕士研究生授予权，至1999年已招收3届（4名）硕士研究生。

1988年，国家教委印发《关于在普通高等学校中普及艺术教育的意见》；同年，广东省高等教育学会音乐教育专业委员会成立，开展音乐教育研究工作，交流音乐教育经验。省高教厅委托该专业委员会拟订《广东省普通高校音乐教学大纲》，于1995年8月印发全省普通高校试行。1999年8月，《普通高校音乐教程》正式出版。

（二）美术教育

1977年，广州美术学院恢复招生考试。1978年3月，广州美术学院恢复原有建制。至1999年，全省共有23所院校相继建立美术系，包括华南师范大学、汕头大学、广州师范学院、西江大学、广东职业技术师范学院、广东教育学院、广州职工大学等，开始招收美术、设计专业学生。70年代末到90年代，全省各高等美术院、系从全国高等美术院校引进各层次的教师或毕业生担任教学工作，不断壮大广东高等美术教育的师资力量。

（三）校园艺术活动

1985年前后，广东省高等学校出现了学生创作和演唱“校园流行歌曲”的热潮。90年代，省委高校工委、省高教厅先后举办广州地区高等学校纪念鸦片战争150周年文艺汇演、全省“百歌颂中华”大学生合唱节、广州地区以爱国主义为主题的大学生读书心得交流会、广州地区高等学校学生纪念世界反法西斯战争和中国抗日战争50周年历史知识竞赛、中国邮票设计家作品展、庆祝香港回归英语演讲赛等活动。1998年9月，省高教厅决定在广东高等学校大力提倡普及交响音乐，在大学举办交响音乐视听会，以提高大学生的高雅艺术欣赏水平，陶冶大学生的情操和心灵。

第五节　研究生、留学生及华侨、港澳台学生

一、研究生

（一）概况

1978—1985年，研究生教育规模快速扩大。1978年，广东省恢复招收研究生后，有中山大学、华南工学院、华南农学院、中山医学院、暨南大学、广州中医药学院、华南师范学院、广州外语学院、广州美术学院9所院校招生，当年招收硕士生315人。1979年，全省招收硕士生338人，在校硕士生650人。1981年《中华人民共和国学位条例》颁布实施后，研究生教育规模开始稳步增长。1981年，中山大学、华南工学院、中山医学院共3所院校开始招收博士生，当年招收博士生7人。至1985年，研究生招生规模为博士生46人、硕士生1514人，出现了广东省研究生教育发展的第一个高潮。

1986—1991年，研究生教育规模适当缩减。从1986年起，中国进入国民经济治理整顿期间，国家教委提出“七五”期间研究生教育以“提高质量，稳步发展”为指导方针，广东省研究生规模从1986年开始逐年缩减，特别是硕士生招生规模从1986年的1449人减少到1991年的1010人，降幅达到30.3%。

1992—1998年，研究生教育规模适度发展。1992年春，邓小平南方谈话发表后，广东省研究生教育进入新的增长期。全省博士生招生数量从1992年的162人，增加到1998年的582人，硕士生招生数量从1992年的1112人，增加到1998年的2508人。

1999—2000年，研究生教育规模急剧扩张。1999年以后，随着中国高等教育的大规模扩招，广东省研究生教育规模急剧扩张。1999年、2000年分别招收博士生792人、1053人，招收硕士生3057人、4649人。至2000年，全省在校博士生达2558人，硕士生达10465人。

（二）学制与专业设置

1. 学制

在研究生教育恢复和发展之初，国家对研究生的学习年限作了较为明确的规定，即硕士2～3年、博士 3 年左右，实际形成了硕士和博士普通为 3 年的刚性学制。后来，一些培养单位突破三三学制的规定，试行 5 年制硕博连读培养方式，在职博士生的培养也允许延长至4～5年。研究生班的学制为2年或1年半。临床医学本硕连读学制为7年。

2. 专业设置

1978年恢复招生后，按照1963年教育部公布的《高等学校理工农医各科研究生专业目录（草案）》，研究生招生专业按二级学科设置。至1997年，对专业目录进行多次修改后，国务院学位委员会、国家教委颁布现行的《授予博士、硕士学位和培养研究生的学科、专业目录》，该目录设哲学、经济学、法学、教育学、文学、历史学、理学、工学、农学、医学、军事学、管理学12个学科门类，88个一级学科、381个二级学科。

自1981年中国实施学位制度至2000年期间，共开展8批博士、硕士学位授权审核工作。

至2000年，广东省共有博士学位授予单位17个，其中高等学校11个，科研机构6个；硕士学位授予单位27个，其中高等学校19个，科研机构8个；博士、硕士学位一级学科授权点26个，博士学位授权学科、专业206个，硕士学位授权学科专业563个。

1979—2000年广东省博士、硕士学位授权学科、专业一览表

表5-5-1　　单位：人

年份	批次	博士、硕士学位授权一级学科数	博士学位授权学科、专业数	硕士学位授权学科、专业数
1979	1	—	23	142
1984	2	—	38	184
1986	3	—	79	281
1990	4	—	92	317
1993	5	—	96	333
1996	6	—	101	399
1998	7	15	127	472
2000	8	26	206	563

说明：国务院学位委员会先后于1981年、1984年、1986年、1990年、1993年、1996年、1998年及2000年批准公布了八批博士、硕士学位授予学科、专业名单，其中从1998年开始设置博士、硕士学位授权一级学科

（三）招生

1. 研究生

1981年开始招收博士研究生。1984年，研究生考试科目确定为政治理论课、外国语、基础课、专业基础课、专业课和综合考试。1985年试行推荐少数优秀本科应届毕业生免试入学。1988年，考试科目一般设五门，其中马克思主义理论课、外国语由国家教委统一命题，基础课、专业基础课、专业课主要由招生单位单独命题，中山大学、华南理工大学、华南农业大学可对优秀在职人员单独组织考试录取。1989年明确把国家招生计划分为定向招生计划、非定向招生计划两部分。1992年决定不再开办研究生班。

1979—2000年广东省研究生招生情况一览表

表5-5-2　　单位：人

年份	招生单位	招生总数	其中	
			硕士生	博士生
1979	中山大学、华南工学院、中山医学院、华南农学院、暨南大学、华南师范学院、广州中医学院、广州外语学院、广州美术学院、广州体育学院、广东省心血管病研究所	338	338	—
1980	中山大学、华南工学院、中山医学院、华南农学院、暨南大学、华南师范学院、广州中医学院、广州外语学院、广东省心血管病研究所、广东省昆虫研究所	153	153	—
1981	中山大学、华南工学院、中山医学院、华南农学院、暨南大学、华南师范学院、广州中医学院、广州外语学院、广东省昆虫研究所	334	327	7

续表5-5-2

年份	招生单位	招生总数	其中	
			硕士生	博士生
1982	中山大学、华南工学院、中山医学院、华南农学院、暨南大学、华南师范学院、广州中医学院、广州外国语学院、广州美术学院、广州体育学院、广东省心血管病研究所、广东省昆虫研究所、广东省微生物研究所	384	378	6
1983	中山大学、华南工学院、中山医学院、华南农学院、暨南大学、华南师范大学、广州中医学院、广州外国语学院、华南热带作物学院、广州美术学院、广州体育学院、广州通讯技术研究所、轻工业部甘蔗糖业研究所、广东省心血管病研究所、广东省昆虫研究所	541	529	12
1984	中山大学、华南工学院、中山医学院、华南农学院、第一军医大学、暨南大学、华南师范大学、广州中医学院、广州外国语学院、广州美术学院、广州体育学院、广州师范学院、广州通讯技术研究所、广州有色金属研究所、广东省心血管病研究所、广东省昆虫研究所、广东省微生物研究所	838	801	37
1985	中山大学、华南工学院、中山医学院、华南农学院、第一军医大学、暨南大学、华南师范大学、广州中医学院、广州外国语学院、广州美术学院、广州体育学院、广州师范学院、深圳大学、广州通讯技术研究所、广州有色金属研究所、广东省心血管病研究所、广东省昆虫研究所、广东省微生物研究所	1560	1514	46
1986	中山大学、华南工学院、中山医科大学、华南农业大学、第一军医大学、暨南大学、华南师范大学、广州中医学院、广州外国语学院、华南热带作物学院、广州美术学院、广州体育学院、湛江医学院、广州师范学院、广州医学院、深圳大学、广州有色金属研究所、广东省心血管病研究所、广东省昆虫研究所、广东省微生物研究所、广东省测试分析研究所、广州地理研究所、电子工业部第七研究所、广东省农业科学研究所	1521	1449	72
1987	中山大学、华南工学院、中山医科大学、华南农业大学、暨南大学、华南师范大学、广州外国语学院、广州中医学院、华南热带作物学院、深圳大学、广州美术学院、广州体育学院、广东工学院、湛江医学院、广州师范学院、广州医学院、电子部广州通信研究所、冶金部广州有色金属研究院、轻工部广州甘蔗糖业研究所、广东省心血管病研究所、广东省昆虫研究所、广东省微生物研究所、广东省测试分析研究所、广州地理研究所、华南植物研究所、广州化学研究所、广州能源研究所、南海海洋研究所、广州电子技术研究所	1469	1380	89
1988	中山大学、华南理工大学、中山医科大学、华南农业大学、暨南大学、华南师范大学、广州外国语学院、广州中医学院、华南热带作物学院、深圳大学、广州美术学院、广州体育学院、湛江医学院、广州师范学院、广州医学院、广东工学院、电子部广州通信技术研究所、冶金部广州有色金属研究院、广东省心血管病研究所、广东省昆虫研究所、广东省微生物研究所、广东地理研究所、广东省测试分析研究所、广州电子技术研究所、广州能源研究所、华南植物研究所、广州化学研究所、南海海洋研究所、轻工部甘蔗糖业研究所、广东省社会科学院、第一军医大学	1422	1291	131
1989	中山大学、华南理工大学、中山医科大学、华南农业大学、暨南大学、华南师范大学、广州外国语学院、广州中医学院、广东工学院、华南热带作物学院、深圳大学、广州美术学院、广州体育学院、湛江医学院、广州师范学院、广州医学院、广东省心血管病研究所、广州能源研究所、华南植物研究所、广州化学研究所、南海海洋研究所、广东省社会科学院、第一军医大学	1007	945	62

续表5-5-2

年份	招生单位	招生总数	其中	
			硕士生	博士生
1990	中山大学、华南理工大学、广东工学院、华南农业大学、暨南大学、广州医学院、湛江医学院、华南师范大学、广州外国语学院、广州师范学院、广州美术学院、广州体育学院、汕头大学、广东省心血管病研究所、广州能源研究所、华南植物研究所、中科院广州化学研究所、中科院南海海洋研究所、广东省社会科学院、第一军医大学	1125	1050	75
1991	中山大学、华南理工大学、广东工学院、华南农业大学、暨南大学、中山医科大学、广州医学院、湛江医学院、广州中医学院、华南师范大学、广州外国语学院、广州师范学院、广州美术学院、广州体育学院、汕头大学、广州能源研究所、华南植物研究所、中科院广州化学研究所、中科院南海海洋研究所、广东省社会科学院、第一军医大学	1177	1010	167
1992	中山大学、华南理工大学、广东工学院、华南农业大学、暨南大学、中山医科大学、广州医学院、湛江医学院、广州中医学院、华南师范大学、广州外国语学院、广州师范学院、广州美术学院、广州体育学院、汕头大学、广州能源研究所、华南植物研究所、中科院广州化学研究所、中科院南海海洋研究所、广东省社会科学院、第一军医大学、广东省心血管病研究所	1274	1112	162
1993	中山大学、华南理工大学、广东工学院、华南农业大学、暨南大学、中山医科大学、广州医学院、广东医学院、广州中医学院、华南师范大学、广州师范学院、广州外国语学院、广州美术学院、广州体育学院、汕头大学、汕头大学医学院、中科院广州能源研究所、中科院华南植物研究所、中科院广州化学研究所、中科院南海海洋研究所、广东省社会科学院、广东省心血管病研究所	1551	1321	199
1994	中山大学、暨南大学、华南理工大学、广东工学院、华南农业大学、中山医科大学、广州医学院、广东医学院、广州中医学院、华南师范大学、广州师范学院、广州外国语学院、广州体育学院、广州美术学院、汕头大学、汕头大学医学院、中科院广州化学研究所、中科院南海海洋研究所、中科院华南植物研究所、中科院广州能源研究所、广东省社会科学院、广东省心血管病研究所	1913	1615	298
1995	中山大学、暨南大学、华南理工大学、广东工学院、华南农业大学、中山医科大学、广州医学院、广东医学院、广州中医药大学、华南师范大学、广州师范学院、广州外国语学院、广州体育学院、广州美术学院、汕头大学、汕头大学医学院、中科院广州化学研究所、中科院南海海洋研究所、中科院华南植物研究所、中科院广州能源研究所、中科院广州地球研究所、广东省社会科学院、广东省心血管病研究所、中共广东省委党校	1922	1515	407
1996	中山大学、暨南大学、华南理工大学、广东工业大学、华南农业大学、中山医科大学、广州医学院、广东医学院、广州中医药大学、华南师范大学、广州师范学院、广东外语外贸大学、广州体育学院、广州美术学院、汕头大学、汕头大学医学院、中科院广州化学研究所、中科院南海海洋研究所、中科院华南植物研究所、中科院广州能源研究所、中科院广州地球化学研究所、广东省社会科学院、广东省心血管病研究所、中共广东省委党校	2419	1962	457
1997	中山大学、暨南大学、汕头大学、华南理工大学、华南农业大学、中山医科大学、广州医学院、广东医学院、广州中医药大学、华南师范大学、广州师范学院、广州体育学院、广州美术学院、深圳大学、广东外语外贸大学、广东工业大学、中科院广州化学研究所、中科院南海海洋研究所、中科院华南植物研究所、中科院广州能源研究所、中科院广州地球化学研究所、广东省社会科学院、广东省心血管病研究所、中共广东省委党校	2469	2012	457

续表5-5-2

年份	招生单位	招生总数	其中	
			硕士生	博士生
1998	中山大学、暨南大学、汕头大学、华南理工大学、华南农业大学、中山医科大学、广州医学院、广东医学院、广州中医药大学、华南师范大学、广州师范学院、广州体育学院、广州美术学院、深圳大学、广东外语外贸大学、广东工业大学、中科院广州化学研究所、中科院南海海洋研究所、中科院华南植物研究所、中科院广州能源研究所、中科院广州地球化学研究所、广东省社会科学院、广东省心血管病研究所、中共广东省委党校	3090	2508	582
1999	中山大学、暨南大学、汕头大学、华南理工大学、华南农业大学、湛江海洋大学、中山医科大学、广州医学院、广东医学院、广州中医药大学、华南师范大学、广州师范学院、广州体育学院、广州美术学院、深圳大学、五邑大学、广东外语外贸大学、广东工业大学、中科院广州化学研究所、中科院南海海洋研究所、中科院华南植物研究所、中科院广州能源研究所、中科院广州地球化学研究所、广东省社会科学院、广东省心血管病研究所、中共广东省委党校	3849	3057	792
2000	中山大学、暨南大学、汕头大学、华南理工大学、华南农业大学、湛江海洋大学、中山医科大学、广州医学院、广东医学院、广州中医药大学、华南师范大学、广州师范学院、广州体育学院、广州美术学院、深圳大学、五邑大学、广东外语外贸大学、广东工业大学、中科院广州化学研究所、中科院南海海洋研究所、中科院华南植物研究所、中科院广州能源研究所、中科院广州地球化学研究所、广东省社会科学院、广东省心血管病研究所、中共广东省委党校	5702	4649	1053

2. 研究生课程进修班

1990年，国务院学位委员会第九次会议决定正式开展在职人员申请硕士、博士学位工作。1991年，国务院下发《国务院学位委员会关于授予具有研究生毕业同等学力的在职人员硕士、博士学位暂行规定》及其《实施细则》的通知。各有关学位授予单位积极开展在职人员申请硕士学位工作，举办旨在为在职人员申请学位课程考试做准备的研究生课程进修班。研究生课程进修班作为在职人员进修、提高业务水平的一种教学形式，不与授予硕士学位挂钩，课程成绩合格者，可由办班单位发给研究生课程进修班结业证书。

对研究生课程进修班的管理，实行登记备案制度。1996年以前由国务院学位委员会办公室审核备案，自1997年开始由省级学位委员会办公室审核备案。1991—2000年，广东高校经国务院学位委员会办公室和广东省学位委员会审核登记备案，举办研究生课程进修班共430个。办班学校主要有：中山大学、华南理工大学、中山医科大学、暨南大学、华南农业大学、广州中医药大学、华南师范大学、广东外语外贸大学、第一军医大学。办班主要专业为哲学、经济学、法学、文学、管理学等社会需求量较大的学科领域。

3. 专业学位

《中华人民共和国学位条例》实施初期，广东省高等学校主要以培养教学和科研人才为主，授予的主要是学术性学位。90年代初，为加速培养经济社会发展所需的高层次应用型专门人才，设置了具有职业背景的专业学位授予制度，形成了学术性学位与专业学位两种学位类型，人才培养由原来的单一学术型向多样化发展。

至2000年，经国务院学位委员会批准设置的专业学位有工商管理硕士（MBA）、公共管理硕士（MPA）、法律硕士、教育硕士、建筑学学士与硕士、工程硕士、农业推广硕士、兽医硕士与博士、临床医学硕士与博士、口腔医学硕士与博士10种。

中山大学、华南理工大学、中山医科大学、暨南大学、华南农业大学、广州中医药大学、广东工业大学、华南师范大学、第一军医大学、深圳大学共10所学校先后开始专业学位学生的培养工作。

1993—2000年试办专业学位教育的广东高校名录表

表5-5-3

专业学位名称	试办院校	批准年份
工商管理硕士（MBA）	暨南大学	1993
	华南理工大学	1993
	中山大学	1996
法律硕士	中山大学	1997
公共管理硕士（MPA）	中山大学	2000
教育硕士	华南师范大学	1997
临床医学博士、硕士	中山医科大学	1998
	广州中医药大学	1998
临床医学硕士	第一军医大学	1998
	暨南大学	1998
口腔医学硕士	中山医科大学	2000
	暨南大学	2000
建筑学学士	华南理工大学	1994
	深圳大学	1996
建筑学硕士	华南理工大学	1996
工程硕士	华南理工大学	1996
	中山大学	1999
	广东工业大学	1999
	华南农业大学	1999
农业推广硕士	华南农业大学	2000
兽医硕士	华南农业大学	2000

（四）教育管理

1. 管理机构

1978年以后，先恢复研究生教育，后建立学位制度，并形成了学位管理与研究生教育管理两套体制。学位管理体制由国务院学位委员会、省级学位委员会和培养单位学位评定委员会组成；研究生教育管理体制则为教育部、省级政府教育主管部门和研究生培养单位三级构成。两套体制互相配合，共同推动学位与研究生教育的发展。

1978年恢复招收研究生，省高教局科研处主管全省学位与研究生工作。1994年成立广东省学位委员会，下设办公室。1995年以后，广东省学位委员会办公室挂靠省高教厅，与省高教厅科研处合署办公，主管全省学位与研究生教育工作。

中山大学、华南理工大学、暨南大学、华南农业大学、中山医科大学等招收研究生较多的学校，先后在教务处设立研究生科。从1984年开始，中山大学、暨南大学、华南理工大学、华南农业大学、中山医科大学、华南师范大学、广州中医药大学、广州体育学院等高等学校相继成立研究生处。至2000年，所有培养研究生的单位均先后成立了研究生处（部）。经国务院批准，1986年6月，中山大学成立研究生院。2000年，华南理工大学成立研究生院。

2. 管理制度

自1980年学位条例颁布实施后，研究生管理工作开始制度化。国务院学位委员会、教育部、省级学位委员会、省级教育主管部门、研究生培养单位先后制定了一系列研究生管理制度，包括招生考试、学籍管理、课程设置、培养方案、经费管理、研究生助教助研助管、学位授予、导师遴选等内容。

（五）导师队伍

研究生的培养均采取以导师为主，导师与教研室（或指导小组）集体培养相结合的方式进行。每位研究生必须有指导教师，指导教师从学术水平较高的教授、副教授中遴选。

自1981年开始博士、硕士学位授权审核工作起，教育部即制定并实行博士生指导教师由国家统一审核，硕士生指导教师由研究生培养单位自行审核的办法。从1993年开始，为了适应博士生教育发展的需要，国务院学位委员会将博士生指导教师的审核权下放给研究生培养单位。至2000年，全省研究生指导教师共4300人，其中博士生指导教师606人，硕士生指导教师3694人。

（六）学位授予

1980年2月，第五届全国人民代表大会常务委员会第十三次会议通过和颁布《中华人民共和国学位条例》，广东省于1981年起实施学位制度，学位分学士、硕士、博士三级。国务院设立学位委员会，负责全国的学位授予工作。广东省学位委员会负责全省的学位授予工作。

1. 学位授予单位的审定

学位授予单位的审定工作，由国务院学位委员会统一部署。广东省关于审定学位授予单位的具体工作由省高教局（后由广东省学位委员会）负责。根据《中华人民共和国学位条例》第八条的规定，国务院学位委员会1981年制定《关于审定学位授予单位的原则和办法》，先后于1981年、1984年、1986年、1990年、1993年、1996年、1998年及2000年批准并公布八批硕士学位、博士学位授予单位及其学科、专业名单，以及数批学士学位授予单位名单。经国务院学位委员会授权，省高教局（后由广东省学位委员会负责）自1991年开始负责广东省区域内新增学士学位授予单位的审核工作。

2. 各级学位的授予情况

1979—2000年，广东省累计授予博士学位2446人、硕士学位3.76万人。

2000年广东省内可授予学位的高等学校一览表

表5-5-4

学位授予单位名称	可授何级学位	批准年月
中山大学	学士	1982年1月
	硕士、博士	1981年11月
华南理工大学	学士	1982年1月
	硕士、博士	1981年11月
暨南大学	学士	1982年1月
	硕士	1981年11月
	博士	1984年1月
中山医科大学	学士	1982年1月
	硕士、博士	1981年11月
华南农业大学	学士	1982年1月
	硕士	1981年11月
	博士	1984年1月
广州中医药大学	学士	1982年1月
	硕士、博士	1981年11月
华南师范大学	学士	1982年1月
	硕士	1981年11月
	博士	1984年1月
广东工业大学	学士	1982年1月
	硕士	1986年7月
	博士	1998年7月
广东外语外贸大学	学士	1982年1月
	硕士	1981年11月
	博士	1986年7月
汕头大学	学士	1987年8月
	硕士	1993年7月
	博士	1998年7月
广州医学院	学士	1982年1月
	硕士	1986年7月
	博士	2000年12月
广东医学院	学士	1982年1月
	硕士	1986年7月
广州大学	学士	1982年1月
	硕士	1986年7月

续表5-5-4

学位授予单位名称	可授何级学位	批准年月
广州体育学院	学士	1982年1月
	硕士	1986年7月
广州美术学院	学士	1982年1月
	硕士	1981年11月
深圳大学	学士	1987年8月
	硕士	1996年7月
湛江海洋大学	学士	1982年1月
	硕士	1998年6月
五邑大学	学士	1990年5月
	硕士	1998年6月
广东民族学院	学士	1982年1月
广东药学院	学士	1982年1月
星海音乐学院	学士	1983年3月
广东商学院	学士	1988年4月
仲恺农业技术学院	学士	1991年4月
湛江师范学院	学士	1996年4月
韩山师范学院	学士	1998年4月
佛山科技学院	学士	1999年4月
第一军医大学	学士	1982年1月
	硕士	1981年11月
	博士	1986年7月
解放军体育学院	学士	1982年1月
	硕士	1993年9月

二、留学生

（一）招收外国留学生

1979年以后，随着高等教育的国际交流与合作日益密切，到广东求学和进修的外国留学生不断增多。中山大学、华南理工大学、中山医科大学、暨南大学、华南农业大学、广州中医学院、广东外语外贸大学、华南师范大学、深圳大学、广州美术学院、汕头大学等高等学校，都招收一定数量的外国留学生。2000年，广东办理21所高校1462名外国留学生的入学申请审批手续；审核批准4所高校招收外国留学生资格申请，使广东获得招收外国留学生资格的高校增至29所。

留学生数量持续增长。1979—1987年，广州地区5所高等学校和深圳大学接收了来自64个国家的留学生576名，1992年后每年接收外国留学生300～500人，1996年、1997年度在广东高等学校就读的长、短期外国留学生达到1800多人。

留学生的来源地区逐步从中国的周边国家扩大到五大洲的100多个国家。改革开放后到80年代中期，招收外国留学生的高校主要是中山大学、华南农业大学、中山医科大学、广州中医药学院、深圳大学、广州美术学院，所招留学生来自五大洲，包括朝鲜、日本、泰国、新加坡、菲律宾、印度尼西亚、尼泊尔、斯里兰卡、巴基斯坦、伊朗、也门民主人民共和国、叙利亚、巴勒斯坦、丹麦、挪威、瑞典、芬兰、苏联、捷克斯洛伐克、德国、瑞士、荷兰、比利时、卢森堡、英国、法国、意大利、南斯拉夫、突尼斯、马里、几内亚比绍、几内亚、塞拉利昂、利比里亚象牙海岸、加纳、多哥、贝宁、尼日尔、乍得、中非、苏丹、埃塞俄比亚、索马里、乌干达、坦桑尼亚、卢旺达、布隆迪、扎伊尔、刚果、加蓬、圣多美和普林西比、赞比亚、科摩罗、马达加斯加、津巴布韦、澳大利亚、新西兰、加拿大、美国、墨西哥、圭亚那、厄瓜多尔、秘鲁等64个国家。80年代中期以前，招收的留学生主要来自第三世界国家；80年代中期以后，来自发达国家和新兴工业化国家的留学生逐步增多，招收外国留学生的高等学校也从不足10所发展到2000年的29所。各有关高等学校在国家及省的支持下，积极创造条件，配备优秀教师，提供较好的语言训练条件、电教设备、图书资料、实验室，修建留学生宿舍、餐厅及文娱体育活动场所，为外国留学生创造了较好的学习、生活环境。

留学生就读层次多。有各种程度起点的汉语专业学生，有专科生、本科生、硕士生、博士生，还有普通进修生和高级进修生，分布在40多个专业院校，主要是汉语、农业、中医药、经济、美术类专业。

留学形式多、种类多。有长期生，也有短期生；有国家奖学金学生，也有交流生；有公派生，也有自费生；有以团体形式组成的来华研习班，也有专题进修班；还有以某一职业类型的人员，如银行家、企业家组成的专业考察班等。

（二）出国留学生

1. 公费留学

公费留学的形式。公费留学包括国家公派与单位公派两种形式。按国家统一计划，面向全国招生，统一选拔、派出，执行统一经费开支规定的出国留学人员，为国家公派出国留学人员；按部门、地方、单位计划，面向本地区、本单位招生、选拔、派出，执行部门、地方、单位经费开支规定的出国留学人员（包括个人经本单位同意和支持，通过取得各种奖学金、贷学金、资助等并纳入派出计划的留学人员），统称单位公派出国留学人员。以上两类公派出国留学人员为大学生、研究生、进修人员和访问学者。

公派出国留学人员的选拔。国家公派出国留学计划的制订及选拔工作的进行，由国家教委组织安排。单位公派出国留学计划的制订及选拔工作，由派出部门、地方或单位根据国家教委总的指导原则和实际需要组织安排，经主管部门报国家教委备案。

公派出国进修人员和访问学者的选拔，实行单位推荐，学术组织或技术部门考核，领导批准的办法。公派出国大学生、研究生的选拔，实行考试与考核相结合的方法。

国家与专业的选择。合理选择留学的国家、学校和专业是国家、部门、地方或单位派出计划的核心组成部分。其原则是：坚持博采各国之长，派往国一般应是科学、技术、文化比较发达的国家，派往单位应是一流或二流的大学、科研机构或生产部门，或者是某些学科、技术和文化领域有特色的国家和单位；坚持按需派遣，留学的专业选择兼顾基础学科和应用学科，特别注意选择国家现代化建设中急需高级专门人才的一些新兴学科、专业。

根据以上原则，广东省各高等学校公派出国留学人员的派往国有日本、泰国、菲律宾、印度、巴基斯坦、丹麦、瑞典、芬兰、苏联、德国、瑞士、荷兰、比利时、卢森堡、英国、法国、意大利、南斯拉夫、罗马尼亚、象牙海岸、澳大利亚、新西兰、加拿大、美国、哥伦比亚、巴西等26个国家及我国香港地区。

出国人员选学的专业比较广泛，包括哲学、经济学、法学、教育学、文学、历史学、理学、工学、农学、医学等学科门类的294个专业。

公派留学人数。1978年以后，广东省公派留学有很大的发展。1978—1989年，全省高等学校公费派出近2000名教师到国外进修或攻读学位，其中中山大学520人、暨南大学219人、华南理工大学325人、华南农业大学134人、华南热带作物学院85人、中山医科大学224人、广州医学院21人、湛江医学院1人、广州中医学院40人、华南师范大学135人、广州师范学院9人、广州体育学院4人、广州外国语学院158人、深圳大学33人、汕头大学16人、第一军医大学25人。在这11年中，全省高等学校公派出国留学人员相当于1954年至1966年全省公派出国留学人员总数的46.6倍。省教育厅、省高教局（厅）在1979—2000年也一直组织教师到外国留学进修。2000年，办理国家公派留学初审手续53人，其中29人被录取；办理单位公派出国留学做访问学者或攻读学位的教师46人次。

2. 自费留学

1978年改革开放政策实施后，国家确定自费留学政策。据在广州地区9所高等学校的统计，从1978年至1987年，在校师生自费出国留学者共计1277人，所到国家主要是美国、加拿大、澳大利亚、日本和一些西欧国家。按照教育部的政策规定，2000年省教育厅加强自费出国留学中介服务机构的管理，办理具有大专以上学历的学生自费出国留学学历审核2329人次。

1979年以后，广东作为全国经济最活跃、海外关系最多的省份之一，自费留学生人数一直位居全国前列，约占全国自费留学总人数的10%。据不完全统计，1978—2000年，广东自费出国留学人数4万人左右，其中2000年为7000多人。

1995年，“支持留学，鼓励回国，来去自由”的出国留学方针正式提出后，广东自费留学蓬勃发展，催生了留学中介这一行业。鉴于一些留学中介蒙骗学生及家长，损害出国留学人员利益的情况，教育部、公安部和国家工商行政管理局于1999年7月颁布了《自费出国留学中介服务管理规定》及其《实施细则》，对自费出国留学中介服务机构进行资格认定。截至2000年年底，广东省共有8家自费留学中介机构获得了教育部“自费出国留学中介服务机构资格认证书”。

在留学国别上，最初主要集中在美国、英国、日本等少数国家，经过20余年的发展，到2000年，留学的国家已达到了20多个，包括：美国、英国、澳大利亚、加拿大、新西兰、法国、新加坡、德国、瑞士、荷兰、爱尔兰、日本、西班牙、奥地利、比利时、丹麦、韩国、泰国、马来西亚、乌克兰等。

三、华侨、港澳台学生

广东省招收华侨、港澳台学生的高等学校主要是以“面向海外，面向港澳”为办学方针的暨南大学。暨南大学于1978年9月正式复办，并恢复校董事会，全国人大常委会副委员长廖承志继续兼任董事长。1978—1997年，暨南大学招收的境外学生达8435人。1998年在校境外学生3380人，其中华侨学生50人、港澳学生2577人、台湾学生112人，占全日制本专科生近1/3，有的专业境外生占70%，他们来自世界五大洲的27个国家和我国港澳台地区。中山大学、汕头大学、深圳大学、华南理工大学、华南农业大学、华南热带作物学院（1988年后归海南省）、中山医科大学、广州中医学院、华南师范大学、广东外语外贸大学亦先后招收华侨、港澳台学生。此外，全省各高等学校还招收在国内的归侨、侨眷和台湾省籍青年学生。

广东高等学校接收华侨、港澳学生，旨在为华侨社会、港澳地区和国内建设培养德才兼备的专门人才，使他们既能继承祖国的文化传统，为传播中华文化于海外做出贡献；又具备各种专业知识和技能，服务于华侨华人社会、侨居地社会和我国港澳台地区及内地。因此，在办学方面形成一些特色：

（1）实行校董会领导下的校长负责制。暨南大学、汕头大学等校成立董事会，校长定期向董事会报告工作，听取他们的意见和建议；还建立咨询委员会、校务委员会、教职工代表大会、学术委员会、学位委员会，推进民主管理和科学决策。

（2）改革招生办法。从1980年开始，暨南大学对华侨、港澳同胞、台湾同胞和外籍华人考生实行单独命题、单独考试、单独录取。1983年、1984年又先后直接在香港、澳门开设考场。从1985年起，对考生较集中的港澳地区实行推荐与考试相结合的招生办法。1987年，省内外清华大学、暨南大学、中山大学、华南理工大学、中山医科大学等9所院校联合向港澳地区招生。1997年，全国参加联合招生的高校有90所，其中广东省10所。

暨南大学1983年设立预科，这是其高等教育的组成部分，主要是招收海外华侨华人子弟及港澳学生，作为他们进入大学专业学习的预备教育。1983—2000年，有1000多名学生在预科毕业后直升大学各专业。随着世界“华文热”的兴起，为适应海外华侨华人及港澳同胞学习中国语言文化知识的需要，暨南大学在1980年开设海外华侨华人汉语专修班，继而成立对外汉语教学系，于1993年6月设立华文学院。暨南大学于1984年开始招收境外研究生，还与香港大学、香港中文大学联合招收培养研究生，其数量、生源地、攻读专业都不断扩展。从1989年起，对港澳地区部分研究生实行“兼读制”，方便港澳青年到暨南大学攻读高一级学位。至1996年7月，在暨南大学获得博士、硕士学位的境外研究生达100多人。中山大学、华南理工大学、华南师范大学等则从1994年开始面向港澳地区招收硕士研究生和博士研究生。

（3）改革专业和课程设置。暨南大学对一些专业进行了较大的改造。1984年将原只适应内地的政治经济学专业改为经济学专业，商业经济专业改为商学专业，工业经济专业改为企业管理专业，数学专业改为数学科学专业，生物学专业改为生物工程技术专业。1983年，全校开设了适合华侨、港澳学生的以爱国主义教育为中心的社会科学理论教育系列课程，包括中国古代史、中国近代史、中华人民共和国史、华侨史和中国地理等课程。

（4）实行学分制、双学位制和主修辅修制。鉴于华侨、港澳毕业生绝大部分返回原居住地就业，他们对所学专业的要求既专又广，既要打好基础，又要适应性较强，具有多种技能，暨南大学在1978年9月复办时就在中文、物理两个系试行学分制；1983年起又在文、理、经济各专业全面实行学分制；医学院则实行学年制与选课制相结合的教学制度。1985年开始试行主修与辅修专业，新闻、外语、中文、计算机科学等系实行第二学位制，调动了学生的学习积极性，培养了一专多能人才。

第六节　招生考试与分配（就业）

一、招生考试制度改革

（一）招生计划体制的改革

1. 国家指令性计划阶段

1977—1982年，广东和全国其他省市一样，招生实行国家计划形式，即由国家根据经济建设和社会发展对高等人才的需求情况及预测来确定高等教育事业的发展计划。高等学校对根据这一计划形式招收的学生实行“两包”，即国家包培养学生所需成本费用和包学生毕业后予以安排工作。

2. 国家指令性与调节性计划并存阶段

为了更好地适应经济体制改革后社会对高级专门人才的需求，从1985年开始，广东对过去单一的招生计划体制进行改革，实行国家指令性任务和调节性任务两种计划并存的招生计划体制。招生计划形式中，除国家指令性任务的计划形式外，增加了委托培养和自费生两种调节性计划形式，并逐步扩大调节性计划招生比例，1992年委托培养生和自费生占招生总数的51%，1993年委托培养生和自费生达到招生总数的60%。另外，还把招生来源地区和毕业生分配去向适当结合起来，实行定向招生。

3. 并轨招生计划阶段

从1994年开始，中山大学等7所院校本科层次实行试点“并轨”招生改革。这一改革将普通学校实行的国家任务和调节性（委托培养、自费生）两种并存的招生计划形式，以及在录取新生时的两种录取分数线标准（“双轨”）合并成一种国家任务收费生计划形式，实行计划形式、录取标准、收费标准并轨，取得了很大成功。1995年，招生改革力度进一步加大，全省本科全部实行“并轨”招生的改革，并轨学校31所，占全国并轨招生学校113所的27.4%。1996年推广到专科并轨招生。为保证这一改革的顺利进行，广东省制定了奖学金贷学金助学、实施勤工俭学等改革配套政策措施，帮助有经济困难的学生完成学业，实现了没有一个学生因家庭经济困难而辍学的目标。

（二）录取管理体制的改革

1. “分段录取”

自1977年恢复高考制度至1984年，广东省普通高等学校招生录取实行“分段录取”体制。即在政治思想品德考核和身体健康状况检查合格、统考成绩达到最低控制分数线的考生中，参照所填志愿顺序，按照从高分到低分的原则分段投档，学校按德智体进行全面考核，择优录取。分段录取体制坚持按分数排队录取，避免了高分落选的问题。

2. “根据志愿、按比例投档”录取

1985年开始，广东省实行“根据志愿、按比例投档”录取体制。在这一体制下，录取工作人员在政治思想品德考核和身体健康状况检查合格、统考成绩达到最低控制分数线的考生中，根据志愿，从高分到低分，按学校招生计划数120%的比例向招生学校提供档案，由学校按规定录取。

3. “学校负责、招办监督”录取

为进一步扩大高等学校自主权，满足学校对特殊学科、专业的选择，从1993年起，广东省实行“学校负责、招办监督”录取体制，即录取学校在政治思想品德考核和身体健康状况检查合格、统考成绩达到控制分数线的考生中按一定比例调阅考生档案，录取与否及录取的专业由学校决定，遗留问题由学校负责处理，广东省招生办公室在录取过程中对录取学校执行政策情况实行必要的监督，保证录取工作的质量。

（三）招生手段的改革

随着高等教育规模的不断扩大，考生和录取新生数量不断增长，为提高工作效率，减少不必要的差错，广东省招生工作坚持逐步向程序化、规范化、系统化的方向发展，积极探索以现代化手段管理招生工作。从80年代中期开始，用以计算机为主的现代化手段管理招生工作，在广东省得到了迅速发展。从最初的分数统计、志愿统计，逐步扩展到报名信息采集、考场考号编排、招生计划管理、阅卷、辅助录取、网络录取等各招生环节。1986年，开始招生手段现代化的试验，即运用计算机进行辅助评卷录取，取得较好的效果。以计算机为主的现代化手段的应用，使广东省的招生工作由单一的原始手工操作向科学化管理转变。

（四）高考方法的改革

1. 试行标准化考试

1985年，教育部委托广东省进行数学、英语两科标准化命题考试改革研究试验。同年，报考英语专业的考生只考广东省自行命题的标准化英语试题，报考文、理科的考生仍考全国统一命题的英语试题；报考文、理科的考生均考广东省自行命题的标准化数学试题。1986年，国家教委同意广东省在当年的高考中进行英语、数学、物理三科的标准化考试试验，1987年增加化学、语文两科，1989年又增加政治科。

1988年，国家教委考试中心在广东召开普通高等学校招生考试标准化评估会，对标准化考试试验中命题、考务管理、评分、分数解析等各方面内容进行总结和研究，并把广东试验的成果推广到山东、辽宁、广西、湖北、四川、陕西等省。

2. 改革科目设置

1977—1982年，广东省高考科目设置分为文理两类，文史类考政治、语文、数学、历史、地理、外语6门；理工农医类考政治、语文、数学、物理、化学、外语6门。1983—1992年，广东省高考科目仍然设置为文理两大类，文史类考试科目保持不变；理工农医类增加生物科，考试科目增加为7门。从1993年起，广东省开始加强考试制度的理论研究，改变考试门数偏多、考生负担过重的考试科目设置办法，在高考会考基础上进行高考科目改革，采取按高考招生专业文、理两类的“3+2”方案，即语文、数学、外语必考，文科加考历史、政治，理科加考物理、化学。

从1999年起，经教育部批准，广东省在全国率先进行“3+X”考试模式试验。“3”为语文、数学、外语三个必考科目，“X”为变量，包括物理、化学、生物、政治、历史、地理等6门中的一门或几门。高等学校根据专业的学科特点、办学水平和层次以及生源的实际情况，自主确定各专业的考试科目。考生根据高等学校公布的每个专业的必选科目和加考科目，来确定自己的考试科目。为了解决各院校、各专业生源不平衡问题，规定高等学校各专业除了指定选考科目之外，还可以指定兼招的科目，考生在填报志愿时也可以填报这些有兼招科目的学校和专业。2000年，根据《关于深化教育改革全面推进素质教育的决定》提出的“高考科目设置和内容的改革应进一步突出对能力和综合素质的考查”精神，广东省在总结1999年考试科目改革方案的基础上，对“3+X”科目模式又进行调整，在“X”中增加了综合科目，并规定本科层次全部需加考综合科目，即需考语文、数学、英语和“X”中的一门或几门以及综合科目。综合科目试题内容主要考查学生掌握高中阶段开设的物理、化学、生物、政治、历史、地理6门课程基础知识的程度以及运用基础知识分析和解决问题的能力。从2000年起，“3+X”高考方案逐步推向全国其他省、市。2000年，广东省被教育部授予“高考改革探索先锋”称号。

1977—2000年广东省普通高考招生统计表

表5-6-1　　单位：人

年度	报考人数	招生计划	录取人数	录取率
1977	537281	8583	8752	1.6%
1978	344542	12793	12793	3.7%
1979	84070	10461	10492	12.5%
1980	61930	10439	10609	17.1%
1981	69364	10525	10591	15.3%
1982	102907	12039	12218	11.9%
1983	84349	13576	13661	16.2%
1984	81703	15930	16459	20.1%
1985	83736	19359	20092	24.0%
1986	84801	30400	30410	35.9%
1987	98589	31861	30574	31.0%
1988	143219	41160	42739	29.8%

续表5-6-1

年度	报考人数	招生计划	录取人数	录取率
1989	118862	37908	35867	30.2%
1990	130835	36154	36923	28.2%
1991	141368	34628	34778	24.6%
1992	139723	39037	40185	28.8%
1993	137402	61319	65569	47.7%
1994	114193	62235	62235	54.5%
1995	115766	78148	79690	68.8%
1996	113320	60662	60662	53.5%
1997	125565	63256	63256	50.4%
1998	150470	63562	63453	42.2%
1999	165488	90330	92977	56.2%
2000	185521	126955	118750	64.0%

二、分配（就业）制度改革

（一）管理体制

1981年，恢复统一考试后的第一届毕业生分配工作开始，国务院《高等学校毕业生调配派遣办法》规定：国家计委负责制定分配计划，教育部负责编制调配计划，并负责调配、派遣过程中出现的分配不当的调整工作。1985年，中共中央《关于教育体制改革的决定》提出改革高等学校招生计划制度和毕业生分配制度，经国务院批准，1986—2000年，全国普通高等学校的大学毕业生、毕业研究生的分配就业工作，由教育部归口统一管理，对国务院负责。

广东省高等学校毕业生分配工作，在“文化大革命”以前，主要是由省计委和省高教部门负责。“文化大革命”后期，由省计委和省文化教育办公室实施。1978年后，高等学校毕业生仍然实行统一分配模式。省政府《转发〈国务院办转发关于劳动人事部、教育部、计委、民政部几项工作分工问题会议纪要〉的通知》和《关于做好各地毕业研究生和大专毕业生调配工作的通知》，对广东省高等学校毕业生分配工作重新分工，明确毕业生分配工作的职责，省计委负责制订分配计划，省高教局和省教育厅分别负责非师范类毕业生以及师范类毕业生调配计划和毕业分配后、一年见习期内，因分配不当的调整工作。由于省内地、市、县没有设立高等教育局，因此，各地有关非师范类毕业生的分配工作，统一由地、市、县人事局负责，而师范类毕业生的分配工作由教育局负责。1996年，省高教局和省委高校工委合署办公，改为省高教厅。省高教厅成立广东省高等学校毕业生就业指导中心，负责毕业生就业指导工作。2000年，省高教厅与省教育厅合并成立新的省教育厅后，广东省高等学校毕业生就业指导中心统一负责全省普通高等学校毕业生派遣工作以及毕业生就业指导和服务工作。

（二）分配（就业）形式

高等学校毕业生的分配（就业）工作大致分为4种模式：一是“统包统分”模式；二是切块计划、供需见面模式；三是在一定范围内“双向选择”模式；四是自主择业模式。这四种模式，在时间的划分上，大致分为四个阶段：第一阶段（1979—1984年）一直采取从上而下编制计划“统包统分”毕业生的指令性分配模式，这种分配制度在当时确保了国家重点建设对人才的需求。第二阶段（1985—1990年）实行切块计划，在国家计划指导下，采取学校和用人单位供需见面，从上而下、上下结合的办法制定毕业生分配计划。1989年10月国务院批转国家教委《关于改革高等学校毕业生分配制度的报告》即“中期改革方案”，逐步把竞争机制引入毕业生就业工作。第三阶段（1991—1997年）实行“双向选择”的就业模式，即学校和地方主管部门统一组织，在国家毕业生就业方针政策指导下，实行学校推荐、毕业生选择职业、用人单位择优录用的模式。广东省从1996年开始，在高校校园内举办分科类的毕业生供需见面会，开始着手建立以高校为基础的毕业生就业市场。第四阶段（1998—2000年）实行自主择业模式，即毕业生在就业市场、人才市场中自由选择职业。教育部《关于做好1998年普通高校毕业生就业工作的通知》明确指出：“培养和建立以学校为基础，以政府为主导的毕业生就业市场。”到2000年，广东省基本形成了“以高等学校为基础，三种模式相互配合”的高等学校毕业生就业市场模式（一是分科类的供需见面会，二是行业专场招聘会，三是各高等学校自行组织举办的小型供需见面会），高等学校毕业生就业工作进入自主择业的市场化阶段。

第七节　学生管理

一、学生工作

（一）思想教育工作

1981年6月，中共十一届六中全会作出《关于建国以来党的若干历史问题的决议》，对一些重大问题作出了明确的阐述，提出必须加强思想政治工作。广东省高等学校认真组织学生学习《决议》精神，统一广大青年学生的思想。

1987年，中共中央发出《关于改进和加强高等学校思想政治工作的决定》，对高等学校思想教育工作的指导思想、方针、原则以及内容、途径和组织实施都提出明确要求。广东省高等学校学习贯彻《决定》精神，进一步加强学生思想教育工作。1987年，国家教委决定将《形势与政策》设为大学生思想政治教育必修课程，广东高校积极落实。1988年9月，中共十二届六中全会作出《关于社会主义精神文明建设指导方针的决议》，广东高校积极学习贯彻。但由于国际国内形势的影响，资产阶级自由化思潮没有得到有效遏制，思想政治工作薄弱的状况并未根本改变。邓小平指出：“十年最大的失误是教育，主要是思想政治教育削弱了。”1989年下半年，省委高校工委、省高教局按照上级的统一部署，相继在全省高等学校开展一系列学生思想教育活动，组织全省高等学校开展学习贯彻“中共中央关于党的建设的通知”的教育活动，对学生党员进行系统的马克思主义基本理论教育、党的基本路线教育和党的基本知识教育；开展“关于在大学生中深入进行东欧形势教育”的活动，紧密联系苏联解体、东欧剧变和国内形势，开展坚持四项基本原则、警惕“和平演变”、反对资产阶级自由化的教育；开展“对大学生进行树立正确的人生观专题教育”活动，引导学生认清社会主义和资产阶级道德原则的本质区别，反对极端个人主义和拜金主义，树立社会主义、集体主义和全心全意为人民服务的人生观，走与工农群众相结合、理论与实践相结合的成长道路。

1992年9月，中共十四大提出建设有中国特色社会主义的历史任务，要求在建设社会主义物质文明的同时，大力加强社会主义精神文明建设特别是思想建设。1994年中共中央发出《关于进一步加强和改进学校德育工作的若干意见》，中宣部印发《爱国主义教育实施纲要》，全省高等学校在大学生中广泛组织宣传学习，加强大学生爱国主义教育，帮助大学生树立正确的政治方向，培养良好的思想品德，增强民族自尊、自强、自信意识，确立为中华民族之崛起而刻苦学习的目标。

1995年12月，省高教厅组织广州地区高等学校师生代表参加由中宣部、团中央、中国残疾人联合会组织的“热爱祖国、自强不息”巡回报告团在广东省的巡回报告演出活动。

在省委的指导下，省委高校工委和各高等学校采取各种有效措施，加强和改进高等学校学生思想教育工作，加强邓小平理论的教育，加强形势政治教育；充分发挥“两课”在德育工作中主渠道、主阵地的作用，发挥共青团和学生社团的作用，发挥教书育人、管理育人、服务育人的作用；开展多种形式的社会实践和校园文化建设活动；加强学生思想工作队伍建设，提高队伍素质。

1996年10月，省委高校工委、省高教厅向全省高等学校印发《关于认真学习和贯彻中共十四届六中全会精神的通知》，要求全省高等学校要认真组织学生学习《中共中央关于加强社会主义精神文明建设若干重要问题的决议》，采取专题讲座、讨论交流和参加社会实践相结合的方式，将全会精神有机地渗透到学生的教育活动中。

1997年上半年，省委高校工委与团省委联合组织在全省高等学校开展了以庆祝香港回归为主题的学生思想教育活动。全省高等学校和学校各级党团组织、学生会充分利用香港回归祖国的有利时机，举办报告会、演讲会、知识竞赛、征文、体育比赛、歌舞晚会等丰富多彩的宣传教育活动，对青年学生进行爱国主义教育，激发青年学生的爱国主义热情。

1998年，中国部分地区发生百年不遇的特大洪涝灾害，全国人民团结一心，众志成城，夺取了抢险救灾的全面胜利。根据教育部《关于深入学习江泽民同志在全国抗洪抢险总结表彰大会上的重要讲话精神的通知》精神，1998年10月，省委高校工委、省高教厅在全省高等学校开展了深入学习江泽民讲话精神和英模事迹的活动。

1999年，中共中央颁发《关于加强和改进思想政治工作的若干意见》。为了贯彻落实文件精神，2000年2月，省委高校工委、省高教厅颁发《关于加强和改进广东省高等学校思想政治工作的若干意见》。

2000年7月，教育部党组印发《关于进一步加强高等学校学生思想政治工作队伍建设的若干意见》。全省高等学校认真贯彻文件精神，在制度和体制建设、学历职称和生活待遇以及培养培训等方面，制定了一系列政策，广东省高等学校学生思想政治工作队伍建设水平明显提高。

1988—2000年，省高教厅与团省委在全省高等学校中开展了评选表彰“三好学生、优秀学生干部和先进班集体”活动。13年共评选省级“三好学生”3000多名、“三好学生标兵”120多名、“优秀学生干部”1200多名、“优秀学生干部标兵”100多名、“先进班集体”528多个、“先进班集体标兵”120个，并向教育部、共青团中央推荐报送部分优秀三好学生、学生班干部和班集体。

（二）高等学校学生思想政治状况滚动调查工作

在国家教委社会科学研究与思想政治工作司领导下，1992年以后，北京、天津、上海、湖北、广东、陕西六省市党委和教育工作部门共同承担了全国教育科学“九五”规划重点研究课题“九十年代高等学校师生政治、思想、道德变化和发展规律研究”（1996年增加了江苏省，2000年又增加了江西省）。中山大学、华南理工大学、中山医科大学、华南农业大学、暨南大学、华南师范大学、广东工业大学、广东外语外贸大学、广州医学院、深圳大学、五邑大学等11所高等学校参加了广东省高等学校学生思想政治状况滚动调查研究工作。调查工作采取问卷调查与座谈、访谈相结合的方式进行。9年共发放问卷调查1.44万份，共有4050名学生参加了座谈、访谈。

调查表明，广东大学生的思想主流是好的，继续呈现出稳定、健康和积极的良好态势。广大大学生拥护、支持党和政府的大政方针，对历届中央领导集体和社会主义现代化建设的奋斗目标以及我国政治经济发展前景充满信心；对中央历年来的工作总体给予较高评价；对改革开放和社会主义现代化建设过程中的重大理论问题的认识进一步深化，观察、分析问题较客观、冷静；胸怀祖国、服务人民、积极进取、勤奋学习是当代大学生人生观、价值观的主流；市场经济发展伴生的一些价值取向日趋显露；对高等教育改革与发展表示极大关注。

历年调查也发现，大学生对“三农”问题、反腐败、社会治安、职工下岗、国企改革、推进就业和再就业等方面十分关注；一些学生对少数教师政治素质低下，以及教师中存在的学术浮躁现象感到忧虑；少数学生对一些深层次的理论问题，仍然存在着疑虑或模糊认识；价值选择趋于务实和多元化；对高等教育改革特别是学校教学工作和就业制度改革的呼声强烈；就业、竞争压力明显增大。

（三）大学生心理健康教育工作

1. 心理健康教育机构

1998年，中央宣传部、教育部颁发《普通高等学校“两课”课程设置的规定及其实施工作的意见》，要求普通高等学校在“思想道德修养”课程教学中，科学安排有关心理健康的教学内容，开设大学生心理健康教育选修课或专题讲座、报告会，开展心理咨询活动。1998年以后，全省普通高等学校实行主管校领导负责，学生思想教育工作队伍为主体，专兼职结合的工作体制，将大学生心理健康教育工作纳入学校德育工作管理体系中。部分高等学校配备了专职人员和一定数量的专、兼职教师及心理辅导与咨询人员。到2000年，全省已有57%的高等学校建立了大学生心理健康教育与咨询工作机构，31.6%的高等学校配备了专项工作设备，约5万名大学生接受了心理健康辅导与咨询服务，约占在校生的16.7%。

2. 心理健康教育工作队伍

自1994以后，省高教厅坚持每年举办两期高等学校心理健康教育骨干培训班，对高等学校中从事心理健康教育的专、兼职教师进行培训，并逐步建立了心理健康教育工作专、兼职教师资格认定体系。至2000年，共培训具有上岗资格教师180多人次，先后3次组织选派骨干教师20人次参加教育部心理健康教育骨干教师培训班，基本建成一支以少量精干专职教师为骨干，专兼结合、专业互补、相对稳定的高等学校大学生心理健康教育工作队伍。到2000年12月，全省高等学校专兼职从事心理健康教育和咨询骨干教师达128人，其中有高级职称的占13%。

3. 心理健康教育督导检查

1997年，为进一步加强高等学校心理健康教育学术研究和教育教学指导工作，省高教厅组织成立广东省普通高等学校心理咨询工作专业委员会，制定《广东省普通高等学校心理咨询工作章程》。专业委员会负责组织全省高等学校心理健康教育和科研工作者，协助省教育行政部门开展全省高等学校大学生心理健康教育工作的业务指导、教材建设、教师培训、学术研究、技术攻关、访问交流等活动。到2000年，组织全省高等学校心理健康教育专家督导团，先后对省内16所高等学校心理健康教育和心理咨询工作进行现场督导检查活动。

4. 课堂教学和学术交流

1995年以后，全省部分高等学校坚持开展新生心理健康普查和建立学生心理档案工作，对有心理问题的学生及时进行心理危机干预。1999年，省高教厅组织编写出版《大学生心理卫生》教材，多数高等学校开设心理健康教育选修课程和心理健康教育专题讲座，部分高等学校还积极运用多媒体手段进行教学改革，研制开发《音乐心理治疗》《阅读心理治疗》《美术心理治疗》《心理咨询文库》等大学生心理健康教育辅助教材。1997年以后，部分高等学校心理教育工作者与美国以及我国香港、澳门、台湾等地区的心理教育专家开展学术交流活动。广东省高等学校心理咨询工作专业委员会于1997年创办《心灵之约》报刊，并在全省高等学校发行；2000年登记注册“心灵视窗”大学生心理健康教育与咨询专业网站（www.xinbar2000.com）。

（四）高等学校资助经济困难学生工作

1989年，中国高等学校开始收费制度改革。广东省高等教育在深化招生收费制度改革过程中，积极贯彻“一手抓改革、一手抓稳定”的工作方针，经过十多年的努力，逐步建立和完善了“奖、贷、助、补、减和绿色通道”为主要内容的多元化的资助家庭困难学生政策体系。

1. 贷款政策

从1994—2000年上半年，在全省直属高等学校建立了困难学生贷款制度，共发放高等学校学生贷学金2764万元。

1999年，国务院办公厅印发《转发中国人民银行等部门关于国家助学贷款管理规定（试行）》。2000年，国务院办公厅印发《转发中国人民银行等部门关于助学贷款管理若干意见的通知》，转发《中国人民银行等部门关于助学贷款管理补充意见的通知》。2000年上半年，省高教厅、省财政厅、中国人民银行广州分行制定《广东省国家助学贷款管理办法》和《广东省国家助学贷款实施细则》，在全省高等学校全面启动国家助学贷款工作。

2. 奖学金制度

根据国家教委、财政部《关于普通高等学校本、专科学生实行奖学金制度的办法》和《关于普通高等学校本、专科学生实行贷款制度的办法》文件精神，20世纪80年代中后期，各高等学校均设立优秀学生奖学金、专业奖学金、定向奖学金、研究生普通奖学金制度。

3. 勤工助学基金

按照教育部、财政部《关于进一步加强高校资助经济困难学生工作的通知》文件的通知精神，1999年以后，广东省部分高等学校从学生学费收入中划出10%的经费，专门作为勤工助学基金。勤工助学岗位主要在校内设立，补助标准原则上不得低于当地同类工种在岗人员的酬劳标准。

4. 特别困难学生补助

1995年以后，广东省高等学校对农村和边远贫困地区家庭经济困难学生，在校月收入（包括奖学金和各种补助）低于学校所在地区居民平均最低生活水平线的国家任务专、本科学生、第二学士学位学生，硕士研究生和博士研究生，酌情给予特别困难补助。特别困难学生补助的经费，由各学校从“勤工助学基金”专项中支出。

5. 特别困难学生学费减免和“绿色通道”

从1995年，开始，广东省高等学校对家庭经济特别困难的孤残学生、少数民族学生及烈士子女、优抚家庭子女等实行学费减免。

1999年，广东省高等学校普遍实施“绿色通道”制度。各高等学校对新入学因家庭经济困难无法交纳学费的学生，一律采取先办理注册手续，并解决其生活困难，然后经调查了解、核实困难学生的家庭经济状况，分别采取相应的资助措施，确保每一位家庭经济困难学生顺利入学。

二、学籍管理

1979—2000年，为加强和规范高等学校学籍管理工作，广东省教育行政主管部门先后制定或转发教育部（国家教委）制定的一系列学籍管理规定和实施细则，为高等学校学籍管理提供切实可行的操作依据。1981年7月，教育部颁发《关于高等学校学籍方面一些名称的提法》，对“级”和“届”，“休学”“保留入学资格”和“保留学籍”，“毕业生”“结业生”和“肄业生”等学籍专用名称进行解释和规范。1990年1月20日，国家教委颁发《高等学校学生管理规定》，明确了学生入学与注册，成绩考核与记载办法，升级与留、降级，转系（专业）与转学，休学、停学与复学等学籍管理操作规程。1993年12月，为便于普通高等教育学历证书的管理，广东省教育行政主管部门转发国家教委颁发的《普通高等教育学历证书管理暂行规定》及实施细则（1999年重新修订颁发）。之后，先后转发了涉及学籍管理的“在校生出国探亲问题”“出国留学生回国学习有关问题”“实行学分制后少数学生提前毕业问题”“处理学生遗失毕业证书”等有关规定和实施细则。

80年代初期，广东省各普通高等学校大都采用传统的学生学籍管理方法，即依靠人工对学生的学籍档案资料进行记载和存档，不能很好地适应现代高等教育发展和科学化管理的需要。1984年以后，随着计算机的运用和普及，广东省高等学校陆续采用计算机辅助学生学籍管理。

华南师范大学是广东省高等学校中较早引进电子计算机辅助管理学生学籍的院校之一。1984年年初开始进行研究试验及推广工作，经过几年的实践，设计并完善了“华南师范大学学籍管理系统”，运用及运行状况良好。各高等学校结合本校实际充分运用计算机辅助学籍管理，积极开发学籍管理系统并在实践中逐渐完善。

广东省高等学校早期开发运用的学籍管理系统大致包括几项功能模块：建立学籍档案库、学籍档案管理、课程档案管理、学生成绩档案管理、成绩及学籍统计、各类档案资料查询、打印各项报表、档案维护管理。

1988年以后，广东省各普通高等学校自行开发的学籍管理系统陆续局部或全部投入运行，其工作过程一般分为三部分：数据的输入、数据的处理、数据的输出。其中，数据的输入（包括学生入学档案和学期考试成绩的登记、学籍变迁及增删等）均由人工键入计算机进行，而档案的存储和数据的处理以及结果的输出则全部由计算机完成。2000年1月，广东省教育厅转发教育部高等学校学生司颁布的《关于建立“普通高等学校学籍学历管理信息系统”的通知》，决定建立“普通高等学校学籍学历管理信息系统”并进行全国范围的推广工作，该系统设高等学校、省（自治区、直辖市）教委（厅）、教育部三级。各级的主要功能为，高等学校级：在新生入学、注册收费、成绩记载、学籍变动、奖励处分、毕业审核、证书发放等方面在校内实现网络管理；省（自治区、直辖市）教委（厅）级：在学校管理的基础上，建立学生管理信息库，对本地区高等学校学生实施综合管理，学历证书电子注册，进行信息咨询、抽样调研、统计分析等；教育部级：在高等学校、省级的基础上对全国高等学校学生管理进行数据统计、归类分析、管理决策和监控。该系统和信息库是学生学籍学历管理手段现代化、建立网上辅助管理、实现全国联网的基础，为熟悉这套管理系统，省教育厅高等教育处多次举办全省普通高等学校学籍学历证书管理培训班，对各高等学校负责教务和学籍管理的工作人员进行培训。

1994年4月，省高教厅制定颁发《广东省普通高等学校学分制管理规定》，统一规范“课程与学分”“学习年限”“课程的选修与免修”“成绩考核”“双学位双专业主辅修”“退学”“毕业结业肄业”等学籍管理问题。各高等院校在此基础上结合本校实际另行制定学分制管理实施细则。暨南大学作为广东省最早实施学分制的高等学校，在实行“弹性学制”方面较早进行探索与实践，1980年以后，该校每学年都有学生提前修满学分而提前毕业。华南理工大学在学生成绩考核方面实行改革，于1995年率先实行“取消补考，实行重修”，规定必修课和限选课不及格的课程，除了毕业前最后一学期课程可以允许补考一次外，其他学年取消补考，实行重修，重修以两次为限，第二次重修考试不及格者不安排补考，每重修一门课程，按学分缴交一定的学习费用，凡重修课程，均不得申请免修或免听。1999年8月，省高教厅在总结广东省高等学校实施学分制的实践基础上，重新修订颁发《广东省普通高等学校学分制管理规定》，对学分制学籍管理等问题重新进行规定和规范。

加强制度管理，促进学风建设。广东省各高等学校根据教育部（国家教委）、省高教局（省高教厅）的有关规定，结合本校实际制定实施有关学籍管理规定及实施细则。许多院校编印《学生手册》，作为学校教学管理的规范性文件，在新生入校伊始人手一册发给学生，做到有法可依、有法必依、依法治校。各院校除了执行国家或省教育行政主管部门的有关规定外，还结合本校实际制定学生学籍管理规定，使学生学籍管理日趋制度化、科学化和规范化，对在校期间学生违纪行为视实际情况分别给予警告、严重警告、记过、留校察看、勒令退学、开除学籍等处分，并每学期进行公布，严明校风校纪。

三、校园文化与社会实践活动

（一）校园文化活动

1. 建设校园景观文化

从80年代初期开始，广东各高等学校十分重视校园建筑布局、校园艺术景点，以及自然山水、花草树木、名人塑像、校园传播设施等建设。精心设计校园的雕塑、名人名言标牌，并努力使其体现该院校的办学宗旨和学校精神，如师范院校的“为人师表”标牌、综合性院校的“孙中山铜像”、医科院校的“华佗”和“李时珍”浮雕等。

从80年代中期开始，广东高等学校加大校园艺术景点的建设，如雕塑、水榭、长廊、花墙、屏风、台阶、花苑等，部分学校还修建了小型园林、人工湖等。广东高等学校校园雕塑大约有以下几类：一是具有纪念意义的人物塑像。如中山大学校园十八先贤铜像广场、廖承志像、华南师范大学校园陶行知像。二是代表该学校特色的“象型”雕塑。如华南理工大学“建筑红楼”前的几何球体雕塑，学生活动中心的分子结构式大门。三是反映某种精神的“抽象”雕塑。大多数校园雕塑以抽象的艺术手法烘托反映某种精神特质。如佛山科学技术学院的“钢球”雕塑等，以此激发广大师生在科学和人生的道路上奋力向上、勇于拼搏的进取精神。

90年代初期，广东高等学校加强校园广播、有线电视、报刊、宣传橱窗等阵地建设。如中山大学、暨南大学、华南师范大学、广东外语外贸大学、深圳大学、广州师范学院等高等学校创办的既轻松、活泼，又充满青春动感的“青春总动员”“动感黄昏”“飞扬大学城”等校园广播栏目，以及各类报纸、杂志、墙报、板报等平面宣传媒体。

2. 开展校园文化活动

从80年代初开始，广东高等学校校园文化活动主要有学术文化活动、论坛文化活动、艺术文化活动、社团文化活动、宿舍文化活动和消费文化活动等形式。广东高等学校普遍重视营造、优化各种有形的和隐形的校园文化。如通过高等学校“两课”教育教学等思想教育活动主渠道建设，大力加强学校广播站、有线电视、报刊、宣传栏、校训、校歌、校徽等建设，发扬校园主流文化的影响和示范作用，营造积极健康向上的校园文化。80年代初期，各高等学校积极组织开展学生“科技月”“科研节”“艺术节”等活动；发动学生开展关于“校园精神”“校园形象”“大学生形象”大讨论；开展“青年志愿者行动”活动。中山大学、华南理工大学、华南师范大学师生自编自唱的校园歌曲，因其格调清新，旋律优美，一时间在整个岭南校区传唱。通过多年的努力，部分高等学校校园文化建设初具规模，科技文化活动也具备较好的基础。中山大学、华南理工大学、华南师范大学、广东工学院、广东机械学院、深圳大学、五邑大学、西江大学等高等学校定期举办艺术节、科技节、体育节等活动，推动校园文化活动规模化，增强校园文化的凝聚功能、辐射功能和教育功能。

从90年代初开始，省委高校工委、省高教局在全省高等学校组织开展一系列大学生广播电视歌唱大赛、文艺汇演等活动。1994年，为庆祝新中国成立45周年，配合广东省“百歌颂中华”的群众歌唱活动，举办“百歌颂中华”大学生合唱节，全省高等学校参与大合唱的师生达5000多人。1996年，华南师范大学、星海音乐学院、广东外语外贸大学参加全国大学生文艺汇演，其中5个节目分别获一、二、三等奖和优秀表演奖、优秀创作奖，省高教厅获优秀组织奖。1998年，举办首届广州地区高等学校大学生电影节；1999年，在高等学校开展“中外经典名著精彩片断欣赏”校园巡回演出活动。1999年，广东省高等学校开展庆祝新中国成立50周年文艺演出、报告会、演讲比赛、征文比赛和诗歌朗诵等系列活动，举办“广东高等学校纪念建国50周年音乐会”和“回顾五十年、迎接新世纪”广州地区高等学校学生报告会；开展以“澳门回归”为主题的高等学校学生征文比赛、澳门回归形势报告会、澳门回归高等学校学生座谈会、澳门回归图片展览、广州地区高等学校学生“迎澳门回归长跑”等系列活动。省高教厅组织部分高等学校学生参加由教育部、省政府主办的“澳门回归倒计时100天内地与澳门大学生澳门基本法演讲会”活动；举行高等学校“’98抗洪英模事迹”“我国驻南联盟大使馆工作人员和新闻工作者英雄事迹”和“舍己救人的优秀大学生”先进事迹报告会。1999年，省高教厅组织全省高等学校学生参加“’99全国大学生艺术节”活动，省高教厅和暨南大学、华南师范大学、广东工业大学、星海音乐学院、深圳大学、中山医科大学、惠州大学分别获全国优秀组织奖；60个节目和作品分别获全国优秀节目和作品一、二、三奖、优秀指导教师奖和优秀创作奖。1999年12月，中共广东省委高校工作委员会、广东省高等教育厅联合举办“新世纪的太阳——广州地区高等学校迎千禧年”文艺晚会；2000年2月举行“广东高等学校新春音乐会”等校园文化活动。

（二）大学生社会调查活动

从1989年下半年起，广东省组织高等学校学生走出校园，开展社会调查活动。1990年，省委办公厅、省政府办公厅转发《中共广东省委高等学校工作委员会、广东省高等教育局关于开展大学生社会调查工作的报告》，在全省范围内有领导、有计划地组织大学生开展社会调查，对青年学生普遍进行国情教育和坚持党的基本路线的教育。在省委、省政府领导下，先后在深圳、珠海、韶关、东莞、佛山、江门、中山、肇庆、惠州等市建立12个广东省大学生社会调查基地。1990—2000年，广东省高等学校组织部（委）和省属高等学校学生1500多批、15万人次到各地社会调查基地开展调查考察活动。各市属高等学校参照上述做法，在当地党委政府的大力支持下，组织大学生开展社会调查。据统计，全省高等学校共有20万人次大学生参加有组织的社会调查活动，覆盖全省40多所高等学校。

1989—2000年，广东省大学生社会调查工作经历3个阶段：

第一阶段，探索建设阶段（1989年下半年至1991年上半年）。这一阶段主要是调查摸底，宣传发动，选点规划，确定社会调查的内容，成立组织机构，加强基地的基本建设。经过努力，在宝安、东莞、顺德等市县，初步建立12个基地开展社会调查活动。

第二阶段，巩固发展阶段（1991年下半年至1995年）。这一阶段主要是巩固已有成果，加强高等学校与基地的联系，认真总结经验，找出薄弱环节，实现社会调查规范化、制度化。1991年4月下旬，中央宣传部、国家教委、共青团中央在深圳宝安召开全国高等学校学生社会实践活动工作座谈会，肯定和推广广东的做法和经验。各级党政部门高度重视大学生社会调查基地建设，在人力、物力、财力方面给予大力支持。部分市县每年给大学生社会调查工作下拨专项经费，省高教厅每年为调查基地建设拨出专项经费30万元，各高等学校将学生社会调查列入教育教学计划，规范社会调查工作的管理。

第三阶段，提高深化和“双向受益”阶段（1996年至2000年）。主要是在新的历史时期统一对大学生社会调查工作的认识，将大学生社会调查工作推向新高度。进一步提高认识，建立健全有关规章制度，并在更新内容和形式、拓宽社会调查渠道等方面下功夫，将大学生社会调查工作作为加强和改进高等学校学生思想教育工作的组成部分。一方面充分发挥社会调查的思想教育功能，引导大学生正确认识国情民情，拥护党的基本路线和方针政策，坚持正确的理想信念；另一方面指导学生利用所学专业知识为社会服务，传递信息，转化成果，增长才干，开辟“产学研”相结合的新途径。

（三）大学生志愿者暑期文化科技卫生“三下乡”社会实践活动

根据中共中央宣传部、教育部、共青团中央、全国学生联合会的统一规划和部署，1984—2000年，广东省高等学校每年组织大学生志愿者暑期文化科技卫生“三下乡”社会实践活动。到2000年，广东省高等学校共有141万名大学生奔赴广东省山区农村，开展以科技扶贫、企业帮扶、文化宣传、支教扫盲、法律宣传、医疗服务、环境保护和社会调查等为主要内容的“三下乡”社会实践活动。

1984—2000年广东高等学校“三下乡”活动情况统计表

表5-7-1

文化下乡		科技下乡		卫生下乡	
图书下乡（万册）	建村级文体活动室（个）	送科技录像带（万盘）	送科技资料（万份）	送器械药品（万元）	建医疗卫生室（个）
34	2890	5.1	289	306	2346
送戏下乡（场）	电影下乡（场）	举办科技大集（场）	办科技培训班（次）	办医务人员培训班（次）	培训医务人员（名）
12750	3400	5440	59500	3400	107100

续表5-7-1

文化下乡		科技下乡		卫生下乡	
培训农村文化骨干（万名）	下乡人员数（万名）	培训农民人数（万名）	下乡人员数（万名）	下乡医疗队（支）	诊治农村人数（万名）
25.5	124	79	88	5950	73

（四）“挑战杯”大学生课外学术科技作品竞赛活动

1986—2000年，广东省共举办5届“挑战杯”大学生课外学术科技作品竞赛活动，并组团参加 6 届全国竞赛活动。“挑战杯”大学生课外学术科技作品竞赛活动，得到全省普通高等学校的积极响应，各高校遵循“崇尚科学、追求真知、勤奋学习、锐意创新、迎接挑战”的活动宗旨，动员和引导青年学生积极投身科普活动，搭建大学生的科技创新舞台，推动学校与社会的交流与合作。据统计，自1986年到2000年，共有28万名大学生参加竞赛活动，竞赛作品分理、工、农、医类科技论文及发明创作和社科类调查报告及学术论文四大类，有4200件作品进入终审决赛，其中140件作品获特等奖、350件作品获一等奖、980件作品获二等奖、2730件作品获三等奖；7所高等学校获“挑战杯”、70所（次）高等学校获优胜奖、210所（次）高等学校获优秀组织奖。

第八节　马克思主义理论课和思想品德课

一、马克思主义理论课

1979年以后，广东高等学校迅速恢复马克思主义理论课。80年代初，部分高等学校针对学生在人生观、道德观方面普遍存在的问题，进行开设共产主义思想品德课的尝试。1982年，教育部正式要求全国高等学校逐步开设共产主义思想品德课程。随着改革开放和现代化建设形势的发展，教育部先后对马克思主义理论课和思想品德课（简称“两课”）进行了几次重大改革。“两课”已成为高等学校开展思想政治教育的主渠道和主阵地，是使邓小平理论和“三个代表”重要思想“进教材、进课堂、进学生头脑”的重要途径和保证。在省委高校工委、省高教厅的直接领导和统一部署下，广东高等学校“两课”经过恢复和创立、改革和发展，在管理体制、课程设置、教材建设、教师队伍建设、教学内容方法手段的改革等方面进行了许多有益的尝试，逐渐形成了自己的特色，为培养有理想、有道德、有文化、有纪律的社会主义建设者和接班人发挥了重要作用。

（一）马克思主义理论课改革与发展的历程

1. 恢复和发展（70年代末—80年代中期）

中共十一届三中全会后，广东高等学校迅速恢复了系统的马克思主义理论教育，重新开设了中共党史、马克思主义哲学、政治经济学、科学社会主义或国际共产主义运动史课程。1979年4月，省高教局召开广州地区高等院校马列主义教学研究室负责人和各门政治理论课教师座谈会。会议分析了政治理论课教学情况，要求学校加强政治理论教学的领导。会议决定，由省高教局把各门政治理论课教学的难点和重点问题汇集起来，统一组织力量，为教师编写教学参考资料。省高教局组织编写的《马克思主义哲学简明读本》《政治经济学简要读本》《中国共产党史讲义》《国际共产主义运动史简要读本》四本新教材，被教育部推荐为全国高等学校公共政治课教材，并分别于1982年和1984年获得省高教局哲学社会科学成果二等奖和广东人民出版社优秀政治读物奖等。1982年，广东省高等学校政治理论教学研究会成立，在华南师范大学建立政治理论教学学术情报与资料中心，定期出版《学术情报与资料》（后改为《理论信息》），发送全省高等学校政治课教师。1984年编写出版《科学社会主义》教材。随着改革开放不断深入，学生提出了许多现实问题和理论问题。为了回答这些问题，1984年，省委宣传部、省高教局及时组织广州几所高等学校编写《现实问题的思考》一书，该书荣获广东省第三次优秀社会科学研究成果科普著作二等奖。1984年3月26—31日，省委宣传部、省高教局在广州召开全省高等学校思想政治工作座谈会，系统总结广东省实行对外开放政策以后高等学校思想教育工作经验，研究如何进一步开创广东省高等学校思想教育工作新局面。座谈会通过《关于加强和改善大学生思想政治工作的几点意见》，并决定成立广东省德育课教学研究会筹备组。

2. 初步改革与建设（80年代中期—90年代初）

根据中共中央关于改革学校政治理论课教学的指示精神，广东高等学校从1985年开始着手改革马克思主义理论课程的设置。1985年组织编写《中国革命史》《中国社会主义建设》《马克思主义基本理论》《当代世界经济、政治和国际关系》四本新教材。前两本于1986年出版，并在部分高等学校试用。与此相适应，省高教局于1985—1986年组织编写了这四门新课程的教学指导书。全省高等学校根据坚定、积极、稳妥、先易后难的原则，从1986年开始进行“中国革命史”课程试点，到1987年在全省普遍铺开，实现了从“中共党史”课向“中国革命史”课的过渡；“中国社会主义建设”课从1987年试点，到1988年铺开；“马克思主义原理”和“当代世界政治经济和国际关系”两门课也从1988年开始试点。1988年，全省高等学校普遍按新课程和新编教材组织实施教学。暨南大学根据华侨、港澳学生的特点，把原来内地生必修的三门政治课程（中共党史、哲学、政治经济学）改为选修课，其中包括中国古代史纲、中国近代史、华侨史、中国地理等课程。各校还普遍适当调整政治理论课讲课时间，增加学生讨论、自学时间，指导学生利用假期做社会调查。

3. 深化改革与全面建设（90年代初—2000年）

90年代，特别是1992年邓小平视察南方谈话和中共十四大召开以后，广东高等学校对“两课”课程设置和教学内容作出调整、充实和改革。

（1）在坚持马克思主义基本原理的基础上，用建设有中国特色社会主义的理论和实践充实、丰富马克思主义理论课的教学内容，努力使教材具有较强的针对性、时代性和可读性。如将邓小平视察南方谈话及中共十四大和十四届三中全会、四中全会、五中全会、六中全会精神融入“中国社会主义建设”课程，将江泽民在建党70周年大会上的讲话精神落实到“中国革命史”课程中去。还编写《学习邓小平同志重要谈话专题讲座》《学习党的十四大文件专题讲座》等辅导读物。

（2）用广东改革开放的实践经验及成就充实、丰富马克思主义理论课的教学内容。“中国社会主义建设”“中国革命史”“马克思主义原理”等课程都用广东改革开放和现代化建设的实践经验、理论成果对一系列重大的现实问题和理论问题作了有针对性的阐释。

（3）通过社会实践，把马克思主义理论教育的课堂由学校扩大到社会。从1989年下半年起，广东省组织高等学校师生参加社会实践活动，开辟了思想教育工作的新天地，形成了基地型、暑期型和挂职型三种社会实践形式。每次活动都有计划地安排“两课”教师参加指导，帮助青年学生走出校门，深入工厂、街道、农村，通过听、看、访、谈、思、写等几个环节的活动，消除困惑。

（4）把市场经济与社会现实问题作为“两课”理论联系实际的重要内容，加强“两课”的针对性，提高教学效果。在我国由计划经济向市场经济转变的新形势下，全省高等学校在“两课”教学中，坚持理论联系实际的原则，用马克思主义理论去分析和探讨社会现实，如编写出版《马克思主义与当代现实》一书。

（二）马克思主义理论课改革的重点

1. 重新编写马克思主义理论课教材

从1996年10月到1997年7月，省委高校工委、省高教厅以系统加强邓小平理论教育为核心，重新编写高等学校马克思主义理论课教材，根据各学科特点将邓小平理论有机地贯穿、渗透到各门学科教材中去。重新编写的教材有：《马克思主义原理》《中国社会主义建设》《中国革命的理论与实践》《世界政治经济与国际关系》等。1998年，根据中共十五大精神和中宣部、教育部关于“两课”新的课程设置方案及教学要点的要求，广东省对马克思主义理论课教材进行重编和修订。这次重编并经修订的马克思主义理论课教材有：《马克思主义哲学原理》《邓小平理论概论》《中国革命概论》《资本主义概论》《当代世界经济与政治》等。

2. 突出广东特色

在改革开放的过程中，广东以毗邻港澳的地理优势，以及实践上先行一步的政策优势积累了相当丰富的建设有中国特色社会主义的实践经验，为马克思主义理论课教学提供了有利的条件。一是在教材建设方面，建立了教材编写制度，每年根据形势的变化和发展，修订一次，及时把广东在改革开放和现代化建设过程中积累总结出来的经验概括进去，丰富教学内容，并要求各学校都使用全省统编教材。二是在教师素质建设方面，在广东高等学校思想理论教育师资培训中心定期举办全省集体备课会、教学观摩会或社科部主任研讨班，交流最新的理论信息，对现实中反映出来的新变化、新情况、新问题进行理论分析，形成共识。三是加强实践环节。许多学校充分利用各种条件组织学生参加社会调查和社会实践。学生们带着课题走入社会，收集素材，寻求答案，加强了对实际问题的理论思考，增强了理论分析能力。

3. 反映马克思主义中国化的最新成果

2000年2月21日，中共中央总书记江泽民在广东高州市领导干部“三讲”教育动员会上提出“三个代表”重要思想的论述。广东高等学校迅速编写出版教材《邓小平理论与“三个代表”重要思想概论》，使“三个代表”重要思想及时进入到“两课”教学之中。

二、思想品德课

（一）思想品德课改革与发展的历程

1. 创建探索与初步发展（80年代初—80年代末）

广东高等学校思想品德课的改革与发展，是与全国同步的。1981年，华南农业大学成立了思想品德教研室（当时称为德育教研室）。1982年12月，全省学校思想政治工作会议要求各高等学校开设德育课，有计划地加强学生的社会主义、共产主义道德品德教育，引导学生独立思考，明辨是非，认识真理。1984年10月成立了广东省高等学校思想政治教育研究会，研究会的重要课题之一就是思想品德课的建设问题。1986年，全省已有80%以上的院校开设了共产主义思想品德课程。在这一阶段，广东高等学校在以下几个方面推动了广东思想品德课的改革与发展。一是认真抓好教材建设。华南农业大学与全国十所农业大学编写《高等农业院校共产主义思想品德教程》，华南师范大学编写《思想品德基础教程》，华南工学院编写《高等学校品德课参考读物》，湛江水产学院编写《大学生论人生》辅助教材。二是大力加强德育课师资和辅导员队伍建设。德育课的教师有专职、兼职、聘请三种形式，专职教师负责调查研究、编写教材、组织上课；兼职教师由政工干部担任；聘请教师则是由热心学生工作而又有威望、有丰富经验的专业课教师担任。1984年，广东各高等学校共选留了120名应届毕业生，经过三个月的培训，补充到德育课师资和政治辅导员队伍中。1985年，华南师范大学开设思想政治教育专业，培养德育课师资。各校还鼓励在职干部报考思想政治教育专业第二学位班。到1986年，高等学校德育课已有专职教师51人。三是在教学方面采取灵活的方式。如华南农业大学结合农业高等教育的特点和学生思想发展规律，确定德育内容和教学方法。该校一年级开设共产主义道德原则和规范专题，着重进行爱国主义和集体主义教育；二年级开设科技人才修养专题，着重进行科技道德观、品德教育；三年级开设革命理想与人生观专题，帮助学生正确认识人生价值，明确人生目的，树立革命理想。

2. 改革与建设（1989年下半年—2000年）

1989年以后，通过点面结合的探索，总结了新的经验，全省高等学校思想品德课进入全面建设的新阶段。1994年8月23日，中共中央印发的《爱国主义教育实施纲要》；1994年8月31日，中共中央发出的《关于进一步加强和改进学校德育工作的若干意见》；1995年11月23日，国家教委发布的《中国普通高等学校德育大纲（试行）》；1998年4月28日和6月10日，教育部会同中央宣传部先后发出的《关于普通高等学校开设〈邓小平理论概论〉课的通知》和《关于印发〈关于普通高等学校“两课”课程设置的规定及其实施工作的意见〉的通知》。在这些文件精神的指引下，广东高等学校的思想品德课的改革与建设稳步进行，在管理体制、课程设置、教材建设、教学内容和方法以及队伍建设等逐渐形成自己的特色。例如，积极开展第二课堂活动，组织学生参加科研活动和科技咨询、科技服务活动，促进理论联系实际，通过实践，培养学生独立操作的能力；组织学生多形式接触社会实际，参加校外有酬劳动，如当家庭教师，或有组织地让学生进行社会调查，使他们更好地了解国情、省情、民情和改革开放以来的客观成果和巨大变化，提高学生对改革开放方针政策的认识，使他们真切地感受到广东省在改革开放以来物质生活和精神生活的实质性提高等。更重要的是使学生在调查研究、接触社会实际之中，在了解社会、思考问题、分析问题之中得到多方面的实际锻炼。一些高校还大胆探索，如暨南大学在学生管理上推行本科生导师制和学生宿舍社区管理相结合的制度，使境内外学生的学习与生活符合其创新能力的培养和个性的发展。中山大学在学校精神文明建设“九五”规划中明确提出“高度重视、重在建设、狠抓落实”的工作思路，确定以机关作风建设、教师师德建设、学生的学风建设为加强学校精神文明建设的突破口，并通过开展以“创文明环境、树文明形象”的活动，有效地提高了全体师生员工的思想道德水平，促进了校风教风学风的建设。1998年9月，省委有关部门在广州召开广东省高等学校党建工作会议，会议提出要高举邓小平理论伟大旗帜，贯彻中共十五大精神，结合广东高等学校的实际，掀起学习邓小平理论新高潮，把广东高等教育事业推向新世纪。

（二）思想品德课建设

思想品德课通过80年代及其前后10多年的实践，逐步明确应以人生价值观的教育为核心内容，结合不同院校、不同专业的特点，进行理想、人生、道德、法制以及心理健康方面的教育，使思想品德课形成相对稳定、颇具特色的内容体系。思想品德课开设的现代人生修养导论、法律基础、形势与政策、职业道德、职业选择与就业指导等课程，在加强学生的人生价值观教育、道德修养、法制纪律、职业观教育，引导青年学生确立科学的人生价值取向等方面起到导航作用。

三、“两课”改革与建设经验

（一）领导与管理

1979年以后，广东省党政领导、教育主管部门，以及各高校党政领导负起领导“两课”改革和建设的责任，督促、检查学校各有关部门共同关心和支持“两课”教育。80年代末规定把“两课”教育作为评估学校工作、办学水平和学校领导干部实绩的重要条件，为“两课”改革和建设提供组织保证。根据改革开放的现实和需要改革“两课”的课程设置，从1990年起整顿和清理“两课”教材编写、使用混乱的现象，规定各高等学校统一使用全省统编教材，保证正确的政治方向。

（二）教学内容改革

“两课”教学内容必须适应时代、国情、教育对象的变化发展，有计划、有重点地更新和改革。主要把握四点：一是在坚持马克思主义基本原理的基础上，用中国特色社会主义理论和实践充实、丰富“两课”教学内容。二是坚持用广东改革开放和现代化建设的实践经验及成就充实、丰富“两课”教学内容。三是加大人生价值观教育的分量，引导学生确立科学的人生价值取向。四是加强理论联系实际，把课内思想教育与课外思想教育紧密结合起来，力求做到求实、求新、求活，增强思想政治教育的针对性和实效性，更好地发挥“两课”的主阵地作用。

（三）“硬件”建设

建立“两课”教师培训基地，依托中山大学有计划地开展“两课”教师的岗前培训和岗位培训，举办马克思主义经典著作学习班、研究生主要课程培训班，思想理论教育和管理硕士学位课程班等，重点培训中青年“两课”教师，不断提高他们的思想政治素质和业务素质，推动“两课”改革不断深入。

增加“两课”建设的投入。从1994年起，每年从广东省高等教育局重点学科建设基金中划出50万元，重点扶持有关学校的“两课”教学改革、师资培训、图书资料添置和教学设备的更新等。

加强“两课”的制度建设和政策保证。规定全省高等学校把“两课”列入学校的重点课程来建设，从人员编制、经费设备、图书资料等方面给予保证。广东省单独成立“两课”教师职称评审组，负责承担“两课”教师职称评定工作。1993年，还组织“两课”的部分教师到香港考察、访问，创造条件让他们接触和了解当代资本主义社会的运作情况，拓宽其视野。

1982年建立广东省高等学校政治理论课情报资料室。这是全国各省市中较早建立的专为高等学校政治理论课服务的信息机构。该室编写和出版的《理论信息》（原称《学术情报与资料》），出版周期短，围绕各门政治理论课的需要，选登各种理论文章、资料和信息，曾长期免费提供给政治课教师使用，对教师的帮助较大。

第九节　科学研究

一、科研管理

（一）科学研究计划管理

1. 管理规定

1979—2000年，省高教局（厅）先后制定《广东省高等学校科学研究计划管理暂行办法》《关于建设广东省高等学校重点学科的试行办法》《广东省高等教育厅自然科学研究项目管理试行办法》《广东省高等学校重点学科发展规划》《广东省高等教育厅“千百十工程”优秀人才培养基金管理试行办法》等，对项目资助的范围、申报条件、项目的评审、实施、管理、总结等都作出了具体的规定；对广东省高等学校重点学科的现状、发展目标和建设内容、选定的依据、建设的措施等作了规划。中山大学、华南理工大学、华南农业大学、广东工业大学、广东药学院、广州大学、广州师范学院、湛江海洋大学等高校都制定了切合本校实际的科技计划管理办法，对科学研究任务的分类，科学研究任务的来源，以及年度计划的编制，计划的实施、执行、检查总结等都作了具体的规定。

2. 制定规划和计划

1985年，《中共中央关于科学技术体制改革的决定》颁布。1986年，省高教局制定《广东省高等学校科学研究计划及经费管理暂行办法》，提出高等学校制定科技发展规划，明确了科学研究目标和主要的研究课题。

1999年，省高教厅制定的广东高等学校重点学科发展规划，是把本省高等学校的重点学科建设成为既能为广东经济社会发展培养高层次人才，又能代表广东学术水平的提高、产生重大标志性成果，且对广东的经济、科技和社会发展的重要领域发挥重要作用和影响的教学、科研中心和重要基地。在基础研究和高新科技研究领域，主要瞄准“顶天”的目标，通过调整基础研究和高新科技研究队伍的结构，建成一支富有创新和开拓精神的高素质队伍，努力攀登科学技术高峰，争取在某些领域有重大突破，使这批重点学科在某些领域的综合水平处于国内领先地位，进入世界先进水平，为人类认识客观世界不断攀登科技新高峰做出贡献。在应用科技领域，通过学科科技力量的重组和资源的优化配置，改革传统、重复设置的学科，调整学科的发展方向，面向经济建设和社会发展主战场，成为促进广东社会科技进步的生力军，为提高广东省经济整体素质和综合竞争能力做出贡献。广东各高等学校在“六五”“七五”“八五”“九五”期间也制定了相应的科技发展规划和科技工作指导方针。

广东高等学校每年都要编制科研年度计划。科研年度计划包括承担国家、省、市县及有关部门的科研项目（含科学基金、中标科研项目），与外单位合作或接受企事业单位委托的科技开发项目，以及学校的科研项目。高等学校科学研究实行校（院）、院（系）二级管理。

随着科研规划、计划的实施，广东高等学校承担的各类科研项目增长较快。1981—1985年，共承担3653个课题；1986—1990年，共承担6633个课题；1991—1995年，共承担8131个科研课题；1996—2000年，共承担15603 个课题。1979—2000年，广东高校承担国家科技项目也显著增加。“六五”期间承担国家科技攻关项目25项，“七五”期间109项，“八五”期间76项，“九五”期间200项。承担国家高技术研究发展计划（简称“863”计划）项目87项，参与国家重大基础研究发展计划（简称“973”计划）项目31项。2000年，华南理工大学主持的“973”计划项目“高效节能的关键科学问题的研究”，是广东高校首次获得的国家重大基础研究发展计划主持项目。

3. 改革措施

1986年，省高教局印发《关于贯彻中共中央科技、教育体制改革决定的意见（试行）》，提出要积极开展科学研究，进一步贯彻科学技术必须面向经济建设的方针；改革科研拨款制度和经费的管理办法；有计划地建设一批省的重点学科；加强科研机构和队伍建设以及加强宏观管理；建立科研工作的评估制度。

1993年，省高教局颁发《关于广东省普通高等学校科技工作深化改革的意见》，提出深化改革广东高等学校科技工作的指导思想；要建立适应社会主义市场经济发展和学校特点的科技管理体制和运行机制；充分发挥高等学校在基础研究、高技术研究和重大科技攻关方面的优势，努力建设好重点学科、攀登科学技术高峰，大力加强科技成果转化工作，开拓科技紧密结合经济建设新局面；根据市场需求和学校实际，大量发展校办科技企业；增强科技意识，改善科技工作领导。

1999年，省高教厅印发《关于促进广东高校科技工作更好地为广东经济社会发展服务的意见》，要求广东高等学校抓住机遇，迎接挑战，提高认识，深化改革；调整结构，合理部署高校科技力量；基础研究和高技术研究应集中力量在优势领域取得突破；加强应用科技的研究与开发；主动与企业结合，加速科研成果的转化；大力发展校有科技产业；加强领导，统筹规划，狠抓落实。

广东高等学校为实现科技发展的规划目标，采取了一系列的改革措施。中山大学提出要组织一支开展基础研究和高技术研究的科研队伍，继续加强研究基地的建设；强化面向经济建设的应用研究和开发研究，组织70%的科技人员为经济建设主战场服务；加强科研队伍的建设，科研人员数量达到全校师资的30%；为促进科研人员的合理流动创造环境和条件，不断优化科研队伍的整体结构，提高科研队伍的整体效能；加强重点科研项目的投入，促进学科间的交叉渗透。

（二）科研经费管理

1. 管理规定

1979—2000年，省高教局（厅）先后制定《科研经费管理改革试行办法》《经费管理暂行办法》《高等学校科研机构补助经费安排暂行办法》《专项技术开发贷款暂行办法》以及《广东省高等学校科技开发基金管理办法（试行）》，对基础研究补助经费、科技专项合同经费和专项技术开发贷款经费的申请及经费的使用范围，科技专项合同和技术开发贷款、经费的管理等作出明确的规定。中山大学、华南理工大学、中山医学院、华南农业大学、华南师范大学、深圳大学、汕头大学等高等学校都先后制定《科研经费的管理办法》，对科研经费的来源、开支范围、经费的管理、经费的审批权限、管理费和酬金及其使用范围都作出具体规定。

高等学校科研经费的主要来源：一是国家、省、市及其部门的科技攻关、高技术、重点基础研究发展计划等研究项目及科学基金、重点实验室建设等经费；二是科技投标项目和企事业单位委托研究经费；三是学校教育经费中划出科研专项经费和学校科研基金。科研经费由学校财务部门监督使用。

1979—2000年，随着科技体制改革的深化和社会主义市场经济不断发展，高等学校承担的各类科技项目逐年增加，科研经费增长的幅度较大。“六五”期间，广东高校的科研课题经费为6813.45万元，“七五”期间为14316.97 万元，“八五”期间为25909.98万元，“九五”期间为113390.76万元。中山大学“六五”期间科研经费为1760万元，“七五”科研经费为4427万元，“八五”为6264万元，“九五”为23175万元。华南农业大学的科研经费也逐年增长，“七五”比“六五”增长50%；“八五”比“七五”增长1.2倍，达到2480多万元；“九五”比“八五”增长51.9%，达到8089万元。华南师范大学科研经费“六五”

为519万元，“七五”为747多万元，“八五”为1391万元，“九五”为5409万元。华南理工大学“八五”期间，科研经费11457.18万元，“九五”达46871.41万元，仅2000年科研经费就达1.37亿元。

2. 改革措施

1986年，省高教局改革科研拨款制度和经费管理办法，对科研经费实行分类管理。基础研究和部分应用研究按基金制原则管理，课题采取自由申请、专家评议、择优支持的原则，实行无偿经费补助。对有明显经济效益的应用研究和技术开发工作，实行有偿合同制，由研究单位和项目主管单位签订合同，采取全部或部分偿还经费的办法，偿还资金统一纳入科技发展基金。

1987年，省高教局将科研专项经费（自然科学部分）分为基础研究补助经费、科技专项合同经费和专项技术开发贷款经费三部分，其比例为3∶4∶3。

广东省各高等学校也对科研经费的管理进行了改革。1980年，中山大学简化科研经费审批手续，在全国高校首次使用科研经费本。1985年，中山大学改革科研经费的使用和分配办法，实行科学基金制、科技合同制，扩大系特别是课题组的自主权，使承担任务和取得经费与个人的实际利益相联系。华南农业大学以课题为单位设立分账户管理科研经费，保证经费专款专用，并遵循“先入后出，量入而出，不得超支的原则”。1991年，汕头大学设立科研补助基金，每年约200万港元，主要用于支持重大科研项目和青年项目，资助学术著作出版以及职务发明专利等。1996—2000年，华南理工大学对纵向项目和自选项目的经费管理进行了改革，进一步提高课题负责人对科研项目计划内开支的支配权，试行预算内单项开支不超过10万元可由项目负责人审批，超过10万元才由学校科研处审批；对科研经费的开支范围作了新的调整，增加合作经费、国际合作与交流经费；对科研管理费用及水电费进行了适当的下调。对横向科技项目经费管理也进行了改革，着重对项目中的管理费、科研经费、人工费用、财务管理、税金等方面作了调整，下调管理费，合理规定中介费用，适当项目负责人对科研经费使用支配权限，简化经费使用程序。

（三）科研成果管理

1. 管理规定

1979—2000年，省高教局（厅）先后制定《广东省高等学校科技成果管理办法（试行）》《广东省高等教育局科技成果鉴定办法（试行）》《广东省高等教育局科技进步奖励办法（试行）》以及《广东省高校科技进步奖评奖条例》，对科技成果的申报、评审、奖励、鉴定、登记、管理等作出规定。各高等学校也先后制定科技成果管理办法、科技成果转化暂行规定、科技成果奖励办法等，对科技成果的申报、奖励、鉴定、专利申请、科技成果转化，科研成果、论文、专著等实行奖励都作出明确的规定。

2. 管理范围

科技成果的范围包括：一是为解决某一科学技术问题而取得的具有一定的新颖性、先进性和实用价值的应用技术成果；二是消化吸收引进技术和科技成果应用、推广过程取得的科技成果；三是基础科学理论研究成果和技术科学理论研究成果；四是标准计量、科技情报与科技管理应用研究成果。科技成果的管理，各高校科研处根据课题负责人上报的科技成果材料进行审查，依照科技成果的性质，提出保密的措施和密级，决定申请专利，组织鉴定或发表论文，然后逐级上报，申请科技成果登记，并组织科技成果交流、应用推广。最后向省高教局（及有关厅局）、省科委、中央有关部委、国家科委申报奖励。

3. 改革措施

1979—2000年，省高教局（厅）要求广东各高等学校应通过多种形式与渠道加速科技成果转化和产业化。鼓励高等学校以技术入股形式参与科技成果产业化过程，并由发明者占有其应得知识产权收益所折算之技术股份份额。高等学校教师职务发明成果被所在单位转让给他人的，所获纯利的分配实行三三制：从纯利中提取1/3的比例分配给发明者；所在学校和其他从事该项目开发的科技人员亦各得1/3；由本单位使用的，赢利年度的3至5年内，应连续从该项纯利中提取不低于10%的比例给发明者和其他从事该项目开发的科技人员。各高等学校在自然科学成果管理和成果转化方面都制定了相关的管理办法及奖励措施。中山大学规定了科技成果转化活动的原则、措施、组织实施、技术权益和法律责任，科技人员可获得转让收入的50%；在科技奖励方面，对获奖科技成果实行重奖，对优秀论文给予奖励，对科技成果申报给予经费补助等。华南理工大学通过管理办法和奖励办法的改革，规定科研人员承担科研项目的自主权和科研项目的利益分配额，大大提高科研人员实现科研成果向生产力转化的积极性，同时学校又把成果转化业绩归入考核的一个重要内容，强化考核制度。湛江海洋大学对独立完成或为主完成，获得国家、省、市及有关部门奖励的科技成果，奖励与原奖金等量的资金，并在住房分配上给予加分奖励；对发表论文、专著给予奖励；对承担科研任务的非专职科技人员，给予适当的教学工作量补贴。广州中医学院对科技成果获得省厅（局）级以上奖励的，在住房分配中按不同层次给予一定的优惠；获得国家级奖励的，另加3倍的奖金；省部级奖励的，加1倍的奖金。华南师范大学设立科学研究奖励办法，对获得国家、省部、厅（局）级奖励的科研成果给予奖励，对论文、专著、专利及承担重大项目给予奖励；对科技成果推广、应用、科技咨询，另给予实际创造效益金额的5%～10%的奖励。

二、科学研究机构和队伍

（一）科学研究机构

1986年，省高教局颁发《广东省高等学校科学研究机构及队伍建设试行办法》，要求各高等学校根据学科发展的需要和学校科研的力量、优势，按照承担的科研任务和开展科研工作的需要，建立一支不脱离教学的科研队伍，必要时建立一些确有特色而又精干的专门研究机构，配备一定的专职科研人员，并对专职科研人员的编制、机构的设立及管理等都作出规定。各高等学校都先后制定了科研机构及队伍建设的管理办法。

到2000年，广东高等学校共有自然科学科研机构363个，其中各高等学校经上级主管部门批准成立科研机构97 个，各高等学校自行建立的科研机构266个。科研工作遍及自然科学、工程科学与技术、医学科学、农业科学等各个学科领域。

1979—2000年经批准建立的广东高等学校科研机构表

表5-9-1

学校	科研机构	成立年份	批准部门	备注
中山大学	环境科学研究所	1979	教育部	—
中山大学	引力物理研究室	1982	教育部	—
中山大学	科学学与科研管理研究室	1985	国家教委	—
中山大学	热带亚热带森林生态系统实验中心	1987	国家教委	—
中山大学	华南生物科学技术研究中心	1995	省政府	—
中山大学	生物科学与生物技术网上合作研究中心	2000	教育部	—
华南理工大学	建筑设计研究院	1983	教育部	—
华南理工大学	化学工程研究所	1983	教育部	—
华南理工大学	无线电与自动控制研究所	1983	教育部	—
华南理工大学	材料科学研究所	1983	教育部	—
华南理工大学	亚热带建筑研究室	1983	教育部	—
华南理工大学	轻化工研究所	1984	教育部	—
华南理工大学	中国教育和科研计算机网华南地区网络中心	1994	国家教委	—
华南理工大学	工业工程研究中心	1998	教育部	—
中山医科大学	眼科学研究所	1982	卫生部	—
中山医科大学	针麻研究所	1982	卫生部	—
中山医科大学	人工心脏研究室	1982	卫生部	—
中山医科大学	内分泌研究室	1982	卫生部	—
中山医科大学	寄生虫学研究所	1984	卫生部	—
中山医科大学	心血管病研究所	1984	卫生部	—
中山医科大学	生理研究所	1984	卫生部	—
中山医科大学	广东省器官移植研究中心	1996	省科委	—
中山医科大学	广东省糖尿病科研中心	1997	省科委	—
中山医科大学	广东省病毒性肝炎临床与实验研究中心	1997	省科委	—
中山医科大学	广东省循证医学中心	2000	省科委	—
暨南大学	眼科学研究室	1984	国务院侨办	—
暨南大学	水生生物研究中心	1984	国务院侨办	—
暨南大学	生殖免疫研究中心	1984	国务院侨办	—
暨南大学	血液病研究所	1984	国务院侨办	—
暨南大学	应用力学研究所	1991	国务院侨办	—
暨南大学	生物医药工程研究所	2000	国务院侨办	—
华南农业大学	柑橘黄龙病研究所	1979	省农委	1989年归省农委

续表5-9-1

学校	科研机构	成立年份	批准部门	备注
华南农业大学	广东省家禽研究所	1979	省政府	1989年归省农委
华南农业大学	华南植物线虫研究所	1980	农业部	—
华南农业大学	农业生态研究室	1980	农业部	—
华南农业大学	果蔬采后生理研究室	1980	农业部	—
华南农业大学	昆虫毒理研究室	1980	农业部	—
华南农业大学	热带亚热带果树研究室	1980	农业部	—
华南农业大学	植物病毒研究室	1980	农业部	—
华南农业大学	作物遗传育种研究室	1980	农业部	—
华南农业大学	森林经济研究室	1980	农业部	—
华南农业大学	农业历史遗产研究室	1980	农业部	—
华南农业大学	兽医药理研究室	1980	农业部	—
华南农业大学	禽病研究室	1985	农业部	—
华南农业大学	植物营养与施肥研究室	1985	农业部	—
华南农业大学	动物营养研究室	1985	农业部	—
华南农业大学	分子植物生理研究室	1985	农业部	—
华南农业大学	昆虫生态研究室	1985	农业部	—
华南农业大学	农业能源动力研究室	1985	农业部	—
华南农业大学	农业经济研究室	1985	农业部	—
华南农业大学	热带亚热带蚕桑研究室	1985	农业部	—
华南农业大学	生理物理研究室	1985	农业部	—
华南农业大学	遗传工程研究室	1985	农业部	—
华南农业大学	农业教育研究室	1985	农业部	—
华南农业大学	热带亚热带土壤研究室	1985	农业部	—
华南农业大学	家禽研究室	1986	农业部	—
华南农业大学	热带亚热带生态研究所	1992	农业部	—
华南农业大学	动物生产科学研究所	1992	农业部	—
华南农业大学	华南植物研究室	1993	农业部	—
华南农业大学	兽医诊断研究室	1993	农业部	—
广州中医药大学	广州中医药研究院	1992	国家中医药管理局	—
华南师范大学	微电子学研究所	1982	省高教局	1993年更名电子技术研究所
华南师范大学	电化教育中心	1982	省高教局	—
华南师范大学	教育技术研究所	1984	省高教局	—
华南师范大学	体育研究所	1984	省高教局	—
华南师范大学	地貌学研究室	1986	省高教局	—
华南师范大学	植物生理学研究室	1986	省高教局	—
华南师范大学	量子电子学研究所	1986	省高教局	—

续表5-9-1

学校	科研机构	成立年份	批准部门	备注
广东工业大学	物元分析研究所	1986	省高教局	1999年改为可拓工程研究所
广东工业大学	机械电子工程研究所	1997	省高教局	—
广东工业大学	自动化研究所	1997	省高教局	—
广东工业大学	环境与资源工程研究所	1997	省高教局	—
广东工业大学	化工研究所	1997	省高教局	—
汕头大学医学院	肿瘤病理学研究所	1986	省高教局	—
汕头大学医学院	中国预防医学科学院汕头分院	1993	中国预防医学科学院	—
汕头大学医学院	生殖医学中心	1996	省卫生厅	—
湛江水产学院	珍珠研究室	1979	农业部	—
湛江农业专科	甘蔗研究室	1986	省高教局	—
湛江海洋大学	广东省海洋开发研究中心	2000	省高教局	—
广东药学院	热带病研究室	1987	省高教局	—
广东药学院	药物研究室	1987	省高教局	1994年改为药物研究所
广州体育学院	体育科学研究所	1987	省高教局	—
广州师范学院	生物工程研究室	1988	广州市编委	—
广州师范学院	广州市数学与人工智能国家交流中心	1996	广州市编委	—
广州师范学院	计算机教育软件研究所	1996	广州市编委	—
广州师范学院	天体物理研究中心	1996	广州市编委	—
广州师范学院	土地开发与城镇经济建设研究中心	1996	广州市编委	—
广州师范学院	系统工程研究所	1996	广州市编委	—
广州师范学院	数学与信息安全研究所	1996	广州市编委	—
广州大学	建筑设计研究所	1985	广州市编委	—
广州大学	模糊系统与知识工程研究所	1985	广州市编委	—
广州大学	万宝工业设计研究院	1987	广州市编委	—
广州大学	食品工业技术研究所	1988	广州市编委	—
广州大学	艺术设计工程研究所	1988	广州市编委	—
华南建设学院西院	建筑设计研究院	1988	广州市编委	—
广州医学院	广州呼吸疾病研究所	1979	省卫生厅	—
广州医学院	广州毒蛇研究所	1983	广州市编委	—
广州医学院	神经科学研究所	1986	广州市编委	—
广州医学院	广东省窥镜外科开发中心	1995	广东省科委	—
广州医学院	广州腹腔手术培训中心	1995	广州市科委	—
广州医学院	化学致癌研究所	1996	广州市编委	—
广州医学院	广东省医学伦理学研究中心	1999	省卫生厅	—

续表5-9-1

学校	科研机构	成立年份	批准部门	备注
深圳大学	新能源研究所	1983	深圳市人民政府	—
深圳大学	通讯技术研究所	1986	深圳市人民政府	—
深圳大学	核技术应用联合研究所	1988	深圳市人民政府	—
深圳大学	新技术研究中心	1988	深圳市人民政府	—
深圳大学	光电子学研究所	1999	深圳市人民政府	—
佛山大学	思源机电一体化研究所	1995	佛山市人民政府	—

（二）科学研究基地

1979—2000年，广东高等学校经上级主管部门批准建立的重点实验室工程中心、研究基地共79 个，其中国家级重点实验室3个，国家级重点专业实验室2个，部省级重点实验室33 个，厅局级重点实验室 10个；国家工程研究中心5 个，部省级工程研究中心 7 个，厅局级工程中心3个；国家级研究基地3个，省部级研究基地10个，厅局级研究基地4个。

1. 重点实验室

1984年，经国家计委批准，在中山大学建立“超快速激光光谱学国家重点实验室”，从此，广东高等学校乃至全省开始拥有国家重点实验室。该实验室的研究方向为：超短脉冲激光技术与超快现象研究，包括超短脉冲激光（皮秒、飞秒）的产生、测量与时间分辨激光光谱学技术；应用超快激光光谱学研究生物学、化学、物理学中的超快现象；超短脉冲激光与物质相互作用的非线性光学效应等。1989年，经国家计委批准，在中山大学建立“生物防治国家重点实验室”，该实验室是世界银行贷款重点学科发展项目的一个子项目，其研究方向为，有害生物及其天敌的分子生物学，有害生物及其天敌的分类、生态学和进化，有害生物的预警信息与技术，生物防治策略及应用新技术等；经国家计委批准，在华南理工大学建立“制浆造纸工程国家重点实验室”，该实验室是世界银行贷款重点学科发展项目的一个子项目，其研究方向为：非木材、速生材和回用纤维制浆造纸特性研究，无（少）污染制浆和漂白技术研究，环境保护与制浆造纸污染治理，制浆造纸生物技术研究，造纸技术与纸张结构及性质研究，制浆造纸设备、过程计算机模拟与控制研究；经国家计委批准，在中山大学建立“水生经济动物繁殖营养与病害控制国家专业实验室”，该实验室是世界银行贷款重点学科发展项目的一个子项目，其研究方向为：鱼类繁殖和生长，鱼类营养，鱼类病害控制，虾类繁殖和病害；经国家计委批准，在中山大学建立“植物基因工程国家专业实验室”，该实验室是世界银行贷款重点学科发展项目的一个子项目，其研究方向为：改良水稻品种为主的植物基因克隆、结构和功能的研究，植物基因工程关键技术的研究，华南、热带亚热带的名优、稀、特的果树和其他名贵经济作物人工种子研制以及各种转化外源基因的人工种子的研究，植物进化的分子生物学研究。

2. 工程研究中心

1995年，经国家计委批准，在华南理工大学建立国家级造纸与污染控制国家工程研究中心，其主要任务是把纸浆造纸科学研究成果转化为生产力，提供新工艺、新技术、新装备给我国造纸厂使用，达到提高产品质量、降低消耗和治理环境污染，推动中国造纸工业技术进步的目的。1995年，经国家教委批准，在中山大学建立国家教委食品工程研究中心，其主要任务是农产品生物加工技术与综合利用的研究开发和工程化学系统集成。1998年，经国家计委批准，在华南理工大学建立国家级聚合物新型成型装备国家工程研究中心，其主要任务是以市场为导向，针对中国塑料加工业对高性能加工机械的需要，结合电磁动态形成原理，研究成型新工艺技术及其设备制造工艺与规范，开发塑料电磁动态挤出机、混炼机和注塑机等系列设备，推动高分子加工业及其机械制造业的进步。2000年，经农业部批准，在华南农业大学建立“农业部植物新品种测试中心”，其主要任务是承担粮油作物、糖料作物、茶树、蔬菜、花卉、果树等植物的测试任务。

3. 研究基地

1987年，经国家教委批准，在中山大学建立热带亚热带森林生态系统实验中心教学科研基地，其主要任务是开展肇庆黑石顶粘木种群营养元素分布与循环、优势种群能量循环、优势种群幼苗的种群动态研究。1997年，经国家科技部批准，在中山医科大学建立国家新药（抗肿瘤药物）临床试验研究中心，其主要任务是促进我国抗癌药物临床研究的程序、方法和水平与国际接轨，使中国临床研究的结果能为国际承认，促进癌症临床研究国际交流。1997年，经国家科技部批准，在广州中医药大学建立国家中药种植研究示范基地（GAP），其主要任务是在中药材生产质量管理规范化、产业化。1996年，经广州市人民政府批准，在华南理工大学建立广州汽车研究开发中心，其主要任务是为国内外汽车和汽车相关的工业产品及设备提供试验、检测、鉴定和认证服务；接受企业或其他部门的委托，引进、消化、吸收国外先进技术，研究开发具有国际竞争力的汽车新技术新产品，并推向市场。1997年，经省科委批准，在华南理工大学建立广东省电力工程研究开发中心，其主要任务是在电力系统运行综合自动化、电力系统电力设备的自动检测、电厂污染控制、电厂热能综合利用、高压系统、电力系统的动态监测、控制管理等方面进行研究开发，培养高层次、高质量的工程技术和管理人才。

（三）科学研究队伍

1990年，广东高等学校自然科学技术人员有7512人，2000年达到12245人。1979—2000年，各高等学校有在校中国科学院、中国工程院院士17人；各校入选教育部“跨世纪优秀人才培养计划”23人；各校受聘教育部“长江学者特聘教授”7人。

1979—2000年经上级主管部门批准建立的广东高校重点实验室、工程中心、研究基地名录表

表5-9-2

序号	学校名称	机构名称	类别	批准部门	批准年份
1	中山大学	超快速激光光谱学国家重点实验室	重点实验室	国家计委	1984
2	中山大学	生物防治国家重点实验室	重点实验室	国家计委	1989
3	中山大学	植物基因工程国家专业实验室	重点专业实验室	国家计委	1989

续表5-9-2

序号	学校名称	机构名称	类别	批准部门	批准年份
4	中山大学	水生经济动物繁殖、营养和病害控制国家专业实验室	重点专业实验室	国家计委	1989
5	中山大学	广东省显示材料与技术重点实验室	重点实验室	广东省科技厅	1999
6	中山大学	聚合物复合材料及功能材料教育部重点实验室	重点实验室	教育部	1999
7	中山大学	基因工程教育部重点实验室	重点实验室	教育部	2000
8	中山医科大学	广东省眼科学与视觉科学重点实验室	重点实验室	广东省科技厅	1999
9	中山医科大学	广东省鼻咽癌诊治研究重点实验室	重点实验室	广东省科技厅	2000
10	中山医科大学	教育部肾脏病临床重点实验室	重点实验室	教育部	2000
11	中山医科大学	教育部眼科学重点实验室	重点实验室	教育部	2000
12	中山医科大学	教育部肿瘤基因组学与抗肿瘤药物研究实验室	重点实验室	教育部	2000
13	中山医科大学	广东省教育厅眼科视觉科学重点实验室	重点实验室	广东省教育厅	2000
14	中山医科大学	广东省教育厅肾脏病重点实验室	重点实验室	广东省教育厅	2000
15	华南理工大学	制浆造纸工程国家重点实验室	重点实验室	国家计委	1989
16	华南理工大学	传热与节能部门开放实验室	重点实验室	国家教委	1993
17	华南理工大学	电动汽车研究广东省重点实验室	重点实验室	广东省科技厅	1997
18	华南理工大学	传热与节能国家教育部重点实验室	重点实验室	教育部	2000
19	华南理工大学	聚合物成型加工工程教育部重点实验室	重点实验室	教育部	2000
20	暨南大学	教育部组织移植与免疫重点实验室	重点实验室	教育部	2000
21	华南农业大学	农业部昆虫生态、毒理重点开放实验室	重点实验室	农业部	1999
22	华南农业大学	农业部养禽与禽病防治重点开放实验室	重点实验室	农业部	1999
23	广州中医药大学	广东省中医急症实验室	重点实验室	广东省科技厅	1999
24	广州中医药大学	广东省中医症候临床研究重点实验室	重点实验室	广东省科技厅	1999
25	广州中医药大学	新药非临床安全评价中心	重点实验室	广东省科技厅	1999
26	广州中医药大学	新药临床实验研究中心	重点实验室	广东省科技厅	1999
27	广州中医药大学	中药药理实验室（三级实验室）	重点实验室	国家中医药管理局	2000
28	广州中医药大学	脾胃生物基础与临床技术实验室（三级实验室）	重点实验室	国家中医药管理局	2000
29	广州中医药大学	原虫与病毒实验室（三级实验室）	重点实验室	国家中医药管理局	2000
30	广州中医药大学	广东省海洋药物重点实验室（合作）	重点实验室	广东省科技厅	2000

续表5-9-2

序号	学校名称	机构名称	类别	批准部门	批准年份
31	华南师范大学	激光生命科学实验室	重点实验室	广东省科技厅	1991
32	华南师范大学	植物发育生物工程实验室	重点实验室	广东省科技厅	1995
33	华南师范大学	现代物理技术实验室	重点实验室	广东省高教局	1995
34	华南师范大学	电致光电器件重点实验室	重点实验室	广东省教育厅	2000
35	广东工业大学	计算机集成制造重点实验室	重点实验室	广东省科技厅	1996
36	广东工业大学	电动汽车研究重点实验室	重点实验室	广东省科技厅	1997
37	汕头大学	广东省海洋生物重点实验室	重点实验室	广东省科委	1993
38	汕头大学	广东省数字图像处理重点实验室	重点实验室	广东省科委	1995
39	汕头大学	分子肿瘤国家重点实验室分室	重点实验室	卫生部	1996
40	广东医学院	广东省天然药物研究与开发重点实验室	重点实验室	广东省科技厅	1998
41	广东药学院	药物控释制剂实验室	重点实验室	广东省计委	1995
42	广东药学院	“五个一”重点实验室——药物控释制剂实验室	重点实验室	广东省卫生厅	1996
43	广州大学	固体物理与材料实验室	重点实验室	广州市教育局	1996
44	广州大学	多媒体与CAD实验室	重点实验室	广州市教育局	1996
45	深圳大学	深圳市现代通讯与信息处理重点实验室	重点实验室	深圳市科技局	1998
46	华南建设学院（西院）	结构工程与抗震实验室	重点实验室	广州市教育局	1996
47	汕头大学医学院	生殖医学中心	重点实验室	广东省卫生厅	1996
48	湛江海洋大学	海洋药物研究重点实验室	重点实验室	广东省科技厅	2000
49	中山大学	国家教委食品工程研究中心	工程中心	国家教委	1995
50	中山医科大学	卫生部医药生物技术工程中心	工程中心	卫生部	1997
51	华南理工大学	广东功能材料工程技术研究开发中心	工程中心	广东省科委	1987
52	华南理工大学	造纸与污染控制国家工程研究中心	工程中心	国家计委	1995
53	华南理工大学	广东华欧焊接工程研究中心	工程中心	广东省外经贸委	1995
54	华南理工大学	广州化工科技研究开发中心	工程中心	广州市人民政府	1995
55	华南理工大学	广州汽车研究开发中心	工程中心	广州市人民政府	1996
56	华南理工大学	广东省电力工程研究开发中心	工程中心	广东省科委	1997
57	华南理工大学	聚合物新型成型装备国家工程研究中心	工程中心	国家计委	1998
58	暨南大学	教育部基因组药物工程研究中心	工程中心	教育部	2000
59	广州中医药大学	国家中药现代化工程技术研究中心（合作）	工程中心	国家计委	1997
60	广州中医药大学	国家新药（中药）安全评价（GLP）研究中心	研究中心	科技部	1998
61	广州中医药大学	国家新药（中药）临床试验（GCP）研究中心	研究中心	科技部	1998

续表5-9-2

序号	学校名称	机构名称	类别	批准部门	批准年份
62	广东药学院	广东省控释制剂工程技术研究中心	工程中心	广东省科委	1995
63	中山大学	海洋生物功能基因组开放实验室	研究基地	科技部高技术计划海洋领域办公室	2000
64	中山医科大学	国家新药（抗肿瘤药物）临床试验研究中心	研究基地	科技部	1997
65	暨南大学	广州暨南生物医药研究开发基地	研究基地	广州市科技局	2000
66	华南农业大学	广东省辐照技术开发中心	研究基地	省科委	1986
67	华南农业大学	农业部禽畜产品质量监督检验测试中心（广州）	研究基地	农业部	2000
68	华南农业大学	农业部植物新品种测试中心	研究基地	农业部	2000
69	广州中医药大学	国家药品临床研究基地	研究基地	国家药品监督管理局	1999
70	广州中医药大学	国家药品临床研究基地	研究基地	国家药品监督管理局	1999
71	广州中医药大学	国家药品临床研究基地	研究基地	国家药品监督管理局	1999
72	广州中医药大学	国家中药种植研究示范基地（GAP）	研究基地	科技部	2000
73	广州中医药大学	国家药品监督管理局药品临床研究培训中心	研究基地	国家药品监督管理局	2000
74	广州医学院	广东省窥镜外科开发中心	研究基地	广东省科委	1995
75	广州医学院	广东省医学伦理学研究中心	研究基地	广东省卫生厅	1999
76	广州师范学院	土地开发与城镇经济建设研究中心	研究基地	广州市编委	1996
77	广州师范学院	天体物理研究中心	研究基地	广州市编委	1996
78	华南建设学院（西院）	工程抗震研究中心	研究基地	建设部	2000
79	湛江海洋大学	湛江海洋高新科技园	研究基地	湛江市人民政府	1998

1979—2000年广东高校在校两院院士名录表

表5-9-3

学校名称	姓名	性别	出生年月	职称	当选时间（年）	院别	所属学部	本校或聘任人员	从事专业
中山大学	林尚安	男	1924年6月	教授	1993	科学院	化学	本校	高分子化学与物理
中山大学	林浩然	男	1934年11月	教授	1997	工程院	农业、轻纺与环境工程	本校	动物学
中山大学	苏　锵	男	1931年7月	教授 研究员	1995	科学院	化学	本校	无机化学
中山大学	高由禧	男	1920年2月	教授	1980	科学院	地学	本校	大气物理
中山大学	蒲蛰龙	男	1912年6月	教授	1980	科学院	生物学	本校	昆虫学

续表5-9-3

学校名称	姓名	性别	出生年月	职称	当选时间（年）	院别	所属学部	本校或聘任人员	从事专业
华南理工大学	何镜堂	男	1938年	教授	1999	工程院	土木、水利与建筑工程	本校	建筑设计及其理论
华南理工大学	程镕时	男	1927年	教授	1991	工程院	化学	本校	材料物理与化学
中山医科大学	李绍珍	女	1931年	教授	1997	工程院	生物学	本校	眼科
华南农业大学	赵善欢	男	1914年	教授	1998	科学院	生物学	本校	昆虫病毒
华南农业大学	庞雄飞	男	1930年	教授	1997	科学院	生物学	本校	植物保护
华南农业大学	卢永根	男	1930年	教授	1993	科学院	生物学	本校	作物遗传育种
华南师范大学	刘颂豪	男	1930年11月	教授	1999	科学院	技术科学	本校	光学
华南师范大学	孙儒泳	男	1927年6月	教授	1993	科学院	生物学	本校	生态学
广州大学	张景中	男	1936年12月	教授	1995	科学院	数学物理	本校	数学
广州大学	蒲富恪	男	1930年7月	教授	1991	科学院	数学物理	本校	物理
广州医学院	钟南山	男	1936年10月	教授	1996	工程院	医药卫生工程	本校	呼吸内科
深圳大学	牛憨笨	男	1940年2月	教授	1997	工程院	信息学	本校	光电子学

1979—2000年广东高校入选教育部“跨世纪优秀人才培养计划”名录表

表5-9-4

学校名称	姓名	性别	出生年月	职称	入选年份	从事专业
中山大学	章明秋	男	1961年4月	教授	1993	高分子及其复合材料
中山大学	周建英	男	1957年12月	教授	1994	激光物理
中山大学	王珣章	男	1951年7月	教授	1994	生物化学与分子生物学
中山大学	符若文	男	1958年9月	教授	1995	高分子
中山大学	麦堪成	男	1956年3月	教授	1997	高分子
中山大学	朱熹平	男	1962年6月	教授	1997	基础数学
中山大学	鞠实儿	男	1965年	教授	1998	逻辑学
中山大学	秦家银	男	1961年9月	教授	1999	微波技术
华南理工大学	瞿金平	男	1957年6月	教授	1994	塑料机械及加工
华南理工大学	童　真	男	1956年6月	教授	1994	高分子物理化学
华南理工大学	韦　岗	男	1963年1月	教授	1996	通讯理论信息处理
华南理工大学	罗远芳	女	1954年7月	教授	1997	高分子物理
华南理工大学	韦朝海	男	1962年6月	教授	1998	环境工程
华南理工大学	李元元	男	1958年10月	教授	1999	金属材料
华南理工大学	王迎军	女	1958年10月	教授	1999	无机非金属材料
华南理工大学	徐建闽	男	1960年11月	教授	2000	自动控制

续表5-9-4

学校名称	姓名	性别	出生年月	职称	入选年份	从事专业
华南理工大学	钱　宇	男	1957年10月	教授	2000	化学工程
中山医科大学	姚志彬	男	1953年8月	教授	1997	基础医学
中山医科大学	杨倍增	男	1957年6月	教授	1999	眼科
华南农业大学	严小龙	男	1960年8月	教授	1995	植物营养遗传
华南农业大学	张桂权	男	1957年4月	教授	1998	作物遗传育种
华南农业大学	陈瑶生	男	1962年10月	教授	2000	动物遗传育种
广州中医药大学	刘　良	男	1957年	教授	1998	中药药理

1979—2000年广东高校受聘教育部“长江学者特聘教授”人员名录表

表5-9-5

学校名称	姓名	性别	出生年月	职称	受聘年份	从事专业
中山大学	许宁生	男	1957年7月	教授	1999	凝聚态物理
中山大学	屈良鹄	男	1953年8月	教授	1999	生物化学与分子生物学
中山大学	陈小明	男	1961年10月	教授	1999	无机化学
华南理工大学	瞿金平	男	1957年6月	教授	1999	塑料机械及加工
华南理工大学	童　真	男	1956年6月	教授	2000	高分子物理化学
华南理工大学	孙润仓	男	1955年10月	教授	2000	制浆造纸工程
中山医科大学	刘祖国	男	1962年	教授	2000	临床医学

三、科学研究成果

（一）自然科学研究成果

1. 国家级奖励

1979—2000年，广东高等学校荣获国家自然科学奖11项（其中二等奖2项，三等奖7项，四等奖2项）；国家科技进步奖50项（其中一等奖1项，二等奖20项，三等奖29项）；国家技术发明奖18项（其中二等奖2项，三等奖8项，四等奖8项）；国家星火奖二等奖2项。

1979—2000年广东高校自然科学研究成果获国家奖统计表

表5-9-6　　单位：项

学校名称	国家自然科学奖				国家科技进步奖			国家技术发明奖				国家星火奖	
	一等	二等	三等	四等	一等	二等	三等	一等	二等	三等	四等	一等	二等
中山大学	—	2	5	2	—	2	6	—	—	3	4	—	1
华南理工大学	—	—	—	—	—	5	6	—	1	3	—	—	—
中山医科大学	—	—	1	—	—	4	6	—	—	—	1	—	—
暨南大学	—	—	—	—	—	1	—	—	—	—	—	—	—

续表5-9-6

学校名称	国家自然科学奖				国家科技进步奖			国家技术发明奖				国家星火奖	
	一等	二等	三等	四等	一等	二等	三等	一等	二等	三等	四等	一等	二等
华南农业大学	—	—	—	—	—	2	2	—	—	1	—	—	1
广州中医药大学	—	—	—	—	—	3	2	—	1	1	1	—	—
华南师范大学	—	—	1	—	—	1	—	—	—	—	—	—	—
广东工业大学	—	—	—	—	1	—	2	—	—	—	—	—	—
华南建设学院（西院）	—	—	—	—	—	1	—	—	—	—	—	—	—
广州医学院	—	—	—	—	—	1	4	—	—	—	—	—	—
深圳大学	—	—	—	—	—	—	1	—	—	—	—	—	—
合计	—	2	7	2	1	20	29	—	2	8	6		2

2. 省部级奖励

1979年，省科委设立科技成果奖。1979—2000年，广东高等学校获省科技进步奖（含自然科学奖）特等奖1项，一等奖30项，二等奖200项，三等奖499项，四等奖107项；获国务院各部门奖一等奖61项，二等奖237项，三等奖279项。

1979—2000年广东高等学校自然科学研究成果获部、省奖统计表

表5-9-7　　　　单位：项

学校名称	国务院各部门奖			省科技进步奖（含自然科学奖）				备注
	一等	二等	三等	一等	二等	三等	四等	
中山大学	9	51	32	9	36	106	25	1982年获特等奖一项
华南理工大学	14	61	58	8	35	111	38	—
中山医科大学	16	67	102	7	40	96	11	—
暨南大学	6	11	24	1	8	27	—	—
华南农业大学	6	11	20	1	42	58	6	—
广州中医药大学	4	2	—	—	2	—	—	—
华南师范大学	1	12	11	1	6	15	—	—
广东工业大学	1	7	2	1	6	15	—	—
汕头大学	—	1	3	—	2	24	4	—
广东医学院	—	2	1	—	1	17	4	—
湛江海洋大学	—	—	1	—	—	1	—	—
湛江水产学院	—	—	2	—	—	—	—	—
湛江农业专科学校	—	—	—	—	—	3	—	—
仲恺农业技术学院	—	—	—	1	5	4	—	—
广东药学院	—	3	3	—	—	3	—	—
湛江师范学院	2	2	3	—	1	5	4	—
广州体育学院	1	—	2	—	—	3	3	—
广州大学	—	—	1	—	—	3	—	—

续表5-9-7

学校名称	国务院各部门奖			省科技进步奖（含自然科学奖）				备注
	一等	二等	三等	一等	二等	三等	四等	
广州师范学院	—	—	2	—	—	1	—	—
华南建设学院西院	1	—	—	1	—	—	—	—
广州医学院	—	4	8	—	11	4	10	—
广州美术学院	—	—	—	—	3	—	2	—
深圳大学	—	—	2	—	1	1	—	—
惠州学院	—	2	1	—	1	1	—	—
佛山科技学院	—	—	1	—	—	1	—	—
番禺职业技术学院	—	1	—	—	—	—	—	—
合计	61	237	279	30	200	499	107	—

3. 获奖项目重大创新成果

1979—2000年，广东高等学校获国家、部、省奖励的项目中，有一批成果达到国内领先或国际先进水平，并取得重大的经济社会效益。

理工科研究。中山大学龙康侯多年从事天然有机产物的生理活性研究，发现不少新的、有应用前景的化合物，其中“南海珊瑚化学成分及其生理活性研究”于1989年获国家自然科学三等奖。林尚安等学者长期进行高效催化剂聚合应用基础研究，对乙烯、烯烃高效催化剂活性本质、配位基的影响提出新颖的科学见解，并用于阐明和指导研究新型高效催化剂，“乙烯，α—烯烃新型高效催化剂聚合、共聚合及应用基础研究”，于1987年获国家自然科学四等奖。刘昕、庞义发明“固体饮料酒及其载体”，建立了生产固体饮料酒的载体基质及其生产方法，于1986年获国家发明四等奖。许宁生等完成“金刚石及其相关薄膜的场致电子发射特性和机制”，首先发现了CVD金刚石薄膜在低电场下大面积发射电子的现象，通过理论和实践证明金刚石及其相关薄膜是优良的冷阴极材料，并进行系统的研究，提出3个在研究领域内有影响的模型，对推动场致电子发射的发展起到了积极的作用，于2000年获得广东省自然科学一等奖。华南建设学院西院周福霖教授等研制“彻体结构隔震减震方法及其工程应用”，采用“软化结构”的“隔”震方法代替传统的“强化结构”的“抗”震方法，使结构的地震反应衰减至地面地震反应的10%或者更低，是世界建筑隔震技术的第三个里程碑，于1997年获国家科技进步二等奖。华南师范大学刘颂豪等“强光光学及其应用”，全面总结了非线形光学研究的理论和技术成果，对非线形光学的研究具有重要的指导意义，于1996年获广东省自然科学一等奖。暨南大学刘人怀“板壳非线性理论与计算”首创板壳非线性理论，系统地研究6类非线性板壳，求解了非线性弯曲，稳定和振动问题，对航空航天、精密仪表、石油化工、船舶和建筑等工程设计有重大的理论和实践意义，于1996年获广东省自然科学一等奖。广东工业大学刘如意等“硫化矿电位调控浮选理论与实践（合作项目）”，提高了高硫铅锌矿分选的电位调控浮选新工艺，并在四家选矿厂得到应用，于2000年获得国家科技进步一等奖。

农业科学研究。中山大学蒲蛰龙等长期坚持“水稻害虫的综合防治研究”，提出重要因子分析方法（MSI值分析），建立以平均生命表为基础的害虫种群动态模型和数量预测模型，研究了天敌的作用及其合理评价方法，并以四会、阳江县为基点，进行水稻害虫综合防治，每亩产量增产率达9.04%，农药成本节省50%，于1985年获国家科技进步三等奖。韩德聪等从1982年开始对巴戟天然分布、形态结构和生物特点进行了系统深入研究，总结出整套高产栽培技术，在40多个县推广种植，平均单位产量由每公顷1200公斤（干重）提高到6000～7500公斤（干重），1992年“巴戟天然高产栽培技术”获国家星火二等奖。廖翔华等“草鱼营养需要量和饲料配方”在顺德进行大田试验取得显著效益，亩产净增750～900公斤，1985—1989年向广东22个县市推广应用，新增产值500万元，于1990年获国家科技进步三等奖。杨中艺等“黑麦草—水稻”草田轮作系统已在广东推广3.4万公顷，直接经济效益6.1亿元，利税4.76亿元，于1999年获教育部科技进步一等奖。华南农业大学长期坚持柑橘黄龙病和溃疡病的研究，运用“隔离、消毒、防疫”综合性措施培育柑橘无病良种苗木，1982—1988年共出圃无病苗399.8万株，可定植57113万亩，每年净增产值5968.3万元，每年节支增收1644.95万元，1987—1990年4年获社会经济效益30472万元，于1991年获国家科技进步二等奖。华南农业大学陈小华等“木麻黄速生抗病无性系的筛选和小枝水培繁殖技术的研究与应用”，研究出一套木麻黄抗青枯病无性系筛选方法，并选育14个速生抗病无性系和一种简易可行的小枝水培法，在广东、海南推广种植4万余亩，基本解决中国东南沿海防风固沙林带主要树种木麻黄青枯病问题，于1991年获国家科技进步二等奖。华南农业大学范怀忠等“我国新发生的病毒病——水稻病矮病的研究”，此新病毒病首次在国内报导，对发病规律及防治的研究上在国内外领先，首次进行了晚造育秧田喷灌治虫、杂优稻稍迟播植、秧田尽量远离早稻田等简单措施实验成功，并经病区全面推广，基本消灭病毒害，经济效益达1300万元，于1986年获省科技进步一等奖。

医学科学研究。中山医科大学杜传书“中国人遗传性红细胞葡萄糖-6-磷酸脱氧酶缺乏症基因频率及变异型研究”成果，探索G6PD缺乏所致溶血的发病机理，并提供人类学、群体遗传学、疾病单克隆起源的生物遗传标记，对129例G6PD变异进行鉴定，填补中国这一领域的空白，于1987年获国家科技进步二等奖。中山医科大学陈心陶等围绕寄生虫防治这一中心，探索吸虫生态学，“人畜共患”及其危害特征，于1987年获国家自然科学三等奖。中山医科大学李绍珍等“白内障的防治研究”为阐明白内障发病机理提出新的理论依据，为中国城乡防盲工作提供了借鉴，对提高中国白内障治疗水平具有重要的指导意义，于1996年获国家科技进步三等奖。中山医科大学陈家祺1985年率先开始表面角膜镜片的研究，并在国际上首先采用简便、经济的无氯化钙干燥法长期保存表面角膜镜片获得成功；为探索供体角膜的来源，在国际上首次将猴角膜加工成表面角膜镜片应用于临床获成功，并将此手术用于治疗白内障术后无晶体眼、高度近视、圆锥角膜及角膜变薄，手术效果处于国际先进水平；其“表面角膜镜片术的系列研究”于1997年获国家科技进步二等奖。中山医科大学闵华庆等“鼻咽癌防治系列研究”，阐明流行病学特征，建立带EB病毒细胞株，通过筛选提高早疗率，制定新分期，改进治疗方法，使鼻咽癌5年生存率达到I期95%、II期80%、III期61%、IV期35%的国内先进水平，5年生存率明显提高，病者的生活质量得到改善，于2000年获国家科技进步二等奖。中山医科大学梁秀龄等“Wilson's病的分子生物学研究”，在国际上建立了中国人WD遗传图谱，在国内最先开展微卫星DNA标记多态研究，建立PCR-酶切分析法，在分子水平解释了中国WD高发原因，并首次报导WD基因有杂合丢失现象，于2000年获国家科技进步二等奖。广州中医药大学李国桥等“研制抗疟新药——青蒿素”治疗恶性疟疾疗效迅速、可靠，无副作用，使用安全、方便，于1979年获国家发明二等奖。广州中医药大学林炳鎏等“铬青甲素研究”，是中国首创的一种化合物，用于治疗缺血性脑血管病、冠心病等，于1984年获国家发明四等奖。广州中医药大学邓铁涛等“重症肌无力的临床和实验研究”以强肌健力饮为主，辨证论治重症肌无力，疗效居国内外先进水平，并可避免西药副作用，于1992年获国家科技进步二等奖。广州中医药大学王建华等“脾虚症辨证论治的系列研究”在国内率先提出脾虚症的临床诊断标准，研制“微电脑胃肠电检测分析系统”，发现脾虚症胃电结肠片及胃肠运动功能减弱，以及脾虚症患者胃黏膜壁细胞和结肠黏膜粒状细胞（电镜下）线粒体数目及结构改变；在方药研究方面系统研究益气健脾等代表方药中四君子汤、补中益气汤等配伍的药理作用与机理，于2000年获国家科技进步二等奖。广州中医药大学袁浩等“中西医结合治疗骨头坏死临床研究”采用中西医结合法治疗股骨头坏死，用活血化瘀中药与多条血管束植入术相结合治疗，较好解决股骨头坏死这个常见的骨科疑难病，于2000年获国家科技进步二等奖。广州医学院钟南山等“慢阻肺及肺心病病人的膈肌疲劳机理与康复治疗系列研究”项目所研制的微机呼吸肌功能测定仪，达国际先进水平，于1997年获国家科技进步三等奖。广州医学院吴开俊等“输尿管镜取石术临床应用研究”，以输尿管镜取石术、经皮肾镜取石术结合体外冲击波碎石术为主体的输尿管镜技术，能解决95%以上尿石症，并能解决许多开放手术不能完满解决的问题，于1997年获国家科技进步三等奖。暨南大学徐锦堂等“异种角膜移植研究”在国内角膜移植方面处于开创及领先地位，并成功进行多例角膜移植手术，于1990年获国家教委科技进步奖。汕头大学医学院“脑干损伤致死机理及法医学鉴定新方法研究”利用传统病理学、分子病理学、图像分析等技术对脑干损伤动物模型、脑干损伤法医学档案标本进行系统研究，观察损伤后脑干部位的病理学改变、神经细胞结构分子改变等，探讨脑干损伤猝死机理，于2000年获广东省科技进步二等奖。

（二）知识产权保护

1985年4月，专利法正式实施前后，省高教局、中山大学、华南理工大学、中山医科大学的专利服务机构都相继建立。

1985年4月1日至2000年12月31日，广东省22所高等学校专利申请量和授权量分别为1306件和726件；计算机软件版权登记61件，商标注册112件。在中国专利局1985年12月26日首批授权决定中，中山医科大学郑振声等研制的“微机化增强型体外反搏装置”，被授予实用新型专利权。这是新中国成立后广东高校乃至广东全省获准的第一件专利。

1985年4月1日，专利法实施后，广东各高等学校从本校的实际出发，制定一系列专利管理的规定。从1985—2000年年底，广东各高等学校制定的管理办法有：《中山大学专利工作管理办法》《中山大学专利基金管理暂行办法》《华南理工大学专利工作管理办法》《关于加强华南理工大学知识产权保护工作的决定》《华南农业大学专利管理办法》《华南农业大学知识产权管理办法》《华南师范大学专利管理暂行办法》《仲恺农业技术学院知识产权管理条例》《嘉应学院知识产权管理办法》等等。

广东各高等学校专利技术实施的主要形式是列入各级政府各类科技、新产品开发计划或学校与研究部门、生产单位联合开发。华南理工大学“稀土氨合成催化剂技术”，于1990 年被授予专利权，“稀土氨合成催化剂”被列入国家“火炬计划”，并由国家知识产权局列入“促进专利技术产业化示范工程”，实施五年，增产合成氨60万吨，增加产值18.6亿元，新增利税2.46亿元。该校“电磁动态塑化挤出方法及设备”和“电磁式聚合物动态注射成型方法及装置”，于1992年被授予专利权，在全国各省市推广应用800台套，取得经济效益达1.5亿元。该校“橡胶混炼和智能控制技术”从1985年至2000年共有7项专利申请被授予专利权，在全国10多个省市推广，每年新增利税6000万元，在广州珠江轮胎厂推广后，年新增产值9270万元，新增利税1208万元。华南师范大学“优势菌处理工业污水技术” 中的“餐厅污水处理技术”，于1993年被授予专利权，在70家企业推广应用，经济效益近亿元。中山大学“计算机辅助服装设计与纺织服装业信息化集成系统”，于1999年被授予专利权，国内已有100多家用户使用，取得经济效益5亿元。

1985—2000年广东高等学校申请与授权专利统计表

表5-9-8　　　　单位：项

学校名称	申请数				授权数			
	发明	新型	外观	合计	发明	新型	外观	合计
中山大学	135	44	23	202	69	42	22	133
华南理工大学	227	247	—	474	91	202	—	293
中山医科大学	26	66	12	104	6	66	12	84
华南农业大学	54	24	—	78	3	9	—	12
暨南大学	139	15	8	162	29	15	8	52
华南师范大学	28	10	—	38	4	6	—	10
广州中医药大学	3	6	2	11	—	—	—	—
广东工业大学	29	40	2	71	4	41	4	49
汕头大学	16	7	—	23	3	9	—	12
广东医学院	11	—	—	11	3	—	—	3
湛江海洋大学	6	5	—	11	2	3	—	5
仲恺农业技术学院	13	—	—	13	9	—	—	9
广东药学院	7	—	—	7	1	—	—	1
湛江师范学院	1	4	—	5	—	1	—	1
广州大学	3	9	12	24	2	8	10	20
深圳大学	27	23	—	50	12	16	—	28
嘉应学院	3	—	—	3	1	—	—	1
肇庆学院	3	—	—	3	2	—	—	2
广东轻工职业技术学院	1	—	—	1	—	—	—	—

续表5-9-8

学校名称	申请数				授权数			
	发明	新型	外观	合计	发明	新型	外观	合计
佛山科学技术学院	2	5	—	7	—	5	—	5
茂名学院	1	7	—	8	—	6	—	6
合计	735	512	59	1306	241	429	56	726

第十节 科技开发

一、科技开发与有偿服务

（一）开发服务机构

1982年4月，教育部转发中国科协、财政部《关于颁发〈科协系统及所属学术团体科技咨询服务收费的暂行规定〉的通知》。1982年6月，教育部颁发《教育部部属高等学校科学技术转让试行条例的通知》，规定科技成果实行有偿转让，从而使广东省高等学校科技开发向有组织、有领导、有政策的阶段发展，并不断改革和完善。

1983年10月，省政府批准建立广州地区高等学校科学技术开发中心，旨在发挥高等学校的优势和各种有利条件，进行科技开发和科技服务工作，加强学校与社会的联系，促进国民经济建设发展和社会进步。科技开发中心设立分支机构，中山大学、华南工学院、华南农学院、中山医学院、暨南大学、广州外国语学院、广州中医学院、华南师范大学、广东工学院、广东机械学院、广东医药学院、广州医学院等12所高等学校成为广州地区高等学校科技开发中心的分部。1995年，广州地区高等学校科学技术开发中心经广东省人民政府批准撤销。1979—2000年，广东高等学校科技开发与有偿服务的工作主要由各校科技管理部门负责。部分高等学校曾成立专门机构，从事科技开发工作，如科技开发中心、科技开发公司等。1983年，中山大学建立科技开发服务中心；华南师范大学建立科技开发部，各高等学校开始有计划有组织地开展科技开发工作。1990年，中山大学建立科技开发与企业管理委员会，负责学校科技开发、成果转化与企业的管理工作。1994年，湛江师范学院建立科技开发中心。

（二）管理规定

1979—2000年，广东各高等学校根据本校的实际情况，制订一系列科技开发、科技咨询、科技服务、科技成果转化，推动产学合作的管理规定。中山大学制定《科技成果转化暂行规定》，明确规定科技成果、专利、专有技术等无形资产作为投资股本设立的股份制企业，成果完成人可持一定的股份份额，并可从学校的股份分红收益中提取一定比例奖励成果完成人及课题组。华南理工大学的《科技合同管理办法》，规范了科技合同签订、审批及科技合同收费的原则。华南农业大学《技术转让合同管理暂行办法》明确规定为维护学校声誉和受让方的经济利益，转让的成果必须技术成熟、资料完整，在经济上确有实用性。广东工业大学《横向科技项目管理办法》明确规定横向技术合同签订的程序和横向科技项目的收益分配。华南师范大学制定了《科技创收分配暂行规定》《科研及科技服务暂行管理办法》，深圳大学制定了《科技成果转让实施办法》，佛山科学技术学院制订了《关于科技有偿服务的规定》，明确规定科技人员的义务、权利及利益分配原则，增大科技人员所占的技术份额，切实保障科技人员在科技开发和科技成果转化中的经济利益。

（三）科技开发方式

1979—2000年，广东高等学校或利用科技成果自办科技企业，或将科技成果作为商品进入技术市场或信息市场，实行有偿转让，或作为投资与企业 、农村合作，或兴办科技园区，采用多种方式开展产、学、研合作，转化科技成果。

1. 技术转让

1985—2000年，中山大学签订技术合同535个，合同金额11704.7万元，到校经费3822万元。1996—2000年，华南理工大学签订技术转让合同101个，合同金额1288.3万元，到校经费1281.6万元。在技术转让的项目中，有不少取得显著的经济和社会效益。

1982年，中山大学“用LC系浮法处理电镀废水”技术，效率高成本低，已在全国20多个省市推广应用，并出口到美国、日本、马来西亚、韩国等国家和我国香港、台湾地区，取得了显著的经济效益和社会效益。

1988年，中山大学“高活性新型鱼类催产剂”从珠江三角洲开始试用，逐步推广到全国各地区的鱼苗场。从1991年至1995年，使用这种催产剂已经产出2700多亿尾鱼苗，经济效益达3亿多元。

1989年，华南理工大学“高强耐磨铜合金（KK）、锌合金（ZMJ）及其工程零件”成果，应用于十余家大、中型企业。至2000年，11年总计间接经济效益21亿元。

1993年，华南理工大学“预分解窑生产利用高硫碱比原料技术”在广州水泥厂应用，年新增利税1170万元，上缴税金497.7万元。

1997年，华南理工大学“中浓打浆技术与设备”研制的“ZDDM系列中浓液压磨盘机”，已推广应用于广州造纸厂、威达高纸公司、莲花山造纸厂等24个造纸企业共91台在线运行，直接和间接经济效益每年超过6000万元，至2000年已达数亿元，为广东机电行业新增5000万元产值。

2. 产学研合作

1981年，中山大学微电子研究所研制成功“ZD-065II微型计算机”，该所与南海县联合，组成微电脑科研生产联合体“中南电子实业公司”，在工业过程控制、科研、水文、矿业、冶金、邮电、化工及企业管理等部门推广应用该系统。

1989年以后，华南师范大学研制成功“多媒体教育技术”系列成果，并与省内有关地市合作，建立集科研、培训、生产、示范、销售于一体的现代科技教育基地。其多媒体组合教学设计、多媒体综合电教讲台、多媒体课堂演示系统、计算机多媒体软件及教育电视系统工程等成果，已在国内多个省市100多所大、中、小学推广应用。

1991年，广东药学院与顺德容奇镇建设开发总公司合作建立教学、科研、生产三结合的基地“广东环球制药有限公司”，主要研制销售化学药、中药制剂，年销售额达2亿元。

1992年，华南农业大学与广东温氏食品集团有限公司开展全面合作，在“公司＋农户”生产模式的基础上，创立了“公司＋农户＋科技＋市场”的优质肉鸡产业化生产经营模式，并在7个省区的12个一体化养鸡公司全面推广应用。1992—2000年上市肉鸡约5亿只，产值超过60亿元。至2000年年底，年上市肉鸡规模超过1.3亿只，肉鸡上市量居全国首位，其合作养殖户达到12000户，合作养殖户获得的利润累计7.8亿元。

1992年，汕头大学与汕头特区联合公司合作，研制“鳗康素”，治疗鳗鲡细菌性病毒的特效药，在广东、福建等东南沿海各省推广应用，产生经济效益1.2亿元。

1997年，华南理工大学与广东肇庆风华电子工程开发公司共同承担国家“863”计划“中高频、甚高频片式电感的研究”。经过三年多的努力，取得了重要的研究成果，并通过国家信息产业部组织的技术鉴定。至2000年年底，已生产100多个品种的多层片式电感器（含磁珠）37.5亿只，材料和元件的总销售额达6.33亿元，新增利润2.15亿元，新增税收6611.7万元。

1997年，深圳大学以“无毒天然表面活性剂——烷基糖苷的工业化研究”成果与企业合作，建成每年产量600多吨，年销售超过1000万元的无毒天然表面活性剂生产企业，产量居全国第一、世界第二。

3. 技术咨询及技术服务

1979—2000年，广东高等学校利用学校的优势和特点，开展技术咨询和技术有偿服务。中山大学利用学科的优势和特点，在环境、生物、化工、电子信息技术等方面开展技术咨询和技术服务。在环境评价和环境规划方面，先后承担茂名、湛江、汕头、河源等市的环境评价和环境规划任务；同时，还利用技术和资源的优势，对各种大型建设项目进行环境评价和环境规划，完成了南海石油化工、广东蓄能电站、云浮硫铁矿重钙厂以及港口、码头的建设等规划咨询服务；在核电站的建设方面，承担了大亚湾核电站气象塔的建设，岭澳核电站厂址及周围地区地面风场测量，山东核电厂气象剃度振动测量系统维护等项目，并参与了城镇规划、水资源调查等任务。

汕头大学开发的“桥梁与结构测试分析系统”，成功地完成汕头岩石跨海大桥的竣工静动载试验任务；受汕头市质检所等单位的委托，开展“门窗三性检测”等技术服务项目。

华南建设学院西院建立的“工程抗震研究中心”，已为全国各地数百个工程项目进行抗震隔震减灾设计、模拟地震振动台试验、各种隔震支座性能研究与检测、结构构件和复杂节点静力动力性能研究、结构特性的现场实测、结构抗震性能的评估及健康疗断、环境减振降噪测试研究等技术服务工作，主持完成了汕头市国际隔震试验楼的设计与建造。

华南农业大学以技术咨询的方式，在热带水果生产、病虫害防治、贮藏加工、保鲜技术等方面开展服务。

湛江师范学院利用红外光谱仪、高效液相色谱仪等仪器设备为湛江市公安局依法处理交通事故提供科学依据，为广大水产养殖户检测水质化学组成，为粤西广大农民提供节水节能技术指导等。

仲恺农业技术学院为适应农村技术市场的需要，经常组织专家教授到连南、连平、乳源、和平等山区县讲授果树、蔬菜 、水稻、植保、栽培、水产、养猪等农村实用技术班，为农村的经济发展服务。

4. 自办科技企业和大学园区

1986—2000年，华南农业大学、中山医科大学、广东工业大学、深圳大学、佛山大学等9所高等学校校办科技产业的产值为191037.5万元。

从1986年起，华南农业大学利用技术力量和科技成果，兴办科技企业。至1997年，已办科技企业7个，占校办企业数的26.9%，科技企业职工人数达148人。

1986年深圳大学建立反光材料厂，该厂研发生产的印刷半透式全息膜，具有非连续金属化的薄膜以及提示隐性全息压敏标贴，产品科技含量高，工艺先进，可用于防伪，已在药品、化妆品、烟品企业广泛应用。

1996—2000年，中山医科大学在办好《家庭医生》杂志的基础上，建立中山生物工程公司、科技开发公司、中外合资绿森林护肤品公司等科技企业，研发的新型体外反搏器、绿之韵护肤保健品、PCR生物试剂等都已形成自己的品牌优势。

1999年，华南理工大学被国家科技部、教育部列为国家大学科技园试点建设单位。该园区主要在电子信息、新材料、生物技术工程、环境保护、机电磁光一体化等领域扶持高技术及其产品的产业化，使园区成为创新创业人才培育基地、高新技术企业孵化基地、技术创新成果转化基地。2000年，该园区已有30余家高新技术企业及研发机构，产值近3亿元，利税3000万元。

二、社会科学的应用与开发

1978—1979年期间，暨南大学张元元提出“不发达社会主义”的概念，作出中国将长期处于不发达社会主义阶段的判断。之后，他又著文明确提出，处在不发达社会主义阶段的中国要补现代化大生产、商品经济和民主法制的课。这一观点对廓清长期存在的理论谬误，对经济体制改革和经济发展路径的选择乃至政治体制改革的推进，都给出前提性的、根本性的学理说明和理论预见。

暨南大学赵元浩根据自身的考察体验，于1981年3月提交《关于美国华侨状况及侨务工作的报告》给广东省有关部门，提出做好侨务工作的一些思路。时任省委第一书记任仲夷阅后认为：“赵元浩教授的报告反映了许多重要情况，对侨务工作和侨务政策提出了很好的建议，值得各级党委和政府重视。建议采取适当形式，把他的报告印发省各有关部门和各地、市负责同志阅。我们应当采取切实措施，改进和加强侨务工作。”省委办公厅根据任仲夷的意见，将赵元浩的报告印发全省县以上党委负责人阅并报送中央办公厅、中央书记处研究室、国务院办公厅、外交部、国务院侨务办公室等单位。该报告对广东省乃至中国制定侨务政策提供了有益的借鉴。

深圳大学图书馆1989年研制的《深圳工商企业信息计算机检查系统》，收集深圳市工商行政管理局登记的商业企业近6000多家。该系统能从产品的名称、企业名称、法人代表、企业性质、注册登记号等条目查找企业的情况，为各企业提供咨询服务。由于该系统具有国际联机检索的功能，在条件成熟时可以与港澳地区实行联机，使双方信息资源共享。

在文化方面，广州美术学院潘鹤、梁明诚合作的《广州解放纪念碑》（雕塑）于1980年被广州市委采用，成为广州市的标志性城市雕塑；潘鹤、段积余、段起来的《珠海渔女》（雕塑）于1981年被珠海市委采用，成为珠海市的著名城徽；潘鹤、王克庆等合作的《和平少女》（雕塑）于1985年作为国家礼物赠送给日本，矗立在长崎和平公园广场成为第一座安放在国外的中国雕塑。

围绕经济建设主战场，为经济发展服务。暨南大学经济发展研究中心与地方政府合作取得的系列专著《山区经济发展战略研究》，是暨南大学于1989—1992年间为广东博罗、连南、乐昌、阳春、海南屯昌等山区县作的发展战略规划，这些成果分别通过各地政府验收，并予以高度评价。该中心还长期跟踪珠江三角洲经济，中心的集体成果《珠江三角洲经济社会文化发展研究》是国内第一本系统分析珠三角经济社会发展的专著。该书获1979—1994年广东高校人文社科研究成果一等奖，国家教委首届人文社科优秀成果二等奖。1996年，广东省委省政府决定制定珠三角发展规划由省计委具体负责，当时的计委主任指出：该书资料翔实，分析深入全面，研究具有超前性、全面性和创新性，对规划与决策具有重要参考价值。

中山大学经济研究所于1989—1991年之间，组织以广东外向经济发展为主题的6次系列研讨会，每次研讨会都邀请一些广东省经济职能部门、高等院校以及科研单位的领导和研究人员撰写论文，提供研究报告。特别是请在某个专题上有研究的、有调查的人员担任主讲，基本上形成研讨制度。在研讨基础上，由经济研究所组织撰写《改革与发展中的广东经济》学术著作，该著作是当时第一本比较系统的从理论角度分析广东经济改革与发展的理论著作，得到相关政府部门的高度评价。此外，中山大学经济研究所还结合广东经济发展中的重大问题，组织课题参与广东产业结构调整、广东市场取向的改革与工业化发展、广东物价体制改革与市场体系建立研究等，都产生良好的影响。1992年6月，经济研究所在岭南学院支持下，组织国内以国务院发展中心主任孙尚清为学术委员会主任，国外以邹至庄为学术委员会主任的120人参加的、以“外向经济理论与广东外向发展”为主题的大型的国际学术会议，产生较大反响。

华南师范大学李江帆于1990年出版的专著《第三产业经济学》，构筑第三产业经济学理论新体系，补充、丰富了传统政治经济学的基本原理，系统地揭示第三产业经济规律，获1991年孙冶方经济科学著作奖。1992年，他应国务院秘书长邀请，赴中南海商讨中国第三产业发展大计，研究成果被中共中央、国务院《关于加快发展第三产业的决定》采用。李江帆1993年主持完成《乳源瑶族自治县经济发展战略》，为贫困山区探讨结合当地实际，将资源优势变为经济优势，脱贫致富奔小康，提供一个指导思想正确、发展目标和发展步骤合理、发展对策切实可行的经济发展战略，在乳源县产生显著的经济效益和社会效益。在该研究成果提出的发展战略指导下，经全县干部群众的努力奋斗，乳源县国民经济发生四大巨变：GDP由低速变高速大增长，外向型经济大发展；以旅游为龙头带动第三产业成功大突破；外资企业由1992年的3个发展到1999年的48个，实际利用外资由1993年的2600万美元增加到1998年的8300万元；国内生产总值的年均递增速度由1993年以前的4.3%，增长到1992—1998年间的11.2%。

暨南大学张元元根据对广东经济改革长期跟踪调查，于1997年提出“突破中间，带动两头”，即以市场化为中心，推动企业改革和政府职能转变的思路，对国企改革产生重大影响，受到省政府高度重视，他本人也成为省政府进行国企改革的重要咨询专家。根据这一观点形成的论文《顺德市企业产权制度改革的启示与思考》在全国产生较大影响，相关论文《广东经济正在发生变化》被评为广东省“五个一工程”优秀论文。

华南理工大学蓝海林受广东华宝空调器厂的委托，为销售下降、资金困难的该厂提供战略和营销方面的咨询服务。他建议该厂收缩战线、突出重点、加大力度，在新产品开发和中部市场开拓上实现突破。该厂当年销售上升60%以上，并实现扭亏，年销售从1995年全国第八位回升到1996年的全国第三位。广东华宝集团属下的广东华宝精细化工厂是一个因投资过大而陷于困境的企业，通过研究分析，蓝海林建议该厂放弃原来实施的扭亏战略，改用产品集中和市场开拓的战略，同时制定以吸引流动资金为主要目标的价格政策，使该厂重现生机，逐步走出困境。1998年，蓝海林的“企业战略管理系列咨询报告”获得教育部人文社会科学研究优秀成果奖管理学二等奖。

中山大学邹建华完成的国家社科基金1996年重点项目“国有企业在粤港经济中的地位与作用”的研究报告，阐述和分析国有企业在粤港两地经济中的相对规模和重大作用，揭示国有企业在粤港经济中的地位及其发展方向，并对国有企业地位和作用的变迁进行一定的理论反思。同时，分析在粤港两地的国有企业所存在的问题，针对性地提出具有建设性和可操作性的对策，对于在粤港两地的国有企业结构调整和深化改革具有重要的参考价值。

中山大学舒元完成的“广东经济增长、通货膨胀与就业关系研究”，借鉴国外相关理论和模型，运用计量经济学的理论和方法，对广东省最重要的宏观经济变量及其相互间的关系深入研究，回答了为什么广东在经济增长、发展方面能走在全国前列这个令各方面都感兴趣的问题。同时，针对广东持续高速发展中所面临的难点和挑战提出具有建设性、启发性的见解。

暨南大学一直注重为“侨”服务，1996年以后，为中央有关部门制定侨务、港澳政策、了解侨情方面提供了许多高质量的咨询报告。仅提供给国务院侨办、外交部等部门的有关华侨华人问题咨询材料就有20份，其中由黄昆章提供的一篇题为《印尼政府放宽华文政策的内部考虑及对我建议》一文，被外交部认为“全面反映了印尼放宽对华文政策的内部考虑，对我了解印尼在华文问题上的真实考虑及在此问题上我应注意的事项提供了很大的帮助”。另提供给广东省有关部门的《菲律宾华人华侨现状和发展前景》及《马来西亚的国情和我对策》两篇研究报告，通过广东省有关部门送达中央领导人，受到外交部的高度评价。

香港与澳门回归前后，广东省高校人文社科教师围绕保持港澳经济繁荣社会稳定的有关重大问题，积极展开相关研究。

中山大学郑佩玉1998年主持的教育部重大项目“回归后香港经济社会发展跟踪研

究”，从香港回归祖国以后的实际出发，紧贴经济全球化、知识化的发展趋势，以及亚洲金融风暴对香港的影响，深入研究香港成功实施“一国两制”的经验；分析香港今后实现繁荣稳定发展，进一步提高国际竞争力所面临最突出、最急切需要解决、而又有着深远影响的9个主要问题。其中包括香港新一轮的经济结构转型、今后香港国际金融中心的定位，制造业在香港经济中的地位和作用、回归后香港与内地经济合作关系的发展趋势、中资在香港经济中的地位和作用，以及香港回归祖国以后面临的贫富分化加剧和香港、内地法律协调等社会热点问题，并提出相关的对策建议。

暨南大学冯邦彦著的《香港英资财团》《香港华资财团》，先后于1996年及1997年由香港三联书店出版发行。这两部书分别从历史与经济相结合的角度，对香港英资财团逾150年的发展历程和香港华资财团的崛起发展作客观平实的概述和分析，均在香港回归前后出版，对国家有关部门及广大读者了解香港经济社会发展历程具有一定作用。《香港英资财团》一书，于1998年获广东省普通高校第二届人文社会科学研究成果奖一等奖。

暨南大学贾益民等受国务院侨办和国家汉办委托，开展《海外汉语教材编写与研究》编写工作，编写并出版的教材1999年已发行至美国、加拿大、英国、法国、荷兰、澳大利亚、新西兰、柬埔寨等10多个国家及地区，仅在美国就有150多家中文学校使用，得到广泛好评。美国的各主要华文报纸，如《世界日报》《星岛日报》《侨报》《国际日报》等都对这套教材给予介绍，予以高度评价。该书突出科学性和趣味性，能有效提高华裔少年学习中文的兴趣，被认为不论在内容方面，还是印刷质量方面，均超过台湾省“侨委会”编写的教材，是当时全美国境内最好的中文教材，打破过去由台湾出版的教材垄断华文学校的局面。

中山大学中文系与美国摩托罗拉公司合作，于2000年开展的“广州话语音库研究”，是摩托罗拉公司关于广州话文本—语音转换项目（Cantonese TTS）下的一个子项目。该子项目的目的是全面了解广东话的语音特征，建立一个高质量的广州话语音库。语音库的建立从文本的朗读开始，从中截取自然的语流人声，囊括所有可能的广州话音节。该项目的成果被运用在手机上，实现了短信息、新闻等文字文本的广州话朗读。

广州体育学院主持完成的1996年国家体委软科学课题成果《粤港澳台学校体育现状比较和发展对策的研究》，历经三年多，由20多名粤港澳台四地成员的通力协作完成，该报告获得《澳门日报》的好评，于1996年9月18日至29日连续报道，称该课题对四地学校体育发展有建设性意义。国家体委专家鉴定组评价此课题为国内同类研究成果的领先水平。该课题在境内外获得的反响，引起教育界和体育界的普遍关注。

1996年，广东省公安司法管理干部学院开展司法心理测试技术的应用开发研究，其研究成果协助公安司法机关侦破了不少重大疑难案件。其中突出的案例有：1997年4月广州市佛得角籍华人符某某3000万元邮票盗窃大案；1997年10月广州军体院财务室40万元现金盗窃案；1999年2月开平市鱼塘投毒案；1999年8月顺德市桂洲镇“8·4”入室抢劫杀人案；1999年8月东莞市东坑镇“8·5”凶杀案；2000年1月1日江门市茂记茶楼投毒案；1997年阳春市“两尸三命”特大杀人案等。《羊城晚报》《广州日报》《广东公安报》、广东电视台等新闻及网络媒体都曾作过多次报道，引起极大的社会反响。

广东省公安司法管理干部学院于1999年完成的《广州毒品违法犯罪问题研究》，填补了某一区域毒品研究方面的空白，是国内首部对广州毒品问题进行全面研究的著作。该书总结了历史和现实的经验，有助于推动广州禁毒工作的地方立法，使禁毒法规不断完善，促进广州禁毒工作的综合治理。

中山大学市场经济与人口发展研究中心于1996年主持的国家教育部专项项目“广州市地铁工程拆迁安置与综合管理调查研究”，得到广州市地铁工程指挥部和广州市委办公厅的大力支持和积极参与。该项目组织征地拆迁、居民安置、企事业追踪、物业开发、管线迁移等6个调查组，形成一个总报告、6个分报告及分建议，并在广州市常务副市长的主持下，举行广州市部、委、办、局领导参加的报告会，有关建议被广州市政府采纳，对广州市地铁建设的顺利开展起到积极作用。

第十一节　教育国际合作与学术交流

一、教育国际合作

1979年后，广东充分发挥对外开放的独特优势，积极开展高等教育对外交流与合作：一是各高等学校发挥积极性和主动性，充分利用广东的各种优势和学校的有利条件，努力推动交流与合作，借助外部力量发展自己；二是加强粤港澳高等教育之间的交流与合作，充分发挥香港、澳门作为对外联系的窗口作用，开辟对外交流合作的渠道；三是省委、省政府在政策上对高等教育的对外交流与合作予以鼓励和支持。1993年1月印发的《中共广东省委、广东省人民政府关于加快高等教育改革和发展步伐的决定》，提出高等教育拓展对外交流与合作的多条途径，指出“要认真做好选派专家、中青年骨干教师出国参加学术交流会议和进修深造的工作。要和国外友好省、州、县的高等学校建立交流和合作关系。同时要认真做好聘请国外专家来广东省高等学校工作和接受外国留学人员的工作”。该决定还作出一些有关的政策规定：“经省政府批准，高等学校可在境外兴办科技产业，有偿转让高新科技成果。也可与外商联合在境内外开发科技项目，办科技产业。在遵守我国宪法和法律，维护我国教育主权的前提下，境外社会团体、社会人士，经省政府批准，可在广东省合作或独立兴办培训中心、研究中心和高等学校，有条件的学校，经省政府批准，也可到境外办学。”

（一）教学交流

1979年4月，中山大学派出访问团出访美国，打破与美国高等教育界20多年相互隔绝的局面，建立交流的渠道。随后，中山大学陆续与美国、加拿大、澳大利亚、英国、法国、日本、联邦德国、意大利、新加坡、泰国、菲律宾等国家和港澳地区的著名大学、研究机构建立交流与合作关系。暨南大学于1980年组团出访美国，并组织几位老教授访问联邦德国；1984—1985年组织文、经、理、医4个学院的13个系的系主任和学校7个管理部门的处、科级干部访问香港大学、香港中文大学、浸会学院、香港理工学院，不仅打开学术交流渠道，而且借鉴香港地区高等学校在改革教学内容、教学方法、管理方法等方面的经验，为本校教学改革提供参考。1986年，广东两个高等教育代表团分别访问英国和美国，逐步打开了广东高等教育对外交流与合作的局面。广东高等学校还加强粤港澳高等教育协作，如华南师范大学与澳门中华教育会等团体联合举办函授教育，一些大学互在对方地区招收学生，互派学者、教师等。

1992年以后，全省高教系统到港澳地区和外国考察访问、交流讲学的，每年都有200多批，560～800人次；接待来访的，每年也有35～50批，235～600人次；聘请外国文教专家150名左右。不但出访、到外国学习的人员增多，而且到广东省高等学校来参观访问和交流讲学的外籍教授、学者也有所增多，1997年在广东高等学校工作的外籍教师就有160多人。中山大学、华南理工大学、中山医科大学等都同国外的大学建立比较固定的教学交流关系。2000年，广东省教育厅办理95所院校、768名外国专家（教师）的聘请审批手续；受理9所学校聘请外国专家资格申请并上报国家外国专家局。

（二）合作办学

广东高等学校大都与港澳及国外的高等学校和学术机构合作举办了多种类、多层次的高等教育，其中包含大专生、本科生、硕士生、博士生教育。有学历教育，也有非学历教育；有普通高等教育，也有成人高等教育。2000年，省教育厅外事部门受理了32项中外合作办学的申请，办学性质均为成人非学历教育。在审批过程中，既鼓励“强强合作”办学，也兼顾各类学校的办学需要，特别是直接为地方科技和经济服务的高等职业技术学院。

对外合作举办的非学历教育有中山大学与美国的大学合办英语培训中心，广州外国语学院与英国文化委员会合办高等和中等师资培训班，暨南大学经济学院与英国注册会计中心协会合作举办国际注册会计师考试辅导班，等等。在学历教育中，有些高等学校兼办几个层次的教育，深圳大学既与美国艾德学院等校合办大专学历课程，又与英国兰开夏理工学院等校合办学位课程；暨南大学既与香港理工大学合办工商管理硕士（MBA）课程，又与日本国临床眼科研究所合作培养医学博士。有的由两所大学联合与国外大学合作办学，广州大学与中山大学一起同澳大利亚新南威尔大学合作培养国际会计硕士研究生，即属于这种情况。最大的联合办学项目是暨南大学与香港中旅等企业合作创办暨南大学中旅学院。

根据“国家鼓励在职业教育领域开展中外合作办学”的精神，广东高等学校对外合作办学主要举办职业教育。华南理工大学与美国西北大学等三所院校合作办学；暨南大学分别与加拿大注册会计师协会及香港专业进修学院、与香港关黄陈方·柏德豪国际会计师行、与英国会计师公会合作的三项会计专业教育；广州大学与意大利院校合作协会于1988年7月联合创办广州大学维修工程技术学部，开设轻工机械电器、电子技术和信息处理等专业，培养维修技术高级人才等，都是共同培养某一行业专业人才的职业教育。

广东高等学校对外合作办学，除了在本校设办学点外，还在港澳地区或国外设点办学。1986年以后，华南师范大学与澳门教育司、澳门中华教育会合作，在澳门开设教育、学前教育、中文、幼儿心理与教育、地籍测量与土地规划等专业，为澳门培养大批人才。20世纪90年代以后，中山大学在香港举办多种形式的成人高等学历、非学历教育，与香港专业进修学院、港岛中学等合作，开设经济类、中国行政架构与公务员制度、中国财税制度、商务中文秘书、法律等专业课程，中山大学政治系与行政学系还在澳门举办研究生课程班；暨南大学在香港与香港骨伤治脊学会合作举办中医骨伤专业大专班，在澳门与澳门业余进修中心、澳门护士学会联合举办口腔专业成人大专班、高级护理成人大专班、高级护理本科班等。广东省自学考试于1984年开考，在广东开考的专业，港澳同胞均可报考。从1994年开始，广东省自学考试委员会在香港专业进修学校设立考场，委托香港专业进修学校承办自学考试有关事宜，更加方便香港同胞参加自学考试。广东自学考试在香港的发展推动了两地合作开展助学辅导的事业，中山大学与香港中文大学法律系同学会合作举办法律专业自学考试助学班，共有300多人就读；中山大学1996年还在香港办起中文专业自学考试助学班和哲学专业自学考试助学班，并与香港香岛中学合办行政管理专业自考助学班，与香港专业进修学校合作举办财税专业和计算机应用专业自学考试助学班；广州中医药大学与香港美加中医药针灸研究院合办一年制的针灸专业、中药专业自考助学班，还与香港中医学会会立中医院合作举办兼有自考助学性质的一年制中医高级进修班，开设内科、骨伤科、妇科和针灸4个专业。

（三）暨南大学“面向海外，面向港澳”办学的实践

暨南大学以“面向海外，面向港澳”为办学方针，积极推进合作办学。

充分发挥学校董事会的作用。暨南大学是内地第一所设立董事会的高等学校。学校董事会设立已有65年的历史，董事大部分是海外华侨华人和港澳社会名流。董事会对学校贯彻“面向海外，面向港澳”的办学方针发挥重要作用：一是对外宣传学校的办学宗旨和办学成就，扩大学校在海外的影响。二是为学校多渠道筹措教育经费，资助教师出国进修，支持学校各项建设。三是为学校与国外高等学校的学术交流架桥铺路，促进学校的对外学术交流与合作。

面向海外、面向港澳扩大境外生源。暨南大学肩负着培养海外华侨华人及港澳社会高级专门人才的重任，保证和扩大境外生源是贯彻“两个面向”方针，办好学校的重要一环。为此，学校每年都认真抓好研究生、本科生、专科生、预科生以及成人教育等各层次的对外招生工作。在国务院侨务办公室的领导下，成立“暨南大学、华侨大学联合招生委员会”，统筹两校在境外单独招生事宜，并在广州、香港、澳门、集美设立考场。

暨南大学面向海外、面向港澳招生，除了通过考试择优录取外，还采取一些灵活措施录取境外生：一是承认香港中学会考成绩，凡达到暨南大学规定的入学标准，可申请免考笔试，由学校面试后，视其成绩而录入本科或预科。二是招收澳门各中学的推荐保送生，经审查及面试后择优录取，并给予减免第一学年一半学费的鼓励。三是对海外华侨华人的招生，由中国驻外使（领事）馆、代办处或侨联、侨校、侨界知名人士推荐，学校委托当地教育团体对申请学生进行审核，最后由学校审查录取。

实行多形式多层次办学。为满足海外华侨华人、港澳同胞及内地归侨、侨眷子女的各种求学需要，暨南大学实行多形式、多层次、多规格办学。全日制，包括研究生、本科与专科生、中专护士班；华文教育，包括专修班、基础班、短训班；成人教育，包括本科班、专科班、专业证书班。此外，还设有自学考试辅导班。1993年6月，暨南大学华文学院成立，由暨南大学对外汉语教学系、预科部及并入暨大的原广州华侨学生补习学校组建而成，设有汉语系、培训部、预科部、函授部、华文教育研究中心五个教学科研单位。1999年，在汉语系、培训部学习汉语言文化的华侨、华人及外国留学生来自20多个国家和地区近500人，在预科部大学预科班、大学进修班和成人预科班的港澳台、海外华侨华人及国内学生近1000人。

面向海外、面向港澳开办成人高等教育是暨南大学的重要任务之一。从1985年开始，暨南大学相继在港澳地区开设特区经济、口腔医学、中医骨伤、护理学等专业。至1997年，共招收华侨、港澳生1000多人。此外，暨南大学还派教师到港澳为中资机构开展非学历教育，举办短期培训班。1985年，暨南大学设立函授部，对海外和港澳地区招生，各院、系、专业点举办函授、夜大等各种形式的专业培训班，满足归侨、侨眷及港澳同胞子女的求学愿望。

加强外向型专业和课程建设。暨南大学一直把建设外向型专业作为一项重要任务来抓，先后增设国际新闻、国际金融、国际商务、国际经济、国际贸易、投资经济、广告学、计算机软件、电子工程、信息工程等10多个外向型专业。对外招学生缺乏吸引力的一些专业，则实行隔年招生或从根本上进行改造。医学专业开设行为科学、临床营养学、现代肿瘤治疗学等一系列新课程。

为适应境外对人才知识结构的要求，暨南大学及时调整教学计划，开设新课程，引进新教材，更新教学内容。全校每年制（修）订一次教学计划，使各专业课程结构适应对外办学和形势发展需要。例如，医学专业的课程结构已基本符合英联邦医学教育的要求，历届医学生毕业后回香港报考医师执照通过率都比较高；会计学专业课程结构也已大体达到国际会计专业要求的标准。

二、学术交流

（一）建立双边协作关系

改革开放后，广东与国外、境外的学术交流活动逐步恢复和发展。中山大学在全国率先派出第一个学术访问团，于1979年4月访问美国，与美国高等学校及学术界人士广泛接触，打破20多年相互之间的隔绝状态。自1980年初至2000年，中山大学与美国、加拿大、澳大利亚、英国、法国、日本、联邦德国、意大利等国家和我国港澳地区高等学校建立正式双边学术交流协议，还与挪威、瑞典、瑞士、荷兰、葡萄牙、泰国、菲律宾、新加坡、苏联及俄罗斯、波兰等国家的高等学校或研究机构有学术往来。1979—2000年，广东高等学校普遍与国外及我国港澳地区相应的高等学校建立校际友好协作关系，开展教育交流和学术交流，开拓华侨高等教育和留学生教育。其形式主要有：一是派出去，博采众长。组织校长出国考察访问，派教师和学生出国留学进修，参加各种国际学术会议。这期间，出国或到港澳地区参加各种国际学术会议、学术交流、合作科研的超过万人次。二是请进来，开发与引进并举。如接受外国留学生，聘请外国教育专家和外籍教授担负教学和科研任务，引进图书资料和仪器设备等。这期间，接待来自世界各国和地区的近万名专家、教授来讲学或考察，有些人被聘为名誉教授或兼职教授。三是合作开展科学研究，如中山医科大学肿瘤研究所、肿瘤医院被世界卫生组织指定为世界卫生组织癌症研究协作中心，等等。

中山大学、华南理工大学、华南农业大学、华南师范大学等与我国香港地区及美国、英国、法国、德国、澳大利亚等数十个国家的高等院校和学术机构签订双边学术交流合作协议书，明确规定开展教师互访讲学、互派留学生、合作办学与科研、共同培养研究生、联合举办国际学术会议等一系列交流合作活动。

（二）科研合作

广东高等学校普遍与境外高等学校、科研机构合作开展科学研究。美籍华人学者、诺贝尔奖获得者杨振宁教授于1983年发起成立中山大学高等学术研究中心，并主持建立香港中山大学高等学术研究中心基金会，为理论物理、数学、人类学和古文字学研究课题的设立、成果的发表、学术交流与合作发挥了重要作用。中山大学、华南理工大学、暨南大学、华南师范大学等与香港的大学和澳门大学合作紧密，1996—1997年，每年前往港澳参加学术研讨、合作科研、讲学的人数，中山大学为300多人次、华南理工大学为200人次左右，省属高等学校为300多人次。华南理工大学仅在“八五”期间与港澳地区的科研合作项目就达64项；中山大学与国外及港澳地区开展多项科研合作，该校物理系、生物系、计算机科学系等多个院系都有与美国、加拿大等国家及港澳地区高等学校合作的科研成果；中山医科大学与加拿大、澳大利亚、日本、新加坡等国家及港澳地区均有科研合作关系，特别是与北欧著名大学隆德大学医学院互派博士后研究人员20名，共同开展重点项目研究；暨南大学很多学科点与科研机构与国外或港澳地区有多个科研合作项目，如中文系与香港中文大学开展“珠江三角洲方言调查研究”，与新加坡华文作家协会合作研究“东南亚华文文学与抗日战争”，与香港理工大学合作研究“粤西十县粤方言”，水生生物研究所与美国伍兹豪海洋研究所合作进行“中国南海赤潮浮植物研究”，企业管理系与英国伯明翰大学共同研究中国珠江三角洲与香港经济问题等。在合作开展科学研究中，有的项目还同时培养高级科研人才，如暨南大学计算机科学系与澳大利亚悉尼大学合作研究医学图像处理的项目，与香港大学合作研究软件工程项目，都招收博士研究生。合作开展的科研项目多是各校专业上的强项，如广东外语外贸大学发挥专业优势，与香港中文大学、香港城市大学等共同承担“汉英话词句子对比中的分类系统”等一些科研攻关课题。2000年前后，广东高等学校国际科技合作明显加强，华南理工大学与荷兰阿姆斯特丹大学合作的新型环保空调工制质材料研究项目、华南师范大学与希腊雅典农业大学开展的“利用三裂野葛毛状根生产葛根素极其植株再生”的研究项目，中山大学与希腊联合开展的抗癌生物药研究项目等。

（三）学术互访

广东高等学校每年都有大批教师出访世界各国和港澳地区，而世界各国和港澳地区高等学校也经常有大批教师、学者来广东高等学校访问。中山大学，1979—2000年，接待世界五大洲的来访者达2万多人次。2000年，广东高等学校短期出访团组346批、1638人；接待96批、1436名来自五大洲的专家学者及外交官。相互之间的交流活动包括业务考察、讲学、专题研究、进修、攻读学位、举办或参加国际学术会议等，内容有文学、历史学、法学、教育学、经济学、社会学哲学、语言学、民族学、华侨华人问题、港澳研究、科技合作等。

遵照邓小平关于利用外国智力的指示，广东高等学校十分重视智力引进工作。1979年以后，曾在中山大学任教1学年以上的外国教师、专家300多人次，来该校短期讲学的专家学者1000多人次。其他高等学校聘请长期或短期讲学的专家、学者也有数百人次。1996年，全省高等学校聘请外国教师共150多人。在对外籍教师的聘用和管理方面，广东高等学校主要措施有：一是立足学科前沿，注重聘请高层次、高水平的外籍专家；二是针对本校的不足和研究的需要，或当前的热点问题，有计划地组织一些由外籍专家主讲的讲座或研讨班，以促进本校科研水平的提高；三是实行一套分级目标管理体系，确保外籍教师任教的工作质量，包括严格把好聘请关，认真安排好其工作及生活，实行目标管理，定期组织教学效果和科研成果的评估，评选优秀工作者等。

暨南大学充分利用学生来源广、校友分布世界五大洲、教职工与海外及港澳联系多等优势，开辟广阔的国内外、境内外学术交流与合作渠道。该校先后与美国、加拿大、英国、德国、日本、澳大利亚等国家和港澳地区共34所高等院校和文化、医疗机构签订双边协议或学术交流关系。1979—1997年相继派出国外留学人员452人，进修人员130人，出国参加国际学术会议905人次。仅在1996年度，暨南大学就有192人次出席国际学术会议，151人次出国讲学、考察和进修。先后有64个国家的2500多名学生到暨南大学留学，其中半数以上攻读学位；先后聘请外籍专家近200人，与境外合作科研项目29项，同时，有一批国际知名人士来校参观访问。暨南大学也先后举办过多次大型国际学术会议，如小儿麻痹后遗症外科治疗国际研讨会、国际功能性内窥镜鼻窦外科会议、国际粤方言学术研讨会、“文心雕龙”国际学术研讨会、抗日战争与海外华人研讨会、中国东南亚研究现状及展望国际研讨会等。

1987年，中山大学有关教授赴美国旧金山出席第25届国际计算语言学研讨会和国际逻辑学与语言学大会，广州外语学院教师出席香港翻译理论国际研讨会，中山大学社会学系主任访问法国社会科学高级研究中心，并到法国西南部农村调查。华侨问题的研究，是中山大学、暨南大学的强项，它们分别与新加坡南洋学会、香港和澳大利亚的研究机构合作，举办“华侨与中国抗战”“海外华人与抗日战争”等国际研讨会。2000年，省科技厅与中山大学承办第十三届真空微电子学国际大会，有96名来自美国、英国、韩国、日本等12个国家的学者参加；会议交流的论文达145篇；中山大学许宁生教授加入执行理事会，是中国大陆学者首次在该国际学术团体任职。

专记一：中心城市举办高等教育

（一）中心城市办学背景

广东作为一个沿海省份，拥有对外联系的良好传统及便利条件。1978年12月，中共十一届三中全会后，广东得改革开放的先机，先后创办了深圳、珠海、汕头三个经济特区，并开辟了大片沿海经济开发区，使经济得以迅猛发展，产业结构发生重大变化，在改革开放的前22年内（1979—2000年）一跃而成为全国经济最发达的地区。

与经济的高速发展相比，广东省的教育事业却相对落后。1982年，全省共有高校21所，在校生不足3万人，且主要集中在省会城市——广州市，高校毕业生严重供不应求，当年的供需比是1∶4，到1985年猛增至1∶10，并且其专业科类结构也不合理，专门人才不足，高级人才奇缺。据1983年全国专门人才普查标准时间的统计，广东在职专门人才只有52万人，占职工总数比例的7.4%，低于全国10.3%的平均值，每万人口平均在校大学生数在全国排第20位。这种人才培养与经济发展严重不均衡的现象，引起了各级政府的高度重视。

1983年，在武汉召开的全国高等教育工作会议，提出加速发展高等教育事业的决定并提出三级办学的设想，1985年中共中央印发《关于教育体制改革的决定》。在这一形势下，省委、省政府分别作出《关于开创我省教育事业新局面的决定》《贯彻〈中共中央关于教育体制改革的决定〉的意见》，确定兴办一批新的高校，把其中的大部分放在广州以外的中心城市，还确定优先发展专科层次高校和培养急需的短线专门人才。1994年11月，省委、省政府印发《关于教育改革和发展的决定》，其中特别提出高等教育要完善中央、省、中心城市三级办学体制，对中心城市高等教育事业的发展提出明确要求。2000年10月，省委、省政府作出《贯彻〈中共中央、国务院关于深化教育改革全面推进素质教育的决定〉的意见》，提出高等教育基本实现大众化，积极发展教育产业，鼓励和支持社会力量办学，加快建设教育强省的发展目标。

这期间，由于广东省率先在各地区实现财政大包干，使中心城市具备了投资办学的能力，而随着人才在各地经济建设事业中重要性的彰显，创办地方性大学便成为一股热潮。同时由于广东省很多地方是著名的侨乡，海外侨胞非常关注家乡的建设事业，各地方高等教育发展过程中，吸引了众多侨胞的关注和捐助。

（二）中心城市办学概况

中心城市办学，以1980年5月筹备成立汕头大学为开端。1983年前后，广东省开始在部分地区实行市管县体制，从而出现了一批在改革发展大潮中崛起的中心城市，如深圳、江门、佛山、东莞、中山、惠州、肇庆、梅州、韶关、珠海等市。这些中心城市由市财政投入高等教育，先后创办了一些高等学校，使更多的专门人才流向基层。到1993年，市属本专科高校在校生达17905人，是省属高校在校生的31%；专任教师2004人，是省属高校的30.4%；在办学硬件方面，市属高校生均校园面积7.07平方米，生均仪器设备值4761.76元，高于省属高校的生均校园面积6.57平方米和生均仪器设备值3334.03元。

潮汕地区人口稠密，是中国著名的侨乡，长期以来一直有创办本地大学的愿望。随着汕头经济特区的建立和国家侨务政策的推出，1980年5月，省委、省政府决定创办汕头大学，港澳同胞和海外侨胞纷纷捐助资金或设备，其中祖籍潮州的香港著名实业家李嘉诚这期间先后捐资3.1亿元，为汕头大学的迅速创办提供雄厚的资金条件。鉴于汕头大学在侨务事业中的特殊地位，国家教委于1986年从一些重点大学调派一批优秀教师到汕头大学任教，省、市各级政府也给予大力支持。

深圳是在改革开放中发展最迅猛的特区，对人才的需求也最迫切。1983年5月，深圳大学获准成立，主要是适应特区“窗口作用”的需要，立足于培养掌握特区特点，具有涉外能力的开拓型专门人才。学校创建之初，即体现了“新”和“特”的特色，包括率先实行校长负责制、适当收取学费、毕业不包分配，同时实行学分制、奖学金制、教师聘任合同制等。

广州虽然是省会城市，但辖区内的高等学校多数是国家部委或省属高校，其专业设置、招生及毕业生分配是面向全国或全省的，因而无论是人才结构还是数量都无法满足广州市经济社会发展的需求。1983年4月，广州市决定创建广州大学。按广州市委“边筹办、边教学、边基建”的指示，以社会办大学的形式，在短短3年时间内就建成了对广州经济社会发展有重要作用的广州大学。学校立足社会，坚持多层次、多规格、多形式办学，并注重实践教学，与企事业单位联合开展职业培训。

江门市是著名侨乡。1985年10月，在本地人民和海外侨胞的推动下，江门市根据本地经济社会发展的客观需求，成立了以工科为主，经、文、理结合，兼办师范的综合性大学——五邑大学，根据江门市支柱产业设置了相应的学系。

1985年4月，肇庆市以肇庆师范专科学校为依托，自筹资金创办一所专科层次的综合性职业大学——西江大学，其主要任务是为本地区的经济文化建设培养各种专业技术人才，专业设置突出地方性、职业性、规划性原则。学院创建后，还支持本地高要、云浮等县市的教师进修学校。

地处粤北山区的韶关市，1985年由地方政府出资创办专科层次的韶关大学，并于1989年与韶关师范专科学校合并，成为专科层次的大学。韶关大学作为粤北地区唯一的高等学府，既有高等师范教育、高等职业技术教育，又有少数民族教育、成人高等教育，注重与国内著名高校及当地企事业单位联合办学。

佛山市是清代四大名镇之一，经济基础比较雄厚。1984年秋，省、市决定在佛山师范专科学校的基础上筹建专科层次的佛山大学，于1986年2月正式成立。其间，佛山市政府投入2000万元资金，并新划土地277亩，使学校办学条件大为改善，还积极推动学校与有关部门如广东省公路管理局、佛山市纺织局联合办学。

梅州市于1985年4月成立嘉应大学，于1988年与嘉应师范专科学校合并，成为一所文、理、工、师、经多学科的专科层次的高等学校，实行省市双级管理、市级管理为主的办学体制。由于梅州本地经济并不是很发达，市政府财力有限，嘉应大学就立足“华侨之乡”“文化之乡”的优势，鼓励海外侨胞资助办学，通过何郑珍妮、曾宪梓等人的解囊捐助，学校办学条件和办学水平得到迅速提升。

此外，惠州市的惠州大学、东莞市的东莞理工学院、中山市的中山大学孙文学院等，也是这一时期发展起来的。

以1980年5月汕头大学筹备委员会的成立为发端，以1983年9月汕头大学、深圳大学正式招生为起点，至1993年9月省政府批准命名惠州大学（在此之前，惠阳师范专科学校与惠阳教育学院及西北纺织学院惠州分院已有若干年联合办学的历史）为一个阶段结束的标志，广东这场改革开放年代的“新大学运动”前后持续了大约10年。在此期间，相继成立（包括合并）了汕头大学、深圳大学、广州大学、五邑大学（江门市）、佛山大学、韶关大学、嘉应大学（梅州市）、西江大学（肇庆市）、孙文学院（中山市）、东莞理工学院、惠州大学共11所中心城市政府创办或牵头创办的高等学校。

1979—2000年中心城市创办大学一览表

表5-11-1

学校名称	所在中心城市	成立时间	校址
广州大学	广州市	1983年4月	广州市小北下塘
深圳大学	深圳市	1983年5月	深圳市南头
嘉应大学	梅州市	1985年4月	梅州市梅子岗
韶关大学	韶关市	1985年4月	韶关市韩家山
五邑大学	江门市	1985年10月	江门市胜利路
西江大学	肇庆市	1985年11月	肇庆市东岗
佛山大学	佛山市	1986年2月	佛山市弼塘
中山大学孙文学院	中山市	1986年10月	中山市石岐
东莞理工学院	东莞市	1992年	东莞市学院路
惠州大学	惠州市	1993年9月	惠州市河南

（三）中心城市办学模式

1．办学主体是当地政府和社会，有大量的社会资金融入

广东省中心城市高等教育的举办，其建校经费是采取多渠道筹集的，有省政府投入一部分的，有市全部或部分出资的，有社会各界特别是海外华侨、港澳同胞捐助的，也有校企合作的企业投入一部分的。1980—1990年的10年间，这些中心城市高等学校投入的基建费用就达3亿元，是同期省财政投资高校基建费用的2倍。到1993年，港澳同胞和海外华人对这些中心城市高等学校的总体投资已达9亿港元。

2．创新办学方式，实行院校之间、校企之间联合办学

中心城市在举办大学过程中，得到了全国许多实力雄厚的高等学校的支持。清华大学、中国人民大学支援深圳大学；北京大学、武汉大学等8所重点大学对口支援汕头大学；广州大学等5所市属学校取得本省5所老牌学校一帮一的支持；一些教育基础较差的地方如肇庆市西江大学，针对肇庆地区急需纺织、建筑专业人才而本校又不具备这方面教学条件的情况，取得了上海纺织专科学校及武汉冶金建筑专科学校的支持。

同时，这些学校还与企事业单位联合办学，建立教学科研联合体。广州大学与广东万宝电器公司、珠江酒店管理公司联合创办广州大学万宝工业设计院、珠江酒店管理公司广州大学培训中心等联合体，使双方都受益。西江大学注意与各县教育局、市建设委员会等

有关单位联合办学，又与省建筑材料工业局、水泥检测研究所联合开展水泥检测专业人才的培养，既挖掘学校的潜力，又调动地方的积极性。

3．确立为当地经济建设和社会发展服务的办学方向

根据当地经济和社会发展的不同特点又可以分为三类。第一类是建在经济特区的高校，综合性较强，改革的步伐也更大。深圳大学、汕头大学，在办学方向上立足特区、服务特区，实行开放式办学，培养适应特区需要的，既懂特区政策和规律，又能有效处理涉外事务的开拓型专业人才，使学校成为特区人才培养和培训的基地、科学技术与文化教育的中心。第二类是珠江三角洲经济发达地带的高校，侧重于为沿海开放经济服务。五邑大学，提出以“眼睛向下，面向地方经济建设”为办学指导方针，以振兴五邑地区的经济建设、富裕文明为己任；广州大学针对广州旅游业发达的特点，专门设置酒店管理专业；佛山大学根据本地经济社会建设的特点，不断调整人才培养方向，最后在明确学校“立足社会、服务地方”办学方针的基础上，确定人才培养目标为外向复合应用型，从1990年起，佛山大学先后派出多批教师和专业技术人员到县（市）机关及乡镇企业，以顾问或挂职的名义，直接参与单位的科研、技术开发及信息与咨询工作。第三类是设在山区的高校，西江大学、嘉应大学、韶关大学等，以服务山区、开发山区、振兴山区经济为宗旨，致力于为山区的经济发展培养专业技术人员、教师和企事业单位管理人才。

4．创新校内管理体制和运行机制

中心城市创办的这批大学，是在改革开放的大背景下诞生的，从创办伊始，就力求锐意创新，开拓进取，率先实行毕业生不包分配，自谋职业，取消助学金，实行奖学金和收费上学制度，以及实行导师制、学分制、主辅修制，开展勤工俭学等。管理体制上率先试行校长负责制，组建校董会，开辟社会力量参与学校管理的渠道；建立校务委员会、教授会等，提高决策民主化、科学化程度；精简机构、导入市场机制、转变学校职能等。汕头大学、五邑大学等，为发挥社会力量及海外侨胞的作用，成立校董会，聘请各界著名人士为董事，这些董事在促进学校与社会各界及境外、国外的交流与合作方面发挥了很好的作用。深圳大学等，从管理体制改革入手，采取精兵简政、控制编制、引进经济管理手段三大措施，实行聘任合同制、系统效能责任制和干部任期目标责任制等；在学生管理上以学生为主体、教师为主导，给学生创造自主学习的环境，注重学生能力的培养。

5．实行多样化办学

这些高校除部分属于综合性大学外，大多属于短期职业性大学，因而在办学形式上呈现出多层次、多规格的特征，既有全日制，又有半工半读、函授和夜大学；既有学历教育，又有短训班、进修班等非学历教育；既招收国家指令性计划生，又招收代培生、自费生。在专业设置上，一方面注意开设社会急需的短线紧缺专业，另一方面拓宽专业面，加强公共基础课和专业基础课建设，提高学生就业面及就业适应能力。

（四）大学园区的规划与建设

1979—2000年，广东打下良好的经济基础，同时在教育事业方面取得了长足进步，但也还存在不足，主要表现在不少高校空间小，不利于规模扩大，不利于集约发展，不利于盘活资源，更难以吸引国内外优质教育资源，因此，在珠江三角洲地区，大学园区建设在世纪之交应运而起。

珠海。珠海是珠江三角洲最早建设大学园区的城市。为实施科教兴市战略，珠海重新调整高等教育发展思路，“不求所有，只求所在”，创造条件吸引国内名牌大学到珠海办学。1999年，珠海将已投入2.7亿元、面积达167公顷、拟办珠海大学的校园，无偿提供给中山大学办珠海校区，并在此基础上再增加校园面积，使校区达到333公顷，面积相当于中山大学广州校区的3倍，由中山大学永久使用和管理，同时还给学校投资1亿元。继中山大学之后，暨南大学、北京师范大学、北京理工大学等纷纷进入珠海办学。清华科技园、哈尔滨工业大学信息港也落户珠海。珠海大学园区规划20平方公里土地，计划用5—10年建成，初步规划全日制在校生达10万人，以本科教育为主，逐步发展研究生教育和继续教育，并建立科技成果孵化基地，发展高科技产业。

深圳。为适应现代化建设需要，深圳市提出通过发展高水平的高等教育来实现“区域经济中心城市、高科技城市、园林花园式国际性城市”的目标。2000年年初，深圳市成立深圳大学城规划建设领导小组，统筹规划大学城建设。大学城选址西丽塘朗地区，第一期规划开发3平方公里，并将西丽塘朗东部特区管理线扩展区的12平方公里的地块，作为大学城预留发展空间。大学城主要发展以理工科为重点的全日制研究生教育，兼顾本科教育和继续教育。

东莞。东莞经过20多年的改革开放，基本实现了农村工业化、城乡一体化，昔日的农村已经脱胎为一座经济规模较大的新兴产业城市。20世纪末21世纪初，东莞将建立大学科技园区作为科教与产业相结合的突破口。规划中的东莞大学科技园区占地50平方公里，有高新技术产业区、研发机构区、科技展览区、行政办公文化商贸区、生态保护区五大功能区。大学科技园区初步定位在集高新技术产品研发和制造、成果交易和转化、技术培训和服务于一体的科教与产业相结合的创新基地。

广州。面对周边城市发展高等教育的强劲势头，广州市在2000年8月提出创办广州大学城的设想。随后，经过多方论证，确定将广州大学城建在番禺区小谷围岛及其南岸地区。广州大学城的规划范围约43.3 平方公里，规划人口为35万～40万人（包括村镇人口）。广州大学城的发展定位为国家一流的大学园区，华南地区高级人才培养、科学研究和交流的中心，集学、研、产一体化发展的城市化新区。规划吸取了国内外大学城的经验，强调大学城既具有作为一个承担特定功能的新城区“城”的特征，又有作为一个大学集中地的特征，因此大学城的空间结构层次为“城—组团—校区”。

佛山。佛山大学园区建设综合了两方面的力量：一是佛山本市的高等教育整合，二是南海区（原南海市）的信息化、软件科技园建设。2000年5月，南海东软软件园的入驻，标志着南海软件科技园——佛山大学园区的诞生。园区首期引进华南师范大学和东北大学等合作项目，计划打造成产学研一体化的IT南中国“蓝谷”。

专记二：高等学校“211工程”建设

（一）立项背景

“211工程”[①]始于1991年，国家教委为其实施做了大量前期准备工作。1993年，中共中央、国务院颁布《中国教育改革和发展纲要》，指出：“要集中央和地方等各方面的力量办好100所左右的重点大学和一批重点学科。”1995年，经国务院批准，国家计委、国家教委、财政部印发《“211工程”总体建设规划》；同年，“211工程”作为教育战线唯一的国家重点建设项目列入国家“九五”计划并开始实施。

省委、省政府根据国家实施“211工程”的部署，率先与国家有关部委共建中山大学、华南理工大学、中山医科大学、华南农业大学、暨南大学、广州中医药大学等国家重点大学和部委属大学，共同申报进入“211工程”建设规划。

经国务院“211工程”部际协调小组同意，1995年6月1—3日，省政府与国家教委共同组织对中山大学、华南理工大学申请进入“211工程”的部门预审。1996年6月12—14日和同年10月23—25日，省政府与国务院侨务办公室对暨南大学、省政府对华南师范大学申请进入“211工程”进行部门预审。以上4校的“211工程”建设均纳入了国家100所“211工程”建设规划范围。

此外，根据1996年10月10日《“211工程”部际协调小组第三次会议纪要》精神，1996年10月至12月，省政府与卫生部、省政府与农业部、省政府先后对中山医科大学、华南农业大学、汕头大学申请进入“211工程”进行部门预审；1997年6月，省政府与国家中医药管理局对广州中医药大学《重点学科建设项目论证报告》进行审核。1998年10月，省政府分别与卫生部、农业部、国家中医药管理局以共建形式，批准中山医科大学、华南农业大学、广州中医药大学实施“211工程”项目建设。

（二）组织与实施

为了确保广东高等学校“211工程”项目建设达到预期目标，根据“211工程”部际协调小组办公室印发的《“211工程”建设实施管理暂行办法》，省高教厅于1998年9月制定《广东省高等学校“211工程”建设实施管理办法（试行）》，具体规定了广东高等学校“211工程”的管理模式。

1. 组建省、校、子项目三级管理系统

高等学校“211工程”采取主管部委和省、学校和子项目三级管理的方式，以学校自我管理为基础。

由省计委、省财政厅和省高教厅（2000年机构改革后改为广东省教育厅）负责管理，省高教厅负责具体工作。由省高教厅组成“211工程”协调领导小组，下设“211工程”办公室，挂靠科研处办公。

学校校长为项目法人代表，学校成立以校长为组长，成员包括学校党政领导在内的

---

① “211工程”是中国政府面向21世纪，重点建设100所左右的高等学校和重点学科的工程。实施“211工程”，是中国政府推进高等教育发展，促进高等教育与经济社会发展相适应的一项重要措施。这一工程的实施旨在为中国经济社会发展战略培养高层次人才，对提高国家高等教育水平、加快国家经济建设、促进科学技术和文化发展、增强综合国力和国际竞争能力、实现高层次人才培养基本立足于国内，具有极为重要的意义。“211工程”建设内容主要包括重点学科、公共服务体系和配套基础设施建设三大部分。其中，重点学科建设是“211工程”建设的核心，公共服务体系和配套基础设施建设是为重点学科建设提供保障的必要条件。

"211工程"法人组织，下设由科研处或研究生处、学科建设办、财务处、设备处等组成的学校"211工程"建设办公室，有些学校挂靠在研究生院（处），有些挂靠在科研处，有些则独立建办公室。在校级管理具体运作中，学校要求子项目成立管理小组，管理小组由承担项目单位的党政领导及子项目的负责人、学术带头人组成。

2．分级落实责任制

省教育厅管理机构职责是：由厅长代表主管副省长与项目学校法人代表签订《"211工程"项目建设计划任务书》；审查项目学校年度建设计划；审核项目学校的年度经费决算；组织或参与项目学校建设工作的中期检查和项目终结的整体验收。

校级管理机构职责是：学校法人与项目负责人签订计划任务书，全面落实与省签订的"211工程"项目建设计划任务书的任务，全面负责学校建设整体规划，管好、用好建设经费，保证项目任务完成；"建设办公室"负责项目的日常管理；子项目负责人具体负责子项目建设任务的完成。

3．制定规章制度

根据"211工程"部际协调小组办公室印发的《"211工程"建设实施管理暂行办法》，结合本省实际情况，省高教厅制定《广东省高等学校"211工程"建设实施管理办法（试行）》《广东省高等教育厅对中山大学、华南理工大学"211工程"建设管理的若干意见》。各"211工程"高校则根据国家、省的管理办法，结合本校实际，分别就项目实施管理、建设资金使用、仪器设备采购及管理等制定具体详细的相应的管理办法，使"211工程"建设有章可循，有法可依。

4．组织部门预审与申报立项

"211工程"部门预审是工程建设的基础。省委、省政府对广东高等学校"211工程"建设高度重视，积极向国家争取广东能有更多高等学校列入预审范围，同时，拨出专项经费与国家有关部委共建"211工程"。结合本省实际情况，采取分层次建设的原则，根据国家《"211工程"总体建设规划》和《"211工程"部际协调小组第三次会议纪要》精神，国家教委及省政府商请国家有关部委先后于1995年至1996年对中山大学、华南理工大学、暨南大学、华南师范大学进行部门预审，省政府与卫生部、农业部、国家中医药管理局于1996年至1997年对中山医科大学、华南农业大学、汕头大学、广州中医药大学进行"211工程"部门预审。

广东高等学校"211工程"在预审的基础上，根据"211工程"部际协调小组办公室的部署，按步骤进入立项审核阶段。1998年4月，国家计委批准中山大学、华南理工大学"211工程"建设立项。1999年11月至12月批准华南师范大学、暨南大学"211工程"建设立项。1998年10月，卫生部与省政府批准中山医科大学"211工程"建设立项。1998年10月，农业部与省政府批准华南农业大学"211工程"建设立项。1998年10月，国家中医药管理局与省政府批准广州中医药大学"211工程"建设立项。1999年，省计委批准汕头大学"211工程"建设立项。8所"211工程"学校共立项目127个，其中学科建设项目67个，覆盖了二级学科159个，公共服务体系和基础设施建设项目 60个。

5．中期检查与竣工验收。

1999年7月8日，省高教厅发出《关于做好"211工程"中期检查的通知》，要求8所

“211工程”学校于1999年年底，按照国家“211工程”部际协调小组办公室有关中期检查的要求，做好中期检查工作。

1999年10月至2000年3月，8所“211工程”学校先后完成中期检查工作。检查表明：各学校对中期检查工作十分重视，学校领导自始至终参加了检查工作，分管此项工作的校领导从动员、预检查，到检查后的整改工作都抓得很紧，保证检查工作达到预期目的；绝大多数“211工程”学校能按计划进度进行建设工作，经过2～3年的建设，取得较明显的成效，在科研经费的获取、承担国家重大科研项目的能力、发表高水平的论文、高层次人才培养和稳定、吸引高水平的学术骨干、学校为经济建设服务等方面都有明显的进步，在先进仪器设备购置、实验室建设与改造、公共服务体系与基础设施建设等方面也取得较大成绩，为学校下一步发展打下良好基础。

（三）“九五”建设资金投入与组成

1996—2000年，8所“211工程”学校共计投入建设经费21.656亿元，其中省财政投入6.1287亿元，有关部委投入2.1514亿元，学校自筹13.3759亿元。广东省“211工程”专款总的结构：省财政拨款占28.3%，部委拨款占9.9%，学校自筹经费占61.8%。

（四）初步成效

8所“211工程”学校通过“九五”规划建设，办学条件和科研条件得到较大改善，管理水平和办学效益得到显著提高，在人才培养、学科建设、科学研究、为经济社会发展服务、师资队伍建设和管理体制改革等方面取得重要成果。

一是“211工程”建设学校在全省高等教育中发挥了示范和龙头作用。“211工程”建设加速了广东省高等教育资源重新优化组合，改变了广东省高等教育投资体制和管理体制的格局，促进了广东高等教育的发展。8所“211工程”学校拥有的仪器设备价值占全省高等学校总设备价值的53.4%，获得的科研经费占全省高等学校的73.15%，在校研究生占全省高等学校的89.6%，国家、省重点学科分别占全省高等学校的93%、75.7%，国家重点实验室占全省高等学校的100%。

二是师资队伍状况逐步改善，培养高层次人才能力显著提高。“211工程”注重师资队伍建设，为培养和造就高水平学科带头人和中青年学术骨干创造了良好的条件。在“211工程”促进下，“211工程”高等学校师资队伍较顺利地完成了新老交替，年轻的学科带头人和学术骨干迅速成长，逐步成为学校教学、科研的骨干力量。2000年与1996年相比，8所“211工程”学校院士人数由7人增至12人，正教授由1266人增至1367人，副教授由3160人增至3591人，获博士学位教师比例由7.88%增至15.5%，获硕士学位教师比例由31.06%增至39.4%，博士点由101个增至175个，在校研究生人数由2694人增至12623人。

三是科研能力和学术水平明显提高。8所“211工程”学校大大改善和充实了科研设备条件，增强了承担国家和社会重大科研项目的竞争能力，为广东经济社会建设做出了应有的贡献。2000年与1996年相比，8所“211工程”学校承担的国家级课题由297项增至387项，省部级课题由962项增至2040项，获得的科研经费由1.352亿元增至3.986亿元，申请专利由64项增至211项，获专利授权由32项增至108项，发表论文由6838篇增至12104篇，5年内获国家奖22项、省部级奖473项。

四是教学科研条件得到很大改善。“211工程”建设经费大部分用于学科建设，而学科建设经费又主要用于购置仪器设备。1996—2000年，8所“211工程”学校利用“211工程”专款购置仪器设备达10.78亿元，购进5万元以上的仪器692台（套），购进20万美元以上的大型贵重仪器31台（套）。其中华南理工大学用于购置仪器设备就多达3.57亿元，中山大学也达1.58亿元。中山大学测试中心采购了一批先进的仪器设备，其中包括6台（套）价值20万美元以上的大型精密仪器设备，使该测试中心建成为具有先进水平的现代测试中心，资源共享程度以及为经济建设服务的能力得到极大提高，成为广东高等学校和华南地区大型仪器共享服务中心和社会公认的权威分析测试机构。

五是公共服务体系和基础设备获得较大充实，为学校进一步发展打下坚实基础。“211工程”建设经费约有1/3用于学校的公共服务体系和基础配套设施建设。各校图书馆均完成了网络化系统建设，实现了与校园网络对接，实施了计算机管理集成系统和光盘数据库检索系统提速升级，实现了自动化管理。此外，各“211工程”学校通过“211工程”建设，改善了教育教学条件，如增建教学用房、改建实验室、充实实践基地等，为“211工程”的顺利实施和学校的下一步发展搭建了良好的平台。

1979—2000年广东高等学校“211工程”部门预审一览表

表5-11-2

学校名称	预审时间	专家组组长及成员	主持部门	出席预审领导	专家组评审结果
中山大学	1995年6月1日至3日	组　长：杨福家 成　员：郝　水、王梓坤、任彦申、黄　达、陈　懿、侯杰昌、王铁仙、郑学檬、管　林	国家教委	朱森林（省委副书记、省长）、韦珏（国家教委副主任）、卢钟鹤（省委常委、副省长）、陈开枝（广州市常务副市长）	专家组全体成员一致建议通过中山大学申请进入“211工程”的部门预审
华南理工大学	1995年6月1日至3日	组　长：杨叔子 成　员：潘际銮、卢永根、顾乐观、陈笃信、吴启迪、潘云鹤、何建坤、束鹏程、黎樵燊	国家教委	朱森林（省委副书记、省长）、韦珏（国家教委副主任）、卢钟鹤（省委常委、副省长）、陈开枝（广州市常务副市长）	专家组全体成员一致建议通过华南理工大学申请进入“211工程”的部门预审，并建议国家教委、广东省人民政府给予该校必要投入和政府支持，以促使华南理工大学这样一所具备较好基础和外部条件的高等学校尽快实现其发展目标
暨南大学	1996年6月12日至14日	组　长：王梓坤 成　员：丘　进、王明东、巴德年、尹鸿钧、朱光华、庄善裕、李发伸、黄溢明、管　林	国务院侨办	廖晖（国务院侨办主任）、卢钟鹤（省委常委、副省长）、刘泽彭（国务院侨办副主任）、高祀仁（省委常委、广州市委书记）、陈坚（省政府秘书长）、钟佩珩（省高教厅副厅长）	专家组一致认为，暨南大学已具备“211工程”重点建设的基本条件，同意通过暨南大学“211工程”部门预审

续表5-11-2

学校名称	预审时间	专家组组长及成员	主持部门	出席预审领导	专家组评审结果
华南师范大学	1996年10月23日至25日	组　长：王梓坤 成　员：王荣顺、王铁仙、公丕祥、刘正义、刘人怀	广东省人民政府	卢钟鹤（省委常委、副省长）、高祀仁（省委常委、广州市委书记）	专家组全体一致建议通过华南师范大学申请进入“211工程”的部门预审
中山医科大学	1996年10月31日至11月3日	组　长：吴阶平 成　员：吴孟超、王德炳、王立忠、张仁元、张肇达、金　铮、罗征祥、钟南山、姚　泰	卫生部、广东省人民政府	张文康（卫生部副部长）、卢钟鹤（省委常委、副省长）、黎子流（广州市市长）	专家组一致同意，中山医科大学通过“211工程”部门预审，并建议卫生部与广东省人民政府报请国家教委将中山医科大学列入国家“211工程”总体建设规划
华南农业大学	1996年11月18日至20日	组　长：石元春 副组长：陈子元、彭统序 成　员：蒲蛰龙、唐守正、汪懋华、殷　震、伍尚志、顾焕章	农业部、广东省人民政府	洪绂曾（农业部副部长）、卢钟鹤（省委常委、副省长）、黎子流（广州市市长）	一致同意通过部门预审，并建议报请国家教委将华南农业大学列入国家“211工程”总体建设规划
汕头大学	1996年12月16日至18日	组　长：左铁镛 成　员：潘际銮、旭　旰、刘人怀、刘正义、许克敏、张清明、袁贵仁、曾　毅、强伯勤、薛德麟	广东省人民政府	卢钟鹤（省委常委、副省长）、林兴胜（省政协副主席）、陈坚（省政府副秘书长）、许德立（汕头市委书记）、许学强（省高教厅厅长）	专家组全体成员一致同意通过汕头大学“211工程”的部门预审。并对汕头大学的“211工程”整体建设规划提出建议
广州中医药大学	1997年6月10日至12日	组　长：李振吉 副组长：肖培根 成　员：王永炎、王　镭、任继学、陈可冀、吴咸中、马润泉、朱秉匡、施　杞、侯　灿	国家中医药管理局和广东省人民政府	张文康（卫生部副部长、兼任国家中医药管理局局长）、卢钟鹤（省委常委、副省长）、陈开枝（广州市常务副市长）	专家评审委员会一致同意广州中医药大学重点学科建设规划，并建议国家中医药管理局和广东省人民政府尽快上报国家教委

1979—2000年广东高等学校“211工程”建设项目立项一览表

表5-11-3

学校名称	立项论证时间	论证专家组成员	批准立项主管部门及时间	批准立项数	
				总数	其中重点学科项目名称
中山大学	1996年7月11日	蔡齐祥、刘人怀、张　磊、彭文晋、钟　韶、刘颂豪、甘广南、朱耀忠、李秋萍	国家计委1998年4月	20	热带与亚热带生物科学与技术、高分子化学与物理及天然物化学、光学与光电材料物理、热带亚热带资源环境与人文地理、教学通信与计算机应用、中国古代文学与传统文化、马克思主义哲学与中国现代化、中国近现代史、现代企业管理与国际经济

续表5-11-3

学校名称	立项论证时间	论证专家组成员	批准立项主管部门及时间	批准立项数	
				总数	其中重点学科项目名称
华南理工大学	1996年7月11日	蔡齐祥、刘人怀、张　磊、彭文晋、钟　韶、刘颂豪、甘广南、朱耀忠、李秋萍	国家计委1998年4月	13	造纸与环境工程、高分子材料及成型技术装备、化工传热催化与节能、食品科学与生化工程、电子信息与网络技术、汽车制造工程、控制理论与交通工程、热带与亚热带建筑设计理论与工程
暨南大学	1997年9月12日	蔡齐祥、朱光华、周南京、金　戈、罗进贤、蔡鸿生、林学颜、周浩毕、黄天骥	国家计委1999年12月	14	文艺学与汉语文学、产业经济与工商管理、汉语言文字学与海外华文教育、中外关系史与华侨华人、生物技术与生物医学工程、生殖科学与计划生育、计算机信息与通信技术
华南师范大学	1997年9月18日至19日	顾明远、冯克勤、刘达中、李中铎、肖敬平、林位株、林崇德、唐　豪、陶德麟	国家计委1999年11月	10	现代教育技术的理论与实践、学习与人的素质发展、激光与光电子、运动人体科学与体育教育、社会主义市场经济与第三产业发展、社会主义历史哲学与社会可持续发展、生物发育研究及其应用
中山医科大学	1997年11月25日	吴阶平、蔡齐祥、刘海林、强伯勤、曾溢滔、汤利猷、钟南山、徐锦堂、许实波、区　炳、李桂芬、林　剑、王小宁	卫生部、广东省人民政府1998年10月	14	眼科学、内科学（肾病）、内科学（传染病）、神经病学、外科学（普外）、肿瘤学、病原生物学、药理学、分子医学
华南农业大学	1997年9月16日至17日	石元春、蔡齐祥、陈子元、谢联华、汪懋华、殷　震、程　序、顾焕章、马润泉、赵大恒	农业部、广东省人民政府1998年10月	16	农业昆虫与害虫防治、植物病理学、作物遗传育种、农业机械化工程、农业经济管理、果树学、兽医学、农业生态与环境
广州中医药大学	1997年6月10日至12日	李振吉、肖培根、王永炎、王　镭、任继学、陈可冀、吴咸中、马润泉、朱秉匡、施　杞、侯　灿	国家中医药管理局、广东省人民政府1998年10月	8	中医内科学、中医临床基础、中药学（中药制药）、中西医结合基础、中医骨伤科学、中医基础理论、针灸学、中医妇科学
汕头大学	1997年11月14日至15日	蔡齐祥、刘人怀、刘正义、毛蕴诗、杨　坤、周殿元、詹伯慧、黄天骥	省计委1999年12月	32	应用数学、土木工程、计算机科学与信息工程、机械工程、环境科学、材料物理与化学、中国语言文学、应用经济学、病理学与病理生理学、内科学、精神病与精神卫生学

1996—2000年广东省高等学校“211工程”“九五”规划建设资金投入一览表

表5-11-4　　单位：万元

学校	1996年			1997年			1998年			1999年			2000年		
	省	部委	自筹	省	部委	自筹	省	部委	自筹	省	部委	自筹	省	部委	自筹
中山大学	1680	885	330	2000	815	1005	3880	815	4668	2000	815	7232	2000	815	578
华南理工大学	1900	—	—	2000	—	1298	3880	330	3200	2000	330	3829	2000	—	870
暨南大学	—	1690	100	—	600	350	1000	2300	700	1000	1900	700	1000	—	1000
华南师范大学	—	—	—	187	0	422	2500	0	798	2600	0	1121	2500	0	1100
中山医科大学	580	597	677	400	905	11576	1220	1218	21342	1500	1608	22642	1300	0	2260
华南农业大学	—	—	—	400	810	741	1400	1779	3172	1500	402	3826	1500	800	500
汕头大学	3000	—	3000	3000	—	3000	3000	—	3000	3000	—	3000	3000	—	3000
广州中医药大学	80	—	—	180	—	—	700	700	8494	700	700	8811	700	700	5420
小计	7240	3172	4107	8167	3130	18392	17580	7142	45374	14300	5755	51161	14000	2315	14728
合计：广东省政府61287万元，部委21514万元，学校自筹133762万元															

说明：汕头大学自筹经费是指李嘉诚基金会资助经费

第六章　成人教育

第一节　青壮年扫盲

一、概况

1980年3月，经省政府批准，省教育厅、省农业厅、省高教局、省总工会、团省委、省妇联、省贫协、省科协联合召开全省工农教育工作会议，副省长杨康华代表省政府作报告，省委常委杨应彬到会讲话，对1979年以后完成扫盲任务的25个县、市颁发锦旗。会后省政府转发《全省工农教育工作会议纪要》，提出1985年全省基本完成扫除青壮年文盲的要求。全省各地根据会议要求，普遍制订“六五”期间扫除青壮年文盲规划。1983年3月，省委和省政府在《关于努力开创我省教育事业新局面的决定》中再一次强调“全省1985年基本扫除城乡青壮年文盲”。从1979年年初至1985年年底，全省先后共动员80多万名中小学教师、高年级学生和在乡知识青年担任扫盲义务教师，组织500多万名青壮年文盲、半文盲参加扫盲学习，有400多万人脱盲。全省92个县（市、区）经省、地市脱盲考核验收，达到国务院和省规定的脱盲标准，全省基本完成扫除青壮年文盲任务，12～40周岁的少青壮年文盲下降到62万人，青壮年中文盲率由1976年占同龄总人数32%下降至2.4%。

在各地基本完成扫盲任务后，省教育厅多次召开扫盲、业余教育座谈会，要求各地要不失时机开办业余小学，开展扫盲后的继续教育，组织脱盲学员和未达小学毕业程度的校外青少年参加初等文化教育学习。为此，相应制订业余中小学教学计划，编写出版业余小学到业余初、高中各科教材，供业余中小学使用。至1988年，全省农村约有10万名校外青少年业余中学毕（结）业；有100多万名校外青少年业余小学毕（结）业，基本普及校外青少年初等教育。

1985年之后，各地继续开展扫除剩余文盲工作。1988年，国务院颁布《扫除文盲工作条例》。至1989年年底，全省又组织12.5万名剩余文盲参加学习，有10万多名文盲脱盲，全省青壮年文盲率降至2.26%。1990年国际扫盲年期间，各地再一次掀起扫除剩余文盲的新高潮。从1993年开始，进行高标准扫除青壮年文盲单位的考核验收。到1994年年底，全省121个县、市、区和省农垦系统，经地市审核、省抽查验收，全部达到高标准扫除青壮年文盲单位的标准。

二、全面推进青壮年扫盲工作

1978年9月，广东省革命委员会转发省教育局《关于开展扫盲、业余教育工作的意见》。1978年11月，国务院颁发《关于扫除文盲的指示》。省教育局于同月召开全省扫盲、业余教育座谈会，要求各地认真贯彻落实《关于扫除文盲的指示》要求，掀起扫除青壮年文盲高潮。1979年年初，省教育局组织各地、市教育局主管工农业余教育工作的负责人和部分县教育局的负责人共30多人，组成省脱盲检查验收小组，对从化县进行脱盲验收抽查。省规定学员脱盲标准为：认识1500个字左右，能大体看懂浅近通俗的报刊，能记简单的账、写简单的便条，会简单的笔算。脱盲单位标准为：少青壮年中非文盲人数达到90%以上，所属基层单位中90%以上单位达到基本脱盲标准。检查验收小组根据省制定的脱盲检查验收标准，逐项抽查，确认该县达到脱盲标准，成为广东省恢复扫盲工作后首个基本完成扫盲任务的县。同时，在全省推广从化县在扫盲工作中倡导的"亲教亲、邻教邻，儿女教双亲"的"扫盲小先生制"的经验。随后又制定县（区）脱盲检查验收奖励办法。全省开始大规模扫除青壮年文盲工作。

1981年9月和1983年12月，省教育厅分别召开全省扫盲、业余教育座谈会，研究和部署在新形势下如何按时按量按质完成全省扫盲任务，强调除各级党政领导重视，把扫盲工作列入议事日程，必须建设一支稳定的扫盲、业余教育专职干部队伍，公社和相当公社一级的镇农场最少要配备1名扫盲、业余教育专职干部，专职干部的编制列入教育事业总编制，其职别应相当于公社中心小学副校长，由县教育局任命，受县教育局和区的双重领导。要求扫盲、业余教育经费应不少于包干基数，并且随着教育经费的增加，而适当增加；扫盲、业余教育经费要专款专用，主要用于教师补贴和必要的会议、办公及其他有关活动。

在扫盲工作中，各地注意结合当地农业生产和农民生活实际，因人因地制宜，采取灵活多样的办学形式：一是全日制小学设扫盲夜校。学校实行一校变两校，扫盲夜校的校长和教师分别由全日制小学校长和教师兼任，或由当地教育部门另配扫盲专职教师，其编制纳入全日制小学。这种夜校，教学工作较正规，教学内容除文化课识字为主外，还结合当地实际，向学员讲授一些简易的科学文化常识，开展群众喜闻乐见的文娱活动。湛江、茂名等各县的小学都配有一名扫盲专职教师，专管扫盲夜校教学。二是自然村办扫盲班。这种扫盲班多办在学员居住较集中而文盲又较多的自然村，一般设在村办公室或村小学里，校长由村干部担任，扫盲教师由当地知识青年或小学教师兼任。扫盲班教学时间较灵活，农忙少学、农闲多学。珠江三角洲各县多采用这种形式。三是办联户班。对一些家务较重，居住又分散，集中学习有困难的文盲妇女，采取把在邻近居住的三五户中的文盲组成联户扫盲班，定期由扫盲教师下联户扫盲辅导。粤北一些边远山区多采取这种形式。四是包教包学。在一些偏僻边远山区，由于交通不便，学员又较少，办联户班困难，采取在全日制教师的指导下，把与学员居住较邻近的中小学生组织起来，实行定人定点制，利用饭前饭后空闲时间到学员家里送教上门，定期由全日制教师下点检查和辅导。五是随班劳动，定期脱盲。沿海渔民常年出海捕鱼，扫盲专职教师和学员一道出海，边劳动边教识字，返航时集中复习，台山县一些渔业大队就采用这种形式。六是见缝插针学。对办扫盲班有困难，而学员又较多的山区，由扫盲教师深入乡村，与群众一同劳动，开会时，利用会前会后学；田间劳动时，利用休息时间在田头地尾学；收工回家时，利用饭前饭后学。学员脱盲后，扫盲教师便转移到另一乡村，继续开展扫盲工作。

各地采取多渠道解决扫盲教师来源，建立起一支以兼职教师为主、专职教师为辅的扫盲教师队伍。扫盲教师主要由下列人员组成：一是从全日制学校教师中选聘扫盲专职教师，其编制列入当地全日制教师总编制，并固定一人负责管理扫盲工作。二是选聘全日制教师为扫盲兼职教师，利用课余时间，兼管扫盲工作或辅导教师教学。三是从回乡知识青年和退伍军人中选聘扫盲教师，由当地给予适当补贴。四是中小学生在课余时间或节假日当扫盲“小先生”，负责对居住分散、家务较重的学员进行个别识字教学。五是机关干部在下乡蹲点时，参加一些义务扫盲工作。为提高扫盲教师的教学水平，保证扫盲质量，各市、县每年都分别组织扫盲教师培训，对作出成绩的扫盲教师给予奖励。

各级教育部门还十分注意扫盲教材的建设。除省编有扫盲课本供各地使用外，各市、县也组织一些有扫盲经验的教师，结合当地实际，编写乡土扫盲教材。各地编写的扫盲教材，力求做到思想性、科学性、知识性和地方性相结合，教材内容一般有当地地理风貌、乡村地名、农机农具、 农药化肥、农事季节、日常用具、卫生常识等，题材形式有短文、诗歌、顺口溜和简易应用文等，图文并重，突出识字，便于学员阅读。

1979—1985年，全省92个县（市、区）经省、地市脱盲考核验收，均达到国务院和省规定的脱盲标准，全省基本完成农村扫除青壮年文盲任务。

1985年之后，各地继续扫除剩余青壮年文盲。至1989年年底，全省又组织12.5万人参加扫盲学习，有10万多人脱盲，全省青壮年文盲率降至2.26%。

为进一步推动扫除文盲工作，1988年2月，国务院制定《扫除文盲工作条例》。1990年“国际扫盲年”期间，广东省各地再一次掀起扫盲高潮。4月，省教育厅在广州召开13个扫盲重点县的扫盲工作汇报会，副省长卢钟鹤到会听取汇报，并作重要讲话。省要求各地认真核对青壮年中的文盲数，凡未达脱盲标准的青壮年，除丧失学习能力的以外，都要参加扫盲学习，限期脱盲；青壮年脱盲率未达95%以上的县（区），要把扫盲工作作为农村成人教育的重点。这一年，全省又组织23.2万名文盲、半文盲青壮年参加扫盲学习，有20.3万人脱盲。青壮年脱盲率未达95%以上的海丰、陆丰等13个扫盲重点县（区），经省、市检查验收，全部达到要求。当年全省青壮年文盲率下降至1.45%，部分乡镇成为无文盲乡镇。

1992年10月，国家教委制定《扫除青壮年文盲单位考核验收办法》，提出高标准扫除青壮年文盲单位的标准和要求。1993年3月，省政府印发《广东省高标准扫除青壮年文盲单位考核验收暂行办法》，要求全省力争在1995年年底完成高标准扫除青壮年文盲的任务。提出高标准扫除青壮年文盲单位的标准、考核验收程序以及验收的内容和方法等。高标准扫除青壮年文盲单位的标准是：凡1949年10月1日以后出生的年满15周岁以上，具有当地户籍人口的非文盲率，农村要达到95%以上，企业、事业单位和城镇要达到98%以上；建立乡镇、管理区成人文化技术学校（教学点），最近三年以来脱盲人员复盲率低于5%；所辖农村的管理区（行政村）、城镇居民委员会及同级的企业、事业单位均应达到上述标准。高标准扫除青壮年文盲单位验收的办法是：管理区（行政村）、居民委员会由乡镇政府、街道办事处组织验收，乡镇、街道由县（市、区）政府组织验收，县（市、区）由地市审核验收、省政府抽查验收。同年3月中旬，省教育厅召开全省高标准扫盲工作会议，全面部署扫盲工作，提出3年完成扫盲历史任务的计划。同年8月，国务院修订《扫除文盲工作条例》。《条例》对扫除文盲的对象和标准作出新的规定，凡年满15周岁以上的文盲、半文盲公民，除丧失学习能力的以外，不分性别、民族、种族，均有接受扫除文盲教育的权利和义务。基本扫除文盲单位的标准是：其下属的每个单位1949年10月1日以后出生的年满15周岁以上的人口中的非文盲人数，除丧失学习能力的以外，在农村达到95%以上，在城镇达到98%以上；复盲率低于5%；基本扫除文盲的单位应当普及初等义务教育。到1995年1月，全省121个县（市、区）和省农垦系统，经地市审核、省抽查验收，前后分4批，全部达到高标准扫除青壮年文盲单位的标准，省政府为达标单位颁发扫除青壮年文盲单位证书。

1995年5月，国家教委副主任王明达率领国家扫盲检查组一行26人，对广东省扫除青壮年文盲工作进行检查，听取省政府关于扫除青壮年文盲的工作汇报，查阅本省扫盲工作档案资料，分组抽查惠来县、吴川市、连州市、阳西县、乐昌市。检查组认为，被抽查的5个县（市）达到国家规定的基本扫除青壮年文盲单位的标准；同时认为，省政府对所辖县（市、区）扫盲验收程序完备，结论符合实际，全省实现基本扫除青壮年文盲的目标。至1994年年底，全省青壮年剩余文盲102478人，青壮年文盲率为0.32%。1995年9月，广东省教育厅表彰300名扫除文盲先进工作者，并向他们颁发证书和奖金。

三、业余中小学

1981年9月召开的全省扫盲、业余教育座谈会认为，农村在继续搞好扫盲工作的同时，应不失时机地同时举办业余小学，使刚脱盲的青少年和未达小学毕业程度的校外青少年，经过2～3年时间的学习，基本达到小学毕业的文化程度；在一些条件较好的地方，也可以试办业余中学，以学文化为主，带动学技术，以满足当前农村生产体制改变和农民渴望学文化、学技术的需要。省教育厅要求，到1985年，全省农村业余小学办学面（以行政村为单位）达到50%，尽快在青壮年中普及初等教育，有计划地逐步发展业余初中和协同农业部门办好初等农业技术教育。

省教育厅规定，开办业余中小学，需经当地教育部门备案，并纳入公社（乡镇）教育事业发展规划。业余中小学一般设在全日制学校里，校长和教师由全日制小学校长和教师兼任。茂名、湛江等地市的业余中小学，配有专职教师，纳入全日制小学教师总编制，学员列为全日制小学一个班，校历与全日制小学一样。为推动业余中小学教育的巩固和发展，促进其向正规化和制度化发展，1982年11月，省教育厅总结推广从化县举办业余中小学“四个为主”的经验：办学形式从村庄分散办学，转移到分散与集中相结合，以在全日制学校附设集中办班为主；教师从群众教师转移到聘请全日制学校教师兼职与群众教师相结合，以全日制学校教师兼职为主；学习内容从单纯识字、学文化，转移到学政治、学文化、学技术三结合，以学文化为主；学习对象从少青壮年混合编班，转移到文化班以青年为主，技术班以壮年为主。为适应业余中小学发展的需要，省教育厅于1983年4月和1984年6月分别制订农民业余中小学教学计划。农民业余小学学制为两年，每学年为40周，每周授课不少于6课时，两学年总授课时数为480课时；课程设语文、算术和常识3科；政治时事教育每两个月一次，由学校集中讲课；音乐课结合其他活动或另安排时间进行。农民业余中学学制为3年，每学年42周（其中授课时间为36周，复习考试4周，机动2周），每周上课4个晚上共8小时；课程设语文、数学、物理常识、化学常识、史地常识和农业知识6科；学完6科必修课程，经学校毕业考试合格，发给业余初中毕业证书。省教育厅还编写和出版业余小学、初中、高中各科教材。有些市、县还定期举办业余中小学教师教学研讨会，研究如何根据成人教育的特点开展各科教学。至1988年，全省除一些边远山区和少数民族地区外，大部分县（区）基本完成普及校外青少年初等教育。

第二节　职工初中文化补课和农村成人文化教育

一、职工初中文化、初级技术补课和干部职工高中文化学习

1981年10月，为贯彻落实中共中央、国务院《关于加强职工教育工作的决定》和全国职工教育会议精神，省政府召开全省职工教育工作会议，要求各地切实加强对职工教育工作的领导，抓好思想、组织、计划、措施“四落实”，切实把职工初中文化和初级技术补课工作抓紧抓好。1981年5月，为了支持职工教育事业的恢复和发展，财政部制定《关于职工教育经费管理和开支范围的暂行规定》，对职工教育经费的来源和开支范围作出明确规定：企业单位和统一核算的公司的职工教育经费，可在其工资总额1%的范围内掌握开支，直接列入生产成本，还可以从企业基金、利润留成、包干结余和税后留利中拿出一部分资金用于职工教育；工会经费中用于职工业余教育的支出，仍按企业行政拨交工会经费的25%～37.5%掌握使用。对行政、事业单位和教育部门办的职工教育经费也作出具体规定。1982年3月，财政部发出《〈关于职工教育经费管理和开支范围的暂行规定〉的补充通知》，提高职工教育经费提成比例，从原来占工资总额1%提高到1.5%。广东对这些政策规定认真贯彻落实。1983年3月，省委、省政府在《关于努力开创我省教育事业新局面的决定》中提出，“争取到1985年全省基本完成职工初中文化和初级技术补课的任务”的目标。为此，广东省职工教育委员会、省教育厅、省劳动局先后多次发出通知，对职工“双补”作出一些具体政策规定。关于职工初中文化补课，凡1968年至1980年期间，初中、高中已毕业而实际文化水平达不到初中毕业的均应补课，其中语文、数学两科达不到初中毕业水平的，不分行业和工种，一律必须补习；物理、化学、英语或生物、史地常识达不到初中毕业水平的，应根据行业工种的不同，侧重补习其中一门或二门，至少要补习一门。侧重补习的科目，由各系统各部门根据自己的业务工作需要来确定，并要及早落实到职工本人，报当地教育部门备案。为了统一要求，保证质量，省教育厅编印语文、数学、物理、化学、生物、史地等6科补课教材，并统一印制职工初中文化补课合格证书。合格证书由各主管厅（局）的职工教育部门或备案的职工学校验印、颁发。关于青壮年职工技术补课，要求三级以下技工必须全部参加初级技术补课。至1985年，全省青壮年职工文化补课应补对象1443615人，累计合格1039403人，占应补对象的72%；技术补课对象1191265人，累计合格948247人，占应补对象的79.6%。

1984年5月，省委组织部、省职工教育委员会、省教育厅联合发出通知，要求各地各单位要高度重视，立即行动，认真抓紧抓好干部、职工高中文化学习。通知规定：凡年龄在45岁以下，文化程度不到高中或中专毕业水平的和在1968年至1980年高中毕业的在职干部、职工均应参加高中文化学习。学习科目分文、理科，文科为政治、语文、数学、历

史、地理；理科为政治、语文、数学、物理、化学。干部、职工高中课程由广东省教育厅组织统考，每年春秋各一次。

为了统一全省干部和职工高中文化学习的标准和要求，1986年11月，省委组织部、省职工教育委员会、省教育厅联合下发《关于干部、职工高中文化学习和统考问题的意见》，要求到1990年，全省县级或相当县级以上机关中，年龄在45岁以下的干部、职工，基本上都应达到中专或高中毕业文化程度。同时决定从1987年起，把干部、职工高中毕业统考权限下放地市教育行政部门，干部、职工高中毕业考试及命题、评卷、登分、毕业证验印等工作由地市教育行政部门负责。干部、职工高中教育继续实行文理分科，并可根据需要，因地制宜举办各类型的职业高中班。干部、职工高中毕业证书由省教育厅统一印制，地市教育行政部门验印，学校颁发。1992年9月，国家教委印发《关于加强成人高中教育的意见》，调整成人高中的课程设置和课时要求。根据国家教委的规定，1994年11月，省教育厅印发《关于加强成人高中教育的意见》，规定成人高中课程由文化课和职业技术课两部分组成。从业人员分文、理科，必修课8门，其中6门文化课、2门职业技术课。文科课程开设政治、语文、数学、历史、地理、自然科学基础；理科课程开设政治、语文、数学、物理、化学、史地知识基础。社会青年参加成人高中学习不分、文理科，必修课9门，其中7门文化课包括政治、语文、数学、物理、化学、历史、地理，2门职业技术课。

二、农村成人文化技术教育

（一）目标和要求

1986年6月，经省政府批准，省教育厅、省农业厅、省科协、团省委、省妇联联合召开全省农民教育工作会议，会议总结交流全省开展农民教育的经验，研究制订“七五”期间农村成人教育发展规划和措施，副省长王屏山在会上作工作报告。鉴于全省所有县已经基本完成扫除青壮年文盲的任务，会议根据全省农村经济发展的实际，分三类不同地区，制订“七五”期间农村成人教育发展规划。第一类地区包括珠江三角洲、城市郊区及其他一些经济文化基础较好的县（约占全省1/4），发挥本地区的资源、技术优势，建立健全县、乡镇、村三级农民教育网，开展技术教育和乡镇企业职工教育，结合开展初中为主的文化基础教育。经过5年左右努力，使青壮年农民和乡镇企业职工有60%左右的人员掌握初级职业技术知识和达到初中毕业的实际文化水平。第二类地区属经济文化基础一般的县（约占全省的一半地区），在普及青壮年农民的初级文化教育和科普常识教育的同时，积极组织具有初中文化水平以上的知识青年参加乡镇、村文化技术学校学习，使他们中的大多数人掌握1～2种以种养业为主的实用技术。第三类地区包括刚完成扫盲任务和经济文化基础较差的少数民族地区、沿海地区、边远地区（约占全省1/4），应在抓紧扫盲扫尾和巩固工作的同时，以各类文化技术学校、夜校为阵地，逐步开展农民初级文化教育和科普常识教育，为进一步学习文化和职业技术打好基础。会议要求全省进一步建立健全三级农民教育网，逐步形成农民教育体系。三级农民教育网络的模式大致是：县办农民技术学校，乡镇办成人教育中心或文化技术学校（相当初级中学及初级农民职业技术学校），村（管理区）办文化技术学校或夜校（小学教育和科普常识教育）。

（二）兴办文化技术学校

1987年7月，广东省教育厅总结推广南海县创办乡镇成人文化技术学校的经验。1988年1月，省教育厅、省农业厅、省财政厅转发国家教委、农牧渔业部、财政部《关于颁发〈乡镇农民文化技术学校暂行规定〉的通知》。1989年1月，省教育厅、省农业厅、省财政厅制定《关于进一步贯彻〈乡镇农民文化技术学校暂行规定〉的意见》，对乡镇农民文化技术学校的设置标准、审批程序、人员编制、经费来源作出具体规定。至1990年，全省初步建立起县、乡镇、管理区（行政村）三级农村成人教育网，乡镇一级办学面达90.7%，管理区（村）一级办学面达66%。乡镇成人文化技术学校专用校舍面积共27.4万平方米，有生产实习工厂3.1万平方米，农场约0.67万公顷，专职教师1281人，兼职教师16399人。"七五"期间，参加乡镇、管理区（村）两级文化技术学校长班学习的达400多万人次；参加短班讲座学习的共900多万人次。1990年，参加长班和短班学习的分别为70多万人次和385万人次。

到1999年，全省有乡镇成人文化技术学校1692所，办学面达99%，其中省级示范性乡镇成人技术学校189所，当年参加培训人数5187757人；村级成人学校19691所，当年参加文化、"三高"农业技术、政治时事等学习培训的农民达到5884855人。乡镇成人学校占地总面积达254.5万平方米，校舍总建设面积113.6万平方米；乡镇成人教育专职干部1717人，专兼职教师17041人。

（三）实施燎原计划

1988年9月，国务院批准国家教委制订的"燎原计划"。"燎原计划"的主要任务是：在做好普及义务教育工作的基础上，发挥农村各级各类学校智力、技术的优势，开展与当地建设密切结合的实用技术和管理知识的教育，培养大批新型的农村建设者；配合农业与科技等部门，开展以推广当地适用技术为主的试验示范、技术培训、信息服务等多种形式的活动，促进农业的发展。同时要求"燎原计划"与"星火计划""丰收计划"紧密配合，通过"燎原计划"的实施，在"星火""丰收"计划开发的新技术与农村经济之间，架起教育的"桥梁"，使科学技术大面积地得到推广应用，转化为生产力。1988年12月20—23日，省教育厅召开广东省农村教育工作座谈会，交流农村成人职业技术教育的做法和经验，讨论和研究实施"燎原计划"的教育问题。随后，省教育厅制定《广东省"燎原计划"实施方案》，分两步实施："七五"期间为第一期工程，在部分县建立示范乡镇100个；"八五"期间为第二期工程，将示范乡镇扩展至500个。

1989年6月，省政府办公厅批复省教育厅《关于成立广东省实施"燎原计划"指导小组的请示》，同意组成由省直有关部门负责人参加的广东省实施燎原计划指导小组，由省教育厅成人教育处负责处理指导小组的日常工作，负责组织、协调和指导实施的具体工作。各实施"燎原计划"的市、县（区）、乡镇也相应成立由同级政府主管领导任组长，教育、农业、财政、科技等部门领导为副组长或成员的市、县（区）、乡镇实施燎原计划指（领）导小组，组织实施"燎原计划"。1989年，国家教委决定重点抓好100个县，为实施"燎原计划"提供示范。从化树立教育优先发展观念，在具体工作中做到"四优先"，即制定总体规划和安排年度计划时优先安排教育，安排年度财政预算时优先确保教育经费的增长，搞建设用地规划时优先考虑校舍用地，优先确保教师实际收入的提高和住房、医疗问题的解决。南雄县在“三教统筹”中坚持加强基础教育的同时，把加强职业技术教育和成人教育作为重点，实行统一规划，统一配置资源，统一检查评估。广东省从化、南雄两县被列入实验县。全省还有实施“燎原计划”示范乡镇116个，分布在57个县（市、区）。实验县和示范乡镇以发展成人教育或职业技术教育为突破口，开展实用技术培训，使教育与当地生产发展和农民脱贫致富直接挂起钩来。1989—1990年，实验县和示范乡镇共推广种养及农副产品加工等适用技术项目4997项次，参加项目技术培训137.9万人次，实施项目创产值20.86亿元，项目辐射农户48.7万户，辐射耕地面积131万亩，项目增收6.4亿元；“燎原计划”贷款项目两年间创产值1628.61万元，共有133900人次接受项目技术培训。

从1989年开始实施燎原计划，至1992年，四年间示范乡镇共实施燎原计划项目4209项，创产值111亿元，创利税21.5亿元，接受项目技术培训达373万人次 ，受技术辐射的农户达274万户次。

1993年5月，省教育厅制定《广东省实施燎原计划示范乡镇评估验收标准》，每年组织一次评估验收，对达到标准的示范乡镇，授予“广东省燎原计划达标示范乡镇”称号。1993年年底，经评估验收，全省有62个乡镇达到燎原计划示范乡镇的标准，一批燎原计划先进单位和先进个人受到表彰。1993年，省财政拨出农村教育综合改革补助专款300万元，全省有200多所贫困山区的农村成人学校得到省的补助。1997年，全省实施“燎原计划”乡镇达到787个。

第三节　成人中专、高等教育

一、成人中等专业教育

（一）机构管理

广东省成人中专教育创办于80年代。1980年，教育部决定将尚存的“五七”大学改办为县农民中专学校。据此，省高教局制定《关于办好县办农（林）业技术学校的若干问题的意见》。1981年11月2日，省高教局正式批准同意东莞市农业技术学校等8所县办农校成为广东省首批成人中专学校。1982年6月，教育部颁布关于《县办农民技术学校暂行办法》，广东省根据该《办法》精神，结合本省实际作出两项规定：（1）学校名称定为“县农（林）业技术学校”；（2）学校的主管部门不变，既可以由农业部门主管，也可由教育部门主管。

1982年9月，国务院批转教育部《关于举办职工中等专业学校的试行办法》。1983年，广东省首批成立的学校是广东省测绘局和广东省第二轻工业厅属两所职工中专。随之，职工中专办学迅速发展，涉及工交、财贸、金融、税务、公安、司法、卫生、建筑等行业，至1989年发展到131所，在校生35241人。同时，国务院一些部委也办部属的职工中专，包括一些全国性的远距离教育方式的学校（广播、电视、函授学校）。其后，根据国务院“分级办学、分级管理”的方针，这些在广东的学校或分校，经审批先后纳入省一级部门管理。1985年，在深圳市电大分校试办广播电视中专教育；1986年，广东广播电视大学附设广播电视中等专业学校；1988年，广东广播电视中等专业学校成立。至1998年，基本形成以省校为中心、市校为骨干、县校为基础，向乡镇企业延伸发展，遍布全省的广播电视中专教育网络。

除农民中专、职工中专、广播电视中专外，教师进修学校也于1986年纳入成人中专系列。教师进修学校由地方普教部门主管，主要任务是培训中小学师资。

1987年，国家教委根据9年来各类成人中专办学情况，制定《成人中等专业学校暂行条例》，广东一直贯彻落实。1992年，考虑到广东省农民中专与职工中专的办学要求和管理已趋相同，省政府决定，将全省农民中专和职工中专统一改名为“×××成人中专学校”。至1998年，广东省共有独立设置的成人中专315所（含教师进修学校102所），加上广播、电视、函授类成人中专设立的分校、分教点，成人中专的办学面完全覆盖全省各个市、县（区）。成人中专在校生达204490人，与普通中专在校生221427人一起，形成两条腿走路、共同发展中专教育的格局。

（二）农民中等专业教育

1981年11月，全省重新审批的县办农校有东莞、中山、化州、阳春、番禺、连南、广宁和宝安8所。

为促进县办农民中专学校的发展，1982年12月，省高教局在遂溪县召开农民中专办学现场会议，推广遂溪县农业技术学校（农民中专）自力更生、艰苦创业，为农村培养技术人才的办学经验。1983年，省委、省政府批转省高教局《全省县办农业技术学校工作会议纪要》，要求“全省每个县都要创造条件，积极办好一所或两所农业技术学校”，以打开技术人才通往农村的路子。之后，有49个市（县、区）先后举办农业技术学校。农业技术学校招生比较灵活，既可以招收农村基层干部，又可以招收农村初中毕业生，无工龄、年龄限制。为解决农民中专师资队伍建设问题，省高教局从1985年起连续8年委托普通高校举办师资大专班，从优秀的农校毕业生中推荐就读，培养师资达300人。

县办农业技术学校主要使用全国统编的农民中专教学计划和教材。1987年以后，为适应农村产业结构调整的需要，专业设置放宽，可按普通中专专业目录设立各类专业。各地的农校除办好原有的农、林、牧专业外，还陆续开设农业经济管理、食品加工、农村水电、农村建筑、商业会计、水土保持和采矿等新专业。1987年，全省县办农校有44所，尚在筹办的有14所；在校生1.03万人，另有短期培训生430人；教职工共1407人，其中专任教师726人。1980—1987年，全省县办农校为农村培养输送毕业生1.41万人，短期培训班结业学员3万多人次。从1992年起，农民中专改称成人中专。

（三）职工（干部）中等专业教育

1978年，全省先后创办或复办的职工中专有21所。1983年起呈迅速发展的趋势，办学涉及工交、财贸、金融、税务、公安、司法、卫生、建筑等各行各业。职工中专生源主要是全民所有制企业在职职工，招生条件限制较严，有严格的工龄、年龄限制，并要通过全省招生统考，择优录取。职工中专主要参照普通中专专业目录开设专业，全省开设专业100多种。考虑到成人教育的特点，教学计划注重专业基础课和专业课的教学，学制比普通中专稍短，如招收初中起点、脱产学习的学制为文史类2年、理工类2.5年，业余的学制统一定为3年；招收高中起点的学制为1年至1.5年。

1986年，广东职工中专教育进行改革，试办函授中专和成人中专专业证书班，打破原单一学历证书的培养模式。至1987年，全省有职工中专119所（含干部中专6所），在校生3.08万人；另有普通高校、普通中专内附设干部、职工中专班，在校生达1.5万人；教职工总数为2992人，其中专任教师1455人，兼职教师1659人；开设专业达133个。1990年，全省有职工中专学校242所，专职教师3309人。1992年职工中专改称成人中专。

（四）成人中专教育

1992年，省政府决定，将全省农民中专和职工中专统一改称成人中专，成人中专教育进入充实、提高、发展的时期。

1993年2月，国家教委印发《关于进一步改革成人中等专业学校招生工作的通知》，提出为适应社会主义市场经济体制的建立和改革开放的需要，改革成人中专的招生考试办法。其中规定，成人中专可根据实际需要招收一定比例的初中应届毕业生。全省各地区陆续将成人中专纳入高中阶段教育，招收初中应届毕业生的比例逐年增大，1994年达61%，1998年达75%。

招收初中应届毕业生比例的增加，使成人中专在保持成人教育职能的同时，向职业教育学校转化，办学方面进行重大变革，其中最主要的是，学校面向社会招生，经费来源主要依靠收取学费。1994年，学校收费占经费来源46%，1996年占62%。

由于面向社会招生，成人中专竞争压力增大，学校要吸引学生就读，必须改善办学条件，扩大和增建校舍，增加图书、实验仪器设备，开设适应人才市场需求的专业，同时做好毕业生就业推荐工作。为适应这种变化，教育部门大力抓成人中专，重点抓教育质量的提高。1994年，省高教局制发《广东省成人中等专业学校分类专业目录》《广东省成人中等专业教育教学计划》《广东省成人中专专业证书班办学实施办法》，重新修订学籍管理规定，开始采用计算机学籍管理系统。从1994年开始，按照国家教委的统一部署，广东省开展全省成人中专办学水平评估活动。评出15所省级示范性成人中专学校、51所省级先进成人中专学校。

1995年12月，省高教厅在郁南县召开全省成人中专教育工作会议。会议要求成人中专学校进一步充实和改善办学条件，开展教学改革，努力提高教育质量。1997年4月，省高教厅召开全省成人中专学校教育质量会议，总结加强学校管理、深化教学改革、提高教育质量和办学效益的经验，促进成人中专向中等职业教育方向发展。1998年，为加强成人中专学生职业技能培养，实施“双证”（学历证书和职业技能证书）制度，省高教厅与省劳动厅联合组织成人中专学校学生参加计算机中级软件工等级考试，参加考试人数3893人，通过率为55.2%。成人中专不包分配，开设的专业大多数是地方经济发展急需的专业，毕业生脚踏实地，在各行业和岗位上发挥才干，被誉为“用得上、留得住”的实用型人才。到1998年，广东省成人中专开设各类专业130多个，共培养毕业生65.5万人。2000年成人中专在校学生达15万人，比1990年增长61.5%。

1990—2000年部分年份广东省成人中等教育在校学生数统计表

表6-3-1　　单位：人

项目	年份	1990	1995	1999	2000
全省合计		168044	335849	283366	233499
1. 成人中专学校		96316	233255	179362	150406
其中	广播电视学校	18954	2662	19429	15346
	职工中专学校	27103	91322	93504	84384
	干部中专学校	176	8316	761	722
	农民中专学校	26	25039	29848	29876
	函授中专学校		14338	6011	2302
	教师进修学校	50057	91578	29809	17776
2. 普通中专附设		21154	34706	38109	39087
其中	干部中专	925	3595	—	—
	职工中专	10130	17784	—	—
	农村中专	374	3918	—	—
	函授	9725	9409	—	—
3. 成人中学		50574	67888	65895	44006

二、成人高等教育

（一）机构管理

改革开放后，广东成人高等教育得到迅速发展。广东成人高等教育形式主要有广播电视大学、教育学院、自学考试、管理干部学院、专修学院、职工大学、职业大学、业余大学、老人大学，以及高等学校举办的函授、进修、夜大学等。1986年，全省成人高校招生2.88万人，在校生达到115027人。经国家教委（教育部）审定备案，有13所普通高校举办函授教育，29所普通高校举办夜大学教育，27所普通高校举办干部专修科；独立设置的成人高校共有63所，其中职工高等学校（职工大学、业余大学）38所、管理干部学院10所、教育学院15所。1993年1月，省委、省政府作出《关于加快高等教育改革和发展的决定》，提出至2000年广东省高等教育（含成人高等教育）的发展目标。1993年6月，省政府批转《广东省高等教育局关于深化广东省成人高等教育改革的意见》。1995年，省政府批转《广东省高等教育厅关于广东省成人高等、中专教育深化改革的意见》，实行“宽进严出”的办法，建立开放性的成人高等教育体系。1995—1997年，省高教厅对全省33所独立设置的成人高等学校，38所普通高等学校的函授、夜大学，96所市县级电大分校进行大规模的教育评估，制定全省成人高等学校结构调整和体制改革方案，优化学校布局和专业结构。1998

年撤销3所成人高等学校，1所改制为职业技术学院，多所列入调整合并的范围。

2000年，全省共有41所独立设置的成人高等学校（含部属成人高校），其中管理干部学院8所、职工大学16所、广播电视大学3所、教育学院9所，广播电视大学设在省直属单位和各市、县的分校共110多所。有38所普通高校举办函授教育、夜大学和教师本、专科班。此外，还有社会力量举办的非学历高等教育办学机构。各类成人高等教育的办学形式主要有业余、半脱产和脱产3种，教育层次有高中后专科教育、高中后的本科教育、专科起点的专科教育（即第二专科学历教育）和专科起点本科教育，开设包括文史、财经、法律、理工、农医、外语、外经外贸、体育及美术艺术等应用性和职业性较强的专业240多个。当年，全省成人高等学历教育招生85635人，学历教育在校生201410人，与普通高校在校生之比达2：3。电大注册视听生和国家学历文凭考试教育试点，两部分在校生11.7万人。此外，根据广东经济社会发展的需要，还开办多种形式的专业证书、岗位培训、继续教育和助学辅导等非学历高等教育培训班，初步形成多形式、多层次、多科类、覆盖面广的成人高等教育新格局。

1979—2000年，广东成人高等教育共向社会输送本、专科毕业生50多万人，有200多万名干部、教师、专业技术人员接受高等教育层次的各种专业证书教育、继续教育、岗位培训和进修教育。

（二）广播电视大学

1979年2月，广东广播电视大学创办，除校本部外，在广州、佛山、江门市以及南海、三水、东莞等7个县试办分校，当年招生3600人。此后，广东广播电视大学不断扩大，几乎全省的市县都设有分校，达到110多所。1983年，省委、省政府在《关于努力开创我省教育事业新局面的决定》中，明确指出要大力发展广播电视大学等成人高、中等教育，各级党委和政府要将之列入国民经济计划和议事日程，增加投资，切实解决校舍、教职工编制和设备困难问题。1986年年底，全省各市（地）、县和部分省直单位举办的电视大学分校、工作站共有1451个。1996年，根据国家教委安排，广东成人高等教育进行高等职业教育、电大注册生、国家学历文凭考试等教育改革试点。1998年11月，省高教厅召开全省电大工作会议，会后针对电视大学存在的管理不到位、运行机制不灵活等问题，省政府于1999年3月21日转发《广东省高等教育厅关于进一步改革和发展我省广播电视大学教育的意见》，规划21世纪初广东省广播电视大学教育的改革和发展蓝图，提出要充分利用广播、电视、计算机网络等远程教育科技手段，扩大办学功能，多形式开放办学，将广播电视大学办成远程教育的大众化、终身教育的开放大学。到2000年，全省广播电视大学的在校生人数达到11.7万人。

（三）“七二一”[1]大学和业余大学

1979年10月，根据国务院批转《教育部关于举办职工、农民高等院校审批程序暂行规定》的要求，省高教局会同省经济委员会、省总工会和广州市有关部门，对“七二一”大

① 1968年《人民日报》报道中共中央毛泽东主席7月21日的指示：“大学还是要办的，我这里主要说的是理工科大学还要办，但学制要缩短，教育要革命，要无产阶级政治挂帅，走上海机床厂从工人中培养技术人员的道路，要从有实践经验的工人农民中间选拔学生，到学校学几年以后，又回到生产实践中去。”这段话，后被称为“七二一指示”。

学和业余大学进行检查验收，保留“七二一”大学43所、业余大学9所。1980年3月，省政府召开全省工农教育工作会议，成立广东省工农教育委员会，在省高教局设立工农大学教育办公室，对“七二一”大学进一步进行整顿和调整，使学校规模、专业设置和布局趋向合理。同时更名为职工大学，恢复函授和夜大学。

1981年4月，广东省工农大学教育办公室颁发《关于举办职业高等学校审批条件的补充意见》，并对职工大学和业余大学进行复查。到1982年年底，经省政府批准、教育部备案的职工大学有31所，业余大学有10所。1984年11月，省政府召开全省成人高等、中专教育工作会议，提出“立足改革，加速发展”的指导思想，要求各级政府、各部门制定发展规划，在经费、办学基地、师资设备上加大投入力度，使办学条件明显改善。1985年9月，省政府批转省高教局《关于加强成人教育管理，提高教学质量的意见》，在办校审批、招生、教学、师资、设备等方面加强管理，广东成人高等教育逐渐走上规范健康发展的轨道。

（四）管理干部学院

从80年代起，省、市政府及各行业为了加快提高管理能力，陆续创办一批管理干部学院。省属管理学院有广东行政学院、广东科技管理干部学院、广东农业管理干部学院、广东农工商管理干部学院、广东青年管理干部学院、广东经济管理干部学院、广东人事管理干部学院、广东经贸管理干部学院、广东公安管理干部学院、广东司法管理干部学院等。广州市也设立若干所管理干部学院。至90年代前期，这些管理干部学院主要培养党政机关和各个行业的管理干部，对之进行学历教育和培训。随着各级管理干部的学历、业务素质的提高，管理干部学院的招生遇到困难，管理干部学院的任务也随之改变。90年代，广东成人高等教育加大改革力度，主动适应广东经济社会发展及建立社会主义市场经济体制的需要，调整布局，优化结构，继续稳步发展。1995年，省政府转发《广东省高等教育厅关于我省成人高等中专教育深化改革的意见》，加强对成人高等学校的检查评估，强化质量评估机制，提高教育质量；深化招生制度改革，实行“宽进严出”，建立开放性的成人高等教育体系。从1995年下半年开始到1997年上半年，全省成人高校开展 “以评促改，以评促发展”的教育综合评估工作。管理干部学院和其他形式的成人高校在这个过程中，适应经济社会发展要求，逐步将办学目标转向培养应用型、技术型人才。

1995年，经国家教委批准，广东省科技管理干部学院、广州市职工大学、广州市财贸管理干部学院、广州市建筑总公司职工大学、深圳高等职业技术学院、佛山市职工大学、南海成人学院、顺德永强成人等8所成人学校被确定为高等职业教育的试点学校。1996年8月，包括管理干部学院在内的8所成人高等学校的14个专业率先开展高等职业教育试点。1998年有28所成人高等学校的66个专业参加试点，管理干部学院招收高等职业技术教育学生，一部分管理干部学院改成职业技术学院，如广东农工商管理干部学院改为广东农工商职业技术学院。1999年，广东省继续加快成人高等教育布局调整和部分成人高校的转制：佛山职工大学与佛山煤田地质学院、佛山机电学校合并组建佛山职业技术学院；广州铁路职工大学与两所铁路系统中专学校合并组建广州铁路职业技术学院；汕头业余大学与汕头职工大学实现联合办学。

1990—2000年部分年份广东省成人高等教育在校学生数统计表

表6-3-2　　单位：人

项目＼年份		1990	1995	1999	2000
全省合计		87850	135053	175064	201410
1．成人高等学校		59787	86757	94129	84057
其中	广播电视大学	17090	38822	29857	34242
	职工高等学校	14712	16445	22090	17147
	管理干部学院	5488	13342	27428	20142
	教育学院	22497	18148	14754	12526
2．普通高校附设		28063	48296	80935	117353
其中	函授部	15878	20929	33673	51028
	夜大学	11488	15215	30408	43063
	成人脱产班	697	12152	16854	23262

第四节　自学考试

一、概况

1984年，广东省开始实施自学考试制度。自学考试的发展，大体经历两个阶段：前10年是起步、探索、成长时期，之后进入高速发展时期。

1984年年初，省政府批准成立省高教自学考试指导委员会（简称省考委），并指定主考学校。同年12月，举行首次自学考试，开考汉语言文学、英语、商学、统计等4个专科专业，有94374名本省考生和部分港澳考生报考。1985年，广东省在全国率先接受经批准的劳改、劳教人员报名参加自学考试。1986年年初，广州市试办中专自学考试，开考的专业有公安、司法、工业财会、商业财会、工业企业管理、商业企业管理、物资企业管理等7个专业，11月经调整纳入全省考试。1986年下半年，有3012名自学考试考生首次获颁自学考试毕业证书。1986年11月到1987年年底，广东省自考办先后接受省公安、卫生、金融、物资、司法、税务、供销、商业、医药和邮电等系统的委托，面向全省开考12个专业。至1987年年底，广东省自学考试开考专业达17个，其中8个专业有毕业生，有主考学校5所。1989年，广东省高等教育自学考试开考23个专业，中等专业教育自学考试开考12个专业。当年为满足用人部门和考生的要求，除一年举行两次全省性的大规模考试外，还为有关部门和仅差一两门课程就能毕业的考生单独举行小规模的考试14次，参加考试人数近2000人。1989年11月20日，省政府颁布《广东省自学考试实施细则》，这是广东省第一个自学考试政府规章。

1990年，广东增设中医专科和英语、会计本科3个自考专业，共开考21个大专专业、6个本科专业、12个中专专业。港澳台同胞报考自学考试的专业有15个。1991年，上半年自学考试报考人数迅猛上升，下半年突破10万人大关，达122102人，接近1990年同期的两倍。1992年，高等、中专教育自学考试进一步发展，全省开考25个专科专业、6个本科专业、8个中专专业，参加自学考试人员的年龄逐步趋向年轻化。据1992年上半年统计，在报考自学考试的125241人中，年龄在25岁以下的有72027人，占57.5%；26～35岁的有42582人，占34%；36岁以上的有10632人，占8.5%。参加自学考试的人中91.2%是在职干部或职工，而农村知识青年和城市待业青年仅占8.8%。

1993年9月，国家教委授权广东省考委统一负责面向港澳开考中国自学考试的工作；11月，广东省考委直接在香港设立自学考试考场。

1994年，是广东省实施自学考试十周年，省自学考试委员会新开考会计电算化、工商行政管理、外贸英语、涉外会计、国际营销、中医护理、护理（西医）等7个专科专业。当年全省开考的有5个本科专业、37个专科专业、6个中专专业。1994年4月，香港考场有451人参加考试。

1995年，广东省考委决定，按“规模发展，规范管理”的要求，加速发展广东省的自学考试事业。在坚持“教考职责分离”原则的前提下，开展主考学校独立举办自学考试辅导班（简称独立办班）的大面积试点工作，利用主考学校丰富的教育资源，发挥主考学校在自学考试社会助学活动中的作用。与此同时，加强自学考试宣传和专业计划、命题业务、考务与考籍多项管理。

从1996年1月开始，每年的1月和7月专门为独立办班的自考生安排两次考试。1997年1月1日，广东以省长令在全国率先施行《广东省自学考试社会助学管理办法》，自学考试社会助学管理工作走上法制化轨道。全省有社会助学单位300多个，参加社会助学活动的有普通高校、成人高校、中专学校、职业学校、社会团体等，接受辅导的考生达40多万人。同年12月，广东启动自学考试计算机题库建设，至2000年年初建成40门课程的智能化、自动化计算机题库系统，是全国规模最大和最先进的自学考试计算机题库系统。1996年全省面向社会、委托部门和教学班开考的自学考试本科、专科、中专专业共99个，面向部分地区试点开考的中专自学考试专业72个，面向民办高校和成人高校开考的高等教育学历文凭考试专科专业14个，面向电大系统开考的广播电视教育注册视听生考试专科专业13个。香港考场考试次数由每年2次增至4次，每场大考的报考人数为400人左右。

1997年3月18—20日，广东省考委召开自学考试工作会议，提出要切实抓好自学考试考风考纪工作，对1996年以前全省开考的本专科专业的1100多门课程进行全面清理和调整，统一专业考试计划和课程考试标准，规范课程名称和学分，使自学考试管理更规范化。同时，积极拓宽开考专业面，扩大考试规模。上半年，单次报考人数首次突破20万人。同年上半年，开始实施高等教育学历文凭考试试点工作。11月，省考委以广州珠江物业酒店管理公司的赠款为基础设立“广东省自学考试珠江管理奖励基金”，对自学考试优秀考生和取得突出成绩的自学考试工作者、教师予以奖励。在全国首创企业与政府合作发展自学考试事业的模式。

1998年上半年，全省单次报考人数首次突破30万人。下半年，设置广东省教育考试服务中心，这是一个企业化管理的内设机构，专门承办非学历教育考试。学历文凭考试试点有较大发展，招生学校由原来的15所增加到45所，招生计划达到1.6万多人。经教育部同意，原香港专业进修学校承担考点的任务转到香港考试局。

1999年上半年，全省自学考试规模持续扩大，单次报考人数首次突破40万人。下半年，全国自学考试委员会批准设立高等教育自学考试广州命题中心，承担自学考试全国统一命题的命题业务及管理工作。同时，经广东省考委批准，华南理工大学、华南师范大学、广东外语外贸大学、汕头大学、湛江师范学院五所普通高等学校成立公开（开放）学院，进行高等教育自学考试全日制教学班试点办学。

2000年，省教育厅审批12所自学考试辅导机构。编制了140多门省考课程的考试大纲，完成了首批35个专业的40门课程的调整。全国题库的建设工作取得进展，建设11门课程题库，成为全国9个命题中心之一，命题工作获得教育部“命题工作优秀奖”。下半年，自学考试开考为126个专、本科专业。学科门类涵盖经济管理、法学、政治学、公安学、教育学、中国语言文学、外国语言文学、新闻学、艺术、理学、机械、电工电子与信息、土木建筑、轻工纺织食品、交通运输、农科、医药等17个方面，形成学科门类较齐全、结构较合理、学历层次分明的专业体系。主考学校有22所。自学考试的单次报考人数达到475703人。自学考试毕业生累计为123379人次。自学考试在籍考生超过125万人。

中国自学考试制度经过广东省的推介，引起港澳台和海外有关方面的关注，并逐渐为他们所接受，产生较大的影响。1986—1989年，英国、美国、加拿大、新西兰、澳大利亚等国20余所著名高等学校先后致函广东省考委，表示承认自学考试的成绩和学历。至2000年年底，港澳台报考自学考试的人数累计达4000多人。

1984—2000年广东省自学考试报考及毕业人数统计表

表6-4-1　　　　单位：人次

年度		报考人数	毕业人数	年度		报考人数	毕业人数
1984	下半年	94374	—	1993	上半年	118586	2148
1985	上半年	94617	—		下半年	117207	2751
	下半年	69453	—	1994	上半年	117665	3527
1986	上半年	57320	—		下半年	119191	4692
	下半年	76607	3012	1995	上半年	123268	3877
1987	上半年	74332	3672		下半年	126590	4156
	下半年	98522	3529	1996	上半年	150640	3553
1988	上半年	87729	2665		下半年	171351	3717
	下半年	70832	3136	1997	上半年	208777	4267
1989	上半年	66185	2475		下半年	229143	3913
	下半年	60759	5783	1998	上半年	322127	4318
1990	上半年	56969	7299		下半年	381255	5384
	下半年	66265	4874	1999	上半年	403875	5399
1991	上半年	82419	4299		下半年	433344	7389
	下半年	122102	2446	2000	上半年	458603	7554
1992	上半年	125241	1984		下半年	475703	9178
	下半年	124153	2382	总计		5385204	123379

数据来源：广东省自学考试办公室统计资料

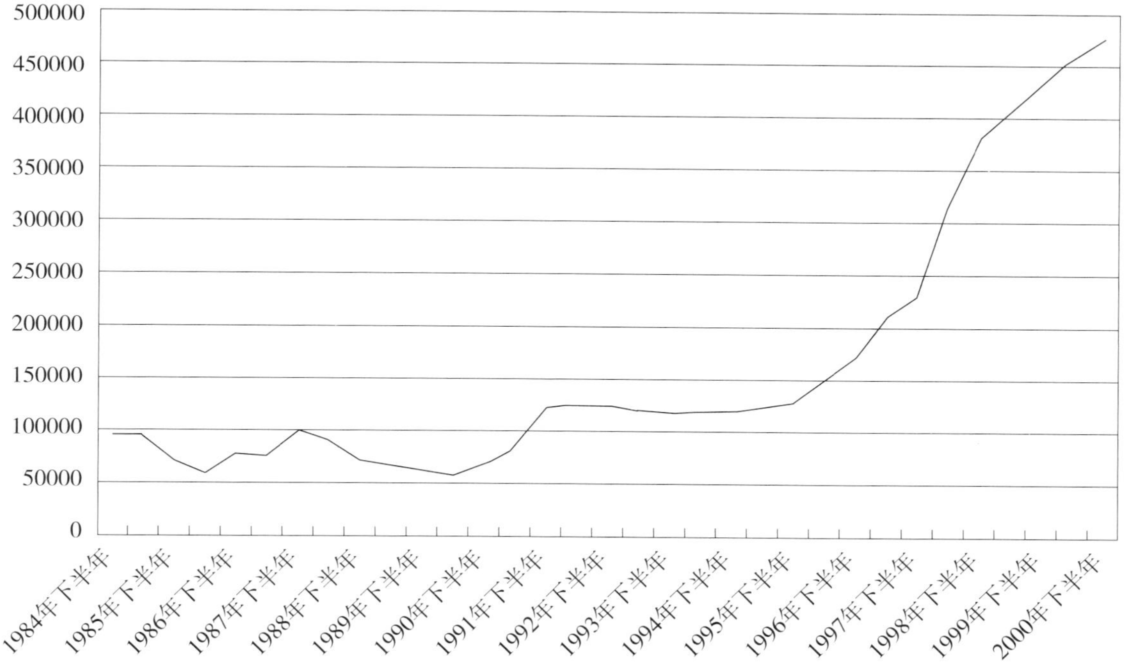

图6-4-1　广东自学考试报考人数情况变化曲线图

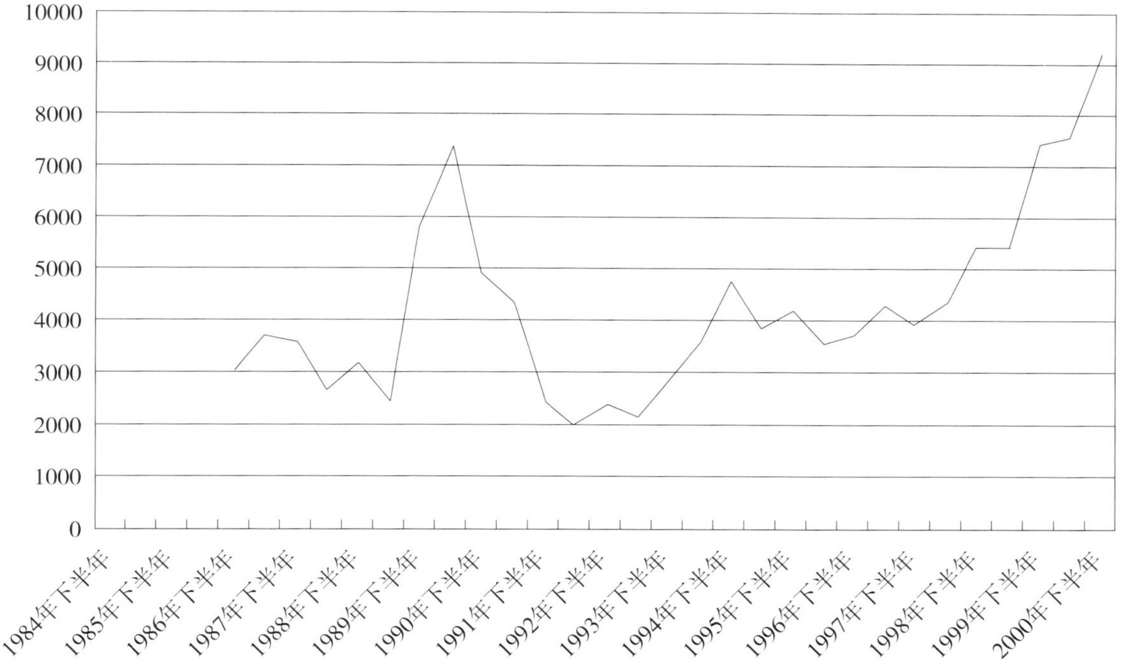

图6-4-2　广东自学考试毕业生人数情况变化曲线图

二、自学考试模式和管理

1988年，国务院发布《高等教育自学考试暂行条例》（简称《条例》），对自学考试制度的性质、任务、地位、机构、开考专业、考试办法、毕业生使用等，以国家行政法规的形式作出规定。明确自学考试是个人自学、社会助学、国家考试相结合的教育考试制度。它既是一种国家考试制度，又是一种高等教育形式。

广东省自1984年实施自学考试制度后，在省、市、县（区）三级教育行政部门中建立自学考试管理机构和专职管理队伍。广东省高等教育自学考试指导委员会（简称省考委）于1984年由省政府批准成立，受省政府领导，由省高教局、省计委、省人事局、省劳动局等牵头，吸收有关部委厅局和社会团体、部队的负责人，以及有关高等学校的校（院）长、专家教授组成。省考委在全国自学考试委员会开考专业的规划和原则的指导下，结合广东省实际，拟订开考专业，指定主考学校，组织考试工作，负责广东省考生的考籍管理，颁发单科合格证书和毕业证书，指导全社会的助学活动。在省高教局设置广东省高等教育自学考试办公室作为省考委的日常办事机构。各地市、县（市、区）教育局设立自学考试办公室，负责地市、县（市、区）自学考试的组织工作。

广东省自学考试的主考学校不断增多。1984年有3所：中山大学、暨南大学、广州外国语学院。至2000年年底，已增加至22所普通高等学校。其中19所为本省实力较强的普通高等学校，3所为省外的重点大学。19所省内高校是：中山大学、华南理工大学、暨南大学、华南师范大学、广东外语外贸大学、华南农业大学、广东工业大学、广州中医药大学、广州大学、广东商学院、湛江师范学院、广州体育学院、星海音乐学院、广州美术学院、深圳大学、汕头大学、嘉应大学、西江大学、佛山科技学院；3所省外主考高校是：北京大学、北京邮电大学和中南财经大学。省内所有主考学校都成立自学考试办公室，负责自学考试业务。为进一步发挥主考学校作用，1996年广东省在全国率先试行主考学校独立办班。1999年下半年，又在华南理工大学、华南师范大学、广东外语外贸大学、湛江师范学院、汕头大学等5所主考学校中成立公开（开放）学院，探索进一步发挥主考学校作用，建立新的助学机制的途径。

广东省自学考试管理部门积极回应各行业对自学考试提出的培养和选拔人才的需求。90年代，广东省考委已先后接受公安、司法、人事、税务、邮电、劳动、卫生、银行、林业、农业等行业的委托，开考本系统、本企业、本单位需要的专业，协助这些部门培养数以千计的专业人才。经过多年努力，广东形成面向社会开考与接受部门委托开考相结合、全省性大规模考试与部分地区和部分教学点的中小规模考试相结合、定期考试与不定期考试相结合的自学考试办考模式。

在广东省自学考试发展过程中，社会助学机构发挥重要作用，其中实力强大的助学机构的办学规模达五六千人。就办学规模而言，与同时期规模较大的普通高等学校相当。1997年1月1日施行《广东省自学考试社会助学管理办法》，规范管理社会助学活动。1999年，对《广东省自学考试社会助学管理办法》进行修订。至2000年年底，全省的社会助学机构超过300个，累计参加过社会助学辅导的考生接近90万人。全省规模较大的助学机构有：广州侨光自考辅导学院、广州珠江管理专修学院、深圳柏泰辅导中心、华南农业大学自考辅导学院、华南师范大学自考辅导学院等。

三、自学考试质量和效益

（一）优化专业和课程设置

广东省自学考试专业设置，坚持“在总体上达到普通高校相同或相近专业水平”的原则。省考办定期组织高校的专家、教授对专业开考方向、专业课程设置以及课程内容结构等方面进行研究论证，不断优化调整各开考专业。为帮助考生掌握学习方法，提高学习效率，省考办定期出版《广东省自学考试》杂志，组织专家、教授编写自学考试辅导材料，开展自学教材的编写研究。全省建立教材供应网，开展提前预订教材和考试大纲、送书上门等服务项目。

（二）加强科学命题

省考办不断加强命题管理，提高命题质量，把好质量关。坚持三组命题制，增加采用全国统一命题的试题。2000年，广东省大考采用全国统一命题的试卷约占当次考试试卷的60%。试题的征集渠道多样化，组建试题库，实现从题库中直接生成格式规范的试卷清样的目标。广东省自学考试题库所采用的计算机软件设计水平以及该项工作的开展，在国内同行中居前沿地位。从1996年起，对英语专业的部分课程实行主客观题分卷考试。此后，将这一做法逐渐扩大到其他专业。该项工作在国内同行中也处于前沿位置。

（三）经济社会效益

1984—1995年的10年间，广东省自学考试的办学规模一直与普通高等学校基本相当。1995年以后，自学考试的发展，比普通高等学校的速度要快。到2000年下半年，全省普通高等学校本、专科的在校生人数为29.95万人，而自学考试本、专科的单次报考人数达到475703人，在规模上超过普通高等学校。广东省实施自学考试制度，一直采用“以考养考”的办法，即自学考试的维持和发展不依赖政府拨款，而按法定收取考生的报名费来“养考”。自学考试考生缴纳的报考费标准由政府物价部门确定，2000年每科次报考费为20元。自学考试的毕业生，其支付的学习考试费用远低于接受普通高等教育学生的费用。政府用较少的财政投入，取得较大的社会效益。自学考试整体教育成本低廉，能满足各种经济状况求学者的需要。考生完全根据自愿原则决定是否参加助学活动，或者在何时何地选择某个助学单位。大约有1/3考生参加各种办学机构提供的各种形式的社会助学。

第七章　民办教育

第一节　民办基础教育

一、概况

中共十一届三中全会后，广东的民办基础教育逐步发展。80年代中期前，主要是文化补习、职业技术培训和幼儿教育，几乎没有民办普通中小学。80年代末90年代初，民办普通中小学虽然有所发展，但数量极少。1993年，广东共有中小学27648所（小学24686所，初中2962所），其中民办中小学仅64所（小学29所、中学 35所，在校生约7万人），只占中小学总数的0.23%。

1993年2月，中共中央、国务院印发《中国教育改革和发展纲要》。1994年11月，省委、省政府作出《关于教育改革和发展的决定》，提出“加快办学体制改革，进一步改变政府包揽办学的状况，形成政府办学为主与社会各界参与办学相结合的新体制”，“目前厂矿企业举办的中小学和幼儿园，原则上仍由厂矿企业负责，经过改革试点，可创造条件逐步交给社会来办”，“继续鼓励社会团体和公民个人承办公立学校或采取民办公助、公办民助的形式办学”。之后，广东民办基础教育得到较快发展。1996年，全省基础教育民办学校、幼儿园发展到600多所，出现社会团体和公民个人承办公办学校、举办民办学校、中外合作办学等多种办学形式。1999年，广东省有民办幼儿园1555所，在园儿童13.78万人；民办中小学350所，在校学生16万人。2000年有民办幼儿园3547所（占幼儿园总数的29.49%），在园儿童36.62万人（占在园儿童总数的17.1%），民办小学359所（占小学总数的1.48%），在校学生24.85万人（占小学生总数的2.67%）；民办普通初中120所（占初中总数的3.98%），在校生44437人（占初中生总数的1.14%）；民办普通高中46所（占普通高中总数的4.86%），在校生11103人（占普通高中生总数的1.53%）。

二、办学模式

广东的民办中小学主要是在1993年后发展起来的。办学模式主要有3种：第一种是低收费民办学校，大多数民办中小学属于这种情况，这种民办中小学的收费比公办中小学收费略高；第二种是“高收费”民办学校；第三种是公办学校体制改革，如国有民办、民办公助学校等。

（一）“高收费”民办学校

1993—1994年，是高收费民办学校迅速发展的两年。1993年，省教育厅印发《关于加强我省普通教育私立学校审批和管理工作若干问题的通知》，规定：私立小学的设立由县级教育行政部门审批；私立初中的设立由市级教育行政部门审批；私立普通高中的设立由省教育厅审批。

1993年3月，经从化市人民政府批准，广州发电厂、中联实业有限公司、中大岭南培训学院联合在从化市良口镇创办第一所收取“教育储备金”的广州市英豪学校。至1996年，全省各地先后举办收取教育储备金的学校36所，在校生约6万人，每位学生交纳10万～30万元不等的教育储备金。1998年，全省以收取教育储备金为主的“高收费”民办学校达到36所。这类学校学生入学时，学校只一次性收一笔教育储备金，到学生毕业离开学校为止，学校不再向学生收取其他任何费用。学生在校期间的费用，包括学杂费及食、宿、衣服、医疗等开支全部由学校负责从教育储备金形成的利息中支付。家长把一笔储备金存入学校指定的银行账户，由银行出具收据和退款承诺书，学生毕业离校或中途退学、转学时，这笔储备金由学校全数退回给家长。1993年7月至1996年5月，银行一年定期储蓄存款利率为10.98%，民间融资利率有的高达30%。学校利用储备金存入银行期间的利息或对外投资的收益来维持学校的运作。

1994年4月，省教育厅在佛山市召开基础教育社会力量办学问题座谈会，会后印发《广东省基础教育社会力量办学问题座谈会纪要》。《纪要》要求：“收取学杂费每年每人5000元以上或赞助金、储备金每年每人5万元以上的高收费学校，要报省教育厅备案。”1994年5月，省教育厅印发《广东省基础教育社会力量办学〈办学许可证〉登记及实施办法》，开始对基础教育社会力量办学实行办学许可证制度。办学许可证由省教育厅统一印制，由审批机关颁发，每年由原发证机关校验一次。同年，又先后印发《关于基础教育社会力量办学几个问题的通知》《关于加强我省基础教育民办学校广告管理的通知》《关于对高收费民办学校进行调查的通知》等，其中重申了教育行政部门不得与社会力量合作举办基础教育学校，教育行政部门现职领导不得到社会力量举办的基础教育学校担任职务的规定。1999年1月，省长卢瑞华签发省政府50号令，发布《广东省基础教育民办学校管理规定》。对基础教育民办学校的设置和学校的组织机构、办学活动、管理等作出明确的规定。其中设置审批规定为：民办小学、幼儿园由所在地县级教育行政部门审批；民办初中和九年一贯制学校由地级市教育行政部门审批；民办高中和在全省招生或跨省招生的学校由省教育厅审批。还规定：民办小学、幼儿园的招生、招聘广告须经所在地县级教育行政部门审批；民办初中、民办高中的招生、招聘广告须经地级市教育行政部门审批；民办学校跨市招生、招聘广告由省教育厅审批。

从1996年下半年开始，银行不断降低利息，至1998年12月，一年定期储蓄存款利率已降到3.78%。此时，储备金的银行利息已经不足以维持学校的正常运转。一些学校为维持学校的正常开支，不得不冒更大的风险把资金投入谋取高额回报的其他行业，而投资其他行业或者失败、或者回报慢，使学校进一步陷入困境。部分学校无法按期兑付退学学生的储备金，少数学校难以为继，个别学校已经倒闭。为防范教育储备金的金融风险，1999年1月，省教育厅印发《关于我省民办学校收取教育储备金转为收取学杂费若干问题的通知》。2000年2月，省政府办公厅转发省教育厅《关于解决我省民办学校教育储备金问题的意见》，规定：民办学校一律不得以吸收教育储备金的方式办学，以前已收取教育储备金的学校，应加大力度清退，转为收取学杂费。

（二）公办学校办学体制改革试验

1994年，广州外国语学院附属学校开始实行国有民办的办学体制改革。1997年1月，国家教委印发《关于规范当前义务教育阶段办学行为的若干原则意见》，明确提出："各地在义务教育阶段办学体制改革中，可依实际情况实行公办民助、民办公助、社区参与、举办民办学校等多种形式。无论采取哪种办学形式，必须保证教育资源的充分利用，保证国有资产不流失。"1998年9月，省政府办公厅转发《国务院办公厅转发教育部关于义务教育阶段办学体制改革试验工作若干意见的通知》，要求省公办学校进行"国有民办""民办公助""民办"等办学体制改革试验，应主要选择少量企业办学校、新办学校和薄弱学校进行，要严格挑选办学主体，保证学校国有资产不流失。按照义务教育阶段公办学校办学体制改革试验从严控制的原则，广东各地公办学校的办学体制改革试验方案，要经当地政府同意后，报省教育厅批准。从1999年开始，实行公办学校转民营的改革试验的义务教育学校逐步增加。

第二节　民办高等教育

一、概况

1977年恢复高考制度后，广东高等教育重获生机，进入恢复、调整时期。在公办高等学校纷纷复办、合办，中心城市兴办高等学校的同时，广东开始探索高中后民办教育的发展，办起一批民办的文化补习夜校和实用技术学校。这一阶段的办学以民主党派、社团和高校的离退休教师为主体。1989年，经广州市白云区教育局批准，广州白云应用技术学校成立，开设机械、电子、电工、服装等专业，培养应用型的专业人才。1990年，华南师范大学一批退休老教师成立华联实用外语科技职业学校，开设英语专修班、日语专修班、俄语专修班、应用电子技术专修班等，培养大专层次的专业人才。这一时期，由于还没有获得政府正式批准的民办高校产生，可称为萌芽时期。

1993年2月，中共中央、国务院颁布《中国教育改革与发展纲要》，要求形成公办教育与民办教育共同发展的格局，并鼓励社会力量举办成人教育和职业教育。1993年国家教委颁布《民办高等学校设置暂行规定》。1995年，省政府颁布《广东省民办高校设置实施办法》和《广东省私立高等学校管理办法》，后者是全国第一部民办高等学校的管理办法，在全国产生了积极的影响。这些政策对广东民办高等教育的发展起到促进作用。1993年，经省政府批准，国家教委备案，民办南华工商学院正式成立。该院是在广东省总工会干部学校的基础上建立起来的，是全国第一所由群众团体工会创办的具有普通高等学历文凭的专科学校，也是改革开放后广东的第一所民办高等学校。1994年，经省政府批准，国家教委备案，私立华联学院成立。1994年9月，广州白云应用技术学校经省政府批准为广州白云职业培训学院。1996年4月，省政府批准成立私立培正商学院。1998年3月，教育部同意民办培正商学院备案。这一时期的民办高等学校可谓处于起步阶段，学校规模小、专业少，校园面积、教学设施、师资力量等方面都存在不足。

1997年，国务院颁布《社会力量办学条例》，国家进一步鼓励社会力量办学。1998年，普通高校开始与企业合作举办民办二级学院，一种新型的民办高等教育形式出现。同年，华南师范大学和广州康大工业科技产业有限公司合作创办华南师范大学康大学院。1999年，普通高等学校开始扩招后，广东民办高等教育加快发展高潮，形成多形式、多层次、多渠道、多模式办学的格局。同年，潮汕职业技术学院经国家教育部批准正式成立。2000年，广东新安职业技术学院经国家教育部批准正式成立。同年，广州大学与松田实业有限公司合作举办广州大学松田学院。至2000年年底，广东有独立设置的普通民办高等学校6所，分别是私立华联学院、南华工商学院、培正商学院、白云职业技术学院、潮汕职业技术学院、新安职业技术学院。

二、办学模式

（一）资金投入

民办高校的资金投入主要来源于民间投资者，包括社团、协会、企业和个人，除此之外也包括个人捐资和市场融资等资金投入方式。南华工商学院由省总工会投资，培正商学院由培正中学校友会投资，广东新安职业技术学院由省教育促进会投资，投资主体是社团和协会；潮汕职业技术学院、私立华联学院、白云职业技术学院的投资主体是企业和个人。普通高校设置的民办二级学院的投资主体是与普通高校合作的企业法人，如华南师范大学康大学院的投资者是广州康大科技产业有限公司，广州大学松田学院的投资主体是广州松田实业有限公司。民办高校的资金投入方式可以分为直接投资和市场融资。直接投资指投资者在民办高校筹建时期和发展时期的资金投入，市场融资指民办高校在办学过程中通过银行贷款等市场融资方式获得的资金投入。广东民办高校的资金投入方式主要是直接投资；90年代末，民办高校寻求多样化的融资渠道，通过银行贷款、与企业和个人合作兴建校舍等方式进行市场融资。

（二）办学管理

省政府和教育行政部门对民办高等教育一直采取积极扶持与规范管理并行的政策，促进和规范民办高校的发展。1995年，省高教厅发布《广东省民办高等学校设置实施办法》，对民办高校设立的条件、申报的程序、审批办法作出规定。该办法明确民办高校的设置标准，及时杜绝不符合标准的民办高校的出现。1995年，省政府颁布《广东省私立高等学校的管理办法》，对民办高校的地位、设置、内部管理、行政管理和监督等方面作了明确的规定，规范广东民办高校的办学行为。1996年，省高教厅颁布《广东省高等教育学历文凭考试暂行实施办法（试行）》。1999年，省高教厅制定《广东省社会力量举办专修学院审批暂行办法》。2000年，省政府颁布规章《广东省社会力量举办非学历高等教育管理办法》。

（三）办学机制

广东的民办高校具有强烈的市场意识，始终面向市场办学，不断创新求发展。在办学定位上，民办高校以制造业和服务业为主要对象，培养市场急需的应用型技术人才。在专业设置上强调以市场为导向，针对市场需要和职业岗位设置专业，例如：建筑装修、酒店管理、报关和国际货运、商务英语、物业管理、酒店管理、旅游管理、市场营销、保险、中英文秘书、工艺美术、服装设计、汽车维修、计算机网络技术等等。在教学方式上，民办高校注重理论与实践相结合，强调实用技能的培养。课程以实用型课程为主，强调动手能力的培养，白云职业技术学院建有面积达2万平方米的学院实训中心，设有机械与数控等130多个实训场室，是功能齐备、设施先进的大型职业技能综合训练基地。私立华联学院设有计算机中心、微机原理与接口技术、单片机、电脑安装与维护、局域网维护、高频与通讯、模拟会计、画室、电脑美术设计、摄影处理暗室、琴房、音乐欣赏、室内管乐、音像制作等29个实习、实验室，能满足和保证各项实验、实习和教学的需要。在培养方式上，民办高校强调学历与资格证书并重，广泛进行校企合作。民办高校不仅进行学历教育，同时还举办各种各样的短期培训班，为社会和企业培养职业技术人才。在办学方面，民办高校还积极与国内外的教育机构开展合作办学。如白云职业技术学院与国外多个知名教育培训机构及华中科技大学等国内知名院校合作办学，为学生提供新的就学机会和发展空间；私立华联学院与国外多所大学合作办学，与英国伦敦工商联合会合作举办商务秘书与行政管理大专班，与荷兰马斯特里赫特国际管理学院合作举办工商管理硕士课程班，与泰国暹罗大学合作举办流行英语口语班等等。在教师聘任方面，民办高校按照市场机制聘用专职教师和兼职教师，也聘用外籍教师和企业的专业技术人员和管理人员。

（四）办学层次与专业建设

在办学层次上，广东民办普通高校以专科层次的高等职业教育为主，各校还根据自身的情况开展中等职业技术教育、职业技术培训，以及与其他教育机构联合举办不同学历层次的课程班。白云职业技术学院、华联私立学院等在举办高职大专层次教育的同时，还设有中等职业技术学校，开展中等职业教育。普通高校的民办二级学院属于本科层次。民办专修学院从事非学历教育，也通过自学考试辅导，参加学历文凭考试，与普通高校、成人高校、国外教育机构合作办学等方式进行学历教育，在学历层次上以大专层次为主。

在专业类型上，广东的民办高校属于综合性的民办高校，开设的专业面比较广，一般都设有5个以上的专业系、10个以上的专业方向。南华工商学院设有法学、酒店物业建筑与装修、管理、国际经济与贸易、金融学、商务英语、计算机网络技术、报关与国际货运、工商行政管理、市场营销、商务文秘、机电一体化等12系，共15个专业。培正商学院设有国际金融、国际贸易、市场营销、会计学、工商管理、物业管理、酒店管理、商务英语、中英文秘书、法律、计算机信息管理、保险学等12个专业。白云职业技术学院设有机电工程、计算机、电子信息工程、艺术设计、管理、经济和外语等7个系，共32个专业、41个专业方向；拥有高级技工和普通技工两个层次的中等职业教育，开办有电子通讯、电工制冷、汽车、机械、数控、建筑等11个专业大类、45个专业方向；非学历教育的职业技能培训开设

15个专业大类、76个工种。私立华联学院设有英语、日语、计算机、经管、会计、电子、美术、法律、园林、音乐、电视、服装、美容等13个系，共14个专业、28个专业方向。

三、办学成果

90年代初，广东率先开放高等教育办学机制，打破政府包办高等教育的旧格局，形成多元办学的新格局。首先是资金渠道的开放。政府鼓励多元投资兴办高等教育，只要符合国家有关规定，无论是企业、社会团体、个人均可投资创办高等院校。民办高校的举办者可以用资金、实物、土地使用权、知识产权以及其他财产作为办学出资，鼓励社会各方捐资助学。其次是招生就业渠道的开放。民办高校已实行双向选择、自主择业。民办高校除计划内的招生外，还招收落榜生，通过自学考试、学历文凭考试进行学历教育，同时也招收非学历教育的学生，进行职业技术培训。再次是办学自主权的开放。民办高校在专业设置、课程设置、经费使用、师资聘用等方面都有较大的灵活性和明显的竞争优势。

广东省民办高校经过近10年的发展，从无到有，从小到大，从默默无闻到全国知名。到2000年年底，广东有6所独立设置的民办高校，占全国民办高校总数的1/6，占全省高校总数近1/8，民办高校与公办高校之比居全国第一。2000年，全省民办高校占地总面积达97万多平方米，校舍总面积达35万多平方米，教学设备齐全，招生数量与质量逐年稳步提高，当年全省民办高校总计招生8000人，在校生人数达到1.5万多人。从学校的数量、校园面积、教学仪器设备、在校学生人数上看，广东省民办高等教育都具备一定的规模；同时，办学积极性高，发展的潜力大，初步形成办学形式多样化、办学模式多元化的局面。

第三节　民办非学历高等教育

一、概况

80年代初开始，根据《中华人民共和国宪法》和《中华人民共和国教育法》的规定，公民个人或团体具备一定的办学条件，包括校舍、设备、师资等，经当地教育行政主管部门审查批准，兴办民办非学历高等教育机构（简称教育机构）。主要有培训学院（学校、中心）、辅导学校（学校、中心）、进修学院、文化学校等类型。他们面向社会，提供有偿培训服务，开展多层次、多形式的非学历教育和职业技术培训。教育机构自筹资金，自主办学，自负盈亏，自我完善，自我制约，按照社会求学者和企业、事业单位的需要，提供岗位培训、职业技术教育、继续教育和社会文化生活教育等培训服务。按照“适应需要，平等竞争，以质取胜，优胜劣汰”的原则，在竞争中发展。

90年代后，广东省民办非学历教育在经济改革中蓬勃发展。1993年，东莞市参加各种类型培训学习人数达68.9万人，占全市劳动人口的58.69%，为1978年的25.9倍。1994年，广州市教育机构已发展到377所，每年培训量达15万人。1993年，广东省批准成立首批9所民办非学历教育专修院。民办非学历高等教育机构为社会培养大量的实用人才，逐步建立起培训与考核、推荐就业配套服务的运行机制，涌现出一批办学条件、管理水平和办学效益较好，颇具规模且具特色的办学机构。广州南洋自学辅导大学、广州侨光财经辅导学院和广州白云职业培训学院，占地面积较大，有固定的教学大楼、实习大楼、学生宿舍楼、图书馆等建筑，教学、实习、生活设施齐备，师资力量雄厚，在自考助学、高级和中级职业培训、上岗培训方面，办出规模，办出特色，积累办学经验。

二、高等教育学历文凭考试试点

1996年，为探索社会力量办学的新途径，国家教委在部分省、市进行国家高等教育学历文凭考试教育改革试点。高等教育学历文凭考试是国家对尚不具备颁发学历文凭资格的民办专修学院学生组织的学历认定考试。它是介于非学历教育与学历教育之间的一种形式，将学校办学与部分课程国家考试相结合，以宽进严出、教考分离为特点的全日制学校教育形式。其招生对象主要是具有高中毕业水平，当年参加全国普通高等学校或成人高等学校统一招生考试未被录取的学生，教学采取全日制脱产形式，教学计划中的理论教学课程分为全国统考课、省统考课和学校考试课三部分，学生学完教学计划规定的所有课程并考试及格，发给国家承认的由省自考委和学校颁发的毕业证书，相当于大专学历。1996年6月和12月，省高教厅转发国家教委《关于同意吉林、福建、陕西、四川、广东五省开展高等教育学历文凭考试试点的通知》，正式开始高等教育学历文凭考试试点工作。

为搞好高等教育学历文凭考试试点工作，1996年省高教厅制定《广东省高等教育学历文凭考试试点实施办法（试行）》。在充分调查研究的基础上，确定广州白云职业培训学院、广州侨光财经辅导学院、南洋自学考试辅导大学3所民办学校的14个专业率先试点。1998年，省高教厅转发国家教委办公厅《关于印发高等教育学历文凭考试试点工作考试（考试部分）实施意见》的通知。为加强高等教育学历文凭考试教学管理，省高教厅制订高等教育学历文凭考试16个专业的教学计划和省统考课程的考试大纲，制订高等教育学历文凭考试的专业招生计划和新生录取办法，认真开展招生计划和新生录取的审批工作。

三、教育机构管理

1993年，为把民办学校的发展引入正确轨道，中共中央、国务院颁布《中国教育改革和发展纲要》和1997年国务院颁布《社会力量办学条例》，提出“积极鼓励，大力扶持，正确引导，加强管理”的方针。广东省在这一方针的指导下，根据本省实际，制定有关规章和规范性文件，积极推动民办教育健康发展。

1997年，省高教厅转发国家教委《关于印发〈国家教育委员会关于实施社会力量办学条例〉若干问题的意见》的通知和国家教委办公厅、劳动部办公厅关于实行社会力量办学许可证制度有关问题的通知。根据国家教委有关文件精神，省高教厅决定对全省举办非学历高等教育机构进行复查登记、核发“社会力量办学许可证”。1999年，省高教厅印发《关于公布广东省社会力量举办非学历高等教育机构复查登记结果的通知》，公布复查合格的非学历高等教育机构284所，其中专修学院56所，培训学校1所，自学考试辅导机构227所。

1999年9月，针对部分专修（进修）学院在办学中存在的各种问题，为积极鼓励、正确引导社会力量举办非学历高等教育的专修学院，加强对专修学院的管理，省高教厅印发《关于加强广东省专修（进修）学院办学管理的通知》。

2000年，省高教厅印发《关于做好广东省1999年度专修（进修）学院年度检查工作的通知》，颁发《广东省专修（进修）学院年检标准（试行）》，要求各专修（进修）学院和有关市教育行政部门进行自查和复查。在此基础上，于2000年7月组织年检验收工作，专家组对58所专修（进修）学院逐所进行验收，评出优秀学校3所、良好学校17所，对26所分别要求限期整改、降级改名和撤销，在《南方日报》上予以公告。

2000年9月，为鼓励和支持社会力量举办非学历高等教育，促进其健康发展，根据《中华人民共和国教育法》《中华人民共和国高等教育法》和国务院《社会力量办学条例》，结合本省实际，省政府颁发《广东省社会力量举办非学历高等教育管理办法》，明确申请、审批、管理、奖励与处罚等细则，使社会力量举办非学历高等教育有法可依。

第八章　海外华人华侨、港澳同胞捐资建校与办学

广东是中国的主要侨乡。祖籍广东的华侨华人2000多万人，占海外华侨华人总数的70%，分布在全世界100多个国家和地区；港澳同胞600多万人，祖籍广东的占90%以上；省内的归侨、侨眷、港澳同胞亲属也有2000多万人。广大海外华人华侨、港澳同胞历来乐于送子女回国、回内地就学，同时又具有捐资兴学、造福桑梓的优良传统，为广东教育事业的发展做出巨大贡献。1981年8月，广东省人民政府印发的《关于华侨、港澳同胞捐资办学若干问题的通知》指出，华侨和港澳同胞自愿捐资办学，是爱国爱乡和热心教育的表现，各级政府应积极鼓励、支持和欢迎，并给予指导和协助；捐资新建、扩建学校，由县政府批准；建校项目列入当地基建计划，优先安排，捐资办学的经费专款专用；捐资兴建的校舍，产权属学校所有，任何单位和个人不得侵占，捐资人要求命名、立碑以志纪念，应予同意；捐赠的教学仪器、图书、设备应造册登记，不得调走或私人占用；捐助的办学经费不得侵占挪用，学校应定期向捐助人报告经费使用情况；捐资办学贡献大的，给予表彰。1984年12月，省政府颁发《广东省华侨、港澳同胞捐办公益事业支持家乡建设优待办法》，对捐赠款物给予各种优惠待遇，进口物资给予减免征税，征用土地给予优先，对捐赠项目题名留念，贡献卓著者给予表彰等方面都有明确规定。省政府的政策规定，有力地调动华侨、港澳同胞捐资建校办学的积极性。总体上，华人华侨、港澳同胞捐助广东省的教育事业具有数量多、金额大、参与者众、分布面广、个人捐赠次数（项目）多等特点。据教育部门不完全统计，1978—2000年，全省接受华侨华人、港澳同胞捐资而新建、扩建、修建学校2万多所（包括汕头大学、嘉应大学、五邑大学、韶关大学、中山大学孙文学院、番禺理工学院，等等）、幼儿园近1100所，建筑面积1400多万平方米；设立奖教奖学等各种教育基金组织1300多个；捐赠大批现代教学、科研设备和图书资料，金额共达100余亿元。

第一节　捐资兴办中小学

一、概况

中共十一届三中全会后，拨乱反正，贯彻落实侨务政策，华人华侨、港澳同胞捐资建校办学得到肯定和支持。1978—1980年，“文化大革命”以前开办的华侨学校相继复办。开平县开侨中学1978年11月1日召开庆祝复办大会，海外来宾、校友150多人庆祝复校，并筹组新的校董会，集资扩建校舍。1979年，香港同胞郑裕彤、李兆基捐赠300多万港元复

办、扩建顺德华侨中学，新建校舍1.6万多平方米。1980年，香港同胞蔡继有、旅日华侨吴桂显等集资200多万元复办和改建中山华侨中学；香港同胞庄静庵捐资100多万元复办潮州绵德小学，新建潮州绵德中学。80年代后，华人华侨、港澳同胞回乡探亲访友，既给学校捐赠大批物资和设备，又积极集资建校办学。香港同胞刘宇新1978年至90年代为内地教育事业及其他各项建设捐资达4000多万元。

为推动华侨建校办学，1982年9月18日，省教育厅、省财政厅、省政府侨务办公室联合在中山县召开华侨办学会议，教育部、财政部和省政府办公厅文教处也派人参加。会议推广中山县发动华侨捐资建校办学的经验。为办好侨办学校，1983年12月6日，省教育厅在顺德县召开华侨中学校长会议，推广顺德华侨中学、中山华侨中学办学经验。1984年4月16日，省教育厅、省政府侨务办公室在肇庆市召开华侨办学汇报会。1987年4月5日，省教育厅在广州市召开华侨中学校长会议，提出发挥华侨中学优势，把华侨中学办成有良好的校园、良好的校风、良好的管理、良好的质量的有特色的中学。这次会议形成《华侨中学校长会议纪要》，对华侨中学的办学方向、办学形式、组织机构、经费管理、办学条件、教师队伍、招生、校产管理等方面作出原则规定。同年，中山华侨中学、开平华侨中学升格为县、市重点中学。

1979—2000年，由华人华侨、港澳同胞捐资新建、扩建、修建的中小学有2万多所。其中，海外乡亲捐赠给江门市办学资金17.3亿元，新建、扩建、修建中小学校2370所，建筑面积291万平方米，当中台山市接受捐赠办学金额4.7亿元，新建、扩建、修建中小学666所，建筑面积77.7万平方米，旅外乡亲捐赠给新会市发展基础教育经费累计3.8亿元，新建、扩建、修建中小学777所，建筑面积73.2万平方米；佛山市累计接受捐赠教育经费11.8亿元，新建、扩建、修建中小学631所，建筑面积155.2万平方米，当中顺德县接受海外侨胞、港澳同胞捐赠教育经费7.6亿元，兴建中小学154所；梅州市接受旅外乡亲捐赠办学经费累计8亿元，新建、扩建、修建中小学7335所，建筑面积138.18万平方米；海外侨胞、港澳同胞给广州市捐赠教育经费5.2亿元，新建、扩建、修建中小学317所，建筑面积32.3万平方米，当中番禺县旅外乡亲捐资兴建中小学119所，建筑面积17.5万平方米，分别占全市捐办学校的37.5%和54%。此外，侨胞还捐办了一批幼儿园，较有影响的有台山马兰芳幼儿园、佛山市石湾区霍陈秀苗幼儿园、珠海市启雅幼儿园、汕尾市一洲幼儿园、汕头市葛洲幼儿园、深圳市龙珠幼儿园等。

1981—1995年，华人华侨、港澳同胞捐资建校办学总体上呈直线上升的趋势；1996年以后，受亚洲金融风暴影响，捐资额有所减少。个人捐资办学较著名的有：陆丰县林启恩纪念中学，香港同胞林道有捐资额3000万港元，建筑面积2万平方米；新会县陈经纶中学，香港同胞陈经纶捐资2000万港元，建筑面积1.7万平方米；新会县陈瑞祺中学，香港陈瑞祺慈善基金会捐资1000多万港元，建筑面积1.4万平方米；汕头市林百欣中学、潮阳林百欣中学、汕头林百欣中专学校，香港同胞林百欣伉俪分别捐资1300万元、2000万元、3200万元，建筑面积共1.6万平方米；梅州曾宪梓中学，香港同胞曾宪梓捐赠1500万元；中山华侨中学，香港同胞蔡继有等集资800万元，建筑面积3万平方米；梅县第一职业学校，香港同胞罗桂祥捐600万元；祖籍大埔县侨居马来西亚的萧畹香捐助的大埔县学校有：百侯中学、县华侨一中、二中、石云中学、广德中学、高陂中学、平原中学、大东中学、双溪中学、大埔中学、高陂小学、帽山小学、百侯幼儿园等。萧畹香还独力捐资创建从幼儿园到高级中学的“进光学村”，总投入3000多万元，还设立每年奖教奖学金100多万元。

二、主要特点和形式

华人华侨、港澳同胞捐资建校办学有两个显著特点：一是金额巨大；二是参与人数众多。据中山市教育部门统计，华人华侨、港澳同胞捐资办学万元以上的有700多人。台山县全县中小学590所，有365所接受华人华侨、港澳同胞的捐赠。

广东省华人华侨、港澳同胞捐资建校主要有10种形式。

第一，独资捐办、捐建一所学校。捐资人不仅建校，还负责部分或全部办学经费，香港同胞庄静庵捐办的绵德中学，香港同胞林百欣捐建的汕头林百欣中学、潮阳林百欣中学、汕头林百欣中专学校，香港同胞林道有捐建的林启恩纪念中学，香港同胞陈荣根捐建的荣根学校，香港同胞李兆基捐建的李兆基中学，香港同胞梁銶琚捐建的杏坛梁銶琚中学，香港同胞李灼文捐建的李谭更开中学，香港同胞伍舜德捐建的学业中学，香港同胞霍英东捐建的元甲学校等，香港同胞曾宪梓捐建的梅州曾宪梓中学，香港同胞田家炳独资捐建大埔县田家炳高级职业学校，还有一些海外华人华侨为家乡修建的学校，都属于这种形式。

第二，独资或合作建设多个项目。香港同胞郑裕彤、李兆基，继1978年捐资扩建顺德华侨中学后，1980年又分别捐资8000万元，兴建郑裕彤中学和李兆基中学；香港同胞田家炳捐资8300万元给清远市发展山区教育事业，并在家乡大埔县捐资办田家炳中学、职业中学、小学等项目400个；香港同胞伍舜德、马兰芳伉俪为幼儿园、中小学建设捐资累计近1.3亿港元，等等。

第三，独资捐建单项工程。香港同胞黄祖棠捐建的新会师范图书馆，香港同胞霍英东捐建的三水侨中体育馆，香港同胞利国伟捐建的开侨中学科学馆，香港同胞曾宪梓捐建的东山中学图书馆，香港同胞罗焕昌捐建的宁中中学焕昌教学楼，香港同胞黄乾亨兄弟捐建的台山一中科技活动楼，香港同胞陈有庆及陈有汉捐建的潮阳第二中学办公楼等，属于这种形式。

第四，集资兴建一所学校。有社会广泛集资的，也有以姓氏宗亲会集资的，还有地区性校友等形式集资的。这类学校，中学有100多所，小学更多。2000年，佛山市侨联发动海外侨胞捐资200多万元，兴建迳口华侨农场中心小学。

第五，集资捐建单项工程。如集资兴建一座教学楼，或一座图书馆、宿舍等，大小单项工程都有，这种形式比较普遍。

第六，捐赠教学设备、物品。如捐赠电教设备、实验设备、课桌椅、各种电器、文体器材、汽车、图书资料、电脑等，品种繁多。

第七，捐设教学、教育基金。祖籍广东的美国国际合作委员会主席、罗斯福总统纪念图书馆国际部主席陈香梅自1992年始，每年9月都到广州参加教师节活动，并在广州等地设立陈香梅教育基金会；香港同胞梁銶琚、陈福来各捐10万港元在湛江一中设立梁銶琚奖学金、陈福来奖学金；香港同胞李兆基捐500万元在李兆基中学设奖学奖教基金。台山县的侨胞在100所中小学设立教育基金会，香港同胞霍英东为广州市教育基金会捐资850万港元、为番禺教育基金会捐资100万港元，香港同胞何添先后为番禺教育基金会捐资848万港元等。还有一些海外华人华侨为家乡设立了奖学基金、教师培训基金，或捐巨资助家乡发展教育。

第八，购置产业，开办工厂，将其收益用于办学。中山侨中校董会在澳门购置楼宇一座，年收入18万元用于补充学校经费；东莞市侨胞帮助学校开办工厂，收入部分用于改善归侨教工福利。这种形式在1985年以后逐步增多。

第九，兴办校外教育设施。如香港同胞伍舜德捐建的台山县少年宫，设施完善，专供少年课外活动用。

第十，邀请和资助校长、教师出访，学习国外和港澳办学经验。广州、中山、江门、佛山、汕头、梅县、深圳、珠海等地，应邀出访的校长、教师较多。

第二节　捐资兴办高等学校

一、主要特点和形式

1979—2000年，华人华侨、港澳同胞对中山大学、中山医科大学、华南理工大学、暨南大学、广东外语外贸大学、广州大学、广州医学院、汕头大学、嘉应大学、五邑大学、中山大学孙文学院、韩山师范学院、惠州大学、韶关大学、台山广播电视大学等30多所高等学校捐资赠物，有的独资或合资捐建教学楼、图书馆、体育馆、学术交流中心，有的赠送图书资料和教学、科研仪器设备；有的出资送教师到港澳、外国培训进修和学术访问，对广东高等教育特别是新办大学的建设发挥重大推动作用。1978年夏，暨南大学复办后，一直得到海外侨胞和港澳同胞的关爱与支持，得到大笔经费资助和一大批图书、仪器设备，建设了一批教学行政用房和体育活动场馆。1985年4月，梅州市创办嘉应大学，海外侨胞、港澳同胞捐赠累计8000万元。1985年创办的江门五邑大学，五邑海外侨胞及港澳同胞捐赠累计达2.2亿港元，兴建教学大楼36座、建筑面积11.6万平方米。

（一）主要特点

1. 多成分捐资办学

为广东高等教育捐资赠物的华人华侨、港澳同胞和社团主要来自美国、加拿大、秘鲁、英国、法国、德国、荷兰、日本、泰国、新加坡、印度尼西亚、马来西亚、新西兰等国家和我国港澳地区。他们中有商人、学者，有社会名流，也有普通人士；有公司、商会、基金会、宗亲会，也有大专院校、学联等，捐赠的款额从几千港元到几亿港元不等。

2. 多途径捐资办学

第一，成立筹备（筹建）委员会。由海外、港澳和内地知名人士或热心教育事业的人士组成，负责研究制定学校总体规划、筹措和管理资金。如汕头大学、五邑大学、嘉应大学、韶关大学、中山大学孙文学院等在正式成立前就建立筹委会，许多华侨、港澳同胞通过筹委会向学校捐资赠物。

第二，成立董事会。由国内外知名人士组成，负责审查和监督学校总体规划、建校计划和办学计划的实施，并筹措办学经费。如暨南大学、汕头大学、广东工学院隆辉分院、嘉应大学、仲恺农业技术学院、广东外语外贸大学等成立的董事会。

第三，建立筹款委员会。由华侨、港澳同胞或社团组成，发动海外、港澳的乡亲捐资支持家乡办学。江门市旅居海外和港澳的五邑乡亲于1984年在香港成立“海外华侨港澳同胞响应筹建五邑大学委员会”，他们积极开展宣传工作，当年就为五邑大学筹集上千万港元，还推荐华侨学者到校讲学。中山市侨胞在美国檀香山、旧金山等地成立中山大学孙文学院办学基金会。

第四，建立港澳联络处。有的学校以董事会名义在港澳地区设立办事处，有的以学校名义设立联络处，以此直接开展筹款工作。

第五，举办各种庆典活动。老校通过校庆、新校通过开学典礼或建筑工程奠基、竣工仪式，邀请海外和港澳的校友、知名人士、社会贤达、乡亲等参加，让他们了解家乡、学校的发展规划，争取他们帮助和支持。如2000年3月，顺德市举行兴建顺德大学（即顺德职业技术学院）筹款万人行活动，有13个国家和地区的700多位海外乡亲加入万人行的队伍，筹得款项1.6亿元人民币。

（二）主要形式

第一，独资办学。香港同胞李嘉诚独立捐巨款为家乡创办汕头大学。从1981年至1988年，先后共捐3.5532亿港元，到2000年约达18亿港元。

第二，独资或集资捐建校舍。香港同胞霍英东在中山大学、番禺理工学院等捐建体育中心、学术楼等，包括捐资3000万港元兴建中山大学英东体育中心。香港同胞邵逸夫1988年为暨南大学、深圳大学捐赠港币1200万元（其中1000万港元用于修建暨南大学邵逸夫体育馆，200万港元用于修建深圳大学化学实验楼），还捐款建设华南理工大学逸夫科学馆。香港同胞梁銶琚为中山大学捐赠792.153万港元，为中山医科大学捐赠100万港元。香港同胞曾宪梓向中山大学捐赠252万元、捐赠1000万元兴建暨南大学曾宪梓科学馆，偕同夫人黄丽群女士捐赠381万港元为嘉应大学兴建宪梓教学大楼、丽群图书馆等。

江门市五邑大学、梅州市嘉应大学、中山市中山大学孙文学院、番禺理工学院等都得到众多华人华侨、港澳同胞的捐助。五邑大学得到五邑地区近千名华人华侨、港澳同胞的支持，捐赠金额达1.8亿港元，其中香港同胞利国伟向五邑大学捐资近4000万港元，香港同胞伍舜德向五邑大学捐资1100多万港元。嘉应大学除香港同胞曾宪梓偕夫人捐资建教学大楼、图书馆外，香港同胞刘宇新、田家炳、熊德龙等也捐资兴建嘉应大学大批教学设施，嘉应大学3万多平方米建筑面积中，海外侨胞和港澳同胞捐建的就达2万平方米。旅日华侨吴桂显向中山大学孙文学院捐1200万港元建教学大楼、图书馆和实验室。香港同胞田家炳捐资60万港元改善惠州大学教学设施，并在家乡大埔县捐资建设田家炳电视大学。

广东高等学校内许多现代场、馆、楼、堂是在华人华侨、港澳同胞捐助下建成的。中山大学的梁銶琚堂、英东体育中心、永芳堂等，暨南大学的邵逸夫体育馆、暨南大学医学院附属一院门诊大楼“英东楼”等，中山医科大学的教学科研大楼“何母刘太夫人实验大楼”、校友会堂等，华南农业大学的畜牧科学实验楼，广州医学院的何善衡脑科中心，华南理工大学的逸夫科学馆、逸夫工程馆等，广州美术学院的艺术交流馆，嘉应大学的宪梓教学大楼、丽群图书馆、艺术交流大楼、德龙会堂等，仲恺农业技术学院的英东实验大楼，惠州大学的教学大楼，五邑大学的办公楼、图书馆、科学馆、建筑馆、部分教工宿舍和学生宿舍等，中山学院的教学大楼、实验大楼、图书馆等。

第三，捐赠港澳楼宇。香港同胞李嘉诚、霍英东和卢道和分别在香港为汕头大学、暨南大学和韶关大学购买楼宇；香港同胞王宽诚、吴炳昌、欧阳瀚、孙诚曾、蒙民伟、汤秉达、张仲、颜同珍合资为暨南大学在香港购买楼宇；澳门同胞马万祺在澳门为暨南大学购买楼宇。这些楼宇作为学校对外联络和开展交流活动的场所，为学校对外联络、交流提供便利。

第四，捐赠教学仪器设备和图书资料。华人华侨、港澳同胞给广东高等学校捐赠的教学科研仪器设备非常广泛，包括各种专业实验室或研究所的仪器设备、电化教学仪器、医疗器械、电子仪器、录像机、电视机、计算机、复印机、空调机、打字机等，还有大批交通工具。捐赠图书资料，有的是给学校捐献购买图书的专款，有的直接捐赠各种专业图书资料。香港汉荣书局董事长石景宜向暨南大学等数所高校图书馆捐赠大量书刊，总价值超过千万港元。在香港同胞李嘉诚的捐款中，有7000万港元用于购买教学仪器设备和图书资料。五邑大学获得的捐款，有1000万港元用于购买教学仪器设备。中山医科大学获得捐赠的万元以上的仪器设备有30多台（套）；交通工具9辆。暨南大学获得捐赠教学仪器60种，价值110万元。同时华侨、港澳同胞还直接向学校赠送中文图书共计6.82 万册，其中石景宜捐赠图书共3.52万册。

第五，设立教育基金和奖教奖学金。香港同胞李嘉诚以2000万港元设立汕头大学学术基金，用以奖励有重大科研成果和教学成绩优异的教师，聘请国内外专家讲学，资助教师出国进修、考察和学生出国留学。香港同胞何善衡捐助2000万港元，成立中山大学管理学院何氏教育基金会，用以帮助中山大学管理学院的发展。中山大学在校友们特别是海外校友、港澳校友的帮助下，成立岭南学院基金会。1985年5月，暨南大学董事会在香港注册成立暨南大学教育基金会，基金总额2000多万港元，每年以5%的溢利，为学校培养师资、增添设备提供经济上的支持等。香港同胞姚美良向嘉应大学捐赠40万元作为教育基金。五邑大学教育基金达2000多万港元。华侨、港澳同胞和校友还为暨南大学、中山医科大学等提供多种奖学金。嘉应大学有香港同胞曾宪梓捐资设立的宪梓奖教奖学金，还有香港同胞陈泰元设立的奖教金和奖学金。华南农业大学有王宽诚教育基金会设立的“王宽诚育才奖”；暨南大学不少专业有境外人士提供的专项奖学金，如“张驷祥陈寿明食品科学奖学金”“霍铸安经济学奖学金”“霍铸安医学奖学金”“森那美奖学金”“白洛文学奖学金”等；仲恺农业技术学院有“刘宇新奖学金”“张韵儿奖学金”等。泰国泰华报人公益基金会主席陈世贤向中山大学、广州师范学院捐资均超过1000万元。

第六，从投资办厂、办公益事业的收成中提成给学校。在嘉应大学，香港同胞曾宪梓从1988年起，每年从他投资兴办的银利来领带厂的利润分成中，提取10万元作为学校的经费；香港同胞熊德龙从合资办的梅州市海绵厂的利润分成中，提取40%作为学校的经费；香港同胞罗焕昌、曾宪梓、田家炳、刘宇新、余国春、姚美良等华侨、港澳同胞集资1200多万元兴建嘉应大桥，每年从过桥费中提取资金作嘉应大学部分办学经费。香港同胞李立从其创办的中山市电子厂收益中，提取50万元捐赠给中山大学孙文学院。香港隆辉投资有限公司在广东番禺创办高科技产业“番禺隆辉工业村”，为了培养专业人才，于1988年与广东工学院联合创办广东工学院番禺隆辉分院，该公司从“工业村”收成中提取办学经费，包括基建、设备费等，广东工学院负责教育教学及管理工作。

二、李嘉诚捐巨资兴建汕头大学

1980年春，省委、省政府决定在汕头创办一所综合性大学，1981年成立汕头大学筹备委员会。香港同胞李嘉诚获悉家乡筹办大学后，率先捐资3000万（不久即增为4500万）港元作为筹建汕头大学经费。随后，李嘉诚亲自带香港建筑师赴汕头，与汕头大学筹备委员会领导一起实地考察并选择校址，规划建校蓝图，加快创立汕头大学的步伐。1981年8月，国务院批准成立汕头大学；1983年9月，汕头大学开始招生。

香港同胞李嘉诚为办好汕头大学提供巨额的办学经费。每当汕头大学发展进入关键时刻，李嘉诚都亲自到校巡视，根据学校建设发展的需要，主动增加捐资额，至2000年，捐赠累计约达18亿港元。所捐款项主要有4方面用途。

第一，兴建学校的主要建筑物。包括教学楼、礼堂、体育场馆、实验楼、学术中心、大部分教职工住房等。

第二，为汕头大学开展对外学术交流、改善教职工待遇提供资金保障。香港同胞李嘉诚在香港设立的汕头大学学术基金委员会，为汕头大学教学科研人员出国深造、访问考察、参加国际学术会议和学校聘请外籍教师、给教职工发放特殊津贴等提供了资金。为培养青年骨干教师，设立“英国格拉斯哥大学李嘉诚奖学金”和“香港大学李嘉诚奖学金”。前项为在英国格拉斯哥大学举办汕头大学青年教师双硕士学位特别班提供资金，学校每期挑选5位青年教师赴英国格拉斯哥大学学习两年；后者为每年选派10名青年教师赴香港大学深造提供资助。

第三，为汕头大学购置大批先进教学仪器设备和图书资料，改善学校的办学条件。李嘉诚在香港长江实业（集团）有限公司内专门为汕头大学设立办事机构，捐资为学校购置办学设备。汕头大学不少实验设备等硬件设施在国内堪称一流，图书馆藏书到2000年已达100多万册，中外文期刊6000多种，并实行电脑管理。

第四，设立敬业金、奖学金、勤学金等奖励项目，调动师生教与学的积极性。李嘉诚从1988年起，每年捐赠400万港元，专门作为教职员的“敬业金”，并对学业优异的毕业生发给“勤学奖”。

1986年6月20日，邓小平在北京人民大会堂会见李嘉诚，赞扬他为国兴学的可贵精神。邓小平提出，全国应调一些比较好的教员到汕头大学，把这所大学办好。国家教委迅速贯彻邓小平的指示，指定国家八所重点院校支持汕头大学办学。1990年2月8日，在汕头大学新校舍落成典礼上，国务委员李铁映高度赞扬香港同胞李嘉诚捐资兴学的义举。

1983年秋，汕头大学开始招生。1985年开始招收泰国、新加坡等国家和我国香港、澳门地区的学生；1993年开始招收研究生。至2000年，汕头大学已发展成为一所办学实力较强的大学，拥有文、理、工、商、法、医、艺术和成人教育等学院。

第九章　教育科学研究

第一节　教育科学研究机构与学术团体

一、科学研究机构与教育科学研究

1979年后，广东的教育科研机构和教研队伍得到恢复和发展，先后成立广东教育科学研究所、中山大学高等教育研究所、广州市教育科学研究所、深圳市教育科学研究所、广东教育学院教育科学研究所、广州师范学院教育科学研究所、广州教育学院教育科学研究所、广州市现代教育研究中心等；省教育厅教学研究室恢复活动后，又着力建设市、县教学研究室，形成了一个教育科研机构的网络。

（一）广东省教学研究室和教材研究室

该研究室原名广东省教学研究室，成立于1955年，是省教育厅内设的承担中小学教学研究和学科教学业务管理的事业机构。“文化大革命”期间，教研室被撤销，“文化大革命”后复建，1980年定编为40人。2000年机构改革，分设为省教育厅教育教学研究室和省教育厅教材研究室。

中共十一届三中全会后，广东省教研室指导各市、县教师进修学校，帮助全省20多万中小学教师过好“教材教法关”。90年代，普教系统实施“科研促教”工程，省教研室围绕教育科学研究工作的开展，通过建立健全科研工作规章条例，组建普教科研队伍，落实教育科研经费，保障教育科研条件等途径加强全省教育科研管理。1996年起，广东省普教科研的日常管理工作主要由省教研室负责，教育科研也成为省教研室的一项重要工作。1997年10月，省教研室组织评审广东省“九五”期间普教系统教育科研立项课题，共评定79项，其中重点课题14项、规划课题62项、重点攻关课题3项。1998年又评定省重点课题6项、规划课题49 项。

此外，省教研室还承担国家教委“普通高中综合课程研究与实验”课题，组织中山大学、华南师范大学、广东教育学院、广州师范学院的专家和10所实验学校教师参与研究，完成第一、二周期的工作，编写普通高中文理科教学大纲和实验教材；承担教育部“九五”规划重点项目“珠江三角洲教育现代化的理论与实践研究”，后被列入国家哲学社会科学重点项目“区域教育现代化”的子项目。

同时，省教研室积极培训省内各级教学科研骨干。1999年5月，举办广东省普教科研骨干培训班，参加培训的有省“九五”普教科研课题主持人、各地级以上市教育局分管教育科研的领导和各市科研办、教研室负责人，以及省12个素质教育实验区教育局领导。培训内容涉及教育科研选题、教育科研方案制定、教育科研方法、教育科学资料的统计与分析、教育科研报告的撰写、教育科研成果的评价等。

（二）广东教育科学研究所

该研究所成立于1979年12月，挂靠在华南师范学院，下设教育基本理论研究室、学科教育研究室、德育研究室、教育统计与测量研究室、比较教育研究室、情报资料室、《现代教育论丛》编辑部。该研究所以教育基本理论、比较教育、教育科学研究法等学科为重点，紧密结合广东教育改革的实践，在素质教育、韩国、新加坡及我国台港澳及珠江三角洲地区教育发展、改革开放地区中小学改革等方面作了深入研究。90年代，该研究所承担了“21世纪高等教育思想和观念的变革”“面向21世纪沿海发达地区师范教育改革与发展研究”“东南亚课程教材研究”“广东建设教育强省问题研究”等国家级、部省级的重点研究课题。该所协助建设多所实验学校和一批实验基地，并积极争取海外实业家的支持，设置“广东省教育科学研究优秀成果黄华奖”“广东省教育管理科学吴汉良奖”“广东省侨资学校办学成果奖”和“广东省希望工程园丁奖”等教育科研基金。1999年该所并入华南师范大学教育科学学院。

（三）广东教育学院教育科学研究所

该研究所的前身是1955年成立的广东教育行政学院教育科学研究室和教育科学教研室。“文化大革命”期间一度停办，1984年复办，1988年更名为广东教育学院教育科学研究所，1992年与教育系合署办公。下设基础教育、教育法律援助、升学与就业指导、心理健康教育与咨询、家庭教育、国际教育交流等7个研究中心，以及教育学、教育管理学、心理学、音乐教育4个教研室。从成立到2000年，该所指导省内约200所中小学开展教育科研活动，承担多项国家、省、学院的教育科研课题。“九五”期间，承担教育部重点课题“‘九七’香港回归后学校德育研究”“珠江三角洲教育现代化研究”、教育部师范司课题“高中综合课程研究”，以及“全国教育行政干部培训规划研究”“广东建立教育强省评价指标体系研究”“中小学心理及健康教育研究”“中学生职业指导研究”“激励教育研究”“中学生道德社会化研究”“问题解决过程的研究”“代数应用题的思维过程研究”“邓小平教育思想研究”“教学策略研究”“校长队伍建设研究”“基础教育课程改革与师范教育改革相互关系研究”等。

（四）广州大学教育科学研究所

该研究所的前身是1980年成立的广州师范学院教育科学研究所，成立于1980年，是一个集科研、教学和服务于一身的机构，主要研究方向为教育社会学与教育经济学。“九五”期间承担的主要研究项目有：（1）西方教育理论在中国的移植与应用（教育部项目）；（2）高师教育学课程改革之研究（教育部项目）；（3）普通高中综合课程的改革之研究（教育部项目）；（4）中国教育思想现代化研究（广东省哲学社会科学重点项目）；（5）中小学生家庭教育状况对策研究（广东省教科重点项目）。1999年1月，召开全国教育理论高级研讨会，以“教育的专业素养”“我国教育法制建设”和“本世纪教育发展的特征”为主题，与会代表还就中小学课堂教学改革、高等教育改革趋势、跨世纪教育回顾与展望，以及当前教育科学研究情况进行广泛的交流。2000年更名为广州大学教育学院教育科学研究所。

（五）中山大学教育科学研究所

该研究所的前身是1982年成立的中山大学高等教育研究室，隶属于学校教务处。1984年独立，1992年改名为中山大学高等教育研究所，1996年经国务院学位委员会批准，获“教育经济与管理”“高等教育学”两个专业硕士学位授予权。主要研究方向是：（1）高等教育发展理论；（2）高等学校人才资源与教育评估研究；（3）高等学校德育与大学生身心发展研究；（4）粤港澳台地区高等教育比较研究。该所先后承担一批国家自然科学、社会科学基金项目，如“港澳台地区教育比较研究”“自适应测验的理论方法研究”“现代科技发展与教育改革”“高等学校毕业生就业状况的研究分析与预测”等。90年代后期，该所以学校人才资源开发和教育发展理论为主要研究方向，其中在港澳教育发展比较研究和留学教育研究方面，成果突出。2000年改名为中山大学教育科学研究所，同时并入中山大学教育学院。

（六）广州市教育科学研究所

该研究所于1983年成立，下设研究室、情报资料研究室和办公室，以及《教育导刊》（原名《广州教育》）、《现代家长报》两个编辑部。该所的主要职能是面向本地区教育事业的实际，为本地区的教育改革发展和教育科研服务，为教育行政部门制定政策提供参考。从成立到2000年，全所科研人员“深入实际、参与实践、为教育改革服务”，以中小学和幼儿园德育理论与实践为主要研究方向，重点探讨教育如何适应经济社会的发展，以及教育管理、幼儿语言发展教育、小学生智力训练和教育等课题。同时，指导本地区中小学和幼儿园开展教师培训。

（七）深圳市教育科学研究所

该研究所成立于1984年1月，隶属深圳市教育局。深圳市教育科学规划领导小组办公室挂靠市教育科学研究所。该所以“教育要面向现代化、面向世界、面向未来”的方针为指导，结合特区教育实际，开展教育科学理论和实际问题研究，为教育决策提供服务，为教育改革提供理论支持，并指导教育实践。“九五”期间，先后承担国家级课题4项，省、市级课题6项，主要研究方向是深圳市教育发展的战略研究、扶持政策和发展规划研究、经济特区职业教育研究、香港职业技术教育研究、中国民办教育研究等。

（八）汕头大学高等教育科学研究所

1986年，汕头大学成立高等教育研究室，1994年改为高等教育科学研究所。该所坚持以“立足广东，面向全国，密切联系东南亚和港澳台，加强队伍建设，重视人才培养，激励科学研究，促进学术交流”为办所指导思想，以高等教育基本理论（原理）、高等教育管理和比较高等教育为主要研究方向。高等教育基本理论方向主要从多学科角度揭示高等教育本质，从广东这一教育试验区吸取教育改革经验和成果。高等教育管理方向着重进行高等教育政策研究，同时探讨科学技术和现代化教育手段对高等教育管理的影响。比较高等教育方向则利用广东尤其是汕头同东南亚与港澳台地区的人文和亲缘关系，着重开展对发达国家以及东南亚新兴工业国家和我国港澳台地区高等教育的研究。1994年起，主办过3次全国性高等教育学术会议和多次小型研讨会。先后承担科研课题30项，其中国家级课题4项、部委级课题7项，如“21世纪初中国高等教育发展宏观背景研究”“21世纪高等教育思想和观念的变革”“高等教育多学科研究”“我国高等教育的近代化轨迹”“中国区域高等教育发展的比较研究”“广东、江苏两省中心城市新办院校研究”“文化差异与高等教育现代化的比较研究”等。该所在原来主办内部交流学术刊物《汕头大学教育文汇》的基础上，于1996年与《汕头大学学报》（人文科学版）合作，出版《高等教育专栏》（增刊）。该所于1997年获得高等教育学硕士学位授予权。

（九）广州市现代教育科学研究中心

该中心成立于1992年，是广州市教育委员会下设的教育科研机构，辖6个市一级学会。该中心以“开拓进取，勇于创新，学习先进，办出特色，创建一流”为目标，以开展教育科研，为广州市教育现代化服务，为创建新世纪教育体制服务为宗旨，“九五”期间，主持并承担近40项各级科研课题，其中国家教委“九五”课题4项。

二、学术团体与教育科学研究

（一）广东教育学会

广东教育学会于1978年1月恢复活动。从1984年开始，学会秘书处挂靠广东省教育厅。至2000年，拥有下属专业（学科）研究会31个、市级学会20个、团体会员52个。学会出版《广东教育学会通讯》，后改为《教育创新》季刊，至2000年，已出版60期。

1979年以后，该学会围绕着广东教育改革发展中的重大理论问题和实际问题，开展经常性的研究活动，年会或研讨会逐步正规化和多样化，促进了广东省基础教育的改革和发展。1980年12月召开第五次年会，重点讨论新时期青少年的特点及开展思想政治教育的原则和方法，以及教育方针、教育本质、发展学生智力等问题。1982年12月召开第六次年会，重点讨论教育在国民经济发展中的地位和作用，以及如何建立中国特色的教育体系、学校德育问题。1984年12月召开第七次年会，以普通教育改革为中心议题，重点讨论学校德育问题。

从1985年开始，广东教育学会不再召开统一的年会，改为召开专题学术讨论会，各研究会自行举行年会。1985年9月，在广州召开广东省首届教育学术讨论会，以教育体制改革为中心议题。1986年与珠海市教育学会联合召开第二次教育学术讨论会，以教育思想为中心议题，结合讨论学校德育和普教整体改革等问题。1987年9月，举行第三次教育学术讨论会，会议主题是如何适应经济社会发展，深化教育改革，并探讨珠江三角洲改革开放区教育如何先一步高一层发展。1988年10月，举行第四次教育学术讨论会，以如何适应广东综合改革试验、深化教育改革为中心议题。1989年召开珠江三角洲普通教育发展与改革研讨会，就珠江三角洲教育如何适应经济社会发展，如何发挥优势、形成特色、以质取胜，如何制定这一地区的教育发展规划等问题展开探讨。着重研究三个问题：一是提出未来10年这一地区的普教发展战略；二是如何提高九年义务教育质量；三是职业教育如何在三五年内取得突破性进展。1989年与广东省社科联、北京师范大学、华南师范大学、广东省高等教育学会、广东教育学院等联合主办纪念林砺儒诞辰100周年学术讨论会。1990年召开"迎接挑战，全面认识与发挥教育功能"理论研讨会，探讨教育的出发点问题、教育的整体性功能及其统一问题；与中国教育学会联合主办纪念鸦片战争150周年爱国主义教育研讨会。1991年分别召开义务教育研讨会和加强学生的全面素质教育学术讨论会，并发动全省教育界开展广东省教育发展的热点难点问题讨论。主要围绕义务教育与实施义务教育的根本标志、义务教育的目的、义务教育与普及教育的联系和区别、普及义务教育的数量与质量的关系等问题展开讨论。1992年与华南师范大学、广东省高等教育研究室联合召开"珠江三角洲的教育实践与建立有中国特色的社会主义教育体系"理论研讨会。1993年数次主持召开社会主义市场经济与教育关系的理论研讨会，从宏观和微观、局部与整体多个角度结合广东经济社会与教育的实际进行研讨；与中国教育学会、广州市现代教育科学研究中心共同主办全国中青年教育学术研讨会，会议主题是教育与经济的关系问题。1994年与《广州日报》理论部、广东教育促进会中青年教育工作者委员会以如何建立广东教育新体系为主题，联合举办"我看教育纵横谈"有奖征文活动。1996年11月召开第三届珠江三角洲教育实践与中国教育现代化学术研讨会，会议总结改革开放17年来珠江三角洲教育发展的经验，探讨珠江三角洲教育发展的方向及对中国教育改革的意义。1997年与华南师范大学、广东教育学院和广东实验中学联合主办两岸暨港新语文教育学术讨论会，中心议题是海峡两岸和香港特别行政区暨新加坡中小学语文课程、教材、教法的研究；与国家教委教育发展研究中心和香港中文大学教育学院联合主办"跨世纪中国教育的发展——内地与香港"学术研讨会，会议对教育发展环境、现状、面临的问题和选择、教育发展目标、趋势及对策、教育现代化等问题进行探讨。1998年举办"'98中美基础教育讲习会"，请美籍华人学者就美国现代教育发展与改革问题作专题讲座；召开纪念"三个面向"发表15周年暨广东教育现代化学术研讨会。1999年12月召开"改革创新——迈向新世纪的素质教育"学术讨论会，从如何深化改革，在教育教学领域全面推进素质教育，以及如何正确认识和实践素质教育，以培养创新精神和实践能力这两个方面进行研讨。

从1994年开始，与广州师范学院教育科学研究所、广东教育学院教育系、华南师范大学教育系共同发起教育沙龙活动，意在加强教育理论界和中小学教育工作者、教育行政管理人员之间的交流和沟通，共同探讨教育改革中的热点和重点问题。每季度一次，每次由不同单位承办，每次围绕着1～2个议题，坚持百花齐放、百家争鸣的精神，展开热烈的思想交锋，呈现出鲜明的学术色彩。沙龙活动不仅吸引广州地区的教育理论工作者，而且吸引了中小学、民办学校及教育行政部门的工作者，佛山、肇庆、深圳等地高等学校也踊跃参加并主动承办沙龙活动。至2000年，沙龙共举办25期活动。

2000年广东教育学会下属专业委员会表

表9-1-1

名称	挂靠单位
广东教育学会电化教育专业委员会	广东省电化教育馆
广东教育学会丁有宽教育理论与实践专业委员会	广东教育杂志社
广东教育学会化学教学专业委员会	广东省教育厅教研室
广东教育学会教育督导专业委员会	广东省教育厅督导室
广东教育学会教育管理专业委员会	广东教育学院教育系
广东教育学会教育史专业委员会	华南师范大学教育科学学院
广东教育学会教育学专业委员会	广州大学教科所
广东教育学会教育哲学专业委员会	广东教育学院教育系
广东教育学会课程与教学论专业委员会	华南师范大学教育科学学院
广东教育学会历史教学专业委员会	广东省教育厅教研室
广东教育学会美术书法教育专业委员会	广东省教育厅教研室
广东教育学会民办教育专业委员会	广东省教育厅基础教育处
广东教育学会生物教学专业委员会	华南师范大学生物学院
广东教育学会特殊教育专业委员会	广东省教育厅基础教育处
广东教育学会体育卫生专业委员会	广东省教育厅教研室
广东教育学会外语教学专业委员会	华南师范大学外语学院
广东教育学会物理教学专业委员会	华南师范大学物理学院
广东教育学会小学教育专业委员会	广州市越秀区朝天小学
广东教育学会小学思想品德教学专业委员会	广东省教育厅教研室
广东教育学会小学数学专业委员会	广东省教育厅教编室
广东教育学会小学语文教学专业委员会	广东省教育厅教研室
广东教育学会小学自然教学专业委员会	广东省教育厅教研室
广东教育学会学习科学专业委员会	广东省教育厅教研室
广东教育学会音乐教育专业委员会	广东省教育厅教研室
广东教育学会中小学德育专业委员会	广东教育学院党委宣传部
广东教育学会中小学信息技术教育专业委员会	广东省教育厅教研室
广东教育学会中学地理教学专业委员会	广东省教育厅教研室
广东教育学会中学数学教学专业委员会	广东省教育厅教研室
广东教育学会中学思想政治教学专业委员会	广东省教育厅教研室
广东教育学会中学语文教学专业委员会	广东省教育厅教研室

（二）广东省高等教育学会

该学会于1985年11月成立，学会秘书处挂靠在广东省高教局高教研究室，1996年挂靠在广东省高教厅调研室，1985年创办《高教探索》杂志（季刊），2000年后挂靠广东省教育厅政策法规处。

学会按学术性、群众性、服务性的特点组织开展工作。主要有：指导本会各团体会员制订高等教育研究计划，组织开展省内外高等教育科研重点项目的研究；积极支持高等教育改革，配合有关单位进行高等教育的调查研究和科学实验；为高等教育行政管理部门提供咨询服务；举办高等教育学术会议，组织省内外、国内外学术交流活动，促进全省高等教育研究工作的发展，提高全省高等教育研究水平。

学会围绕着高等教育发展与改革的理论问题和实际问题，主要从基础理论研究、外国和港澳台教育研究、高等教育发展战略与现实问题研究、教育史研究等方面组织力量，并注重应用研究，以配合教育行政部门开展工作。根据高等教育改革和发展实际，学会每年均组织一次大型学术研讨会。1986年召开第一届年会，以教育观念更新问题为中心议题。1987年召开社会主义初级阶段高等教育特点的专题研讨会，与中山大学联合举办香港高等教育研讨会，与暨南大学联合举办亚洲“四小龙”高等教育研讨会。1989年与高校思想政治教育研究会联合召开以加强高校思想政治教育工作为主题的年会。1990年与广东社会科学联合会、广东教育学会联合召开“纪念陈垣教授诞辰110周年国际学术研讨会”。1991年举办教育与生产劳动相结合理论研讨会。1992年举行理事会改选暨学术研讨会，研讨广东高等教育的体制、结构、运行机制和办学模式，探讨广东高等教育如何进一步深化改革、扩大开放、提高质量。1994年与省高教局联合在惠州大学召开广东高等教育与社会主义市场经济暨产学研合作教育研讨会。1995年与中山大学、佛山大学联合主办“香港高等学校教学管理与师资培训报告会”。1996年3月在湛江师范学院举行理事会改选暨学术研讨会，以面向21世纪的高等教育发展战略为主题，并讨论修改广东省“九五”高等教育科研选题指引。1996年的年会于1997年3月在番禺召开，会议主题为“21世纪初的中国高等教育”和“广东建设教育强省”。1998年3月在东莞理工学院召开年会，主题是“高举邓小平理论伟大旗帜，探索面向21世纪的广东高等教育新体系”。

该学会和省高教局于1985年联合创办国内公开发行的《高教探索》季刊，该刊于1992年、1995年、2000年连续被评为全国中文核心刊物。另外曾不定期编辑《广东高等教育研究丛刊》。

2000年广东省高等教育学会专业委员会表

表9-1-2

名称	秘书处挂靠单位
教学管理工作委员会	华南理工大学教务处
电化教育专业委员会	华南师范大学教育信息技术学院
大学英语教学专业委员会	华南农业大学人文学院
学校管理工作委员会	广东省教育厅办公室
科研管理专业委员会	中山大学科研处
学报工作委员会	中山大学学报编辑部
实验室管理专业委员会	中山大学设备与实验室管理处
后勤管理工作委员会	中山大学
社会科学研究管理专业委员会	中山大学
成人高等教育工作委员会	华南理工大学继续教育学院
音乐教育专业委员会	暨南大学学生处
美术与设计教育专业委员会	广州美术学院教育研究室
教材工作委员会	中山大学教务处
比较教育专业委员会	华南师范大学国际与比较教育研究所

续表9-1-2

名称	秘书处挂靠单位
保卫专业委员会	华南师范大学保卫处
外国文教专家工作委员会	暨南大学国际交流合作处
信息网络专业委员会	中山大学网络教育学院
印刷专业委员会	中山大学印刷厂
高等师范专业委员会	华南师范大学教科院
高等职业教育工作委员会	广东技术师范学院
保健医学专业委员会	中山大学医院
民办教育工作委员会	岭南职业技术学院

（三）广东省中专教育研究会

1979年1月，广东省中等专业教育工作会议在佛山召开期间，成立了广州地区中专学校校际教研组。1983年，以这批力量为骨干成立广东省中专教育研究会筹备委员会。1984年12月，经省高教局党组批准，正式成立广东省中专教育研究会，研究会秘书处挂靠省高教局中专教育处，研究会下设3个委员会：学校管理委员会、教学管理委员会和宣传出版委员会。委员会下设13个研究组和《广东中专》杂志编辑部，按地区（市、自治州）成立12个分会。

1988年，3个委员会撤销，研究会的理事会下直接设立22个研究分会（协会、编辑部），研究分会几乎包括了中专学校的普通文化课、基础课和学校管理的各个领域，它们是：教学管理研究分会、学生管理研究分会、后勤管理研究分会、图书情报工作研究分会、教工队伍建设研究分会、实验室工作研究分会、卫生工作协会、体育工作协会、政治教学研究分会、语文教学研究分会、英语教学研究分会、数学教学研究分会、物理教学研究分会、化学教学研究分会、制图教学研究分会、力学教学研究分会、金工教学研究分会、计算机教学研究分会、电工电子教学研究分会、财经专业分会和《广东中专教育》编辑部。

理事会下的研究分会（协会）作为基层研究组织，可以参加全国或全省对口学会（研究会），作为团体会员。1998年6月，进一步明确各专业分会的管理体制，由原来挂靠在对口理事学校改为对口理事学校受常务理事会委托承担主管责任，具体组织领导分会的各项工作。1998年，地市的研究分会发展到16个。同年6月，增设美育研究分会和高职教育研究分会。将原教学管理、实验室工作、教师队伍建设三个研究分会合并为一个分会——教学研究分会（对外称教学研究会），又将电教分会和计算机分会合并为一个分会。

《广东中专》编辑部从研究会成立时起，出版《广东中专》和《中专教育通讯》，1988年将《中专教育通讯》改为《广东中专信息》，1991年将《广东中专》和《广东中专信息》合并为《广东中专教育》，一直延续到2000年年底。

1979—1983年，成立广州地区中专学校校际教研组和广东省中专教育研究会筹备委员会，积极开展了多个项目的研究：协助教育部中专司起草《中专教育工作五十五条（草稿）》；协助广东省高教局起草《广东省中专学校学生学籍管理规定》《教师超课时（教学工作量）试行津贴办法》《省属工科中专制定教学计划的几个原则》《教研组职责范围》《教师职责》等文件。1984年到90年代初，广东省中专教育研究会在深化教育改革、教学管理、德育与学生管理、实践教学、教学艺术与改革、师资建设、电化教学、校园文化建设、教学计划优化与课程改革、教师教学质量评估、后勤管理企业化与半企业化研究等方面广泛探讨。除接受国家教委下达的全国课题“关于中专学校体育工作改革的探讨”，1986年2月，还确定“七五”期间的第一批研究课题，如中专教育管理体制、学校管理、师资建设、教学研究、学生思想政治工作、体育卫生、招生分配制度改革等方面的中专教育理论研讨课题30多个。同时鼓励各教研分会和会员根据自己的业务和专长自选研究课题，对中专教育理论进行宏观的或微观的研究。通过这些教研活动，促进广东中专学校的办学水平和教学质量的提高。

1994年，研究会通过调查研究，草拟的《大电类7种制图教学大纲》《非机类、土建类、化工类等五类制图教学规范》等，被广东省高教局采纳，印发到省内各中专学校实施，促进全省中专学校教学质量的提高。

1995年，研究会成立“重点中专学校开办高职班的研究”等7个课题组，开展专题研究，研究结果分别被广东省政府、广东省高教厅采纳，或上报国家教委，或下发到学校实施。1997年继续组织“珠江三角洲职业技术教育发展战略和协作办学研究”等7个课题，1999年又开展“突出技能训练，强化素质教育”等30项课题研究。

（四）广东省成人教育协会

该协会成立于1981年9月17日。协会设秘书处，挂靠在省教育厅。至2000年，有团体会员52个、市（地）级成人教育协会15个、专业研究会3个、培训中心1个。协会会刊《广东成人教育》于1982年8月创刊，1996年由季刊改为双月刊，至2000年年底共出版79期。

协会围绕着成人教育改革与发展的中心任务，积极宣传成人教育，推动成人教育科研活动，培训各级成人教育工作者，加强对外合作交流。1982年10月，筹办联合国教科文组织亚太地区办事处在我国举办的“扫盲成人教育实地考察座谈会”广州开幕式。1984年派出以会长为首的代表团赴澳门参加澳门成人教育协会成立大会。1985年，承办亚太地区成人教育总会、中国教育国际交流协会和中国成人教育协会在广州联合主办的农村成人教育研讨会、妇女成人教育研讨会。1989年，成为亚太地区成人教育总会的成员。1992年11月，与亚太地区成人教育总会在佛山联合举办亚太地区成人教育总会中国团体会员成人教育理论研讨会。1993年成立中国成人教育协会对外联络部广东联络处。协会组织开展了国家级科研课题“中国高中后教育模式研究”之子课题“广东珠江三角洲高中后教育模式研究”的研究工作。自2000年起，协会主持的广东省成人教育科学理论研究课题正式纳入广东省教育厅科研立项的管理范围。1992—2000年，共举办12期成人教育管理人员培训班、3期成人教育管理人员高级专题研讨班。

（五）广东省陶行知研究会

该研究会成立于1983年4月13日，前身是陶行知教育思想研究会，隶属于广东教育学会。1985年从广东教育学会中独立出来，秘书处挂靠在广东教育学院。该会以宣传、学习、弘扬、实践陶行知教育思想为宗旨，以促进广东现代教育改革。该会下属研究分会有广东教育学院陶行知研究会、华南师范大学陶行知研究会、广州大学陶行知研究会、广州市陶行知研究会、汕头市陶行知研究会、揭阳市陶行知研究会、潮州市陶行知研究会、台山市陶行知研究会、大埔县陶行知研究会，并在大埔百侯中学、广州白云行知中学、汕头金山中学等建立陶行知教育思想实验基地。

1985年3月与省教育学会联合举办“广东省首届陶行知教育思想研讨会”，1986年9月，为纪念陶行知诞辰95周年、逝世40周年，与省教育学会联合举办第三届陶行知思想学术研讨会，会后出版论文集《陶行知思想新探》（广东教育现出版社，1989年）。1988年1月，中国陶行知研究会主办的“全国陶行知师范教育思想研讨会”在广州华南师范大学召开，会后出版论文集《改革师范教育的新路》（安徽教育出版社，1990年）。1991年10月，为纪念陶行知诞辰100周年，举行陶行知思想学术研讨会，会后出版论文集《一代宗师》（广东教育出版社，1993年）。1996年11月，与中国陶行知研究会、广州市教委在广州白云行知中学联合召开全国职业教育改革现场会，会后出版论文集《实践行知思想，探索职教创新之路》。此外，研究会先后与广州、深圳、汕头等陶行知研究会协作，通过讲座、报告会、培训班等形式广泛宣传陶行知的教育思想，出版了一批研究陶行知思想的专著和论文集。学会成立后出版简报，1990年改为会刊《广东陶研》（内刊），每年出版2期。

（六）广东省教育促进会

该会成立于1989年3月，办公机构设在广州市东山区恤孤院路三横路1号。该会是由从事教育工作的专家、学者和教育工作者自愿组织起来的独立法人机构，为非营利性质。该会旨在调动社会各界的人力、财力、物力，促进教育与经济结合、加强海内外教育合作，为振兴教育贡献力量。在该会成立大会上，曾宪梓、黄球分别捐赠100万港元。该会成立后，致力发展民办教育，先后创办碧波中学、蓝天中学、深圳桃园幼儿园、广东红蕾艺术学校和广东新安职业技术学院等民办学校。大力开展教育扶贫，多次组织有经验的老教师深入广东少数民族自治县和贫困山区支教。在省内教育行业开展教育教学创新变革的评比奖励活动，并协同其他组织开办有关中国民办教育、基础教育的周期性论坛。1996年，该会下设民办教育委员会。

（七）广东省心理学会

该学会于1978年恢复活动，逐步健全组织机构。至2000年，学会下属10个专业委员会、3个工作委员会、6个地市级学会和1个县级学会。挂靠在华南师范大学教育科学学院心理学系。

该会以开展心理学学术研究，普及心理学知识、培养心理学人才、提供心理咨询服务为宗旨，主要以教育心理学的理论与实践、体育运动心理学、心理卫生和心理健康教育，以及心理咨询等为研究内容。学会每两年召开一次全省性学术交流会议。1990年与华南师范大学联合召开阮镜清教授执教60周年、85寿辰庆祝大会暨阮镜清教授学术研讨会。1993

年与梅州心理学会、嘉应大学等单位联合举办客家人格与客家文化研讨会。1994年与中国心理学会联合主办家庭问题与妇女心理研讨会，讨论家庭教育问题、妇女心理的研究与咨询等问题。1997年与中共云浮市委、云浮市人民政府、《大众心理学》杂志社联合举办精神文明与心理科学研讨会。1998年12月，华南师范大学召开广东心理学会年会暨中国心理学会学校心理专业委员会第一次全体会议，并联合举办“当代心理学研究新进展高级讲习班”。

2000年广东心理学会下属专业委员会和工作委员会表

表9-1-3

名称	秘书处挂靠单位
普通心理与实验心理学专业委员会	华南师范大学教育科学学院
教育心理学专业委员会	华南师范大学教育科学学院
发展心理学专业委员会	广州大学教育学院
医学心理学专业委员会	中山大学附属第三医院
学校心理学专业委员会	广东教育学院
管理心理学专业委员会	中山大学管理学院
体育心理学专业委员会	广州体育学院
法制心理学专业委员会	广东省公安高等专科学校
心理测量学专业委员会	深圳大学教育学院
精神文明心理学专业委员会	云浮市委精神文明办
学术工作委员会	广州大学社会心理研究所
科普工作委员会	广东青年管理干部学院
社会工作委员会	广东省行政学院

第二节　科研成果与教学改革实践

一、教育科研成果

（一）教育基本理论研究

改革开放初期，在教育部组织下，广东老一辈教育理论工作者积极参与全国高等学校教材的编写。广东专家任主编的，有叶佩华、陈一百等编著的《教育统计学》（人民教育出版社，1982年）和朱勃等主编的《比较教育》（人民教育出版社，1982年）。

随着改革开放的深入，广东省一大批年轻的教育理论工作者迅速成长，在各个学科崭露头角。对教育基本理论的探讨，广东省教育理论工作者主要从两个方面着力：一是从学理方面对教育本质问题进行多角度的深入探讨，二是结合广东教育改革的实际进行理论探讨。在基本理论研究方面，70年代末80年代初，广东学者在《学术研究》率先开展“教育生产力本质”的理论探讨，80年代中后期又参与全国范围的关于“教育商品”问题的讨论，继而又对“教育价值”“教育开发”“教育经营”“教育消费”“教育选择”“教育服务”等问题进行探讨，进而更全面认识教育的本质。由冯增俊撰著的《教育人类学》（江苏教育出版社，1991年）、董标撰著的《马克思主义教育思想论纲》（中国矿业大学出版社，1994年）、扈中平撰著的《教育目的论》（湖北教育出版社，1997年）、黄崴撰著的《主体性教育论》（贵州人民出版社，1997年）、周峰撰著的《素质教育：理论、操作与经验》（广东人民出版社，1997年）、张铁明撰著的《教育产业论》（广东高等教育出版社，1998年）等著作从教育与社会、教育与经济、教育与文化、教育与人的发展的关系等方面对教育本质问题进行阐述，其中，对教育产业问题的探讨在全国较有影响。另外，广东学者对素质教育的负效应所提出的理论探讨在全国有一定影响力。

第一，区域教育发展研究。珠江三角洲教育如何优先发展成为广东教育理论工作者关注的热点。1991年5月，由王屏山、周国贤、徐名滴承担的教育科学“七五”国家重点课题——“珠江三角洲教育发展战略研究”通过鉴定。该项目以广东省教育科学研究所人员为骨干，集中了珠江三角洲28个市、县的200多位专家、学者和实际工作者，经过3年多的调查研究才完成。该成果从国家、社会面临的新挑战和本地区特性出发，分析教育发展的主要矛盾，提出教育发展战略的指导思想、战略目标和对策，有重要的指导意义。90年代以后，广东教育界进一步提出珠江三角洲实现教育现代化的新课题，承担省委宣传部重点课题“珠江三角洲教育实践与建设有社会主义特色教育体系”。为配合中共广东省委、省政府提出的建设教育强省的设想，教育理论界积极开展相关的理论研究，梁琼芳主编的《邓小平教育思想与广东教育改革》（广东人民出版社，1999年）、颜泽贤和卢晓中编著的《跨世纪广东教育发展论纲》（广东高等教育出版社，2000年）等研讨成果著作，对广东在21世纪建设教育强省的背景、目标、教育体制、教育结构、教育质量和教育法制等重大问题进行探讨。

高等教育学是改革开放后兴起的学科，夏书章撰著的《高等教育管理学讲话》（山西人民出版社，1985年）属于较早开拓这一领域的著作。随着广东高等教育的迅猛发展，广东教育理论工作者对高等教育理论的探讨不仅成果丰硕，而且具有鲜明的应用性特色。在基本理论方面，广东学者重点围绕着高等教育的本质与功能、高等教育发展等问题展开探讨，何坎等人撰著的《高等教育功能论》（广东高等教育出版社，1994年）、黄宇智等人撰著的《中国高等教育发展宏观背景研究》（广东高等教育出版社，1995年）、张人杰等人撰著的《高等教育现代化的理论与实践》（江西高校出版社，1998年）、卢晓中撰著的《当代世界高等教育理念对中国的影响》（上海教育出版社，2000年）等著作，突破传统教育观念的束缚，从多角度论述高等教育本身存在着生产力与上层建筑的双重属性，因而具有促进人的全面发展的个体功能和促进社会政治、经济、文化发展的社会功能。在人才培养、区域教育发展方面，陈昌贵撰著的《人才外流与回归》（湖北教育出版社，1996年）、李盛兵撰著的《研究生教育模式嬗变》（教育科学出版社，1997年）、张建奇撰著的《高等教育中的女性地位研究》（中山大学出版社，1999年）等著作对人才培养的具体问题作了深入探讨；李修宏等人主编的《广东高等教育》（广东高等教育出版社，1988年）、李修宏主编的《广东高等教育十年改革探索》（广东高等教育出版社，1990年）、许学强著的《邓小平教育理论与广东高等教育实践》（广东高等教育出版社，1998年）等著作既有对改革开放以来广东高等教育改革实践的系统总结和理论思考，也有对广东在21

世纪建设教育强省以及高等教育改革所面临问题的理论探索。高等职业技术教育研究也随着广东高等职业教育的发展不断深入。80年代末90年代初，广东高等职业教育处于初期发展阶段，研究重点主要围绕着高等职业技术教育的性质、特点、目标及高职办学理念等问题展开探索。90年代中期以后，研究的课题则深入到诸如高职教育的投入、办学层次、教育质量评估、社会用人单位“人才高消费”等问题。广东学者主持的“广东省职业技术教育与经济协调发展研究”“广东省高等职业技术教育改革研究”等课题成果不仅具有较高的实际参考价值，而且在职教理论方面也有学术价值。

第二，教育管理研究。广东教育理论工作者从宏观和微观两个层面对学校管理、课程管理、教学管理、考试制度等问题深入探讨。包国庆的《论课堂系统》（广西教育出版社，1992年）、贾非的《考试制度研究》（四川教育出版社，1995年）、黄甫全的《阶梯型课程引论》（贵州人民出版社，1996年）、李方的《教育管理技术基础》（广东高等教育出版社，1999年）、胡中锋等人的《教育测量与评价》（广东高等教育出版社，1999年）、阎德明的《现代学校管理学》（人民教育出版社，1999年）、唐迅的《班集体教育实验的理论与方法》（广东教育出版社，2000年）都是这方面的研究成果。在实践上，广东学者在高考标准化试验方面进行有益的探索。承担全国“七五”重点科研项目之一的“高考标准化改革试验”任务的广东省招生办公室、中山大学、华南师范大学、广州外语学院、广东省教育科学研究所经过5年的研究试验，取得了研究成果，荣获我国教育科学研究最高荣誉——“全国首届教育科学研究优秀成果一等奖”。通过高考标准化改革试验，实现命题标准化、考试管理科学化、评分手段现代化以及分数转换和分数解释标准化，形成一套较适合我国国情的考试理论和方法。国家教委决定从1990年起在全国逐步推行。

第三，德育研究。广东学者通过对广东社会实际和中小学生实际状况的调查，探讨视听文化对中小学生的影响、家庭结构变迁与家庭文化氛围建设、珠江三角洲现代化过程中外来文化价值整合及对策等课题。王屏山、李锡槐主编的《中学德育大纲设想》（广东教育出版社，1987年）是教育部“六五”规划重点项目的研究成果。郑永廷的《新时期道德建设研究》（广东人民出版社，1996年）和李萍的《现代道德教育论》（广东人民出版社，1999年）等成果则提出社会转型时期我国道德教育所面对的特殊矛盾及对策的深度理论思考。

第四，幼儿教育研究。前期的研究成果主要集中于理论层面，如高岚的《学前教育学——原理与运用》（中国和平出版社，1989年）、袁爱玲的《当代幼儿教育理论与实践》（新世纪出版社，1995年）、蔡黎曼的《幼儿卫生学》（广东高等教育出版社，1995年）等。20世纪90年代以后，教育理论工作者结合实际考察，开展一系列科研活动，如联合国儿童基金会的“CDCC婴幼儿智能发育量表在广东的推广和应用”“广州市0～3岁婴幼儿潜能开发对照组的评估”“婴儿思维语言发展跟踪研究”“广州市幼儿园德育系统设计方案”“幼儿的科学启蒙教育研究”“穗港幼儿人格发展比较研究”“幼儿园教师教育观念现状研究”“0～3岁儿童家庭教育投资取向及社会导向研究”“学前创造教育课程及其理论研究”等。

（二）比较教育研究

主要从两个方面展开：第一是开展比较研究理论研究。朱勃所著《教育三面向与今日比较教育》（广东高等教育出版社，1985年）和《比较教育史略》（广东高等教育出版社，1988年）、张人杰主编的《中外教育比较史纲·现代卷》（山东教育出版社，1997年）都是从宏观角度提出这一研究视角的专著。袁锐锷《当代外国教育思想述评》（广东高等教育出版社，1992年）、柯森所著《澳大利亚教育的历史演变与发展》（天津古籍出版社，1997年）则探讨西方国家的教育状况。第二是开展港澳台教育及亚洲“四小龙”教育的比较研究。吴福光所著的《香港高等教育》（广东高等教育出版社，1988年）和《港澳教育评析》（中山大学出版社，1992年）最早把研究的关注点引向东南亚地区。邓小平南行后，广东学者承担国家教委及省高教厅的重点课题如“韩、台、港、新、澳、珠江三角洲教育发展经验与建立中国社会主义教育体系”“亚太地区教育现代化研究”等，袁锐鄂等人所著《经济发展中的高等教育——亚洲“四小龙”比较研究》（广东高等教育出版社，1992年）、冯生尧所著《亚洲“四小龙”课程实践研究》（福建教育出版社，1998年）、马早明所著《亚洲“四小龙”职业技术教育研究》（福建教育出版社，1998年）、张凤莲所著《亚洲“四小龙”教育制度与管理体制研究》（福建教育出版社，1998年）等一批研究成果陆续出版。香港、澳门回归时期，广东学者又承担国家及省的科研课题如“珠江三角洲、香港、澳门、台湾教育发展综合比较研究”“粤港澳台高等教育的交流与合作”等，出版《粤港澳高等教育交流与合作探讨》《台湾、香港、澳门学位制度与研究生教育研究》《澳门教育概论》等著作。

（三）中国教育史研究

曹思彬等人于1983年整理选辑的《广州近百年教育史料》（广东人民出版社，1983年），勾勒了广州自近代以后教育改革的演变轨迹，90年代后期出版的杨荣春主编的《先秦教育论著选》（广东人民出版社，1997年）和周德昌主编的《北宋教育论著选》（人民教育出版社，1998年）则是全国教育科学研究规划重点项目和全国高校古籍整理研究工作委员会规划重点项目。

第一，古代教育史研究。杨荣春所著的《中国封建社会教育史》（广东人民出版社，1985年）和《先秦教育思想史》（广东教育出版社，1989年）不仅较深入地探讨古代教育制度及教育思想的发展规律，而且对如何批判继承古代教育遗产提出科学的观点。1984年，华南师范大学主办全国孔子教育思想研讨会。90年代，广东学者与全国学者合作，承担国家哲学社会科学“六五”重点课题“中国教育史研究”，以及“中国教育思想通史”“中国教育制度通史”“中国教育哲学史”“中华文化通志”等课题，在古代德育思想、魏晋南北朝教育、宋代教育、明清教育、孔子教育思想等领域进行开拓性探讨，成果有罗佐才著《孔子教育思想体系研究》（湖南教育出版社，1989年）、袁征著《宋代教育》（广东高等教育出版社，1991年）、周德昌主编《中国教育史研究·明清分卷》（华东师范大学出版社，1995年）、周德昌著《中国古代德育思想史略》（广东教育出版社，1992年）、袁征著《学校志》（上海人民出版社，1998年）、黄明春著《中国教育哲学史》（第二卷）

（山东教育出版社，1999年）、王建军著《中国教育制度通史》（第二卷）（山东教育出版社，2000年）等。

第二，近、当代教育史研究。广东学者与全国学者共同承担国家哲学社会科学“八五”重点课题“中国教育近代化研究”，并在近代教育体制改革、西学东渐对中国近代教育的影响、中华人民共和国教育发展等领域深入探讨，成果有王越等主编《中国近代教育史》（湖南教育出版社，1986年）、张泉林著《当代中国华侨教育》（广东高等教育出版社，1989年）、陈汉才著《康门弟子述略》（广东高等教育出版社，1991年）、何国华著《陶行知教育学》（广东高等教育出版社，1991年）和《民国时期的教育》（广东人民出版社，1996年）、王建军著《中国近代教科书发展研究》（广东教育出版社，1996年）、关晓红著《晚清学部研究》（广东教育出版社，2000年）等专著。

（四）教育心理学研究

第一，教育心理研究。广东学者将学习心理和学习能力的研究作为主要方向，承担了如“学习能力的发展与培养”“学科教育心理的实验研究”“儿童认知的发展”等国家级或部、省级的重点课题，取得一系列有影响的研究成果。

第二，教育心理学研究。改革开放后，广东心理学界在教育心理研究方面成果较为突出。广东学者涉及学校教育和教学的多个领域，从教学理论、课程改革、各级学校学生心理素质调查等方面广泛深入探讨，取得陈光山的《中学心理学》（教育科学出版社，1989年）、谢千秋等的《教师管理心理学》（广东教育出版社，1991年）、陈光山的《教师积极性测评与激励研究》（广东高等教育出版社，1994年）等实践探索的成果总结，刘鸣的《汉字学习心理学导论》（广州出版社，1995年）、莫雷的《中小学生语文阅读能力研究》（广东高等教育出版社，1993年）、李雅林的《认知发展心理学导论》（广州出版社，1995年）、莫雷的《教育心理学研究》（广东人民出版社，1997年）、张积家的《大学心理教育导论》（高等教育出版社，1999年）等成果。

第三，社会心理学研究。90年代后，广东教育心理学者加强对弱智和弱智教育心理和家庭教育心理的研究，对中度弱智儿童与正常儿童的家庭氛围、普通学校智力落后学生与特殊学校智力落后学生的心理特征进行比较研究，建立了中学生的心理档案。王锭城出版了《教育社会心理学》（广东高等教育出版社，1996年）等研究成果。

1983—2000年获奖的教育科研成果一览表

表9-2-1

项目	名称	获奖者	年份	成果	奖项
全国首届教育科学优秀成果奖	高考标准化广东试验区	华南师范大学考试中心	1990	研究报告	一等奖
	论数学教学中的思维教育	郭思乐	1990	专著	一等奖
	中学德育大纲设想	李锡槐等	1990	研究报告	二等奖
	中国封建社会教育史	杨荣春	1990	专著	二等奖

续表9-2-2

项目	名称	获奖者	年份	成果	奖项
国家教委首届人文社会科学研究优秀成果奖	教学认识论	邹有华	1995	论文	二等奖
	动作操作遗忘进程的探讨	许尚侠	1995	论文	二等奖
全国第二届教育科学优秀成果奖	中小学生语文阅读能力研究	莫　雷	1999	专著	二等奖
	教育目的论	扈中平	1999	专著	二等奖
	教育测量学	张敏强	1999	专著	二等奖
	关于高校德育教育的回顾与展望	郑永廷	1999	论文	二等奖
广东省社科联优秀社会科学研究成果奖（第一次至第六次）	学校管理（第2次）	严永晃	1983	专著	二等奖
	中国封建社会教育史（第3次）	杨荣春	1986	学术著作类	二等奖
	小学语文读写结合法（第3次）	丁有宽	1986	科普著作类	一等奖
	社会心理学现状（第3次）	吴江霖	1986	论文类	二等奖
	陶行知教育思想浅识（第4次）	杨应彬	1988	论文类	二等奖
	珠江三角洲在经济开放形势下的教育状况及对策（第4次）	广东省教育学会	1988	论文类	二等奖
	先秦教育思想史（第5次）	杨荣春	1993	专著	一等奖
	广州市中学生文化探讨（第5次）	李国霖、李子彪	1993	论文	一等奖
	实验心理语言学纲要（第5次）	桂诗春	1993		二等奖
	珠江三角洲教育战略论（第5次）	徐名滴、周国贤、吴光普	1993	专著	二等奖
	孔子教育思想体系研究（第5次）	罗佐才	1993	专著	二等奖
	陶行知教育学（第5次）	何国华	1993	专著	二等奖
	台湾教育概观（第5次）	王本尊、李洁容、徐位发	1993	专著	二等奖
广东省社科联优秀社会科学研究成果奖（第一次至第六次）	新时期广东省专门人才需求及高等教育发展研究报告（第5次）	刘研平、高桂彪	1993		二等奖
	教育产业论（第6次）	张铁明	1999	专著	一等奖
	当代西方学校道德教育（第6次）	冯增俊	1999	专著	二等奖
	邓小平教育思想与广东教育改革（第6次）	梁琼芳	1999	专著	二等奖
	自主权、竞争、特色化——高等教育未来发展的现实思考（第6次）	卢晓中	1999	论文	二等奖
	学习障碍儿童认知特征的系列研究（第6次）	静　进、海日罕、陈学彬	1999	论文	二等奖
	论高等教育资源的合理配置（第6次）	刘晖	1999	论文	二等奖

二、教学改革研究及其实践

（一）高等学校的教学改革研究及其实践

1. 优化专业结构

改革开放后，广东高等学校为适应现代化建设的需要，提高本科教学质量，培养高素质人才，重点发展一批适应全省产业结构需要的专业，包括计算机、电子、机电、建筑、轻纺、财经、政法、管理等专业；改造传统专业，扩大专业口径，或改变专业方向；积极推进教学改革，逐步实行学分制，建立专升本和插班生制度、主辅修制、双专业制、双学位制、淘汰制、重修制、优秀生本硕连读制等制度；调整教学计划，改革教学内容，加强重点课程建设，开展教学评估；促进教学管理制度化、规范化，至1998年，有6所高等学校通过国家教委的本科教学工作合格评估。

在改革开放前，广东高等文理科教育的专业结构比较倾向于传统科目，如文、史、哲、数、理、化等，而财经、政法基本空缺。改革开放后，许多社会急需的应用型文理科专业人才奇缺，通用型、外向型人才几乎空白。为适应社会发展需要，广东高等文理科教育主要从拓宽专业口径、优化专业结构、改革教学内容着手，改造了一批老专业，发展了一批新专业，加强课程设置的文理渗透、理工结合。暨南大学是广东高等学校中较早实行学分制、分流教学等教学管理措施的学校，在课程设置上，利用学校文理工医管等多门类综合大学的优势，开设一批应用性、交叉性课程，以因材施教，培养创新人才。90年代后期，广东高等文理科教学改革朝着建立大基础、多方向专业模式的目标发展。

广东高等工程教育为适应社会主义市场经济发展的需要，对过去计划经济下形成的单一模式进行一系列改革。华南理工大学在1993年明确提出，工科人才的培养要实现三个转变，即从培养单纯工程技术型人才转向技术开发、生产、管理等复合型和开拓型人才，从窄口径专业人才转向宽口径的多种适应性人才，从标准化统一模式人才转向多样化、个性化的人才。因而在教学计划修订中坚持“拓宽专业，加强基础，增加实践，提高能力”的指导思想，推行“以学院办大专业，大专业实行多方向”的办学格局，并根据广东产业结构调整的需要增加一批新专业。广东工业大学管理工程专业进行“3+1+1”教学模式试点，即学生学习3年后，安排下企业实习1年，再回校学习1年，以便有针对性地补学有关课程，做好毕业设计（论文）。广州大学工科专业和惠州学院纺织专业分别建立一批教学、科研、生产三结合联合体，作为学校实践环节教学的重要基地。

广东高等农业教育的教学改革以提高学生素质为重点，力争毕业生达到宽口径、厚基础、高素质、强能力的要求。华南农业大学于1983年开始实行学分制，1986年学校设立教学改革奖，1990年后，学校从人力、物力、财力上支持基础课程的教学改革和建设，除加强高等数学、物理学、化学、生理学、生物化学、生态学、遗传学等传统基础课程外，加强外语和计算机课程的教学，新增经济学、贸易学、管理学课程，以培养懂业务、善管理、会经营、能公关、心理素质高的复合型人才。为改变过去农业院校普遍存在的学生人文素质较差的状况，各农业院校以加强艺术教育为突破口，增开绘画、书法、音乐知识、演讲学、艺术插花等选修课，多层面、多形式地开展人文素质教育。

广东高等医科教育的教学改革按照“宽口径，大基础，后分化，重特色”的指导思想展开。中山医科大学在本科教育方面，按照生物—心理—社会医学模式改革课程体系，合并或减少必修课，增加选修课，组织跨学科的新课程；加强预防医学的教育，将大卫生观念引入基础医学和临床医学各课程的教学中；加强人文社会学科、信息技术等课程的教学，增加公共基础课的比重，积极推进理医结合、文医渗透；改革“一次选择定终身”的制度，实行“前期趋同，后期分流”，低年级加强基础教学，高年级按不同专业分流培养，并试行二次选择专业。中医院校在课程改革上坚持：重塑课程体系，规范中医课程，重组西医课程；增设选修课，体现科学性和创新性，在“中医主体”的思想指导下，增设必要的反映系统思维的课程；加强素质教育的课程建设和实践教学环节，逐步建立具有综合性和创新性的符合现代科学技术发展需要的中、西医基础实验课。广州中医学院于1991年开始实行本硕连读制，前期各专业的基础课程和要求基本一致，并与中山大学、西安外国语学院等合作，使学生具备较宽厚的自然科学和人文社会科学基础知识。

广东高等师范院校的教学改革主要从教学制度改革和教学基本建设两方面着手。在教学制度改革上，首先是逐步推行学分制。1985年年初，华南师范大学开始试行学年学分制，实行选修课制，以后在其他高师院校推广。经过十几年的运行和不断完善，落实因材施教的原则，建立起竞争激励机制，充分调动起教与学两方面的积极性和主动性。其次是实行跨校插班制。1985年，为解决高中教师紧缺的矛盾，决定从全省师范专科学校的优秀毕业生中，通过插班考试，招收少量学生进入华南师范大学、广州美术学院等对口本科专业三年级就读，直至本科毕业。1987年起，应省内部分县市要求，插班考试允许具有专科毕业水平的在职人员和社会青年报考。这一制度得到社会各界的支持和好评。在加强教学基本建设方面，广东高师院校首先是注意加强专业建设，加快系科、专业的改革步伐。1983年以后，华南师范大学先后增设教育技术学、法学教育、心理、计算机科学教育、国民经济管理等14个新专业，使该校具备教育部所列的师范专业目录中除特殊教育以外的所有专业。为了培养一专多能的师资，惠州师专把化学专业改为生物与化学专业，雷州师专开设双科性的政治、历史专业。湛江师院与韩山师院增加职业技术教育的内容，推行主辅修制。其次，各高师院校积极开展课程建设，促进教学质量提高。华南师范大学自1987年开始，经过三个三年课程建设，该校本科500门必修课程的合格率达到80%。该校的教育技术学专业是全国首创，该专业不断加强教学基本建设，实施教学方法改革，开展的教学科研生产三结合的实验、多媒体组合教学设计、教育技术专业综合技能培养模式实验，分别于1989年、1993年、1997年三次在普通高等学校国家级优秀教学成果评选中获奖。另外，更新教学内容，搞好教材编写，也是广东高师教学基本建设的重要环节。改革开放后，全省高师教师编写的教材近千种，全省师专协作编写的师专用教材《教育学》《心理学》已在省内外发行，1988年以后，华南师范大学教师主编教材获国家教委优秀教材奖达10项。加强实践性教学环节和教育实习基地建设是广东高师教学基本建设的重要举措，各院校严格按照教学计划，实验开出率达90%，基础实验开出率达100%，与全省近100所中学（中师）签订实习基地建设协议书。

2. 提高教学科研水平

中山大学、华南理工大学等8所高等学校进入国家“211工程”的建设行列；“九五”

期间，广东实施教学工作的“一三五二工程”，编写出100门具有广东特色、在全国具先进水平的教材，建设300门达到国内先进水平的省级重点课程，建设500个产学研结合的校外实习基地，取得20个在全国有较大影响、对提高教学质量有较大促进作用的优秀教改成果；实施“五四一工程”，即建设50个国家级重点学科和重点实验室、40个省级重点学科和重点扶持学科、10个与重点学科配套的地区性中心实验室。

广东高等学校教学改革实践取得丰硕成果。1989年，国家教委公布1989年全国普通高等学校优秀教学成果评奖结果，广东高等学校有17项成果获奖。1993年6月，国家教委公布1993年全国普通高等学校优秀教学成果评奖结果，广东高等学校有14项成果获奖，其中一等奖1项：华南师范大学的“多媒体组合教学设计的理论与实践”；二等奖13项：中华南理工大学4项，中山大学3项，中山医科大学2项，华南农业大学、广东工学院、广州师范专科学校、深圳大学各1项。1997年10月，国家教委公布1997年全国普通高等学校优秀教学成果评奖结果，广东高校有14项成果获奖，其中一等奖2项：中山大学（校际合作）和华南理工大学（校际合作）各获一等奖1项；二等奖12项：华南理工大学3项，中山大学1项，中山医科大学1项，华南农业大学1项，广东工业大学1项，华南师范大学2项，广州中医药大学1项，惠阳师专1项，广东外语外贸大学获1项。

1989年广东省获普通高等学校国家级优秀教学成果获奖项目表

表9-2-3

教学成果名称	单位	主持人
教学科研生产三结合，创办我国第一个电化教育专业	华南师范大学	李运林、李克东
培养眼科学高级人才，促进眼科教、医、研事业发展	中山医科大学	周文炳
进行“自学为主”和“讲授为主”的对比试验，加强学生能力的培养和智力的开发	中山医科大学	彭文伟
开辟第二课堂，提高教学质量	广州医学院	杜应秀
广东省高等医学院校医学专业办学水平评估的实践与研究	广州医学院	王庆炜

1993年广东省普通高等学校国家级优秀教学成果获奖项目表

表9-2-4

一等奖（1项）		
教学成果名称	单位	主持人
多媒体组合教学设计的理论与实践	华南师范大学	李克东、李运林、梁仲熊、谢幼如
二等奖（13项）		
教学成果名称	单位	主持人
“化工原理”课程建设与改革	华南理工大学	梅慈云、黄少烈、高桂田、钟　理、涂伟萍
量子力学基本原理的教学研究与实践	中山大学	关　洪
教学、科研、生产推广相结合，开拓教学新领域	华南农业大学	连兆煌、刘士哲
发挥社会实践教育功能，为培养合格人才服务	广东工学院	答朝心、张小安、赵述德、曾庆尚、王　克
立足学科前沿，培养多层次人才	中山大学	陈胜彝、林家有、邱　捷、乐　正、桑　兵

续表9-2-4

教学成果名称	单位	主持人
加强课程建设，创建一类课程	中山大学	梁必骐、冯志强
“基础物理”教学综合改革与课程建设	华南理工大学	温坤麟、曾德安、梁海生、叶英模、简趣玲
全面加强专业课程建设，努力提高教学科研水平	华南理工大学	陈嘉翔、卢谦和、余家鸾、詹怀宇、周庆乐
转变观念，勇于探索，努力使成人高等教育适应社会主义现代化建设需要	华南理工大学	张刚能、吴　满、余观月、李伟刚
新型生理学实验课教学模式的建立和探索	中山医科大学	王庭槐、詹澄扬、潘敬运、许实光、姚愈忠
正确发挥临床考试导向作用，促进学生临床能力提高	中山医科大学	卢光启、邝沛荣、颜楚荣、李巧兰、刘晓荔
在师专开设“青春期教育”课程	广州师范专科学校	黄韶玲、陈宝端、钟洪枢、黄祖荫、李葆真
改革法律专业教育，培养涉外涉港法律人才	深圳大学	董立坤、李忠武、沈木珠、彭宝罗、徐觉非

1997年广东省普通高等学校国家级优秀教学成果获奖项目表

表9-2-5

一等奖（2项）		
教学成果名称	单位	主持人
“新概念力学”面向21世纪教学内容和课程体系改革（校际合作）	中山大学、北京大学	罗蔚茵
高等学校试题库通用软件系统的研制与推广（校际合作）	华南理工大学、西安交通大学等	汪国强等
二等奖（12项）		
教学成果名称	单位	主持人
提高研究生综合素质，培养合格的高层次化学人才	中山大学	计亮年、黄锦汪、杨惠英、曾添贤、林的的
金工CAI的研究与推广	华南理工大学	刘友和、谭尚铭、张木青、肖　利、宋小春
建立具有岭南特色的建筑学人才培养模式	华南理工大学	赵红红、罗卫星、吴桂宁、鲍戈平、郑力鹏
开展共建和联合办学，促进教学改革和学校发展	华南理工大学	刘正义、刘焕彬
“化工原理”课程建设与改革	广东工业大学	邓淑华、周立清、李功样、陈兰英、徐　魁
适应现代农业发展的产学研结合办学新形式	华南农业大学	毕英佐、郑　诚、魏彩藩、杨关福、温鹏程
人体寄生虫学（第三版）（教材）	中山医科大学	徐秉锟
紧密结合临床、科研，创立“伤寒论”教学新模式	广州中医药大学	熊曼琪、林安钟、梁柳文、张横柳、彭万年
教育技术专业综合技能培养模式的研究与实践	华南师范大学	徐福荫、谢幼如、周　镭、李克东、李运林
高师体育教育专业建设的理论与实践	华南师范大学	杨文轩、邓树勋、陈　琦、李桂良、李财富

续表9-2-5

教学成果名称	单位	主持人
地方大学产学研合作教育的研究与实践	惠阳师范专科学校	陈优生、杨伟金、旷三平、林晓新
抓关键环节，创一流水平——英语硕士点教学与管理的改革与探讨	广东外语外贸大学	王　虹、陈建平、王初明、亓鲁霞、吴旭东

（二）基础教育的教学改革实验

1. 教育教学方法改革

组织和推动全省中小学开展教育教学方法改革。在德育方面，两次总结推广潮州市实行学校、家庭、社会齐抓青少年教育的经验；较早地编写品德课和政治课改革实验教材，把品德课、政治课教学与团队活动和班级工作等结合起来，形成德育合力；改革学生德育考核办法，使考核结果与学生的奖励、升学、就业挂钩。在教学方面，除推进全国统一的教学改革任务外，具有广东特色的教学改革有：编写推广九年义务教育沿海版教材和丁有宽读写结合教材；对全省中小学的教学改革实行分类要求，分层指导，提倡创造教学特色；普遍开展多种多样的启发教学，探索建立以启发教学为中心的教学方法新体系；以优化幼儿园、小学、中学的施教为目标，开展纵横配合的教学整体改革。从90年代初开始进行素质教育实验，1996年，全省选定12个不同类型的市（县、区）进行区域性素质教育实验，涌现出一批素质教育开展较好的学校。

2. 教材建设工程

主要进行四项教材建设工作：一是1988年广东省副省长王屏山接受国家教委委托，负责组织沿海版教材编写后，广东省教育厅和沿海版编委会公布了1989年秋季沿海版教材实验计划，以后参与实验的地区及学科逐步扩展，教材编写进一步修订与完善。1998年，王屏山主编《改革与创新——九年义务教育沿海版教材建设十年》（广东教育出版社，1998年）又对这一工作作了总结。二是完成了从1997年开始的“普通高中综合课程研究与实验”课题，编写出普通高中文科综合教材和理科综合教材。三是组织编写一套适应广东经济发展和现代生产要求的具有地方特色的职业高中系列教材。四是编写一套具有现代教育教学意识、适应教学心理要求的教学软件系列教材。

3. 科研促教工程

为进一步推动普教教学改革，省政府于1995年颁发《广东省教学成果奖励办法》，广东省教学研究室组织制定《广东省教育教学成果奖励实施细则》，建立普教学术委员会，负责全省普通教育教学成果的申报、评审工作。实施这项工程的目的，是要在21世纪初建立一支庞大的教育科研队伍，并在全省形成科研网络；建立科研促教管理机制，使科研成果能较快地转化为教育生产力；建立教育科研基金，力争出一批在全国具有影响的教学科研成果。“广东省普通教育教学成果奖”是广东省普教系统的唯一政府奖，每两年评审一次。1997年，评选出“广东省首届普通教育教学成果奖”共36项，其中特等奖1项、一等奖10项、二等奖25项。1999年，评选出“广东省第二届普通教育教学成果奖”共40项，其中一等奖9项、二等奖31项。以下选记部分教学成果。

丁有宽读写结合教材教法。丁有宽是潮安县六联小学的特级教师，他针对小学语文教学存在的“杂、乱、华、死”和“读与写、知识与能力、教与学三脱离”的弊端，进行“有的、有序、有点、有法”的教改实验。1979年推广至校内12个班、720名学生。1981年进入验证阶段，实验扩大到全国六省56校、1.5万名学生，概括总结出六条基本理论。1983—1986年，进入读写结合、系统训练的体系构建的阶段，实验扩大到16省360所学校约6.5万名学生。1987—1992年，进入教材、教法、学法同步改革的物化阶段，编写出五年制和六年制的小学语文教材，实验已扩大到28省、2001所学校约20万名学生。1993年以后，进入推广阶段，已有28个省市及港澳地区5500所学校、11000个教学班48万名学生推广使用丁有宽教材教法。经过长期的实验和推广，丁有宽形成了读写整体性全程结合（本科主体结合、与各科同步结合、课内外结合）的教材教法新体系，完成农村小学教学的读写结合小学语文教材和教法的实验，开展“全标、全员、全程、全位”的“四全教育、系列育人”的科研探索。丁有宽的教改实验坚持“树一宗，学百家，求创新”的科研风格，从个人实验扩大到群众性实验，从小范围实验发展到全国推广和国际交流，从教法实验发展到“教材、教法、学法”的综合性整体实验。这一教改实验曾得到邓小平等国家领导人的鼓励和赞扬，得到教育理论界专家的高度评价，于1997年荣获广东省首届教学成果奖特等奖。

现代启发式教学原则。由广东省教学研究室郭鸿主持，它主要是运用现代教育科学理论，从理论和实践的结合上对启发式教学的内涵和外延作了科学的概括，提出“四强调和四结合”原则，通过实验大面积提高教学质量，对教改具有重要的指导作用，受到全国教育专家的首肯，于1997年获得广东省首届普教教学成果奖一等奖，被国家教委收入《中国当代教育科研成果大典》。

多媒体组合优化指导小学生作文。由深圳市教学研究室、深圳电化教育馆、深圳小学的萧桂林、石景章、王道隆等主持。针对小学作文教学无序和训练手段单一的弊端，建立一套合理、科学的作文训练新体系，即“先状物写景，后记事写人；先写片段，后写篇章；先单项，后综合；先模仿，后创造。做到由浅入深，循序渐进，中高年段，两次循环，螺旋上升，逐步提高”。同时又设计“声像引路—例文分析—指导观察—试写评改”的作文训练程序。该实验于1991年开始在深圳园岭等两所小学开展，后来发展到全深圳市五区200多所学校。实验教材于1993年出版后，课题实验已辐射至广州、东莞、中山、惠州、汕头等省内外16个城市，有8万多名小学生受益。这项教改实验成果通过国家教委全国中小学计算机教育研究中心和广东省电教馆的鉴定，1997年获广东省首届普通教育教学成果奖一等奖。

中学语文五步三课型反刍式单元教学法。由顺德市教学研究室钟德赣主持。这是一项涉及教学原则、教学方法、教学环节、教学组织形式等要素的整体改革实验。它以叶圣陶语文教育思想为指针，以控制论、系统论、信息论的基本原理为理论基础，致力于培养学生的自学能力和主动参与精神，着眼于提高课堂教学质量。这项实验于1986年开始，至1997年，已发展到南至海南省，北至黑龙江省的20多个省区的一些学校。1991年省教育厅教学研究室、广东省中等语文教学会联合召开该实验的专家鉴定会，实验成果得到与会专家充分肯定。1996年1月，为在全省推广这项实验成果，成立广东省中语会反刍式单元教学研究中心；同年11月，中国教育学会语文教学研究会主持召开全国反刍式单元教学法研讨会，向全国各省推介这项实验成果。1997年，该成果获广东省首届普教教学成果奖一等奖。

初中化学自学指导法教改实验。由中山市教学研究室郭中兴主持。该实验以加强“双基”、发展能力、培养方法、减轻负担、提高质量为目的，以自学指导法教改实验为核心，结合教材建设和课程设置开展实验研究，把教学法—教材—课程串成一个整体，创立适应初中生的化学自学指导法，解决化学教育启蒙阶段如何进行素质教育的问题。该实验于1983年开始探索酝酿，1984年在中山市8所中学开展实验，逐步推广至全市中学。1990年获广东省首届创新成果奖。1991年开始与教材建设相结合，逐年改变操作材料。1992年开始编写沿海版《化学》教材的《教案示例集》，探讨新教材的使用与自学指导法的结合。1995年开始进行课程改革探索，开展初中化学活动课的研究，深化自学指导法的实验成果。1997年，该成果获广东省首届普教教学成果一等奖。

激励教育研究。80年代中期，中山市杨仙逸中学最早开展以激励为中心的教育改革实验，韶关市南雄中学的莫名高也开展同一课题的实验。在此基础上，1992年由广东教育学院教育科学研究所、广东教育学会、中山市教委督导室联合发起，由施铁如主持，在中山市江滨中学、启发中学开展激励教育实验，接着，小榄中学、东凤中学加入实验。开展几年后，中山市80多所中小学吸收了激励教育的一些成功做法。这一研究目标包括：（1）激发学生学校生活的积极性，增进他们对学校、老师的情感，从而奠定“留得住”“坐得下”的情感基础；（2）培养学生的学习兴趣，树立学生的自尊、自信，促使学生由“厌学”向“乐学”转变；（3）引导学生在以上情感的推动下，积极上进，争取学业和品行方面的成功；（4）寻找减少“流失生”“差生”的可行途径。1999年在天津召开的全国激励教育学术交流会上，中山市的成果得到充分肯定。同年，该成果获广东省第二届普教教学成果奖一等奖。

实施和谐教育模式，培养高素质人才。由广雅中学郭乃正主持。和谐教育模式是学校办学模式实验，其研究目标为：制定“务本求实”的办学宗旨，确立“全面兼具特长”的育人目标，构建“系统而富特色”的课程体系，组织“高质而又高效”的教学活动，实施“强化结合分层”的科研机制，推行“合作包含竞争”的管理机制。1994—1997年为实验的第一阶段，1997—2000年为中期实施阶段。1997年，该实验纳入中国教育学会主持的“中学办学模式研究”，成为该课题的子课题。1999年，研究成果由广州市教委向全市中小学推介；同年，获广东省第二届普教教学成果一等奖。

初中语文活动性教学实验。由东莞市教学研究室王土荣主持。该课题的研究目标为：按照素质教育的要求和课程改革的理论，根据语文学科的特征及学生生理心理的规律，把课内外语文教学变成每一位学生都动脑、动口、动手的自主学习、主动发展的过程，使每一节语文课都变成气氛活跃、形式灵活、手段灵活的学习活动，真正使学生学会读书、学会作文，真正提高语文素养。1993年，该实验在东莞市石龙中学初步探索，1995年被确定为东莞市中学语文研究分会研究课题，不久，又定为广东省中学语文教学研究会“九五”重点科研课题。1998年，由广东省教学研究室、广东省教育科学研究所及中央教育科学研究所的专家对研究成果进行鉴定。1999年，该成果获广东省第二届普教教学成果一等奖。

学校综合考试改革。由广东实验中学主持。该课题的研究目标为：以反馈原理、有序原理和整体原理为指导，构建“三主、三辅”的综合考试改革框架，全面考核学生的文化素质，深化教学改革，提高教育质量。“三主、三辅”考试的内涵是：以课堂考试为主，辅之以社会实践活动考试；以闭卷考试为主，辅之以开卷考试；以笔试为主，辅之以“能力考试”，包括口试、实验操作考试、阅读能力考试和收集、处理、应用信息资料等各种形式的考试。广东实验中学于1986年提出“校内综合考试改革的设想”，1987年在全校范围内开始考试改革实验，1990年进行第一阶段小结。1992年按前一阶段总结的“能力考试系列方案”开展新一轮实验；1995年将能力考试转为校内常规考试。1998年该课题列入广东省普教科研项目，于1999年获广东省第二届普教教学成果一等奖。

经济特区小学德育社会化的研究与实验。由深圳华侨城小学孙小玲主持。该课题研究强调社会学习的意义，关心社会化德育活动中的个体参与，确立社会示范及榜样的作用，有目的地使学生介入社会环境时与之产生相互作用，最终使其人格在整体上得到全面发展。其研究目标为：（1）探索特区小学德育社会化模式；（2）确立学校良好的公众形象，体现学校整体精神面貌；（3）培养学生的公民意识，教育学生做合格的公民。该实验从1995年3月开始，由实验班推广到全校。经过几年的实验，逐步形成一个以学校为中心，社区、家长全方位参与的新型教育体系，实现学校—社会—家庭的德育网络化。1998年在这一实验基础上开展的“我们生活的社区调查”进京参展，获全国少年“五自”实践展示活动一等奖；同年，团省委向全省推广。1999年，该成果获广东省第二届普教教学成果一等奖。

1997年广东省首届普教教学成果特等奖、一等奖名录表

表9-2-6

特等奖（1项）		
教学成果名称	单位	主持人
丁有宽读写结合教材教法	潮安县六联小学	丁有宽
一等奖（10项）		
教学成果名称	单位	主持人
现代启发式教学原则	广东省教育厅教研室	郭　鸿
多媒体组合优化指导小学作文	深圳市教育局教研室	萧桂林
	深圳小学	石景章
	深圳市电教馆	王道隆
中学五步三课型反刍式单元教学法	顺德市教育局教研室	钟德赣
让小学生认识思维过程和掌握思维方法	广东省教育厅教研室	陈国盛
初中化学自学指导法教改实验及其深化	中山市教委教研室	郭中兴
适应性教育整体改革	中山市华侨中学	李镜澄
中学生心理与学法一体化教育实验	湛江市第一中学	盘智兴
社会文化对特区中学生影响的教育对策与实践	珠海市第三中学	谢绛先
创造新型的农村职教——荷塘模式	新会市荷塘中学	陈金陵

1999年广东省第二届普教教学成果一等奖名录表

表9-2-7

教学成果名称	单位	主持人
特区小学德育社会化的研究与实验报告	深圳市华侨城小学	孙小玲
初中语文活动性教学实验	东莞市教育局教研室	王士荣
合理选择组合教学媒体，优化中学数学课堂教学	东莞市东莞中学	梁显鉴
建立与素质教育相适应的学习评价模式——多元化评定生物学科素质训练	深圳市罗湖区教育局教研室	肖兰芳
清水濠二小培育乒坛幼苗研究报告	广州市东山区清水濠二小	张更生
学校综合考试改革	广东实验中学	禤锦科
“启发研究型教法系统”理论与实验研究	广州市现代教育科学研究中心	谢国生
实施和谐教育模式，培养高素质人才	广东广雅中学	郭乃正
激励教育研究	广东教育学院教科所、广东教育学会、中山市教委督导室	施铁如

附录

一、中共广东省委、广东省人民政府关于努力开创我省教育事业新局面的决定

（1983年3月17日，粤发〔1983〕23号）

党的十二大和五届全国人大五次会议制定的全面开创社会主义现代化建设新局面的伟大纲领，把加强和发展教育事业列为战略重点之一，摆在党和国家工作的重要议事日程上。这是我们建设高度物质文明和高度精神文明的重要保证。全省各级党委和政府对教育事业必须十分重视，以改革的精神开创我省教育事业的新局面。

一、进一步提高认识，真正把教育工作摆上战略重点的地位

党的十一届三中全会以来，随着党的工作重点的转移，我省各级党委和政府逐步提高了对教育事业重要性的认识，加强了对教育工作的领导，增加了教育投入，采取一系列措施提高教师的政治地位和生活福利待遇，调动了广大教师的积极性。全省各级各类教育事业已从十年动乱中被严重摧残的状况下逐步恢复过来，并有了较大的发展，教育质量逐步提高。但是，由于省委和省政府没有把教育工作列入应有的重要议程，抓得不紧，一些领导干部和部门长期受“左”的错误思想影响和小生产观念的束缚，对智力开发的重要性缺乏正确认识，甚至把教育事业同发展经济对立起来，因此，我省的教育事业路子不广，经费不足，各类学校困难较多，条件较差，发展速度缓慢，以致在全国居于后进地位。目前全省平均每万人口中的在校大、中、小学生人数低于全国平均水平，在全省90多万名干部中，初中毕业以下文化程度的占45%；全省国营厂矿企业职工，初中毕业以下文化程度超过70%，其中还有6%左右的文盲、半文盲，专业人才缺乏的现象更为严重。1983年全省各条战线初步提出要求补充的专业人才，仅大专毕业生就需4万多人，预计仅能满足1/4。这种情况说明，我省教育事业发展的规模和速度，同现代化建设的要求，特别是同我省实行特殊政策、灵活措施，试办经济特区，在经济发展中先走一步的要求，很不适应。显然，加速我省教育事业的发展，提高全省各族人民的科学文化技术水平，加速各类专业人才的培养，已成为摆在全省各级党委和政府面前的一项刻不容缓的战略任务。

全省各级党政领导要认真学习党的十二大精神，深刻认识教育是建设社会主义物质文明和精神文明的重要前提，在一个文盲充斥的国度是不可能建成社会主义的。现代经济的发展，要依靠科学技术的进步，而基础则在于教育。没有教育事业的充分发展，就没有广大职工、农民文化科学技术水平的提高，就没有大量又红又专人才的涌现，就不能迅速、广泛地提高经济效益和劳动生产率，本世纪末的宏伟目标就难以实现。另一方面，没有教育事业的充分发展，也不可能在全省人民中首先是在广大的青少年中，有效地进行共产主

义理想教育，道德教育和纪律教育，抵制资本主义腐朽思想的腐蚀、侵袭，不可能保证现代化建设沿着社会主义方向健康发展。所以，重视教育事业，是关系到社会主义现代化建设成败的一项重大国策。还要看到，人才培养的周期较长，如不及早着手，到90年代，各种专业人才的缺乏将会更加突出，必将贻误我省社会主义现代化建设的大业。全省各级党政领导和全体干部、党员一定要充分认识到发展教育事业这一任务的重要性、迫切性和尖锐性，高瞻远瞩，自觉克服轻视教育、轻视知识和歧视知识分子的错误思想，真正把教育工作摆到战略重点的位置上，下大决心，花大力气，把教育工作抓上去，尽快开创我省教育事业的新局面。

二、开创我省教育事业新局面的方针和主要任务

为了适应我省经济建设和社会发展的迫切需要，在80年代里，全省教育事业必须贯彻执行调整、改革、提高、发展的方针，积极进行改革，大力普及初等教育、加强中等职业教育和高等教育，发展包括干部教育、职工教育、农民教育、扫除文盲在内的城乡各级各类教育事业，不断提高教育质量，培养各种专业人才，提高全省各族人民的科学文化水平。经过全省各级党委和政府、全社会和广大教育工作者的努力，要使我省教育事业在数量上、质量上、规模上、结构上基本适应全省国民经济和社会发展的需要，赶上全国先进水平。其主要任务和基本要求是：

1．普及初等教育。坚决贯彻中央、国务院关于普及小学教育若干问题的决定以及省委、省政府的有关部署，争取全省在1985年基本普及初等教育，到1990年，大中城市和经济比较发达的县要基本普及初中教育。普及初等教育工作重点应放在巩固率和合格率上，使所有学龄儿童进得来，留得住，学得好。一定要发动群众，想方设法，按时按质实现我省普及小学教育的规划。

2．改革中等教育，发展职业技术教育。要认真贯彻国务院批转教育部、国家劳动总局《关于中等教育结构改革的报告》和省政府批转省文教办公室《关于加速我省中等教育结构改革工作的意见》，进行全面研究和规划。今年内，每个市、县都要办起1～2所职业技术中学。普通中学（包括重点中学）要根据本地需要开设职业技术课，有条件的要办职业技术班。农村中等教育，应立足于为建设社会主义新农村培养各种劳动后备力量和专门人才。要有计划地逐步把农村相当部分普通中学改为农（职）业技术中学。大中城市、各条战线和县、公社都要根据经济建设和社会发展的需要，积极创办各种职业技术学校或职业技术班。这项改革工作，必须坚定不移地抓紧进行，可先从农村中等教育突破，打开局面，逐步推广。同时要有计划地积极发展和改革普通中等专业学校，培养更多的适应实际需要的中级专业人才。各级教育部门要积极协助主管部门办好中等专业学校。到1985年，职业高中、普通中专、中师、技校与普通高中在校学生比例应达到4∶6，1990年达到5∶5。

3．高等教育要积极进行改革，在不断提高质量中稳步发展。普通高校在校大学生，力争到1985年达到55 600人，比现在增长20.8%；1990年达到88 000人，比现在增长99%。在校研究生，到1985年要达到2 500人，比现在增长1.2倍。当前，要根据经济建设和社会发展的需要，对现有大专院校的专业设置进行调整，积极挖掘潜力，增设短线缺口专业，并把专业设置的口径和服务方向适当放宽，扩大招生。中央部属的中山大学、中山医学院、华南工学院、华南农学院、暨南大学、广州外语学院等十所学校，是我省高等教育的重要组成部分。对这些大专院校必须加强领导，从各方面给予支持，配合中央有关部门努力把这些院校办成教学、科研中心。取得中央有关部委的支持，充分发挥这些院校的优势，给它们提供必要的条件，为我省开设一些急需的专业，承担一部分为地方服务的科研项目，增加干部、师资进修培训任务。要切实解决广东工学院校舍问题，增设一些专业并扩大招生。在1985年以前，要切实改善省属大专院校的实验室、图书馆和运动场，充实图书、仪器设备和体育器材。在努力办好现有学校的同时，要积极创办一些短线缺口的大学。近年内要努力建设好汕头大学、海南大学，创办深圳大学，积极筹办省财经学院、政法学院。

4．大力加强和发展职工、农民教育。要根据党中央、国务院《关于加强职工教育工作的决定》和去年中央召开的全国各省、市、自治区农业书记会议关于建立农村教育新体系的要求，到1985年，争取全省基本扫除城乡青壮年中的文盲，基本完成职工初中文化和初级技术补课的任务。要大力发展城乡业余初中文化和初级技术补课的任务。要大力发展城乡业余文化技术补习班。到1985年，各个县都办起农业技术学校，为发展农村经济培养各种专业技术人才。要大力发展广播电视大学、业余大学、函授大学、职工大学、夜大学和职工中专，广泛培养在职人员和社会知识青年。当前，县以上各级政府要尽快解决省广播电视大学及各地分校的教学基地和必要的设备，使这一节省人力、财力和有质量保证的教育机构充分发挥作用。各级党委和政府要十分重视工农教育工作，建立和健全各级职工（工农）教育管理机构，配备必要的专职办事人员；要把发展各级各类职工农民教育列入国民经济计划和议事日程，增加投入，切实解决校舍、教职员工编制和设备等问题。

在干部教育方面，要认真贯彻中央关于加强干部教育的决定，凡未达到规定的文化、专业水平的各级党、政、团体和企事业单位的干部，从今年起都要分期分批参加培训。力争经过五年左右的努力，基本做到省、市（地）直属机关的干部具有高中或中专以上的文化、专业水平；具有大专以上文化程度的人数比例要有明显的提高。从现在起，省、市（地）直属机关新吸收的干部，必须具备高中或中专毕业以上的文化程度，以加速实现干部队伍的革命化、知识化、专业化。

5．必须提高各级各类学校的教育质量。各级各类学校都要贯彻执行德智体全面发展、又红又专、知识分子与工人农民相结合、脑力劳动与体力劳动相结合的教育方针，努力提高教育质量。在学好文化和科学技术专业知识的同时，一定要加强共产主义思想教育，对学生进行社会主义、集体主义、爱国主义的教育，进行中国近代史和社会发展史的教育，用马克思列宁主义、毛泽东思想武装头脑，树立科学的世界观、革命的人生观，坚决抵制腐朽的资产阶级思想和封建残余思想的侵蚀，使他们成为有理想、有道德、有文化、有纪律的劳动者。普通中学要把面向全体学生和因材施教结合起来。要坚决反对片面追求升学率，今后应从学生的政治思想表现、文化知识水平和实际能力以及健康水平等方面，来全面衡量一个中学办得好不好。

三、必须采取的几项主要措施

为了保证我省发展教育事业各项奋斗目标的顺利实现，全省各级党委和政府从现在起就要坚决按照党的十二大和全国五届人大会议的要求，从我省的实际情况出发，用极大的热情，采取果断的措施，真正把开创教育工作的新局面作为一项重大的战略任务来部署。

1. 要积极进行改革，广开学路，广开才路，加速教育事业的发展。各级党委和政府要根据经济建设和社会发展的需要，认真做好人才预测和中、长期人才培养的规划。根据人才培养规划的要求，采取多种形式、多种途径、多种办法发展教育事业，正规教育、业余教育、广播电视教育、函授教育要一起上。要积极改革高校的招生和分配制度。从今年起，农、医、师类院校实行部分定向招生和分配的办法，每年要在文化比较落后和边远地、县择优招收部分学生，毕业后分配回原地、县工作，同时采取招聘、奖励的办法，鼓励毕业生到这些地、县工作，以迅速改变这些地区的落后面貌。要制定切实可行的政策，鼓励大、中城市的毕业生到农村工作，找出人才通向农村的道路。对主动到边远山区农村工作的毕业生，要在工资和福利方面适当给予优惠待遇。要允许高等院校在完成国家下达的招生任务之外，挖掘潜力，同用人单位签订委托培养人才的合同。要大力提倡走读，省、市城建和房管部门要有计划地在高校附近修建一些学生公寓，供外地走读生租住。交通部门要为走读生上学提供交通方便。要改革现行的助学金制度，把部分助学金改为奖学金，以鼓励学生刻苦学习，促进教育质量的提高。普通高校在积极进行改革和提高教育质量的基础上，应加强科学研究和技术应用推广工作，提倡高等院校与生产、应用单位挂钩协作，使科研成果能迅速得到推广应用。要逐步实行学校定编、教师定工作量，建立各种形式的岗位责任制。现行的干部、职工退休后由子女顶替及子女就业由各单位包干的做法，不利于教育事业的发展，对保证教育质量有害，应坚决纠正。教育部门和教职工子女的就业问题，应与社会待业青年一视同仁，由劳动部门统筹安排。为鼓励广大青年自学成才，省决定成立高等教育自学考试指导委员会，其办公室设在高教局内，配备必要的专职人员，负责做好大专自学考试的有关工作；对自学并经考试合格者，按中央教育部门的有关规定发给证书并承认其学历。对自学达到初中或高中毕业水平的青年，经过考试后，也要发给证书，承认其学历，并允许其参加高中、各种专业学校和高校的招生考试。

2. 要进一步落实党的知识分子政策，在全省人民中树立尊师爱校的社会风气。办好学校，要依靠教师。各级学校教师的劳动是艰苦而又崇高的，应当受到党和人民的尊重。广泛宣传知识分子在四化建设中的地位和作用，使大家认识知识分子和工人、农民一样都是社会主义建设的依靠力量，坚决克服歧视知识分子的错误思想。在进一步落实党的知识分子政策中，对广大教师政治上要充分信任，工作上要放手使用，生活上要关心照顾。特别要注意解决中年骨干教师和小学教师生活福利待遇低、住房困难等问题。要发现和表彰广大教师中的先进事迹，形成尊重教师的社会风气。各级党政领导要带头尊重教师，对殴打教师的人必须按党纪国法严肃处理。学校是培养人才的基地，必须受到全社会的支持和爱护。任何单位和个人都不得扰乱学校的教学秩序，更不许破坏和侵占学校的土地、房舍、设备及其他财产，违者要负责赔偿，情节严重的要依法惩处。广大教师要努力学习，使自己具有高尚的共产主义道德品质和丰富的文化科学知识，成为学生的表率。

3. 加强师资队伍和学校管理队伍的建设。建设一支数量上、质量上同各级各类教育事业发展相适应的师资队伍和学校管理队伍，是办好各级各类学校，提高整个教育质量的前提和基础。要努力把各级师范院校和教师进修院校办好，为提高广大教师队伍和学校管理队伍做出成绩。华南师范大学是我省的重点高校，必须努力办好，要挖掘潜力，多招本科生并逐步扩大招收研究生，加强教育科学的研究。近几年内，高等院校都要拿出一定力量，为各种职业技术中学培养专业教师和中学美术、音乐、体育教师。为保证教师质量，要逐步做到：高校新进教师由毕业研究生和优秀本科毕业生补充，高中教师由大学本科毕业生补充，初中教师由大学专科毕生业补充，小学教师由中师毕业生补充。力争到1985年，各级学校都有百分之五十以上的教师达到上述学历要求。要加强教师队伍的管理，通过整顿定编，把超编人员组织起来进行培训，或安排做其他合适的工作。对确实不能胜任教学工作的要坚决调离教学岗位，人事部门要积极协助安排。为保证教师队伍相对稳定，以利于提高教学质量，大、中、小学的教师由教育部门统一管理。未经教育部门同意，其他部门不得抽调教师做别的工作，也不得自行在中小学、中师、教师进修院校中招干部和工作人员。各级师范院校的毕业生应一律分配做教育工作，毕业生分配计划由计划、人事、教育部门共同制定，教育部门主管。

4．要重视智力开发，增加教育投入。近两年来，我省教育投入虽有较大增长，但由于十年动乱对教育的破坏严重，多年来又欠账太多，因而目前教育经费仍然十分紧张，校舍、设备严重不足，中小学危房多，办学条件差等问题尚未能从根本上得到解决。为了保证我省教育事业在80年代有较大的发展和提高，必须增加教育投入的比重。各级领导和计划部门要有这种观念：宁可适当压缩其他方面的投入，也要保证教育投入逐年有所增长。教育投入的增长率，要略高于经济发展的增长率。根据我省财政状况和教育事业发展要求，1985年以前，全省教育经费支出应保证每年递增8%上；教育基建投入也应逐年有所增加，其中普教基建投入应占省财政基建投入的8%以上，省属普通大专院校基建投入要占省财政基建投入的4%以上，做到新账不再欠，旧账逐年还。对教育事业方面的重大措施、重大项目和职工农民教育，其经费和基建投入，县以上各级政府应根据地方财力，优先增加安排。

除了国家增加教育投入外，还要广开财路，发动全民和集体所有制的厂矿企业和社队集体办学，鼓励社会团体办学，允许私人办学，欢迎和积极支持华侨、港澳同胞捐资办学并给予一定的荣誉。各级各类学校都要勤俭办学，坚持少花钱多办事，条件差的要因陋就简办好学校，提倡勤工俭学，调动各方面的力量发展教育事业。厂矿企业办学经费可按国务院规定，由企业营业外项目开支，校舍建设、设备购置，可从企业利润留成和企业基金开支。

四、切实加强党和政府对教育工作的领导

目前我省教育工作的形势很好。要迎头赶上全国先进行列，开创教育事业新局面，有利条件很多。原来有基础，群众有要求，办学有潜力。关键在于各级党政领导要深刻认识教育事业在四化建设中的战略地位和作用，切实加强对教育工作的领导。这是搞好我省教育工作的根本保证。各级党委和政府不仅在口头上而且一定要在行动上真正重视教育工作，把教育工作摆在重要议事日程，认真落实各项具体措施，党委和政府的第一把手，要亲自过问教育工作，并抽出时间到学校搞调查研究，每年抓几次教育工作。省和各市、地、县都要有党政主要领导分管教、科、文、卫、体工作。每年至少要召开两三次专门会议，听取教育工作情况汇报，研究和解决教育工作中的重大问题。今后，各级党政领导到基层检查工作时，要同时检查教育工作，把是否重视并做好教育工作，作为考核各级党政领导干部和市、县工作的重要内容。

教育事业是全党、全社会的大事，全省上下、各部门、各方面都要十分重视、十分关心和大力支持。省委和省政府要求各级计划、财政、劳动、人事、工交、农林、财贸、基建部门以及工会、共青团、妇联、农协和其他社会团体，都要关心和支持教育事业，希望各民主党派都来共同为发展我省的教育事业打开新局面，省委和省政府决定于今年夏季召开全省教育工作会议，省直属有关部门和各市、地、县应及早做好准备工作。

省委和省政府深信，只要全省各级党委和政府遵循党的十二大和全国五届人大五次会议精神，高度重视教育工作，切实加强领导，发动和依靠全省人民和广大教育工作者，同心同德，努力工作，我省教育事业在80年代一定会出现蓬勃发展的新局面。

各市、县党委和政府在收到本决定后，要联系本地的实际，认真研究，统一认识，采取强有力的措施，坚决贯彻落实，并将贯彻情况和意见在今年上半年向省委和省政府作出报告。

二、中共广东省委、广东省人民政府贯彻《中共中央关于教育体制改革的决定》的意见

（1985年10月9日，粤发〔1985〕35号）

一、认真学习中央的《决定》，进一步提高对教育改革和发展教育的必要性、紧迫性的认识

《中共中央关于教育体制改革的决定》（以下简称《决定》），是党中央继《关于经济体制改革的决定》、《关于科技体制改革的决定》之后发出的又一个纲领性文件，是党中央领导全国人民消灭贫穷，走向富强，消灭落后，走向现代化，建设中国特色社会主义的重要战略决策。党中央的《决定》，确立了教育必须为社会主义建设服务，社会主义建设必须依靠教育的根本指导思想，指明了改革教育体制，发展教育事业的方向、任务和措施，是繁荣我国社会主义教育事业的宏伟蓝图。社会主义四化建设成败的关键在于人才，而解决人才问题的基础在教育，没有教育就没有人才。人才的极端重要性决定了教育在四化建设中的战略地位。今后我省经济发展，后劲的大小，在一定意义上越来越取决于劳动者的素质，取决于知识分子的数量和质量。各级党委和政府一定要认真学习中央的《决定》，进一步提高对改革和发展教育的必要性、紧迫性的认识，不仅在口头上，而且在行动上同中央的要求相一致，真正把教育工作认真抓起来。

党的十一届三中全会以后，我省的教育事业得到了恢复和发展。1983年省委、省政府作出了《关于努力开创我省教育事业新局面的决定》（粤发〔1983〕23号），各级党委、政府和有关部门进一步加强了对教育工作的领导和支持，增加教育投入，并采取多种形式筹集办学经费，逐步改善办学条件。教育战线的广大教师、干部积极进行改革，实行多层次、多规格、多形式办学，努力挖掘潜力多招学生。社会各方面热心教育事业的团体和个人，以及华侨、港澳同胞，积极捐资助学，为发展教育事业作出巨大的努力，使我省教育事业近几年才有了较大的发展。今年底全省将基本实现普及小学教育。普通中等教育在调

整中稳步发展。各种职业技术教育有了进展，这类学校在校学生占高中阶段在校学生总数的58%。高等教育加快了发展速度，1984学年全省普通高校在校学生（包括干部专修科）达58 000人，比1982学年增长32%，全省各种成人高校在校学生达70 000万多人，比1982年翻了两番。全省青壮年职工的初中文化和初级技术补课合格率已达到70%。扫除文盲工作也取得较大的成绩。各级各类学校教学秩序稳定，仪器、设备逐步充实，教育质量普遍提高。教育工作的成绩是显著的。

但是，应该看到，我省教育事业的发展，同我省社会主义现代化建设的迫切要求，还有很大差距。主要是：（1）基础教育薄弱，全省中小学教师有一半以上未达到规定学历要求，必要的教学设备严重不足，校舍危房多。（2）中等职业技术教育发展缓慢，我省城乡经济发展急需的大量初、中级技术人才远远得不到满足。（3）高等教育与我省社会主义现代化建设的需要严重不相适应，大专毕业生实际分配数与需要数的比例，今年已扩大到一比十，供求矛盾越来越尖锐；按人口平均的在校大专学生数和招生数均低于全国平均水平。高等教育结构不够合理，经济建设急需的建筑、交通、能源、轻工、食品、财经、政法、外语和管理等方面的专业仍是短线，而且本科学生多于专科学生，人才"倒挂"现象严重。（4）教育投入基数低，历史欠账较多，经费缺口大。（5）教师的社会地位和生活待遇低，不少政策还没有得到落实，一些单位和部门又以种种方法抽调或招聘合格教师改做其他工作，教师队伍不稳定。（6）对学校统得太死，学校缺乏活力；教育思想、教学内容和方法同教育的"三个面向"的要求很不适应。各级党委和政府必须重视我省教育事业的这种状况，采取切实可行措施，努力贯彻《决定》，加快教育事业的发展。力争五年内使我省的高等教育事业赶上全国平均水平，在质量上达到全国较高的水平；普教事业达到国内先进水平。

二、加强基础教育，有步骤地实行九年制义务教育

普及义务教育是现代生产发展和现代社会生活所必需的，是现代文明的一个标志，是关系到民族素质提高和国家兴旺发达的一件大事。各级党委和政府要创造条件使青少年接受义务教育，家长有责任送子女接受义务教育。特别要教育农民重视文化教育，保证子女接受义务教育。鉴于我省各地经济、教育发展不平衡，普及九年制义务教育要分期分批进行：大中城市和经济较发达、教育基础较好的40多个县（市），在1988年完成；经济发展和教育基础中等水平的50多个县（市），在1990年完成，其余十多个经济、文化比较后进的县，在1992年完成。凡有条件的县镇和区、乡要力争提前实现普及初中教育。

按照基础教育由地方负责、分级管理的原则，省对基础教育着重宏观指导，主要负责制定全省教育发展规划；制定教育体制改革的方针、政策，进行检查、督促和工作指导；规定教育制度、教学计划、组织培训师资，检查教育质量；扶助经济落后的老革命根据地、少数民族地区、边远地区和山区改善办学条件，发展基础教育。市（地）着重制订本地区基础教育的实施方案，组织落实和检查验收，负责培训教师和帮助困难地区解决具体问题。县（市）对普及九年制义务教育任务的完成负直接的责任，必须统一领导，制订规划，组织实施，检查督促。区（镇）、乡负责管理初级中学和小学。发展基础教育，除国家办学外，要鼓励国营和集体企业、社会团体、华侨和港澳同胞以及个人捐资办学。对捐资办学成绩显著的单位和个人，要给予表彰。

发展基础教育，首先要保证基本的师资和起码的办学条件。“七五”计划期间，前三年全面修缮和改建必须改建的校舍，还要新建一批校舍；分期分批按教学计划配齐教学仪器设备，引进一些现代化的教学手段，增添图书，努力提高教育质量。办学形式可以多种多样，但必须达到普及教育的基本要求，要扎扎实实办好一批初级中学和中心小学，作为骨干学校。要大力发展幼儿教育，普及学前一年教育。还要努力发展盲、聋、哑、残等特殊教育，1990年以前，省办一所盲童学校，每个市（地）办一所聋哑学校。

三、调整中等教育结构，大力发展职业技术教育

我省中等职业技术教育很薄弱，同经济社会发展的要求很不适应。各级党委和政府要大力发展中等职业技术教育，力争到1990年，全省中专、中师、中技、职业技术高中的招生数与普通高中的招生数达到6∶4。

各种中等专业学校、技工学校和职业技术高中，同属中等文化技术教育，招收初中毕业生，学制三年。中专学校着重培养中级技术员、管理人员和其他中级专业人员；技工学校着重培养中级技术工人和中级生产管理人员；职业高中着重培养有一定职业知识和技能、适应广泛就业和继续进修提高需要的人才。三者各有所长，其毕业生参加工作的起点工资待遇应基本相同。

发展职业技术教育，一定要面向社会，同经济建设和社会发展需要相适应。各级计划、经济、劳动人事和教育部门要根据本地区的国民经济和社会发展规划，制订出发展职业技术教育的规划和措施。普通高中较多的地区，要有计划地将部分普通高中改为职业技术高中，或者在普通高中开设职业班；教育基础薄弱的地区，要新办一批职业技术学校。教育、劳动部门新办和改办的职业技术学校，由省里拨给一定的开办补助费。

发展职业技术教育，要调动各方面的积极性。提倡各单位和部门自办、联办或与教育部门合办各种职业技术学校，为本单位和部门培养人才，也可接受代培生和招收自费生。教育部门应主动与业务部门联合举办各种职业技术班。鼓励和支持社会团体、国营和集体单位举办职业技术学校，这些学校可按一定比例招收办学单位的干部职工子女。

为了充分发挥现有中等专业学校的骨干作用和办学能力，要改革招生计划和毕业生分配制度，学校在完成国家中专招生计划的基础上，可以接受委托培养学生和招收国家不包分配的自费学生。要逐步打破毕业生由国家包分配的做法，根据生产和工作需要，择优录用，可以当管理人员，也可以当技术员和技术工人。

发展职业技术教育，当前重点是发展中等职业技术教育，同时要创造条件，逐步发展高等职业技术教育。应实行推荐和考试相结合的方法，按一定比例招收对口的中等职业技术学校的优秀毕业生，可由职业（农业）技术中学推荐一些优秀毕业生考试升入各市（地）办的职业（专科）大学。

要坚决贯彻执行中央《决定》提出的“先培训，后就业”的原则。今后各单位招工，必须首先从各种职业技术学校的毕业生中择优录取；或由劳动人事部门会同有关部门共同成立职工文化、技术考核委员会，组织文化、技术考试，取得合格证书后才能录用。各级计划、劳动、教育部门要培训社会上没有受过职业技术训练的待业青年。省劳动局拟定的《关于贯彻“先培训，后就业”原则，改革招工用人制度的若干规定》，各地应认真贯彻执行。

四、改革高校管理体制，扩大学校办学的自主权，加快高等教育事业的发展

高校担负着培养高级专门人才和发展科学技术文化的重大任务。要改变对高校统得过死、包得过多的管理体制，改革高校的招生计划和毕业生分配制度，扩大高校的办学自主权。根据我省经济建设及社会发展的需要，力争1990年全日制普通高校招生4万～5万人，在校学生达到13.8万～15万人，比1985年翻一番。同时，要调整高等教育的结构和层次比例，加快专科教育的发展。

要改革高等教育管理体制，实行中央、省、市（地）分级办学、分级管理、由省统筹的体制。积极倡导和支持市（地）创办各种职业（专科）大学。逐步交给市（地）主办和管理，或实行省、市（地）合办。

要改革高校按国家计划统一招生，毕业生全部由国家统一分配的制度，实行国家计划招生、用人单位委托招生和招收自费学生的办法。按国家计划招收的学生，毕业后由国家统一分配；为了保证边远地区及工作环境比较艰苦的行业能分配到一定数量的毕业生，国家招生计划应按一定的比例实行定向招生，到这些地方工作的毕业生，工资可向上浮动一级。用人单位委托招收的学生，要与委托单位签订合同，毕业后按合同规定到委托单位工作。自费生毕业后，可由学校推荐，用人单位择优录用。省教育委员会和省计划委员会要做好发展高等教育的总体规划和中长期人才需求的预测，确定国家计划招生、用人单位委托招生和自费生的规划，指导高校和企事业单位做好招生和委托培养人才的工作。高校要挖掘潜力多招学生，委托招生和自费生要占招生总数的一定比例。鼓励急需人才的单位，委托高校培养人才。

要坚决贯彻中央和省关于扩大高校自主权的有关规定。国家拨给学校的基建投入和事业经费，由学校自行安排，报主管部门和计划、财政部门备案，并接受其监督，高校在完成国家计划招生任务后，可按照国家的有关规定接受委托培养学生和招收自费生；高校应当坚持面向现代化建设，进行科学研究和科技开发，在校内外建立教学、科研、生产的联合体，向社会提供科技服务；转让科技成果，培训科技人员。学校（包括中专、技工学校、职业学校和普通中小学）；推广科研成果和实验室、校办工厂、农场的收入，一律免征国家能源、交通重点建设基金和所得税，学校可利用自筹资金，开展国际的教育和学术交流，省、市有关部门要简化审批手续并尽可能提供方便。

要加快我省高等专科教育的发展，扩大招生规模，逐步改变大学本科生和专科生比例不合理的状况。现有的专科学校一般不改办本科学校，鼓励和支持市（地）和部门创办各类职业专科学校。

充分发挥在我省的中央部门直属的高校的作用。省对这些学校要从各方面给予支持，鼓励和支持这些学校与省有关部门和市（地）联合办学或接受委托培养学生，发展和扩大短缺专业的招生，为我省培养人才和承担科研任务。

五、有计划地发展各级各类成人教育，努力提高教学质量

发展城乡各级各类成人教育事业，是经济建设、社会发展和科技进步的迫切要求，是提高在职干部、职工和广大农民的政治、文化、技术素质，促进国民经济发展的战略措施。各级党委、政府在努力抓好普通教育事业的同时，要采取切实措施，加强对成人教育事业的领导，大力发展农民业余文化、技术学校和业余中小学，力争1990年各类成人高等教育在校学生达到18万人，成人中专在校学生达到18万人，基本完成干部、职工文化、技术补课任务。各类成人教育办学形式要灵活多样，教学内容要从实际需要出发，可以是全科的、系统的，也可以是单科的或专题的，可以是有学历的，也可以是没有学历的。

普通高校要大力发展函授教育、夜大学和各种干部专修科，把发展成人高等教育列入学校教育的总体规划，成立机构，加强领导，力争到1988年，全省普通高校函授教育和夜大学的在校学生人数达到 5 万人。同时，还要根据社会需要举办各种短期培训班。

要办好管理干部学院，努力提高教育质量。

要大力发展广播电视教育，力争到1988年全省电大在校学生达到56000人。同时，积极创造条件，发展视听生和广播电视中专、农业广播中专。为了加速广播电视教育的发展，省决定今年拨款兴建省广播电视大学教学中心大楼和部分教职工宿舍，解决该校接受世界银行贷款购买国内设备的配套投资。市（地）要逐步建立广播电视教学、实验、图书资料中心，所需经费主要由市（地）筹集，省里给予适当补助。

要积极发展职工中专和职工技校，对未达到中专毕业程度的在职管理干部、技术员和未达到中技水平的工人进行系统培训。要求到1988年全省每个县至少办起一所相当于中专水平的农业或综合性的技术学校。各级各类成人教育，都要正确处理发展数量与提高质量的关系，必须严格办学的审批制度和各项教学管理规章制度，特别是要切实抓好考试工作，加强质量检查，杜绝滥发文凭的现象。要引导成人教育的学生，选学国家经济建设需要和本人现在从事的职业相近的专业，做到学以致用。

努力搞好自学考试，鼓励自学成才。省自学考试委员会要进一步加强，增加开考科目，在认真总结高等教育自学考试经验的基础上，尽快实施中专教育自学考试。各市（地）要成立自学考试委员会，并设立必要的办事机构，以适应自学考试发展的需要。

六、努力建设一支数量上足够的、合格而稳定的教师队伍

建立一支有足够数量的、合格而稳定的师资队伍，是实行义务教育、提高教育水平的根本大计。各级党委和政府要把发展师范教育和培训在职教师作为发展教育事业的战略措施，从人力、物力、财力上给予保证。力争五年内，我省的教师队伍在数量上和质量上同我省各级各类教育事业基本相适应。

要积极解决普及初中所需的教师。我省基本实现普及九年制义务教育，需要增加初中教师5万多人。从今年起，全省师专招生要从3000人扩大到6000人，市（地）教育学院全日制师专班每年招生从2000人增加到3000人。认真抓好师专函授和广播英语师专班等业余师专教育。要加强对现有教师的培训和考核。提倡和鼓励教师结合教学进行自学和互教。要切实办好教育学院和教师进修学校，分期分批轮训教师和中小学校长，争取在五年或更长一段时间内，使80%左右的教师学历达到合格的要求，并培养出一批高水平的骨干教师。省、市（地）、县要把教育学院、教师进修学校的基建投资和办学经费列入财政计划。

要采取多渠道解决中等职业技术教育的专业技术课师资。中专、职业中学、技工学校所需的师资要列入高等教育事业发展规划，有计划地进行培养。各高校要积极创造条件开办职业技术师范系或专业，培训职业技术课教师；省委托在中山大学、华南工学院、华南农业大学、广东工学院设立职业技术师范系（部）。省、市（地）教育学院在抓好在职师资培训的同时，要积极举办职业技术师资培训班。省决定在佛山兽医专科学校的基础上，扩充办成一所综合性的职业技术师范学院，今年秋季开始招生。“七五”期间，每个市（地）要办一所幼儿师范。职业技术学校的专业技术师资，除了配备专职的以外，可以聘请外单位的教师、科学技术人员兼任，也可以请专业技师、能工巧匠传授技艺。

要加强高校师资队伍的建设。1990年以前，我省分配的毕业研究生应有60%左右，本科毕业生（不包含师范院校）应有15%左右，分配到高校当教师；短缺专业的本科毕业生应优先保证高校选留教师的需要；从1986年起，每年由省计委拨给外汇指标和省财政拨给专款选送50名高校教师出国进修；有计划地培养重点学科骨干教师，加强高校重点学科建设。“七五”期间，省投资在广州建立高校学术交流中心。同时，要利用教育基金有计划地选派优秀中学教师出国留学。

要进一步落实党的知识分子政策，提高教师的政治地位和生活待遇。这是稳定教师队伍，调动教师积极性的关键。长期以来，广大教师无论生活、工作条件如何艰苦，始终热爱社会主义祖国，忠于人民的教育事业，勤勤恳恳地工作，为培养祖国的新一代呕心沥血，为繁荣祖国的文化科学教育事业，为社会主义现代化建设做出了巨大的贡献，应当受到全党和全社会的尊重。各级党委、政府要采取切实措施提高教师的社会地位和待遇，各级人大、政协应有一定数量的教师代表，要积极发展教师入党。在发放奖金、安排住房和子女就业等方面，要做到教师与当地党政机关干部一视同仁。省、市（地）、县各级政府每年都要拨出专款和多方集资，兴建教师宿舍，力争五年内为全省中小学教师和幼儿教师新建400万平方米宿舍。前三年首先解决大中城市和县镇5万户缺房教师的住房问题。同时，注意逐步解决农村教师的住房问题。为此，从明年起，省财政每年拨出专款，补助筹集经费有困难的县（市）兴建教师住宅。大、中城市统筹安排的居民住宅建设，要优先照顾中小学教师的住房困难户，分配给中小学教师和幼儿教师的住房应占统建居民住宅总面积的15%～20%。“七五”期间省集资兴建高教、普教教师疗养院各一间。

为了鼓励优秀青年报考师范院校和鼓励教师终生从事教育工作，今后，各级师范院校的学生学习期间由国家供给膳宿并免收学杂费。对从事教育工作25年以上的教师，分别由县以上各级政府颁发荣誉证书和给予物质奖励。教育、教学水平较高，成绩特别显著的教师由省授予特级教师称号。从事教学工作满15年以上，经县以上教育部门考核合格的民办教师应逐步转为公办教师。

要进一步加强教师队伍的管理。师范院校毕业生一律分配到学校担任教师工作。大中小学教师统一归口各级教育部门管理，教师的调动要经教育部门审查同意。要坚决执行中央和省关于不得抽调中小学合格教师改任其他工作和不得在教师中招聘各种专业人员的规定。

七、高度重视智力开发，千方百计增加教育投入

中央《决定》指出：“发展教育事业不增加投入是不行的。在今后一定时期内，中央和地方政府的教育拨款的增长要高于财政经常性收入的增长，并使按在校学生人数平均的教育费用逐步增长。”教育是开发智力资源的一个重要投资部门，教育投资是效益最大的一种投资。一定要克服轻视教育的错误思想，舍得花大本钱办教育，做到“新账不再欠，旧账逐年还”。第一，省、市（地）、县各级政府都要坚决按照中央《决定》规定的“两个增长”增加教育经费。今后五年内，省财政增加的普教事业经费重点用于实现“一无两有”；发展师范教育和支持经济落后地区发展教育事业。第二，省属高校基建投资要按国家计划招生人数增长所需增加校舍面积拨给经费，每年以3200万元为基数，并增加一些必要的专项补助；普教基建投资，在原定占省基建总投资8%的基础上，每年再适当增加一些投资。第三，开始征收教育费附加，解决普及基础教育国家拨款不足部分。省制定的《关于征收教育费附加的暂行规定》（草案），各地可根据实际情况参照执行。教育费附加全部用于当地发展基础教育事业。第四，中专和技工学校的教育经费，按其不同拨款渠道每年应有所增长。第五，各种成人教育经费，原则上按哪个部门办学，由哪个部门自筹，并可适当收取学费。教育部门办的成人高等、中专教育事业经费，除在省高教事业经费中每年划出2.5%外，省财政每年按高教事业经费总额5%的比例拨给补助费。厂矿、企业单位要从企业利润留成中提取一定比例作为教育基金，用于干部、职工教育经费，市（地）、县都要拨出专款，作广播电视教育、农民和社会青年各种成人教育的补助经费。第六，要继续鼓励和指导国有和集体的厂矿企业、社会团体办学；鼓励单位、集体、个人和华侨、港澳同胞自愿捐资办学。第七，要广泛开展勤工助学，收益主要用于改善办学条件和师生的生活福利。第八，省、市（地）、县各级都要逐步建立教育基金，用作奖励优秀教师和培训教师。

各级教育部门在加强对教育工作宏观管理的同时，要坚决实行简政放权，扩大学校办学自主权。各级各类学校要挖掘潜力，多招学生，扩大办学规模，提高教育质量。要坚持勤俭办学，管好、用好教育经费，使有限的人力、物力、财力发挥最大的社会效益。特别是高校要通过改革，逐步建立和健全岗位责任制，提高工作效率，定编定员，减少不必要的人员。要逐步改变国家对高校的拨款办法，实行按学生人数和教学质量、管理水平、科研成果的评估结果拨给经费。

八、各级党委和政府要切实加强对教育工作的领导，像抓经济工作那样抓好教育工作

邓小平指出：“一个地区，一个部门，如果只抓经济，不抓教育，那里的工作重点就是没有转移好，或者说转移得不完全。忽视教育的领导者，是缺乏远见的、不成熟的领导者，就领导不了现代化建设。”要改变把教育看成是部门工作的旧观念，树立教育是全局性工作的思想，把教育摆在党委和政府的主要工作议程；要抛弃单纯经济观点，树立经济建设必须依靠教育的思想，把教育工作置于经济建设的重要地位，全力支持和认真抓好教育工作就要改变封闭的教育思想，树立教育必须为社会主义经济建设和整个现代化建设服务的思想，要抛弃轻视知识、轻视人才、不尊重教师的愚昧陈腐的观念，树立尊重知识、尊重人才、尊重教师，关心、重视和支持教育事业的思想。各级党委和政府要把改革和发展教育事业作为自己的主要任务之一，把教育工作搞得好不好作为考核各级党政干部工作的重要内容。省委和省政府要求市（地）、县都要有一位副书记和一位副市长（专员）、副县长主管教育工作。

为了加强党和政府对教育工作的领导，省成立教育委员会，由省政府的一位领导同志兼任主任。省教育委员会主要负责掌握教育工作的大政方针，统筹安排整个教育事业的发展规划，指导、组织和协调有关教育方面的工作，统一部署和指导教育体制改革，统筹安排发展教育事业的人力、物力、财力和外汇。各市（地）、县、区（镇）、乡要成立教育委员会，加强对当地的大中小学、职业技术教育和成人教育的领导。

各级党政机关和有关部门的负责同志要经常深入学校调查研究，了解师生学习、工作、生活和思想的情况，每年要扎扎实实地为学校办几件实事，帮助学校解决困难。省决定今年下半年，从省财政增拨教育专项经费1000万元，主要用于修建教师宿舍和增添教学设备。由省、市有关部门负责同志组成专门领导小组，统筹解决退还被占用校舍、土地和学校发展征用土地问题。省、市（地）、县要采取措施改善学校水、电的供应。

各级党委和政府要动员教育全党、全社会都来关心和支持教育体制改革，发展教育事业。各级各类学校都是为社会主义四化建设培养人才的基地，应该得到社会的尊重和法律的保护，任何单位和个人都不得扰乱学校的教学秩序，不得以任何借口破坏和侵占学校的土地、房舍、设备及其他财产，违者要严肃惩处。要坚决贯彻执行国务院和省委、省政府有关规定，继续抓紧处理“文化大革命”期间占用学校土地、房舍等遗留问题，占用学校土地和房舍的单位和个人，应按中央和省的规定无条件地将占用的校舍和土地退还给学校。

要认真贯彻全国人大常委会关于建立教师节的决定，广泛开展尊师活动，表彰教师全心全意教书育人的先进事迹。同时，对歧视教师的错误思想要进行批评教育，对侮辱和殴打教师的事件要及时查清，依法从速从严处理。在全党全社会范围内树立起重视教育、尊重知识、尊重人才、尊重教师的良好风尚。广大教师要不断提高文化科学知识水平和加强社会主义品德修养，真正做到为人师表。

教育体制改革的根本目的是提高民族素质，多出人才，出好人才。各级各类学校都要按照“三个面向”的要求，加强思想政治工作，努力提高教育质量，培养学生有理想、有道德、有文化、有纪律，热爱社会主义祖国和社会主义事业，具有为国家富强和人民富裕而艰苦奋斗的献身精神，具有不断追求新知、实事求是、独立思考、勇于创造的科学精神。衡量学校工作的根本标准不是经济收益的多少，而是培养人才的数量和质量。因此，在教育体制改革的同时，要按照理论联系实际的原则和培养目标的要求，更新教育思想，改革教学内容、教学方法、教学制度，尽可能改善教学的物质条件，增添现代化的教学手段和体育设施，更新和充实实验室、图书馆，努力提高教学质量。

学校逐步实行校长负责制，有条件的学校要设立由校长主持的校务委员会，作为审议机构。要建立和健全以教师为主体的教职工代表大会制度，加强民主管理和监督。当前，要大力加强学校党的组织建设和师生的思想政治工作。加强对师生的理想和纪律教育，保证党的各项方针政策在学校的贯彻落实和教育体制改革的顺利进行，使学校真正成为抵御资本主义和其他腐朽思想侵蚀、建设社会主义精神文明的坚强阵地。

省委、省政府要求全省各级党委、政府认真贯彻落实中央的《决定》，依靠全体党员、干部和广大教育工作者，充分发动社会各界、民主党派、人民团体，以及华侨、港澳同胞，为发展教育事业出谋献策。我们坚信，经过大家的共同努力，我省教育事业蓬勃发展的新局面就一定会到来，改革教育体制，多出人才、出好人才的目的就一定能达到，社会主义现代化建设的宏伟目标就一定会实现。

三、中共广东省委、广东省人民政府关于普通教育体制改革的决定

（1988年5月11日，粤发〔1988〕8号）

近几年来，我省对教育体制进行了一些改革，教育事业有较大的发展，教育质量逐步提高，但是，教育改革仍处在起步阶段，教育事业远未能适应经济发展的需求。为了加快教育事业的发展，提高教育质量，适应我省社会主义现代化建设的需要，根据党的十三大有关精神，特作如下决定：

一、改革中学教育管理体制，实行分级办学，多方办学

中小学教育实行分级办学。完全中学在哪个范围内招生就由哪一级政府办，在乡（镇）的初级中学全部由乡（镇）政府主办，在乡（镇）所在地的小学由乡（镇）主办，其余的由管理区或村民委员会主办。今后，在县的教育计划指导下，乡（镇）政府有权增设学校、班级和确定招生人数；有权发展多种形式的初、中级职业技术教育和成人文化技术教育；有权通过多种渠道集资办学，建立教育基金并确定其使用原则；有权提名并报上一级教育部门批准聘任校长；有权提高校长、教师的工资、福利待遇。

省、市、县教育行政部门主要负责教育事业的宏观管理和业务指导，检查、督促教育方针政策的贯彻落实，培训和考核教师，审编乡土教材，办好师院和教师进修院校。县以上的教育部门要建立督导制度和机构，并实行督学岗位责任制。

提倡工厂、企业、社会团体、民主党派办学，鼓励私人办学。教育行政部门对社会办学要从宽审批，只要具备办学条件，就应积极支持，并加强对这些学校的业务指导和质量评估。

二、改革学校领导体制，积极推行校长负责制

推行校长负责制，关键是选好校长。要首先在校长政治、业务素质较好的学校实行，并与校长任期目标责任制结合起来。其余学校要积极创造条件分批实行。省教育厅要尽快起草中、小学校长负责制的试行工作条例。

要扩大学校的自主权。实行校长负责制的学校，在国家的教育方针、政策、法规和教育计划的范围内，校长有权决定学校的全面工作；有权提出副校长人选上报主管单位审批任命；有权聘任学校的中层干部和教师；有权具体安排和使用政府拨款、企业赞助、校办企业和勤工俭学收入；在保证完成教学计划的前提下，有权根据实际需要调整教学内容和教学进度；有权决定与厂矿企业联合办学。

要建立和健全校务委员会和教职工代表大会的制度，加强对学校的民主管理和监督。

三、改革教师管理体制，调动广大教师的积极性

中小学教师的管理要同党政机关干部序列分开，归县（市）教育行政部门统一管理，由办学单位或学校聘任。公办教师自然减员的劳动指标，由县级以上教育行政部门统筹安排优秀民办教师转公办教师。要稳定教师队伍，除确实不能胜任和不宜继续担任教学工作，

经县教育行政部批准可调动工作的教师外，所有教师应稳定在教育岗位上，任何机关、单位都不得抽调中小学合格教师改任其他工作，违者要追究机关、单位负责人的责任。

允许各级政府和办学单位根据自己的财力提高教师的待遇。中小学可实行工资总额管理包干制度，主管部门按国家和地方有关工资、奖金、生活补贴的规定核定每所学校的总额后由学校包干使用，超支不补，节余可留作奖（酬）金。学校可在国家核定的编制范围内，自定教职工人数，教师多担课的可以多得酬金。学校可以在各种创收和奖励基金中给教师增发奖金和生活补贴。教师按质按量完成教学任务后，经校长同意可以应聘到其他学校兼课。各级政府要使中小学教师的生活补贴和奖金不低于当地党政机关干部的水平。

为了鼓励教师终生从事教育工作，凡教龄满30年的教师，退休后按本人工资的100%领取退休金。允许学校招聘符合条件的离、退休教师、干部和科技人员兼课，酬金归己，退休金照发，原享受的一切生活福利待遇不变。鼓励符合条件的党政机关干部转任教师。党政干部转任学校教师的，可由聘用单位加薪。

要保证教师的质量，现任中小学教师经过培训考核，确实不适宜继续任教的应调离教学岗位。新教师都要经过考核试用，符合条件才能当教师。

四、改革中等教育结构，大力发展多形式多层次的职业技术教育

中等教育要实行合理分流，逐步形成与普通教育相关行业的职业技术教育体系。1990年以前实现各类职业技术学校的实际招生数超过普通高中的招生数，经济发达地区要达到6：4的比例。农村可试办初级职业中学。要根据需要在普通中学开办职业技术班，增设职业技术课。鼓励经济部门同教育部门联合办职业学校。计划、劳动部门要制定措施，促使招工用人单位择优录用职业中学毕业生。省、市办的职业大学要对口招收一部分职业中学的优秀毕业生。

五、坚持德智体全面发展的方针，为振兴经济培养人才

教育必须坚持为社会主义现代化建设服务的方向，坚持德智体全面发展的方针，培养有理想、有道德、有文化、有纪律的人才。要切实加强学校的思想政治工作，坚持面向全部学校，面向全体学生，全面提高教育质量。要把单纯面向升学的中小学教育转到主要为振兴当地经济，提高劳动者素质，培养初、中级人才的轨道上来。要坚决纠正为片面追求升学率而办重点学校、重点班的做法。今后，教育行政部门不得以升学率的高低去排列学校的名次，不能以升学率去评价一所学校的工作。

六、改革师范招生制度，提高师资素质

为了鼓励优秀学生和社会青年报考各级师范学校，各级师范院校要逐步扩大招收优秀中学毕业生免试保送入学的人数。从1988年秋季招生开始，适当提高师范学生助学金标准，保证其在学期间基本生活费。此项经费由各级教育行政部门编制计划，按现行财政体制分别列入省、市、县的财政预算计划。

要重视师资的培训工作，认真加强对师范、教师进修（教育）院校的领导，要挑选优秀的教师充实上述院校的师资力量。

七、改革教育经费的筹集和管理

应从国家、集体、社会、个人等多渠道筹集教育经费，实行“谁办学，谁管理，谁负责经费”的原则，原由国家下拨的教育经费不减少，并切实做到各级“政府的教育拨款的增长要高于财政经常性收入的增长，并使按在校学生人数平均的教育费用逐步增长”。

各级政府要按国务院和省的规定，切实征收教育费附加，并保证主要用于普及九年制义务教育。要鼓励厂矿企业、社会团体和华侨、港澳同胞赞助办学。私人办学可自定学费标准。

省、市、县、乡（镇）都要建立教育基金。教育基金主要用于奖励教书育人做出贡献的优秀教师和扶助贫困地区发展教育事业。教育基金由各级政府拨款和发动社会各方面的力量筹措。各项教育经费（包括教育基建投资）应全部交由各级教育行政部门具体安排和管理。

学校要积极开展勤工俭学活动，创造收入，改善办学条件和教职工福利。各级政府要积极扶持校办企业。农村要尽可能划拨一些土地、果园、农林渔牧场作为校产，任何单位和个人不许侵占。中小学校的校办工厂、企业免交所得税，学校新办的经营性企业以及效益一般的企业，税务部门应免征关税。中小学的基建项目免征建筑税，能源、交通基金以及其他税费。

各级政府要重视帮助老、少、山、边、穷等地区发展教育事业。国家拨给这些地区的各项补助经费，应以适当比例用于教育事业和智力投资。今后，省、市两级逐年增加的教育经费，重点用于培养师资和扶植老、少、山、边、穷地区实行九年制义务教育。

八、各级党委和政府要进一步提高对教育在社会主义现代化建设中重要战略地位的认识，增强抓好教育的自觉性

各级党委和政府要按照党的十三大精神，真正把教育科技摆在经济发展战略的首位，下大力气抓。要努力为教育事业的发展和教育质量的提高排忧解难。要从各地的实际情况出发，解决好“一无两有”和教师宿舍等困难，积极完成普及九年制义务教育的任务。并要以此作为考核党政领导干部政绩的重要标准。各级党委和政府每年都要表彰和奖励一批在教书育人和教学、科研、后勤服务工作方面做出显著成绩的优秀教师和职工。报纸、广播、电视等传播媒介要大力宣传教育在社会主义现代化建设中的战略地位和作用；宣传教书育人、为人师表的先进事迹；宣传社会各行各业支持和赞助教育的典型事例，努力营造尊重知识、尊重人才、尊师重教、好学上进的良好社会风气。

四、中共广东省委、广东省人民政府关于高等教育体制改革的决定

（1988年5月11日，粤发〔1988〕9号）

为适应我省深入改革开放，加快社会主义建设的需要，必须进一步改革高等教育体制，使我省高校具有适应经济社会发展需要的活力，提高教育的整体效能，培养更多德、智、体全面发展的人才，特作如下决定：

一、改革高等教育管理体制，扩大高校办学的自主权

高校在执行国家方针、政策、法令和计划的前提下，有权与各地各部门联合办学，接

受委托代培学生和招收自费生；有权调整专业服务方向；有权开展有偿服务和技术开发，建立教学、科研、生产三结合的联合体；有权在国家核定的人员编制内任免干部，在本市内聘用教师和调动教职工；有权具体安排使用国家拨给的经费和自筹的资金；有权安排自筹基建项目；有权开展对外学术交流。总之，高校要成为相对独立的教育实体，享有办学所需要的权限。

教育行政部门要把工作的重点放到宏观目标管理上，主要抓好统筹规划、制定规章、监督、协调、信息、人才预测以及办学效益和教育质量的评估等工作。

要充分发挥在我省的中央部属高校的教学、科研潜力，通过适当投资，提供一些必要条件，使这些学校更好地为我省培养人才和发展经济服务。

二、加快高等教育结构的改革，多层次、多学科、多渠道、多形式办学

在人才培养上，既要重视本科教育和研究生教育，又要大力发展专科教育和高等职业技术教育，并注意各地区的不同需要和人才的适应性，以培养本省建设急需的各类人才。提倡高校与地方联合举办农工商类的大专分校或专科班，招收当地学生，毕业后回原地工作，为当地经济的发展培养人才。

在学科上，既要强调多学科教育，又要合理配置各学科门类及各学科中基础学科和应用学科的比例，要调整和改造不适应现代化建设需要的专业，发展我省紧缺的专业，扩大师范专业，建立新兴学科和高科技专业，以适应我省经济发展和产业结构调整对人才的需求。

在办学形式上，既要重视办好现有全日制的普通高校，又要发展多形式办学，积极发展广播电视、函授、夜大、职工业余大学以及其他形式的成人高等教育。成人教育的重点是搞好岗位职业培训，提高在职技术、管理、行政人员的素质。同时，要继续抓好高等教育自学考试工作。

三、改革高校内部领导体制，逐步推行校长负责制

要从理顺高校党政关系，实行党政职能分开入手，积极稳妥地、分期分批地推行校长负责制。凡具备下列条件的学校，可实行校长负责制：有一个能够执行党的教育方针并全面负起领导责任的校长；领导班子集体结构好，能团结协作；教书育人、思想政治工作和校风、校纪较好；党政关系已经理顺。其他学校要按照党政分开的原则，做好各项工作，积极创造条件，争取在二三年内，全省的普通高校都实行校长负责制。

实行校长负责制的高校，要与实行校长任期目标责任制结合起来，并制订有关工作条例。校长对学校全面工作有领导权，对学校的重大问题有决策权。为使学校管理和决策实现民主化、科学化，必须同时建立、健全校务委员会和教职工代表大会及其工作制度，使之成为实行民主管理和监督的重要形式。

高校党组织要用主要精力加强党的建设，做好群众工作和思想政治工作，发挥党员的先锋模范作用，大力支持校长行使职权，保证和监督党和国家各项方针政策的贯彻执行和国家教育计划的实现。

四、改革普通高校的招生、分配制度

改变统一招生、统一分配的制度，实行学生缴费上学、毕业后推荐就业，定向就业，择优录用。招生计划分为指令性计划和调节性计划两部分。指令性计划招生主要用于国防和重点项目，以及师范、农林、地质矿产等专业和老、少、山、边、穷等困难地区，毕业后定向就业或由学校推荐就业；学生的培养费由国家负担；师范等专业和定向生的学费由国家给予无息贷款，毕业后定向就业，按合同规定的年限服务期满后，贷款可以免还；其余学生的学费由本人缴交。调节性计划招生包括联合办学招生、用人单位委托单位负担，学费由本人缴交，毕业后由有关单位按合同安排使用。自费生自交全部学费和部分培养费，毕业后自谋职业，也可向学校申请推荐就业。学生在学期间可以取得奖学金和贷学金的经济资助，个别经济特别困难的学生可由学校给予困难补助。各类毕业生国家根据其就业岗位，解决他们的户口转移粮食供应等问题，需要干部指标的，国家予以承认。

五、深化学校业务领域的改革，保证各个层次的人才健康成长

要改进和加强学生的思想政治教育工作，保证学生德智体全面发展，树立为建设中国特色社会主义事业献身的精神。政治理论课要紧密结合中国的实际，使学生学会运用马克思主义的立场观点方法来探索中国特色社会主义建设的实践和理论问题。要组织师生学习社会主义初级阶段理论，进行党的基本路线教育，正确理解“一个中心、两个基本点”的相互关系，坚持社会主义方向，防止和排除僵化思想和资产阶级自由化思想，提高学生对各种思潮的识别能力和对错误思潮的抵制能力。

要根据“面向现代化、面向世界、面向未来”的要求，改革教学内容和教学方法，调整课程设置，拓宽专业知识面，加强社会实践、生产实习等实践性教学环节，开展勤工俭学活动。要教育学生坚持理论与实践相结合，坚持与人民群众相结合。要重视学校的军训、体育和美育工作。经过试点逐步推行学分制，允许优秀学生提前毕业，以利于拔尖人才的成长。

要充分发挥高校在我省经济建设和科学技术发展中的作用。高校在教学、科研、对外交流合作和引进国外智力、财力方面要更加开放。高校要把主要的科技力量调动到为国民经济服务方面来，加强科技信息和经济信息的研究，重视科技开发和生产开发，积极参与各地、各部门对引进的先进技术和设备的研究，在吸收、消化、改进、创新、推广方面发挥积极的作用。同时保持更精干的科研队伍，从事新兴技术和跟踪高技术发展的研究。

六、放宽政策，进一步调动学校教职工的积极性

要采取措施，放宽政策，允许学校在法律许可的范围内，利用各种渠道增加收入，改善教学、科研条件和提高教职工的物质待遇，调动教职工的积极性。

1．在高校教师和专业技术人员职务聘任制转入正常化轨道后，高校可以根据国家有关规定和学校实际决定本校教师职务的聘任。由学校自行评聘的教师职务只在本校任职时有效。允许从有业务专长的离退休干部、技术人员中聘请客座教师。

2．政府免征学校校办企业（含校办工厂、服务社等）所得税，对学校新开办的企业或效益低、经费有困难的企业，税务部门应酌情免征营业税、产品税、增值税和其他税费。对学校计划内的基建项目和自筹资金用于兴建校舍的基建项目，免征建筑税和市政建设配套费。

3．高校可根据本校创收资金的实际情况自行确定一个适当比例，用于改善办学条件和发放教职工的奖金。

4．高校可实行资金总额管理包干制度，国家对学校和学校对系，在定员的基础上实行工资总额包干使用，超支不补，节余留用，教师多担课可多得酬金。

5．教师按质按量完成学校的教学、科研任务后，经学校同意，可以在校外兼课，或承接科研任务，所得酬金学校应以优惠的比例给个人留成。有条件的学校可实行教学人员与经营人员分流，在保证教学质量的前提下，允许教职工承包校办工厂、农场、企业。

6．对教书育人、科研生产、管理服务等工作做出显著成绩的优秀教职工，要及时表彰，给予精神上、物质上的奖励。

七、改革高校的后勤服务工作，逐步实现后服务社会化

学校的饭堂、宿舍、小卖部、文娱场所等都要逐步推行企业化管理，完善各种经济承包，通过投标承包，把竞争机制引入后勤服务单位，但必须做到收费廉价和服务优质。要加速教职工住房商品化的改革。高校后勤服务工作逐步转向由社会生活服务单位承担。经学校同意的校外单位和个人在校内兴办的服务性行业，税务部门酌情减免营业税。

八、全党全社会都要关心、支持高等教育的改革

高等教育的改革，是我省综合改革的一个重要组成部分，全党全社会都要确立“百年大计，教育为本”的战略思想，关心和支持这项改革。

邓小平早就指出：“一个地区、一个部门，如果只抓经济，不抓教育，那里的工作重点就是没有转移好，或者说转移得不完全。忽视教育的领导者，是缺乏远见的、不成熟的领导者，就领导不了现代化建设。”各级党委、政府，各有关部门都要贯彻党的十三大精神，提高对教育在四化建设中战略地位的认识，支持教育事业的发展，支持教育体制的改革，充分发挥教育在四化建设中的作用，营造尊重知识、尊重人才、尊重教师的社会风气。

各级政府要增加高等教育事业的投资，做到“教育拨款的增长要高于财政经常性收入的增长，并使按在校学生人数平均的教育费用逐步增长”。同时，各部门、各行业都要根据自己的财力和对人才的需求逐年增加高等教育投资，并且积极赞助发展教育事业。对高校学生开展社会实践和社会调查，要给予支持，提供方便。

五、中共广东省委、广东省人民政府关于加快高等教育改革和发展步伐的决定

（1993年1月2日，粤发〔1993〕1号）

改革开放以来，我省高等教育事业有了很大的发展，但与我省经济建设和社会发展的要求仍不尽适应。为了实现我省力争20年基本实现现代化的宏伟目标，我们要认真贯彻党的十四大关于“必须把教育摆在优先发展的战略地位”的精神，加快我省高等教育改革和发展的步伐。为此，特作如下决定：

一、指导思想

高等教育的改革和发展必须遵循党的十四大精神，以建设中国特色社会主义的理论为指导，坚持党的基本路线，全面贯彻党的教育方针，努力建立与社会主义市场经济体制相

适应的高等教育体制，使教育工作服从和服务于经济建设这个中心，适应加快改革开放和现代化建设的需要。高等教育的改革必须解放思想，更新观念，改革体制，转换机制，增强活力，调动广大教职员工和社会各界的办学积极性，培养社会主义建设合格人才。

二、发展目标

在新的形势下，我省高等教育事业必须有一个较大的发展。

要扩大办学规模。到2000年，每万人中拥有各种形式高等教育（普通高等教育、成人高等教育、高等自学考试教育等）在学学生126人，年均递增8.1%，其中普通高等教育在校学生26人，年均递增8.4%。到2010年，每万人中拥有各种形式高等教育在学学生300人，年均递增11.1%，其中普通高等教育在校学生45人，年均递增6.9%。

坚持走内涵发展为主的道路。充分发挥在我省的部委属院校和省属院校的作用，挖掘现有学校潜力，改善办学条件，扩大办学规模，提高办学效益。在校学生规模，专科学校一般达2000人以上，本科院校一般达4000人以上。根据需要与可能，积极筹办新校，新办学校也要逐步达到上述规模。

优化高等教育结构。在加快发展普通高等教育的同时，大力发展成人高等教育、广播电视教育、自学考试教育和专业证书教育。重视发展师范教育和第三产业、中小企业、乡镇企业及农村急需的专科教育、职业技术教育。积极扩大研究生培养数量。

各类学校都要不断提高教育质量和学术水平，办出特色。普通高校到20世纪末或21世纪初达到国内同类院校先进水平，若干所学校列入国家“211工程”，一批学科达到国际先进水平。

三、改革办学体制

继续坚持多形式、多层次、多渠道办学方针，进一步完善和发展中央、省、中心城市三级办学体制，积极鼓励有条件的市、县和部门、企业、社会团体以及社会人士联合或独立创办各类高校，逐步形成以政府投资为主，学生缴费和社会集资为辅；以学生缴费和社会集资为主，政府资助为辅，民办自费；企业单位集资办学和国际合作办学等多种办学模式。

进一步理顺政府与高校之间的关系，实行政府统筹规划和宏观管理，学校面向社会自主办学的体制。政府通过法规、经济、评估、信息和必要的行政手段，加强宏观管理，负责统筹规划、政策指导、组织协调、筹措经费、信息服务和检查督促等。

高校是具有法人地位的办学实体，应赋予其更大的办学自主权。学校可在全省国民经济社会发展计划以及高等教育事业宏观规划的指导下，根据社会需求和自身条件，编制年度招生计划，纳入全省计划下达，学校可在全省统筹专业布点的原则下，设置在本校办学层次内的新专业，亦可改用专业目录内相近的专业名称，或调整专业方向。有条件的学校，经省政府批准，可单独招考学生，并灵活确定招生范围和地区，学校可自定科技发展目标和选题方向，独办或与校外单位、个人联办科技产业和有偿咨询服务机构。学校可在上级核定的机构、编制总额内，根据需要，确定机构设置、人员的聘任及调进调出，调整人员编制结构；学校有权统筹安排使用国家核拨的预算内事业经费和自筹资金，确定计划外资金的分成比例和分配办法；学校可根据不同的办学层次，不同专业，以及学校所在地的群众生活水平，提出委培生、自费生的收费标准，省政府授权省高教主管部门审批。经省高教主管部门审核合格，普通专科学校有讲师资格的评审权，本科院校或学科有授予副教授或教授资格的评审权；学校应重视开展对外学术交流和合作，除校长、党委书记外，其余人员出国由学校审批后到省有关部门办理手续。

学校要建立起适应全省经济社会发展需要的自我发展和自我约束的运行机制，承担相应的义务和责任，实现权限与职责的统一，积极有效地为社会主义市场经济服务。

四、改革招生和毕业生就业制度

普通高校招生要逐步缩小国家任务计划，扩大调节性计划。师范教育和国家重点建设项目、基础学科；某些艰苦行业所需专门人才的培养，仍纳入国家任务计划招生。其他专业实行调节性计划为主，逐步达到全部招收委培生和自费生。

成人高校（含非独立设置的高校）根据办学条件、社会需求及生源情况，编制年度招生计划，报省计划、高教主管部门综合平衡下达。原则上可跨行业、跨地区招生。成人高校也可招收参加普通高校统一招生考试的应届高中毕业生。在同等条件下，满5年工龄的职工，报考成人高校时可优先录取。普通高校统一招生考试的成绩可作为成人高校招生录取应届高中毕业生成绩的依据。

改革毕业生就业制度的目标是实行毕业生自荐就业，不包分配。要采取积极措施，逐步实现这一目标。当前，普通高校国家任务计划招收的学生，毕业后分配到国家需要的单位、部门就业，委托代培生按合同就业，自费生自主择业。普通高校自费生、成人高校和自学考试毕业生就业，劳动、人事、组织部门及其所在单位应承认其学历。各有关部门要积极为人才流向乡镇企业、农村基层创造条件。各市、县应建立健全人才交流中心，为到乡镇企业、农村基层单位、非国有企事业和境外在粤单位就业的普通、成人高校和自学考试毕业生保存档案和人事关系，负责解决他们的专业技术职称评审等问题。党政机关或国有企事业单位需要调进这些毕业生时，仍然承认其学历及享受与其工作岗位相对应的待遇。

五、改革学校内部管理体制

要以人事和分配制度改革为重点，加快学校内部管理体制改革的步伐。通过改革，达到转换机制，增强活力，调整结构，优化队伍，改善待遇，提高效益的目的。人事制度改革要严格实行定编定岗，全员聘任制。普通高校专任教师与学生比例，2000年力争达到1：15左右。专业技术人员资格评审和职务聘任分开。在保证完成教学、科研任务的前提下，教师队伍要分流出一部分从事科技开发和校办产业工作。高校管理干部要精简，要提高素质和工作效率。

分配制度改革的重要内容是建立校内津贴和奖励制度，津贴、奖励与个人的工作职责和业绩挂钩，按劳分配，多劳多得，拉开档次，对有特殊贡献的教职工，给予重奖，充分调动广大教职工的积极性和创造性。

后勤改革要坚持“三服务、两育人”的方针，认真总结并逐步推广多种形式的承包制；由单纯服务型向服务经营型转化，独立核算，自负盈亏，自主经营，逐步实现后勤管理社会化。

六、深化教育和科研改革

要进一步转变教育思想，冲破传统的教育观念，加大教育改革的力度，牢固树立教育必须适应于经济社会发展的思想。要根据社会主义市场经济和社会发展的需要，遵循教学规律，及时调整专业结构和专业服务方向，修订教学计划，更新教学内容，改革教学方法。加强社会实践、生产实习等实践性教学环节，培养学生的实际工作能力。所有专业都要加强外语、计算机应用、中文写作等应用课程的教学和实践的锻炼，实行文理结合、理工渗透，培养应用型人才和复合型人才。加强和改进德育工作，用建设中国特色社会主义的基本理论教育学生，培养德智体全面发展的、适应社会主义现代化建设需要的专门人才。每年至少拨出1000万元专款用于加强重点课程、重点实验室、重点学科建设，培养一批高水平的学科带头人和学术骨干，争取有一批优秀教学、科研成果达到国家的先进水平。

广播电视大学、成人高等、中专学校及自学考试的同一层次、同一专业、同一教学计划的各门课程互相承认成绩，可按学籍管理规定转学，由修完本专业教学计划最后课程的所在学校或省自学考试委员会发给相应毕业证书。各类成人高等中专学校及自学考试特别优秀的毕业生，由学校或主考单位推荐并经考核合格，可分别进入相应专业的大专和普通高校、成人高校的本科插班就读。要加强成人高教的管理，确定培养规格，制定教育管理章程，建立质量检查监督和评估制度，使成人教育规范化、制度化，保证培养合格人才。

高校要从实际出发，开展科学研究，以提高学术水平和教学质量。要建立适应社会主义市场经济发展，并符合学校特点的科技管理和运行体制，建立学科带头人负责制和教学、科研、生产联合体。在加强基础研究的同时，要把主要力量转移到为经济建设服务的轨道上来。要充分发挥高校人才密集、学科齐全的优势，积极开展高新技术研究和重大科研攻关。要鼓励高校科研人员采取联合设计、共同开发、合作建立试验基地、进行工业性试验和成果转让等多种形式，促进科研成果迅速转化为生产力。积极创办科技产业，或与外单位联合办产业。学校科研生产创收实现的纯收入，纳入学校财务统一管理。对开发科技新产品、推广应用科技成果有突出贡献的科技人员要给予重奖。设立科技开发基金，为高校科研和科技开发创造必要的条件。

七、进一步扩大对外交流与合作

高校要积极创造条件，扩大对外交流和合作，借鉴和吸收国际高等教育的先进经验。要认真做好选派专家、中青年骨干教师出国参加学术交流会议和进修深造的工作。要和国外友好省、州、县的高校建立交流和合作关系。同时要认真做好聘请国外专家来我省高校工作和接受外国留学人员的工作。经省政府批准，高校可在境外兴办科技产业，有偿转让高新科技成果，也可与外商联合在境内外开发科技项目，办科技产业。在遵守我国宪法和法律，维护我国教育主权的前提下，境外社会团体、社会人士，经省政府批准，可在我省合作或独立兴办培训中心、研究中心和高校。有条件的学校，经省政府批准，也可到境外办学。

八、多渠道筹措经费，增加对高等教育的投入

对高等教育的投入要坚持以财政拨款为主，多渠道集资。省财政正常拨款的高等教育经费和基建费（含专项经费）要随着经济的增长而逐年增长，为筹集发展教育经费，解决教育投入严重不足问题，省向各市筹集专项资金，由省集中使用，主要用于发展我省教育事业。

高等教育属非义务教育，学生上大学，原则上都要缴费。各高校提出收费标准，由省政府授权高教主管部门核批后执行。提高大学收费标准后，各高校要进一步完善贷款读书制度，提高奖学金标准，积极组织学生参加勤工助学活动。要继续发动和广泛接纳企事业单位、社会团体和个人，包括港澳台同胞和海外侨胞的捐资和集资。

在政府和社会增加投入的同时，各高校要发挥自身优势，加强科技开发，兴办校办产业，开展各种有偿服务，增加学校的收入。以上收入，应纳入学校财务预算管理，主要用于改善办学条件。各级政府和有关部门应努力减轻高校的负担，为我省高等教育的改革和发展创造一个良好的社会环境。

九、努力改善教师的待遇

要积极改善各类高校教师的生活待遇，争取在两三年内使高校教师的实际收入有明显提高。

从1993年开始，提高各类高校教职工的公费医疗标准，与党政机关干部的标准持平；要建立离退休养老保险制度，对满30年教龄的退休教师按原工资100%发给退休金。高校要从实际情况出发，认真贯彻省、市有关房改的规定。校外住宅和不影响学校教学、科研工作及学校发展规划的校内住宅，可按有关优惠政策出售给教职工。要通过政府、社会、学校、个人多方集资的办法，力争三五年内基本解决高校教师住房困难问题。我省的部委属普通院校的教职工的生活补贴，要与省属院校教职工等同，由省财政负担。

十、全党全社会都要支持高等教育的改革和发展

我省高等教育的改革和发展，直接影响着我省2020年基本实现现代化的进程。各级党委和政府必须高度重视，切实加强对高等教育工作的领导。要定期分析和研究本地区高等教育改革和发展的情况，落实领导分工联系高校的制度，认真落实各项促进我省高等教育改革与发展的政策和措施，及时帮助学校解决办学和改革的实际问题。各有关部门，要积极支持和配合高校的改革。

六、中共广东省委、广东省人民政府关于教育改革和发展的决定

（1994年11月17日，粤发〔1994〕17号）

党中央、国务院颁发的《中国教育改革和发展纲要》（以下简称《纲要》）及《国务院关于〈中国教育改革和发展纲要〉的实施意见》，是建设中国特色社会主义教育体系的纲领性文件。为了适应广东2020年基本实现现代化的要求，加快教育改革和发展的步伐，把广东建成教育强省，特作如下决定：

一、教育发展的目标和任务

1. 根据广东2020年基本实现现代化的战略目标和教育发展的实际情况，我省教育发展的总目标是：2000年以前，扫除青壮年文盲，普及九年制义务教育，大中城市和经济发达地区普及高中阶段教育，全省各类大学生占总人口比例为1.26%；2010年，全省基本普及高中阶段教育，在学的各类大学生占总人口的比例为3.2%。要逐步形成与经济社会发展相适

应的教育规模、教育层次和教育结构，建立起以政府办学为主体的多层次、多形式、多渠道的社会共同办学体制，适应社会主义市场经济发展、结构合理、机制灵活、开放多元、具有广东特色的教育体系，普遍提高教育质量和水平，全面提高劳动者的整体素质，实现教育现代化，使广东成为教育强省。

2. 加快普及九年制义务教育和发展高中阶段教育。到1996年，要完成“普九”的市、县、区共117个，占全省市、县、区总数的97%，占总人口的95%以上。统筹规划和发展残疾人教育事业，逐步增加残疾人教育经费，改善特殊教育学校、残疾人职业技术学校的办学条件。同时积极创造条件，使适龄残疾儿童特别是盲童与其他正常儿童同步接受义务教育。实施普及九年制义务教育，继续实行责任制、监督制、奖惩制和验收制。省、市、县各级都要设立“普九”专项资金，大力扶持贫困地区实现“普九”任务。

实现“普九”之后，除进一步提高小学、初中的办学水平外，要积极普及高中阶段教育。到2000年，大中城市和经济发达地区普及高中阶段教育（包括普通高中和高中阶段的职业教育）；全省建设50所重点普通高中进入全国1000所行列。到2010年左右，力争全省普及高中阶段教育。

3. 高等教育以内涵发展为主，逐步扩大办学规模，提高教育质量。到2000年，全省各种形式高等教育（普通高等教育、成人高等教育、高等教育自学考试等）的在学学生达到91万人（其中普通高校生19万人），年平均递增10.6%；达到每万人口拥有各种形式高等教育的在学学生126人，其中普通高等教育在学学生26人。到2010年，全省各种形式高等教育在学学生增加到260万人，年平均递增11.1%（其中普通高校在校生达37万人，年平均递增6.89%）；达到每万人口拥有各种形式高等教育在学学生320人，其中普通高等教育在校学生45人。普通高校专任教师与学生比例，到2000年力争达到1：15左右。积极创造条件，扩大研究生招生规模。加强高等教育的统筹规划，合理布局，优化结构，发展开放性高等教育，提高教育质量和办学效益。通过“共建”、“联办”等途径，争取有若干所国务院部委在粤高校和省属高校（整个学校或部分学科）分期分批进入国家“211工程”。

4. 实行初中后、高中后的两级分流，大力发展中等和高等职业教育，建立我省职业教育体系。要发展中专学校、职业中学、技工学校以及培训中心等中等职业教育。到2000年，各类中等职业学校年招生数和在校学生数要占高中阶段学生数的60%左右，普及高中阶段教育的城市可达70%。建设80所重点职业学校或培训中心进入全国2000所行列。全省普通中专教育在校学生2000年增加到32万人，技工学校在校学生增加到22万人，年均递增14%。有条件的国家级重点普通中专和高级技校经省政府批准可以试办高等职业班。改革现有普通高校、职业大学、成人高校，在有条件的中心城市兴办高等职业学校，逐步形成高等职业教育与普通高等教育共同发展、相互衔接、比例合理的教育系列。职业教育的培养目标应以培养社会大量需要的具有一定专业技能的熟练劳动者和各种实用人才为主。当前要特别注意培养本地区经济发展急需的专业人才。

5. 提前完成基本扫除青壮年文盲的任务，大力发展岗位培训及继续教育为重点的各级成人教育。按照国务院修改后的《扫除文盲工作条例》的标准，在1994年底前全部完成扫盲验收，使我省青壮年文盲率下降到1%以下，提前一年完成扫除青壮年文盲的任务。到1998年，各乡（镇）都应办好具有一定规模的、能常年开展成人学历教育和多种培训活动的成人文化技术学校，全省建设好200所示范性的乡镇成人文化技术学校；有条件的管理区（村）都应办起能常年开展培训活动的成人文化技术学校或教学班，使每10户中有一人获各类初级或中级技术员证书或“绿色证书”；乡镇企业职工全部达到岗位资格要求。

重视和积极发展成人中专、技工教育，尚未举办成人中专、技工学校的市、县，要在三五年内举办1～2所成人中专、技工学校。到2000年在校生达30万人，到2010年在校生达到90万人。

建立与完善多元化、多功能和开放型的成人高等教育体系，使成人教育规范化、制度化。要以高校为依托，逐步建立规范的继续教育制度，努力为各行业培养造就大批适应社会主义市场经济和社会发展要求的骨干人才。到2000年和2010年，成人高校在校生要分别达到19万人和65万人。

大力发挥广播电视大学开放性、多媒体远距离传输教学内容和现代化教学手段的优势，为边远地区和乡镇企业培养成人高等、中等教育的各种专门人才。鼓励自学成才，加强自学考试的宏观指导和服务；大力发展成人高等、中等职业技术培训和《专业证书》、《岗位证书》、《职业资格证书》培训的继续教育，逐步实施《职业资格证书》和学历证书同时并用制度。要认真实行“先培训，后就业”的制度。专业性、技术性较强的岗位，应在获得岗位资格证书后上岗。

二、进一步深化教育改革

6．加快办学体制改革，进一步改变政府包揽办学的状况，形成政府办学为主与社会各界参与办学相结合的新体制。基础教育主要由政府办学。目前厂矿企业举办的中小学和幼儿园，原则上仍由厂矿企业负责，经过改革试点，可创造条件逐步交给社会来办。职业教育和成人教育主要依靠行业、企事业单位、社会团体和公民个人举办，鼓励社会各方面联合举办。企业在转换机制过程中，不得将原有的职业教育机构撤销，并将场地改作他用。政府通过专项补助和长期贷款等形式给予必要的扶持，各级各类银行要给予贷款支持。普通高校实行以政府办学为主，积极发展“共建”、“共管”和地区性的优势互补、资源共享等多种形式的联合办学。完善中央、省、中心城市三级办学体制，同时开拓民办（含私立）和国际合作办学的新格局。

继续鼓励社会团体和公民个人承办公立学校或采取民办公助，公办民助的形式办学。对民办学校要按照“积极鼓励、大力支持、正确引导、加强管理”的方针，加强管理和督导，促其健康发展。民办教育应以举办职业学校为主，不能以营利为目的。欢迎港澳台同胞、海外侨胞和外国友好社团、人士捐资助学或合作办学。各类形式的学校归口教育行政部门管理。民办学校须在论证评估的基础上，由县以上教育行政部门发给“办学许可证”。

7．深化和完善分级办学、分级管理的体制。县（市、区）以下的分级办学、分级管理在放权和合理包干的基础上，乡（镇）要进一步落实承担管理所属学校、承担筹措教育经费不足部分、承担筹建和购置缺少的校舍与设备的责任。对经济困难的乡（镇），教育经费可不包干下放，由县（区）统一掌握安排。各级要建立扶贫制度，对贫困地区实行专款补助，同时让富裕地区与贫困地区结对支援，促进贫困地区教育事业的发展。结对支援方案由省教育部门提出，报省政府批准后实行。

各级政府、教育行政部门要统筹安排各类职业学校的设置布局、发展规划和专业布点，引导和支持行业之间、部门之间、学校之间合作办学和联合办学。要给予学校办学自主权，适应当地经济发展的需要。正确引导初中毕业生合理分流。全省初中毕业生升上各类学校的招生实行统一报名、考试、体检，分别录取，严禁违反招生纪律无计划招收中专生。要理顺各种职业教育的关系，从1995—1996学年起，以进行学历教育为主的职业学校和成人学校，原则上由各级教育部门进行管理。职业培训和在职的岗位培训工作以及技工学校，原则上由各级劳动、人事部门和有关业务部门进行管理。企事业单位招聘人员时，保证职业学校毕业生有公平竞争的机会，享受同等学力水平的普通学校毕业生的工资待遇。

高等教育实行中央和省两级管理，以省为主的体制，省应赋予中心城市一定的高等教育管理权限，以适应地方经济、社会发展的需要；同时，进一步扩大高校的办学自主权，使学校面向社会自主办学。

8．改革高校、中等专业学校和技工学校的招生、收费和毕业生就业制度。有条件的高校经过批准，可以联合招生或单独招生。在实行国家任务计划与调节性计划相结合的基础上，逐步把招生、收费、就业的双轨制改为单轨制，实行“公费生”、“委培生”、“自费生”并轨，统一录取分数线，统一缴费上学。学生缴费标准按生均培养成本的一定比例和社会、家庭的承受能力因校因专业由省确定，各学校按规定执行。师范、国家重点项目、基础学科和艰苦行业以及定向为贫困地区培养人才的专业实行减免学费和专业奖学金制度。完善奖学金制度和开展勤工助学活动，采取有效措施推行贷学金制度，扶持家庭经济确有特殊困难的学生上学。技术学校招生要改变单纯招收城镇户籍学生的做法，要招收一定比例的农村学生。

学生毕业后，在国家政策指导下，实行自主择业与推荐就业的办法就业。随着全省劳动、人事制度改革的深化，逐步建立全省统一的毕业生就业市场。通过就业指导、政策导向、利用经济杠杆调控毕业生流向，并通过一定的政府行为和思想政治工作，保证国家重点建设项目、国防建设、基础学科、边远地区和艰苦行业所需的人才。招生部门应转变职能，为高等、中专学校提供招生考试服务，并对招生实行宏观调控。

9．继续推进学校内部管理体制改革。中小学要进一步完善校长聘任制、校长负责制、教师聘任制和教师岗位责任制。推行学校经费包干、浮动奖励工资制的“两聘两制一包一奖”为主要内容的内部管理体制改革。要按照先进、科学、合理的原则搞好各类学校定员定编工作。

中等专业、技工学校要进一步建立和实行教育目标责任制、校长负责制和教师、行政人员聘任制。实行校长负责制的学校，党组织应起到监督、保证的作用。

高校要建立适应经济社会发展需要的自我发展和自我约束的机制。以人事和分配制度改革为重点，严格实行定编定岗定任务（职能），全员聘任。完善编制与工资总额包干制，建立国家工资和校内津贴相结合的制度。后勤改革要坚持“三服务、两育人”的方针，由单纯服务型向服务经营型转化，逐步实现后勤企业化管理。

10．改变目前高校条块分割和封闭办学的状况，统筹规划，合理布局，调整结构，从总体上提高办学效益。制订高校调整方案，把一些办学效益差、规模小、专业设置重复、独立办学难度大的学校进行调整合并，组建若干所规模较大、条件较好、具有广东特色的大学。

11．推进城乡教育综合改革和实施燎原计划。争取到2000年，把“农科教”结合和“三教统筹”推进到全省各县（市、有农村的区）和60%的乡（镇）。省继续抓好实验市、县（区）的深化教育综合改革工作。广州、深圳和各地级市要抓好2～3个农村教育综合改革实验县（区）；各县（市、区）要抓好3～5个燎原计划示范乡（镇）。全省建设200个高标准的燎原计划示范乡（镇）。

县（市、区）、乡（镇）政府要拨出一定的经费用于成人文化技术学校，并落实好专职校长和专职教师。

城市教育综合改革应以体制改革为突破口，结构改革为重点，促进大教育的建立和“经科教”的结合为目标。认真解决市政府办学和管理权力过分集中的问题，适当下放办学管理的权限，探索城市教育管理的新体制，并抓紧建立社区教育。实行中专、职中、技校“三校统筹”，培养更多的实用人才。

三、切实加强和改进学校德育工作

12．认真贯彻中共中央《关于进一步加强和改进学校德育工作若干问题的意见》，联系广东实际，努力搞好学校德育工作。用马列主义、毛泽东思想和邓小平建设中国特色社会主义的理论教育学生，把培养有理想、有道德、有文化、有纪律的社会主义建设者和接班人，作为学校德育工作的指导思想和总目标。要克服“一手硬，一手软”、忽视德育工作的倾向。

13．进一步加强马克思主义理论与建设中国特色社会主义理论的教育，加强党的基本路线教育和爱国主义、集体主义教育，进行中国历史特别是近代史、现代史教育和国情教育、法制教育，进行中华民族传统美德和革命传统教育；加强校风和校园文化建设；培养学生好学上进、自强自立、艰苦创业精神和适应改革开放需要的素质；增强学生抵制封建迷信和资产阶级腐朽思想及生活方式的侵蚀，提高识别“真、善、美”与“假、恶、丑”的能力。

要科学地规划大、中、小学的德育目标、内容和实施途径，加强整体衔接。对小学和初中学生要重点进行文明礼貌、遵纪守法、公民义务和基本道德规范教育；对高中生要简明扼要地讲授马克思主义的基本观点；对大学生要组织他们学习毛泽东的重要哲学著作，特别是要学习邓小平建设中国特色社会主义的理论。要用改革开放取得的巨大成就和成功经验教育学生，指导学生逐步学会运用辩证唯物主义和历史唯物主义的立场、观点、方法去分析现实生活中的经济现象和社会现象，使整个教育形成序列，既各有侧重，又互相衔接。

14．进一步完善和改进德育工作的途径与方法，切实做到齐抓共管，学校、家庭、社会紧密配合，使三方面教育互为补充，优化育人的大环境。学校各方面工作都要为培育“四有”新人服务，做到“教书育人、管理育人、服务育人”。搞好校园规划和环境建设，树立良好的学风、教风、校风。开展学生喜闻乐见的多种活动。建立德育考核、考评制度。按照学生《行为规范》、《行为准则》，强化学生文明行为的养成教育，组织学生参加公益劳动、生产劳动、社会调查、军政训练、勤工俭学等活动，为学生接触社会创造条件。同时，加强学校党团组织、学生会的建设，发挥学校党组织的政治核心作用和党员的先锋模范作用，发挥团、队组织团结、教育青少年一代的重要纽带作用。

15．加强体育、美育和劳动教育，提高学生的全面素质。各级各类学校要根据各自的情况，开好体育、美育课程，开展形式多样的体育、美育活动，以提高学生身体素质，陶冶学生的情操，提高学生的鉴赏能力和道德修养。进一步贯彻教育与生产劳动相结合的方针，加强劳动观点的教育和劳动技能的训练。要把劳动教育列入教学计划，逐步做到制度化。社会各方面要积极为学校进行劳动教育提供场所。认真贯彻国家教委有关学校卫生工作的条例，加强卫生工作基础建设，上好卫生健康教育课。

16．建立和完善校长负责德育实施的管理体制，加强德育队伍和管理干部队伍的建设。建立表彰制度，增强德育队伍的事业心和使命感，并使他们的工作得到社会的高度尊重。完善高校德育队伍的专业职务系列，为他们解决好专业职务、待遇等方面的问题。教育行政部门和学校要合理确定德育方面的经费投入，并切实加以保证。社会、政府和学校要为德育工作提供必要的场所和设备。各地要进一步加强德育基地建设，优化德育手段。

四、全面贯彻教育方针，努力提高教育质量

17．进一步转变教育思想，改革教学内容和教学方法，克服学校教育不同程度存在的脱离经济建设和社会发展需要的现象，把全面提高教育教学质量作为学校的中心任务。学校应始终把工作侧重点摆在提高教学水平和教育质量上，使我省教育教学质量到本世纪末达到全国先进水平。

18．基础教育应改变单纯应试教育的倾向，对学生进行全面的素质教育，把重点放在提高儿童和青少年的思想道德水平、文化科学知识、劳动技能和身体、心理素质上，面向全体学生，发展个性特长，大面积大幅度地提高教育质量。为此，一要抓紧教学常规管理，稳定教学秩序，打好扎实基础，减轻学生过重负担；根据教育“三个面向”的要求，调整课程结构，改革教学内容，改善教学手段，改革教学方法，加强教师教法的研究和对学生学法的指导；进一步改革和完善中考、高中会考和高考制度。二要制订和完善评价学校教育质量和学生综合素质水平的科学评价标准。三要采取得力措施分批扶持基础薄弱的中小学，同时各市、县重点办好一两所示范中学。四要在全省中小学实行学校等级评估制度，对中小学校进行考核、评价、定类和定级。并继续在提高外语教学水平、普及计算机教育、普及电化教育以及地理园、生物园、艺术辅助教学等方面创造特色。

职业教育要加强实习基地建设，加强实践性教学环节，注重职业道德和实际操作能力的培养，造就具有良好素质的新一代建设者；各市、县要重点建设好3～4所中等职业学校或培训中心。加强重点中专、技工学校的建设，发挥其示范骨干作用；办学主管部门应增加投入，充实、改善未达标学校的办学条件，力争三五年内达到国家提出的设置标准要求。

19．深化高等教育教学改革和科技改革，全面提高教学质量和科研水平。根据我省经济社会发展的需要，应通过调整专业设置，优化专业结构，改革教学内容和教学方法，提高教学质量，努力实施教学领域的“一三五二”工程。即在“九五”期间，编写出100门有广东特色、达到国内先进水平的教材，建设300门达到国内先进水平的省级重点课程，建立500个产学结合的校外实习基地，完成20个在全国有较大影响的、对提高教学质量有较大促进作用的教学改革项目。在全省普通高校中推行学分制。完善研究生培养和学位制度，鼓励有实践经验的优秀在职人员攻读硕士和博士学位，大力培养经济建设和社会发展需要的应用型高层次人才。

加强基础学科，发展应用学科，扶持新兴、边缘、交叉学科，积极实施“五四一”工程。我省的国家重点学科和重点实验室（含国家工程中心）总数从现有的25个增加到50个，省级重点学科和重点扶持学科从现有的27个增加到40个；并建设10个与重点学科布局相配套的地区性中心实验室和学科群实验室。争取一批学科列入国家“211工程”，达到国际先进水平。

高校科技工作要建立主动适应社会主义市场经济并符合高科技管理体制和运行机制。“稳住一头，放开一片”，保持一支精干高效的科技队伍，重点瞄准科技前沿领域，同时，以市场为导向，积极推进应用研究和科技开发研究，建立“产、研、学”联合体，大力发展校办科技产业，加速科技成果转化为生产力。政府要增加对校办产业的政策性贴息贷款。对开发科技新产品、推广应用科技成果有突出贡献的科技人员要给予重奖。设立科技开发基金，为高校科研和科技开发创造必要的条件。社会科学研究工作要着重研究和解决社会主义现代化建设中的重大理论和实际问题，为建设中国特色社会主义做出贡献。

20．加强教育教学理论研究，指导我省教育教学实践。强化教育科研，组织科研力量，发动广大教师和教育工作者参与广东教育改革和发展的理论以及实际问题的研究探讨。要建立科研课题管理制度，确定一批重点科研课题，拨出专款支持，定期奖励优秀成果，特别是重奖指导教育改革实践取得重大成绩的优秀成果。

21．进一步加强国际教育交流与合作，推动教育对外开放。认真做好聘请外国专家、学者来我省学校工作和接受外国来华留学人员的工作。对出国留学人员继续实行“支持留学、鼓励回国、来去自由”的政策，鼓励他们学成回国或采取多种形式为祖国服务。

五、认真贯彻《教师法》，大力加强师资队伍建设

22．认真贯彻执行《教师法》，提高教师的思想、业务素质和教学水平，提高教师的生活待遇和社会地位，保障教师的合法权益；通过培养和培训，建设一支具有良好政治业务素质、热爱教育事业、数量适应、结构合理、相对稳定的队伍。

基础教育，2000年前要在充实中小学教师缺额的同时，使98%以上的小学教师、95%以上的初中教师、70%以上的高中教师达到国家规定的学历标准，大中城市和经济发达地区教师学历应该争取提高一个层次；并加快实施中小学教师资格证制度。同时，要认真搞好中小学校长的岗位培训，实行校长的持证上岗制度。并采取切实有力的组织措施，选拔一批优秀的中青年教师，通过脱产培训、岗位跟班和挂职锻炼等途径，培养高素质的学校领导干部队伍，有效地提高学校管理水平。

职业教育，到2000年，使中专学校教师的学历和职称结构均达到标准。职业中学、技工学校60%以上的教师达到任职资格标准，允许职中毕业生报考同专业的大专院校，毕业后回职中任教。积极聘请企业工程技术、管理人员和能工巧匠任兼职教师，职业学校专业技能教师可实行教师职称和专业技术职称双职称制。

高等教育，要加强教师的继续教育，提高教师队伍的整体素质。在充分发挥现有学科带头人作用以及调动广大教师积极性的基础上，以加强中青年教师素质为重点，积极实施培养跨世纪人才的“千百十工程”。即全省高校选拔1000名30～40岁、具有研究生学历的中青年教师为校级学术骨干；选拔培养100名45岁左右、具有副教授以上职称、优秀拔尖的教师为省级学术带头人，再从中选拔10名培养为国家级学术带头人，并跻身于国际同行的前列。通过优先安排他们参加国内外的学术会议、出国进修、讲学、参加科研合作等途径进行培养。有条件的高校，可对教学任务较重的副教授以上教师实行学术休假制度。积极引进各类优秀人才充实教师队伍。根据教学需要聘请社会各方面的专家、学者任兼职教师，以提高教师队伍的整体水平。

23．办好中等、高等师范教育，培养德才兼备的师资。为了满足对师资的需求，中师学校的办学条件要进一步完善，争取在1995年底前实现36所中师办学条件标准化，并开展中师等级评估，试行必修课会考制度，建设高标准、高质量的中等师范学校。从1996年开始，除幼师、特师和专业师范外，实现办学条件标准化的中师，经省政府审批，可招收五年制师范生，培养专科程度的小学教师。高等师范院校和有师资培养任务的高校要充分挖掘潜力，努力扩大师范生特别是本科师范生的培养规模。根据职业技术教育发展的需要，增设职业师范院校或试办职业师范系或师范班，为我省培养质量合格、数量充足的师资人才。

扩大保送品学兼优、立志从事教育事业的应届高中毕业生进入高等师范院校就读的比例，有条件的省重点中学或教师进修学校可开办高师预备班，高等师范院校可向外省招收师范生，以提高生源质量和数量。各级师范学校的学生均可享受专业奖学金，并提高师范生专业奖学金的标准，奖励优秀的师范生，以吸引更多的优秀学生报考师范院校。同时建立和健全师范毕业生服务期制度，保证师范毕业生到中小学任教。

24．办好教育（进修）院校，加快教师学历培训和继续教育的步伐。要办好以培训在职教师为主要任务的教育学院、教师进修学校和师范院校的函授部，到2000年，各层次接受培训的教师累计达到：高师本科7500人，高师专科4.5万人，小教大专12万人，使我省中小学教师的政治业务素质和学历水平有较大提高。

25．提高各级各类学校教师的待遇和社会地位，形成尊师重教的良好风气。各级政府要采取措施按时足额发放教师工资，并落实各种政策性补贴；不允许拖欠教师工资，从当地经济的实际出发，在国家规定的教师基本工资和补贴的基础上，采取多渠道的办法，提高教师的收入，使教师平均工资水平高于当地国家公务员的平均工资水平；经济不发达的地区，起码要实现省提出的“八五”期间各类教师人均月收入最低标准。为提高教师待遇，省对高等院校教职工和山区贫困县的农村中小学教师给予教师岗位津贴。各级电大、成人高教、中专和普通中专（含中师）、技校教师岗位津贴，按学校隶属关系，由办学主管部门或学校自筹解决。民办教师的收入不得少于同类公办教师的2/3，逐步做到与公办教师同工同酬。建立教师离退休养老保险制度，对教龄满30年的退休教师按原工资100%领取退休金。

各级政府要把解决教师住房问题切实列入地方基本建设规划，制定解决教师住房的措施，通过政府、社会、学校、个人多方集资进行住房建设；并对教职工住房的分配、购置、租赁实行优先、优惠政策。按照分级办学、分级管理的原则，力争在两三年内，基本解决高等学校、中专学校、技工学校教师和城镇、农村中小学教职工住房困难。与此同时，省、市、县（市、区）政府要拨出专款，设立教师建房基金，乡（镇）、管理区也要通过多渠道筹资，无偿或优惠为教师建房提供住宅用地等办法，积极为农村中小学教师解决住房困难。学校集中的地区可兴建教师村。力争三五年内我省教职工家庭人均住房面积达到或超过当地居民的平均水平。

要切实解决教师尤其是农村教师看病难、医疗经费紧缺的问题。按规定享受公费医疗的大、中、小学教师要与当地国家公务员享受同等医疗待遇。医疗部门要为教师看病提供方便，特级教师和有高级职称的教师应享受优诊。建立健全教师体检制度，并创造条件组织教师轮流疗养或休养。

加快合格民办教师转为公办教师的步伐。在今后三年或更长一段时间内，民办教师经过培训、考核，合格的分批转为公办教师，不合格的民办教师予以调整，同时，加快教师资格审查制度的建立。

各级领导要进一步确立全心全意依靠广大教职员工特别是教师办好学校的思想，充分调动教师的积极性和创造性。各级政府要建立健全表彰、奖励优秀教师和优秀教育工作者的制度，以及办好教师节等活动，通过舆论宣传，促进全社会进一步形成尊师重教的良好风气，提高教师的社会地位。

六、建立多渠道教育投资机制，切实增加教育投入

26. 树立教育投入是战略性投入的观念，建立以国家财政拨款为主，多渠道筹措教育经费的投入体制。积极拓宽筹措教育经费的渠道，广筹教育资金，解决教育投入的短缺。同时要按《纲要》的规定，切实做到教育经费的“三个增长”，并使全省财政支出中教育经费所占的比例在“八五”期间要高于20%，本世纪末，努力争取财政性教育经费支出占国民生产总值的比重达到4%。

27. 多渠道筹措教育经费。从1995年起，省政府将根据教育事业发展的需要，努力增加教育专项资金的数额。

各地必须按照国家和省有关规定，足额征收城乡教育费附加。城乡教育费附加按增值税、营业税、消费税的3%征收。农村不缴纳增值税、营业税、消费税的乡镇企业和个体企业教育费附加按销售收入的1%征收。农民按人均纯收入的1.5%～2%征收（包括在农民负担的5%内）。按“三税”附征的教育费附加，由税务部门征收；不缴纳“三税”的乡镇企业、个体企业以及农民按人均收入的教育费附加，由乡（镇）政府指定部门负责征收。为保证城乡教育费附加足额征收，各市、县（区）每年应确定当地教育费附加征收额度，报省教育部门会同税务、财政部门认可后执行，保证完成。教育费附加必须用于义务教育，要管好用好，并建立定期审计制度，保证专款专用。此外，各市、县（区）政府可根据国家有关法律和当地教育发展的实际需要、经济状况、群众承受能力，开征其他用于教育的附加费。

继续鼓励华侨、港澳台同胞捐资助学，发动企事业单位、社会团体和个人捐资或集资助学。广泛建立教育基金会，通过多种方式扩大基金，用增值部分支持教育。尽快建立教育银行，办理教育储蓄、贷款等业务，运用金融手段扩大教育资金来源，增加对教育的投入。加强科技开发，兴办校办企业，开展各种有偿服务，增加学校的收入。对校办产业要继续按国务院和省的有关规定减免税收，安排周转金，扶持发展。

按省的有关规定收取非义务教育阶段学生的学杂费和义务教育阶段学生的杂费，补充教育经费。

对社会各界支持教育事业的捐资，要依照有关法律、法规，从应纳税的所得中予以扣除。

28．要从保证教育的实际需要出发，使教育经费有稳定的来源。各级政府要按国家和省规定的学校人员编制标准及各类学生生均培养费用，校舍、设备等固定资产投资数量，教育事业发展经费等确定每年当地教育经费总需求，予以落实。教育经费的财政拨款要实行预算单列。高等教育经费投入，要按照《广东省高等教育管理条例》规定，切实予以保证。

职业教育属行业部门办学，可将企业职工教育经费从占工资总额的1.5%增加到2%～2.5%，增加部分用于职工就业的教育，改善中专、技校、职中等职业学校的办学条件，各级政府要为所在地各类学校提供教育事业发展用地（含教职工宿舍建设用地），应给予优惠征用或无偿拨给。

七、进一步加强对教育工作的领导

29．各级党委和政府要切实把教育摆在优先发展的战略地位，进一步加强对教育工作的领导。要认真贯彻党的十四届四中全会和省第七次党代会的精神，把教育作为全局性、先导性的基础产业来对待，把“大力发展教育科技事业，培养人才，全面提高劳动者素质”作为广东实现现代化七项主要措施之一。

30．各级党政领导要加强对教育工作的全面统筹，把教育发展目标纳入经济社会发展的总体规划之中，并采取切实措施加以实现。要把重视教育、为教育办实事作为各级领导干部的任期目标责任制和政绩考核的重要内容，定期评选、表彰和奖励尊师重教的党政部门和领导干部。各级政府要建立对下级政府实施《纲要》的检查监督制度，并就教育改革和发展情况每年向同级人大作出报告，接受人大和社会各界的监督。各级领导干部要分工联系学校，经常深入了解情况，帮助学校解决实际问题。要充分发挥各民主党派和社会团体自身优势，为发展我省教育作贡献。

31．加强教育法制建设，实现依法治教。除已制定的《广东省普及九年制义务教育实施办法》、《广东省高等教育管理条例》等之外，抓紧制定《广东省〈教师法〉实施意见》、《广东省基础教育民办学校管理条例》、《广东省私立高校管理条例》等。在中央颁布《中华人民共和国教育法》、《中华人民共和国职业教育法》和《中华人民共和国高等教育法》等之后，还要结合广东实际，抓紧制定实施办法或细则，逐步建立和完善有关的地方教育法规。各级政府要带头执法，建立和加强执法监督制度，做到有法必依，执法必严，违法必究，尽快走上依法治教的轨道。

32．政府要转变职能，要从直接的微观管理转变为间接的宏观管理，对学校进行统筹规划，政策指导，组织协调，检查督导和提供服务。

贯彻落实《纲要》，是我省2020年基本实现现代化的战略措施，各级党委和政府要振奋精神，把握机遇，努力使教育优先发展真正成为全社会的共识，全民的实际行动，使广东成为教育强省，保证社会主义现代化目标如期实现。

七、广东省人民政府关于大力发展职业教育的决定

（1997年11月13日，粤府〔1997〕87号）

为了贯彻落实《职业教育法》，进一步推进我省职业教育的改革和发展，特作出以下决定：

一、进一步提高对职业教育重要性的认识

改革开放以来，我省职业教育迅速发展。到1996年，全省中等职业学校的招生和在校生数已达21.4万人和56万人，分别占高中阶段学生总数的54.12%和55.3%，中等教育结构单一的局面发生了根本性变化；高等职业教育有了一定发展；职业培训规模不断扩大，年培训量达100多万人次；积极探索我省职业教育发展的路子，职业教育的各项改革逐步深化；努力提高教育质量和办学效益，建设了25所国家级重点学校和90所省级重点学校。职业教育培养的人才在社会主义现代化建设事业中发挥了重要的作用。但也存在不少困难和问题，兴办职业教育的职责和义务还不够落实，职业教育的整体基础还相对薄弱，职业教育的教育质量和办学效益还有待进一步提高等。对此，全社会都要从国家发展的战略和全局出发，进一步提高思想认识，关心和支持职业教育。各级政府和有关部门要进一步加强对职业教育工作的领导，把调整教育结构、发展职业教育摆到突出位置，开创我省职业教育工作的新局面。

二、我省发展职业教育的目标和任务

1．改革和发展我省职业教育的基本目标是：贯彻落实《职业教育法》、《中国教育改革和发展纲要》和《中共广东省委、广东省人民政府关于教育改革和发展的决定》中有关发展职业教育的精神，从现在起到2010年，通过适度发展初等职业教育，大力发展中等职业教育，积极发展高等职业教育，建立起与广东经济发展相适应，初、中、高等职业教育相互衔接，并与其他教育沟通，学历教育和职业培训并举的职业教育体系，基本建立现代职业教育制度。

2．大力发展中等职业教育。至2000年，各类中等职业学校年招生数达30.1万人（其中中专10.8万人，中师1.8万人，职业高中10.5万人，技工学校7万人），在校生规模达86万人（其中中专27万人，中师6万人，职业高中31万人，技工学校22万人）。各类中等职业教育在校生与普通高中在校生比例达到6：4。建设省级以上重点职业学校170所（职业中学70所、中专60所、技工学校40所）以上，每县（市）建设一所示范职业学校。同时全省要建设一批骨干专业。

至2010年，全省高中阶段职业教育在校生与普通高中在校生比例达到6：4，全省建设省级以上重点职业学校260所以上，在校生占当年中等职业教育在校生总数的40%以上。继续办好一批骨干专业，使我省职业教育总体发展达到新的水平。

3．继续大力推进农村职业教育。要充分开发利用农村的教育资源，积极开展农村实用技术培训，农村的成人教育和扫盲后的教育要渗透职业教育因素。农村劳动力要通过职业教育，掌握1～2门实用科学技术。每个县的示范职业学校应设立有关农业的职业教育或职

业培训专业，并免试入学。要加强“三教统筹”，发挥农村小学和其他教育机构的作用，大力提高农村劳动者素质。

4．积极发展高等职业教育。要贯彻“三改一补”的方针，高等职业教育主要通过对部分普通高等专科学校、成人高校的改制和职业大学、职业技术学院实施，重点是调整专业方向和培养目标。也可根据地方和行业的需要以及学校的办学条件，在少数具备条件的重点中专举办高职班作为发展高等职业教育的补充。逐步建立起以珠江三角洲为中心，辐射粤东和粤西两翼，带动粤北发展的高等职业教育体系基本框架。

5．加快发展高级技工教育。从1997年起，要在现有省（部）级或国家级重点技校中改组成立一批有专业特色的高级技工学校。至2010年，高级技工学校要成为我省培养高级技工、高级技师的基地，成为当地职业教育重要的综合培训中心，并办出几所在国内有影响的高级技工学校。

6．要把提高职业技能作为职业教育重要的培养内容，各级各类职业技术学校（院）要落实“双证书”制度。要积极组织在校学生参加技术等级考核，获得国家颁发的毕业证书和职业资格证书。

7．继续努力发展职业培训和开发劳动力资源，大力推进我省职业技能开发事业。职业培训是以就业、转业或提高职业技能水平为目标的学历职业教育。职业培训分别由相应的职业技能水平为目标的非学历职业教育。职业培训分别由相应的职业培训机构、职业学校实施至2000年全省重点建设150个以上职业培训中心、重点实习场地，形成覆盖全省各行各业的职业培训网络。

8．根据国家职业分类和职业技能标准，劳动行政部门要加快推进职业技能鉴定工作和加强鉴定质量管理。规范职业技能鉴定站（所）的建设，强化职业技能的基础工作，实行职业技能鉴定站（所）许可证制度，建立覆盖全省的职业技能鉴定网络。到2000年，职业技能鉴定网络覆盖珠江三角洲和中心城市，国家规定的100个技术性较强的专业（工种），全部实行职业技能鉴定，持证上岗。至2010年，按国家规定对从事涉及国家财产、人身安全和广大消费者利益的200个关键岗位、技术工种、特种作业的劳动者，包括农村进入城市的劳动者，全部实行职业技能鉴定，持证上岗。

三、明确《职业教育法》执行责任，把发展职业教育落到实处

1．各级人民政府要承担本地区发展职业教育的责任，把发展职业教育纳入国民经济和社会发展规划，加强对职业教育的领导、统筹协调、督导评估、指导和扶持。

要采取切实措施，发展农村职业教育，扶持少数民族地区、边远贫困地区职业教育，同时积极帮助妇女接受职业教育，组织失业人员接受各种形式的职业培训，扶持残疾人职业教育事业。要加强对职业教育的领导。建立职业教育联席会议制度，协调本地职业教育工作。

2．各级人民政府有关职能部门，要根据《职业教育法》的有关规定，加强沟通协作，各司其职，共同推进职业教育的发展。省教育行政部门负责职业教育工作的统筹规划、综合协调、宏观管理。省教育行政部门、劳动行政部门和其他有关部门在规定的职责范围内，分管负责有关的职业教育工作。

政府主管部门、行业组织应当根据《职业教育法》组织、协调、指导本系统、本行业的企业、事业组织举办职业学校、职业培训机构。

3．行业组织、国有企业、集体企业、乡镇企业、三资企业、民营企业应当依法履行实施职业教育的义务。各类企业均要承担对本单位职工和准备录用人员实施职业教育的责任，积极开展职业教育工作，可以单独或者联合举办职业学校、职业培训机构，也可以委托职业学校、职业培训机构进行。

4．举办职业教育学校及职业培训机构与举行普通教育学校一样，享受政府规定的优惠政策。从事职业教育的教师应该享受与普通教育学校教师一样的待遇，职业教育机构的举办者参照普通教育学校教师的待遇予以落实。

鼓励引导社会力量办学，对社会力量举办的职业教育学校和培训机构，各级政府可以在办学条件、师资和经费筹措等方面适当给予支持。社会力量举办的职业学校的学生，可以安排在当地对口培训中心进行实习。

5．加大劳动监察力度，认真实施劳动预备和先培训后上岗制度。凡城乡初、高中毕业生毕业后不能升入更高一级学校学习的，必须参加1～3年的职业培训和相关教育才能就业。从事技术工种的职工，必须经过培训取得相应的职业资格；从事特种作业的职工必须经过培训取得特种作业资格。加强对“两类”人员（富余人员和待业人员）的职业培训，努力使城乡就业人员接受不同形式的职业培训，促进就业和再就业。各类企事业单位要优先录用省内已接受职业学校教育和职业培训的就业者。各级劳动行政部门要加强劳动监察机构建设，加强对用工单位监督、检查和指导，对违反国家劳动用工规定的企业事业单位依法进行处罚。

四、采取切实措施，保障职业教育的发展

（一）建立多种渠道依法筹措职业教育经费的机制

1．多渠道筹集发展职业教育的资金。除财政拨款外，应逐步探索筹措经费的其他渠道，充分发挥各办学部门和单位的积极性，并加以规范化、制度化。

各级政府应随着财政收入的增加逐步增加对职业教育的投入，并做到职业教育学校和职业培训机构中财政经费的增长高于财政经常性收入的增长。

在“九五”期间，全省每年增加一定数额的职业教育专项经费，重点用于建设省重点中等职业学校和骨干专业。市、县也要设立职业教育专项经费。

2．省和各地征收的城乡教育费附加每年安排比例不低于20%的数额用于中等职业教育。

每年的教育科研经费应安排一部分用于职业教育研究、农村科学技术开发、技术推广的经费，扶贫资金适当安排用于农村职业培训。

3．职业学校的举办者应当承担筹措办学经费的责任。职业学校、职业培训机构举办企业和从事社会服务的收入应当主要用于发展职业教育。

4．企业应承担用于对本单位职工和准备录用人员进行职业教育的费用。企业职工的教育经费，由占工资总额的1.5%增加到2.5%，增加的部分用于职工职业教育；不办职业教育机构企业要承担的费用，可由县级以上人民政府集中统筹用于改善职业学校或培训机构的办学条件。

5．鼓励金融机构运用信贷手段扶持发展职业教育。鼓励企业、事业组织、社会团体、境外组织、其他社会组织及公民个人对职业教育提供资助和捐赠。

（二）加强职业教育教师队伍的建设

加快职业教育教师学历培训和继续教育的步伐。到2000年，中专学校教师的学历和职称结构均要达到规定标准。职业高中60%，技工学校80%以上的教师达到任职资格标准。

广东民族学院改办职业技术师范学院，建设成为全省的职业师资培养基地和职业教育科研中心。选择省内其他各种类型的高校，定点举办职教师资班。省每年在高校招生计划中安排培养职教教师和职教教师学历专科升本科的专项指标，毕业后定向到职业学校任教。职业技术学院、高级技术学校可以承担中等职业教育生产实习指导教师的培养和专业课教师的培训任务。

各级各类职业学校和职业培训机构教师队伍管理参照现行普通教育教师队伍管理体制，学校增加人员根据实际需要和学校的定编情况，在政府人事部门下达的年度增人计划内，可公开向社会和企业招聘能工巧匠担任生产实习教师，指标由当地计划和劳动、人事部门解决。

（三）切实解决教师住房问题

各级政府要把解决教师住房问题切实列入地方基本建设规划，制定解决教师住房的措施，多方集资进行住房建设，并对教职工住房的分配、购置、租赁实行优先、优惠政策。按照分级办学、分级管理的原则，力争在3～5年内，基本解决职业学校教职工住房困难。

（四）进一步改革中等职业教育招生就业制度

改革中专、技工学校和职业高中的招生和毕业生就业制度，不得限制学生报考职业学校，逐步做到面向市场推荐就业和自主择业，毕业生享受同等待遇。

各级政府对承办艰苦行业专业的学校，实行重点扶持，在招生、收费、就业等方面给予优惠，毕业生可优先推荐就业。

职业技术学院、高级技工学校应逐步对口按一定比例从中等职业学校和具有高中阶段学历的技术工人中招生，改革职业技术学院、高级技工学校的招生考试制度。

五、加强管理，提高职业教育办学效益

1. 各级各类学校要走内涵发展的道路，不断提高职业学校办学质量和效益。职业教育要面向全社会，专业设置要适应当地社会发展和市场需求，深化教学领域改革，推进各类职业学校联合办学，使学生学有所长，一专多能，就业后能在工作岗位上发挥作用。要不断拓宽职业教育的专业面，不仅满足学历教育的需要，要更重视发展职业培训，培养大批的各种实用技术人才。

2. 扩大职业教育和职业培训机构的办学规模。国家级和省级各类重点职业学校办学规模达到1500～3000人；一般各类职业学校达到600～1000人；国家重点培训中心年培训能力达3000人次以上，省、部级重点培训中心年培训能力达2000人次以上。

3. 要加强生产实习场地的建设，加强学生技术技能的训练，各市县要加强工业训练中心的建设，合理布点、解决实习场地不足的问题。企业、事业单位应接纳职业学校和职业培训机构的学生实习；对上岗实习的，还应给予适当的劳动报酬。同时要努力运用现代化教学手段，提高教学质量和效益。加强职业教育科学研究工作，为政府提供决策依据、为社会提供咨询等服务。

4．要加强职业教育教材编写、出版、发行工作，建立和完善职业教育教学用书的编写、审核、出版、发行制度。鼓励职业学校积极组织教师编写教材。

实施《职业教育法》，大力发展职业教育是发展我省社会经济，增强我省综合实力的重要措施，各级政府和有关部门要同心协力，努力奋斗，发动全社会共同发展职业教育，使建设教育强省，基本实现我省现代化的宏伟目标如期实现。

八、中共广东省委、广东省人民政府贯彻《中共中央、国务院关于深化教育改革全面推进素质教育的决定》的意见

（2000年10月10日，粤发〔2000〕14号）

为贯彻落实《中共中央、国务院关于深化教育改革全面推进素质教育的决定》（中发〔1999〕9号）和全国教育工作会议精神，深入实施“科教兴粤”战略，全面推进素质教育，把广东建设成教育强省，率先基本实现社会主义现代化，现提出如下意见：

一、全面实施“科教兴粤”战略，加快建设教育强省步伐

1．全面推进素质教育，培养高素质的劳动者和创新人才。按照江泽民提出的“增创新优势，更上一层楼，率先基本实现社会主义现代化”的要求，全面实施“科教兴粤”战略，为我省率先基本实现社会主义现代化提供强有力的智力支持和人才保障，把教育摆到优先发展的战略地位，培养大批高素质的劳动者和创新人才。

实施素质教育，要全面贯彻党的教育方针，以提高国民素质为根本宗旨，以培养学生的创新精神和实践能力为重点，造就“有理想、有道德、有文化、有纪律”，德智体美等全面发展的社会主义事业建设者。要把全面推进素质教育作为深化教育改革的主要内容，以及各级各类学校的主要任务。

全面推进素质教育，要坚持面向现代化、面向世界、面向未来，要坚持面向全体学生。把素质教育贯穿于各级各类教育，贯穿于学校、家庭和社会教育等各个方面，贯穿于德育、智育、体育、美育等各个环节，贯穿于人才培养的全过程。

学校要把德育工作摆在重要位置，以马克思列宁主义、毛泽东思想、邓小平理论和“三个代表”重要思想为指导，切实提高德育的针对性和实效性；突出抓好思想政治教育、品德教育、纪律教育和法制教育，加强校风校纪建设，引导学生树立正确的世界观、人生观和价值观；加强学校德育和社会实践基地的建设，形成学校、家庭和社会共同参与德育工作的新格局。改革教学方式和人才培养模式，实施创新教育，培养学生的创造精神和实践能力。切实加强学校的体育卫生和美育工作，不断提高学生的身心素质、审美情趣和鉴赏能力。加强学生的生产劳动和实践锻炼，培养学生艰苦奋斗的精神和热爱劳动的良好习惯。

2．明确指导思想，实现教育强省目标。建设教育强省的指导思想是：以邓小平理论和党的十五大精神为指导，紧紧围绕率先基本实现社会主义现代化的总目标，贯彻党的教育

方针，全面推进素质教育，深化教育改革，加快教育发展，不断创新，建立起与社会主义市场经济体制和教育规律相适应的教育体制和现代学校制度；建立和完善不同类型、不同层次教育相互沟通衔接、满足人民多种学习需要的全程教育体系，形成开放、协调、富有活力的运行机制，率先实现教育现代化。

建设教育强省的总体目标是：到2005年，全省九年义务教育进一步巩固提高；初中毕业生升学率从现在的62%提高到70%以上，大中城市和珠江三角洲地区基本普及高中阶段教育；高等教育基本实现大众化，同龄人口高等教育入学率从1999年的9.9%提高到16%，各类高等教育在校生共达到115万人左右。到2010年，高质量普及九年义务教育，初中毕业生升学率达到85%，基本普及高中阶段教育和学前三年教育；同龄人口高等教育入学率达到20%以上。教育质量、办学水平和效益显著提高，全省素质教育总体水平进入全国前列。建成一两所具有世界先进水平的一流大学，一批学校跃居全国同类学校前列。建立一批国家级重点学科、重点实验室和工程研究中心，办好大学科技园，在有我省特色和优势的基础研究和应用研究领域，取得一批标志性的科研成果。

二、加大教育改革力度，全面推进素质教育

1. 深化教育体制改革。进一步完善基础教育“分级办学、分级管理”体制。省政府负责全省教育的统筹管理、规划指导，地级以上市政府负责本地区教育规划的制定、实施和监督指导，扩大县级政府对辖区内教育经费、教师管理和校长任免等方面的统筹管理权限。中小学教师的任用、辞退由县级以上教育行政主管部门审批。高等教育要进一步完善以省政府管理为主的体制，依法落实高校的办学自主权。

加大办学体制改革力度。积极发展教育产业，鼓励和支持社会力量办学，进一步创造有利于民办教育发展的政策环境，形成以政府办学为主体、公办学校与民办学校共同发展的格局。支持和鼓励地方政府、企事业单位、社会各界及公民个人与教育机构联合办学。义务教育以政府办学为主，在保证适龄儿童、少年就近进入公办学校的前提下，允许设立少量民办小学和初中，提供择校机会，但不得搞“一校两制”。鼓励有条件的社会力量依法举办学前教育、高中阶段教育和高等教育。大力吸引国内外著名高校来粤合作办学。鼓励有条件的地区和学校进行办学权与所有权分离的改革探索。

继续推进农村教育和城市教育的综合改革。进一步推进农科教结合，促进农村普通教育、成人教育和职业教育的统筹协调发展，培养更多的农村技术骨干和致富带头人。加强岗位培训和再就业培训等多种形式的继续教育。普遍建立和实行劳动预备制度。

2. 调整优化教育结构。进一步调整中小学布局。加大力度改造农村薄弱学校，加强规范化学校建设。城镇要扩大小学、初中的招生规模，控制班额，有条件的地方可举办九年一贯制学校。重点学校和等级学校要扩大办学规模。调整普通高中和中等职业技术学校招生比例，农村普通高中逐步向县城和经济、交通发达的中心镇集中。

调整中等职业教育结构。由省统筹协调，以地级市为单位，统一规划和优化整合普通中专、成人中专、职业高中和技工学校的资源，实现资源优化配置。鼓励和扶持企业、行业、社会团体和其他社会力量举办职业教育。

优化高校结构。高校要进一步扩大办学规模，优化学科专业结构，大力发展工科，稳定提高理科、医科，调整提高人文社会学科，扶持农科。有条件的中心城市可办本科普通高校或者职业技术学院。合理调整全省师范院校布局和层次结构。大力发展成人高等教育。以普通高校和广播电视大学为依托，建立网络教育，完善自学考试制度。

建立高等教育、中等教育相互沟通、相互衔接的教育体制。允许不同类型、不同形式学校的毕业生报考高一层次学校；中等职业技术学校毕业生可报考职业技术学院和普通高校。

3．推进课程教材改革。建立包括国家课程、地方课程和学校课程在内的面向21世纪的新的基础教育课程体系，扩大学校开设课程和选用教材的自主权。职业教育和成人教育要按照专业培养目标，开发课程，编写教材。进一步推行高校课程文理渗透和学科交叉，逐步形成一批内容新、水平高、实用性强的精品教材。

切实减轻中小学生的课业负担。各级政府要加强督促检查，坚决制止硬性摊派订购省定教学用书目录以外的教材及教学辅导资料。

4．改革考试、招生和就业制度。小学升初中实行免试就近入学。初中毕业考试由学校自行组织，升学考试由地级以上市组织实施。高中毕业考试由地级以上市和省一级学校自行组织，省考试部门建立高中毕业考试题库。高校放宽入学年龄限制，全面推行学分制，试行弹性学习制度，允许分阶段完成学业。

实行劳动就业准入制度，未获职业资格证书的人员不能进入国家和省规定技术工种的岗位就业。全面实行学业证书与职业资格证书并重的制度。从2001年起，政府不再下达大、中专毕业生分配就业计划，只对需要特殊人才的部门和地区提出人才保障政策和毕业生就业指导意见。毕业生实行双向选择、自主择业。各级党委、政府要加强对毕业生的就业指导工作。

5．全面推进高校后勤保障社会化。实行“政府指导、因校制宜、区域联合、行业联办、稳步推进”的方针，把高校的后勤服务单位、经营人员及其相应资源逐步从学校行政系统中剥离出来，实行企业化管理。鼓励社会专业服务公司组建跨学校的后勤服务企业。建立高校后勤服务设施建设的多元投资体制。有条件的其他各类学校也要逐步推进后勤工作社会化。

6．积极推进教育信息化和教育技术手段现代化。各级各类学校要加强教育装备、实验室和图书馆等教学设施的建设，引进和运用现代教育技术，全面推进信息技术与学科课程、教学方法的整合，加快教育系统计算机网络、省级现代远程教育网和省级教育教学信息资源中心的建设。充分利用广播电视大学、电视、广播等远程教育资源和各种音像手段，推进多样化的电化教育和计算机辅助教学。加强教育软件的开发应用，大力普及网络课程。各级各类学校要创造条件建设校园网。建立教育教学资源库群，开展远程教育和网上教学。到2005年，教育科研网络要进入所有高校、部分中等职业技术学校和普通高中以及部分初中、小学。

7．改革高校科研体制。大力推进高校与产业界、科研机构在人才培养、科研开发、成果转化等方面的合作，鼓励企业在高校设立科研机构、实验基地，高校在企业建立实习基地。采取多种形式使高校科研机构进入企业，提高高校科技成果转化率。扩大高校、科研机构博士后科研流动站和企业博士后工作站的数量和规模。鼓励高校发展高科技产业，高校的技术开发型科研机构，要逐步转为企业法人。优先推荐符合条件的高校科技企业发行股票并上市。

建立教学、科研人员合理流动机制及首席科学家科研项目负责制和访问学者制度。健全科技活动绩效评价体系和激励机制。加强高校知识产权保护工作，重视科技成果、专利技术等无形资产的评估和管理。

三、强化管理，建设适应素质教育的高质量的教师队伍

1. 提高教师学历层次。到2005年，小学专任教师50%左右达到大专学历；初中专任教师50%以上达到本科学历；普通高中、中等职业技术学校专任教师基本达到本科学历；普通高校专任教师80%左右达到研究生学历。继续实施培养跨世纪教育人才工程，培养和造就一批教育家、名校长、名教师和高水平的学科带头人。加大人才引进力度，每年有计划地从国内外引进拔尖人才。

2. 全面提高教师的思想道德素质和业务素质。加强师德师风教育，倡导无私奉献、为人师表、敬业爱生、严谨治学的精神，塑造高尚的师德风范。把师德作为教师工作考核的首要内容和聘任、晋升的重要依据。建立健全教师思想政治、职业道德考核办法和奖惩制度，建立健全教师年度专业培训进修制度和学术休假制度。进一步开展教师继续教育。中小学教师都要接受计算机基础知识和技能的培训，把掌握和应用现代教育技术作为教师的必备条件。吸收企业优秀工程技术人员到职业学校任教。各级政府和学校要为培养骨干教师和学科带头人提供经费保障。积极开展教育教学研究，提高教师的教学和科研水平。

3. 建立健全教师队伍的竞争激励机制。全面实施教师资格制度，推行校长职级制和教师合同聘任制。省有关部门要制定新的教育人员编制标准，依照按需设岗，公开招聘，择优聘用，严格考核，合约管理的原则，建立优质高聘、能上能下、合理流动的有效机制。各地要制定优惠政策，鼓励优秀教师到薄弱学校任教、跨校兼课，促进教师在城乡之间、学校之间的交流。建立按岗（任务）定级定薪的分配制度。对做出重大贡献的杰出教师给予重奖。

四、多渠道增加投入，建立多元化教育投资体制

1. 切实增加财政性教育经费投入。各级政府必须按照《中华人民共和国教育法》的规定，确保教育财政拨款的增长高于财政经常性收入的增长，保证按在校学生人数平均的教育费用以及教师工资和学生人均公用经费逐步增长。省委、省政府决定，从2001年到2005年，连续五年每年提高省本级财政支出中教育经费所占的比例1～2个百分点。各市、县政府也要结合实际，提高本级财政支出中教育经费所占的比例。各级财政每年安排的超收部分，应按不低于年初确定的教育经费占财政支出的比例用于教育。省财政要加大对贫困地区、民族地区教育发展的扶持力度。

2. 做好城乡教育费附加征收管理工作。城市教育费附加由税务部门统一依法征收，纳入预算管理。农村教育费附加的征收，由乡（镇）征、县管、乡（镇）用，确保全部用于教育事业，具体征收办法由县级政府确定。实行农村税费改革的地区，要保证财政性教育投入的总量不减。按照《中华人民共和国教育法》的规定，经县级政府批准，乡镇政府根据自愿、量力的原则，可在本行政区域内实行无偿性的集资办学，用于实施义务教育学校的改造及修缮危房、新建校舍，必须确保专款专用，不得挪作他用。

3. 逐步建立教育成本分担机制。完善非义务教育缴费上学制度，逐步提高个人教育成本分担比例，逐步建立社会主义市场经济体制和政府公共财政体制的财政教育拨款政策和成本分担机制。学前教育可按学生人均成本收费；义务教育阶段杂费的项目和标准由省制定；高中阶段的收费项目由省制定，标准由地级以上市制定，各级各类等级学校的收费标准可由县（市）依法制定。适度提高高等教育的收费标准，但政府开办的高校收费标准的制定应充分考虑群众的收入水平和承受能力；社会力量举办的各级各类学校经批准可按学生人均成本收费。积极推行教育贷款、助学贷款、留学贷款，以及教育储蓄、教育保险制度。认真组织实施助学贷款制度，完善奖学金制度。省财政继续安排资助特困生资金，并对国家助学贷款给予适当贴息，市、县财政和高校也要给予资助。各级各类学校要积极帮助学生开展勤工俭学，认真执行国家制定的学费减免政策，建立以“贷、奖、助、补、减”等为主体的助学政策体系，确保家庭经济困难的学生不终止学业。

4．加强教育经费监管。各级各类公办学校所收取的学费、住宿费、杂费和捐资助学费必须实行收支两条线，纳入财政专户管理，财政部门应及时足额返还，全部用于学校的事业发展，任何部门和单位不得挪用，不得扣减各种风险金或保证金，不得抵顶财政预算内拨款，违者要追究单位主要负责人的责任。加强对教育专项资金、教育费附加等各类教育经费的收取、管理和使用的审计监督。强化各级各类学校的内部财务管理，加强对各项经费支出的审计。建立健全学校国有资产管理制度，明晰产权关系，保证国有资产的安全。

5．制定支持教育发展的优惠政策。各级政府和有关部门要合理规划学校布局，并按国家规定标准配置学校用地，对新建扩建学校，应无偿提供办学用地，免收有关地方性规费。允许将关闭、破产企业的厂房和土地用于办学校。房地产开发小区必须配套新建的学校，由开发商负责按国家规定标准建设，建好后无偿移交教育部门管理。继续鼓励境内外社会组织、企业和个人投资办学和捐资助学。鼓励运用金融、信贷手段，支持教育事业发展。可通过政府财政贴息的办法，鼓励高校贷款改善教学设施。

五、加强领导，开创素质教育新局面

1．切实加强对教育工作的领导。各级党委和政府要切实把教育作为先导性、全局性、基础性知识产业，纳入现代化建设的整体规划和战略发展重点，摆到优先发展的位置。建立和健全党政领导抓教育的目标管理责任制，建立领导干部联系学校制度，各级领导特别是党政一把手，都要联系一所学校。各级党委和政府要定期听取教育工作汇报，研究教育工作问题，及时解决素质教育进程中出现的困难和问题。

2．加强高校的班子建设。按照“三个代表”重要思想的要求，重点抓好高校的领导班子建设，选好配强班子的一把手，优化班子结构。健全党委领导下的校长负责制度。建立校、系、室三级党组织建设的目标责任制。建立健全民办学校的党组织。做好在中青年教师和优秀学生中发展党员的工作。全面提高党务干部的整体素质。

3．大力推进依法治教，强化教育行政管理。加强教育法制机构和教育执法队伍建设，加快教育立法步伐，完善地方教育法规体系，明确各级各类学校法人地位。加大教育执法力度，定期组织教育执法检查。各级教育行政主管部门要依法管理和规范学校、社会办学行为，健全办学审批制度，加强收费管理，严明考试纪律，严格对各类学历证书的管理。加强教育督导，建立导向正确、科学有效、符合素质教育要求的对学校、教师和学生的评价机制；建立对下级政府和教育行政管理部门以及学校贯彻落实国家教育政策法规，推进素质教育工作的督导、评估和通报制度。

4. 提高教师的社会地位和待遇。各级政府要采取切实措施为教师办实事，依法保护教师合法权益，不断改善教师的生活、工作和学习条件。省财政要加大对欠发达地区财政转移支付力度，确保教师工资按时发放。各县财政要设立“教师工资专户”，委托银行按时统发教师工资。

5. 努力营造实施素质教育、建设教育强省的社会氛围。各级党委、政府及其各部门要各司其职，紧密配合，关心、支持教育工作，营造有利于教育改革和发展的氛围，形成党以重教为先、政以兴教为本、 民以支教为责、师以爱教为荣的良好局面。全社会都要关心支持青少年的健康成长。广播、电视和新闻文化出版部门要为青少年提供健康的精神文化产品；各种展览馆、博物馆、科学馆等要在节假日向青少年免费开放；社区要努力创造安全、文明的环境，为青少年的健康成长和全面发展创造良好的条件。

编 后 记

2003年10月，广东省教育厅成立《广东省志·教育卷》编纂委员会及编辑室，全面启动《广东省志（1979—2000）·教育卷》编修工作，统一篇目设计思想，拟定篇目及编写分工，明确编修的基本要求。2005年8月，基本形成初稿，编辑室随即开展改稿、统稿工作，并就部分章节的结构、内容提出调整和修改意见，反馈给作者按要求处理。2006年8月，编辑室再次开展改稿、统稿工作。2007年1月，本卷编纂委员会组织对志稿初审。2007年3月，将志稿报送广东省人民政府地方志办公室（简称省地方志办）复审。2007年8月以后，根据省地方志办的复审意见，编辑室对全稿作了一次修改、补充、校正，部分章节还反馈给作者修改、补充、完善。2008年1月，编辑室作了第三次统稿改稿。2009年8月，将志稿报送省地方志办复核。2010年8月，本卷通过广东省地方志书审查委员会组织的终审。根据终审会议纪要精神，编辑室对全卷又作了全面斟酌修改，力求完善。

本志在编修过程中，广东省教育厅有关部门和有关学校特别是肇庆工商职业技术学院、东莞南博职业技术学院，以及新兴县教育局给予了大力支持，在此一并表示衷心感谢！

因时间跨度长、机构调整多、人员变动频繁等因素影响，本志难免存在错漏，敬请读者批评指正。

《广东省志·教育卷》编辑室

2011年4月